W0311251

COLLANA **LUOGHI VERTICALI**

EDIZIONI **VERSANTE SUD**

Erste Ausgabe: April 2006
Zweite Ausgabe: Juni 2010
Dritte Ausgabe: Februar 2015

ISBN 978-88-98609-15-4

Copyright © 2015 VERSANTE SUD S.r.l. Milano via Longhi, 10.
www.versantesud.it

Alle Rechte vorbehalten, insbesondere das der Übersetzung, der elektronischen Speicherung, der Vervielfältigung und der teilweisen oder gänzlichen Bearbeitung.

Umschlag	Linda Grossi, *Cristina Isabel*, 7a, Padaro (*Foto Giampaolo Calzà*)
Texte	Antonella Cicogna, Mario Manica, Davide Negretti
Interviews	Antonella Cicogna
Skizzen	Chiara Benedetto. Ortsrecherchen: Davide Negretti
Landkarten	Marco Romelli
Symbole	Ilaria Niccoli
Übersetzung	Gerd Zimmermann
Druck	Monotipia Cremonese (CR)

VERSANTE SUD
Katalog

HINWEIS
Klettern ist ein potenziell gefährlicher Sport und geschieht immer auf eigene Gefahr. Alle Hinweise in diesem Führer beruhen auf Informationen, die zum Zeitpunkt der Drucklegung aktuell waren. Es wird empfohlen, sich vor der Begehung einer Route über den aktuellen Stand zu informieren.

FOR CLIMBING
BOOKS FOR BOLTS
2% der Einnahmen dieses Büchers werden in Material zum Einrichten von Routen und Klettergärten investiert.

Km ZERO
Von lokalen Autoren, die das Klettern in diesem Gebiet vorantreiben

Antonella Cicogna
Mario Manica
Davide Negretti

Klettern in ARCO

113 Klettergebiete

Arco
Sarcatal
Valle dei Laghi
Trient
Rovereto
Judikarien
Val di Non

EDIZIONI **VERSANTE SUD**

VERSANTE SUD

KLETTERN IN ARCO – DIE NEUE AUSGABE

Mit diesem Buch haltet ihr einen komplett aktualisierten Kletterführer in der Hand, in dem auch viele neue Klettergebiete zu finden sind.
Arco, Dro, Valle dei Laghi, Riva del Garda, Val di Ledro, Tenno, Nago Torbole, Valle di Cavedine, Terlago, Ranzo, Valli Giudicarie, Molveno, Valle dello Sporeggio, Val di Non, Rovereto und Trento Umgebung: alle hier vorgestellten und beschriebenen Gebiete haben wir überprüft.
Mit der wertvollen Hilfe der Erschließer wurde Wand für Wand durchgegangen, Sektor für Sektor, Route für Route, mit dem Vorhandenen verglichen, eventuell geändert, Neues hinzugefügt. Das beschäftigte meine Freunde Davide Negretti und Antonella Cicogna und mich eine ganz schön lange Zeit.
Ein Beispiel gefällig? Nehmen wir das Klettergebiet Bassilandia: In der ersten Ausgabe waren es 47 Routen, heute existieren dort 69. Oder Nago: 139 zu 159 jetzt. In Massone änderten sich in 13 von 155 Routen die Schwierigkeitsgrade. Wir alle wissen, was es heißt, wenn statt 7a eine 7a+ steht. Und so weiter und so fort. Fast alle der in den früheren Ausgaben enthaltenen Klettergebiete erfuhren irgendeine Art von Änderung, mal kam ein Sektor hinzu, mal nur eine Route. Mal änderte sich die Schwierigkeit, dann war ein Projekt befreit und wieder mal wurde der Zustieg verändert. Das bedeutet auch neue Topos und neue Zustiegszeichnungen...
Leider sind auch ein paar Gebiete nicht mehr enthalten. Wie das wunderschöne Laghel, gleich bei Arco, mit seinen spektakulären Routen zwischen 6a und 7c. Das Gebiet liegt auf Privatgelände, wurde umzäunt und für Kletterer gesperrt. Oder Ranzo und Pannone: eine Verordnung des Bürgermeisters verhindert seit einigen Jahren, dass hier geklettert werden kann. Jetzt bleiben diese schönen Wände leider sich selbst überlassen. Ist die Situation vielleicht noch zu retten? Kann die Stadtverwaltung mehr tun?
Wie schon immer holten wir für diese Ausgabe erst die Zustimmung der Erschließer zur Veröffentlichung ein. Nichts von dem, was ihr hier findet, haben wir "unter der Hand" vorgeschlagen. Darauf sind wir stolz und gleichfalls sicher, dass es auch die Erschließer schätzen. Es gibt einige "geheime" oder "versteckte" Gebiete, die wir nicht veröffentlichen wollten. Einige liegen auf Privatgrund und wenn zu viele Kletterer dort auftauchen würden, könnten die Besitzer bald die Nase davon voll haben und sie sperren. Andere Massive wiederum liegen in Gebieten mit Zustiegsverboten und es ist deshalb rechtlich nicht möglich, sie zu veröffentlichen.
Aber es gibt auch welche, die davon nicht berührt sind und in dieser neuen Ausgabe hätten auftauchen können. Aber die Erschließer wollten sie für sich behalten, als ob sie ihr Eigentum wären. Oft aber gehen sie selbst nicht (mehr) zum Klettern dorthin. Wände, die vor 5, 10, 15, 20 Jahren erschlossen wurden... Sie glauben, dass mit einer Veröffentlichung zu viele Besucher auftauchen.
Lasst uns dies respektieren, denn meist haben sie die Erschließung aus eigener Tasche bezahlt und viel Zeit und Mühe investiert. Aber man darf sich doch fragen, was passiert wäre, wenn ein Diego Depretto, ein Danilo Bonvecchio, ein Sauro Merighi, ein Fabio Leoni oder viele andere "ihre" Kreationen geheim gehalten hätten? Was hätte dies für uns alle und für das Klettern im Sarcatal bedeutet?
Seien wir doch ehrlich: Wo müssen wir schon an "heißen" Tagen wegen einer Route anstehen? In Massone oder Nago. Kann sein. Am Belvedere in den leichten Routen zwischen 4a und 5a. Ok. Bei den 3a-3c Routen der Massi di Gaggiolo. Ist ja verständlich. Denn leichte Routen sind im Sarcatal Mangelware, der Fels gibt dafür nicht sehr viel her. Wenn die Schwierigkeitsgrade höher werden, hat man nie ein Problem mit dem Warten auf den Versuch. Erst recht nicht, wenn es über 8a hinausgeht.
Wir haben absichtlich auch einige weniger besuchte Gebiete im Führer belassen. Sie zu streichen, würde ihren sicheren "Tod" bedeuten. Wenn wir dort klettern, erhalten wir sie am Leben, sie bleiben geputzt und korrekt eingerichtet.
An dieser Stelle soll auch gesagt werden, dass schlechtes Benehmen und mangelnder Respekt enorm dazu beitragen, dass Klettergebiete geschlossen werden. Es ist an uns Kletterern, uns so zu verhalten, dass dies nicht passiert. Egal, ob das Gebiet auf privatem oder öffentlichem Gelände liegt. Das gleiche gilt natürlich für die Parkmöglichkeiten, die teils sehr eingeschränkt oder sogar inexistent sind. Lasst unbedingt immer die Durchfahrt frei. Auch wenn deshalb mal ein etwas weiterer Zustieg notwendig ist, dann wird dadurch wenigstens niemand gestört und die Gefahr, dass etwas beschädigt wird, ist ebenfalls gering!

Mario Manica

All you need is love

Your love for climbing, our love for products

Jasper CR 3

- Huftgurt mit verschiebbarer Polsterung Waist Belt Centering System
- Neue und bequemere selbstsperrende Schnellverschluss-Schnallen aus Stahl an Huftgurt und Beinschlaufen
- Anschlagring 15 mm mit patentiertem System No-Twist
- Gewicht: 450 g (M)

Roxback

- Spezielles Öffnungssystem mit Reißverschluss am Rückenteil statt am Rücken: Dadurch braucht das mit dem Rücken des Verwenders in Berührung kommende Teil nicht auf den Boden abgesetzt zu werden
- Die Reißverschlusslänge ermöglicht einen mühelosen Zugriff zur ganzen Ausrüstung
- 40 Liter Fassungsvermögen: kann das Nötige für einen Tag am Kliff oder im Klettergarten aufnehmen

Photon Express KS

- Die Express-Schlinge für die überhängenden sportlichen Touren, mit Photon-Karabinern mit geradem Schnapper für die Verankerungen und mit gebogenem Schnapper für das Seil
- Bandschlinge aus Polyester 16 mm (Länge 11, 15 und 20 cm), ab heute mit dem integrierten Karabinerhalter Karstop Evo der neuen Konzeption
- Gewicht: 89 g

www.camp.it

CAMP

DANKSAGUNG

Seit meinem Unfall in Venezuela klettere ich fast gar nicht mehr. Bei der Arbeit zu dieser neuen Ausgabe traf ich deshalb wieder auf alte Freunde und lernte neue kennen. Alle nahmen sich Zeit, ihr Enthusiasmus für das Klettern brachte die alten Zeiten ein bisschen zurück und ließ sie mich fast noch einmal erleben. Viele sind Erschließer, manche "nur" Besucher, und mit vielen habe ich einiges erlebt oder unternommen. Ihnen allen möchte ich persönlich Dank sagen.
Ein besonderer Dank geht an Luca Onorevoli, der mit Leidenschaft und Kenntnis im Sarcatal unterwegs ist. Zu allen Seillängen und Routen macht er sich Notizen und stellt uns diese zur Verfügung. Manchmal hat er die eine oder andere Route auch extra für uns geklettert.
Auch Gianguido Dalfovo und Fabio Leoni möchte ich hier danken, die mir mit ihren Beschreibungen von Neutouren oder Wiederholungen immer wieder neuen Elan verschafften. Roland Galvagni danke ich für seine Aufmunterungen, wenn ich mal wieder ein "soll ich, soll ich nicht", "ja, aber" oder "schauen wir mal" anbrachte.
Natürlich dürfen hier Davide Negretti und Antonella Cicogna nicht fehlen: Sie haben mich von Anfang an bei diesem Projekt begleitet. Vielen Dank dafür.
Ein großes Dankeschön also an alle, die zu diesem Kletterführer beigetragen haben. Ich hoffe, dass ich niemand vergessen habe!

Fabrizio Agosti, Roni Andres, Valerio Ballardini, Simone Banal, Paolo Benvenuti, Markus Bock, Eddy Boldrin, Danilo Bonvecchio, Paolo Bonvicin, Michele Bort, Andrea Bruni, Tiziano Buccella, Luciano Calderan, Ornella Calderan, Giampaolo Calzà, Michele Camin, Gianni Canale, Cristiano Casagranda, Franco Cavallaro, Danilo Cavosi, Lino Celva, Fabrizio Conforto, Gianguido Dalfovo, Giacomo Damian, Simone Elmi, Donato Falcone, Massimo Faletti, Bruno Ferrari, Rudi Filippi, Stefano Folgarait, Luca Forti, Roland Galvagni, Michel Ghezzi, Stefano Ghidini, Mauro Girardi, Gerhard Hörhager, Fabio Leoni, Demis Lorenzi, Giupponi Luca, Alessandro Lucchi, Gino Malfer, Loris Manzana, Silvano Matassoni, Sauro Merighi, Giorgio Nicolodi, Luca Onorevoli, Nicola Parziani, Martino Peterlongo, Silvio Reffo, Franco Scandolari, Angelo Seneci, Barbara Soardi, Geremia Vergoni, Ulla Walder, Alfredo Webber, Carlo Zotele.

Mein Gedenken gilt an dieser Stelle auch Mauro Giovanazzi, den alle Spina nannten. Viele der Freunde, die zu diesem Führer beigetragen haben, kannten ihn, hatten mit ihm zusammen geklettert und schöne Momente geteilt, vielleicht auch neue Touren geplant. Ich möchte ihn immer so im Herzen behalten: beim Klettern an einem schönen, sonnigen Tag.
Schließlich möchte ich meiner kleinen Tochter Sonia danken, die bei einer unserer Erkundungen zu den Felswänden ihre Arme ausbreitete und sagte: "Aber Papa, schon wieder Felswände?!"

Mario Manica

KONG
ITALY
TECHNICAL NATURE
VICTOR
ARGON MIX
NEW CHUY
CHALK BAG
FREE ROPE BAG

Gran Zebrù
Gioveretto
P.so d. Palade
MERANO
BOLZANO
M. Cevedale
93-94
Fondo
P.so della Mendola
Peio
Cles
91-92
Monte Roen
Ora
Dimaro
SS42
asso del Tonale
Egna
SS43
Denno
90
Madonna di Campiglio
89
A22
Cima Presanella
Mezzolombardo
SS421
88
Cima Brenta
S. Michele all'Adige
Pinzolo
Cima Tosa
Andalo
87
SS12
Molveno
M. Caré Alto
SS239
Paganella
61-63
Spiazzo
85-86
108
110
Monte Calisio
65-70
S. Lorenzo in Banale
71-73
84
Terlago
113
112
Pergine Valsugana
Ranzo
80-81
76-79
64
SS47
111
37-44
TRENTO
Sarche
82
SS237
Ponte Arche
60
Marzola
Tione
59
109
26-36
74
75
Cavedine
Levico Term
58
83
SS45b.
57
Breguzzo
M. Bondone
Monte Cadria
SS421
55-56
SS12
95
Becco di Filladonna
Dro
Drena
47
1-25
ARCO
Monte Stivo
Cornetto
96
SS240
Folgaria
Riva
48-51
ROVERETO
107
Serrada
45
100
97
Torbole
Mori
46
101
SS240
103
SS46
104
Limone
52-54
105-106
102
SS45b.
A22
Monte Pasubio
BRESCIA
SS249
Vallarsa
Malcesine
go di Garda

DAS SARCATAL

Durch einen großen Teil des in diesem Kletterführer behandelten Gebiets fließt die Sarca. Ein Fluss, der durch die Schlucht von Limarò zwischen dem Dain Grande und Piccolo die obere und mittlere Talebene erreicht und schließlich in den Gardasee mündet.
Aber es gab auch eine Zeit, als die Sarca noch nicht existierte: Im Quartär war das ganze Tal nämlich von einem Gletscher bedeckt, der bis auf 1700 Meter Meereshöhe reichte. Nördlich von Trient zweigte ein Teilstrom über den Sattel von Terlago in Richtung Westen ab, erreichte das Valle dei Laghi und die Poebene. Dieser Gletscher, der so genannte Atesino, gehörte zu den größten seiner Zeit.
Im Sarcatal finden sich noch unzählige Hinweise auf seine Existenz und erosive Wirkung. Die vielen kleinen und großen Wasserspiegel im Valle dei Laghi (die Seen von Cavedine, Lagolo, Bagatol-Solo, S. Amssenza, Toblino, Lamar, Santo, Terlago) weisen wie auch drei große Bergrutsche im unteren Sarcatal aus der Post-Eiszeit darauf hin. Diese riesige Felslandschaft zwischen Monte Bondone, dem Monte Casale und Monte Brento, dem Lago di Cavedine und Dro mit einem Volumen von über 187 Mio. Kubikmetern gehört zu den beeindruckendsten Phänomenen dieser Art in den ganzen Alpen. Mittlerweile wurden 250 ha des Gebietes von der Provinzregierung in Trient unter Biotopschutz gestellt.
Auch die Marmitte dei Giganti sind Zeugen aus dieser Zeit: Es sind Gletschermühlen, riesige Aushöhlungen karstigen Ursprungs, die durch abstürzendes Schmelzwasser von Gletschern entstanden, das mit Sand und Steinen vermischt war. An der Panoramastraße zwischen Nago und Torbole sind in der Nähe des gleichnamigen Klettergartens diese "Töpfe der Riesen" nach wie vor sichtbar. Auch die gestreiften und glatten Felswände an den Hängen Richtung Gardasee sind auf diese Eismassen zurückzuführen.
Aber nicht nur der Gletscher Atesino hat hier seine Spuren hinterlassen, sondern auch der Mensch: denken wir nur an Arco mit seinem Schloss, das zu den schönsten mittelalterlichen Bauten der Alpen gehört, mitsamt seinen Parkanlagen und Gärten, den Villen im Liberty-Stil und den Palästen aus der Renaissance. In Arco ließ der Habsburger Erzherzog Albrecht eine Villa, die von einem Arboretum umgeben ist, errichten und wählte diese als Winterresidenz aus.
Aber auch die mittelalterliche Stadt Dro mit den kleinen Plätzen, den schönen Steinportalen, den Türmen, den Arkaden ist eine der gut erhaltenen Zeuginnen alter Zeit. Und es gibt noch viel mehr zu sehen: das Schloss von Drena aus dem 12. Jahrhundert, das über dem Tal thront; das Castel Madruzzo oberhalb der Ebene von Ladruzzo, das sowohl an die Renaissance als auch das Mittelalter erinnert; das Schloss von Toblino (das heute ein Restaurant und eine Bar beherbergt), aber eines der seltenen Beispiele im Trentino für eine Befestigungsanlage in einem See ist; die Festung (Rocca) von Riva, eine der wenigen Festungen innerhalb einer Stadtanlage. Heute befindet sich hier das Stadtmuseum.
All dies geht auf die Bewohner des Tals zurück, die nach wie vor den Charakter des Tals bestimmen, indem sie die alpine und gleichzeitig mediterrane Umwelt beeinflussen. Man betrachte nur einmal die vielen schönen Terrassen mit ihren Trockenmauern, wo seit Jahrhunderten Olivenbäume wachsen und Früchte tragen. Entlang der Sarca bis hin zum Ufer des Gardasees wachsen auf den vielen Feldern Wein, Pfirsiche, Kiwis oder Pflaumen. An den steilen Abhängen der Berge, an denen oft Schnee liegt, finden sich hingegen nur noch Kastanien- oder Nadelbäume.
Wenn wir uns im Sarcatal umblicken, dann können wir aber noch viel mehr entdecken. Vielleicht Reiher oder majestätische Schwäne. Vielleicht können wir hoch über uns Wildenten oder Blässhühner bei ihrem geometrischen Flug zu den Seen beobachten oder einen Raubvogel mit seinem Fang. In den Seen oder im Fluss lernen wir Karpfen, Äschen, Schleien und Forellen zu unterscheiden.
In dieser vielfältigen Landschaft lässt es sich gut mit der Natur leben und die Möglichkeiten für Sport im Freien sind beinahe unerschöpflich. Natürlich kann man hier klettern, aber auch Biker, Wanderer, Basejumper, Gleitschirmflieger, Canyoning-Begeisterte, Windsurfer und Segler finden perfekte Bedingungen für ihren Sport. Und in den Wintermonaten lässt es sich am Monte Bondone und Monte Stivo oder in der nahen Brenta auch gut Skifahren oder Schneeschuhgehen.
Das Sarcatal schenkt uns also 365 Tage pro Jahr Möglichkeiten, Sport zu treiben. Ein Geschenk , das unschätzbar wertvoll ist, weshalb Besucher aus der ganzen Welt hierher kommen.
Wir sollten nicht vergessen, dass wir das alles eigentlich dem Gletscher Atesino zu verdanken haben. Er hat mit seinem Verlauf dies alles möglich gemacht, Felsen modelliert und geschliffen, Täler geschaffen und uns eine Heimat ohnegleichen geschenkt, die wir lieben und beschützen sollten.

ANFAHRTSWEGE

Arco - Dro - Valle dei Laghi - Riva del Garda - Nago - Torbole - Val di Ledro - Tenno - Valle di Cavedine - Terlago - Ranzo

Ausgangspunkt für die Klettergebiete bei diesen Orten ist Arco bzw. dort die Brücke über die Sarca (großer Parkplatz), leicht zu finden.

Aus Richtung Autobahn A22 Modena-Brenner: bei der Ausfahrt Rovereto Sud/ Lago di Garda Nord abfahren und weiter in Richtung Lago di Garda. Nach dem Ort Nago dann beim Kreisverkehr rechts in Richtung Arco, ca. 22 km.

Aus Richtung Autobahn A22 Brenner-Modena: bei der Ausfahrt Trento Centro abfahren und auf der S.S. 45 Bis (Gardesana Arco-Riva del Garda) bis nach Arco, ca.35 km.

Valli Giudicarie

Ausgangspunkt für fast alle Klettergebiete in diesem Gebiet ist Sarche, bei der Straßenkreuzung nach Madonna di Campiglio.

Aus Richtung A22 Modena-Brenner: bei der Ausfahrt Rovereto Sud/ Lago di Garda Nord abfahren und weiter in Richtung Lago di Garda. Nach dem Ort Nago dann beim Kreisverkehr rechts in Richtung Arco. Bei den folgenden Kreisverkehren immer rechts in Richtung Trento (S.S.45 Bis) und bis nach Sarche, ca. 38 km.

Aus Richtung Autobahn A22 Brenner-Modena: bei der Ausfahrt Trento Centro abfahren und auf der S.S. 45 Bis (Gardesana Arco-Riva del Garda) bis nach Sarche, ca. 19 km.

Molveno - Val di Non

Ausgangspunkt für die Klettergebiete Nembia, Lago Nembia, Molveno, Cavedago, Spormaggiore, Vigo Di Ton, San Romedio, Verdes, Malosco-Fondo und Mondino ist die Mautstation/Ausfahrt San Michele-Mezzocorona der A22 Modena-Brenner (bzw. Brenner-Modena).

Rovereto und Umgebung

Ausgangspunkt für die Klettergebiete hier ist die Ausfahrt/Mautstation Rovereto Sud, A 22 Modena-Brenner (Brenner-Modena).

Trient und Umgebung

Ausgangspunkt für die Klettergebiete hier ist die Ausfahrt/Mautstation Trento Centro, A 22 Modena-Brenner (bzw. Brenner-Modena)

ARCO resoling
S.O.S.CLIMBER

Loc. Gaggiolo, 4
PIETRAMURATA (Tn)
Tel. +39.366.4895189

info@arcoresoling.com
www.arcoresoling.com
www.facebook.com/arco.resoling

LA SPORTIVA innovation with passion
SCARPA
FIVE TEN
Vibram®
LA SPORTIVA OFFICIAL RESOLER

RESOLING CLIMBING SHOES
RISUOLATURA SCARPETTE ARRAMPICATA E SCARPONI

TOURISTISCHE INFORMATIONEN

Azienda per il turismo INGARDA TRENTINO s.p.a.
Lg. Medaglia D'oro al Valor Militare, 5 - 38066 Riva del Garda (TN)
Telefon 0464/554444 Fax 0464/520308
www.gardatrentino.it - info@gardatrentino.it

Azienda per il turismo INGARDA TRENTINO s.p.a.
Viale delle Palme 1 - 38062 Arco (TN)
Telefon 0464/532 255 Fax 0464/532353
www.gardatrentino.it - info@gardatrentino.it

Azienda per il turismo INGARDA TRENTINO s.p.a.
Via Lungolago Conca d'oro 25 - 38069 Torbole (TN)
Telefon 0464/505177 Fax 0464/505643
www.gardatrentino.it - info@gardatrentino.it

Consorzio Pro Loco Valle dei Laghi Trento Monte Bondone
Via Roma 63 - 38070 Vezzano (TN)
Telefon 0461/864400 Fax 0461/864535
www.valledeilaghiturismo.it
info@valledeilaghiturismo.it

Azienda per il turismo Rovereto eVallagarina
C.so Rosmini 16 - 38068 Rovereto (TN)
Telefon 0464/430363 Fax 0464/435528
www.visitrovereto.it - info@visitrovereto.it

Azienda per il turismo Trento, Monte Bondone, Valle dei Laghi
Via Manci 2 - 38100 Trento (TN)
Telefon 0461/216000 Fax 0461/216060
www.apt.trento.it - informazioni@apt.trento.it

Azienda per il turismo Terme di Comano Dolomiti di Brenta
Via Cesare Battisti 38 - 38077 Ponte Arche (TN)
Telefon 0465/702626
Fax 0465/702281 – 800 111171
www.comano.to - info@comano.to

Consorzio per il Turismo Giudicarie Centrali
Via D. Chiesa, 3 - 38079 Tione di Trento (TN)
Telefon 0465/323090 Fax 0465/324140
www.visitgiudicarie.it - info@visitgiudicarie.it
Azienda per il Turismo Dolomiti di Brenta

Paganella, Andalo, Lago di Molveno,
Fai Della Paganella, Cavedago Spormaggiore scpa
Piazza Dolomiti, 1 - 38010 Andalo (TN)
Telefon0461/585836 Fax 0461/585570
www.visitdolomitipaganella.it
info@visitdolomitipaganella.it

Azienda per il Turismo Valle di Non Società Coperativa
Via Roma 21 - 38013 Fondo
Telefon 0463 830133
www.visitvaldinon.it – info@visitvaldinon.it

NOTRUFNUMMERN UND WEITERE RUFNUMMERN

Carabinieri 112
Polizia 113
Emergenza Sanitaria 118
Soccorso stradale Aci 116
Vigili del Fuoco 115
Corpo Forestale dello Stato 1515
Viaggiare informati 1518
Autostrada del Brennero 800 279940

KRANKENHÄUSER

Arco - Via Capitelli 48, 0464/582222
Trento - L.go Medaglie d'Oro 9, 0461/903111
Rovereto - C.so Verona 4, 0464/403111
Tione - Via Ospedale 11, 0465/331111
Cles – Viale A.Degasperi 31, 0463 660111

BERGRETTUNG

Riva del Garda – Ledro – Rovereto - Ala - Folgaria-Lavarone
Telefon 0464/550550
Val Rendena - Val di Non - Val di Sole
Telefon 348 5155660
Trento
Telefon 348 5315363

BIBLIOGRAPHIE

Emanuelli Giuliano, Calzà Sergio (a cura di), *Vie di roccia e grotte dell'Alto Garda*, S.A.T Sez. Arco 1983
Bassi Roberto, *Arrampicare in Valle di Sarca: sul bianco calcare di Arco e dintorni*, Zanichelli 1984
Depretto Diego, *Guida all'arrampicata sportiva nel Basso Sarca*, Alto Garda 1987
Hörhager Gerhard, Muller Wolfgang, *Arco-Topos: Kletterführer*, Odysee Alpinverlag 1987
Depretto Diego, *Arco: le nuove falesie d'arrampicata*, Società degli Alpinisti Tridentini 1990
Depretto Diego, *Guida all'arrampicata sulle Placche Zebrate*, Società degli Alpinisti Tridentini 1991
Heinkel Matthias, *Klettern am Gardasee (vom Gardasee bis nach Sarche)*, Heinkel 1991
Heinkel Matthias, *Klettern am Gardasee (vom Mori-Tal über den Gardasee nach Sarche und Santa Massenza)*, Heinkel 1993
Depretto Diego, *Arco falesie: le nuove falesie d'arrampicata*, Editore Higas 1994, 1996
Manzana Loris, *Arco: guida di arrampicata*, Ed. La Grafica 1995, 1997
Depretto Diego, *Arco falesie: i luoghi dell'arrampicata sportiva*, Edizioni Adventures 1999
Rabanser Ivo, *Alpinismo tra gli olivi: arrampicate scelte in Valle del Sarca*, Centro del Libro (IS) 2001
Camerini Fausto, Stenghel Giuliano, *Il grido del Gabbiano*, Associazione Serenella Onlus 2001
Camerini Fausto, Stenghel Giuliano, *Il Garda verticale*, ZetaBeta Editrice srl 2002
Diego Filippi, *Pareti del Sarca. Vie classiche e moderne nella valle del Sarca*, Versante Sud 2002, 2007
Meisl Michael, Lochner Martin, *Arco-Klettern vom Gardasee bis zur Brenta*, Lochner-Verlag 2005
Manica Mario, Cicogna Antonella, Negretti Davide, *Falesie di Arco*, Versante Sud 2006
Haladaj Mateuz, *Arco Boulder Guidebook*, Wydawnictwo Gòry, 2009
Haladaj Mateuz, *Arco New Sector Guidebook*, Wydawnictwo Gòry, 2009
Manica Mario, Cicogna Antonella, Negretti Davide, *Falesie di Arco 106 proposte*, Versante Sud 2010
Grill Heinz, *Arrampicare in Valle del Sarca*, Idea Montagna
Senettin Manuel, Hofer Thomas, *Best of Arco*, Vertical-Life 2013
Rabanser Ivo, *Arrampicare in Valle del Sarca*, Atesia 2013
Filippi Diego, *Arco Pareti. Vie classiche moderne e sportive in Valle del Sarca*, Versante Sud 2013
Senettin Manuel, Hofer Thomas, *Arco Summer Spots*, Vertical-Life 2013

DIE GESCHICHTE DES SPORTKLETTERNS IM SARCATAL

In den Felswänden des Sarcatals ziehen Aberhunderte von kurzen Routen nach oben. Immer wieder ist das metallene Geräusch von Karabinern zu hören, auch die aufmunternden Rufe der Sichernden sind unüberhörbar. Weiter oben kämpfen Kletterer an einer schwierigen Passage mit der Schwerkraft, halten sich an kleinen Leisten, Zangen oder Tropflöchern fest. Überall sind Magnesiaspuren zu sehen, der Regen schafft es kaum, sie zu löschen, erst recht nicht in den überhängenden Wänden. Wer wieder unten ankommt, nimmt einen Schluck Wasser, beißt vielleicht in einen Müsliriegel oder isst ein paar Trockenfrüchte. Oft geht es gleich weiter. Solange, bis die Haut sich von den Fingern löst, die Unterarme dick sind, kein Zug mehr gelingt.

Die Klettergärten bei Arco und im Sarcatal sind unumstritten. Irgendwie hatte das Sarcatal zwar schon immer etwas mit Alpinismus zu tun. Aber der eigentliche Beginn dieser Erfolgsgeschichte ist klar erkennbar. Es gab einen Moment, als mit kreativem Geist das auf den Weg gebracht wurde, was Arco heute zu einem der bekanntesten Klettergebiete ganz Europas macht. Und so kann kein Kletterführer über dieses Gebiet geschrieben werden, in dem nicht versucht wird, auf die Ursprünge hinzuweisen. Und diese liegen im Bergsteigen.

Besser gesagt, in einer neuen Sicht auf das Bergsteigen. Die ersten Routen entstanden nämlich schon Anfang der 1930er-Jahre an den hohen Wänden des Monte Casale, der Cima Capi, am Piccolo Dain oder Monte Brento. In den folgenden Jahrzehnten richtete sich der Blick der Alpinisten auf diese Wände im unteren Sarcatal. Sie waren ausschließlich auf der Suche nach langen, alpinen Routen. Die Protagonisten dieser Jahre hießen Marino Stenico, Bruno Detassis und Pino Fox in den Dreißigern; Cesare Maestri in den Fünfzigern und Heinz Steinkötter sowie Heini Holzer in den Sechzigern. Aber insgesamt gesehen kamen wenige Kletterer hierher, die Routen wurden kaum wiederholt. Erst Anfang der 60er-Jahre interessierten sich (insbesondere Trientiner) Kletterer mehr für dieses Gebiet und kamen des Öfteren hierher. Infolge dessen entstanden viele Linien am Monte Brento, an den Sonnenplatten, an der Cima delle Coste... Zu ihren Erschließern gehörten vor allem Beppi Loss, Andrea Andreotti, Marcello Rossi und Franco Gadotti.

1972 – 1982: Wendepunkte

Das Jahr 1972, um genau zu sein der 1. Oktober 1972, markiert einen ersten Wendepunkt in der alpinen Geschichte des Tals. Bergsteiger aus Arco, Ugo und Mauro Ischia, Giuliano Emanuelli sowie Fabio Calzà, hatten die Möglichkeiten am Monte Colodri eingehend studiert und eröffnen dort mit der Route *Umberta Bertamini* eine erste Line an der Ostwand. Dies ist ein Markstein für die weitere Entwicklung, denn jetzt rücken auch die weniger hohen Wände in den Blickpunkt. Ab diesem Zeitpunkt entstehen in der Ostwand schnell weitere wunderschöne Routen aus der Hand von Kletterern wie z. B. Giuliano Stenghel, Luigi Giacomelli, Franco Zenatti, Giovanni Groaz, Roberto Bassi, Heinz Mariacher, *Manolo* Maurizio Zanolla, Renzo Vettori, Giorgio Vaccari...

Die Routen werden immer schwieriger und die Linien kühner. Zu sehen ist diese Entwicklung an Routen wie *Tyszkyewicz* (1976), *Renata Rossi* (1979) oder *White Crack* (1979). 1982 war die Route Bertamini am Colodri DAS Testpiece für alle, die etwas auf sich hielten. Zehn Jahre darauf gab es einen erneuten Wendepunkt: Die erste Sportkletterroute wurde eingerichtet. Sie heißt *Specchio delle mie brame* und ist eine Variante der *Renata Rossi*, Erschließer sind Roberto Bassi und Heinz Mariacher. In dieser Route wurde zum ersten Mal ein Bohrhaken verwendet.

Zwischen 1982 und 1984 entstehen kontinuierlich weitere und immer schwierigere Routen am Monte Casale, der Cima alle Coste, in Mandrea, am Colodri und an den Sonnenplatten. Gleichzeitig wird den Kletterern so langsam bewusst, welch riesiges Potenzial auch die kleineren Felswände im Sarcatal bieten. Wenn man diese Wände putzen und einrichten würde, könnte man doch die Schwierigkeiten und Herausforderungen auf wenige Meter Kletterlänge konzentrieren. Zu den ersten, die auf diesen Gedanken kamen, gehörten Kletterer, die schon länger am Colodri zu Gange waren: Mariacher und Bassi, aber auch Luisa Iovane, *Manolo* Maurizio Zanolla, Aldo Leviti...

Man dachte so langsam anders über das Wie und das Warum beim Klettern. Im Klettergebiet Spiaggia delle Lucertole richten Bassi und De Gasperi mit *Honky Tonky* die erste Route komplett mit Bohrhaken ein. Es entstehen die ersten Klettergärten mit dieser moderneren Absicherung: Nuovi Orizzonti, San Paolo, Swing Area, Spiaggia delle Lucertole. Routen im Grad 7a-7c setzen Marksteine für das Sportklettern, perfekte Fußtechnik und viel Selbstvertrauen ist in den plattigen Wänden Voraussetzung. Die Routen werden nach dem schon längere Zeit in Frankreich existierenden System bewertet, dort ist das Sportklettern zu der Zeit schon etwas länger verbreitet. Auch die Ethik ändert sich: Routen werden ausschließlich von unten geklettert, ohne an Haken auszuruhen. Wer stürzt, beginnt wieder am Einstieg.

Und Schritt für Schritt folgt auch die Ausrüstung diesem Gedanken. Mit den neuen Reibungsschuhen, Sitzgurten und nicht zuletzt den eng anliegenden Hosen ist Vieles bisher unmögliche doch machbar...

Die Klettergebiete La Gola und Massone entstehen
Eine erste Gruppe der "alten" Kletterer hat Arco schon wieder verlassen und ist weitergezogen, als Roberto Bassi 1984 das Gebiet Gola di Toblino (Guardrail) entdeckt und einrichtet und damit ein magisches Fenster zum unteren Sarcatal aufstößt. Gleichzeitig rückt ein weiteres Massiv in den Blickpunkt: Groaz und Zampiccoli entdecken und erschließen die ersten Routen in Massone. In diesem unglaublichen Bollwerk aus Fels ist später auch Diego Depretto als Erschließer überaus aktiv. Depretto richtet zudem viele Routen an der Südwand des Colodri und im Klettergebiet Nuovi Orizzonti ein. Letzteres wurde von Aldo Leviti und Renato Bernard entdeckt und wird schon von Anfang an gern besucht.
Wegen der Vielfalt und der immer größer werdenden Anzahl von Routen richten sich mittlerweile auch die Blicke ausländischer Extremkletterer auf das Sarcatal. Viele kommen nach Arco, versuchen neue Routen oder richten selbst welche ein: Die Remy-Brüder, Jerry Moffat, Ron Fawcett, Wolfgang Güllich oder Patrick Edlinger... Mit ihnen ziehen auch neue Ideen und neue Kletterstile hier ein. Neben den Platten rücken immer mehr die Überhänge in den Fokus. Und die Bohrmaschine ist beim Einrichten neuer Routen nicht mehr wegzudenken.

8a und mehr
1986 ist das zweite Jahr, in dem in Italien der internationale Kletterwettbewerb "Sport Roccia" durchgeführt wird. Im Sarcatal (um genau zu sein am Colodri) findet der erste Durchgang statt, in Bardonecchia der zweite. Von über 150 Teilnehmern trägt damals Patrick Edlinger den Sieg davon. Dieser Event ist der Vorgänger des auch heute noch jährlich stattfindenden "Rockmaster" in Arco, der auf eine Idee verschiedener Leute zurück geht (Mario Morandini, Ennio Lattisi, Sergio Calzà, Giuliano Emanuelli, Giuseppe Filippi, Angelo Seneci, Albino Marchi – erste Austragung 1987). Arco ist nun weithin bekannt als Kletterspot und zieht viele weitere Erschließer und Kletterer in seinen Bann. Rolando Larcher, Danilo Bonvecchio, Diego Mabboni, Giorgio Manica und wie sie alle heißen entdecken neue Wände und bohren neue Routen ein. Ihre Kreativität trägt viele Früchte und zieht die Erstbegehung wirklich schwerer Routen nach sich: *Elefant Baby* 8a in San Paolo oder *Gravity Games* 8a+ (heute 8b/+ weil von Legrand modifiziert) am Eremo. In diesen beiden Routen wurden zwar künstliche Griffe geschlagen, das schmälert aber nicht ihren Wert. Im Jahr darauf folgt die erste natürliche 8a-Linie, die Larcher erstbegehen kann: *Fafifurni* am Passo San Giovanni, die von Angelo Giovannetti eingerichtet wurde. In der Gola befreite Larcher mit *Futura* 8a+ ein weiteres Highlight und zeigt mit dieser Begehung sein unglaubliches Können als Reibungsspezialist. Neue Klettergebiete entstehen in Richtung Süden und Norden, Bassi entdeckt und erschließt Massenza, Pegoretti San Siro. Beide Gebiete erfahren dank Danilo Bonvecchio (der viel später auch das herrliche Terlago erschließen wird) eine weitere Ausweitung und Aufwertung. Nomesino im Val di Gresta, erschlossen von Dossi und Dorigatti, wird zum Hit bei den extremen Kletterern. Depretto entdeckt Nago und richtet dort die ersten Linien ein, später folgt ihm Colò, der für den oberen Bereich verantwortlich zeichnet. Gegen Ende der 80er-Jahre klettert Larcher *Maratona* 8b als erster frei (die erste Route im Sektor aus 1987), Bassi befreit *Mojado* 8b/+ im Gebiet Gola. Dies waren die ersten beiden Routen in diesem Schwierigkeitsgrad im Sarcatal.

Die neunziger Jahre und die 9a
Mit der Linie *Super Maratona* gelingt Larcher 1991 die erste 8b+ im Sarcatal (1991). Der Zustrom der Kletterer nach Arco wächst unaufhörlich und dementsprechend auch die Zahl neuer Touren, die jetzt oft mit Hilfe des Grigri erschlossen werden. Depretto und Mattei sowie die Gruppe Arco Roc sanieren die Gebiete Massone, Nago, Spiaggia delle Lucertole, San Siro, Baone, Passo San Giovanni und Crosano. Bassi beginnt 1994 mit der Sanierung des Gebiets La Gola, unterstützt von Bonvecchio, Larcher, Curti, Turri und Stenico. Ihre Gruppe nennt sich Sisyphos, was kein Zufall ist: wie dieser sind sie unaufhörlich mit Erschließen und Sanieren beschäftigt und kommen scheinbar zu keinem Ende. Als Bassi im gleichen Jahr bei einem Verkehrsunfall ums Leben kommt, ist dies für die anderen Mitglieder der Gruppe ein umso größerer Ansporn, ihre begonnene Arbeit mit großer Energie und viel Elan noch einige Jahre lang fortzuführen.
1995 treten Fabio Leoni, Roland Galvagni, Daniele Lira, Michele Cagol und viele andere der Gruppe bei. Im Klettershop Leonis, den er erst kurz zuvor eröffnet hat, wird Geld für neue Projekte und Sanierungsarbeiten gesammelt. Es entstehen die neuen Gebiete Transatlantico, Muro di Chitarra, Giardino di Nato, Diamante del BA.RO, Sisyphos, Camerette, Cavedine und Lon. Bonvecchio richtet Margone und Cavedine ein, La Gola wird vergrößert. Viele der Felsmassive liegen auf Privatgrund, dank der Bereitwilligkeit der Eigentümer, die auf das gute Benehmen der Kletterer vertrauen, ist dies aber kein Problem. Auch deshalb kann eine Vielfalt von Gebieten entstehen, die den

unterschiedlichsten Bedürfnissen der Kletterer gerecht werden. Die langen Überhänge, die Depretto im oberen Bereich von Massone eingerichtet hat, ziehen immer mehr leidenschaftliche Kletterer an. Hier trifft man Extremkletterer wie Reinhold Scherer und François Legrand, die in der zweiten Hälfte der neunziger Jahre sicherlich zu den Besten gehören.
Es ist auch Scherer, der 1995 mit der systematischen Erschließung des Sektors Pueblo in Massone beginnt. Hier hatte vorher schon Larcher ein paar Routen erschlossen. Legrand bohrt zusammen mit Scherer die extrem überhängenden Linien im Sektor Terra Promessa ein. *Reini's Vibes* 8c/+ und *Claudio Caffè* 8c/+, die schwierigsten Routen in jener Zeit, werden von Legrand erstbegangen. Sie dienen ihm praktisch als Vorbereitung auf den Rockmaster-Wettbewerb 1997, den er schließlich auch gewinnt. Aber kaum ein Jahr später sind diese beiden Linien praktisch schon wieder auf dem zweiten Platz: mit der Erstbegehung von *Underground* 9a setzt Manfred Stuffer einen Markstein. Die Linie ist zu jenem Zeitpunkt die schwierigste Route in Italien und nach wie vor die schwierigste im Sarcatal. Die maximalkräftige, athletische Route beginnt wie ihr Name schon sagt praktisch im *Untergrund* und führt mit schwierigsten Boulderzügen durch ein weit ausladendes Dach.
Und auch zum Ende des Jahrtausends sind neue Klettergebiete im Entstehen: Diego Mabboni eröffnet Muro dell'Asino und Red Point Wall. Roberto Bassi wird ein schöner Felsriegel am Lago di Toblino, Bassilandia, gewidmet: Eine herrliche Wand aus grauem Kalk, die technische und kleingriffige Kletterei fordert. Die meisten Routen bohren hier bekannte Kletterer und Erschließer wie Fabio Leoni (eines seiner Lieblingsgebiete) und Gianguido Dalfovo ein, aber auch Rolando Larcher, Marco Curti, Lino Celva und Michele Cagol liefern ihren Beitrag. Auch die Gebiete Sarche und Limarock werden erschlossen, Bonvecchio setzt ein lange gehegtes Projekt in die Tat um und beginnt, die ersten Routen von Climax einzubohren.

2000 bis 2010

Im neuen Jahrtausend rücken immer mehr die Überhänge in den Blickpunkt der Kletterer. Christian Bindhammer klettert 2003 *Zauberfee* 8c+, eine überhängende Linie im kleinen, aber extremen Gebiet Eremo und damit in jenem Jahr die zweitschwierigste Route im Sarcatal (1. Frauenbegehung A. Eiter 2014). Die Herausforderungen reihen sich aneinander, diverse Routen in den Graden 8b, 8b+ oder 8c werden nun befreit, und auch schwierigste Linien in senkrechten Wänden und Platten rücken wieder in den Blickpunkt. Gianguido Dalfovo, einem wahren Könner in der Königsdiziplin des Kletterns, dem Reibungsklettern, gelingt 2005 die Erstbegehung von *Compañero* 8b im Gebiet Bassilandia.
Unaufhörlich und nach wie vor sind die Erschließer am Werk, weitere Routen entstehen, neue Gebiete werden erschlossen und alte saniert. Giampaolo Calzà ersetzt alte Haken in San Paolo und am Pilastro delle Vergini und richtet damit die Aufmerksamkeit wieder auf die historischen Klettergebiete in Arco. Sauro Merighi entdeckt und erschließt Grottosauro und Ottava Meraviglia; Gianguido Dalfovo und Lino Celva investieren viel Energie in das schöne Massiv von La Pizzeria. Bonvecchio und Simone Banal konzentrieren sich auf einen neuen Sektor im Gebiet Ranzo, bereichern Limarock mit neuen Routen und sanieren (zusammen mit Fabio Leoni) Santa Massenza.
Ein weiteres Gebiet wird mit Coel de la Val dela Porta erschlossen. Larcher, Bonvecchio und Freunde bohren hier kleingriffige und schwierige Ausdauerrouten ein. 2007 befreit der Belgier Nicolas Favresse in der Nähe des Gebiets Eremo die Linie *Mezzo Biologico* 8a+, die er selbst eingerichtet hat. Die eine Hälfte zieht abgesichert mit Bohrhaken durch die Wand, die andere mit einem Riss im Stile von Indian Creek ist komplett selbst abzusichern. Andreas Bindhammer setzt 2008 mit *St. Anger* 8c+/9a am Eremo ein markantes Zeichen und verstößt damit *Zauberfee* auf den dritten Platz der schwierigsten Routen des Sarcatals. Andreas arbeitete mehrere Jahre lang (seit 2003) an diesem Projekt. Maximalkraft und Ausdauer, kombiniert mit extrem schwierigen Passagen, machen die Route zu einer der anspruchsvollsten im ganzen Tal. Die Schwierigkeiten bewegen sich immer über 8b, laut Bindhammer erreichen die beiden Boulderpassagen den 8. Grad der frz. Boulderskala.
In diesen Jahren kommen immer mehr Kletterer aus dem Ausland nach Arco, ihre Vorlieben und ihre Anforderungen sind sehr unterschiedlich. Deutschsprachige Gäste überwiegen zwar, aber auch immer mehr Kletterer aus dem östlichen Europa sowie England und den USA tauchen auf. Viele davon sind auf der Suche nach neuen Möglichkeiten zum Klettern. Ihrem Wunsch wird entsprochen: Unter anderem erschließt Fabio Leoni 2007 Piccola Dallas, kaum mehr als einen Kilometer von der Altstadt von Arco entfernt, sowie den schönen Felsriegel Babilonia wenig oberhalb von Sarche. Aufgrund der Felstypologie im Sarcatal ist es schwierig, Gebiete mit gemäßigten Graden und eher geneigtem Fels zu finden. Aber auch solche werden noch entdeckt und eingerichtet: Regina del Lago in der Nähe des Ledro-Sees bzw. Riva und der untere Sektor von Belvedere können diesen Anforderungen gerecht werden.
Wer Routen in den mittleren bis oberen Schwierigkeitsgraden sucht, findet in Arco eine

Unzahl von Möglichkeiten. Die Cracks beklagen in jener Zeit allerdings schon, dass extrem schwierige Linien hier fehlen und meiden deshalb das Sarcatal ein wenig. Aber bald schon können auch sie befriedigt werden: Im April 2009 gelingt Riccardo Scarian mit *Adidas* 8b+ im Gebiet Coel dela Val dela Porta ein weiterer Paukenschlag. Dieses Massiv wurde stark erschlossen und damit innerhalb weniger Jahre zu einem der Topsektoren für die extremsten Kletterer. Weitere und teilweise noch aus der Hand von Roberto Bassi stammende Projekte fallen, wie z.B. *Madame doc* 8b, in der glatten Platte von Pezzent Area (Gola di Toblino), das 2008 von Cristian Giovannini befreit wurde. Im selben Jahr kann Favresse ein altes Projekt von Bonvecchio, *Thin ice* in Terlago, erstbegehen. Die Linie mit ihren sehr kleingriffigen Leisten wird 2009 innerhalb wenige Tage von Riccardo Scarian, Manolo und Gianguido Dalfovo wiederholt. Alle bestätigen ihre Schönheit und bewerten die Route mit 8c.

Und während Merighi mit der Erschließung der Gebiete Castello di Drena und Mandrea beschäftigt ist, stellt sich auf kommunaler Ebene eine Neuigkeit ein: Das Projekt OutdoorPark Garda Trentino wird in die Wege geleitet. Zum ersten Mal wird ein permanenter Runder Tisch eingerichtet, an dem unter Führung der Werbegenossenschaft Ingarda die sechs involvierten Gemeindeverwaltungen zusammenkommen. Damit soll eine schon im Jahr 2000 von der Gemeinde begonnene Arbeit fortgesetzt werden, die zum Ziel hat, einige Klettergärten im Sarcatal aufzuwerten und weiterhin zu unterhalten. Es handelt sich hierbei u. a. um Massone, Massi di Prabi, Placche di Baone, Muro dell'Asino, Calvario, Nago, Belvedere, Corno di Bo', Spiaggia delle Lucertole, Passo San Giovanni. Baone zählt ebenfalls zum Projekt "Klettergärten ohne Grenzen" und wird speziell für Behinderte eingerichtet. So werden hier beispielsweise die Routen 16 bis 21 speziell für Blinde eingerichtet und am Wandfuß ein Schild mit Routennamen und -schwierigkeit in Braille-Schrift errichtet.

2010 bis heute

Der Einfluss des Boulderns wird mit extrem schwierigen, harten überhängenden Linien immer deutlicher. Die Topkletterer finden eine stetig wachsende Zahl von Routen und Projekten. Der Deutsche Markus Bock eröffnet und befreit in Nago mit *Bucking Bronco*, *No Hope Goat Farm*, *Warbeast* drei Wege im Grad 8c+. Dort hatte schon Rolando Larcher mit *Mangusta* (8c) eine extreme Route eingebohrt und erstbegangen. Bock eröffnet in den in der Nähe liegenden Sektoren zudem weitere Linien für die Liebhaber boulderlastiger Routen, unter anderem *Ghostrider* (8c). Im Gebiet Bus de la stria gelingt Bock die Erstbegehung von *MG Connection* 8b+ im neuen Sektor Hotel Olivo. Diese Route stammt von Gerhard Hörhager, der *Pappataci* und *Conti d'Arco* (8b) befreien kann. Diesen Sektor besuchen auch andere namhafte Kletterer: David Lama befreit *Liftscheisser* (8b), auch Adam Ondra ist dort mit einem Projekt beschäftigt. Die Überhänge im Hotel Olivo ziehen weitere Kletterer in ihren Bann. Larcher gelingt die Erstbegehung von *Patagonia* 8b/c, im Sektor Coel dela Val dela Porta befreit er *Amen-Patagonia* 8b+, eine neue Verbindung der Linien *Amen* und *Patagonia*. Im Sektor Grottosauro, der sich durch Ausdauerüberhänge auszeichnet, kann Paolo Benvenuti mit *Insostenibile debolezza dell'essere* 8c ein altes Projekt von Rolando Larcher befreien.

Gianguido Dalfovo kehrt mit neuen Routen in technisch schwierigen Platten und senkrechten Wänden sozusagen zu den Wurzeln des Sportkletterns zurück. Im Gebiet La Gola bohrt er 2013 *L'orizzonte degli eventi* 8b/c ein und kann diese Linie auch befreien. Silvio Reffo wiederholt an einem Tag die beiden Linien *Bucking Bronco* und *Warbeast* in Nago, während die Herausforderungen im Gebiet Padaro weiter steigen. Diego und Mauro Mabboni hatten dieses immense Felsmassiv entdeckt, das später von den Deutschen Holger Brink und Olaf Zeddies mit den ersten Routen versehen wurde. Hier ist jetzt auch Paolo Benvenuti aktiv, er erschließt viele neue extreme Wege, die er selbst befreien kann (die Grade müssen allerdings, zum Zeitpunkt der Drucklegung dieses Führers, noch bestätigt werden). Dazu zählen beispielsweise die beiden Linien *En Horabuena* und *Matasanos* (beide 8b+).

Auch für die kalte Jahreszeit geeignete Massive werden erschlossen: Im Gebiet von Ranzo entsteht mit dem Klettergebiet Vaticano ein kleines Schmuckstück. Hier bohren Bonvecchio, Celva, Banal, Lucchi und Larcher stark überhängende Ausdauerrouten ein, die meist im Bereich über 7a liegen. Auch der Sektor Bersaglia, der von Edy Boldrin und Giacomo Damian eingerichtet wird, eignet sich perfekt für die Winterzeit, denn sogar wenn auf den umliegenden Bergen Schnee liegt, kann man hier noch oft entspannt im T-Shirt klettern.

Und nicht zuletzt wird aber auch an die Kletterer gedacht, die sich in Schwierigkeitsgraden bis 6a bewegen. Nur wenig entfernt von den Sonnenplatten entdeckt der Bergführer Gino Malfer das Gebiet Massi del Gaggiolo, das er mit Unterstützung der Gemeinde Dro (im Rahmen des Projekts Outdoor Park Garda Trentino) erschließt.

A.C.

UNDERGROUND	9a	Massone	Manfred Stuffer
BIOLOGICO	9a	Narango*	Adam Ondra
ANGER	8c+/9a	L'Eremo	Andreas Bindhammer
IL FRUTTO DEL DIAVOLO	8c+/9a	Bus de Vela*	Gabriele Moroni
BELLA REGIS	8c/c+	Bus de Vela*	Gabriele Moroni ST.
BUCKING BRONCO	8c+	Nago	Markus Bock
ZAUBER FEE	8c+	L'Eremo	Christian Bindhammer
WARBEAST	8c+	Nago	Markus Bock
NO HOPE GOAT FARM	8c+	Nago	Markus Bock
CLAUDIO CAFFÈ	8c/+	Terra promessa	François Legrand
REINI'S VIBES	8c/+	Massone	François Legrand
MANGUSTA	8c	Nago	Rolando Larcher
INSOSTENIBILE DEBOLEZZA DELL'ESSERE	8c	Grottosauro	Paolo Benvenuti
X-LARGE	8c	Massone	Stefan Fürst
THIN ICE	8c	Terlago	Nicolas Favresse
GHOST RIDER	8c	Nago	Markus Bock
IL CUORE DI MESTURE	8c	Piste dei Dinosauri	Gabriele Moroni
ATHENA	8b+/c	Massone	François Legrand
AEREODROMO	8b/c	Terra promessa	François Legrand
PATAGONIA	8b/c	Coel dela val dela porta	Rolando Larcher
L'ORIZZONTE DEGLI EVENTI	8b/c	La gola	Gianguido Dalfovo
ADIDAS	8b+	Coel dela val dela porta	Riccardo Scarian
HALEBOOP	8b+	Massone	Heinrich Pfostl
LA PIETRA MURATA	8b+	Massone	Reinhold Scherer
PKK	8b+	Bassilandia	Gianguido Dalfovo
SUPER MARATONA	8b+	Massone	Rolando Larcher
AMEN – PATAGONIA	8b+	Coel dela val dela porta	Rolando Larcher
EN HORABUENA	8b+	Padaro	Paolo Benvenuti
MATASANOS	8b+	Padaro	Paolo Benvenuti
TAIFUN	8b+	Massone	
GREAT SOUTHERN TRENDKILL	8b+	Nago	Markus Bock
MG CONECTION	8b+	Bus de la stria	Markus Bock
PINZA IDRAULICA	8b/+	Monte Terlago	Valerio Ballardini
GRAVITY GAMES	8b/+	L'Eremo	François Legrand
MOJADO	8b/+	La gola	Roberto Bassi
SSOUL	8b/+	Nago	Marco Manfredini
MARATONA	8b	Massone	Rolando Larcher
MIKE JORDAN	8b	Massone	François Legrand
TROPPO SCHWAR	8b	Massone	Heinrich Pfostl
COMPAÑERO	8b	Bassilandia	Gianguido Dalfovo
COL BLU	8b	Climax	Andrea Stenico
AMEN	8b	Coel dela val dela Porta	Rolando Larcher
L'ALVARON	8b	Terlago	Gianguido Dalfovo
L'ALLOCCO	8b	Coltura	Rolando Larcher
MADAME DOC	8b	La gola	Cristian Giovannini
STRUDEL BOY	8b	Nomesino	Martin Elser
SOUL MAN	8b	Nomesino	Stefan Fürst
UCCEL DI BOSCO	8b	Ranzo	Danilo Bonvecchio
VIA TIPO GERARDO	8b	Terra promessa	François Legrand
MARCO GELATO	8b	Terra promessa	Gerhard Hörhager
AL CHIARO DI LUNA	8b	San Colombano	Stefano Ghidini
PRIMA O POI	8b (1+2)	San Colombano	Stefano Ghidini
JENA	8b	San Colombano	Stefano Ghidini
CAMPESINOS	8b	San Colombano	Stefano Ghidini
TESTER PLUS	8b	San Colombano	Stefano Ghidini
LILLO	8b	San Colombano	Stefano Ghidini

FISCHIO CHE RISCHIO	8b	San Colombano	Stefano Ghidini
TROPPO BUONI CON LE DONNE	8b	San Colombano	Stefano Ghidini
PROGETTO TRIBOUT	8b	Terra promessa	
SENZA NOME	8b	Eremo (Nr. 7)	
DARK SIDE OF THE MOON	8b	Castello di Drena	
VARIOPINZA	8b	Coltura	Gianguido Dalfovo
PAPPATACI	8b	Bus de la stria	Gerhard Hörhager
SADOMASO	8b	Padaro	Paolo Benvenuti
CONTI D' ARCO	8b	Bus de la stria	Gerhard Hörhager
LIFTSCHEISSER	8b	Bus de la stria	David Lama
BRABOLETTA	8b	Castello di Drena	Roni Andres
SONO INDIFFERENTE	8b	Padaro	Paolo Benvenuti

* Gebiet nicht im Führer enthalten

Legende

Meereshöhe 1200

Wandausrichtung S

Schönheit
Wunderschön – Schön – Empfehlenswert – Mittelmäßig

Qualität der Absicherung
●○○○ Sehr schlecht
●●○○ Vorsicht
●●●○ Gut
●●●● Ausgezeichnet

Besucherandrang
●○○○ Schwach
●●○○ Mittel
●●●○ Stark
●●●● Sehr stark

Bequemlichkeit
●○○○ Unbequem
●●○○ so und so
●●●○ Bequem

Parkplätze
●○○○ Nicht ausreichend
●●○○ Genügend
●●●○ Viele
●●●● Sehr viele

QR Code video

QR Code Parkplätze

Zustieg 30'

Anfänger ABC

Regensicher

Familienfreundlich

Anzahl der Routen nach Schwierigkeitsgrad

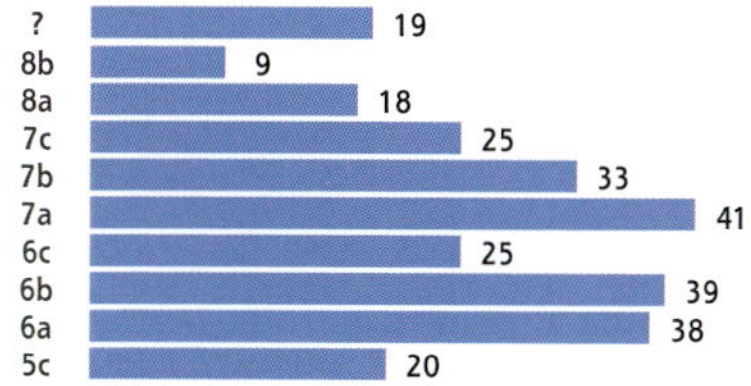

311

Geboren am 4. Dezember 1974 in Bassano del Grappa.
Sternzeichen: Schütze.
Mit 16 beginnt er in Costa, einem kleinen Klettergarten im Valsugana, zu klettern.
2004 zieht er ins Sarcatal.
Sponsoren:
Montura, Scarpa.

PAOLO BENVENUTI

Qualität: importiert und verbrieft

Diego und Mauro Mabboni erkannten schon vor einigen Jahren die Routenmöglichkeiten im Felsriegel von Padaro und erschlossen die ersten Linien im unteren Bereich. Danach bohrten Holger Brink und Olaf Zeddies weitere Touren ein. Paolo Benvenuti, der seit zehn Jahren im Sarcatal lebt, haben wir die Erschließung weiterer Sektoren in diesem Gebiet zu verdanken. Seine Routen bis 8b+ hat er selbst erstbegangen, wobei die Schwierigkeiten noch bestätigt werden müssen. Es soll mittlerweile auch eine erste 8c+ geben. Seine Kumpel? Ein Wohnmobil und viel Sangria...

Du warst also schon immer ein bisschen ein Rumtreiber?
Herumgereist bin ich schon immer sehr gerne, wollte neue Leute kennen lernen. Mein Agrarstudium erlaubte es mir, Teilzeitjobs anzunehmen und sie mit dem Klettern zu verbinden. Im Winter war ich weg, im Sommer arbeitete ich. Einen festen Wohnsitz brauchte ich nicht.

Deine Ziele?
Erst die Vereinigten Staaten, dann Neuseeland, Australien, Thailand... Bei meiner ersten Reise 1995 kletterte ich die Nose am El Capitan und die Normalroute auf den Half Dome sowie klassische Routen auf den Long's Peak in Colorado, Devil's Tower in Wyoming, Tuolumne Meadows in Kalifornien...
Mein Freund Gaian Luca Bellin begleitete mich, zusammen mit ihm und Lorenzo Massarotto hatte ich im Jahr zuvor die Linie *Dolce Dormire* auf den zweiten Gipfel der Pale di San Lucano eröffnet.

Du hast also eine alpine Vergangenheit...
Lange Routen haben mir schon immer Spaß gemacht. 1996 hatte ich den *Weg durch den Fisch* und *Specchio di Sara* in der Marmolada wiederholt. Auch die erste Wiederholung der *Casarotto-Verschneidung* an den Pale di San Lucano gelang mir in dem Jahr.

Dann gab es eine Pause....?
Eine Zeitlang habe ich die alpine Welt verlassen und mich mehr mit dem Sportklettern befasst. Ich wollte meine Grenzen bezüglich der Schwierigkeitsgrade verbessern, um auch schwierigste und lange Routen in Angriff nehmen zu können. Das gelang mir mit der *Larcher-Vigiani*, einer 8a in der Marmolada-Südwand, die ich mit Alessandro ("Bobo") Rudatis wiederholte oder auch mit der Linie *Giallo Dream*, ebenfalls eine 8a, in der Vallacciagruppe. Sie gelang mir zusammen mit meinem Kletterpartner Paolo („Specchio") Specchier.

Und während dieser Pause hast du ein anderes Land auf deine Liste gesetzt...
Spanien, ja. Weil sich das Klettern dort wahnsinnig schnell entwickelte. Meine erste Reise dorthin war 1998, nach El Chorro, und sie dauerte ein paar Monate. Ich lebte in den Höhlen, teilte den freundschaftlichen Spirit mit anderen Leuten und spürte die Kreativität, die Spanien später zu dem machen sollte, was es heute ist: Dreh- und Angelpunkt des internationalen Sportkletterns. Für Frankreich blieb damit nur der zweite Platz.

"Und ging immer wieder zurück..." Durch und durch ein Spanier also!
Klar doch, Spanien! Zehn Jahre hintereinander war ich im Winter dort, die erste Zeit in Andalusien, dann weiter nördlich in Katalanien. Ich setzte mich in mein Wohnmobil und weg war ich! Tja, und wie so oft im Leben, passieren dann Dinge, die dich in eine neue Richtung führen: Vanessa, meine Lebensgefährtin, stammt aus Barcelona.

Aber jetzt seid ihr in Arco.
Ja, Dinge passieren. Nachdem ich in Castle Hill in Neuseeland und in den fantastischen Arapiles in Australien war, bin ich zufällig in Arco gelandet. Zum ersten Mal war ich 2002 zum Klettern hier, entdeckte Massone und viele andere kleine Wände, die mir so wahnsinnig gefallen. Als Rumtreiber und Kletterer ist für mich klar, dass ich zwischen den vielen Orten wechseln muss: Sarcatal, Spanien, Frankreich, Thailand, Mexiko, Kalifornien... Bis mir dann hier eine feste Anstellung angeboten wurde, die es mir erlaubt, nachmittags klettern zu gehen. Einfach super! Ich arbeite als

Gärtner für die Gemeindeverwaltung von Riva und seit letztem Jahr wohne ich zusammen mit Vanessa im eigenen Haus in Arco.

Und wie lief das mit Padaro?
Vor drei Jahren, 2012, begann ich, dieses herrliche Massiv zu erschließen. Ich kannte es schon vorher und wusste, dass dort keine Routen existierten.

Wolltest du dann sozusagen Spanien nach Arco bringen?
Das wäre zu viel gesagt! Nach Spanien ging ich immer wieder, weil es für meine Art zu Klettern dort sehr schön war. Viele Sinter und steile Überhänge. Die beiden Sektoren, die ich gerade erschließe, sind deutlich athletischer als die älteren Routen in Padaro. Alles wird sich entwickeln, vielleicht können sogar zwanzig neue Routen hier entstehen."

Du hast bisher schon einige eingebohrt, alle sehr spektakulär und schwierig. 2012 konntest du En Horabueno und 2013 Matasanos befreien, beide im Grad 8b+.
Ja, richtig. Da ist noch ein weiteres Projekt, vielleicht 8c+, dann auch noch *Sadomaso* und *Sono indifferente* 8b.. Die Grade müssen aber von den Wiederholern noch bestätigt werden. Im mittleren und im rechten Bereich ist die Wand eher senkrecht, dort können Routen in einem weiten Bereich entstehen, vielleicht zwischen 6c und 8a. Momentan gibt es dort zwei 7a-Routen mit 30 und 35 Meter Länge. Die letztere hat mein Freund Paolo Specchier eingebohrt.

Investierst du viel Zeit in Padaro?
Nun, putzen, einbohren, projektieren. Da geht schon viel Zeit rum, aber ich bin nicht der Typ, der sich nur auf eine Sache beschränkt. Ich will auch reisen oder an anderen Orten klettern. Padaro wird sich sicher noch entwickeln, und wenn man etwas mit Ruhe angeht, kann man es doch viel mehr genießen.

Die Routen, die du in Padaro erschließt, befreist du die alle auch selbst?
Bisher habe ich das so gemacht. Wenn mich jedoch ein Freund fragt, ob er einen Versuch wagen darf, würde ich mich sehr glücklich schätzen. So bekäme ich die Gewissheit, dass dieses oder jenes Projekt passt, es vielleicht auch nichts zu verändern gäbe.

Hast du einen Wunsch?
Dass Leute kommen und die bestehenden und künftigen Routen wiederholen. Denn ich mache diese Arbeit nicht für mich alleine. Ich teile gern meinen Spaß beim und meine Leidenschaft für das Klettern auch mit anderen!"

Von Paolo empfohlene Routen im Sarcatal:

• San Siro: *L'Essenziale* 8a+
"Ich erinnere mich, dass ich sie im zweiten Go klettern konnte, das war etwas unerwartet, weil ich eigentlich noch nicht alle Züge drauf hatte. Aber dann klettert man halt mal drauf los, lässt sich von den Empfindungen leiten und dann gelingt es einfach: Das ist vielleicht das Wichtigste und Schönste beim Klettern!"
• Gola di Toblino: *Futura* 8a+
"Eine historische Route von Roberto Bassi. Nur wenige Meter, aber alles muss stimmen: Fußtechnik, Gleichgewichtssinn, Fingerkraft, Luftfeuchtigkeit. Wenn man so schöne Routen klettert, erinnert man sich an fast jeden einzelnen Zug."
• Nago: *Titanic* 7a+
"Doch noch viele weitere Routen fallen mir in Nago ein! Ein herrlicher Fels mit scharfen Tropflöchern und ein schöner Blick auf den Gardasee. Hier hat man immer Spaß, vor allem, wenn nette Freunde dabei sind."
• Camerette: *Ikebana* 8a:
"Fantastischer Fels, eine richtige Arco-Route".
• Grottosauro: *Insostenibile debolezza dell'essere* 8c
"Eine wunderschöne, überhängende Linie von Rolando Larcher. Jahrelang blieb sie ein Projekt, aber eines Tages konnte ich sie befreien! Ich glaube, dass nach wie vor eine erste Wiederholung aussteht."
• Coel della Val Della Porta: *Amen-Patagonia* 8b+
"Eine neue Verbindung von *Amen* (8b) und *Patagonia* (8b+). Mir gefielen vor allem die verschiedenen schönen Passagen: anfangs sehr viel Kraft fordernd, dann kleingriffige überhängende Wandkletterei. Eine wirklich schöne und lange Route, die man bis zum Ende klettern sollte!"
• Ranzo: *Hot Belay* 8a+/b
"Vor nicht langer Zeit war ich wieder mal in Ranzo und konnte dort diese Linie wiederholen. Ich erinnere mich gern an diesen Ort, zum einen wegen der Kletterei, die dort ganz anders ist als im „klassischen" Arco und zum anderen wegen des abschüssigen Bandes oberhalb der Schlucht von Limarò. In Ranzo verbringt man ganz sicher immer einen schönen und ruhigen Klettertag!"

M. Brento
26
56
Coste dell'Anglone
55
Drena
25
Dro
Ballino
M. Biaina
SS45b.
24
M. Misone
Ceniga
SS421
13
12
14
10
15
47
Lago di Tenno
3
11
16
23
17
22
Padaro
6
7
1
9
2
8
21
19
20
18
Tenno
5
4
Arco
Massone
Varignano
Bolognano
SS240d.
S.ta Barbara
M. Brione
M. Creino
SS240
Riva del Garda
48
Nago
49
51
45
46
Passo S. Giovanni
50
Pannone
Torbole
Lago di Garda
Lago di Loppio
SS249
SS240
Loppio
52
53
54
SS45b.

Arco

Padaro

01

Schon vor einigen Jahren erkannten die Gebrüder Mabboni das Potenzial dieser Wand und erschlossen die ersten Routen. Später gesellten sich die Deutschen H. Brink und O. Zeddies hinzu sowie Paolo Benvenuti, der einige sehr spektakuläre und schwierige Linien bis 8b+ einbohrte, die er auch als erster begehen konnte.

Schon jetzt ist Padaro ein Paradies für schwere Touren und wird von den besten Kletterern gerne besucht. An diesem Massiv mit der fantastischen Felsqualität gibt es noch viele Erschließungsmöglichkeiten. Das Gebiet wird in mehrere kleine Sektoren unterteilt, wobei es nur wenige Aufwärmrouten gibt. Wer nicht mindestens eine 7a klettern kann, ist hier fehl am Platz. Von den oberen Sektoren hat man den vielleicht schönsten Ausblick auf den Gardasee von allen Gebieten, die in diesem Kletterführer beschrieben werden. Ein absolutes Muss sind die jeweils zweiten Längen im Grad 7c+ der Routen *Sintersprinter* und *Kantentänzer* (Erste freie Begehung R. Larcher bzw. G. Dalvovo).

Erschließer: P. Benvenuti, H. Brink, D. u. E. Mabboni, O. Zeddies, G. Vergoni.

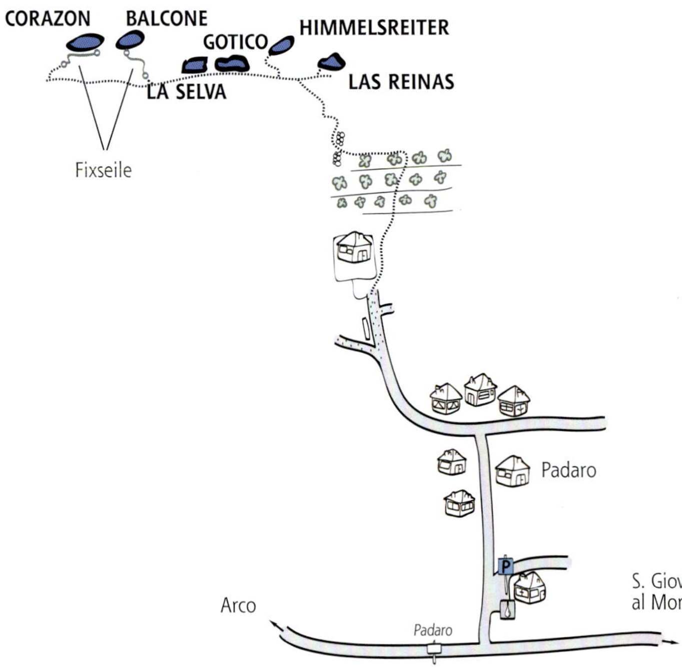

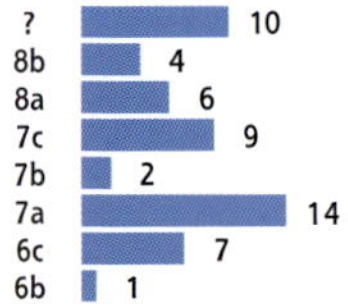

51

Padaro, Paolo Benvenuti, *Viaggi stellari ... nel porno paese* 8a (ph. Giampaolo Calzà) ▶

Anfahrt/Zustieg
Von Arco 4,8 km, dann 10-20 Minuten Zustieg auf einem Wanderweg.

Von der Sarcabrücke in Arco in Richtung Riva del Garda und noch innerhalb von Arco gleich rechts in die Via Battisti bzw. Richtung Laghel/Castello di Arco. Nach nur 200 m links in die Viale dei Capitelli bzw. Richtung Krankenhaus. Auf dieser Straße fährt man dann ca. 2 km weiter, durch Vigne und danach rechts nochmals 3 km bis Padaro. Sofort nach dem Ortsschild biegt man links ab und parkt beim Brunnen.
Nun zu Fuß durch die Via Monte Grappe, dann links in die Via Carbonare und in Richtung der deutlich sichtbaren Felsen, bis zum Beginn der Schotterstraße. Jetzt geradeaus weiter (nicht links der breiten Schotterstraße folgen) und bis zu einem Holzhäuschen mit einer Wiese davor. Dann auf den Weg, der rechts vom Häuschen durch den Olivenhain führt und weiter bis zur letzten Terrasse. Nun links weiter, an den Olivenbäumen vorbei und bis zu einer kleinen Mauer, dann auf eine Pfadspur, die an der Geröllhalde entlang bis zum Wald führt. Zum Sektor Las reinas biegt man in der Nähe der Felswand nach rechts ab und steigt dann gleich nach fünf Metern hoch zum Wandfuß.
Zu den anderen Sektoren geht man auf dem Weg linkshaltend und flach weiter, nach kurzer Zeit führt ein Fixseil zum Sektor Himmelsreiter. Zu den Sektoren Il Balcone und Corazon geht es auf dem Weg noch weiter, bis weitere Fixseile zuerst zum Sektor Balcone bzw. später zum Sektor Corazon führen.

SEKTOR LA SELVA

1 OHNE NAMEN	7a+	22m	Sinterkletterei bis zum Band, dann Einzelstelle an Mikroleisten in Platte
2 OHNE NAMEN	7a	20m	Einzelzug an Mikroleisten bis zum Band, schwierige Passage direkt unter dem Umlenker
3 OHNE NAMEN	6b+	20m	Schöne Kletterei, die viel Gleichgewichtssinn erfordert
4 OHNE NAMEN	6c	17m	Schöne Züge an Auflegern

SEKTOR GOTICO

1 OHNE NAMEN	?	26m	Projekt
2 L'UOMO INUTILE	7c+	27m	Sinter und Schlussboulder
3 OHNE NAMEN	8a+	27m	Kraftausdauer
4 LA PRINCIPESSA DI CIOCCOLATO	8a+	28m	Herrliche Sinterkletterei und Abschlusslängenzug an Sloper
5 MEZZO E MEZZO	?	25m	Projekt. Einstieg über Viaggi Stellari dann links
6 VIAGGI STELLARI... NEL PORNO PAESE	8a	28m	Ausdauer an Sintern, sehr schön
7 OHNE NAMEN	8a+	30m	Nach dem Überhang von Viaggi Stellari weiter, 2 Bh bis Stand an einzelnem Bh
8 OHNE NAMEN	8a+	25m	Zwei Boulderpassagen
9 SADOMASO	8b	25m	Einstiegsblockierer, dann Ausdauer
10 OHNE NAMEN	?	?	Projekt
11 FINE DI UN'EPOCA	8a+/b	25m	Blockierzug in der Mitte, dann Kraftausdauer
12 COME MI VOGLIONO	?	25m	Projekt. Viel Kraft an Sintern, Fingerkraft im Ausstieg. Die ersten 5 m wie Sono Indifferente
13 SONO INDIFFERENTE	8b	25m	Zwei schwierige Passagen
14 LOVE CHET	?	?	Projekt
15 SCORBUTICA	7c/+	20m	Zwei harte Stellen
16 SINESTESIA	7b	?	

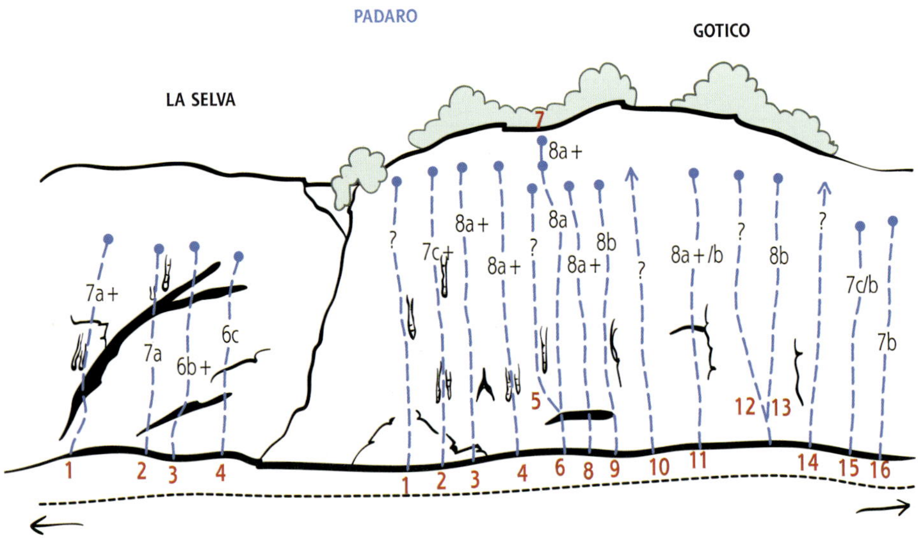

SEKTOR LAS REINAS

1 QUE VIVA QUISQUEYA		7a+	28m	
2 KATHERINE KEILIN		7c	25m	Schlechte Absicherung
3 ABRIL ROCIO		7c	25m	
4 CANGACEIROS		8a?	22m	Kleine Griffe in gelber Wand
5 LASCIALA SENZA NOME		7c/+	22m	Sloper und Leisten, schwierige Passage im Mittelteil
6 YULY MARLENNY		7a+	25m	Sinter mit Längenzügen
7 CRISTINA ISABEL		7a+	25m	Sinter mit langer Passage
8 MARRY ME!		6c	16m	Sehr heftig
9 SPEED SEDUCTION		7c	110m	Leisten und kleine Löcher, etwas luftig abgesichert
	L1	7a	25m	
	L2	7b+/c	25m	
	L3	7a	35m	
	L4	6c	30m	
10 RUT		7a+	25m	

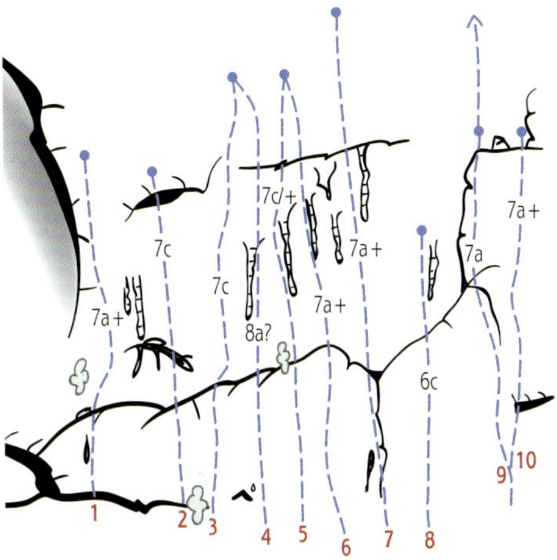

PADARO
LAS REINAS

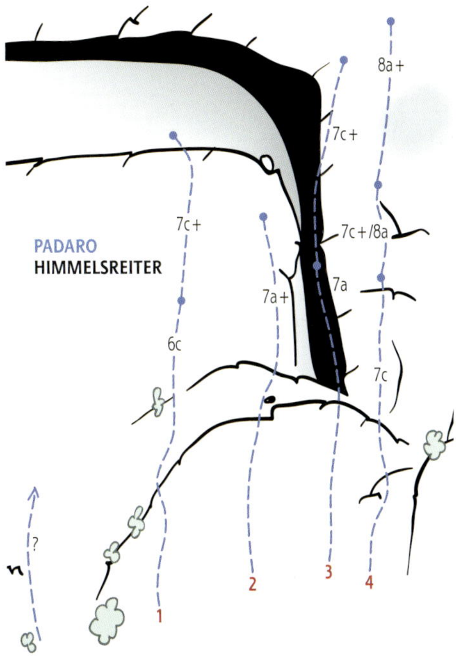

SEKTOR HIMMELSREITER

1 SINTERSPRINTER	SL1	6c	25m	
	SL2	7c+	25m	Sagenhafte Sinterroute, eine der schönsten in diesem Führer
2 MAUER LÄUFER		7a+	35m	Sinter, überhängend
3 KANTENTÄNZER	SL1	7a	28m	
	SL2	7c+	20m	Kante mit Sintern, sehr schön
4 HIMMELSREITER	SL1	7c	32m	Wand mit Leisten
	SL2	7c+/8a	15m	Wand mit Leisten
	SL3	8a+	55m	Super lang. Ausdauer und Kraft (SL1+SL2+ SL3). Achtung beim Ablassen/Abseilen

SEKTOR CORAZON

1 CORAZON INVERTIDO	?	37m	Projekt, Ausdauerüberhang, harter Blockierer am Ausstieg (8c+ ?)
2 EN HORABUENA	8b+	33m	Schwierige Wand, dann technisch und kleingriffig
3 LASTIMA	?	33m	Kleingriffige, überhängende Wand
4 PATITONA	7a	34m	Schwierige Einstiegswand
5 PATOSA	6c	25m	
6 DOLCE ATTESA	7a	35m	Sinter, Ausdauer
7 OHNE NAMEN	?	22m	
8 OHNE NAMEN	?	22m	

SEKTOR IL BALCONE

1 RASCA Y GANAS	?	35m	Schwieriger Einstieg, dann Ausdauer an Sintern
2 MATASANOS	8b+	35m	Plattige, überhängende Wand mit kleinen Sintern, Blockierer in der Mitte

PADARO

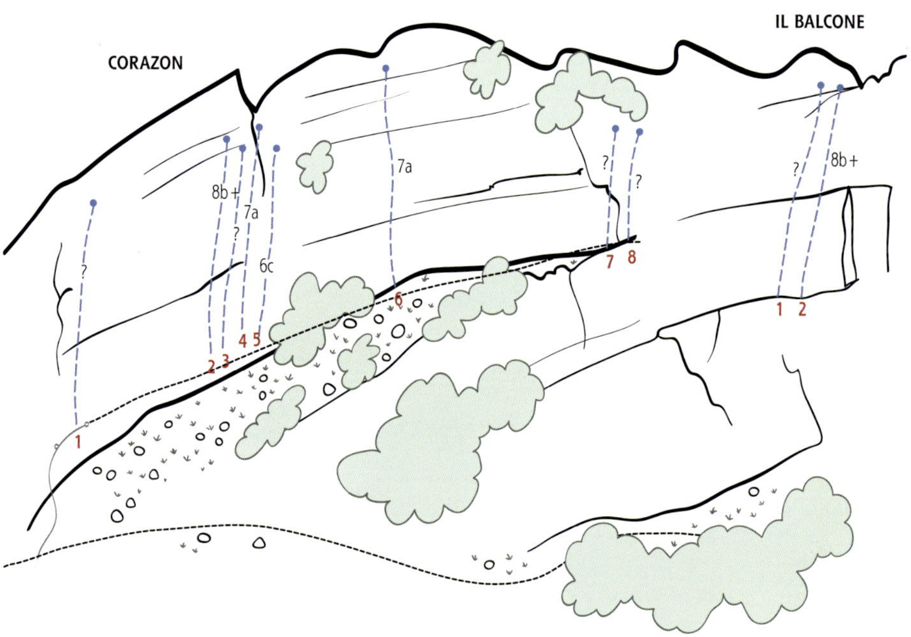

Padaro, Linda Grossi, *Cristina Isabel*, 7a+ (*ph. Giampaolo Calzà*) ▶

Arco

Le Piazzole

02

Betrachtet man die sonstigen Zustiegszeiten zu den hiesigen Klettergebieten, so sind 20 Minuten ganz schön viel. Wer aber diese auf sich nimmt, erreicht eine schöne Felswand, die schön in der Sonne liegt und sich deshalb vor allem für Herbst oder Frühjahr eignet. Zudem genießt man schon beim Zustieg eine herrliches Panorama: es reicht von der Ebene zwischen Arco und Riva über einen großen Teil des Gardasees bis hin nach Malcesine. Die Sektoren A und B sind Teil des Projekts "Outdoor Park Garda Trentino".

Anfahrt/Zustieg

Von Arco ca. 4,3 km, dann 20-25 Min. zu Fuß auf Wanderweg.

Von der Sarcabrücke in Arco zunächst in Richtung Riva del Garda und (noch im Ort) rechts ab auf die Via Battisti in Richtung Laghel. Nach 200 m dann wieder links in die Via dei Capitelli (Ospedale-Krankenhaus) und auf dieser Straße ca. 2 km weiter. Nach dem Ort Vigne folgt man rechts den Hinweisschildern nach Padaro, ab hier steigt die Straße ca. 1,2 km steil an. Wenn sie wieder flacher wird, erkennt man auf der linken Seite eine Parkmöglichkeit für wenige Autos.

Zu Fuß auf der Straße weiter, kurz darauf auf das schmale Zementsträßchen (Durchfahrt Verboten-Schild) und steil weiter bis zu einer Schranke. Ab hier führt ein Saumpfad in den Wald, bei einer markanten Abzweigung (Steinmann) dann rechts auf den Pfad, der steil bis zum Wandfuß führt.

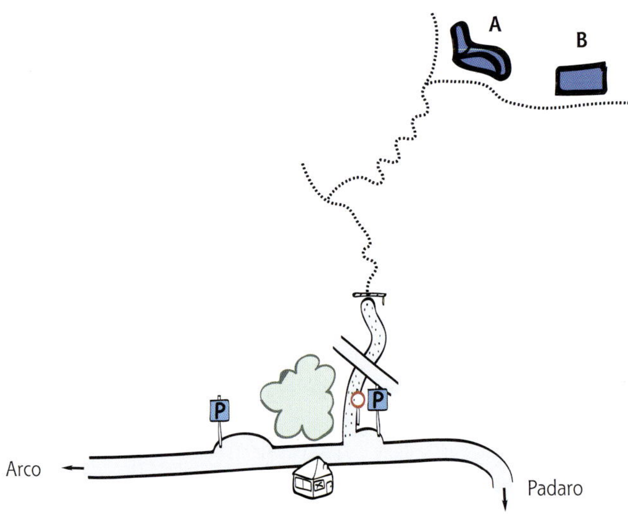

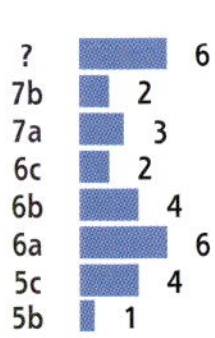

28

SEKTOR A

1 LA PRUA	6a+	12m	Senkrechte Platte, Ausdauer
2 ARCO2011	6b	20m	Senkrechte Platte, Crux unterhalb vom Bauch
3 ANGY QUEEN OF LEAD	6b+	20m	Fingerboulder in der Mitte
4 RAMON KING OF LEAD	6c	20m	Schön, Einstieg an Sintern, dann sehr leicht
5 ANNA QUEEN OF BOULDER	6a+	20m	Abwechslungsreiche Wandkletterei
6 DIMITRY KING OF BOULDER	6a	16m	Schöne Aufwärmroute
7 QIXIN KING OF SPEED	6a+	18m	Abwechslungsreiche Wandkletterei
8 MARIJA QUEEN OF SPEED	6b+	22m	Einzelstelle am Einstieg, dann leichter. Schön.
9 IL BALCONE	7a+	12m	Ausdauer und Querung nach links in Routenmitte. Sehr schön
10 SHORT TRACK	7b	12m	Einzelstelle in der Mitte an Leisten
11 THE CAVE	7a	15m	Ausdauer an Sintern und senkrechten Dellen, Einzelstelle in der Austiegsplatte
12 AVANA	7a	15m	Kurze, schöne Ausdauerlinie
13 OVER THE LAKE	7b	15m	Abwechslungsreich, fingerige Einzelstellen

LE PIAZZOLE
SEKTOR A

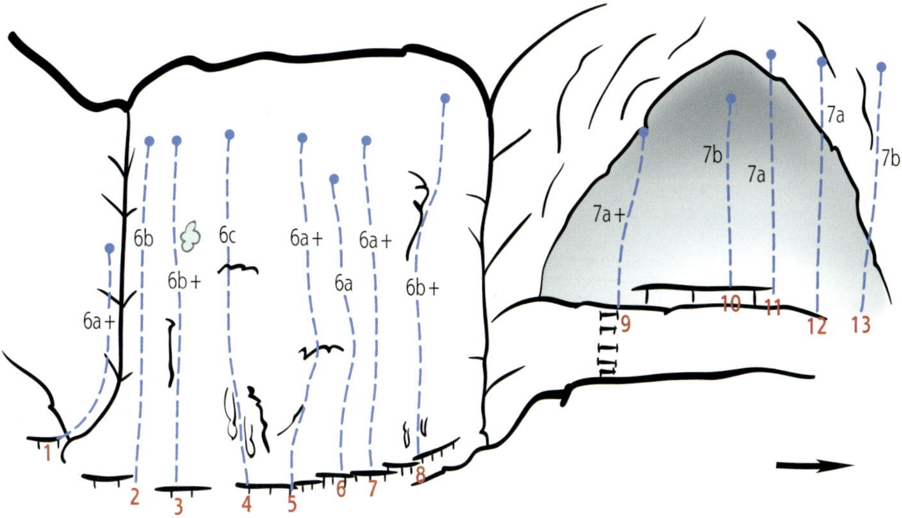

SEKTOR B

1 ROCKMASTER TEAM	6c	15m	Graue Wand mit schwierigen Einzelstellen
2 GARDATRENTINO	6b	15m	Graue Wand mit schwierigen Einzelstellen
3 ARCO THE HOME OF CLIMBING	6a	15m	Leicht geneigt, Ausdauer
4 OLD STYLE	6a	15m	Leicht geneigt, Ausdauer
5 EQUILIBRIO	5c	15m	Leicht geneigte Wand
6 PRECISIONE	5c	15m	Leicht geneigte Wand
7 IN PUNTA DI PIEDI	5c	15m	Leicht geneigte Wand
8 BLACKBOARD	5c	15m	Leicht geneigte Wand
9 S.N.	5b	15m	Leicht geneigte Wand

SEKTOR FAVRESSE (Keine Skizze)

1 OHNE NAMEN	?	?	Projekt Favresse
2 OHNE NAMEN	?	?	Projekt Favresse
3 OHNE NAMEN	?	?	Projekt Favresse
4 OHNE NAMEN	?	?	Projekt
5 OHNE NAMEN	?	?	Projekt
6 OHNE NAMEN	?	?	Projekt

LE PIAZZOLE
SEKTOR B

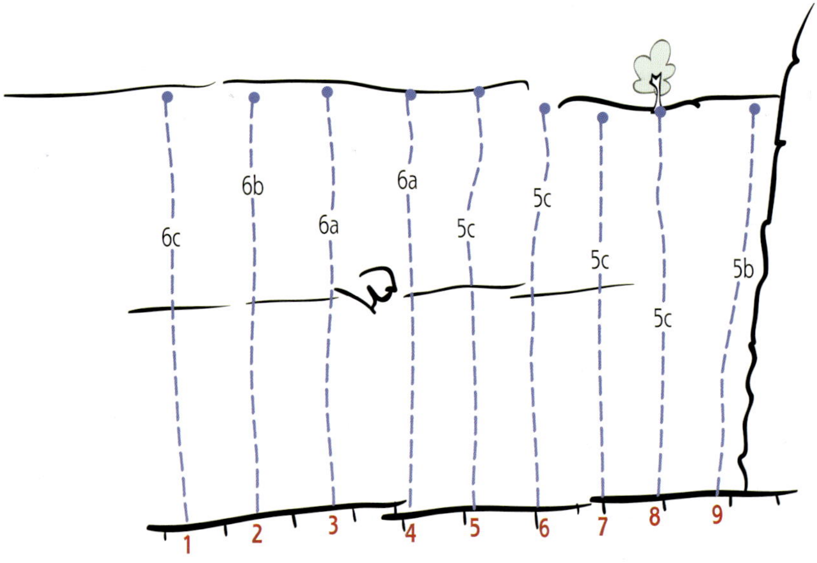

LIGHTNING 25
Der kompromisslose Alpinrucksack
Ausgestattet mit INNOVATIVEN FEATURES und WENIG GEWICHT bietet dir der Lightning 25 jede Menge Komfort in großen Wänden.
CHECK OUT OUR PRODUCTS
cleanclimb shop
Via Segantini, 112
38062 Arco (TN)
tel. +39 0464 533068
shop@cleanclimb.com
Gobbi Sport
Via Segantini, 72
38062 Arco (Tn)
Tel. +39 0464 532500
info@gobbisport.it
cleanclimb
Gobbisport
ORTOVOX
ortovox.com
ORTOVOX
VOICE OF THE MOUNTAINS

Mandrea

Mandrea ist bei den meisten Kletterern für die schönen und interessanten Mehrseillängenrouten bekannt, nur wenige wissen, dass es in der Nähe auch diesen großen und lohnenden Klettergarten gibt. Nach dem Ausstieg aus den langen Routen erreicht man die asphaltierte Straße, die von Vigne nach San Giovanni führt. Und nur wenig entfernt von hier, mit sehr bequemem Zustieg, findet man auch diese Wand mit den vielen schönen, kurzen Linien. Zusätzlich lockt eine große Wiese am Wandfuß, wer also einen schönen Klettertag verbringen möchte, ist hier genau richtig.
Die Felswand liegt auf Privatgrund: respektiert dies und haltet unbedingt die Umgebung sauber! Wer hier oben übernachten will, dem sei das B&B Masomandrea empfohlen. Das Gebäude geht auf das XV. Jahrhundert zurück und liegt in allernächster Nähe der Felsen (www.masomandrea.com).

Sektor B
Etwa 200 m nach dem Aussichtspunkt zweigt links eine Forsstraße (mit Schranke) ab. Hinter den markanten Steinschlagnetzen liegt der Sektor B, der offensichtlich aufgegeben wurde. Die zehn vorhandenen Routen müssten saniert und der Fels geputzt werden. Die Felsqualität scheint sehr gut zu sein, zusätzliche Routen könnten sicher auch erschlossen werden. Schaut euch das mal an und: bitte beim Parken nicht die Durchfahrt behindern.

Erschließer: S. Merighi, B. Soardi u.a.

Anfahrt/Zustieg
Von Arco 8,5 km, dann 2 Min. zu Fuß auf Wanderweg.

Von der Sarcabrücke in Arco in Richtung Riva del Garda und (noch im Ort) rechts ab auf die Via Battisti in Richtung Laghel. Nach 200 m dann links in die Via dei Capitelli (Ospedale-Krankenhaus) und auf dieser Straße ca. 2 km weiter. Nach dem Ort Vigne rechts den Hinweisschildern nach Padaro folgen, auf dem höchsten Punkt fährt man an einem Aussichtspunkt in einer Kurve vorbei. Hier steht auch ein Ortsschild (Loc. Mandrea), nach ca. 500 m links ein erstes Haus. Gleich danach parkt man dann auf der Wiese (nicht am Straßenrand) unterhalb der Felswand. Auf der linken Seite führt ein Pfad in kurzer Zeit zum Wandfuß.

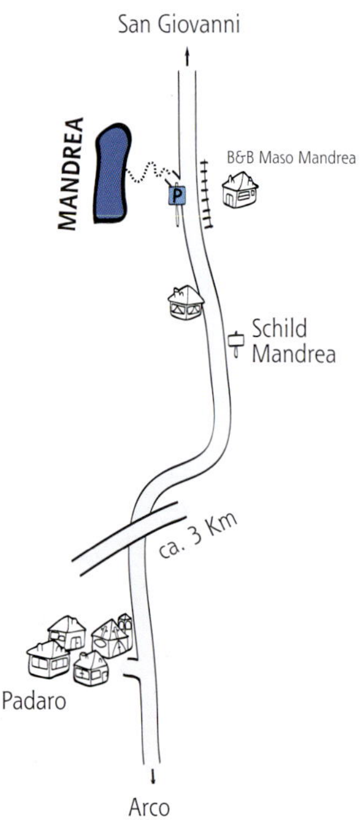

7c	5
7b	7
7a	7
6c	4
6b	2
5c	1

26

1 NANO	7b+	32m	Blockierzug am Einstieg, dann leichter
2 ORCO	7b+	32m	Harter Einstieg, dann Ausdauer und Kraft
3 GANDALF	6c+	32m	Kraftausdauer an Bäuchen
4 OHNE NAMEN	5c	12m	Kleine, geneigte und schräge Verschneidung
5 IMPERATICE NIGRA	7b	30m	Heikle Moves an Bäuchen, Ausdauer
6 NINFA	7c+	30m	Blockierzug am Einstieg, Kraftausdauer an Leisten
7 ELFO	7c	32m	Boulderpassage und Kraftausdauer an Leisten
8 LE AQUILE	7a+	20m	Kraftausdauer
9 FRODO	7a+	25m	Im Ausstieg Kraftausdauer an Leisten
10 SMAUG	7b	22m	Harter Einstiegszug, dann Ausdauer
11 OHNE NAMEN	6c	22m	Einstieg über Bilbo, dann weiter über Smaug (Einstiegsboulder wird umgangen)
12 BILBO	7a	30m	Einzelpassagen an Wülsten
13 SMIGOL	7c+	30m	Blockierzug am Ausstiegsüberhang
14 GOLLEM	7c+	28m	Senkrechte Wand, dann Kraftausdauer
15 RAGNO	7b	28m	Senkrechte Wand, Blockierkraft beim Dachausstieg
16 OHNE NAMEN	6c	22m	Einstieg über RAGNO, weiter zum Umlenker von THORN (ohne die Ausstiegspassage)
17 THORN	6b	22m	Lohnende gutgriffige Kletterei
18 INCANTATRICE	7a+	28m	Wand mit Aufschwüngen
19 HOBBIT	7a	28m	Ausdauer
20 GNOMO	6b+	28m	Einstieg mit Slopern, weiter entlang vom grauschwarzen Streifen
21 TAURO	7a	28m	Ausdauer mit Wülsten
22 BALBALBERO	6c	28m	Kleine Verschneidung, Ausstieg über graue Platte
23 SERPE	7a+	24m	Einstieg über senkrechte Wand, guter Ruhepunkt, dann kleiner Überhang
24 BALIN	7c	30m	Ausdauer
25 THORIN	7b	24m	
26 AZOG	7b+	24m	Passage mit Mikroleisten

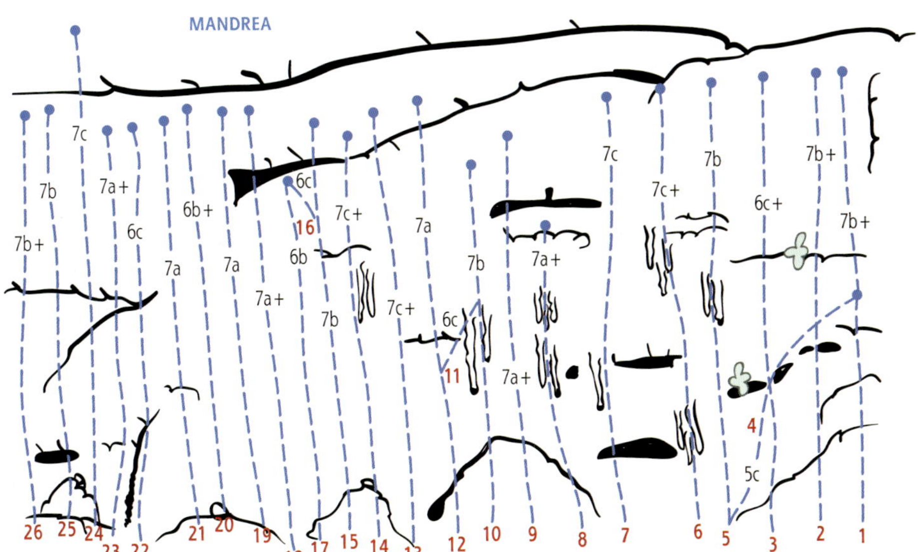

Arco

Placche di Baone

04

Mitten in den grünen Olivenhainen und mit einer wunderbaren Aussicht auf das obere Gardasee-Gebiet sowie die umliegenden Gipfel von Altissimo und Telegrafo liegt ein Klettergebiet, das sich bestens für die ersten Schritte in der Vertikalen eignet. Die Routen in den geneigten Platten sind bis zu 100 m lang und liegen im Schwierigkeitsgrad 3b bis 6a. Die meisten klettern nur die erste Seillänge und wiederholen dann die Linien im Toprope.
Der Klettergarten ist in die zwei Sektoren Attimo Fuggente und Ondulina aufgeteilt.

Im ersten Sektor sind die Routen 16 bis 21 speziell auch für Sehbehinderte eingerichtet, sie sind Teil des Projekts "Klettergärten ohne Grenzen". Am Wandfuß steht ein Schild in Braille-Schrift mit den Routennamen und jeweiligen Schwierigkeiten.
Das Klettergebiet ist absolut familientauglich, es gibt einen Picknickplatz, Abstellplätze und sanitäre Anlagen. Abstieg: Abseilen über die Routen.

Erschließer: Giampaolo Calzà, D. Depretto , R. Galvagni, C. Mattei u.a.

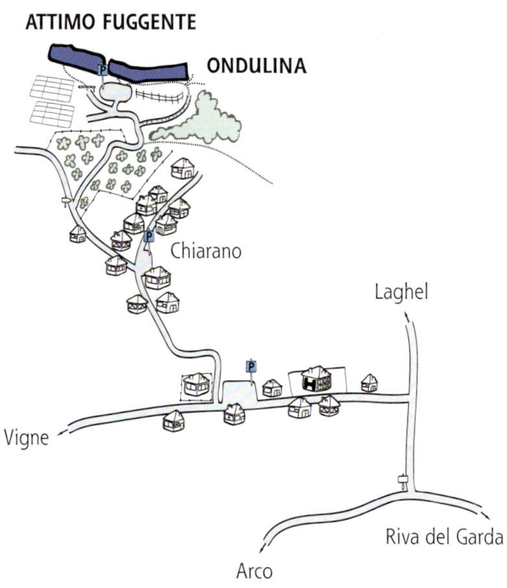

Anfahrt/Zustieg
Von Arco 3,5 km Auto.

Von der Sarcabrücke in Arco fährt man durch das Ortszentrum in Richtung Riva del Garda und biegt am Ortsausgang nach rechts Richtung Chiarano ab. Am Krankenhaus vorbei, bei der Klinik Eremo nach rechts, immer Richtung Chiarano. Ab jetzt steht auch Padaro-S. Giovanni (oder Baone) angeschrieben. In Chiarano zweigt man sofort nach der Durchfahrt unter dem Gewölbebogen eines Hauses nach links ab (Via al Monte) und folgt der Beschilderung „Placche di Baone/Falesie". Nun weiter durch die Olivenhaine bis zum Parkplatz unterhalb des Klettergebiets.

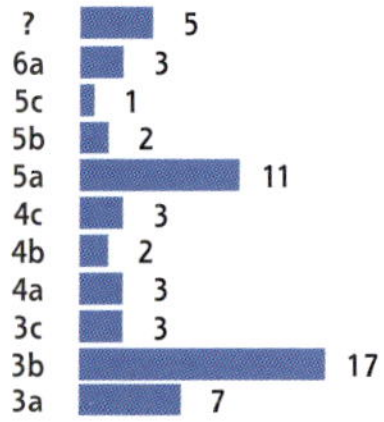

57

Von hier sind es nur wenige Minuten Fußweg zu den Einstiegen.
Achtung! Wer mit einem Campingmobil oder Kleinbus anreist, parkt am besten noch im Dorf, gleich nach der Durchfahrt des Gewölbebogens, auf der rechten Seite. Die ‚Via al Monte' ist nämlich sehr eng! Zu Fuß dann auf dieser bequemen, gepflasterten Straße weiter bis zum Parkplatz (300/400 m von Chiarano, 15 Min.).

SEKTOR ATTIMO FUGGENTE

1 OHNE NAMEN	?	100m	Route ist verdreckt und uninteressant
2 VIA CIP	3b	110m	Reibungskletterei, nicht lohnend, leicht dreckig.
3 VIA MAR	3b	110m	Reibungskletterei, langer Hakenabstand. Im oberen Teil moosbedeckt
4 VIA 01/01/2000	3b	110m	Lohnende und angenehme Reibungskletterei
5 VIA C.G.	3c	90m	Schöne Kletterei auf kompakten Platten
6 VIA D.B.	3b	100m	Schöne, abwechslungsreiche Plattenkletterei
7 VIA BOTTONI BIANCHI	3b	100m	Flache Plattenkletterei. Im oberen Teil etwas Fußtechnik erforderlich, sehr schön
8 VIA PAOLO	3c	100m	Einfache Reibungskletterei
9 OHNE NAMEN	?	100m	Zur Zeit noch Projekt, es fehlen die Standplätze

PLACCHE DI BAONE
ATTIMO FUGGENTE

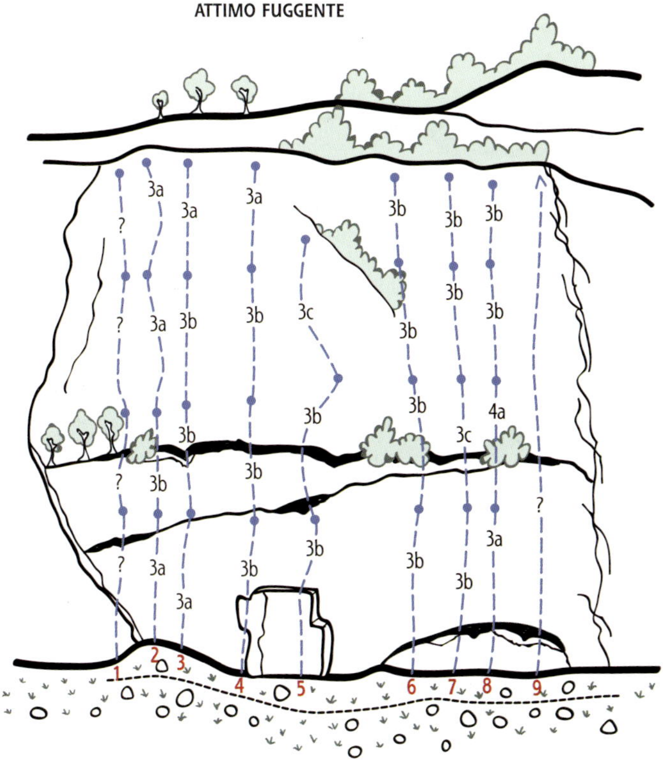

SEKTOR ONDULINA

10 EQUILIBRI PRECARI	6a	25m	Heikle Züge auf geneigter Platte
11 SOLARIUM	5b	50m	Interessant, leicht abgespeckt; im oberen Teil etwas grasbewachsen
12 SCALA ROVESCIA	5c	25m	Platte, durchzogen von einer Reihe kleiner Dächer mit Untergriffen
13 STRATI SENSUALI	6a	75m	Interessant, abwechslungsreiche Plattenkletterei
14 OHNE NAMEN	5a	28m	Zu Beginn Untergriffschuppen, dann Plattenkletterei
15 FIGOVIZ	5b	80m	Reibungskletterei in geneigter Platte
16 CADE LA CORDA	5a	75m	Reibungskletterei in geneigter Platte
17 ONDULINA	5a	80m	Der Klassiker in diesem Gebiet. Reibungskletterei in leicht geneigter Wand
18 MUCILLERO	5a	80m	Interessante, abwechslungsreiche Reibungskletterei
19 FIUTO	5a	26m	Reibungskletterei
20 FIATO	5a	26m	Reibungskletterei
21 GIONA	5a	26m	Reibungskletterei

PLACCHE DI BAONE
ONDULINA

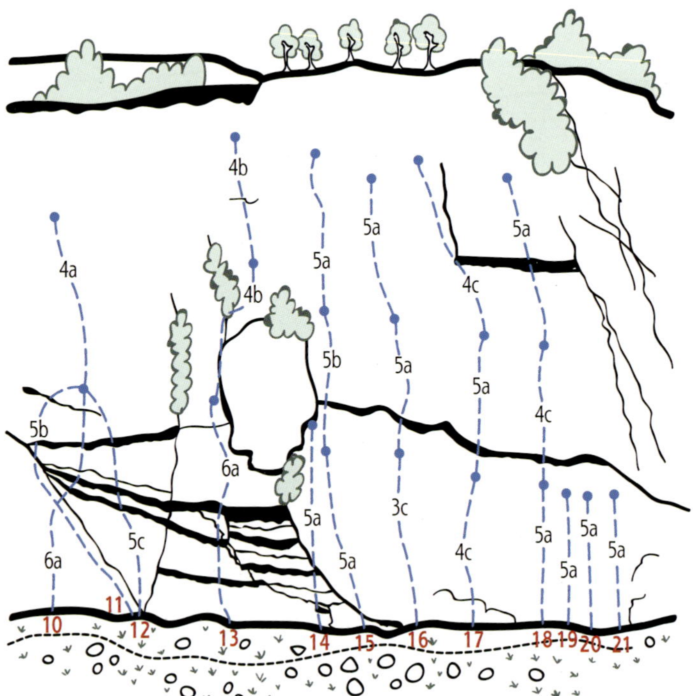

guesthouse arco
Home
Sweet Home
living | training | home
Apartments for climbers (but not only)
in Arco and Chiarano, for 2-6 people
FON +39 335 5241312
www.guesthouse-arco.com
visit us
facebook.com/guesthouse-arco
michael meisl

Arco

Bus De La Stria

05

Der schön gelegene Klettergarten oberhalb der Olivenhaine von Chiarano wird mittlerweile in drei Sektoren aufgeteilt. Im (alten) Sektor Bus de la stria geht ohne gute (Fuß-)Technik nichts, auch viel Fingerkraft ist erforderlich. Die wunderschöne Route PULIVAPOR wurde anfangs mit 6b eingestuft, jetzt wird sie mit 7b bewertet.

In den beiden anderen Sektoren herrschen starke Überhänge vor, weshalb auch internationale Spitzenkletterer ein Auge auf die Wände geworfen haben. So geht die Erschließung des Sektors Hotel Olivo auf den Österreicher Gerhard Hörhager zurück, den Sektor Movida erschloss komplett der Italiener Fabio Leoni.

Am besten kommt man im Frühjahr oder Herbst hierher, und auch erst am späteren Morgen. Der Ausblick von hier auf den Gardasee und die umliegenden Berge ist einfach herrlich.

Achtung: Der Klettergarten liegt auf Privatgrund in einem Gebiet mit herrlichen, terrassierten Olivenhainen. Nehmt darauf bitte Rücksicht.

Erschließer: Viele verschiedene Kletterer sowie Bergführeraspiranten aus dem Trentino

Anfahrt/Zustieg

Von Arco 3,5 km, dann 7-15 Min. Fußweg auf Schotterstraße bzw. Pfad.

Von der Sarcabrücke in Arco fährt man Richtung Zentrum/Riva del Garda und biegt am Ortsausgang nach rechts Richtung Chiarano ab, dann am Krankenhaus vorbei und bei der Klinik Eremo wieder nach rechts (immer Richtung Chiarano). Ab jetzt steht auch Padaro-S. Giovanni (oder Baone) angeschrieben. In Chiarano zweigt man sofort nach der Durchfahrt unter dem Gewölbebogen eines Hauses nach links ab (Via al Monte) und folgt der Beschilderung ‚Placche di Baone/Falesie'. Nun weiter durch die Olivenhaine bis zum Parkplatz unterhalb des Klettergebiets. Vom Picknickplatz unterhalb des Parkplatzes zweigt rechts ein Schotterweg (Bez. mit ‚Ferrata del 92° Congresso SAT') ab,

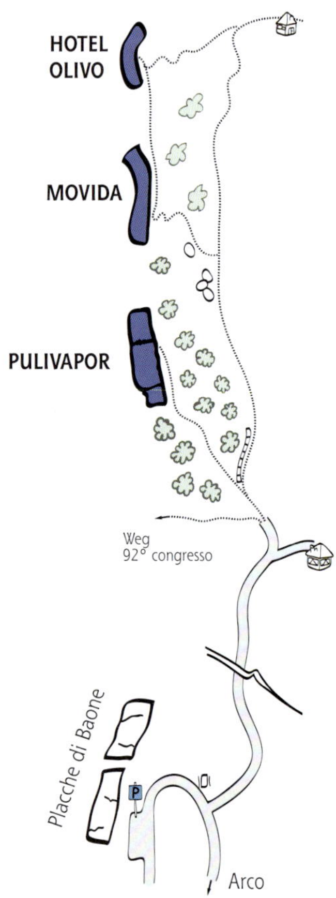

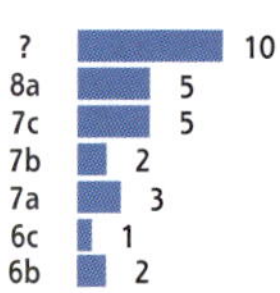

28

diesem folgt man bis zu seinem Ende. Sobald der Weg wieder bergab führt, geht man linkshaltend an den Olivenhainen vorbei hoch. Die plattige Wand ist gut sichtbar.
Zum Sektor Movida geht es noch etwa 50m leicht bergab, dann auf einer Pfadspur weiter und kurz nach einem markanten Felsblock auf der linken Seite bergauf zum Massiv.
Zum Sektor Hotel Olivo folgt man der Pfadspur Richtung Norden und erreicht kurz darauf die Wand. Alternativ biegt man (kurz vor dem Sektor Bus de la stria) auf dem Weg schräg weiter in nördlicher Richtung ab, nach ein paar hundert Metern dann links wieder über die Felsblöcke bergauf. Die Überhänge sind auf der linken Seite gut sichtbar.
Bitte seid so rücksichtsvoll wie möglich, wie schon erwähnt, liegen Klettergarten und Zustiegsweg auf Privatgrund.

Achtung: Wer mit Campingmobil oder Kleinbus anreist, parkt besser noch im Dorf, gleich nach dem Gewölbebogen, auf der rechten Seite. Die Via al Monte ist nämlich sehr eng!

SEKTOR PULIVAPOR

1 OHNE NAMEN		6b	25m	Beginnt im Häuschen, dann weiter über die strukturierte Platte auf der linken Kantenseite
2 EL TEMP E I SIORI...		?	17m	Einstieg über erste Route, dann entlang der Kante. Noch nicht frei geklettert
3 DONKEY WALL STYLE		8a	30m	Sehr schwierige, obligatorische Stelle. Dann Ausdauer im Überhang.
4 OHNE NAMEN		6b+	26m	Schöne Kletterei in der Rissverschneidung
5 VIAGGIO A KALIMNOS		6c+	28m	Fantastische Reibungskletterei
6 PULIVAPOR		7a	30m	Sehr schöne Platte, sehr viel Bewegungstechnik
7 SOCIETY		7c	32m	Projekt. Platte mit Dellen und Seitgriffen im Quergang
8 SUGAR	SL1	7a+?	22m	Technische Platte
	SL2	?	20m	Noch nicht geklettert
9 DIRETTA ITALO-SPAGNOLA	SL1	8a+/b	26m	Projekt. Platte mit harten Einzelzügen
	SL2	?	18m	Projekt

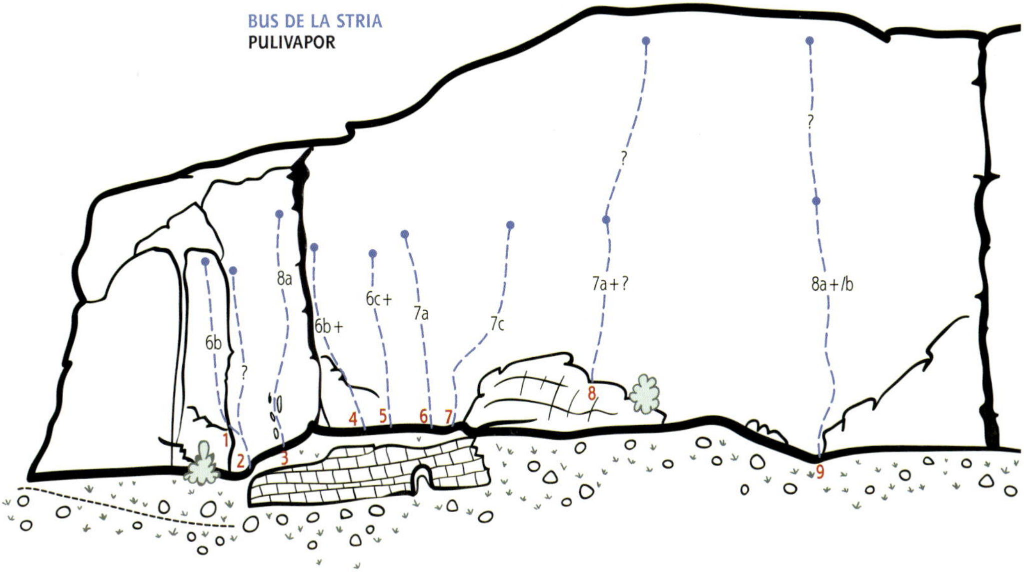

SEKTOR MOVIDA

1 QUESO RALLADO	7b	28m	Schöne technische Platte
2 PECCATO DI VINO	8a	35m	Harter Einstieg, viel Fingerkraft. Guter Ruhepunkt, dann weiter Boulderzug
3 LA DOLCE VITA	7c+	35m	Zwei Boulderzüge und Kraftausdauer
4 DA PULIRE	?	35m	Bis zur Engstelle leicht, dann technisch anspruchsvoll, Sloper, ermüdende Passage
5 OHNE NAMEN	?	20m	Projekt.
6 OHNE NAMEN	?	20m	Projekt. Linie muss noch vollendet werden

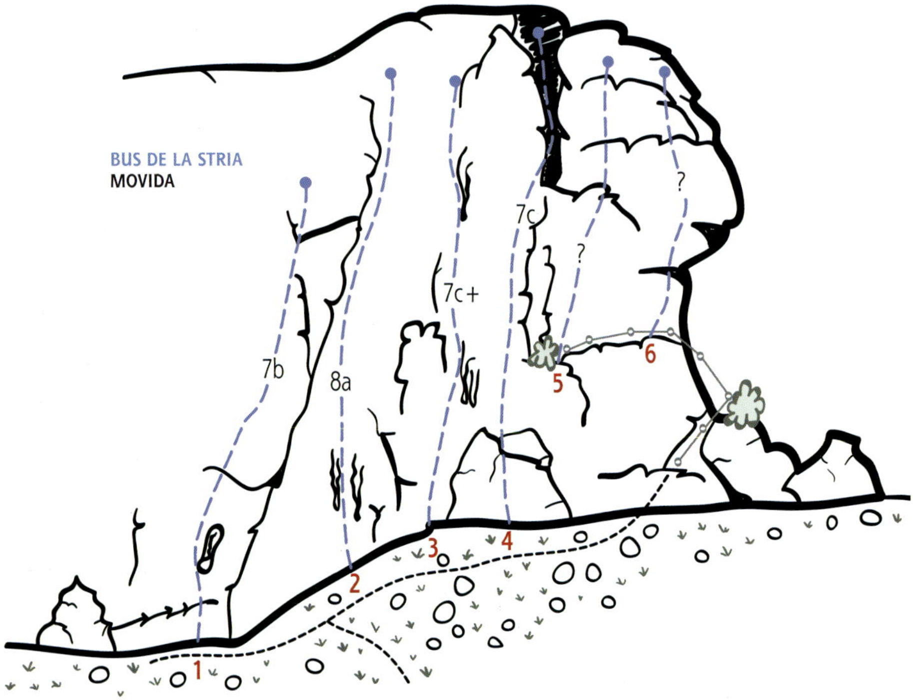

SEKTOR HOTEL OLIVO

1 MANGO IN	7b+	22m	Ausdauer an guten Griffen
2 MANGON IN + OUT	7a+	22m	Einstieg über Nr.3, dann links zur Nr.1, Aufwärmroute
3 MANGON IN	7c	22m	Ausdauer, Crux im Ausstieg
4 CONTI D' ARCO	8b	18m	Fantastisch
5 FESTA DELLA TUFA	7c+	18m	
6 MG CONECTION	8b+	18m	Sehr boulderlastig. Erstbegehung M. Bock
7 OHNE NAMEN	?	18m	Projekt
8 PAPPATACI	8b	18m	Harter Einstieg, dann Ausdauer an kleinen Sintern
9 OHNE NAMEN	?	18m	Projekt
10 LIFTSCHEISSER	8b	18m	Eingerichtet von D. Lama und J. Verhoeven
11 OHNE NAMEN	?	18m	Projekt A. Ondra

BUS DE LA STRIA
HOTEL OLIVO

arcogardarooms
roomsbedandbreackfast

Località Gazzi, 43 -38062 Arco TN Italia
Tel. Mauro 338 5717431 Tel. Diego 334 3213904
arcogardarooms@gmail.com www.arcogardarooms.com

Arco

Salt De La Cavra

06

Dieser Klettergarten etwas oberhalb von Laghel wird wenig besucht. Die ersten Routen zeigen vor allem senkrechte Kletterei an kleinen Leisten in grauem Fels. Im mittleren Bereich findet man leicht überhängende Ausdauerrouten in gelbem Fels, rechts dann technisch anspruchsvolle und kleingriffige Linien. Die Routen 15-19 sind mit alten Plättchen abgesichert, ie mit etwas weiterem Abstand eingebohrt wurden.

Erschließer: D. Mabboni, M. Matteotti, N. Tarolli, C. Parolini u. a.

Anfahrt/Zustieg

Von Arco 5,6 km, dann 10 Min. Zustieg auf Wanderweg.

Von der Sarcabrücke in Arco in Richtung Riva del Garda und noch innerhalb von Arco dann rechts in die Via Battisti bzw. Richtung Laghel/Castello di Arco. Nach nur 200 m dann links in die Viale dei Capitelli bzw. Richtung Krankenhaus. Am Krankenhaus dann vorbei, durch den Ort Vigne und nach Padaro. Wenige hundert Meter nach dem Ort parkt man dann in der Nähe eines Steingebäudes (Wasserleitung) auf der rechten Seite, kurz vor einer Kurve. Hinter der Wasserleitung beginnt ein flacher Weg, der zu einem großen Strommasten führt. Unter diesem durch, dann leicht absteigend und durch eine kleine Rinne bis zur Felswand.

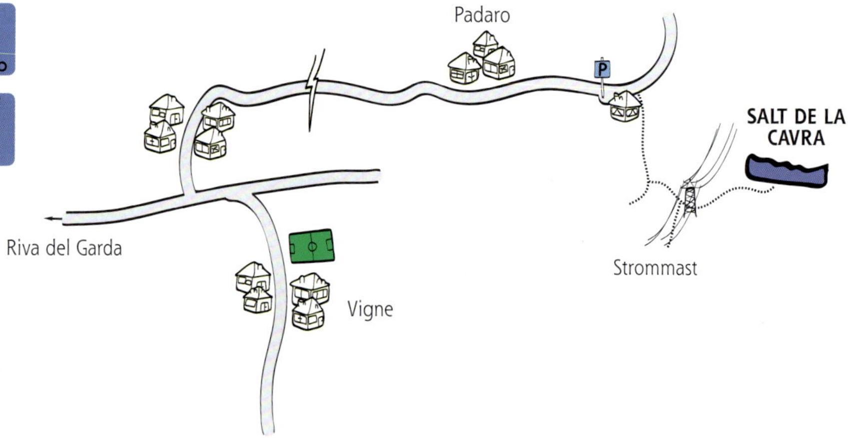

?	3
8a	2
7c	2
7b	2
7a	6
6c	4
6b	4
6a	3

26

1 LO SCOLARO	6c	18m	Führt entlang einer schönen Schuppe
2 IL CACCASTRELLO	7b	18m	Sehr kleingriffig
3 BRONTOLOSAURO	7c+	18m	Einstiegsboulder, dann Ausdauer
4 NON METTERTI LE DITA NEL NASO MENTRE...	?	18m	Projekt
5 ANY LA FATA	8a	20 m	Sehr hart, Kraftausdauer an sehr kleinen Leisten
6 GREY APE	8a	20m	Die ersten 10m sind etwas leichter, dann Kraftausdauer an kleinsten Leisten und Schuppen
7 SPIRAGLIO DI SOLE	7a+	20m	Anstrengende Einzelstelle
8 AURORA	6b	20m	Einzelstelle nach dem Band
9 TARIFA	6b	18m	Einstiegsboulder, dann ausdauernd; im oberen Teil selektive Reibungsstelle
10 CHE CAVRON	6b	22m	Athletisch an Tropflöchern und Auflegern
11 NUTELLA TOUR	6a	18m	Bauch im Mittelteil nicht einfach, Ausstieg nicht zu unterschätzen
12 IL BACIO DELLA DONNA SENZA DENTI	6a+	18m	Kurze Passage mit kleinen Griffen, leichter Ausstieg
13 TOP FLEX 101	6a+	18m	Schöner Einstieg in die Verschneidung
14 RED POINT	7a	20m	Komplizierter Ausstieg aus einer wunderschönen Sintersäule
15 PACRILI	7a+	20m	Kletterei an kleinen Griffen und senkrechten kleinen Sintern
16 MB 97	7b	20m	Zuerst Kletterei an sehr kleinen Griffen, dann weniger Kraft, aber umso mehr Konzentration gefragt
17 LIVIO	6c	23m	Schöne Rissverschneidung
18 MANI DI BURRO	7c+	23m	Harte Stelle an künstlichen Griffen, schwieriger Ausstieg
19 LA BRUSCHETTATA	7a	23m	Verschneidungskletterei
20 ESTO ES EL PRIMERO	7a	20m	Kaum geneigte Reibungsplatte mit kleinsten Griffen
21 MISTER BEAN	?	20m	Projekt
22 BEPPE IL FISICO ESOTERICO	6c+	20m	Technisch anspruchsvolle Platte, sehr schwierige Tritt- und Grifffolgen
23 ISCHIATUTTO	7a	22m	Folgt im unteren Teil einem Riss in der Platte
24 OHNE NAMEN	?	20m	Variante von Folle idea zu Ischiatuto
25 FOLLE IDEA	6c	20m	Schöne, fast senkrechte Platte, Ausstieg an Löchern
26 IL TESTAMENTO DI MIO ZIO	6b+	17m	Schöne, fast senkrechte Platte, löchriger Ausstieg

SALT DE LA CAVRA

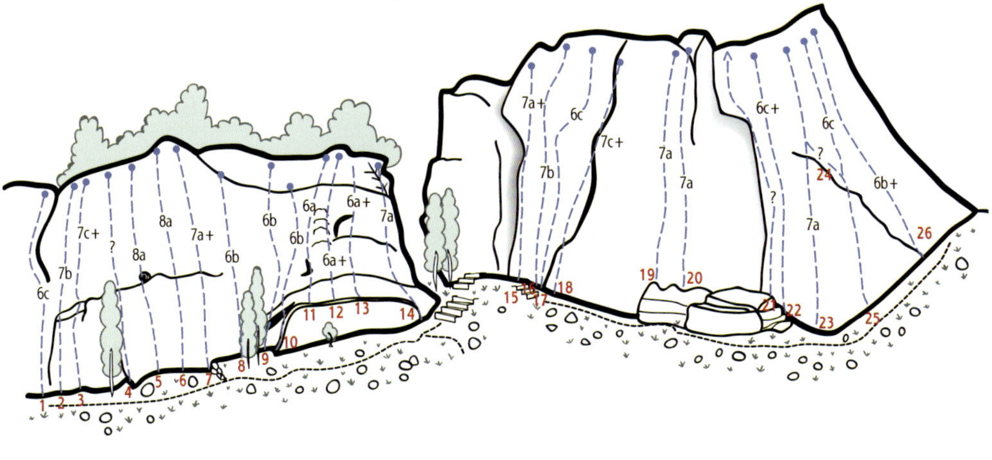

Arco

L'orto

07

Das nordöstlich ausgerichtete Massiv im Hochtal von Laghel eignet sich aufgrund seiner Ausrichtung perfekt für heiße Sommertage. Im linken Sektor finden sich die etwas leichteren Routen, alle mussten leider erst mühsam geputzt werden. Die Linien im rechten Sektor mit den schönen, senkrechten und plattigen Wänden sind schwieriger und fordern mehr Einsatz. Alle Projekte sind offen! Das Material wurde von Vertical Sport gesponsort.
Wir empfehlen, einen Helm zu tragen, denn oberhalb der Wand liegen steile Hänge mit Wald und Felsen. Bitte seid so rücksichtsvoll wie möglich, der Felsriegel liegt auf Privatgelände.

Erschließer: F. Bassoli, A. Giuliani, N. Tarolli, M. Zanni u.a.

Anfahrt/Zustieg
Von Arco 3,5 km, dann 15 Min. Zustieg auf Straße und Wanderweg.

Von der Sarcabrücke in Arco durch den Ort in Richtung Riva, dann weiter in Richtung Laghel/ Castello di Arco. Man fährt zuerst an den alten Stadtmauern, an Olivenhainen und an der Felswand von Laghel vorbei (rechterhand sichtbar). Am Ende der Steigung parkt man dann bei der kleinen Kirche von S. Maria di Laghel. Von hier geht man dann auf der linken, steilen Straße weiter. Diese wird nach einigen Kehren wieder flacher und führt durch Olivenhaine und Weinberge. Nach einem weiteren kurzen Anstieg beginnt kurz vor einem Haus (links) der Wanderweg Nr. 408 in Richtung Salt de la Cavra. Diesem Weg folgt man kurz bis zur ersten Rechtsbiegung und geht dann links auf dem schmalen Pfad weiter. Dieser führt steil bergauf bis zur Felswand (5 Min.).

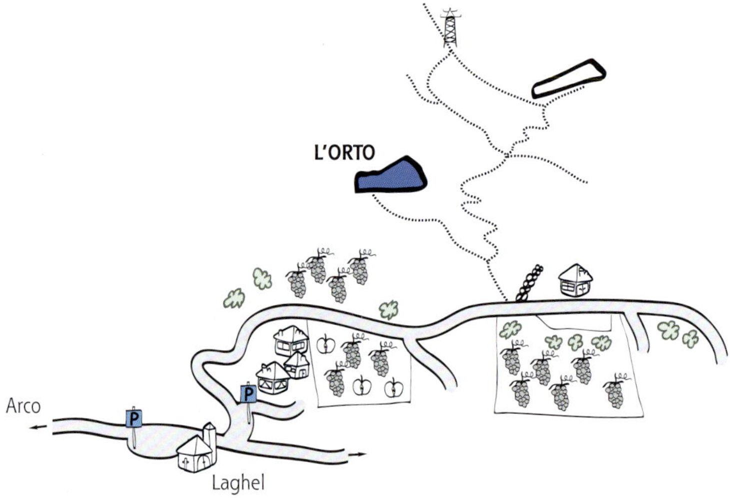

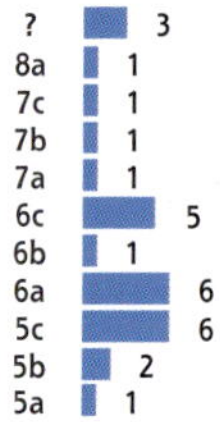

28

1 VERZA	6a+	15m	Senkrechte Wand, Bewegungsprobleme, Einzelstelle
2 PEPERONCINO	6c	15m	Zug mit Blockierkraft
3 COSTE	6a	15m	Ausdauer und Kraft. Schön
4 OHNE NAMEN	?	?	Projekt
5 OHNE NAMEN	?	?	Projekt
6 CAROTE	6c	25m	Ausdauer an Tropflöchern. Schön
7 PATATE	7a	25m	Start mit Einzelstelle, dann Ausdauer mit relativ guten Griffen
8 SEDANORAPA	6c+	25m	Einzelstelle und Ausdauer mit kleinen Griffen. Schön
9 OHNE NAMEN	8a+	27m	Schwierige Moves, viel Technik
10 RADICCHIO	7c+	27m	Boulderzüge, Ausdauer mit kleinen Griffen
11 NOSIOI	7b	25m	Harter Einstiegszug, dann Ausdauer
12 BROCCOLI	6c	22m	Einzelstelle und Ausdauer
13 OHNE NAMEN	?	40m	Projekt
14 RAPA	6a	18m	Ausdauer mit guten Griffen
15 SPINACI	6a	18m	Ausdauer mit guten Griffen
16 ZIGOLE	5c	16m	Ausdauer mit guten Griffen
17 MELANZANA	5c+	16m	Heikler kleiner Pfeiler und Ausstiegsplatte
18 LAMPASCIONI	5a	12m	Einstiegseinzelstelle, dann große Griffe
19 RAPANELLO	5c	16m	Heikler Ausstieg
20 RAPAROSSA	5c	16m	Heikler Ausstieg
21 ZUCCHINE	5b	16m	Heikler Ausstieg
22 RUCOLA	5b	16m	Kurze Verschneidung mit weiten Hakenabständen
23 PISELLI	5c	12m	Fußtechnik
24 SEDANO	5c	12m	Fußtechnik
25 SCAROLA	6a+	12m	Bewegungstechnik
26 BIETOLE	6c+	12m	Ausdauer mit kleinen Griffen
27 BARBABIETOLE	6b+	12m	Einzelzug mit Gleichgewichtsproblem
28 LUCANICA	6a+	12m	Ausdauer

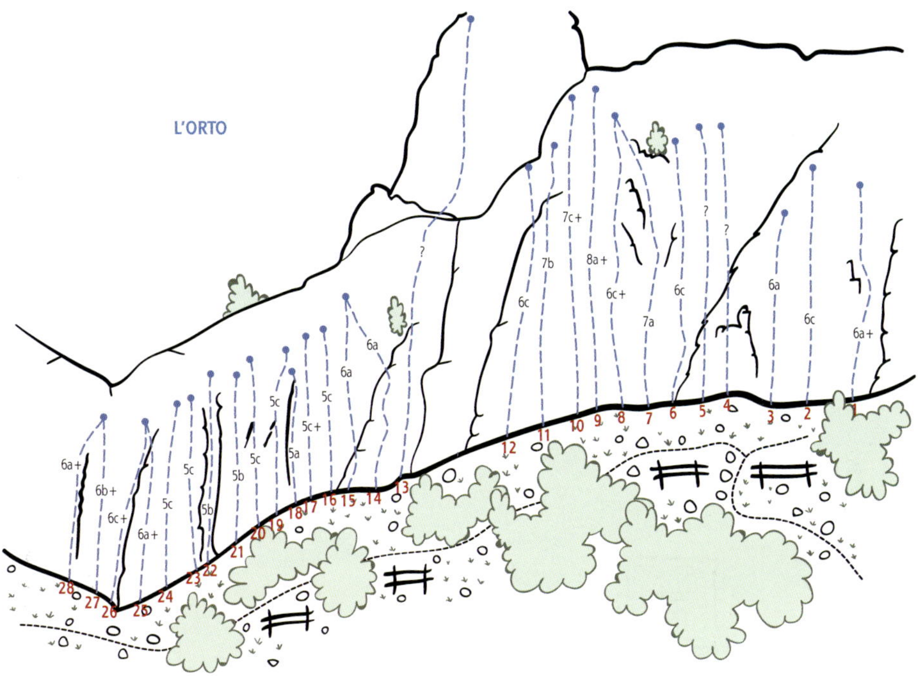

Arco

Calvario

Im Jahre 1987 diente diese herrliche Felswand den italienischen Teilnehmern des RockMaster als Trainingsgelände. Sie liegt eigentlich ganz nah am Ortszentrum von Arco, dennoch war sie lange Zeit in Vergessenheit geraten. Schließlich wurde sie im August 2009 wieder aus ihrem Dornröschenschlaf erweckt. Die Gemeinde Arco unterstützte die Sanierung und Erweiterung mit finanziellen Mitteln.

Ein gutes Kletterkönnen und eine sehr gute Fußtechnik sind in allen Routen hier unabdingbar. Ein Geschenk sind die Klassiker wie z.B. *Bolle di sapone, Ali di pollo* oder *Sega elettrica* wirklich nicht. Vor über zwanzig Jahren waren hier die besten italienischen Kletterinnen und Kletterer zu Gange, ein paar davon kamen nicht über den ersten Haken hinaus, und das will etwas heißen! Calvario liegt gegenüber des bekannten Klettergebietes von Laghel, das leider vor kurzem geschlossen wurde, weil es auf Privatgelände liegt. Damit dieses Schicksal dem Klettergarten Calvario erspart bleibt, sind wir alle dazu aufgefordert, größte Rücksichtnahme zu üben und dieses Privateigentum zu respektieren.

Erschließer: Gemeindeverwaltung Arco u.a.

Anfahrt/Zustieg

Von Arco 1,6 km, dann 5 Min. Zustieg auf Straße.

Von der Sarcabrücke in Arco durch das Ortszentrum in Richtung Riva, dann rechts in Richtung Laghel/Castello di Arco. Am Park und an den alten Stadtmauern von Arco vorbei und bei der Verzweigung der Einbahnstraße(n) parken. Von hier dann auf dem gepflasterten, linken Sträßchen hoch und bis zum Bildstock Nr.7.

Zu Fuß ist der Klettergarten ebenfalls leicht erreichbar: Von der Piazza Centrale in Arco folgt man einfach den Wegweisern zum Castello (Schloss). Von den Olivenhainen aus ist das Felsmassiv dann links oben schon gut zu sehen (15 Min. Fußweg).

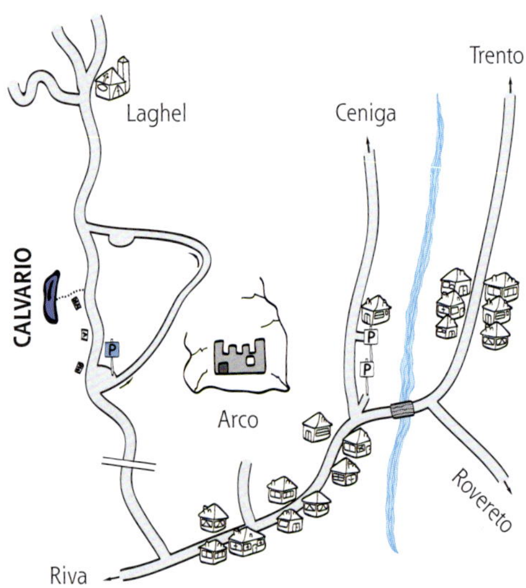

?	2
8a	1
7c	5
7b	2
7a	3
6c	3
6b	5
6a	2
5b	1
4b	1

25

1 POPI	4b	8m	Leicht geneigte Platte und gute Griffe
2 MAM	5b	9m	Leicht geneigte Platte und gute Griffe
3 BO	6c+/7a	12m	Heikel, kleine Löcher und viel Balance
4 SFIANCATA	6a	10m	Schön strukturierter Fels
5 K e K	6b+	12m	Ausstiegspassage an Löchern
6 LA BIONDA	6b	12m	Heikle Platte, viel Balancegefühl
7 VIBRAFONO	6b+	14m	Strukturierte Platte
8 KARIN	6a+	14m	
9 POLVERE	6b+	14m	Schöne Schuppe und strukturierte Platte
10 POLVEROM	6b	15m	Ausstiegsboulder
11 XILOFONO	6c+	20m	Ausdauer und Einzelstelle nach ¾ der Route
12 BOLLE DI SAPONE	6c+	22m	Längenzüge an Dellen, technisch schwierig
13 OHNE NAMEN	?	20m	Projekt
14 A BAD DAY WITH LA SCIOLTA	7a	22m	Technik und Bewegungsgefühl, Grad ist obligatorisch
15 MINIFABBRIS	7c	20m	Einstiegsboulder, dann Bewegungsgefühl
16 ALI DI POLLO	7c	22m	Heikle Züge, Technik
17 OHNE NAMEN	?	22m	
18 SEGA ELETTRICA	7b/c	24m	Technik und Ausdauer
19 LA PUTA TIGRE	7c	24m	Schwierige Wand
20 RESENTIN	7c/+	24m	Schwierige Züge, Ausdauer
21 JCD	8a	27m	Technisch schwierig und kleingriffig
22 GANDALF	7c	27m	Ausdauer, heikel
23 MOTOSEGA	7b+	24m	Technisch schwierig und kleingriffig
24 LA VIA CRUCIS	7a	18m	Einzelstelle, dann technisch schwierig
25 SMACAFAM	7a+	18m	Ausdauer an Leisten

CALVARIO

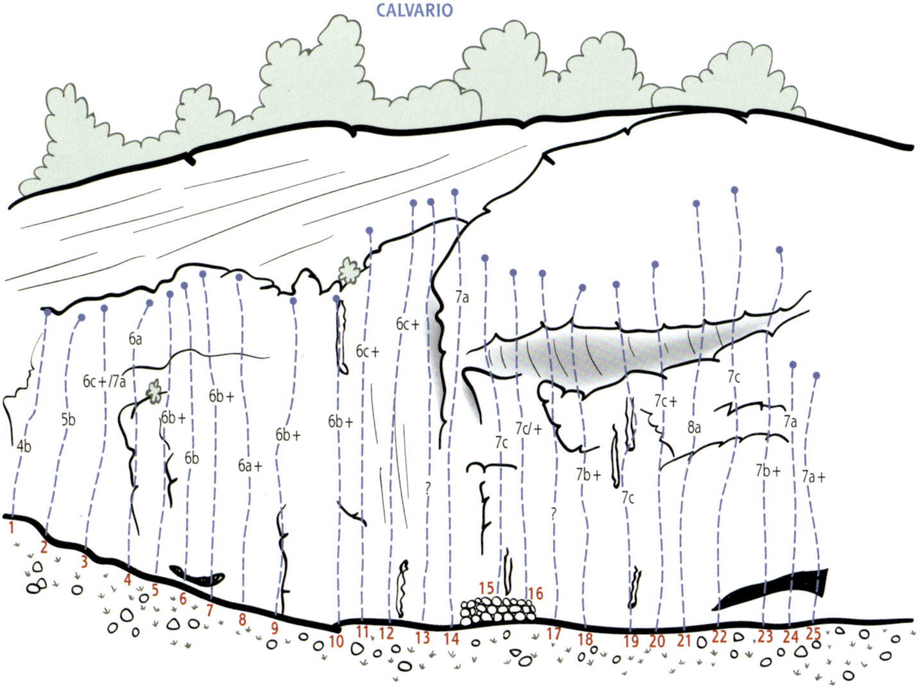

ANGELO SENECI

Gemeinsam Erschliessen

Projekt Outdoor Park Garda Trentino (OPGT)

Über die Entwicklung des Sportkletterns im Sarcatal und über den Standpunkt der betroffenen Gemeinden zum Outdoorsport allgemein.

von Angelo Seneci

Die Gemeinde Arco war von Kletterbeginn an der Überzeugung, dass das Klettern einer der Grundpfeiler des Tourismus sein kann – bereits zu einer Zeit, als man sich das noch schwer vorstellen konnte.

Auch bei vielen anderen Orten in Italien findet man Klettergärten, die von begeisterten Kletterinnen und Kletterern aus ganz Europa besucht werden. Aber daraus konnte keine andere Stadt analog Arco wirtschaftlichen Nutzen ziehen oder sie in das gesellschaftliche Leben integrieren. Arco ist Klettern.

Das Geheimnis liegt nicht darin, seit über 25 Jahren daran geglaubt und dafür investiert zu haben, sondern vielmehr in einer planmäßigen Entwicklung von Anfang an. Alle öffentlichen Stellen, von der Provinz Trient über die Tourismusbehörden bis hin zur Gemeindeverwaltung Arco, schufen und unterstützten ein Projekt, das von vielen privaten Unternehmen aufgegriffen wurde und dadurch gleichzeitig und einträchtig die Entwicklung dieser Region förderte und aufwertete.

1987 wurde der erste Rockmaster-Kletterwettbewerb durchgeführt, der den Namen Arco in der ganzen Welt bekannt machte. Im gleichen Jahr wurde der erste, damals so genannte, Kletterpark am Fuße des Colodri erschlossen. Aus jenen Jahren stammt auch der erste Mehrjahresplan für die Erschließung weiterer Klettergebiete.

Schon damals wurde ein Klettergarten als Sportanlage betrachtet: Man beschränkte sich nicht auf die Erschließung von Routen, sondern dachte auch an die sonstige Infrastruktur wie z. B. Parkmöglichkeiten, Zustiege oder Toiletten. Zudem wurden Unterhalt und wiederkehrende Kontrolle in die Planungen aufgenommen.

Im Zuge des Jahrtausendwechsels änderte sich auch das Sportklettern entscheidend: Immer mehr Kletterhallen wurden und werden errichtet. Jetzt bewahrheitet sich, woran in Arco schon immer gedacht und worin auch investiert wurde: Klettern ist zu einem Sport geworden, der immer weitere Bevölkerungskreise in seinen Bann zieht. Wir sind dabei, unsere Ziele zu überdenken und wollen künftig dafür geeignetere Klettergärten erschließen. Das Ziel ist, den immer größeren Zustrom von Kletterern kanalisieren zu können, um Probleme mit der örtlichen Bevölkerung und der Natur möglichst zu vermeiden. Im Jahr 2000 wurde der erste Klettergartenplan aus der Taufe gehoben, die Aufmerksamkeit richtete sich vor allem auf die "leichteren" Klettergärten wie Baone und Muro dell'Asino.

Einen wirklichen Umschwung bewirkte jedoch 2008 das Projekt OutdoorPark Garda Trentino.

Zum ersten Mal wurde ein permanenter Runder Tisch eingerichtet, an dem, unter Führung der Werbegenossenschaft Ingarda, die sechs involvierten Gemeindeverwaltungen zusammen kamen. Damit sollte über Gemeindegrenzen hinweg die Entwicklung der sportlichen Infrastruktur geplant werden, vor allem bezüglich der Sportarten Klettern, Mountainbiken und Wandern.

Die Planungen haben die Aufwertung und den Erhalt der wunderschönen Natur der oberen Gardaseeregion zum Ziel. Diese betreffen die Erschließung neuer Klettergärten, den Ausbau und Erhalt des Wander- und Mountainbike-Wegenetzes, die Errichtung von Parkplätzen und Lösungen für alternative Mobilitätsarten.

Der Outdoor Park Garda Trentino ist eines der Hauptelemente der Stadt- und Umweltplanung der Region AltoGarda und Ledro.

Angelo Seneci

Jahrgang 1957, ist Diplomgeologe. In den 1980er Jahren ist er in Vollzeit als Bergführer tätig und gründet die erste Kletterschule.

1986 ist er als technischer Leiter verantwortlich für die Durchführung des ersten Rockmaster-Kletterwettkampfs.

2011 ist er Direktor der in Arco stattfindenden Kletterweltmeisterschaften.

Zusammen mit seiner Frau Michela Giovanazzi setzt er das erste Projekt zur Erschließung von Klettergärten um. In den 90er Jahren gründet er mit SintRoc die bedeutendste italienische Firma für künstliche Kletterwände. Nach wie vor engagiert er sich aber auch für die Entwicklung des Kletterns in touristischer Hinsicht. Mit seiner über 25-jährigen Erfahrung in diesem Bereich wird er technischer Berater bei Riva del Garda Fiere e Congressi für die "OutdoorDays" in Riva sowie später bei beim Tourismusverband Ingarda für das Projekt "OutdoorPark Garda Trentino". 2013 gründet er mit "Outdoor Adviser" eine Beratungsfirma für die Entwicklung des Outdoor-Tourismus und beginnt eine Kooperation mit diversen öffentlichen und privaten Stellen in ganz Italien.

Geboren in Riva del Garda am 19. September 1966
Sternzeichen: Jungfrau**.**
Seit 20 Jahren lebt er in San Martino, gegenüber des Colodri.
Leidenschaftlicher Fotograf.
Verheiratet mit Mariangela und Vater von Andrea
Bergführer.
Erschließer und Sanierer unzähliger Routen im Sarcatal.
Als Bergsteiger auf hohem Niveau gelangen ihm in seiner dreißigjährigen Laufbahn Hunderte von Wiederholungen in Fels, Eis und im Mixed-Gelände (u. a. auch die Eiger-Nordwand) im gesamten Alpenraum, insbesondere in den Dolomiten. Schon in den 1980er-Jahren wiederholte er *Tempi Moderni* an der Marmolada, die erste Wiederholung von *Olimpo-variante Italia* geht auf sein Konto. Am Sas de la Crus konnte er die berühmte *Via Mephisto* wiederholen. In Patagonien stieg er auf den Cerro Torre und den Fitz Roy.

GIAMPAOLO CALZÀ

Einfach Wertvoll

Der Bergführer Giampaolo Calzà führt uns in die Welt der Klettergärten mit leichten Routen ein. So erweitert sich unweigerlich der Blickwinkel, umfasst neue Szenarien und schließt auch viele neue Leute ein. Paolo spricht Viele und Vieles an, vor allem die Raumplanung. Und bringt uns das Projekt "Outdoor Park Garda Trentino" näher.

Wir möchten jetzt loslegen! Endlich mit dem (Outdoor-) Klettern beginnen und suchen leichte Routen. Leichte Routen?

Das Sarcatal, das ist bekannt, bietet davon sowohl wegen seiner Gesteins-Typologie als auch der Struktur der Felswände nicht sehr viele. Doch mit der Zeit ändert sich das und die bestehenden Klettergärten werden in dieser Hinsicht zunehmend aufgewertet. Beispielsweise Muro dell'Asino: "Das war der Vorläufer, der schon früh durch die Initiative von Diego Mabboni entstand, der in der Nähe liegende Sektor Baby Wood wurde speziell für die Kleinsten eingerichtet; hier können sie das Vorsteigen üben. Ein Aspekt, den wir schon lange Zeit in unseren Kursen berücksichtigten, damit die Kids auch alleine an die Wand gehen können", erzählt Giampaolo Calzà.

Giampaolo Calzà, seit vielen Jahren Ausbilder im Alpenverein, nimmt uns an die Hand und zeigt uns Klettergärten, die auch für Einsteiger und Fortgeschrittene geeignet sind. Denn viele Kletterer seien, so seine Meinung, eher in den unteren und gemäßigten Graden unterwegs. "Es reicht doch zu sehen, was an den Klettersteigen am Colodri oder in Drena los ist. An einem schönen Tag sind hier Hunderte unterwegs, es ist wie eine Festveranstaltung. Muro dell'Asino war eine der ersten leichten Wände (auch Belvedere ist darauf ausgelegt), um die ersten Vorstiege in Sicherheit erfolgen zu lassen. Gleichzeitig sollen sie natürlich die Vorsteiger in gewisser Weise erziehen. "Ich spreche vom unteren Bereich dieses feinen Klettergartens. Der Bereich ist wirklich schön und lohnend. Schon beim ersten Anblick dachte ich, dass hier viele leichte Routen entstehen können. Die Arbeit an den Zustiegswegen war dennoch die Hölle, ich kann das beurteilen, denn ich war zuvorderst dabei. Ca. 20 Routen haben wir eingebohrt, die für die ganze Familie geeignet sind. Erschlossen und eingerichtet wurden sie von Bergführeranwärtern im Rahmen eines Vorbereitungskurses", ergänzt Paolo.

Dann gibt es noch die Gebiete Massi di Prabi, das ideal zum Topropen ist, und die neueste Errungenschaft, Massi del Gaggiolo, in der Nähe der Sonnenplatten. "Letzteres ist perfekt für die ganz Kleinen bis ca. 10 Jahre, entdeckt und eingerichtet wurde das Massiv vom Bergführer Gino Malfer von Arco Mountainguide. Bei der Erweiterung legte die Trientiner Bergführervereinigung Hand an, auch diese Routen entsprechen den ursprünglichen Anforderungen an sehr gute und kurze Absicherungen." Zudem sind laut Paolo "beides Orte, an denen man beruhigt und unter bestmöglicher Sicherheit klettern kann".

All diese Klettergärten verbindet ein roter Faden, an den auch weitere Klettergärten anknüpfen: Calvario, Massone (Policromuro und Abissi), Passo San Giovanni, Nago, Corno di Bo', Spiaggia delle Lucertole, Placche di Baone, Piazzole. Um ihre Erhaltung, Aufwertung und Sanierung kümmern sich nämlich die Kommunalverwaltungen, die mit am Runden Tisch des Projekts Outdoor Park Garda Trentino (OPGT) sitzen. In der Sprache der Kletterer sind dies die 'offiziellen' Massive. "Die Nachfrage nach leichten Wänden ist wirklich groß. Doch das Gestein macht es recht schwer, im Sarcatal genügend davon zu finden und zu erschließen. Unser Ziel war es daher, Bestehendes aufzuwerten und auszuweiten. Wo also die Nutzung es verlangte und der Fels es erlaubte, wurden unter Federführung der Kommunen Sanierungen durchgeführt, die speziell auf diese Anforderungen ausgerichtet sind. Auch die Gebiete Baone und Ondulina wurden unter diesem Gesichtspunkt saniert, mit dem Ziel, Routen für alle psychisch einfacher zu machen. Zudem wurde speziell ein Bereich für Blinde eingebohrt, es ist die erste Wand, die zum Projekt '*Klettergärten ohne Grenzen*' *gehört*", ergänzt Calzà.

Viele der Schulklassen, die Paolo begleitet, kommen hierher zum Klettern, auch an den Belvedere. Die Kleinsten gehen im Gebiet Muro dell'Asino meist zum Sektor Baby Wood. "Klar, anfangs kann man nicht auf kurze Hakenabstände zählen oder dass der Zustieg und der Wandfuß bequem sind, oder die Infrastruktur auch für ganze Schulklassen geeignet ist. Das muss sich erstmal entwickeln, aber wir haben auch diese Verbesserungen vor Augen. Neben der Sanierung muss man zusätzlich noch die Umgebung im Blick behalten. Wo möglich, werden neue Parkplätze geschaffen und Toiletten und Wege gebaut, die auch einer steigenden Besucherzahl gerecht werden", präzisiert Calzà die Planungen. Also eine Arbeit, die mit vielen Leuten in vielen Bereichen zu tun hat, lange bevor das Projekt OPGT existierte. Vor kurzer Zeit wurde dieses nun komplett in die Stadt- und Umweltplanung der Gemeinden im oberen Sarcatal bzw. Ledrosee eingebunden.
"Seit einigen Jahren bin ich Mitglied einer Arbeitsgruppe, die bei der Auswahl von Möglichkeiten für die Outdoorsportarten beratend aktiv ist: Klettern, Mountainbike und Wandern. Wir diskutieren, wir setzen uns mit Problemen auseinander und wir bringen, jeder für seinen Bereich, unsere eigenen Erfahrungen ein. Unser Ziel ist es, mit geeigneten Vorschlägen die Erschließungpläne voran zu bringen."
Menschen wie Calzà, die in der Outdoor-Welt tätig sind, liefern einen wertvollen Beitrag. Sie kennen viele begeisterte Sportler, haben sie zum Klettern, Biken oder Wandern gebracht, als Lehrer und Führer. Das hilft gleichzeitig, den Status Quo in diesen Sportarten zu überprüfen und den Kommunen so die Möglichkeit zu geben, passende Angebote zu entwickeln. Auch deshalb wurde Calzà von Angelo Seneci, dem Technischen Berater des OPGT, in seinen Stab berufen. "Die Kommunalverwaltung will wissen, welche Entscheidungen hinsichtlich der Raumplanung getroffen werden müssen, um die eigenen Ressourcen zu schonen. Auch sollen Vorschläge gemacht werden, die die kommunalen Interessen berücksichtigen und damit gleichzeitig den Erhalt unseres natürlichen Vermögens im Auge behalten. Deshalb dient alles, was wir in unserem jeweiligen Bereich dazu liefern können, dieser Sensibilisierung", meint Angelo Seneci.
Der Runde Tisch wird immer größer und bunter, schließt neue Personen und Berufsgruppen ein. So sitzen sich also zu unterschiedlichen Zeiten direkt oder indirekt die sechs Gemeindeverwaltungen und die Werbegemeinschaft Ingarda gegenüber. Dazu stoßen diejenigen, die sich professionell mit allen Outdoorthemen befassen: Bergführer, Kletterausbilder, Vertreter der Wald-und Forstbehörden und der Provinzregierung und diejenigen Bergführer, die sich speziell um die Einrichtung und Sanierung der "offiziellen" Klettergebiete kümmern. Gewachsen ist eine strategische Allianz, die das Projekt OPGT voranbringen will, den Erhalt der Umwelt garantiert und gleichzeitig die Interessen der Besucher und der Bevölkerung berücksichtigen soll.
Was die leichten Klettergärten betrifft, so laufen auch noch weitere Projekte an. Unter anderem soll in Nago im oberen Bereich ein neuer Sektor entstehen, am Corno di Bò werden die Hakenabstände verringert, in Belvedere sollen neue Routen hinzukommen.
"Ich glaube an meine Heimat. Ich denke an meinen Sohn Andrea, der jetzt fünfzehn ist, und ich möchte, dass er eines Tages dieses Tal als eines betrachtet, in dem es sich lohnt zu bleiben. Denn hier können er und seine Freunde ihre Zukunft finden", schließt Calzà ab.
Die Geschichte von Giampaolo Calzà ist eine von einem Mann, der den Outdoor-Gedanken täglich lebt. Der ihn seit seiner Jugend gelebt hat. Der ihn auch heute, als Erwachsener, weiterhin leben wird. Im Bewusstsein, dass diese, seine Heimat, eine große Ressource für uns alle ist; eine, die dem Gemeinwohl dient und die es mit gesundem Menschenverstand zu nutzen und zu erhalten gilt.

HOTEL
MARCHI
Via Ferrera, 22
38062 - Arco (TN)
Tel. 0464-517171
Fax 0464-519692
INFO@HOTELMARCHI.COM
WWW.HOTELMARCHI.COM
MARCHI
La tradizione dell'ospitalità dal 1860
APARTMENT
Casa NARZELLE

Muro dell'asino

Dieses Klettergebiet liegt sehr ruhig mitten im Wald, es weist wohl mit die leichtesten Routen im Sarcatal auf. Es eignet sich ideal für Einsteiger, denn in den sehr gut eingebohrten Routen der geneigten, grauen Platten fallen die ersten Nach- oder Vorstiegsversuche sehr leicht. Für die Kids wurde der Sektor Baby Wood eingebohrt, die Touren hier liegen im Bereich zwischen 2c und 4a und somit ist dieser Sektor perfekt für Familien geeignet. Zudem gibt es hier eine schöne Wiese mit Bänken und die Aussicht auf den Gardasee und das Massiv von Mandrea ist sehr schön. Links dieses Sektors werden wohl künftig noch weitere leichte (und deshalb beliebte) Routen entstehen. Einen kleinen Wermutstropfen gibt es leider auch: die vorhandenen sanitären Anlagen sind oft in einem sehr schlechtem Zustand.
Empfohlene Seillänge: 70 Meter.

Erschließer: D. Mabboni, B. Zanini u.v.a.

Anfahrt/Zustieg
Von Arco 3,5 km in Richtung Laghel, dann 20 Min. Zustieg auf Wanderweg.

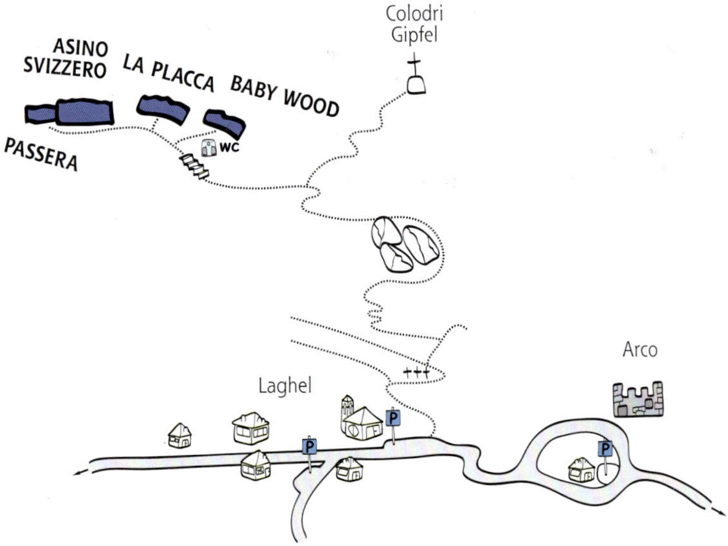

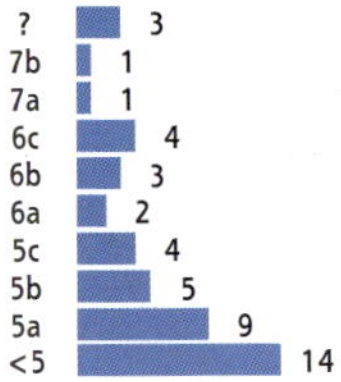

40

Von der Sarcabrücke in Arco in Richtung Riva del Garda und noch in Arco rechts ab Richtung Laghel/ Castello di Arco. Am Park und an den alten Stadtmauern von Arco vorbei und weiter hoch, bis zum Ende der Steigung und zur kleinen Kirche von St. Maria di Laghel. Hier parken. Nun auf dem rot-weiß markierten 'Sentiero dei Lecci' weiter in Richtung 'Muro del Asino'. Dies ist auch ein Teilstück des Weges, der zum Colodri führt. Man biegt nirgends ab, sondern folgt dem Wanderweg, bis man nach ca. 15 Min. eine Abzweigung erreicht (rechts steht ein Stein mit einer roten und weißen Markierung). Hier geht es jetzt links leicht absteigend weiter. Nach 20 m führen Stufen direkt zu den verschiedenen Sektoren. Der Sektor 'Baby Wood' liegt auf der rechten Seite. Verlässt man den Hauptweg hingegen nicht, erreicht man den Gipfel des Colodri.

SEKTOR PASSERA

1 FACCIA DA PIRLA	6b	10m	Heikle Reibungsstellen
2 LA MACCHIA NERA	5a	10m	Kleiner Riss
3 AUSTRIACA PURO LATTE	5b	15m	Nicht zu unterschätzende Schuppe
4 QUESTIONE DI PELLING	4b	25m	Kamin, dann Piaztechnik
5 EL MATOK	6c	28m	Schöne, leicht überhängende Route mit Leisten und einem Längenzug
6 MEK	?	28m	Projekt. Zuerst heikle Platte, dann senkrechte schwarze Wand
7 BASTARDO DENTRO	?	28m	Projekt. Senkrechte Wand mit abschüssigen Leisten, kleines Dach im Mittelteil
8 COMPAGNI DI MERENDA	7b	28m	Zuerst senkrecht, dann technische Züge an kleinem Vorsprung
9 SECONDO EREDE	?	28m	Projekt. Tropflöcher, dann senkrechte Wand

SEKTOR ASINO SVIZZERO

10 PRIMA EREDE	6b	26m	Gelbe Verschneidung
11 L'ASINO CON IL ROLEX	7a	28m	Senkrechte technische Platte, Fingerkraft, schwierige Grifffolge im oberen Teil
12 WALTER LASA STAR I CIODI	6b+	25m	Ausdauer an Leisten
13 ALICE NEL PAESE DEI BALOCCHI	6a+	25m	Längenzug zu Beginn, Aufrichter im Mittelteil
14 PAU&BA	6c	25m	Senkrechte technische Platte, Fingerkraft, gerade hoch an geschlagenen Griffen; im oberen Teil mindestens einen Grad schwieriger

MURO DELL'ASINO
SEKTOR DELLA PASSERA

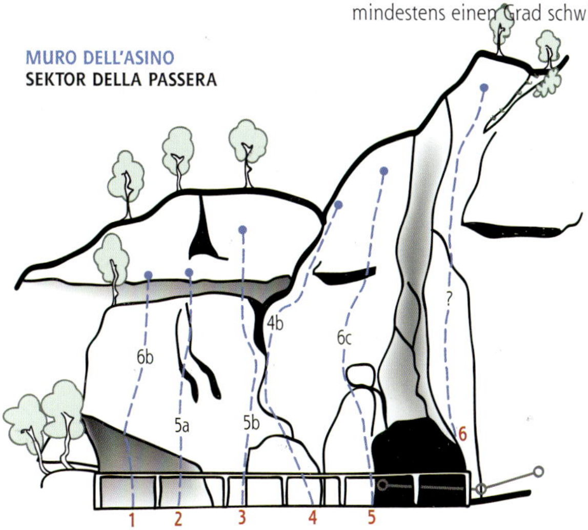

15 VARDA CHE VISTA	6b	25m	Schwieriger Start, Aufrichter im Mittelteil
16 L'INFATICABILE UOMO...	5a	30m	Lange, großgriffige Route
17 COLLEZIONE DI FARFALLE	5c	26m	Beginn überhängend, dann Bauch und glatte Platte
18 IL MANIACO DEL BOSCO	5a	26m	Einstieg wie Prime Esperienze, Quergang nach rechts, dann gute Griffe
19 PRIME ESPERIENZE	5a	28m	Kletterei an guten Griffen
20 OMER	5b	26m	Einstieg wie 'Bart e Marge'. Boulderzug, dann bauchige Stelle im Ausstieg
21 BART	5a	26m	Boulderzug, bauchige Stelle im Ausstieg
22 MARGE	5c	26m	Leicht verschmutzte Route

SEKTOR LA PLACCA

23 LA THERMOS DEI DESIDERI	5b	26m	Einstieg in leicht abgespecktem Überhang, dann links vom Busch über kleinen Bauch und Überhang
24 POLDO	5a	26m	Beginnt unterhalb der Stufen, dann um den Busch auf dem Band herum
25 SERVI DELLA GLEBA	5a	26m	Lange, einfache Route mit kurzem Abschlussriss
26 UBI 40	4c	26m	Geneigte Platte, dann schöner Abschlussriss
27 BERGAMICI	5b	26m	Großgriffige Route, heikle Stelle über dem Band
28 BOULDER CON LE FORMICHE	5a	26m	Gute Griffe und Ausstieg über kleinen Überhang
28 TESTO FINITO	5c	26m	Platte mit Löchern, Reibungskletterei im Mittelteil, Ausstieg leicht überhängend
30 CALCIO D'ANGOLO	5b	26m	Schöne kurze Verschneidung, am Beginn Reibungsplatte
31 CORSO 97	5a	10m	Längenzug mit Untergriff im Mittelteil
32 LO SPAZZACAMINO	4c	15m	Startet links, quert dann über Block nach rechts
33 11 DICEMBRE	6a	15m	Große Griffe in leichtem Überhang
34 GIOVANNA	5c	12m	Große Griffe

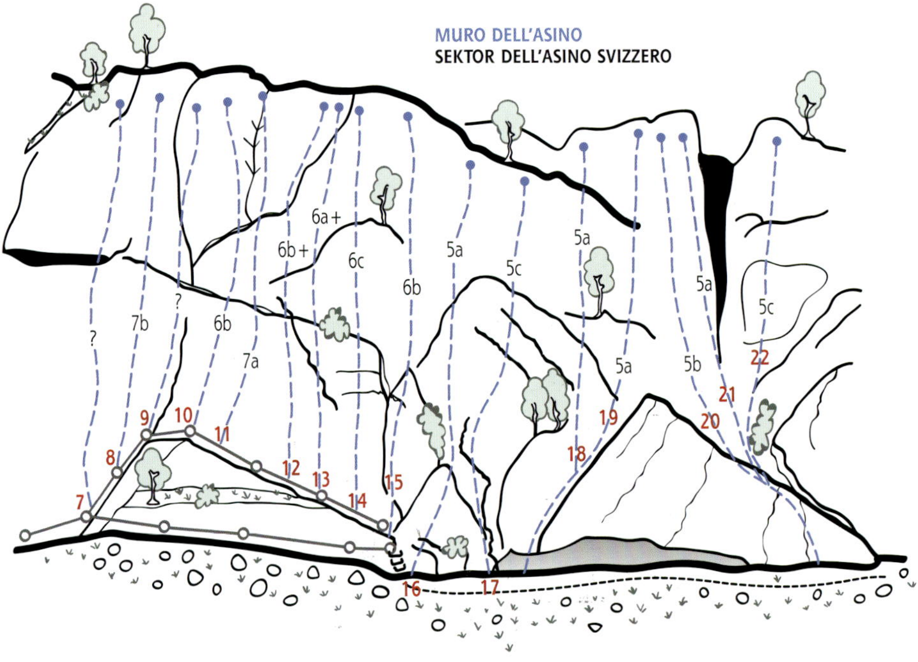

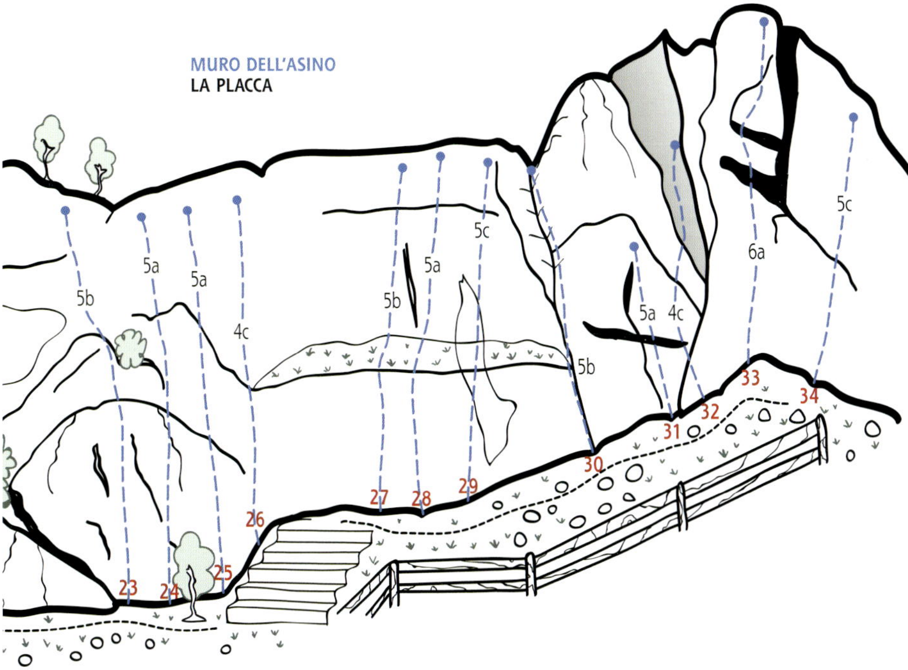

BABY WOOD

35 CILIEGIO	3c	8m	41 CIPRESSO	3a	10m
36 LECCIO	3c	8m	42 OLIVO	2c	10m
37 CARPINO	3a	8m	43 CORBEZZOLO	2c	10m
38 MAGGIO CIONDOLO	3a	8m	44 NOCE	2c	9m
39 GINEPRO	4a	10m	45 FAGGIO	2c	9m
40 FRASSINO	4a	10m			

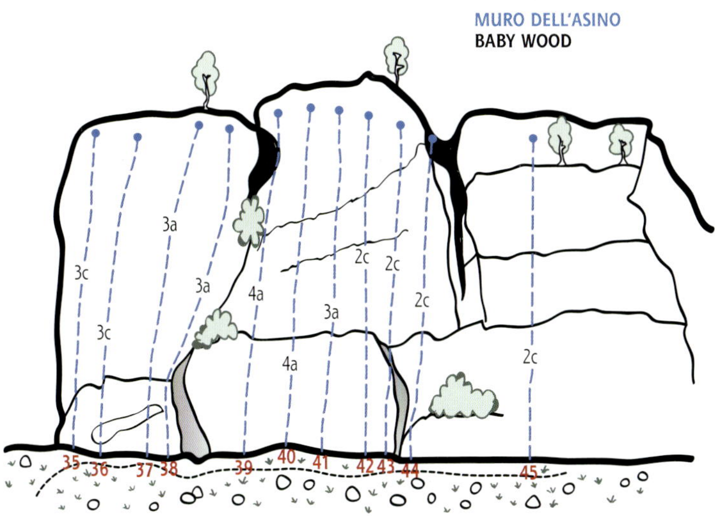

Arco

Red Point Wall

10

Das Gebiet besteht aus drei Sektoren. Im oberen Sektor konnten bislang nur wenige, aber schöne Routen im Bereich 5a bis 6c eingebohrt werden. Im mittleren (und als erstem eingebohrten) Sektor sind neben senkrechten Ausdauerrouten an Leisten auch Linien zu finden, in denen trotz der hohen Schwierigkeiten immer wieder gute Rastpositionen zu finden sind. Die Hakenabstände sind meist weit und man würde sich teilweise mehr Bohrhaken wünschen. Der untere Sektor bietet noch ungemein viel Potenzial: Die sehr beeindruckende Wand endet mit einem Überhang im oberen Bereich. Hier könnte es hinsichtlich Routen mit hohen Schwierigkeitsgraden eine interessante Entwicklung geben. Leider hängen hier seit Jahren einige (wirklich hässliche) Fixseile, die nicht mehr benutzt werden.

Erschließer: D. Mabboni, R. Paoli u.a.

Anfahrt/Zustieg
Von Arco 4,5 km, dann 10 Min. Zustieg auf Wanderweg.

Von der Sarcabrücke in Arco in Richtung Riva del Garda und dann rechts ab in Richtung Laghel/Castello di Arco. An den alten Stadtmauern von Arco und den Olivenhainen vorbei und bis zur kleinen Kirche St. Maria del Laghel. An der Kirche vorbei und auf der asphaltierten Straße ca. 2 km weiter (Hinweisschilder Campo G.E.I.), dann, gleich nach dem Campo G.E.I., rechts auf einem kleinen Platz parken. Hier beginnen die Wanderwege zum Monte Colt, nach Laghel und Ceniga.

Zum oberen Sektor: Auf rot-weiß markierten Weg zum Monte Colt (Nr.431) bis zum Felsmassiv, das gleich neben dem Weg liegt (10 Min.).

Zum mittleren und unteren Sektor: Zuerst auf rot-weiß markiertem Weg zum Monte Colt (Nr.431), kurz darauf aber in Richtung Laghel/Ceniga abbiegen. Der Weg führt abwärts und an eingezäunten Privatgrundstücken vorbei, die Felswand ist rechterhand schon gut sichtbar. Am Ende der Grundstücke dann rechts auf einen Weg, der über ein Geröllfeld zuerst zum ersten und später zum zweiten Sektor führt (5 Min.).

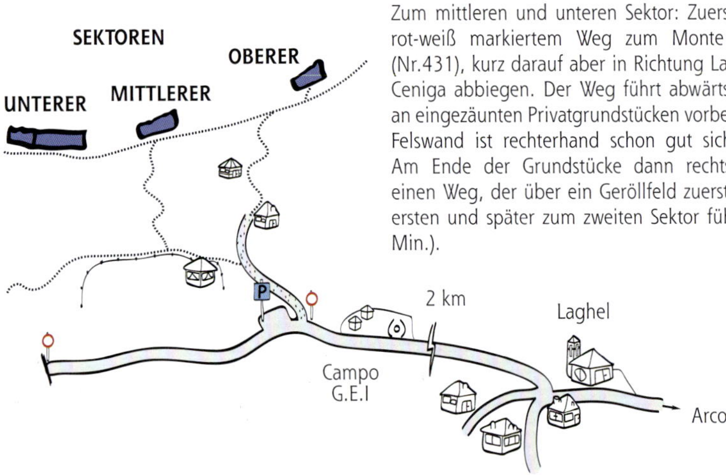

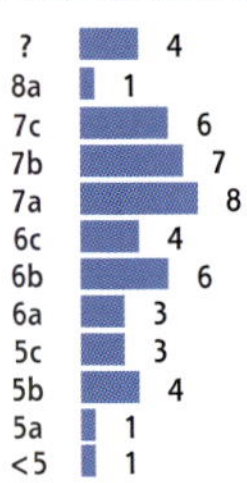

47

UNTERER SEKTOR

1 CEOMETRITE ARTICOLARE	6a/A0	35m	Reibungsplatte. Die 2. Seillänge ist einfach schlecht
2 POMPA E TROMBILLA	4c	26m	Platte
3 REGOLON	5c+	18m	Gleichgewichtspassage zu Beginn, dann große Griffe
4 SQUILIBRATION	6b+	23m	Herrliche Kletterei an der Kante mit sehr scharfkantigem Fels
5 OHNE NAMEN	7c+	23m	Sehr schwierige Kletterei an kleinen Leisten, von einer Sintersäule unterbrochen
6 OHNE NAMEN	7b	24m	Herrliche Linie
7 OHNE NAMEN	7a+	27m	Über den grauen Überhang
8 OHNE NAMEN	7a	29m	Vor dem Überhang Rastposition am Vorbau
9 OHNE NAMEN	6c	32m	Athletische Züge, dann gelber Überhang, schön und flüssig zu klettern
10 OHNE NAMEN	6c+	35m	Bis zum ersten Stand 6b, dann schwieriger bis zum zweiten Stand
11 OHNE NAMEN	?	30m	Führt über kleine Verschneidung in graue Platte
12 OHNE NAMEN	?	30m	Nach rundem Sinter im schwarzen Wasserstreifen weiter
13 TAMAGOGI	?	50m	Projekt
14 OHNE NAMEN	5b	22m	Risse und Verschneidungen bis zur Schlusswand
15 FAUSTOLO	5b	26m	Aufrichter und schöne Tropflöcher in Schlusswand
16 OHNE NAMEN	5b	26m	Einfache Rampe, dann gut strukturierte Wand
17 EDOLO	5c	26m	Einstieg wie 36, teilt sich in der Platte

RED POINT WALL
UNTERER SEKTOR

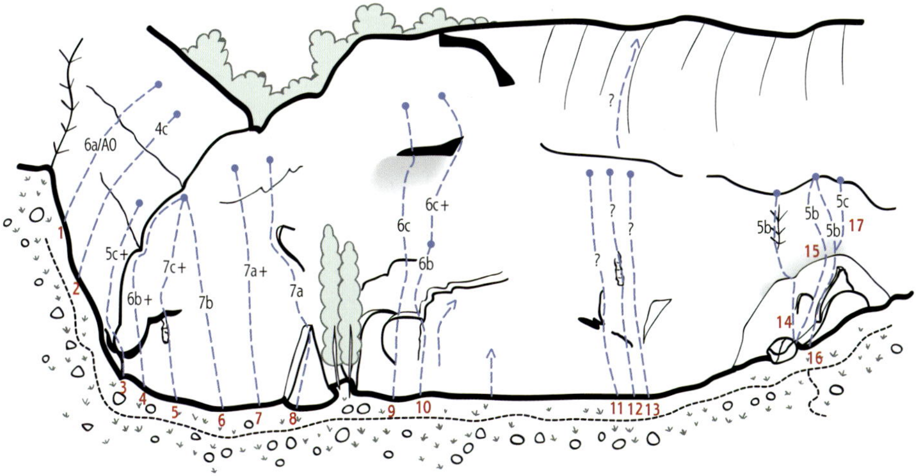

MITTLERER SEKTOR

1	OHNE NAMEN	?	25m	
2	DIDIEDRO O DAVANDI? DIEDRO DIEDRO!	6b	25m	Einstieg brüchig, aber schöne Gleichgewichtspassage kurz vor dem Ausstieg
3	IL RIPOSO DEL GUERRIERO	8a	32m	Boulderzug mit kleinen Griffen
4	OHNE NAMEN	7a	32m	
5	NON FATEMI GIRARE I COGLIURGIONES	6c+	32m	Einzelstelle mit Fingerkraft, dann aber reine Genusskletterei
6	LA DANZA DE LA PANZA	7a	32m	Im Mittelteil Seitgriffe in grauem Fels, schwierige Stelle über kleines Dach
7	LA DONNA DI CERA	7b	35m	Ausdauer nach grauem Sinter in leichtem Überhang
8	RED POINT TRIP	7c	35m	Kraftausdauer an kleinen Leisten
9	CAMILLO PENSO MA NON SONO SICURO...	7b	30m	
10	L'ULTIMO DEI SUINI	7c	30m	
11	PICCOLA PESTE	7b+	31m	Runde Leisten und kleine Griffe
12	SIGNORINA SWAROWSKI TUTTA ROTTA	7c	32m	
13	SPIRITO NERO	7c	28m	Im oberen Wandteil überhängender schwarzer Fels
14	IL COCCODRILLO DALLE MANI DI VELLUTO	7a	29m	Eleganter Ausstieg aus schräger Verschneidung, schwierige kurze Abschlusswand
15	PIPPI-STRELLO DORMIGLIONE	7b	29m	Einstiegspassage an Auflegern, schwerer Mittelteil
16	FELIX CON GLI STIVALI	7a	30m	Wunderschöne Ausdauerroute mit harten, kleingriffigen Einzelstellen
17	BANDUS RIALZO	7c	32m	Schwierige Stelle in senkrechter Platte, dann rechts über ein kleines Dach
18	IO, TU ED EPIFANIO	7b+	31m	Ausdauer an Leisten und Auflegern
19	GINO PILOTINO	7a	30m	Intensiver Mittelteil in grauem Fels

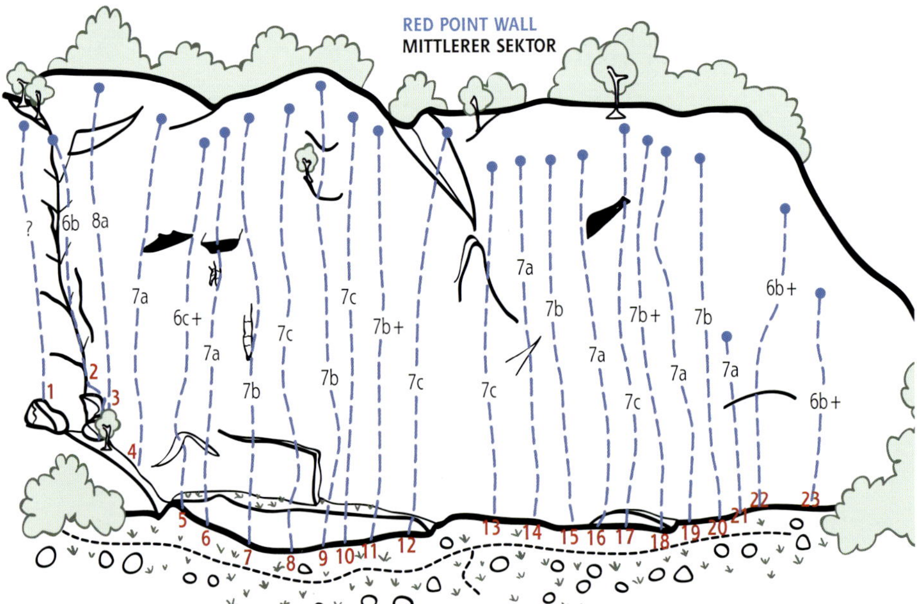

20 CIAO BELLA BAMBINA... PUZZI DI COZZA	7b	30m	Superschön bis zur Schwierigkeit bestimmenden Schlüsselstelle, dann kurz brüchiger Fels, schöner Ausstieg
21 LA BISTECCA DALLE ORECCHIE DA MERCANTE	7a	15m	Fingerkraft an kleinsten Konkretionen
22 L'UOMO TARDO E IL CICCIA BOMBA	6b+	23m	Zuerst ein Dach mit schwieriger Einzelstelle an Monoloch, dann ein zweites mit anstrengenden athletischen Zügen
23 OHNE NAMEN	6b+	23m	

OBERER SEKTOR

1 OHNE NAMEN	6c	23m	Einfacher Start, dann Boulder an künstlichen, geklebten Griffen
2 OHNE NAMEN	6b+	25m	Schwere Stelle an Sikagriffen (Stand in Mitte). Erster Teil leicht und etwas brüchig
3 OHNE NAMEN	5c+	28m	Schöne geneigte Platte (Stand in Mitte). Erster Teil leicht und etwas brüchig
4 OHNE NAMEN	6a	25m	Einzelstelle im oberen Bereich. Einstieg leicht und etwas brüchig (Stand in Mitte)
5 OHNE NAMEN	5b	26m	Keine gute Felsqualität
6 OHNE NAMEN	6a	12m	Einfacher Vorbau, dann kleines Dach und Einzelstelle unterhalb des Umlenkers
7 OHNE NAMEN	6b+	14m	Schwierige Grifffolge in überhängender Wand

RED POINT WALL
OBERER SEKTOR

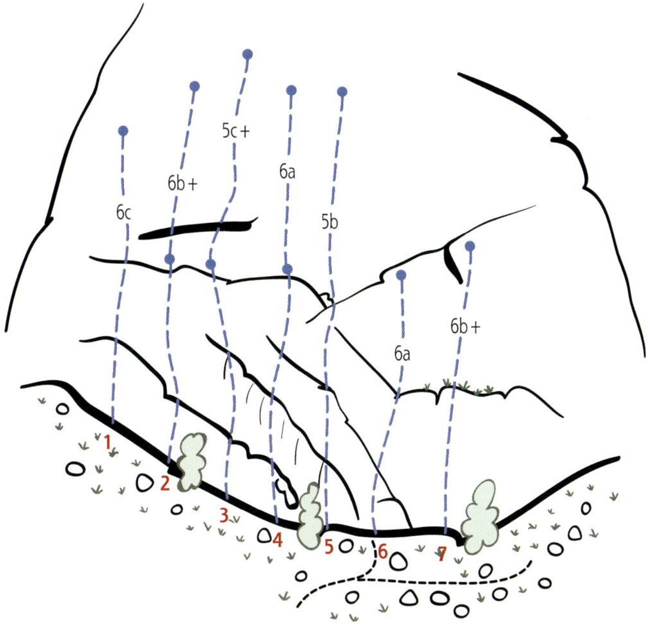

Arco

Monte Colt

11

Der Monte Colt ist vor allem aufgrund der Mehrseillängenrouten bekannt (siehe auch Kletterführer „Hohe Wände bei Arco", D. Filippi, Verlag Versante Sud). Giuseppe Mantovani hat mit großem Einsatz und viel Leidenschaft dieses Massiv erschlossen und so dazu beigetragen, dass es mit zu den meistbesuchten Klettergebieten im Sarcatal gehört. Bevor Giuseppe mit den Mehrseillängenrouten begann, erschloss er einen Sektor mit interessanten Einseillängenrouten im Bereich 6a bis 6c. Die Bohrhakenplättchen sind selbst hergestellt und mittlerweile ganz schön alt, bitte Vorsicht!

Erschließer: G. Mantovani u. a.

Anfahrt/Zustieg

Von Arco 5,5 km, dann 20 Min. Zustieg auf Wanderweg.

Von der Sarcabrücke in Arco zunächst in Richtung Riva, dann weiter in Richtung Laghel/Castello di Arco. Man fährt zuerst an den alten Stadtmauern vorbei, dann an Olivenhainen und an der Felswand von Laghel (rechterhand sichtbar). Am Ende der Steigung (nach 3,5 km) steht die kleine Kirche von S. Maria. Man folgt der Straße noch 2 km bis zum Campo G.E.I. (Wegweiser) und parkt auf der rechten Seite. Kurz nach dem Campo beginnt eine Schotterstraße, die in Richtung Monte Colt und Ceniga führt (rot-weiße Markierungen). Auf dieser Straße bis zu einer Abzweigung, hier rechts weiter und an einem alten Haus vorbei, danach wird aus der Schotterstraße ein breiter Wanderweg. Kurz nach einem (ersten) Strommasten wird der Weg flacher, im Wald folgt man dann nicht dem Weg nach rechts, Kurz nach einem 2. Strommasten etwas bergab (kleine Leiter, Drahtseil) und an der ersten Abzweigung rechts. Jetzt geht man am Felsmassiv entlang (ohne abzuzweigen) und erreicht nach 3 Min. den Sektor mit den Einseillängenrouten.

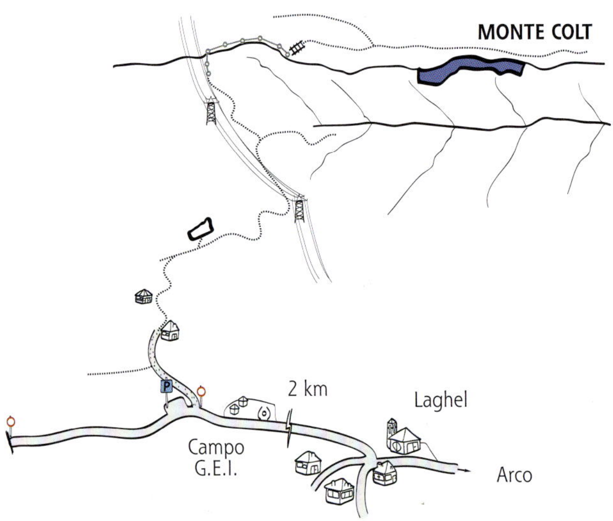

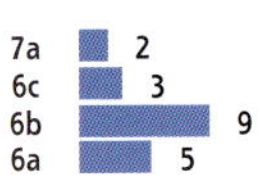

19

1 L'ARCA DI NOE'	SL1	6a	30m	Einfache Verschneidung, dann Platte mit Tropflöchern. Ersten Stand überklettern.
	SL2	7a	25m	Schwieriges Dach
2 8 MARZO		6b +	22m	Einzelstelle im Dach
3 FURIA II		6b	14m	Kurze Route an Tropflöchern und Leisten im Ausstieg
4 ACRAMENTA		6b	24m	Ausdauer an großen Griffen im zweiten Teil
5 FIX		7a +	24m	Einzelstelle beim Ausstieg aus dem Dach, dann Ausdauer in Platte mit scharfkantigen Griffen
6 PAPILLON		6b +	22m	Ausdauer, schöne Bewegungen,
7 ADDIO ERMANNO		6a/b	22m	Abwechslungsreiche Ausdauerroute, Ausstieg aus der Verschneidung onsight schwierig, einige große geschlagene Griffe
8 IL PENSATORE	SL1	6c	22m	Kaum wiederholt
	SL2	6b	?	
9 FLUIDO ROSA		6a +	16m	Ausdauer an scharfen Griffen, einige davon geschlagen
10 PENTAGRAMMA	SL1	6b +	20m	Schöne Linie, heikle Stelle im Quergang, kraftraubender Dachausstieg
	SL2	6b	20m	Verläuft etwas komisch im Zickzack, aber interessant
11 NOTTE DI FIABA		6c	12m	Rote Felswand mit Seitgriffen und Auflegern
12 MENISCOMANIA		6c +	14m	Schöne Route, Einzelstelle mit Untergriffen, Ausstieg mit scharfen Griffen
13 ARCHETIPI		6b/c	25m	Ausdauer und Bewegungsproblematik, kurze Überhänge, einige geschlagene Griffe
14 MICHELE NO FURTING		6a +	25m	Ausgesetzte Route mit guten Griffen, große Tropflöcher, leider einige geschlagene Griffe
15 ORO NERO		6a +	18m	Wandkletterei mit einigen geschlagenen Griffen
16 JOE SALINAS		6b	32m	Sehr schöne Linie, Blockierer im ersten Wandteil, dann großgriffig

MONTE COLT

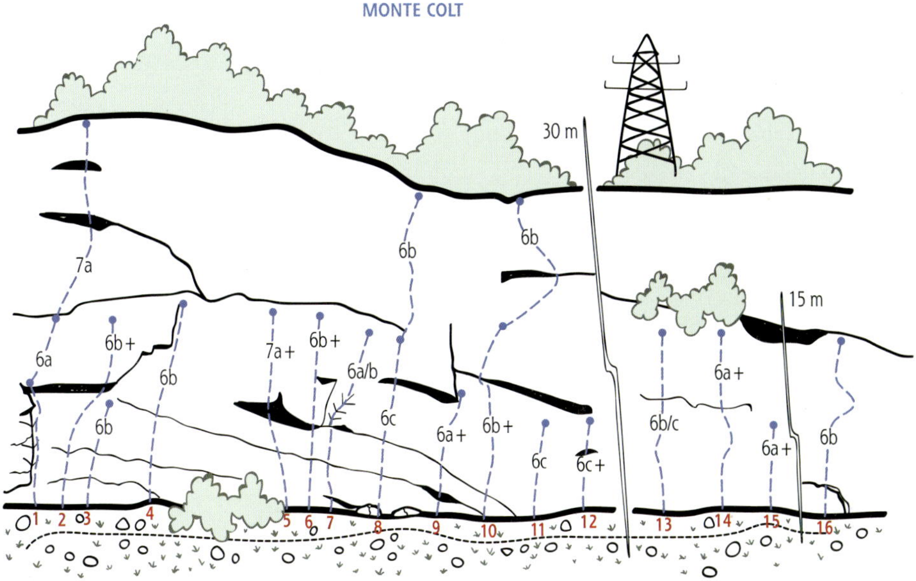

Ottava Meraviglia

Der Name „8. Weltwunder" könnte nicht zutreffender sein. Ein Kleinod von einem Felsen, ruhig und abgelegen, mit sehr abwechslungsreichen, interessanten Routen, mit Löchern, Sintern, Platten und Dächern. Ein Besuch lohnt sich auf jeden Fall. In diesem Klettergarten gäbe es noch genügend Möglichkeiten, weitere Routen zu erschließen.

Im Vergleich zu anderen Gebieten ist der Zustieg etwas länger (20 Minuten), er wird durch die Schönheit der Wand jedoch leicht wettgemacht. Unverständlich ist deshalb eigentlich, dass nicht mehr Besucher hierher finden.

Erschließer: S. Merighi,I. Micheletti u. a.

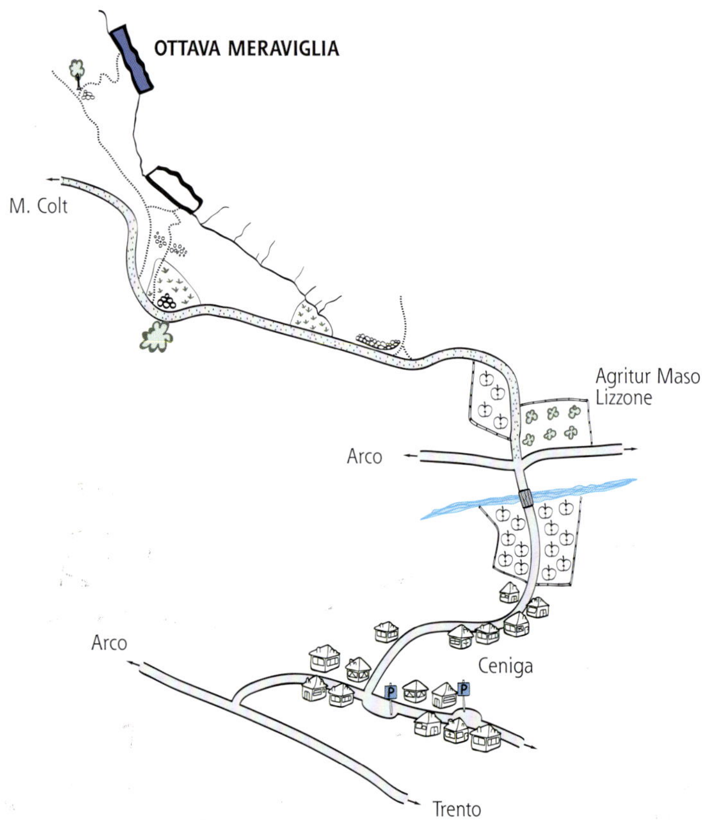

?	2
8a	3
7c	3
7b	2
7a	5
6c	4
6b	2

21

Anfahrt/Zustieg

Von Arco 3,5 km, dann 20 Min. Zustieg auf Straße und Wanderweg.

Von der Sarcabrücke in Arco in Richtung Trento/ Madonna di Campiglio. An der Agip-Tankstelle (1,8 km) und am Restaurant ‚La Pergola' (2,9 km) vorbei und nach 3,2 km nach links in Richtung Ceniga abbiegen. Nun geradeaus und beim Schild 'Agriturismo Maso Lizzone' auf der rechten Seite parken. Über die Straße und auf die 'Via al Ponte'. Nach 500 m über die alte (römische) Brücke und auf den gegenüber liegenden Schotterweg. Den rot-weiß markierten und nach rechts führenden Weg, auf den man nach ca. 5 Min. trifft, lässt man rechts liegen und geht nochmal 100 m aufwärts. Kurz nach einer Pfadspur (rechts) zum Klettergebiet ‚Ceniga' zweigt ein schöner Wanderweg rechts ab und führt diagonal bergauf. Nach etwa 15 Min. weisen ein Steinmännchen sowie Farbmarkierungen an den Bäumen auf eine rechts abzweigende Pfadspur hin. Dieser folgt man und hat nach etwa 3 Min. den Wandfuß erreicht.

1 OHNE NAMEN	7a	20m	Ausdauer; schöne Folge von Löchern und Sintern, leichte Ausstiegsplatte
2 OHNE NAMEN	?	?	Projekt, anstrengender Einstieg, dann Rastposition, schwieriger Bauch im Mittelteil
3 DIAOLO CAN!	?	25m	Projekt. Schöner Beginn an Sintern; athletisches Dach und Schlusskante
4 CHANDRA FULL	8a/+	25m	Längenzug an Sintern, dann technisch schwierig bis unter das Dach
5 OHNE NAMEN	8a	20m	Sinter und Löcher, schöne Kletterei
6 AMMAZZA CAMMELLI	7c+	32m	Fingerkraft an kleinen Löchern
7 LA CRUX	7c	35m	Längenzug an Aufleger und Ausgleichspendelbewegung
8 OCEANO STELLARE	8a	35m	Plattiger Beginn und Ausstieg aus Dach sehr schwierig, dann vier technisch schwierige Fingerboulder, zum Schluss Aufleger
9 SURIA NEMASTE'	8a+	35m	Mehrere kleine Überhänge und zentrales Dach
10 AUANNAGANNAMMERICA	7b+	30m	

OTTAVA MERAVIGLIA

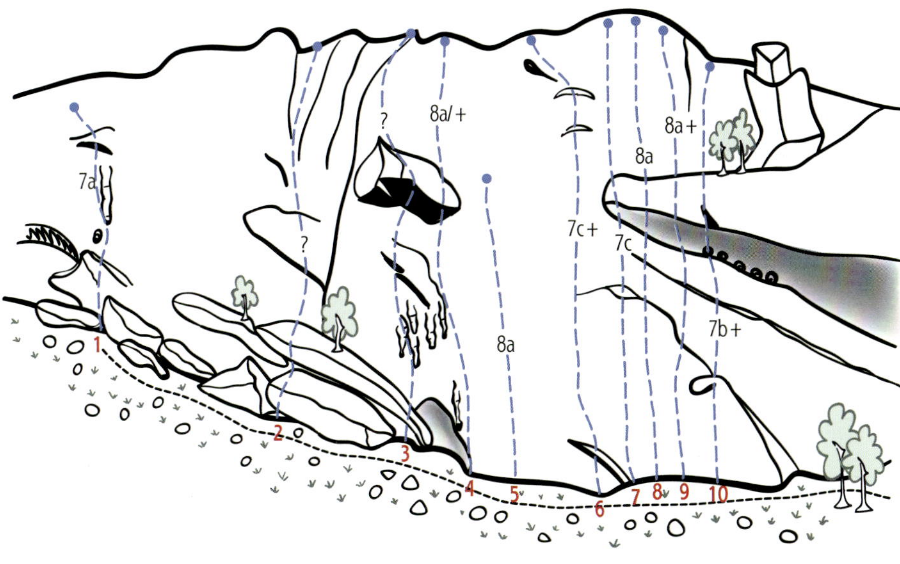

11 GRANDE GIGA	7b	30m	Einstieg an überhängenden Sintern, dann Power an Minileisten, Ausstieg an Leisten
12 GORILLA LILLA	6c	30m	Technisch anspruchsvoll, an Sintern über das Dach
13 IL COONTE DDRACULA	7a+	30m	
14 CIAO CIBA	7a+	30m	Sehr schöne, senkrechte Wandkletterei, dann kurzer Überhang
15 ZOLLA BEPPONICA	7a+	30m	Senkrechte Wandkletterei, dann überhängend
16 NAME HUMESH	7a	25m	
17 GANGA INES	6b	25m	
18 MARINA TANDRILLA	6b+	22m	
19 BOM	6c	22m	Einzelstelle in den ersten Metern
20 IL MIO PIEDE SINISTRO	6c+	25m	Kleingriffiger Blockierzug im Einstieg
21 IL CAMALEONTE	6c+	25m	Blockierzug und Bewegungstechnik am Einstieg; Ausstiegsplatte.

OTTAVA MERAVIGLIA

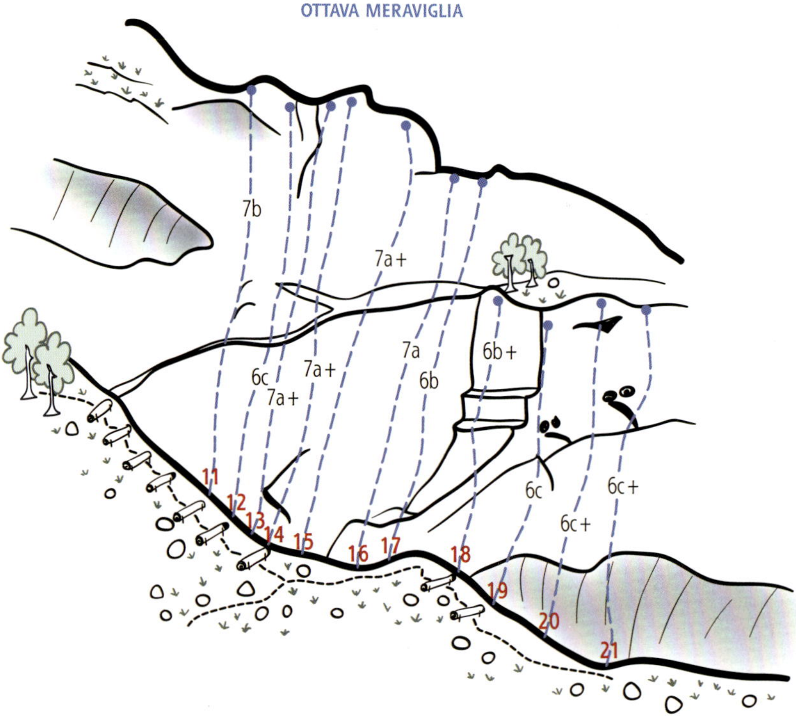

Eremo *(ph. Giampaolo Calzà)* ▶

Ceniga

180 m

Dies ist eines der vielen kleinen Gebiete in der Umgebung von Arco, das nach seiner Erschließung kaum mehr Beachtung fand. Das ist wirklich schade, denn die Routen in der interessanten Wand sind technisch anspruchsvoll und ausdauernd (einige Routen sind mit 8mm-Bohrhaken ausgestattet). Hier gäbe es noch viele Möglichkeiten für Neutouren! Der Klettergarten liegt ruhig und etwas abgelegen.

Erschließer: C. Giovannini, A. Zanetti, und andere.

Anfahrt/Zustieg

Von Arco 3,5 km, dann ca. 10-15 Min. Zustieg auf Straße und Wanderweg.

Von der Sarcabrücke in Arco in Richtung Trento/ Madonna di Campiglio. An der Agip-Tankstelle (1,8 km) und am Restaurant ‚La Pergola' (2,9) vorbei und nach 3,2 km nach links in Richtung Ceniga abbiegen. Nun geradeaus und beim Schild 'Agriturismo Maso Lizzone' auf der rechten Seite parken. Über die Straße und auf die 'Via al Ponte'. Nach 500 m über die alte (römische) Brücke und auf den gegenüber liegenden Schotterweg. Den rot-weiß markierten und nach rechts führenden Weg, auf den man nach ca. 5 Min. trifft, lässt man rechts liegen und geht nochmal 100 m aufwärts. Ein Steinmännchen markiert den Beginn eines nach rechts führenden Pfads (ein weiterer Weg führt kurz darauf zum Klettergebiet 'L'Ottava Meraviglia'). Auf diesem Pfad jetzt weiter, an den Resten eines Zaunes vorbei und über eine Geröllhalde. Das Felsmassiv ist etwas im Dickicht versteckt, man erreicht es über kaum sichtbare Pfadspuren, die flach nach rechts führen (5 Minuten von der Forststraße).

10-15'

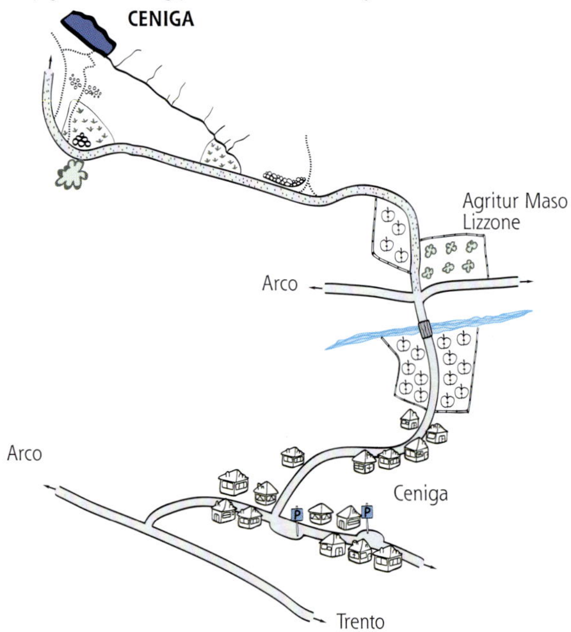

?	3
7a	5
6c	1
6b	2

10

1 TIRAMOLLA	7a	25m	Ausdauernde Wandkletterei
2 PIOGGIA DI CORALLI	7a+	25m	Sehr schön, mit Korallenkieseln
3 IL TRONO DI OSIRIDE	7a	18m	Ausdauer, mit Sinterpassage
4 DASY LOU	7a+	23m	Längenzug bei Dachausstieg, im Schlussteil ebenfalls sehr anstrengend
5 BERMUDA	6b+/c	18m	Ausdauerkletterei
6 MISSISIPI BLUES	6c	18m	Senkrechte, dann überhängende Kletterei, athletisch
7 SFIDA ALL'IGNOTO	7a+/b	18m	Leicht überhängende, ausdauernde Wandkletterei, athletisch
8 OHNE NAMEN	?	23m	Projekt
9 LA SETTA DEI MEDIUM	?	?	
10 OHNE NAMEN	?	?	Projekt

CENIGA

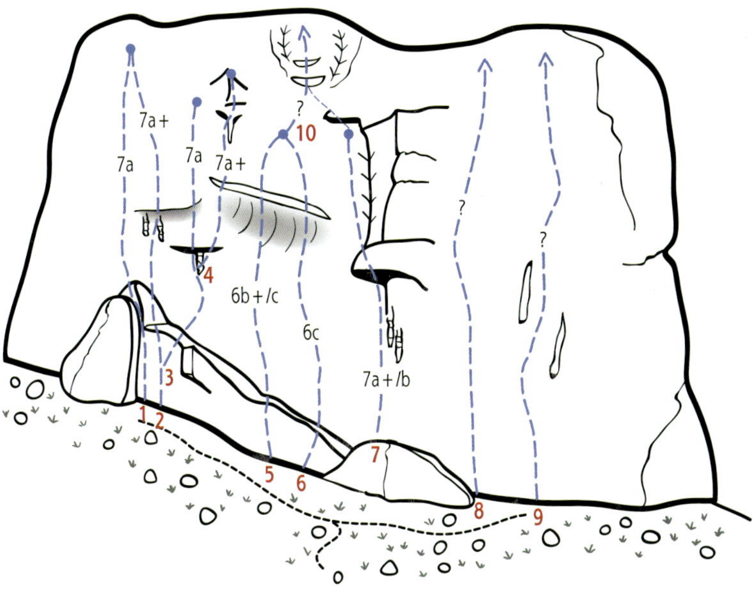

Eremo

Klein, aber sehr fein! Die überhängenden Routen in dieser Wand gehören mit zu den schwierigsten im ganzen Gebiet von Arco. Wer hier etwas zustande bringen möchte, sollte eine 8a schon recht locker draufhaben. Wer die Namen der Erstbegeher liest, weiß, was Sache ist: Christian Bindhammer (*Zauberfee* (8c+, Erstbegehung 2003) oder Andreas Bindhammer *St. Anger* (8c+/9a+, Erstbegehung 2008). Der Routenname St. Anger verweist auf einen Song der Band Metallica, die Crux bewältigte Christian mit einem Dynamo an ein verstecktes Loch.
Wer von Arco im Sarcatal in Richtung Norden fährt, kann den Klettergarten mit der überhängenden gelben Wand gut sehen.
Die Einsiedelei ist ein religiöser Ort, die dokumentierte Altarweihe war schon im 12. Jahrhundert (9.4.1186).

Erschließer: G. Hörhager, R. Larcher, G. Manica, R. Scherer u.a.

Anfahrt/Zustieg

Von Arco 3 km, dann 3 Min. Fußweg.

Von der Sarcabrücke in Richtung Prabi/Camping Arco/Schwimmbad und am Ristorante 'La Lanterna' vorbei. Auf der linken Straßenseite sieht man die hohen Wände des Colodri, rechts steht die Kletterwand für den Rockmaster-Wettkampf. Ungefähr 800 m nach dem Restaurant befindet sich links der kleine Parkplatz bei der Einsiedelei (Eremo) S. Paolo. Über die Stufen dann direkt hoch zur kleinen Kirche und zu den Einstiegen inmitten der weißen, überhängenden Felswand.

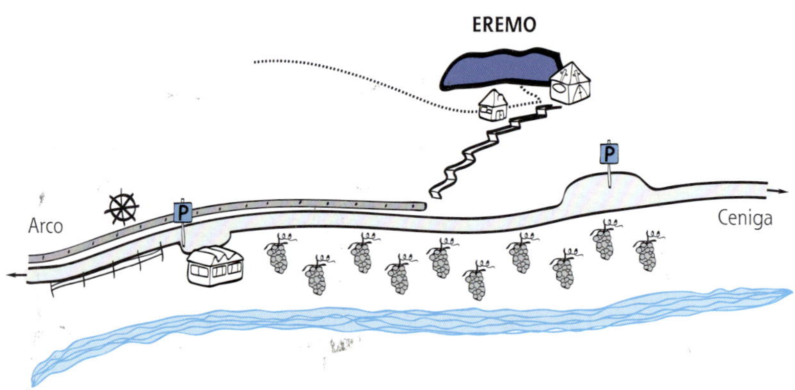

8c	■	2
8b	■	2
8a	■	2
7c	■	1
6a	■	1

8

1 OHNE NAMEN	6a	10m	Am Pfeiler, kurz und einfach
2 CATY MINI	8a	20m	Maximalkraft an geschlagenen Griffen, Ausdauer
3 ZAUBER FEE	8c+	22m	Kraftausdauer und Technik, stark überhängend
4 ST. ANGER	8c+/9a	24m	Technik, Bewegung, Kraftausdauer, stark überhängend. Erste Frauenbegehung: A. Eiter 2014
5 GRAVITY GAMES	8b/+	24m	Start im großen Überhang, Ausdauer an kleinen Löchern
6 OHNE NAMEN	7c	20m	Ausdauer, stark überhängend
7 OHNE NAMEN	8b	20m	Einstieg über Nr.6, schöne überhängende Ausdauerlinie an Sintern
8 MEZZO BIOLOGICO	8a+	25m	Dach mit perfektem Riss. Erste Begehung N. Favresse im Trad-Stil. Die Route befindet sich etwa 150m links von der Einsiedelei

EREMO

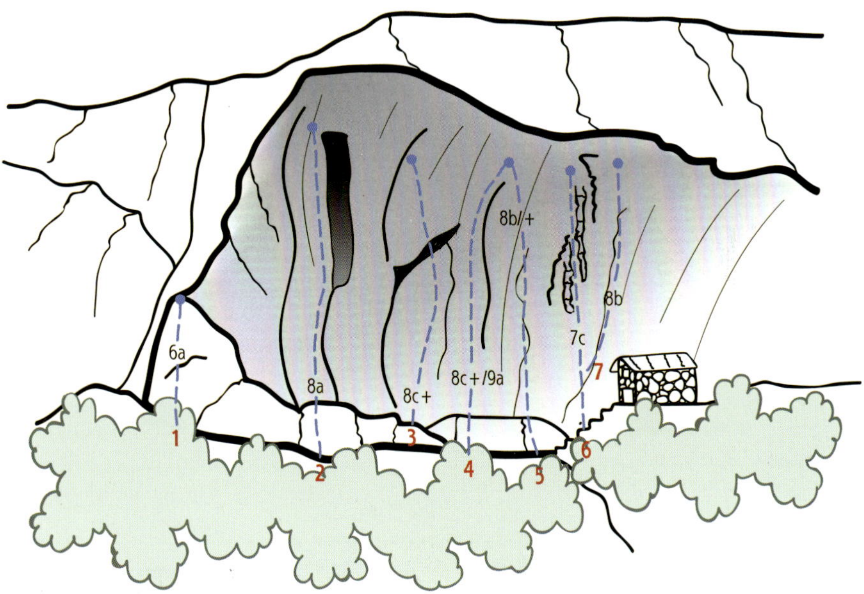

Arco

Diamante del BA.RO.

15

Dieses Klettergartenjuwel in der Nähe des Colodri ist Roberto Bassi gewidmet (BA.RO.). Im linken Bereich ist der Fels weiß und mit Tropflöchern gespickt, der rechte Wandteil ist überhängend mit einigen Sintersäulen. Die Routen liegen allesamt im oberen Schwierigkeitsbereich, zwischen 7a und 8a. Der Klettergarten wurde 1984 von Heinz Mariacher entdeckt, hier konnte er die Linie *Copacabana* erstbegehen und hinterließ damit schon damals seine Spuren. Im Jahr 1996 verzauberte der 'Diamant' auch Rolando Larcher, der sich der weiteren Erschließung dieses Gebietes annahm. Ein Besuch lohnt sich auf alle Fälle, allein schon wegen des Panoramablickes auf Arco und über das gesamte Sarcatal. Die Mindestseillänge beträgt 70 Meter, es gibt auch noch einiges Potenzial für Neutouren.

Erschließer: R. Larcher, H. Mariacher u.a.

Anfahrt/Zustieg

Von Arco 2,8 km, dann 10 Min. Zustieg auf Wanderweg und gesichertem Steig.

Von Arco in Richtung Prabi/Camping Arco/ Schwimmbad bzw. in Richtung Camping Zoo. Kurz nach dem Restaurant 'La Lanterna' bei einem Wehr (leicht an den architektonischen Bögen erkennbar) parken. Achtung: Nur wenige Stellplätze, viele Autoaufbrüche!

Von hier geht man auf der Straße wieder wenige Meter zurück bis zum Ende des Holzzaunes (ungefähr 20 m vor dem gut erkennbaren Wasserhahn an der Mauer), dann über die Steinmauer und links haltend auf dem Steig im Wald aufwärts. Von der Straße aus ist der Klettergarten (rechts der schwarzen, kompakten Felswand) gut zu sehen. In 5 Minuten zum Wandfuß und dort auf der linken Seite mit Hilfe eines Drahtseils zu den Einstiegen.

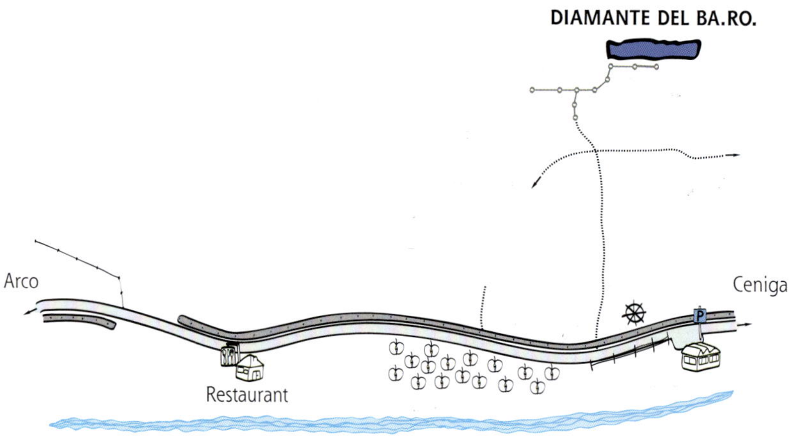

?	2
8a	1
7c	3
7b	1
7a	2
6c	1

10

A B

1 NOT ONLY APPLE		7a	30m	Einstiegsdach, dann schöne Platte mit Tropflöchern
2 PARASSITI D'OLTRALPE		6c	30m	Einstiegsdach, dann schöne Platte mit Tropflöchern
3 COPACABANA	SL1	7a	15m	Einstiegsdach, dann schöne Platte mit Tropflöchern
	SL2	7b/c	18m	Überhängende Ausdauerroute
4 PROGETTO PEDRO			30m	Projekt
5 L'ETICA DEL BA.RO		?	30m	Harter Boulder im Überhang, dann großer Sinter (8a + ?)
6 TIBIA SILENZIOSA		7c	20m	Ausdauer im Überhang an großen Sintern
7 SPIGOLO DELLA TIBIA SILENZIOSA		7c +	35m	
8 DUNE		7c +	22m	Athletische Route an Sintern im Überhang
9 SPIRITO LIBERO		8a	25m	Ausdauer an Sintern und Ausstieg an Leisten

DIAMANTE DEL BA.RO.

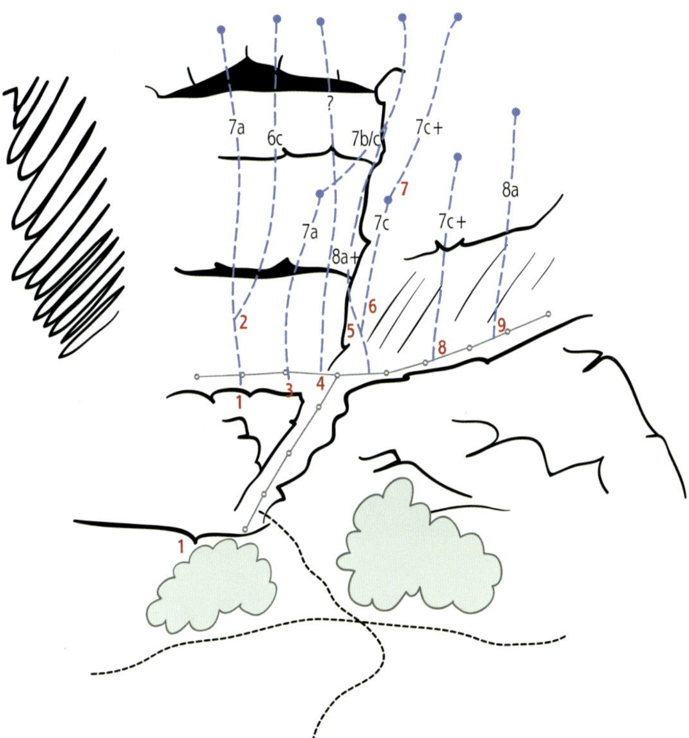

Bergführer
Geboren am 5. Juli 1963 in Bologna, wohnhaft in Arco.
Sternzeichen: Krebs
Inhaber von Canyon Adventures, der ersten Canyoning-Agentur im Sarcatal (Anfang der 1990er-Jahre in Torbole gegründet) und der zweiten in ganz Italien.

DIEGO DEPRETTO

Das "Enfant terrible"

Viele der Erstbegehungen, die Geschichte machten, gehen auf sein Konto: Diego Depretto erschloss u. a. Nago, Massone und war Autor des legendären Kletterführers "Arco Falesie".

«Unser Treffpunkt war am Colodri. Ich ging oft dorthin, traf Roberto (Bassi) und durfte in vielen Touren nachsteigen. Oft war ich gleich nach der Schule da und hing zunächst einfach ab. Roberto war derjenige, der das Klettern nach vorne bringen, weiter entwickeln wollte. Dann kamen auch andere Leute hierher, wie Heinz Mariacher oder auch Leviti, der das Gebiet San Paolo entdeckte. Routen wie *Honky Tonky* oder *Nuovi Orizzonti* wurden erschlossen und natürlich auch geklettert. Aber ganz am Anfang standen der Colodri und die großen Felsblöcke am Wandfuß im Mittelpunkt. Und damit der "Hausmeister" Roberto Bassi.
Wo heute die Pizzeria California ist, war das Haus von unseres Freundes Bepi. Wir waren ständig zu Gast bei ihm, bekamen immer einen Espresso: Mariacher, Manolo, Stenghel und viel andere. Bepi war eine unglaubliche Person: Er hatte in den Kohleminen Südafrikas ein Bein verloren, überall am Wandfuß suchte er Steine, die die Form eines Beines hatten, und stellte sie in seinem Haus auf. Er war ein Mann aus einer anderen Zeit, hatte noch einen Brustgurt, dicke Seile. Ausrüstung aus den vierziger und fünfziger Jahren hing bei ihm zu Hause herum, damit war er auch zum Holz machen unterwegs. Er seilte sich ungesichert und viel früher als wir Kletterer vom Colodri oder auch anderen Wänden ab, um dort Steineichen zu fällen!»

Eure Kreativität richtete sich dann auf anderes...
In der Tat, auf die kurzen Routen in Klettergärten. Das war eine Zeit, in der sich vieles überlagerte, sich gleichzeitig an diversen Orten oder Wänden entwickelte. Irgendwie war eine besondere Energie spürbar, es war abenteuerlich und neuartig. Jeden Tag entdeckten wir etwas Neues. Auch die Angst wurde plötzlich zum Thema, z. B. als ich Roberto in der Route *Honky Tonky* sicherte und er immer wieder abflog oder als er den gerade gesetzten Plättchen in der Linie *Bepi Nero* vertraute und dort stürzte. Wer etwas ausprobierte, war einfach verwegen. Heutzutage wird das Stürzen gleich im ersten Kletterkurs gelehrt. Aber damals, vor 33 Jahren, war das eine sehr kritische Angelegenheit. Der Eine oder Andere versuchte nämlich jetzt plötzlich, die heiligen Regeln des Alpinismus auf die Probe zu stellen, sozusagen die alpinistische Normalität auf den Kopf zu stellen. Und so lief es dann auch.

War das etwas Einmaliges?
Die wirklich große Energie rührte vielleicht daher, dass etwas ganz Neues im Entstehen begriffen war. Wir versuchten schwierigere Routen, setzten uns keine mentalen Grenzen oder Einschränkungen, probierten neues Material und auch die Stimmung war eine andere. "Kein Magnesia am Fels", so etwas stand damals am Wandfuß des Colodri angeschrieben. Nur, weil es für viele unbegreiflich war, Chalk zu benutzen. Auch der Schritt vom Brust- zum Sitzgurt (dem legendären Troll) war so eine Geschichte: "Du wirst dich umbringen, ganz sicher!". So etwas hörten wir oft.

Also kein Magnesia, weil du den Fels beschmierst...
Ja, genau. Auch bei der Absicherung gingen wir neue Wege. Keiner wusste so richtig, wie. Bei meiner ersten Route, *Il primo specchio* an der Wand von San Paolo, probierte ich zum ersten Mal die neuen Expansionbohrhaken aus. Es war übrigens der gleiche Tag, als Bassi und Manolo *Pipistrello* im Sektor Swing Area einbohrten.

Und dann?
Tja, irgendwann war ich halt nicht mehr der kleine Siebzehnjährige... Und beim Klettern dachte ich auch daran, neue Wände zu erschließen. Wer das Glück hatte, *Nuovi Orizzonti* von Leviti und

Bernard klettern zu können, das sind heute gesperrte Routen, wird sich auch an Meilensteine wie *Magiche gocce*, *Son dur dur* oder *All'ultimo respiro* erinnern. Dann kam die Südwand des Colodri ins Gespräch, dort kletterte man im Winter.
Danach Massone, das Giovanni Groaz entdeckte und dort die ersten Linien entlang von Rissen und Verschneidungen einrichtete. Massone wurde dann auch mein Hausgebiet, ich verbrachte unendlich viel Zeit damit, dort Routen zu erschließen. Zuerst im unteren, dann im mittleren Sektor namens Gola. Ich würde fast sagen, dass Massone ein Teil meines Lebens wurde: Dort erschloss und sanierte ich Routen und putzte sogar mit Feuerwehrpumpen und Wasser die Wände. Massone war lange Zeit DAS Kletterzentrum von Arco.
Man traf sich dort wie in einer Bar, man kannte sich, auch weil wir nur wenige waren. Die einen wohnten in der Nähe, andere kamen aus Südtirol, Verona, Brescia oder auch aus Österreich. An diesem Ort war viel Energie zu spüren und der Geist der Erneuerung. Roberto Bassi war jetzt meist im Sektor Gola zu Gange, Mariacher in San Nicolò im Fassatal, Manolo in Totoga bei Feltre. Im unteren Sarcatal sah man Leute wie Giorgio Manica, Daniela Luzzini, Rolando Larcher, Fabrizio Miori, Enrico Ischia und einige andere. Es war die Zeit des Übergangs von den Platten zu den Überhängen.

Auch Nago hast du entdeckt und dort ab 1988 viel eingebohrt.
Ja, auch das. Ich bin "Schuld". Perfekter Fels, leicht zugänglich und doch wild. Viel zu gut, um nichts daraus zu machen. Ich war damals der Einzige, der in der Gegend von Arco systematisch Gebiete erschloss. Ende der 1980er-Jahre kamen glücklicherweise noch weitere hinzu, unter anderem Danilo Bonvecchio, Fabio Leoni, die Gruppe 'Sisyphos', Giuseppe Mantovani, Diego Mabboni. Und so konnte das von Roberto Bassi begonnene Werk im oberen Sarcatal noch um viele weitere Gebiete bereichert werden.

Wie viele Linien hast du eingerichtet?
Mehr als eintausend, denke ich. Dazu zählen Ersteinrichtungen und auch Sanierungen, die ich seit den 90er-Jahren zusammen mit den Leuten von Arco Roc und mit Camillo Mattei durchgeführt habe (Massone, Nago, San Giovanni, Crosano, Baone, Spiaggia delle Lucertole, San Siro, Sonnenplatten...). Etwa 10 000 Bohrhaken und -plättchen innerhalb von drei Jahren haben wir gesetzt, wobei mich die Provinzregierung stark unterstützte.

Der erste Sportkletterführer von Arco stammt auch von dir.
Das war Zufall, ich konnte mir damals wirklich nicht vorstellen, wie sich das Klettern im Sarcatal entwickeln würde. Ich katalogisierte meine vielen Erschließungen und Sanierungen, ich wollte das einfach mit anderen teilen. Das Buch *Arco Falesie '87* bestand eigentlich nur aus vielleicht zwanzig einfach aneinandergehefteten Blättern, mit Handzeichnungen, allen Zustiegen und den einzelnen Routenbeschreibungen. Angelo Seneci und ich hatten alles in Druckbuchstaben geschrieben, insgesamt hatten wir vierzehn Klettergärten beschrieben.

Titelbild war später dann ein Kletterer, der am zunehmenden Mond hing.
Eine weitere Geschichte. Das Motiv hatte ich zusammen mit Lorenzo Delladio von La Sportiva ausgesucht, der mich bei diesem Projekt unterstützte. Es sollte daran erinnern, wie fantastisch und phantasievoll doch das Klettern ist. Die letzte Ausgabe mit diesem Motiv ist aus dem Jahr 1999, ich schrieb das Buch zusammen mit Margareth Eisendle und war gleichzeitig der Herausgeber. Es hatte eine Spiralbindung und umfasste insgesamt sechzig Gebiete zwischen Arco, dem Valle di Laghi, dem Val Giudicarie und dem südlichen Gardasee.

Deine Haltung gegenüber dem Klettern hat sich später irgendwie verändert...
Ich fühlte, dass Klettern nicht das Einzige für mich sein konnte. Es musste etwas passieren,

ich wollte mein Leben verändern und schlug andere Wege ein: Kajakfahren, mein momentaner Lieblingssport; oder auch Gleitschirmfliegen, Tauchen, Motorrad-Trial. Meine letzte Herausforderung war der Helikopter-Flugschein. Seit ein paar Jahren überwintere ich in Neuseeland und dort habe ich, neben dem Fliegen und Kajakfahren, auch wieder Spaß am Erschließen von Routen bekommen. Genauso, wie ich sie anfangs in Arco hatte, mit der gleichen kreativen Energie und dem gleichen Abenteuergeist.

Nicht zu vergessen Canyoning, das du als erster hierher ins Sarcatal gebracht hast.
Das war seit den 80er-Jahren eine weitere Leidenschaft von mir und hat auch mit meiner Arbeit zu tun. 1992 gründete ich die Firma Canyon Adventures. Meine vielleicht größte Herausforderung, die ich glücklicherweise auch bestand. Kaum einer kannte diesen Sport und viele sagten mir, dass das nie funktionieren würde, ich mir meine Zeit und mein Geld sparen könnte.

Aber das Klettern hast du ja nie wirklich aufgegeben.
Ich klettere nach wie vor, vor allem mit Freunden und meiner Familie. Und ich bringe anderen das Klettern bei und klettere mit meinen Kunden.

Und du hast immer noch deine ersten Kletterschuhe, die legendären EB's, oder?
Klar, die sagenhaften Reibungsschuhe! Auch ein paar mit Aerlite besohlte Converse. Darüber hinaus noch viele Kettenglieder der Umlenker aus den ersten kurzen Routen im Sarcatal und anderes altes Material aus historischen Touren. Zu denen habe ich eine emotionale Bindung und wer weiß, vielleicht taucht das alles einmal in einem Museum auf. Normalhaken habe ich natürlich auch... z. B. den unvergesslichen roten aus der Route C'è *qualcuno che non sa* (7b+), der in der Crux steckte und der so viele Abflüge aushielt!

Swing Area

140 m

20'

Es ist beinahe unglaublich, dass in dieser kompakten, senkrechten grauen Wand Sportklettern möglich ist. Auch wer als technisch versierter Kletterer gilt, wird in diesen Routen mit den hohen Schwierigkeitsgraden alles geben müssen. Hier wurde in den 80er Jahren Klettergeschichte geschrieben, denn es war damals unüblich, in Überhängen zu klettern. Heinz Mariacher und Roberto Bassi eröffneten hier die ersten Routen in den Graden 7b bis 8a. Der Name des Gebietes sagt alles: Weite Stürze, ja fast Flüge (swings) waren fast normal. Die Absicherung mit Bohrhaken ist schon älteren Datums und die Hakenabstände sind eher groß. Der Sektor Sirac en Rut mit leichteren Routen in gutem Kalkgestein wurde vor wenigen Jahren fast komplett saniert.
Mindestseillänge: 70 m.

Erschließer: R. Bassi, H. Mariacher u.a.

Anfahrt/Zustieg
Von Arco 1 km, dann 1,8 km zu Fuß auf der Straße weiter und in 5 Minuten auf Pfad zur Wand.
Von der Sarcabrücke in Richtung Prabi/Camping Arco/Schwimmbad und auf dem Parkplatz am Camping Arco bzw. Schwimmbad (1 km) parken. Zurück zur Straße und rechts weiter, am Camping Zoo vorbei und bis zum Ristorante 'La Lanterna'. Etwa 150 m nach dem Restaurant über die graue Mauer (20 m nach dem Eisentor zur Obstplantage auf der rechten Seite) und auf einem Pfad durch den Wald in 5 Minuten bis zur Wand.

Parken: Unterhalb von 'Swing Area' gibt es keinen Parkplatz! Die wenigen Parkplätze an der Schleuse (leicht erkennbar an den Bögen) liegen natürlich näher als die Plätze am Camping Arco. Aber die Diebstahlgefahr ist viel höher! Von dort wieder ca. 300 m auf der Straße zurück und (ca. 20 m vor dem auf der anderen Straßenseite liegenden Eisentor) auf einem Pfad zur Wand (s.o.).

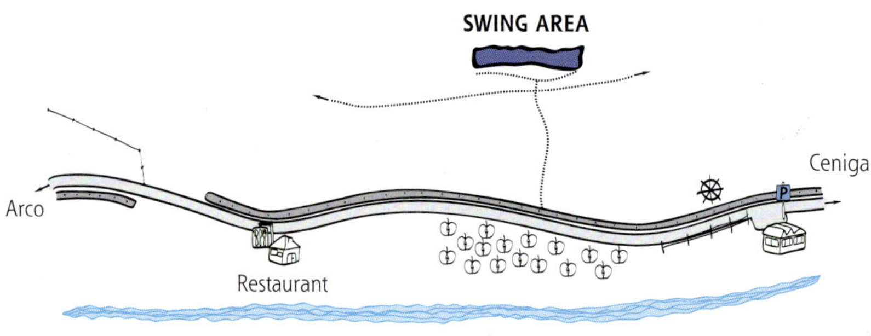

8a	1
7c	5
7b	4
7a	3
6c	4
6b	5
6a	1
<6	1

25

A B

1 PIPISTRELLO		7b	20m	Schwieriges, technisches Dach
2 INDIANA JONES	SL1	7c	25m	Fußtechnik, schwer erkennbare Passagen
	SL2	7c	25m	Fußtechnik und Fingerboulder, schwierig
3 SUPER SWING		7b+	25m	Weiße Reibungsplatte mit technisch sehr anspruchsvollen Passagen
4 LA GNOGNA		7b+	26m	Technische, kompakte Wandkletterei
5 NISIDA		7c	26m	Reibung und extreme Technik
6 BALLE BOLLENTI		7c	25m	Fußtechnik und Fingerkraft
7 LA PISTA		8a	30m	Extrem technisch, Kraftausdauer
8 LA GITA		7b	35m	Senkrechte Wand
9 PORCA VACCA		7c+	30m	Technische Ausdauerkletterei an Schuppen mit Seitgriffen
10 ARMANDO DIAZ		7a	25m	Ausdauerkletterei an scharfen Zacken

SEKTOR SIRAC EN RUT

11 GREPPO GREPPO	SL1	6a	20m	Schöne Kletterei, Fußtechnik
	SL2	5a	20m	Rissverschneidung
12 OHNE NAMEN		?	30m	
13 KARL DALLE	SL1	6b+	20m	Technisch an runden Löchern
	SL2	6b	20m	Technisch anspruchsvoll, scharfe Zacken
14 OHNE NAMEN		6c	20m	Schön, Fußtechnik gefragt
15 OHNE NAMEN		6c	?	
16 SIRAC EN RUT	SL1	6b+	20m	Schöne, technische Route in grauem Fels
	SL2	6b	28m	Seitgriffe in grauem Fels
17 TOPOLINO		6b+	20m	Einstieg wie Sirac en rut, dann gerade hoch
18 KARL KNOPF		7a+	22m	Schwieriger Dachausstieg
19 TIN TIN	SL1	7a	22m	
	SL2	6c	20m	
20 OHNE NAMEN		6c	22m	

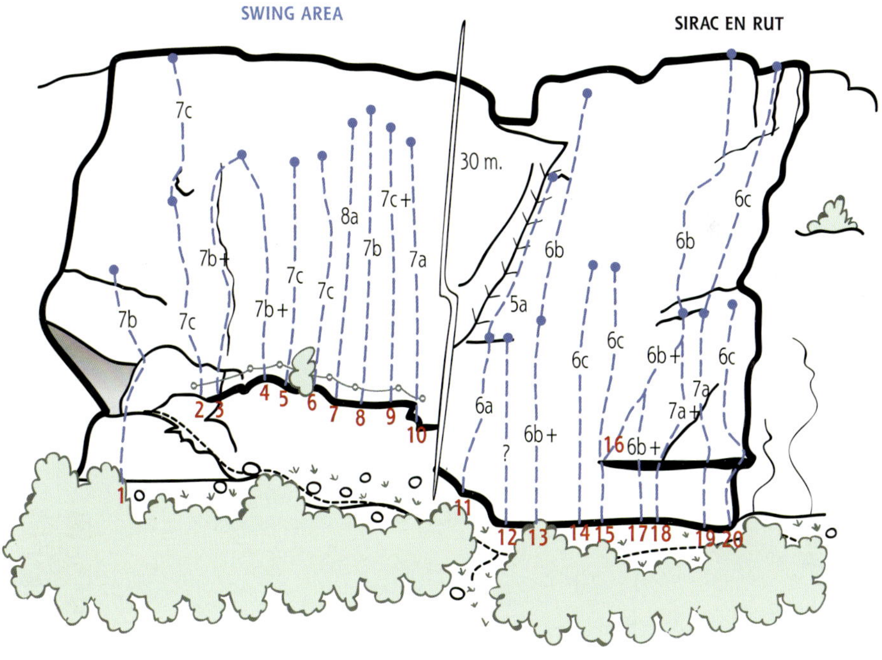

San Paolo

San Paolo ist wie das Klettergebiet 'Swing Area' in den 80er-Jahren entstanden. An diesen kompakten Kalkfelsen haben Klettergrößen wie Luisa Iovane und Heinz Mariacher, Roberto Bassi und Maurizio Zanolla (Manolo) Klettergeschichte geschrieben. Die über dreißig Routen bieten für alle Geschmacksrichtungen etwas: Kleinste Griffe, Tropflöcher, senkrechte Platten oder Überhänge. Es ist allemal lohnend, sich an Routen wie *Bip-Bip* oder *GrillGrill*, ganz rechts am Pilastro delle Vergini, die Zähne auszubeißen. Diese Routen wurden von Giampaolo Calzà saniert.

Das Klettergebiet San Paolo wird unterteilt in die Sektoren Pilastro Claudia (2 Seillängen 6c), Promontorio di Kroz (25 Seillängen von 4c bis 8a, viele saniert) und Pilastro delle Vergini (10 Seillängen von 6c bis 7c+, alle saniert).

Bitte etwas Vorsicht: In einigen Routen sind noch die alten Absicherungen vorhanden.

Erschließer: R. Bassi, G. Calzà, D. Depretto, R. Larcher, A. Leviti, M. Zanolla.

Anfahrt/Zustieg

Von Arco 1 km, dann 1,3 km zu Fuß auf der Straße und weitere 5 Minuten auf einem Pfad.

Von der Sarcabrücke in Richtung Prabi, Camping Arco/Schwimmbad und am besten auf dem Parkplatz am Camping Arco bzw. Schwimmbad (1 km) parken. Zu Fuß nun auf der Straße (rechts) Richtung Camping Zoo und ca. 700 m weiter in Richtung Ristorante La Lanterna. Wo die graue Mauer auf der rechten Seite aufhört (200 m vor dem Restaurant), beginnt der Pfad zum Klettergebiet. Nach 3 Min. erreicht man die Route *Obelix* am Promontorio

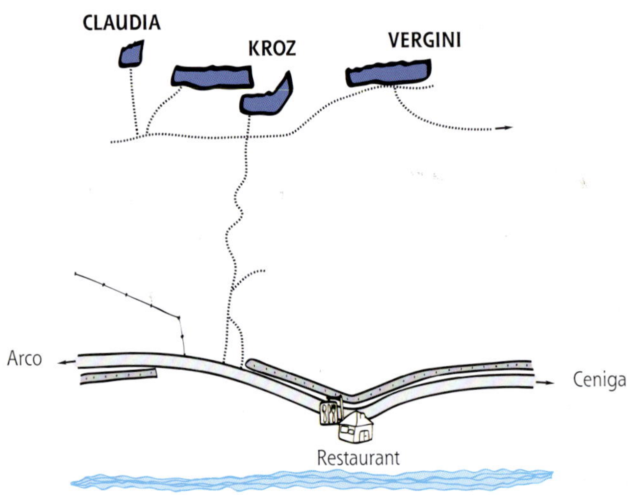

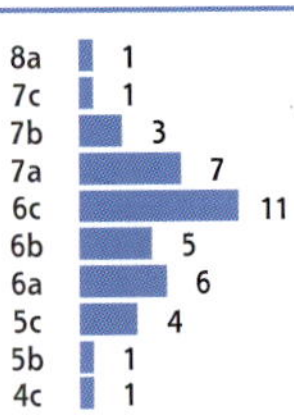

40

Kroz. Von hier erreicht man, nach links aufsteigend, die Route *Il Brigante Goria* im äußersten linken Teil des Promontorio Kroz. Steigt man hingegen nach rechts hoch, erreicht man den Pilastro delle Vergini, mit z. B. den Routen *Bipbip, Dracurella, GrillGrill* und *Tartufon*. Für Familien ist dieses Gebiet nicht sehr geeignet, da es komplett im Wald liegt.

Parken: Direkt unterhalb von St. Paolo gibt es keine Parkplätze! Mit Glück findet man nach dem Ende der Mauer an der Straße einen Stellplatz. Wegen der Autoaufbrüche und der Verkehrsbehinderung ist aber von dieser Parkmöglichkeit abzuraten.

PILASTRO CLAUDIA

1 BREAK DANCE		6c	30m	
2 CALIMBA DE LUNA		6c	38m	Senkrechte Ausdauerkletterei an Tropflöchern

PROMONTORIO KROTZ

3 IL BRIGANTE GORIA		6b	20m	Passagen mit viel Fingerkraft, alte Absicherung
4 AVATAR		7a+	20m	Schmerzhafte Passage mit Tropflöchern
5 OHNE NAMEN		6c	15m	Schöne kleine, graue Wand. Grifffolge nicht einfach zu erkennen
6 CAVOLI TUOI		6a+	18m	Ausdauernde Wandkletterei, dann weiter an der rechten Kante der Platte
7 OHNE NAMEN		5c	18m	Kreuzt im Mittelteil Cavoli Tuoi
8 RED PITONS		5b	25m	Großgriffig, mit roten Normalhaken
9 IL PRIMO SPECCHIO		5c	15m	Leichte Platte, vor der Umlenkung Reibungspassage
10 IL SECONDO SPECCHIO		6a/b	20m	Abwechslungsreich, Reibungstritte
11 IL TERZO SPECCHIO		6a+	20m	Schöne Abfolge von Reibungstritten im rechten Wandteil (Schlingen und Bohrhaken)
12 BELLA MARISA		4c	10m	Leichte, geneigte Wandkletterei, breite Querrisse
13 GRANDI PRATERIE PER MANITÙ		6b+	23m	Schöne Züge am Pfeiler entlang
14 DOLCE MARINA		7a	22m	Tropflöcher, alte Absicherung
15 WHITE LINE		6b	10m	Platte, alte Absicherung
16 SENZA BALLE		5c	20m	Einstiegsüberhang, dann große Schuppen
17 CADUTA SASSI		7a	25m	Schwere Züge zu Beginn, dann Riss
18 PIONEER		6c	30 m	Athletisches, mit Rissen durchzogenes Dach, Handklemmer. Trad-Route.
19 SUPER TILT		6c+	30m	Athletisches, mit Rissen durchzogenes Dach, Handklemmer, alte Absicherung
20 CON UN FISCHIO		5c?	12m	Längenzug an abschüssigen Leisten
21 LE TEMPS ONT CHANGES		6a+	12m	Schwieriger Zug im Mittelteil, gute Fußtechnik an Reibungstritten gefragt
22 OBELIX	SL1	6b	12m	Interessante Route, an der Pfeilerkante entlang
	SL2	6c	25m	Ausdauer an Seitgriffen, sehr schön
23 TENAX		6a	15m	Löcher und abschüssige Aufleger, alte Absicherung
24 LE PADELLE		6b	20m	Interessante und schöne, ausdauernde Plattenroute, alte Absicherung
25 ELEFANT BABY		8a	20m	Überhängender Pfeiler mit den ersten geschlagenen Griffen in Arco, alte Absicherung
26 TENEBRE		7a	38m	Abwechslungsreich, schwieriger erster Teil, lange Abstände, alte Haken

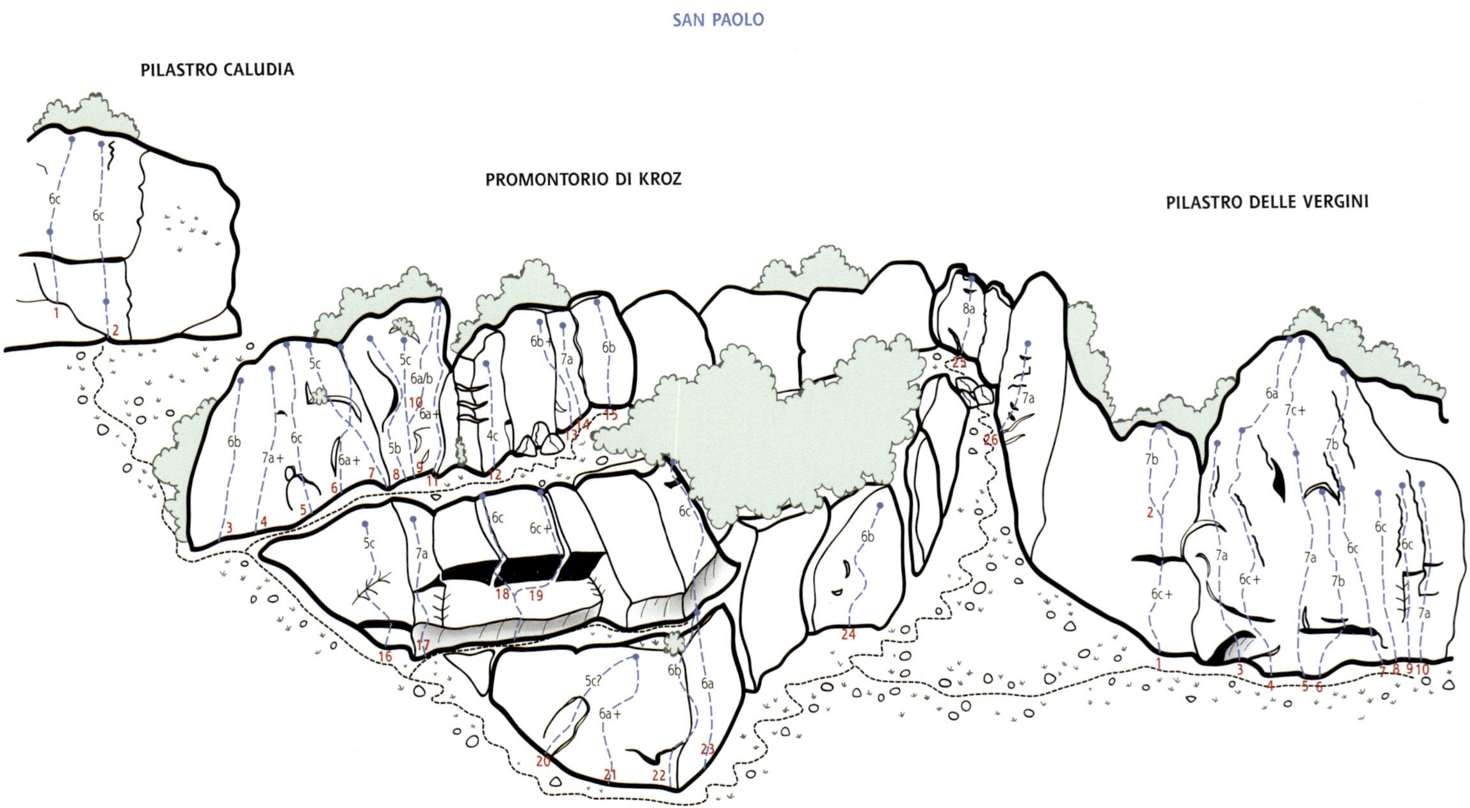
SAN PAOLO
PILASTRO CALUDIA
PROMONTORIO DI KROZ
PILASTRO DELLE VERGINI

PILASTRO DELLE VERGINI

1 HERPES		6c+	35 m	Heikle Reibungskletterei
2 HERPES TROPICALE		7b	15 m	Lange Züge an Leisten, Reibungskletterei
3 MONACÙ		7a	30 m	Sehr harter Zug zu Beginn, dann Ausdauer
4 BIP-BIP	SL1	6c+	30 m	Nicht zu unterschätzende, technisch schwierige Seillänge
	SL2	6a	20 m	Weißer, mit Tropflöchern gespickter Fels
5 DRACURELLA	SL1	7a	25 m	Harter Einstieg, Ausdauer zum Schluss
	SL2	7c+	20 m	Ein Meisterwerk von Manolo, eine technisch extrem anspruchsvolle Platte, zwei schwierige Dynamos in sehr kleine Löcher
6 TARTUFON MERAVIGLIOS		7b	25 m	Schwierige Plattenpassage im Mittelteil
7 GRILL-GRILL	SL1	6c	25 m	Ausdauer, mehrere Passagen mit Seitgriffen
	SL2	7b	20 m	Schwieriger Längenzug
8 L'OM SEC		6c	25 m	Einzelstelle zu Beginn, dann Ausdauer, alte Absicherung
9 OSSA		6c	25 m	Kleingriffige Stelle im Mittelteil, Ausstiegsriss, alte Absicherung
10 9/7 = 7		7a	25 m	Einstiegsboulder, Ausdauer an Tropflöchern. Ausstiegsriss

Arco

Massi di Prabi

18

Am Fuß der hohen Wände des Colodri liegen, nach Nordwesten ausgerichtet, zwei riesige Felsblöcke, an denen schon vor einigen Jahren Routen in den unteren Schwierigkeitsgraden eingebohrt wurden.
Hier werden auch immer wieder Kletterkurse abgehalten und viele Kletterer machen hier ihre ersten eigenen Erfahrungen im Fels. Für Familien ist der Spot gut geeignet, denn Kinder können problemlos herumtollen.
Im Jahr 2009 wurden die Routen an den beiden großen Blöcken sowie einiger weiterer mit finanzieller Unterstützung der Gemeinde Arco saniert. Über die Rückseite gelangt man sehr einfach auf diese kompakten Felsblöcke und kann dann problemlos ein Seil zum Topropen in die jeweilige Route einhängen. Bei den Felsblöcken ohne Topo verläuft die Nummerierung von links nach rechts.
Dies ist Privatgrund, verhaltet euch bitte dementsprechend und nehmt eure Abfälle mit!
Ohne Zustimmung des Technischen Ausschusses der Gemeinde Arco dürfen bestehende Routen weder verändert noch neue eingebohrt werden.

Erschließer: D. Depretto, Gemeinde Arco u.a.

Anfahrt/Zustieg

Von Arco 1 km, dann 5 Min. Fußweg zum Block A und 10 Min. zum Block B.

7c	2
7a	2
6b	10
6a	11
5c	8
5b	5
5a	4
<5	11

55

Von der Sarcabrücke in Richtung Prabi/Camping Arco/ Schwimmbad und auf dem Parkplatz am Camping Arco bzw. Schwimmbad (1 km) parken. Auf der linken Straßenseite sieht man die hohen Wände des Colodri, rechts steht die Kletterwand für den Rockmaster-Wettkampf. Zu Fuß auf der Straße nach rechts in Richtung Camping Zoo und ca. 300 m weiter bis zur Pizzeria California auf der linken Seite. Vom Vorplatz der Pizzeria nun am Metallzaun rechts entlang und bis zum Block A. Zum Block B auf dem Weg noch wenige Minuten weiter im Zickzack hoch.

Bitte beachten: Nur auf diesem Weg gestatten die Grundstückseigentümer den Zustieg zu den Felsblöcken. Respektiert dies und hinterlasst bitte keine Abfälle.

Die neu eingebohrten kleineren Blöcke sind vom Parkplatz des Schwimmbads aus schnell erreichbar. Über die Straße geht man in Richtung der ‚Capanna Alpini' und dann auf dem Wanderweg weiter (s. Zeichnung unten).

BLOCK A

1 ANCORA UNA	5a	10m	Nett, an großen Henkeln
2 VIA DEL MAURILIO	4a	10m	Kompakter Fels in geneigter Platte
3 LUCIA	6a	12m	Im oberen Drittel Einzelstelle mit Tropflöchern
4 SUD AFRICA	?	12m	Schwieriger Ausstiegsboulder an Auflegern
5 ZOO CAMPING	6a	12m	Nette Ausdauerroute
6 STRANE IDEE	6b	12m	Ausdauer in sehr kompaktem Fels
7 EGOISTA	6b+	12m	Schöne Route mit Tropflöchern und positiven Leisten
8 IL MALE SCONFITTO	7a	12m	Technisch anspruchsvoll mit Auflegern, kaum Tritte
9 POLITEMA	7a	12m	Schmerzhafter Blockierer an geschlagenem Einfingerloch
10 BAMA LAMA	6b	12m	An schräg verlaufender Schuppe entlang, Reibungstritte

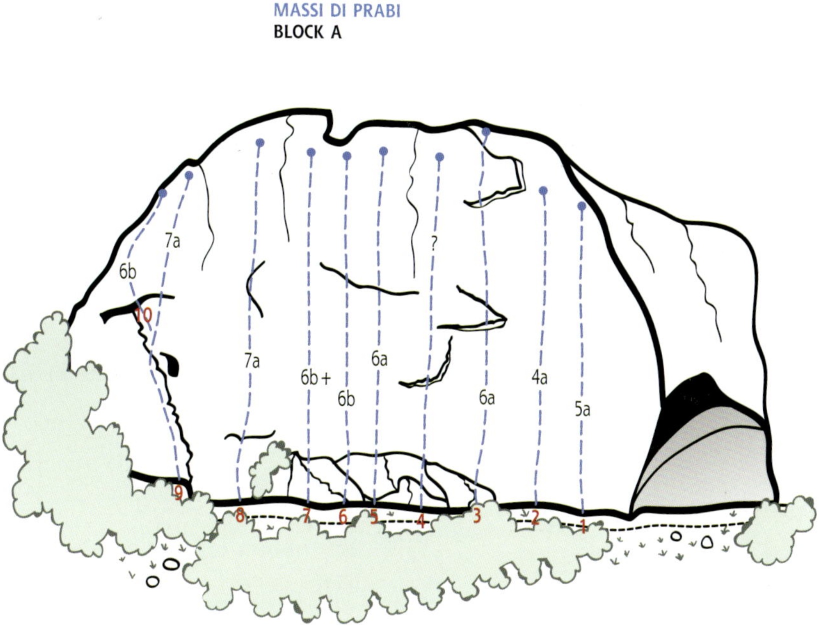

BLOCK B

1 DONALDO	5a	8m	Gutgriffig
2 TIENILA	5c	10m	Kleine aber gute Griffe
3 E PUR SI MUOVE	6a	10m	Gleichgewicht in Platte
4 ANNA E....	6a	10m	Schöne positive Leisten, eine Passage mit Auflegern
5 SOLTANTO UN GIOCO	6a+	10m	Im oberen Drittel Stelle an Auflegern
6 O SOLE MIO	6a+	10m	Ausdauer an guten Griffen
7 OHNE NAMEN	?	10m	Fingerkraft an überhängender grauer Wand
8 CICIUZ	6a	10m	Start mit Untergriff, dann einfach
9 BETAZZA	6a+	10m	Delikater Start, dann geneigte Platte
10 MANI PULITE	6b+	10m	Kleiner Boulder an künstlichem Zweifingerloch, dann einfach
11 PERICOLOSO SPORGERTI	6a/b	12m	Startboulder an Dach
12 OHNE NAMEN	7c	10 m	Fingerkraft an überhängender grauer Wand
13 POVERO ILLUSO	7c	10m	Kleine Verschneidung mit Seitgriffen und Auflegern

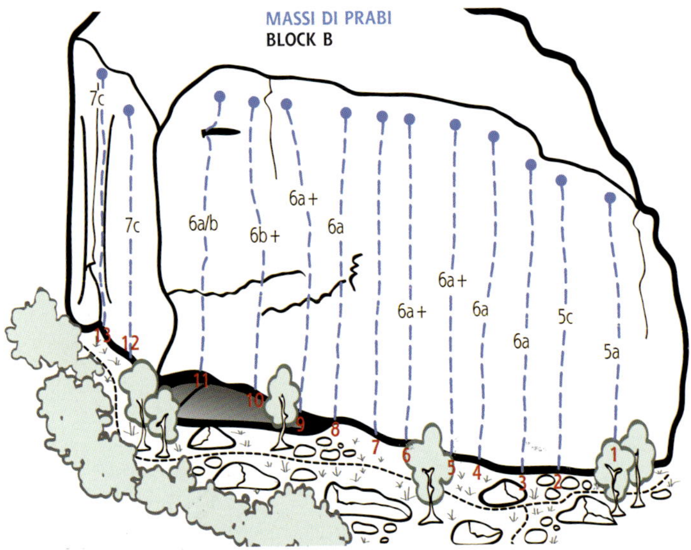

BLOCK 1
5a
5b

BLOCK 2
4a
4b
4b
4b
4a
4a

BLOCK 3
5c
6b

BLOCK 4
6b+
6a+

BLOCK 5
3c

BLOCK 6
5b
6a+
5c
5c+

BLOCK 7
5b
5b
6b
6b

BLOCK 8
3c
3c

BLOCK 9
4b
5a
5b+

BLOCK 10
4b
5a
5b+

BLOCK 11
5c
5c+
6b+

Come and have a great MOUNTIME OUTDOOR ADVENTURES with us !

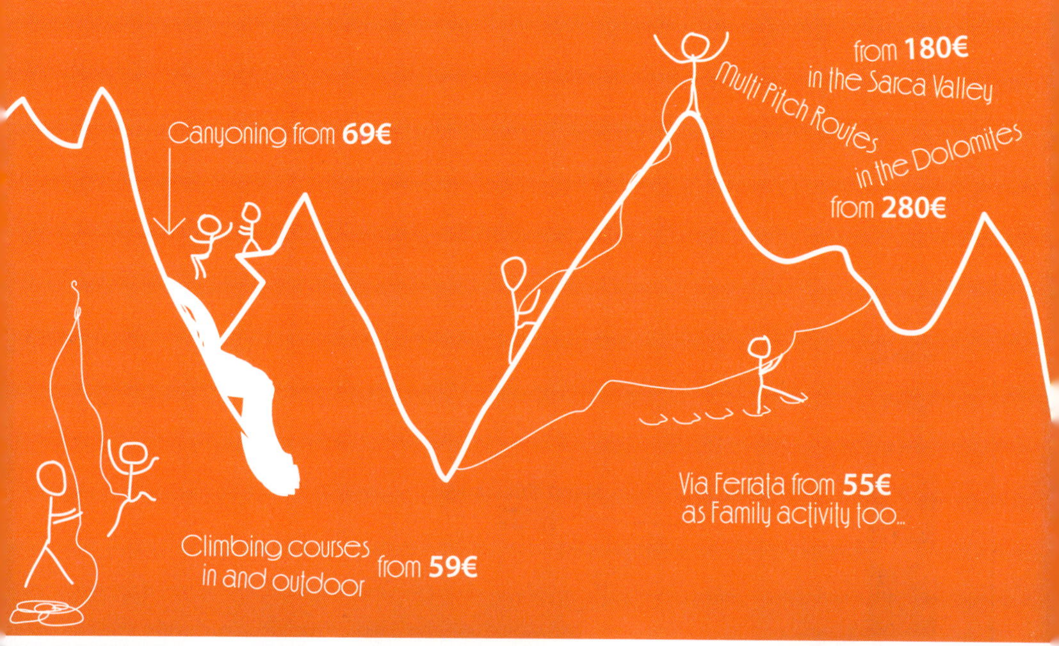

MOUNTAIN GUIDE OFFICE
www.mountime.com
info@mountime.com
+39 3347734133
Via Caproni Maini26e
38062 Arco (TN)
45°92316N 10°89078E

Sport Roccia 86

Dieser Klettergarten hat für das Sportklettern eine fast historische Bedeutung, denn hier, am Fuß des Colodri, wurden die Routen für den 2. Sport Roccia Kletterwettkampf eingerichtet. Diese Contests fanden abwechselnd in Arco und Bardonecchia statt. Leider ist die Absicherung der Linien oft nicht mehr auf dem Stand der Zeit. Die Routen 1 bis 9 wurden 2011 komplett saniert und einige der Linien im linken Bereich sind wirklich interessant und technisch ziemlich anspruchsvoll. Das Material für die Sanierung wurde von Vertical Sport zur Verfügung gestellt.

Erschließer: A. Seneci, P. und M. Preti u. a.

Anfahrt/Zustieg
Von Arco 1 km, dann 10 Minuten Zustieg auf Straße und Wanderweg.

Von der Sarcabrücke in Richtung Prabi/Camping Arco/Schwimmbad und auf dem Parkplatz am Camping Arco bzw. Schwimmbad (1 km) parken. Zu Fuß auf der Straße dann rechts in Richtung Camping Zoo und weiter bis zur Pizzeria California auf der linken Seite (ca. 300 m). Vom Vorplatz der Pizzeria nun am Metallzaun rechts entlang und weiter auf dem gut markierten Weg im Zickzack hoch. Kurz vor der Felswand des Colodri dann rechts ab und wenige hundert Meter auf dem Pfad bis zum Klettergarten queren.
Bitte beachten: Nur auf diesem Weg gestatten die Grundstückseigentümer den Zustieg. Hinterlasst keine Abfälle und respektiert fremdes Eigentum.

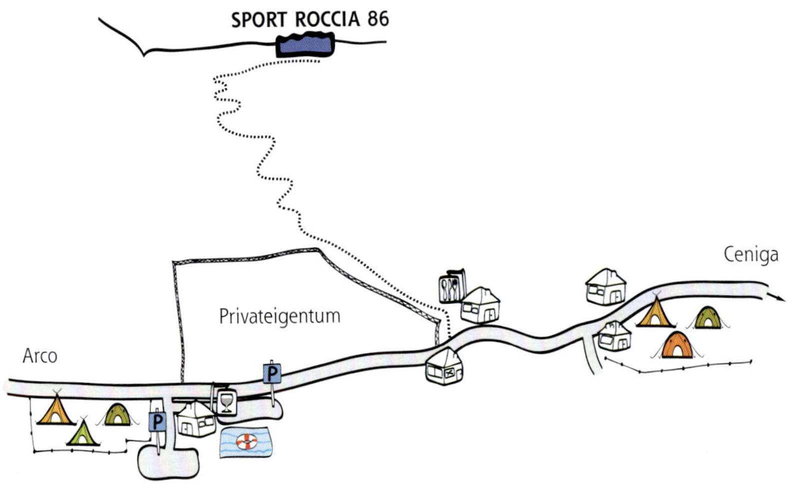

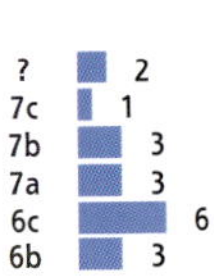

18

1 CAMUFLAGE		6c	15m	Technisch anspruchsvolle, schwierige senkrechte Wand
2 CUPIDO		6b	18m	Schöne Ausdauerkletterei an Leisten und Seitgriffen
3 DAPHNE		7b	18m	Ausdauerkletterei, technisch anspruchsvoll, Fußtechnik
4 PALLINE		7b	15m	Logischer Weg entlang der schwarzgelben Linie, oft nass
5 CACTUS		6c	15m	Ausdauer mit Boulderpassage im Überhang
6 NO MONEY		6c+	22m	Verschneidung, etwas dreckig
7 ANDROMEDA		6b+	20m	Ausdauer am überhängenden kleinen Pfeiler
8 DON'T WORRY		6b+	20m	
9 OHNE NAMEN		?	18m	
10 ORCHIDEA		6c+	22m	Ausdauer mit Kraftpassage
11 OHNE NAMEN		?	18m	
12 SAYONARA CLUB		6c+	18m	Kleiner, senkrechter weißer Pfeiler. In den ersten Haken fehlen die Plättchen
13 IL DOLCE FAR NIENTE		7a	20 m	Rote Wand mit Leisten
14 BLAK CRACK	SL1	7a	20 m	Rote, senkrechte Wand mit kleinen Leisten
	SL2	6c+	20 m	
15 FINALE MASCHILE		7c	15 m	Schwerer Blockierzug oder Dynamo
16 FINALISSIMA		7b	20 m	Ausdauer an runden, abgespeckten Griffen
17 FINALE FEMMINILE		7a	25 m	Schwieriger Ausstieg mit Einzelstelle an unden Griffen

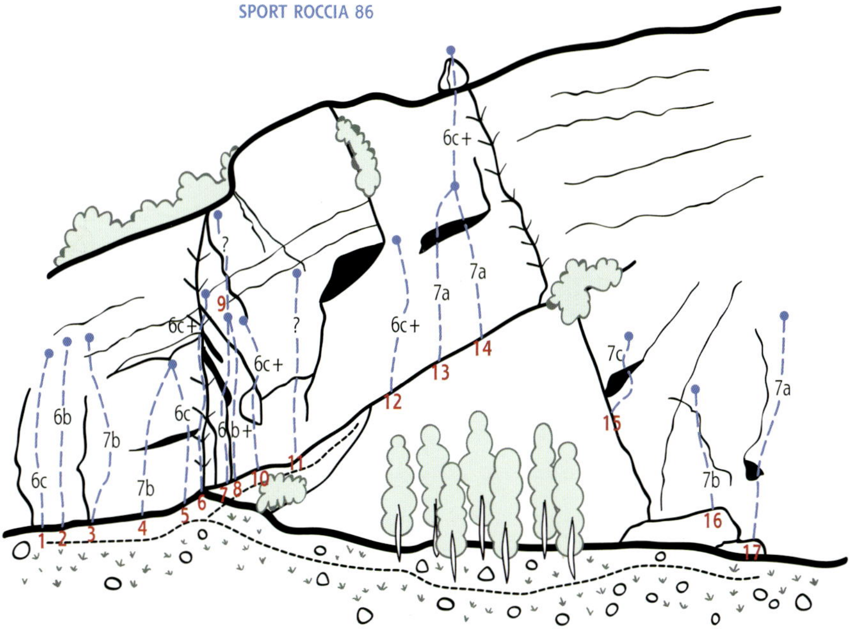

Piccola Dallas

Lange Zeit blieb dieses Massiv unberührt, vielleicht wegen des doch wenig einladenden und scheinbar feuchten und düsteren Eindrucks, den es macht. Nur wenige, alles andere als einfache und vermutlich nie wiederholte, klassische Routen des Bergführers G. Calzà führten bislang durch die Wand. Vor wenigen Jahren stattete G. Mantovani dann die schöne und luftige Route Ottovolante mit Bohrhaken aus. Danach passierte hier wiederum längere Zeit wieder nichts. Erst Fabio Leoni, dem anscheinend in seinen langen Mittagspausen etwas langweilig war, machte sich in heißen Augusttagen daran, einige Linien zu erschließen. Und so können wir dank seiner Umtriebigkeit dieses Gebiet hier präsentieren. Ein kleines Manko gibt es dennoch: Man sollte sich schon im frz. 7. Grad wohlfühlen, ansonsten hat man hier vermutlich nur wenig Spaß.
Der Klettergarten ist in drei Sektoren unterteilt, alle mit der gleichen und vorherrschenden Charakteristik von Ausdauerkletterei an Leisten in Überhängen.
2013 bohrte G. Vergoni den kleinen, aber feinen Sektor Up ein, die Routen sind hier zwar kurz, doch überhängend und schwer. Ein Muss sind die Linien *La Classica* 7c, *Di hard* 7a, *De puta madre* 7b, *Le freack* 7b, *Supernova* 7a.

Erschließer: F. Leoni (Material von Vertical World Sport), G. Vergoni.

Anfahrt/Zustieg

Von Arco 1,4 km, dann 15-25 Minuten Fußweg.

Von der Sarcabrücke in Arco in Richtung Trento/ Madonna di Campiglio, am Kreisverkehr geradeaus und an der Ampel dann links ab in Richtung Moletta (,Pista ciclabile'). Gleich darauf parkt man links auf einem großen Platz. Nun zu Fuß zur Hauptstraße zurück und links weiter, nach etwa 50 m dann rechts (Wegweiser) zum Ristorante 'Piccola Dallas'. Am Restaurant vorbei, danach rechts und bis zu einem weißen Gatter. Ab hier folgt man einem steinigen Pfad (bitte Rücksicht: Privatgelände!), der bergauf führt. Wenig später, in Höhe der ersten Linkskehre, geht es auf einer gut sichtbaren Pfadspur weiter zum Sektor Piccola Dallas (5 Min. ab Gatter).
Zum Sektor Up geht man vom Band, das zu den letzten Routen auf der linken Wandseite führt, 40

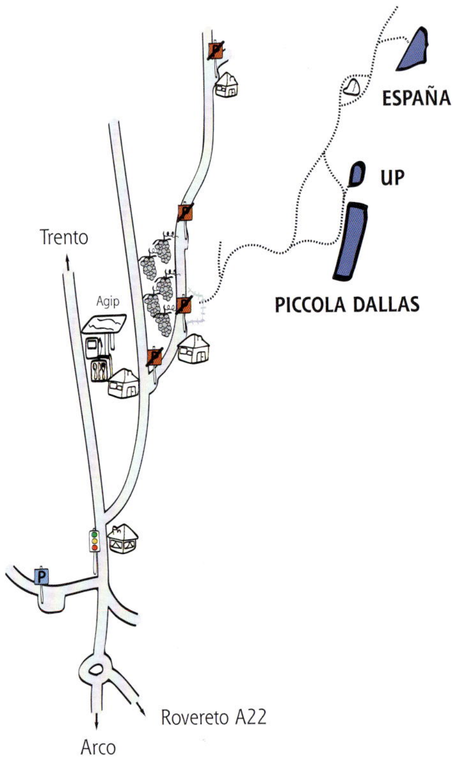

?		4
8b		1
8a		3
7c		9
7b		8
7a		5
6c		2

32

m weiter bis zu einem Fixseil und um die Kante herum zum oberen kleinen Einstiegsband mit den Routen.
Zum Sektor España geht man auf dem steinigen Pfad weiter bis zu einem großen Felsblock. Kurz danach ist der Sektor auf der rechten Seite gut sichtbar (15 Min. ab Gatter).

Es ist absolut verboten, entlang der Straße bzw. des Zaunes zu parken. Wenn dieses Verbot nicht befolgt wird und/oder keine Rücksicht auf das Privatgelände genommen wird, riskieren wir, dass dieser Zugang gesperrt wird!

SEKTOR PICCOLA DALLAS

1 OHNE NAMEN		?	?	Schluss muss noch eingebohrt werden
2 OHNE NAMEN	SL1	7c	20m	Boulderzüge zu Beginn, dann Ausdauer
	SL2	?	8m	Projekt
3 TRINCIAPOLLI		8a+	15 m	Extreme Fingerkraft, Vorsicht beim Clippen
4 HOTMAIL		7b+	26 m	Blockierzug am Beginn, dann absolut fantastisch, Vorsicht beim Clippen
5 ALE ALE		7c+	26m	Ausdauer und Bewegungsprobleme
6 PICCOLA DALLAS VIA		8a	25m	Harte Züge an kleinsten Griffen
7 SBIRULIN CASTIGATUTTI		7c	23 m	Schwieriger Zug in der Mitte
8 MR METHODE		7c	23 m	Harte Einzelstelle
9 J. HAR		7c	25 m	Einstieg in der Verschneidung, dann Wand mit abschüssigen Griffen
10 LA CLASSICA		7c	25 m	Wunderschön, viel Ausdauer, Sinter und abschüssige Leisten
11 BALLO IN STALLO		7c	25 m	Sehr harter Blockierzug
12 FATIMA		7b+	25 m	Schwieriger Zug im ersten Teil, dann Kraftausdauer; die Linksvariante (2 Haken) ist noch etwas schwieriger
13 L'ANOLOGO		7a	25m	Einstieg maximalkräftig, dann Fingerboulder (oft nass)
14 IL BANFONE ROSSO		6c+	25m	Schwieriger Einstieg an Löchern, dann Ausdauer
15 DIE HARD		7a	25 m	Schwieriger Einstieg an Slopern, technisch schwieriger Ausstieg
16 DUE A COPPE		7a	25 m	Ideale Aufwärmroute, nach ¾ kann über Die Hard (6b+) ausgestiegen werden

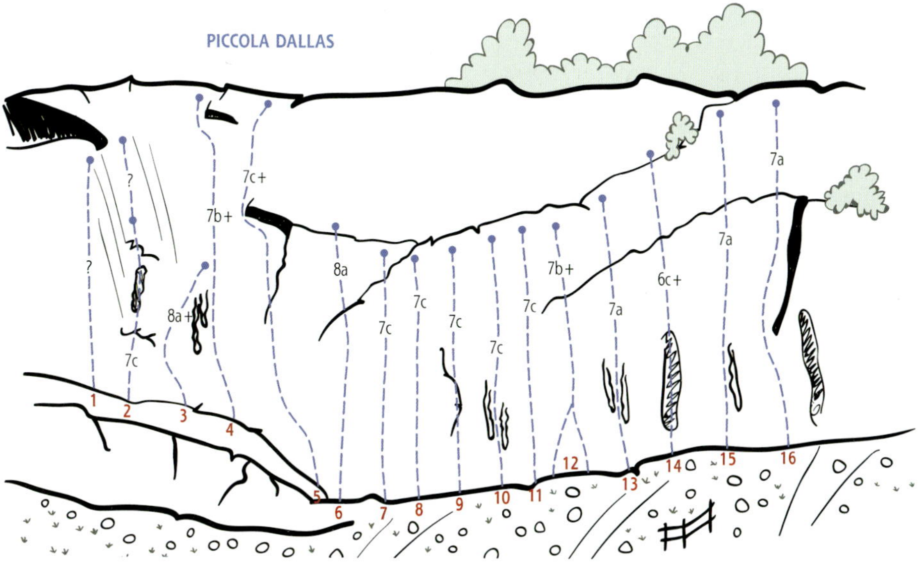

SEKTOR UP

1 OHNE NAMEN	?	18m	Projekt
2 OHNE NAMEN	?	18m	Projekt
3 COLDONCA	8a+?	15m	Projekt. Im ersten Teil sehr schwieriger Boulder; kein Geschenk
4 TUQUIJE	8b?	15m	Projekt. Schöne Route und Bewegungen
5 NO PROBLEM	7c+	15m	Kraftausdauer, schön

PICCOLA DALLAS
SEKTOR UP

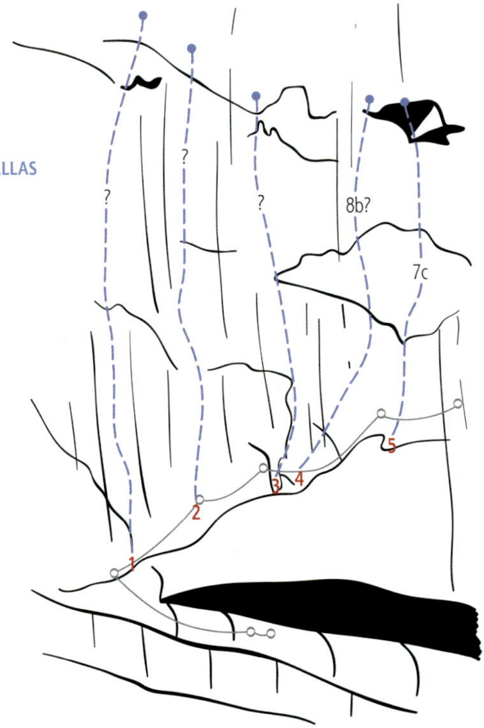

Piccola Dallas, Geremia Vergoni, *Tuquije*, 8b? *(ph. Vergoni)* ▶

SEKTOR ESPAÑA

1 CIRCUS CIRCUS	7b+	25m	Wunderschöne ausgesetzte Kante, viel Ausdauer
2 WARM WARM UP	7a+	25 m	Schöne Linie mit schwierigem und pumpigem Ausstieg
3 MALA RUBIA	7b+	25m	Ausdauer; Ausstieg schwierig, wenn außerhalb der Verschneidung
4 DE PUTA MADRE	7b	25m	Ausdauer an Sintern, wunderschön
5 BRAVEHEART	7c	25 m	Kraftraubend, harte Züge in der Mitte
6 LOSKOT	7b+	25m	Sehr harter Ausstieg
7 LE FREACK	7b	25 m	Ausdauer an recht guten Griffen, im Ausstieg aufpassen, sehr schön
8 C'EST CHIC	7b+	25 m	Boulderpassage
9 NEW ENTRY	6c+	25m	Einstieg leicht überhängend, schwierige Sequenz zum Schluss
10 SUPERNOVA	7a	25m	Einstieg kleingriffig, Boulderstelle im Dach

PICCOLA DALLAS
ESPAÑA

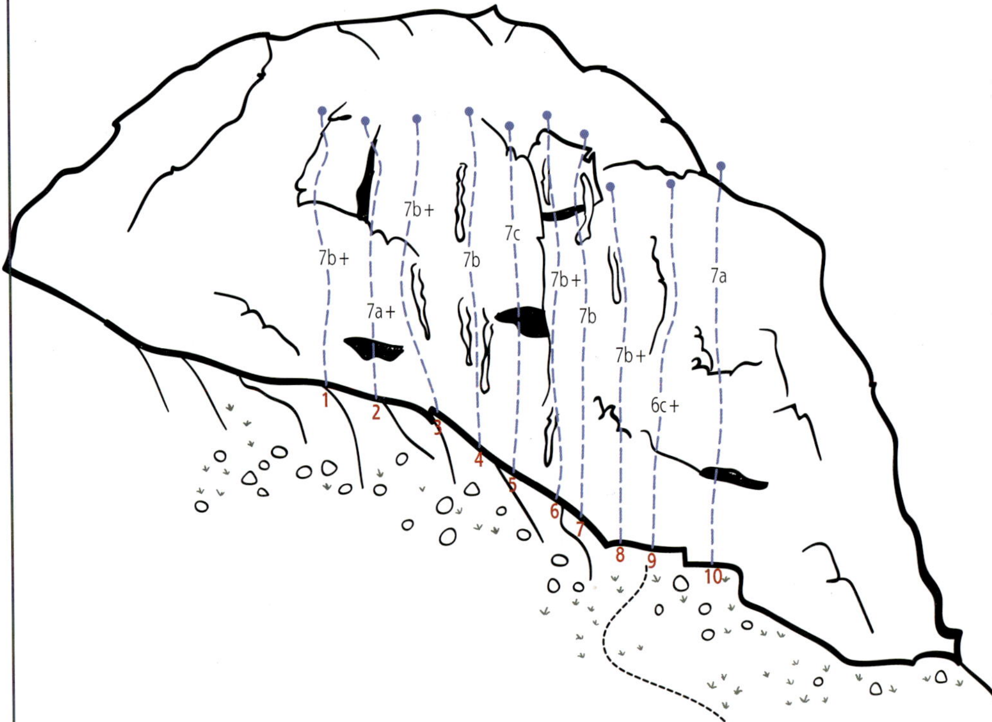

Piccola Dallas, Alessandro Gandolfo, *Ale Ale*, 7c+ *(ph. Roni Andres)* ▶

Massone

Man könnte sich ja fast fragen, wer zuerst da war: Huhn oder Ei? Massone oder die Kletterer? Denn Massone ohne Kletterer ist genauso undenkbar wie umgekehrt. Der Klettergarten in den charakteristischen grünen Olivenhainen des oberen Gardasee -Gebiets wird euch auf den ersten Blick gefallen. Und wer hier die ersten Routen geklettert hat, kommt auf alle Fälle immer wieder in diesen Klettergarten zurück.

Das Massiv liegt unweit von Arco, die 155 Linien zwischen 4a und 9a verfügen über alle möglichen Charakteristika und verteilen sich auf sechs Sektoren. Im untersten Sektor findet man eher leichte Wege, im obersten dagegen die schwierigsten Routen bis 9a. Ein nicht ganz so schöner Beigeschmack ist die hohe Besucherzahl in Massone, weshalb auch ein paar der Routen schon deutlich abgespeckt sind; ihre prinzipielle Schönheit beeinflusst das allerdings nicht.

Massone wird wegen der wunderschönen rot-goldenen Farbtöne der Wand von einigen italienischen Kletterern auch 'Policromuro' (vielfarbige Wand) genannt und hat alles, was man sich von einem Klettergarten wünscht: einen kurzen Zustieg zum meist sehr bequemen Wandfuß, eine herrliche Umgebung und angenehme Temperaturen. Hier kann man das ganze Jahr über klettern: im Winter dank des typischen und angenehmen, mediterranen Microklimas, im Sommer aufgrund des kühlenden Windes, der fast immer nachmittags weht. In den Sektoren Abissi und Il Pueblo ist Klettern selbst bei Regen möglich. Der Wandfuß der Sektoren A, B und C eignet sich auch für Kinder, hier findet man zudem einen Picknickplatz, Fahrradständer und ein Toilettenhäuschen.

Erschließer: Stellvertretend für die unzähligen anderen seien hier O. Celva, D. Depretto, G. Groaz, R. Larcher und R. Scherer genannt.

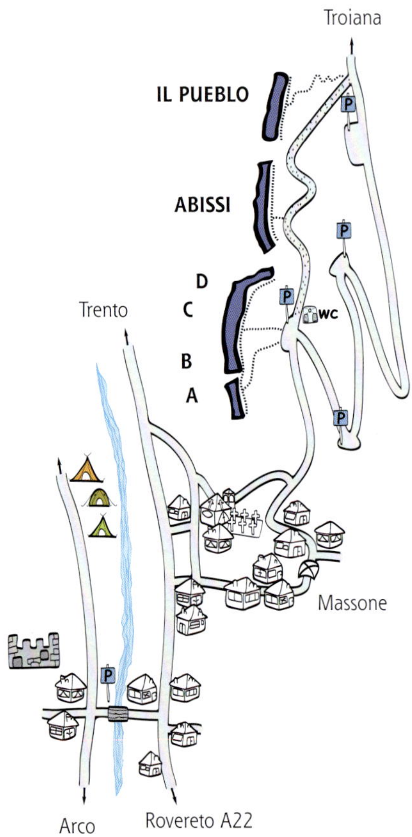

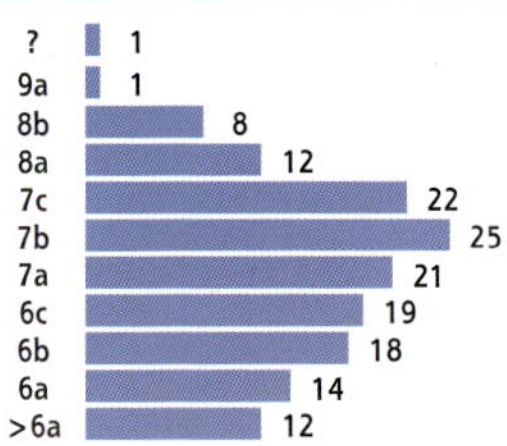

155

Anfahrt/Zustieg

Von Arco 2,8 -3,5 km (Sektor Pueblo).

Von der Sarcabrücke in Arco (auf der S.S. 45bis) in Richtung Trento/ Madonna di Campiglic. Nach 600 m rechts Richtung Massone/Falesia Policromuro abbiegen. Geradeaus weiter bis ins Dorf, dem Hinweisschild Policromuro folgen und auf dem engen Sträßchen 'Via degli Olivi' entlang bis zu den Olivenhainen. Sobald die Straße flacher wird, sieht man links den ersten Parkplatz mit 15 Stellplätzen, der ideal für die unteren Sektoren liegt. Ein weiterer kleiner Parkplatz mit 8 Plätzen ist 200 m weiter, direkt unterhalb der Sektoren A und B. Zum Sektor F (Pueblo) fährt man auf der Straße weiter hoch, bis man nach der dritten Kehre links auf einen kleinen Parkplatz trifft. Achtet auf Radfahrer, die enge Straße wird viel befahren!

Weitere Parkplätze befinden sich bei den Kehren, hier besteht aber ein nächtliches Parkverbot (22.00 bis 08.00 Uhr).

SEKTOR A

1 PICCOLA LUNA	4a	12m	Große Griffe, am Einstieg oft feucht
2 FORMICA LODOVICA	5a	12 m	Ausdauernde Wandkletterei
3 GIACCA GIALLA	5b	12 m	Abwechslungsreiche Route mit großen Griffen
4 BANANE FISCH	5a	12 m	Einfach, etwas brüchig
5 LARA CROFT	5c	12m	Einfacher Riss
6 GELATERIA TARIFA	6b	10m	Technisch anspruchsvoll mit vielen Seitgriffen
7 EASY RIDER	6c	10m	Kraft fordernde Einzelstelle
8 ALCE VOLANTE	6a	12m	Im Überhang schwierig zu clippen
9 BOIACCA	5c	14m	Spreizen und das Dach rechts umklettern
10 GIUDITTA	6a	14m	Technische Platte, dann gutgriffiger Überhang
11 PESCE D'APRILE	6b	20m	Technisch schwierige Einzelstelle, abgespeckt
12 SKODA	6b	20m	Zangengriffe an Sintersäulen und Längenzug an Untergriffschuppe, abgespeckt.
13 GOCCE D'ANSIA	6b/c	20m	Fußtechnik und harte Einzelstelle am Schluss, abgespeckt
14 PEGASUS	6a+	20m	Überhang mit Sintern und Löchern
15 ZAC	5c	15m	Senkrechte Wand, dann Platte mit Tropflöchern
16 TAC	5c	15m	Senkrechte Wand, dann Platte mit Tropflöchern

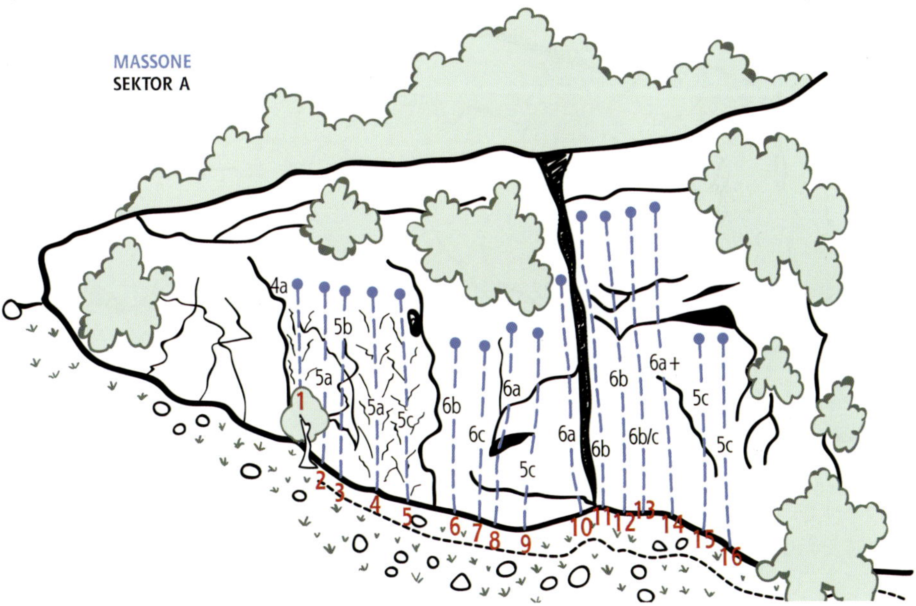

SEKTOR B

1 TIVOLI	6a+	25m	Beginn einfach, dann technische Kletterei an kompakter Wand
2 FRA FRA	6b	23m	Verschneidung, Fußtechnik, schöne Bewegungen
3 FUR EINE HAND	6a+	18m	Passage mit Seitgriffen in gelb-grauer Wand
4 DOTTOR PLANTIER	6a+	18m	Technik und Koordination
5 ZLU'	6a	20m	Abwechslungsreiche Route an großen Griffen
6 NINO	6a	20m	Abwechslungsreiche Route an großen Griffen
7 TANGRAM	6a+	22m	Seit- und Untergriffe, zum Schluss Blockierer am Überhang
8 LA BAMBA	7a+	10m	Schwieriger Boulder im Überhang
9 THE MIRROR	6c	20m	Senkrecht mit zwei schwierigen Stellen
10 SPECTRUM	6b+	20m	Einzelstelle am Dach mit sehr abgespeckten Griffen
11 RED POINT	7a+	20m	Kurzer Boulder am Dach
12 MIRTA DEL PINETO	7a+	20m	Schwierige Stelle am Ausstieg des Überhangs
13 MARSABIT	7c	15m	Boulder mit Fingerkraft
14 STRESSAMI	7c	15m	Schwierige Boulder, Fingerkraft
15 DESIREE	7b	15m	Ausdauer im Überhang
16 LOACHER	7b+	15m	Ausdauer im Überhang
17 NOT NORMAL	7a+	15m	Ausdauer an guten Griffen, leicht überhängend
18 VITE MINORI	6c	25m	Athletische Verschneidungskletterei
19 LET ME LIFE	7b	23m	Einstieg wie *Vite minori*, dann Ausdauer
20 IL LADRO DI SAPONETTE	8a	23m	Schwer erkennbare, technisch schwierige Einzelstellen
21 C'È QUALCUNO CHE NON SA	7b/c	25m	Ausdauer mit Einzelstelle, sehr empfehlenswert
22 DEASY	6c+	25m	Direkte Variante von *Tis sa arc*, gute Griffe
23 LA VARIANTE	7a	25m	Ausdauer. Einstieg über *Deasy* und Ausstieg über *C'è qualcuno*
24 TIS SA ARC	6c	25m	Schön, schwieriger Zug am Ende der Verschneidung, dann Plattenkletterei

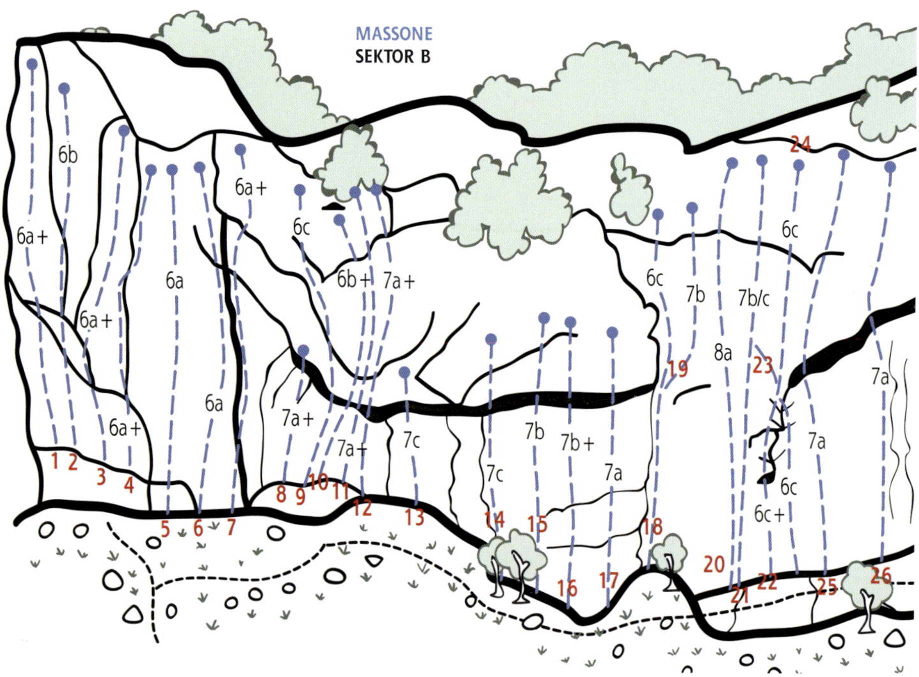

25 CANNONAU	7a	25m	Ausdauernde Wandkletterei an großen Untergriffen
26 CRISI	7a	25m	Technisch und abwechslungsreich, sehr zu empfehlen
27 VIA LE MAN DAL CUL	7a	25m	Einzelstelle am Ausstieg der Sinter, dann Ausdauer
28 MARLENE	7b	25m	Schwierige Stelle mit Querung an kleinen Sintern
29 GRETA	7a	25m	Ausdauer und Technik an Sintern und Löchern
30 VARNA	?	25m	Einstieg wie *Greta*, dann rechts
31 SULLA PANCIA DI NIKE	7c+	25m	Schwieriger Überhang mit schwer erkennbarer Einzelstelle
32 MANTIDE ATEA	7a	25m	Sinter und Löcher, schwierige Stelle bei der Querung
33 VARIANTE DIRETTA	7b+	10m	Boulder am Dach
34 I BUONI CATTIVI	7c	25m	Ausdauer, mit schwierigem Ausstieg an Leisten und Auflegern
35 SANGIT	7b	25m	Sinter und Aufleger, technisch, sehr schön
36 PANICO SOPRA L'ORLO	7c	25m	Wo die Schwierigkeit liegt, sagt der Name ('Panik über der Dachkante')
37 PROFUMO DI INVISIBILE	8a	25m	Große Zangengriffe
38 SOVIET SUPREMO	7b	25m	Schwieriger Dachausstieg und Ausdauer
39 BEVERY HILLS	7b+	20m	Technisch schwierige Passage an Leisten und Auflegern
40 KABUL	6b/c	25m	Sehr oft begangene, technisch schwierige Verschneidung
41 I LIKE GORBA	6c	27m	Schwierige Stelle am Dach und Längenzug in der Platte
42 KILLER EVENT	7b+	20m	Einzelstelle an scharfen Leisten
43 ACTION DIRECT	6c+	25m	Ausdauer an Auflegern und Quergang unter dem Dach
44 INCANTESIMO	8a	20m	Zwei Boulderstellen, eine an Leisten, die andere an einem Einfingerloch
45 RICKY BIKE	8a	20m	Fingerkraft und Technik

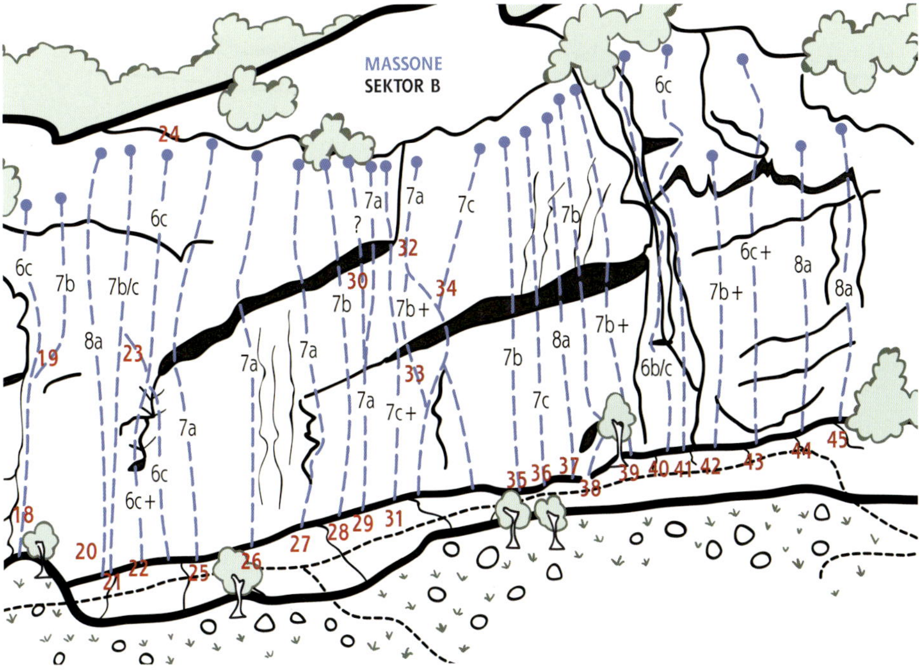

SEKTOR C

1 MUSETTO E BIG GIM	6b+	22m	Zangen- und Untergriffe, obligatorische Passage im Überhang
2 SUPER GOLIA	6c+	25m	Sehr oft begangen, Ausdauer
3 HELIOTROP	7b	25m	Platte und schwieriges Dach, abgespeckte Griffe
4 BERNY	7c+	25m	
5 ICTUS	6c+	25m	Schwierige Einzelstelle zum Schluss
6 DESTINAZIONE ARENA	7c+	25m	Boulder am spektakulären Dach
7 OHNE NAMEN	5a	12m	Einfache Verschneidung
8 SABATO TURISTICO	6c	24m	Kurzer Boulder nach dem Dach
9 PRIME IMPRESSIONI	6a	24m	Die erste Route in Massone (Danny Zampiccoli)
10 TULLIO E L'AMORE	6a/b	23m	Schwierigkeiten liegen im Schlussteil
11 HURGADA	6b	18m	Folge von kleinen Griffen
12 OVER BOOKING	6a	18m	Ausdauer an guten Griffen
13 RAPER	5b	18m	Anstrengender Schlussteil
14 SETTIMA LUNA	6c+	16m	Boulder
15 EKTOPLASMA	6b	16m	Vier Haken in der Ausstiegswand, Seitgriffe
16 ODIO LA POLVERE	6b	16m	Einige Meter an Tropflöchern, schöne Bewegungen
17 L'UNICORNO	6a	14m	Kurze, schwierige Ausstiegswand
18 STATTENTO	6a	14m	Schöne Grifffolge an abgespeckten Griffen
19 IMPETRITE'S	5b	14m	Brüchig, dann heikler Ausstieg
20 MARINA'S	5a	14m	Einfach, gute Griffe

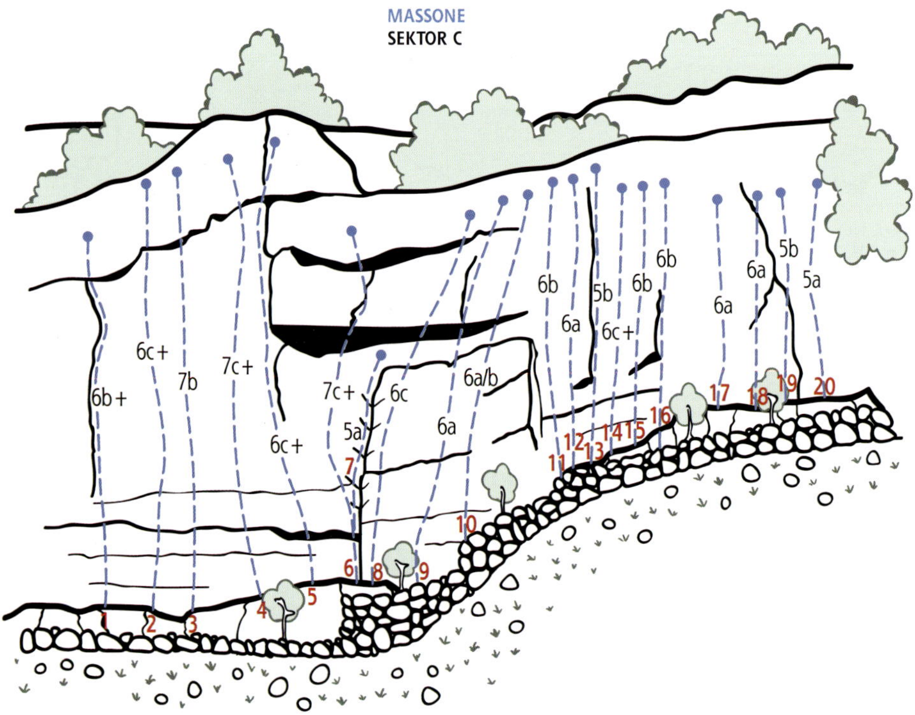

SEKTOR OSTRICA BLU

1	RETTOSCOPIE	6b+	22m	Schwierige Sequenz am Überhang
2	IL CULTO DELL'OSTRICA BLU	6b	20m	Ausdauer an guten Griffen
3	FATA MORGANA	7a+	20m	Schwierige Sequenz in überhängender Wand
4	IL RITORNO DI ALY	6b+	20m	Technisch mit schwierigem Blockierer im Mittelteil
5	ULLA LO STRAPIOMBO CHE TI TRASTULLA	6c	20m	Einzelstelle im Überhang
6	UN BACIO DI KARIN	7a+	20m	Schwieriges zweites Dach
7	HALLOWEEN	7a	20m	Sinter und Löcher, schwieriger Ausstieg im Überhang
8	OTTOPROMILLE E PIÙ	6c+	20m	Kraftraubende Passagen in den einzelnen Dächern
9	OTTOPROMILLE	6c	18m	Ausdauer im Überhang, immer positive Griffe
10	BRICIOLA	6b+	18m	Anstrengende Stelle im schönen, kleinen Dach, dann einfache Platte

MASSONE
OSTRICA BLU

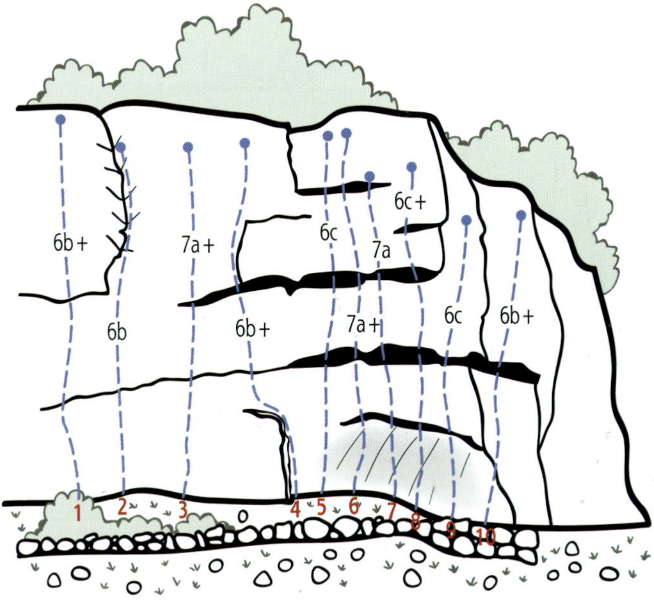

SEKTOR ABISSI

1 LA CHIAVE		7b+	25m	Leicht geneigte, plattige Wand
2 UTOPIA		6c	25m	Einstiegsriss mit guten Griffen, dann technisch schwierige Platte, sehr zu empfehlen
3 ZELDA		7c	20m	Kurzer Boulder am Dach
4 RED ROCKS		8a	20m	Schwere Einzelstellen, schwierig zu Clippen
5 ALPEN LIEBE		6c+	28m	Nach dem Band schwere Einzelstelle, dann an großen Griffen weiter
6 IL CALABRESE		7b+	28m	Ausdauer an Sintern und durchweg guten Griffen
7 OPEN AIR		8a+	30m	Ausdauer an Leisten
8 M.S.		7c	30m	Einstieg über Open Air, dann rechts
9 BEACH BOYS		7b	30m	Überhängende Verschneidung mit guten Griffen
10 BAUERNPLUS		8a+	25m	Intensive Grifffolge zu Beginn und Boulder
11 DISNEYLAND		7c	25m	Ausdauer in Verschneidung
12 EFREM DE SISCO	SL1	7a+	25m	Heikler Einstieg Platte, dann athletische Verschneidung
	SL2	7b	10m	Selten begangen
13 RUBAGOTTI		7c	35m	Ausdauer mit Einzelstelle
14 EPILOGO		7a+	35m	Ausdauer an Sintern und kleinen Griffen im leichten Überhang
15 BONSAI		7c	30m	Ausdauer an Sintern und kleinen Griffen
16 ABISSI		7c	40m	Ausdauer an Sintern, Achtung beim Ablassen/Abseilen!
17 PILOTWINGS		7c	30m	Ausdauer im Überhang
18 CANNABIS		7b+	30m	Ausdauer, leicht überhängend

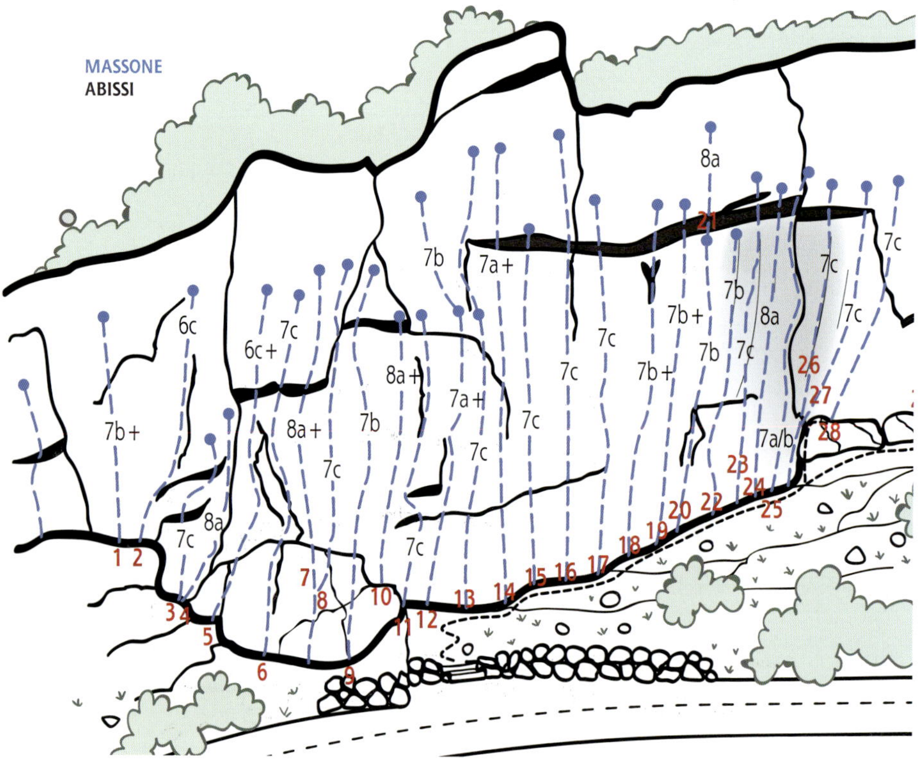

19 ONLYLOCALS	7b+	30m	Ausdauer in gelber Wand
20 GAMEBOY	7b	25m	Senkrechte Wandkletterei an schlechten Leisten
21 GAMEBOY PLUS	8a	35m	Einzelstelle am Dach
22 ULTIMO DUBBIO	7b	25m	Senkrechte Wandkletterei an Leisten
23 IL VIZIETTO	7c	30m	Ausdauernde Wandkletterei
24 LA CUCINA DELL'INFERNO	8a	25m	Ausdauer im Überhang
25 LA FESSURA PORTA ALLA PAURA	7a/b	27m	Athletische Verschneidungskletterei
26 IL CATTIVO IST ÜBERALL	7c	25m	Stark überhängende Ausdauerkletterei an guten Griffen
27 MEGLIO UN GIALLO CHE UN GALLO	7c	25m	Stark überhängende Ausdauerkletterei an guten Griffen
28 RAMSES	7c	25m	Wenig wiederholt, brüchiger Fels
29 LUDNESS	7a	25m	Kleines Dach und Wandkletterei
30 WARNER BROZ	7b	23m	Wandkletterei an Leisten
31 IL BALLATOIO	6c	23m	Ausdauer mit Längenzug
32 LA CURA DELLA FESSURA	6c	23m	Athletischer Riss
33 MANGIA CACCA	7a	22m	Uninteressant, nicht gerade guter Fels
34 GINO E LA SFIGA	6b+	20m	Ausdauer an guten Griffen
35 LO SCOLARO	6b+	20m	Ausdauer an guten Griffen
36 ALADIN	7a	12m	Lochkletterei mit heiklem Ausstieg in leichtem Überhang
37 ADELANTE	7a+	12m	Kurz und schwer
38 DURACELL	7b	12m	Kurz und schwer
39 CONFETTI	6b	10m	Kurz und schwer

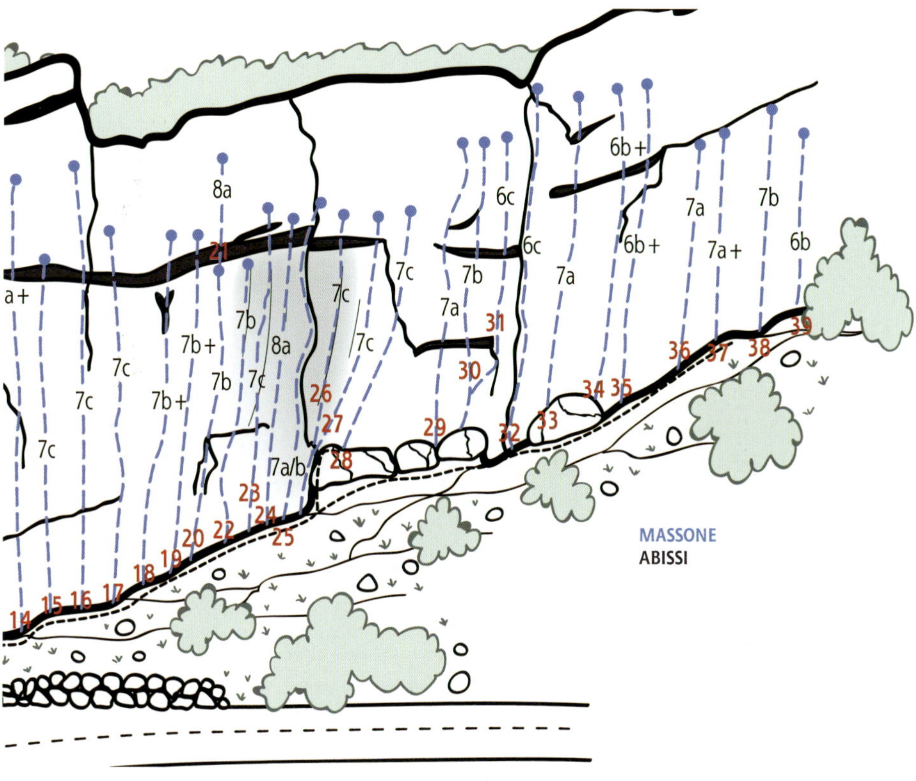

Massone, Nalle Hukkataival, Il Pueblo *(ph. Giampaolo Calzà)* ▶

SEKTOR IL PUEBLO

1 BLONDKOPF	7b+	27m	Schwierige kraftraubende Passage
2 TROPPO LEICHT	7b+	27m	Ausdauer im Überhang an guten Griffen
3 TROPPO SCHWAR	8b	27m	Schwierige Stelle an Leisten im Überhang
4 SUPER ATTICO	7c+	27m	Ausdauer im Überhang, plattiger Ausstieg
5 HALEBOOP	8b+	27m	17 knallharte Züge an natürlichen Griffen
6 GRADO DIPENDENTI	7c+	28m	Athletisch bis Rastposition, Ausstieg technisch und mit Runout
7 TAIFUN	8b+	27m	Einstieg wie Grado..., schwieriger Dachboulder und technischer Ausstieg in Platte
8 BIG SPENDER	7b+	25m	Griffiger Überhang, kurzer Dynamo, Ausstiegsverschneidung
9 RANDA	8a+	25m	Zwei sehr athletische Passagen
10 FUEGO	8a/b	25m	Zwei Einzelstellen im Überhang, gebohrte Zweifingerlöcher
11 UNDERGROUND	9a	22m	DIE Route in Massone. Der schwierigste Überhang in ganz Italien
12 UNDER REINI'S	9a?	?	Projekt. Einstieg über Underground, Ausstieg über Reini's Vibes
13 X-LARGE	8c	25m	Unglaublicher Längenzug
14 SUPER MARATONA	8b+	25m	Ausdauerroute
15 MARATONA	8b	25m	Ein Klassiker! Schöne Ausdauerroute
16 ATHENA	8b+/c	25m	Zwei äußerst harte Stellen: eine mit Dynamos, die andere sehr athletisch
17 REINI'S VIBES	8c/+	25m	Test für die Kraftausdauer, sehr athletisch
18 LA PIETRA MURATA	8b+	45m	Test für die Kraftausdauer, unendlich lang
19 IL MURATORE	8a+	26m	Wenig wiederholt, etwas brüchiger Fels
20 SHAVED BEAVER	7c	25m	Einstieg mit beidhändigem Dynamo, dann Kraftausdauer an Sintern
21 FLYTRAP	7a+	20m	Einzelstelle in der Mitte am Sinter
22 TWINGO	7b+	20m	Überhang mit recht guten Griffen, plattiger Ausstieg
23 KATHAMARTINA	7b	20m	Überhang mit recht guten Griffen, plattiger Ausstieg
24 MIKE JORDAN	8b	12m	Kurz und heftig

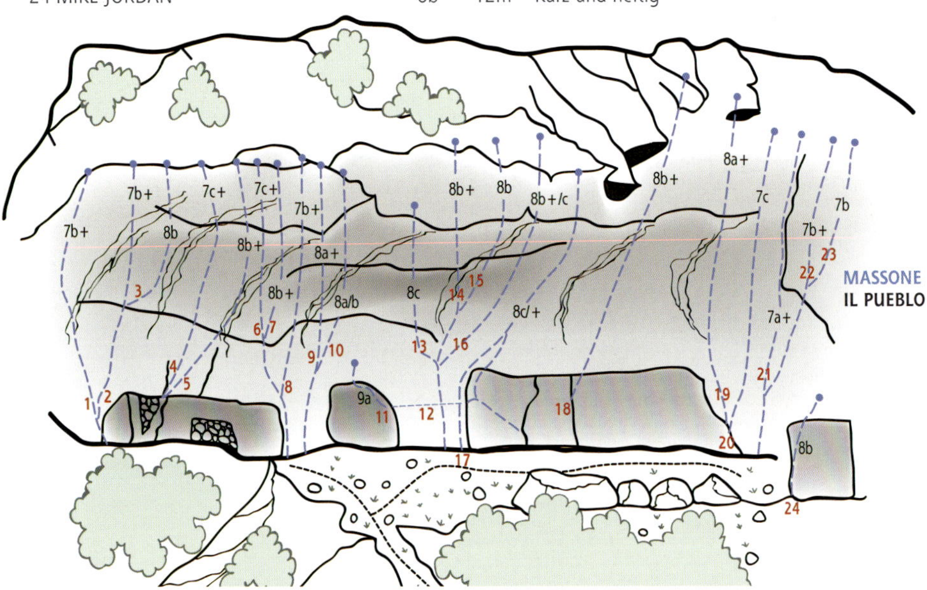

VERTICAL SPORT
ARCO - TRENTO
VERTICAL SPORT
VIA SEGANTINI 5, ARCO
TEL 0464/510202
BIKE & CLIMB
VIALE DAINO 74, PIETRAMURATA
TEL 0464/547007
WE LOVE CLIMBING
& RIDING BIKES...
WE LOVE SARCA VALLEY!
VERTICAL SPORT
BIKE & CLIMB
WWW.VERTICALSPORT.IT

Geboren am 5. April 1990.
Wohnt in Altavilla Vicentina (Vicenza).
Sternzeichen: Widder
Sponsoren:
La Sportiva, Ferrino, Adidas,
Eyewear, C-Lover, Mulebar, Oliunid.

SILVIO REFFO

No gravity day

Silvio Reffo kletterte innerhalb weniger Stunden zwei 8c+ in Nago und ist der Meinung, dass das Sarcatal den gleichen Ruf wie die Klettergebiete in Katalonien erhalten kann

«Heute schauen wir Felswände anders an als früher. Wir suchen unberührte Linien, die uns mit ihrer Schönheit und Logik eine Vielfalt von Emotionen schenken können. Es sind kurze Linien, eher boulderlastig, aber sehr hart und vor allem natürlich", sagt Silvio Reffo, Jahrgang 1990, der im Jahr 2010 Mitglied im italienischen Nationalteam Sportklettern wurde. Sein Werdegang war ganz anders als üblicherweise: Er kletterte nämlich zuerst an einer natürlichen Wand, im Klettergebiet Lumignano, erst später zog es ihn auch an künstliche Wände in Hallen. Bei nationalen Kletterwettbewerben stand er meist auf dem Podium und auch international war er sehr erfolgreich. Silvio klettert schon seit langer Zeit in Arco und im Sarcatal und natürlich auch in vielen anderen Wänden in aller Welt».

Ist das alles eine Frage der jeweiligen Zeit?
Klar. im Prinzip ist das so. Die neuen Linien, die die jetzige Generation eröffnet, befreit und wiederholt, verändern die Klettergebiete. Auch das Klettern selbst hat sich verändert, es wird ganz grundsätzlich anders betrachtet und gelebt. Früher war es so, dass z. B. ein Francois Legrand draußen sozusagen ein Trainingsgebiet suchen musste, damit er gute Resultate bei Wettbewerben erzielen konnte. Die Linie musste zu seinen Bedürfnissen passen und manchmal musste er Kompromisse eingehen. Jetzt ist das anders. Wir gehören zu einer Generation, die stundenlang in Kletterhallen trainiert, um motorisch und physisch besser zu werden. Draußen wollen wir aber in Routen klettern, die uns emotional berühren. Wir wünschen uns Linien, die sozusagen alles aus dem Fels herausholen. Und nicht mit geschlagenen Griffen verändert werden, sondern natürlich bleiben, auch wenn das manchmal auf Kosten der Homogenität der Route geht.

Kannst du Beispiele nennen?
Die besten Beispiele dafür sind die neuen Routen von Markus Bock in Nago. Dazu gehören auch die Linien von Paolo Benvenuti in Padaro, das noch größer werden wird. Das Potenzial im Sarcatal ist hoch, das Klettern könnte mit diesen neuen, extrem schwierigen und natürlichen Linien eine zweite Blüte erleben. Ähnlich wie vor vielen Jahren, als Roberto Bassi und Manolo die Wegbereiter waren.

Könnte Arco zu einem neuen Katalonien werden?
Wenn man die Routen mit viel Motivation und Effektivität einbohrt. In dieser Hinsicht wird hier im Trentino schon sehr viel getan. Man muss eigentlich nur die Perspektive wechseln und nicht mehr den großen Klettergarten, sondern das einzelne Massiv betrachten. Vielleicht sogar nur die einzelne Linie, und das, was sie uns in ihrer Natürlichkeit bieten kann!

Sprechen wir von Nago: Dort konntest du zwei 8c+ aneinander reihen. War das für dich ein magischer Tag?
Schwerelose Tage gibt es ganz wenige! Ich hatte schon mal zwei sehr harte Routen an einem Tag geklettert, in Spanien oder auch in Covolo. Es ist nicht so schwierig, wenn du am richtigen Ort mit den richtigen Routen bist. *Bucking Bronco* 8c+ und *War Beast* 8c+ waren aber durchaus etwas Besonderes.

Wiederholer brauchen...
Ich würde sagen, dass Perfektion das Schlüsselwort für *Bucking Bronco* ist. Ein wahres Schmuckstück, kurz und heftig, mit wenigen, aber sehr dynamischen und komprimierten Zügen. Der ganze Körper muss sich perfekt bewegen, damit es gelingt, diese Züge aneinander zu reihen.

Bei *War Beast* ist der Schlüsselbegriff Konzentration. Nach einem ersten harten Blockierzug musst du mental runter kommen, ausruhen, und konzentriert die zweite Passage angehen. Die Route *Bucking Bronco* wurde von Markus befreit, bislang konnten sie Gabriele Moroni, Stefano Ghisolfi und ich wiederholen. Die Erstbegehung von *War Beast* geht ebenfalls auf Markus' Konto, wiederholt wurde sie bisher von Stefano Ghisolfi, Marcello Bombardi und mir.

Worauf kann ein junger Kletterer gern verzichten?
Auf die Mentalität des Heldentums, des Leidens für die Eroberung, auf den Individualismus, der früher das Klettern kennzeichnete. Das brauche ich überhaupt nicht und habe es auch nie gebraucht.

Und was ist mit dem Bouldern?
Unsere Routen sind ja oft kürzer als früher, mehr boulderlastig. Natürlich hat der soziale Charakter und das Spielerische beim Bouldern das Sportklettern beeinflusst. In der Gemeinschaft könnten wir vielleicht einfach noch mehr Spaß haben, wenn es weniger Konkurrenzdenken gäbe. Wir sollten bereit sein, die Wände mit anderen zu teilen. Der Fels gehört allen und es ist schön, ihn zusammen zu erleben. Als ich jünger war und oft in der Provinz Vicenza kletterte, herrschte dort schon die Mentalität des "privaten Gartens". Das kann ich nicht verstehen.

Also einer für alle, alle für einen?
Ja, mit der Clique als Basis. Mit mehr Willen zum Teilen, zum Zusammenbleiben. Wie beim Bouldern: einer klettert, die andern stehen bereit, um ihn bei einem Sturz aufzufangen.

Seine schwierigsten gekletterten Routen:
The ring of life 9a+, Covolo
Biologica 9a, Narango
Underground 9a, Massone
L'attimo 9a, Covolo
Estado Critico 9a, Siurana
Era Vella 9a, Siurana
Il frutto del diavolo 8c+/9a, Bus de Vela
Joe Blau 8c+, Oliana
Mind Control 8c/c+ flash, Oliana
Bucking Bronco 8c+, Nago
Bella Regis 8c+, Bus de Vela
Super Ale 8c+, Covolo
Deltaplan man direct 8c+, Entraygues

Seine wichtigsten Wettkampfergebnisse:

7. Platz Rock Master di Arco di Trento 2012
14. Platz World Cup Lead Valence 2011
2. Platz Ital. Lead Championships 2010 e 2013
Einige Siege Ital. Lead Cup

Nago, Silvio Reffo, *Bucking Bronco*, 8c+ *(ph. Giampaolo Calzà)* ▶

Terra Promessa

Schon 1997 erkannte François Legrand das große Potenzial dieser beeindruckenden Felswand, er gehörte zu den ersten Erschließern, z. B. der Routen *Claudio Caffè* 8c+ und *Aerodromo* 8b/c, die damals zu den schwierigsten im Gebiet von Arco zählten. Im selben Jahr gewann Legrand auch den Kletterwettbewerb Rock Master in Arco.
Die Wand liegt nur wenig von der Straße entfernt, der Zustieg ist überaus bequem und es bestehen immer noch Möglichkeiten für neue Linien. Aber trotz dieser Voraussetzungen werden die großen Überhänge mit Leisten und Sintern nicht so oft besucht, wie sie es eigentlich verdienen würden. Zwar wurden einige neue Linien in den senkrechten Wänden eingebohrt, aber das hätte man viel eher in den langen, überhängenden Bereichen erwartet. Vielleicht ist das nahe Massone Schuld daran...
Terra Promessa wird in zwei Sektoren aufgeteilt, wobei im Sektor B auch leichte Routen zu finden sind. Hier hat man im rechten Bereich auch einen schönen Blick auf das obere Gardasee-Gebiet. Der Sektor A ist immer schattig (Bäume) und bietet noch einiges Potenzial für Neutouren.

Erschließer: O. Celva, F. Legrand, R. Scherer, G. Hörhager u. a.

Anfahrt/Zustieg
Von Arco 5,5 km, dann 5 Min. Zustieg auf Wanderweg.

Von der Sarcabrücke in Arco (auf der S.S.45bis) in Richtung Trento/Madonna di Campiglio. Nach 600 m rechts Richtung Massone/ Falesia Policromuro abbiegen. Nun immer dem braunen Hinweisschild ‚Policromuro' folgen, am Klettergebiet Policromuro vorbei und auf der Straße (Mountainbikeroute Nr.9, achtet auf Biker) weiter hoch, bis sie nach 2 km in einem Kastanienwäldchen flacher wird. An der Kreuzung nach links Richtung Braila abbiegen. Nach 250 m befindet sich rechts ein kleiner Parkplatz in einer leichten Linkskurve. Von hier über einen ausgetretenen Pfad in 5 Minuten hoch zur Wand. Links liegt der Sektor A, rechts Sektor B.

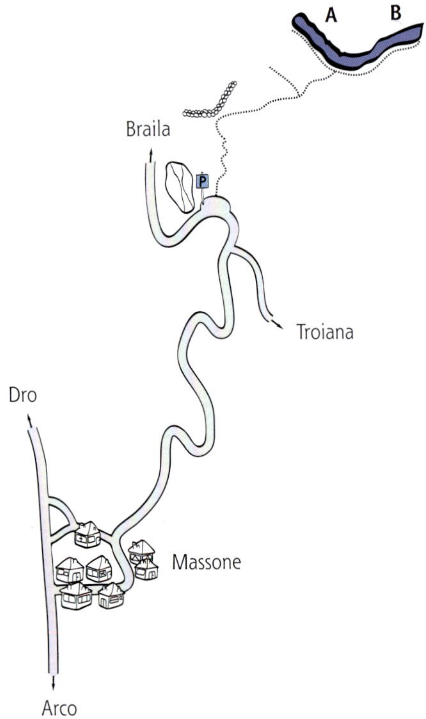

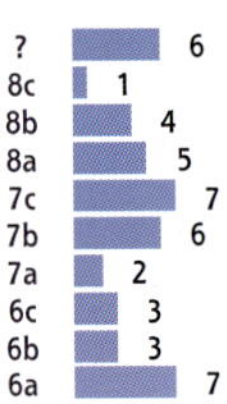

44

Terra Promessa, Manuel Bosdachin, *Red points*, 7c+ *(ph. Roni Andres)* ▶

SEKTOR A

1 CINEMA PARADISO	SL1	6c+	30m	Schwieriger Einstiegsboulder, dann senkrechte Wandkletterei
	SL2	?	20m	Projekt
	SL3	?	20m	Projekt
2 CARNEVALE		7a	30m	Einstiegsboulder, dann senkrechte Wandkletterei
3 NICE PRICE		7b	30m	Graue Platte, dann senkrechte Wandkletterei
4 ELEFANT		7c	30m	Schwieriger Zug an Sinter, dann Wand mit Leisten
5 ORAN JUICE		7c	30m	Schwieriger Zug in Platte, dann Wand mit Leiste
6 BROWN SUGAR		7c+	30 m	Schwierige Züge in der Platte, dann senkrechte Wand, Fingerkraft
7 BRALL		7c	30m	Platte, dann Ausdauer in schöner, gelber Wand mit Leisten und Löchern
8 EFEU TANZ		7b	33m	Technisch anspruchsvoll mit überhängendem, athletischem Schluss
9 OHNE NAMEN		7a+	33m	Kleine Griffe, Bewegungstechnik
10 BLOW JOB		7b+	33m	Schwierige Einzelstelle im Mittelteil
11 PIC NIC	SL1	6a+	25m	Kurze, leichte Wand, dann Platte
	SL2	6b+	25m	Kurze, leichte Wand, dann Platte (Abseilen über Nr. 10)
12 CANNA CANON		7b+	25m	Schwierige Züge am Sinter
13 RED POINTS		7c+	25m	Einstiegsboulder, dann Ausdauer im Überhang
14 LO HOBBIT		8a	30m	Zwei Boulderpassagen, dann Platte
15 REINI B+		?	30m	Projekt
16 OHNE NAMEN		8a+	25m	Boulder in der Mitte, Einstieg über Nr. 17, dann links
17 UN PRESENTE POR NAHLA		7c+	25m	Intensiv und ausdauernd
18 MAMA AFRIKA		8a+	28m	Boulderzüge bei den letzten 4 Haken
19 VIA TIPO GERARDO		8b	25m	Überhängender Quergang an Untergriffen, Kraftausdauer im Überhang
20 OHNE NAMEN		?	25m	
21 TULA		7b	25m	Schwierige Bewegungsabfolge im Überhang

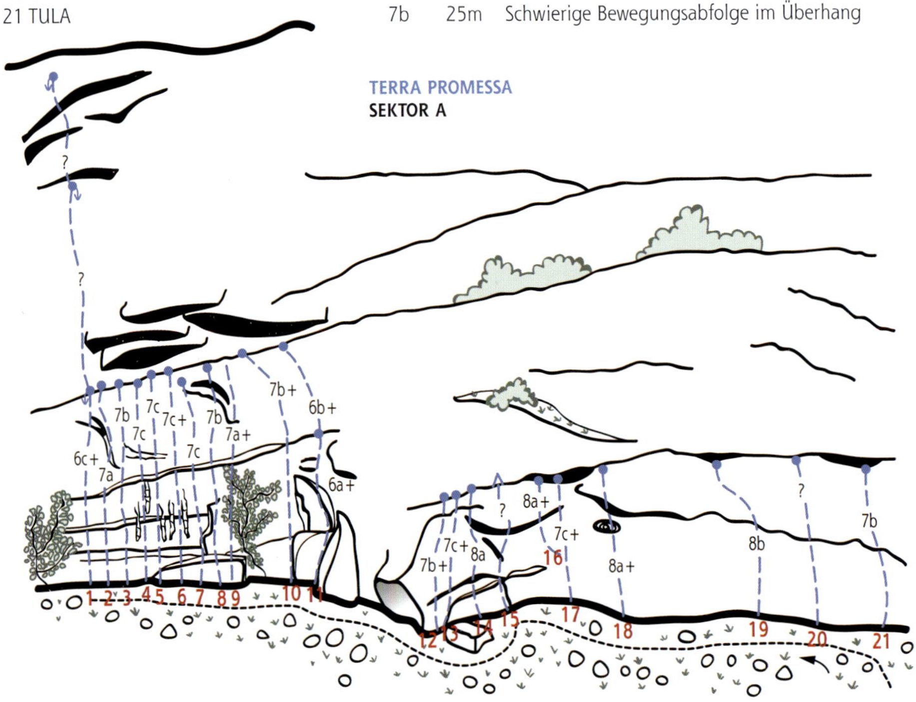

SEKTOR B

1 NANUK		6a+	12m	Verschneidung
2 US OPEN		6a+	12m	Senkrechte Wandkletterei
3 RERE		6a	12m	Senkrechte Wandkletterei
4 VERTICAL SPORT		6a+	12m	Gemeinsamer Umlenker mit LORENZO
5 LORENZO		6a+	12m	Senkrechte Wandkletterei
6 CHRIS CROCO		6b	12m	Senkrechte Wandkletterei
7 KAKTUS		6b	10m	Gelbe Wand, Fingerkraft
8 LOCH NESS	SL1	6a	12m	Rampe zu Verschneidung
	SL2	6c+	10m	Schwierige Gleichgewichtsstelle
9 LUCA JOINT		6c+	18m	Boulder über das Dach
10 WEISSWURSCHT		7b	20m	Schöne Route mit Einzelstelle am Dach
11 O PIO MIO		7c+	25m	Boulder am Dach
12 PROGETTO TRIBOUT		8b	25m	Größenabhängiger Einstiegsboulder, Ausdauer, onsight schwer
13 PROGETTO CATY		7c	25m	Ausdauer, sehr schön
14 SOLIMANO		8a	25m	Ausdauer, leicht überhängend
15 MARCO GELATO		8b	25m	Ausdauer in steilem Überhang mit vielen Untergriffen
16 CLAUDIO CAFFÈ		8c/+	27m	Einstiegsboulder und Ausdauer
17 AEREODROMO		8b/c	28m	Einstiegsboulder und Ausdauer
18 OHNE NAMEN		?	?	Projekt
19 HYDRA		8a	28m	Ausdauer im Überhang, Ausstieg in Platte

TERRA PROMESSA
SEKTOR B

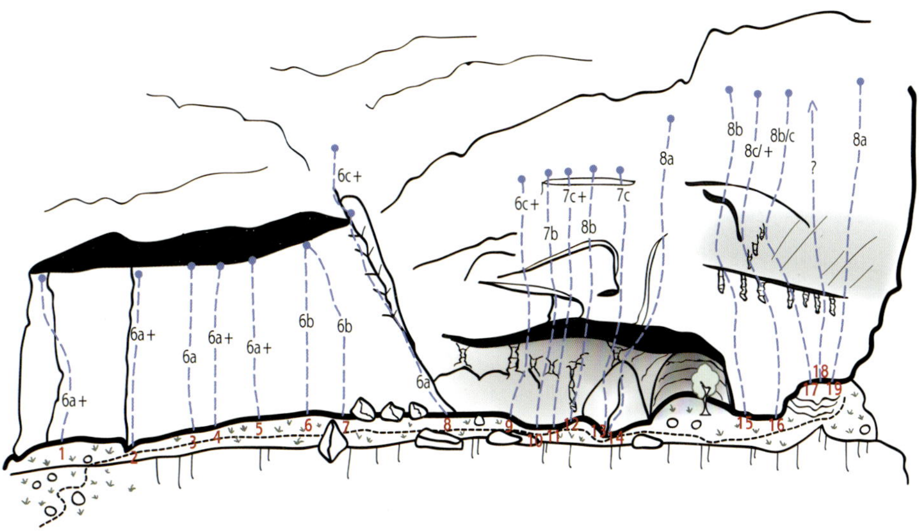

Grottosauro

Wer starke Überhänge und lange Ausdauerrouten liebt, sollte diesem Klettergarten unbedingt einen Besuch abstatten. Sauro Merighi und seine Freunde haben dieses Gebiet entdeckt und für Kletterer zugänglich gemacht. Der Klettergarten liegt in einem wunderschönen Wald, sozusagen im „goldenen Dreieck" mit den Gebieten von Terra Promessa und Massone und weist wie diese herrlichen Fels auf.In einige Linien wurden künstliche Griffe geschlagen und Griffe geklebt. Der Zustieg dauert zwar ein wenig länger als zu den bekannten Nachbargebieten, dafür hat Grottosauro den Vorteil, sehr regensicher zu sein - auch während und nach sehr starken Regenfällen kann geklettert werden (ausgenommen die Routen im äußerst linken Wandteil).Die Route *Insostenibile debolezza* 8c wurde 2012 von P. Benvenuti zum ersten Mal rotpunkt geklettert.Wenn man auf der asphaltierten Straße noch etwas weiter fährt,erreicht man die schönen Weiler Crobbi und Braila, die wirklich einen Besuch lohnen.

Erschließer: S. Merighi u.a.

Anfahrt/Zustieg
Von Arco 6,2 km, dann 10-15 Minuten Zustieg auf Wanderweg.

Von der Sarcabrücke in Arco (auf der S.S.45bis) in Richtung Trento/Madonna di Campiglio. Nach 600 m rechts Richtung Massone/ Falesia Policromuro abbiegen. Nun immer dem braunen Hinweisschild Policromuro folgen, am Klettergebiet Policromuro (besser bekannt unter dem Namen Massone) vorbei und auf der Straße weiter hoch, bis sie nach 2 km in einem Kastanienwäldchen flacher wird. Bei der Kreuzung nach links Richtung Braila (Achtet auf Radfahrer: Auf dieser Straße verläuft die Mountainbikeroute Nr.9). Auf der leicht ansteigenden Asphaltstraße 1 km weiter, vorbei am ersten Wanderwegschild 667 „Sentiero della Maestra" (auf der linken Seite). Beim zweiten Schild auf den kleinen Parkplätzen an der Straße parken. Nun auf dem „Sentiero della Maestra" ca. 50 m absteigen und kurz darauf, bevor der Weg wieder ansteigt, nach links (Steinmännchen) auf einem in einer Rinne verlaufenden Pfad absteigen. Bald darauf erreicht man Fixseile, die direkt zum Felsmassiv führen.

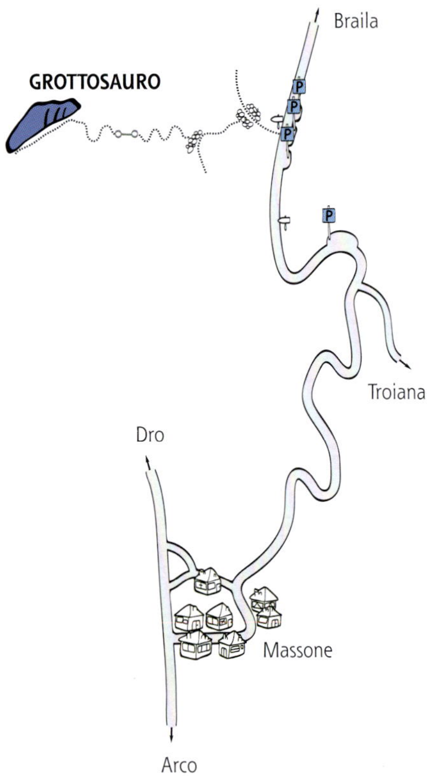

?	1
8c	1
8a	2
7c	5
7b	2
7a	5
6c	1

17

Grottosauro, Naoki Arima, *Long jump*, 7b+ *(ph. Roni Andres)* ▶

1 IBBOGTROPS	7a+	30m	Technische Route an Leisten
2 BABY E MIRTILLO	6c	30m	Einzelstelle mit Fingerkraft nach dem Überhang
3 EL VECIO ALPIN	7a	30m	Einstiegsboulder, dann technisch anspruchsvoll mit viel Bewegungsgefühl
4 BONITO	7a+	30m	wie 3
5 EL LOCO	7a+	30m	wie 3
6 ATHENA LA BALENA	7a+	30m	wie 3
7 GREGOCULA PROCULOR	8a	30m	Schwieriger Überkreuzer, dann Fingerkraft und Längenzüge
8 LONG JUMP	7b+	30m	Längenzug zu Beginn
9 HURRICANE	7c	30m	Ausdauerüberhang
10 THUNDER STORM	7c+	27m	Schwierige Einzelstelle am Ende des Überhangs
11 THOR	7c	27m	Dynamo im Mittelteil des Überhangs
12 GOLDEN BOW	7c+	27m	Dynamos und weite Züge an Auflegern, Kreuzzug im zweiten Überhang
13 THE LION BURROW	7c	26m	Einzelstelle an überhängenden Sintersäulen im Mittelteil
14 THE WINNER	7b+	30m	Herrliche Route an großen Griffen
15 IL GLADIATORE	8a	29m	Längenzug von Leiste auf Henkel; im zweiten Teil dann fingerig mit Balancezügen
16 OHNE NAMEN	8b+?	32m	Projekt
17 INSOSTENIBILE DEBOLEZZA DELL'ESSERE	8c	30m	Traverse im Überhang, dann Wand mit Leisten. Ausdauer. Mit Ausstiegsboulder. 1. RP P. Benvenuti

GROTTOSAURO

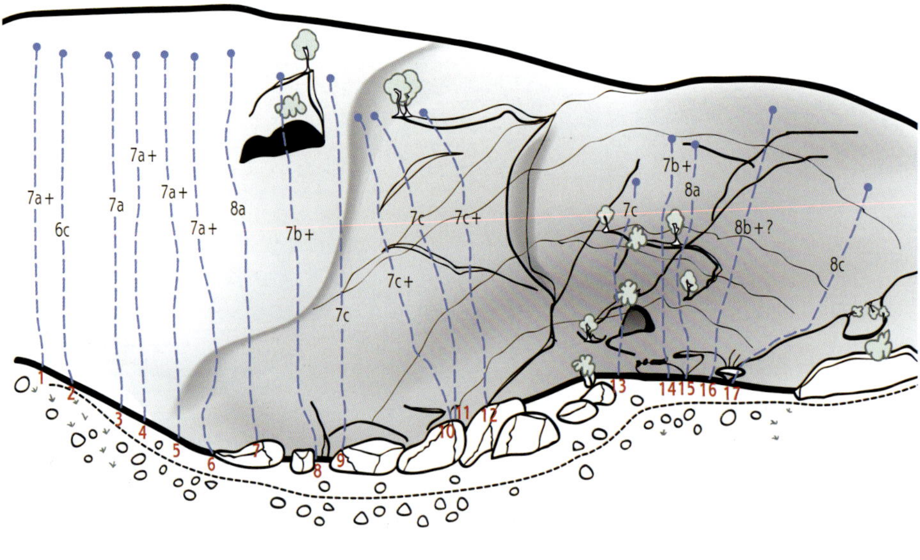

Grottosauro, Luca Onorevoli, *Bonito*, 7a+ *(ph. Roni Andres)* ▶

Dro - Pietramurata - Sarche

La fattoria degli struzzi

24

Während des Aufstiegs zum Klettergarten könnt ihr das herrliche Panorama genießen: Weiter unten liegen das kleine Dorf Ceniga mit den roten Hausdächern, viele Wein- und Obstgärten und die Sarca. Dieses Gebiet wurde 1997 im Rahmen einer Bergführerausbildung erschlossen und ist wegen seiner ruhigen Lage und der schönen, wenig begangenen Routen nur zu empfehlen. Auf der linken Seite besteht sicherlich noch einiges Erschließungspotenzial. Die Routen auf der rechten Seite verlaufen in der senkrechten, grauen Wand. Die auf der linken Seite sind überhängend und wurden im Mai 2010 von Vertical Sport eingerichtet.
Alle Seillängen sind schön.

Erschließer: Trientiner Bergführer, F. Leoni, R. Andres.

Anfahrt/Zustieg
Von Arco 3,5 km, dann 20 Min. Fußweg.

Von der Sarcabrücke in Arco in Richtung Trento/ Madonna di Campiglio. An der Agip-Tankstelle (1,8 km) und am Restaurant ‚La Pergola' (2,9 km) vorbei und nach 3,2 km nach links in Richtung Ceniga abbiegen. Geradeaus weiter und beim Schild 'Agriturismo Maso Lizzone' auf der rechten Seite parken. Über die Straße und auf die 'Via al Ponte'. Nach 500 m über die alte (römische) Brücke und rechts auf die 'Via Lizzone' in Richtung Agriturismo Maso Lizzone (600 m). Beim Agriturismo links (rot-weiße Markierung), an der Steinmauer entlang und dann auf den Wanderweg SAT 428 - S. Giovanni. Nach einigen Serpentinen führt der Weg diagonal in die Nähe der oberhalb liegenden Felswand. Im Wald geht es dann über eine Reihe von Stufen (7-8 Min. vom Maso Lizzone), nach denen dann links eine Pfadspur (Steinmännchen) bis zum Klettergarten führt.
Bitte beachtet: Dies ist Privatgrund, hinterlasst keine Abfälle und respektiert fremdes Eigentum.

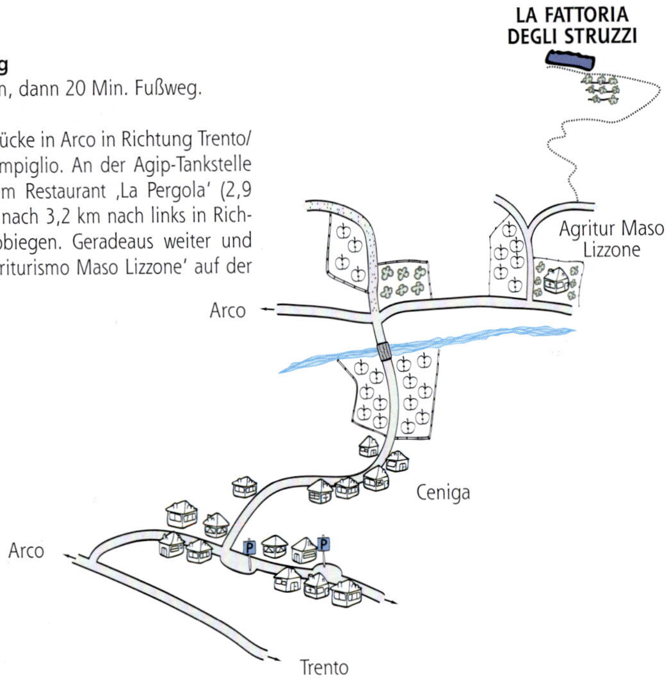

?	1
7c	4
7b	5
7a	3
6c	2
6a	2

17

La fattoria degli struzzi, Flaminia Capezzuoli, *Wanted*, 7a *(ph. Roni Andres)* ▶

1 EMOTION	6a+	16m	Schwieriger Einstieg an Seitgriffen
2 MELINDA	6a	15m	Schön strukturierte Wand mit Ausstieg an Tropflöchern
3 SEI BI DOC	6c	18m	Schwieriger Mittelteil, Einzelstelle mit Seitgriff
4 AMBIENCE	6c	18m	Schöne, abwechslungsreiche, senkrechte Wandkletterei
5 IL GEOLOGO	7b	18m	Einstiegsboulder an Leisten, dann Ausdauer
6 AVATAR	7b	18m	Boulderpassage im Ausstieg
7 BACINUM	7a	18m	Kraftraubender Überhang
8 POR UN PUNHADO DE DOLARES	7b	20m	Ausdauer an guten Griffen. Schön
9 CENTOCINQUANTA	7b	20m	Kurzer, anstrengender Überhang
10 REVOLVER	7c	20m	Leichter Einstieg, dann Einzelstelle mit Leisten im Überhang
11 OHNE NAMEN	?	18m	Boulderzüge an Leisten, dann leicht
12 MANUEL E L'ESTA TE'	7a	18m	Kraftausdauer mit Untergriffen
13 PERDEU PLAY BOY	7b+	20m	Im Ausstieg Boulderzüge an Leisten
14 WANTED	7a	20m	Ausdauer an guten Griffen
15 BRASILE SOTTO ASSEDIO	7c	20m	Kleingriffig mit Bewegungstechnik. Schön
16 DEAD OR ALIVE	7c	20m	Ausstiegspassage mit kleinen Leisten
17 MEIODIA DE FOGO	7c	20m	Einstiegsboulder, dann Ausdauer

LA FATTORIA DEGLI STRUZZI

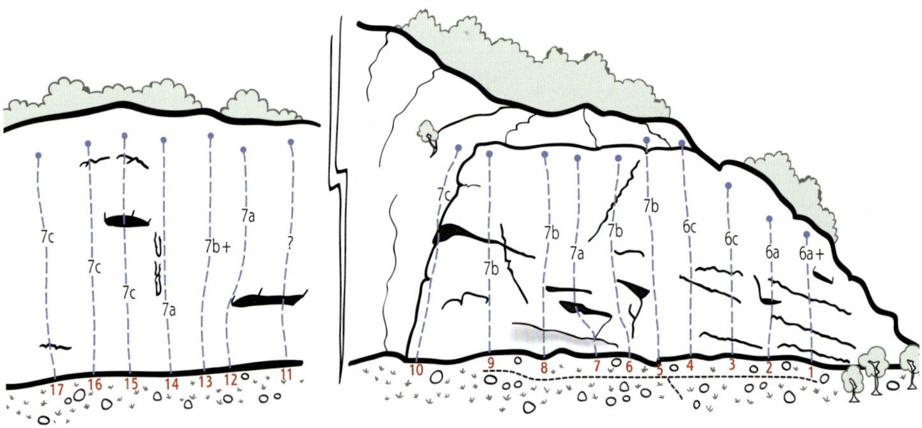

UPclimbing.com
daily climbing
webmagazine
www.up-climbing.com
news
video
interviews
training
competitions

La Pizzeria

Die gelb-graue Felswand ist von der Staatsstraße aus schon gut zu erkennen und lag deshalb viele Jahre lang im Blickfeld der Kletterer. Schließlich machten sich Lino Celva und Gianguido Dalfovo an ihre Erschließung. Die Routen sind zwar ohne Ausnahme sehr schön, aber die Hakenabstände auch nicht gerade plaisirmäßig. Hier ist Kraftausdauer an kleinen Leisten gefragt. Genießt die schöne Aussicht auf Dro und die umliegenden Obstgärten! Mindestseillänge 70 m.

Erschließer: L. Celva, G. Dalfovo u.a

Anfahrt/Zustieg
Von Arco 7 km, dann 10 Min. Zustieg auf Wanderweg (Fixseil).

Von der Sarcabrücke in Arco in Richtung Trento/ Madonna di Campiglio. An der Kreuzung nach Dro abbiegen und Richtung Ortszentrum und am Kreisverkehr geradeaus in die Via Mazzini. Bei der Kirche nach rechts in Richtung 'Centro Sportivo' (Sportzentrum), dann über die Sarcabrücke und auf der Hauptstraße weiter. In der Ortschaft Oltrà links ab, hoch zum Sportzentrum und parken. Nun links vom Sportzentrum auf einen Schotterweg (Schild 'Percorso delle Cavre/ Pineta Dro'). Der Klettergarten (gelb-grau gestreifte Wand) ist schon gut zu sehen (im linken Bereich der Felswand). Auf dem Schotterweg 100 m bis zu einem Bildstock weiter. Dann auf den Wanderweg Nr. 425 in Richtung San Giovanni. Nach etwas mehr als 200 m verlässt man diesen Weg nach links (Steinmännchen), ein Pfad führt weiter bis zum Klettergarten (Fixseil).

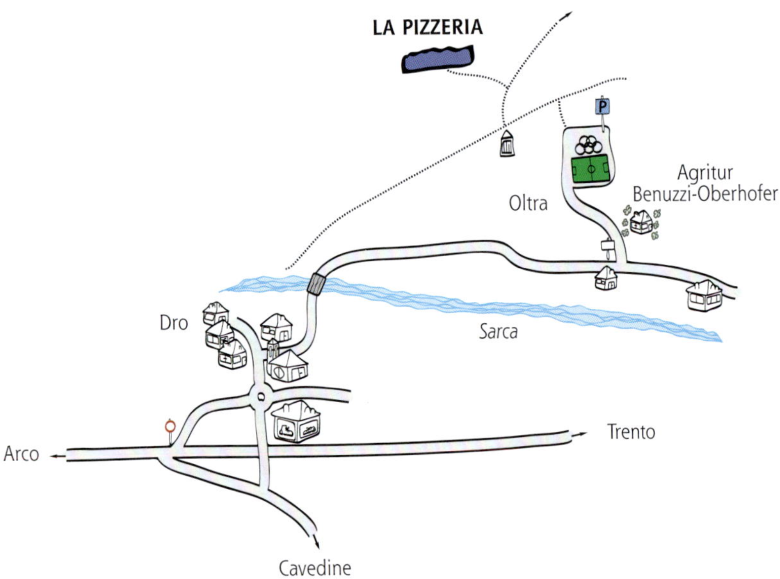

?	1
8a	1
7c	4
7b	5
7a	2
6c	1

14

1 ZINGARA	8a	30 m	Senkrechte Ausdauerwand, kleine Leisten
2 CAPRICCIOSA	7c	32m	Senkrechte Ausdauerwand, kleine Leisten
3 PROSCIUTTO E FUNGHI	7c+	32 m	Senkrechte, ausdauernde Wandkletterei an kleinen Leisten, Schlussboulder
4 RUCOLISSIMA	7b+	32m	Kraftausdauer an Leisten
5 SALAMINO PICCANTE	7a+	32m	Kraftausdauer an Leisten
6 MARINARA	6c+	34m	Kraftausdauer an Leisten
7 MARGHERITA	7a	34m	Kraftausdauer an Leisten
8 PIOGGIA	7b+	15m	Kraftausdauer an Leisten
9 DIAVOLA	7c+	32m	Boulder am Beginn des Überhangs, dann Fingerkraft
10 CALABRESE	7c+	32m	Boulder am Beginn des Überhangs, dann Fingerkraft
11 QUATTRO STAGIONI	7b/c	28m	Dynamo und Boulderzug am Beginn
12 CALZONE	?	28 m	Projekt
13 SPINACI E RICOTTA	7b/c	25m	Überhang mit Boulderzug zu Beginn, dann Ausdauer
14 PATATONA	7b	25m	Überhang mit guten Griffen, dann Ausdauer. Weiter Hakenabstand!

LA PIZZERIA

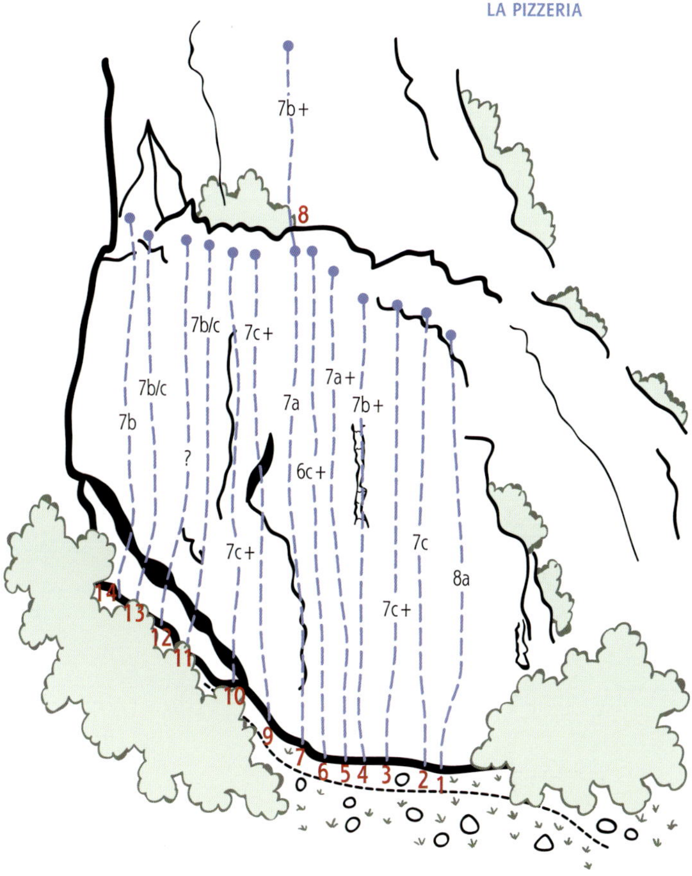

Dro - Pietramurata - Sarche

Massi di Gaggiolo

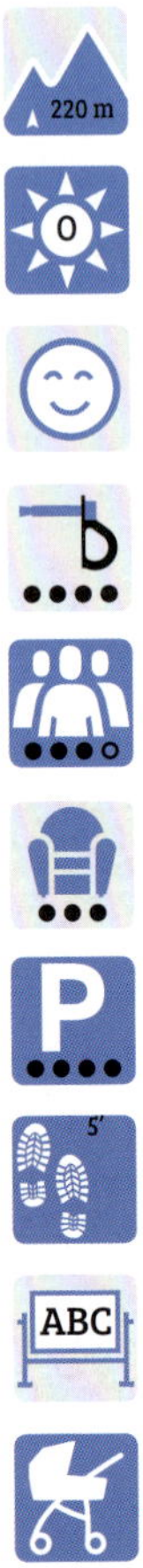

Die bisher eingerichteten Routen eignen sich perfekt für die ersten "Gehversuche" in der Senkrechten. In den Sektoren "Sas Lorenzo" und an der Nordseite des "Sas Elena" sind die Hakenabstände speziell auf die ersten Vorstiegsversuche von Kindern abgestimmt. Mit finanzieller Unterstützung durch die Gemeinde von Dro und tatkräftiger Hilfe Trientiener Bergführer entstand ein netter Klettergarten mit leichteren Routen.
Vorsicht beim Überqueren der Straße, sehr viel Verkehr!. Vorgesehen sind auch ein neuer Parkplatz in der Nähe der Bar Parete Zebrata, ein Fußgängerüberweg, Infotafeln sowie ein Abenteuerspielplatz.

Erschließer: G. Malfer (Arcomountainguide), Cooperativa delle Guide AlpineTrentine, Comune di Dro.

Anfahrt/Zustieg
Von Arco 9,1 km, dann 5 Minuten Fußweg.

Von Arco in Richtung Trento/ Madonna di Campiglio, an Dro und dem Wasserkraftwerk von Fies (rechts) vorbei und bis nach Gaggiolo, wo man in der Nähe der Bar Parete Zebrata parkt. Jetzt geht man zuerst wieder etwas zurück und quert dann die stark befahrene Straße (Vorsicht!). Kurz bevor man das Casa dello Scultore (Holzschnitzerhaus) erreicht, sind die großen Felsblöcke im Wald auf der rechten Seite gut zu sehen.

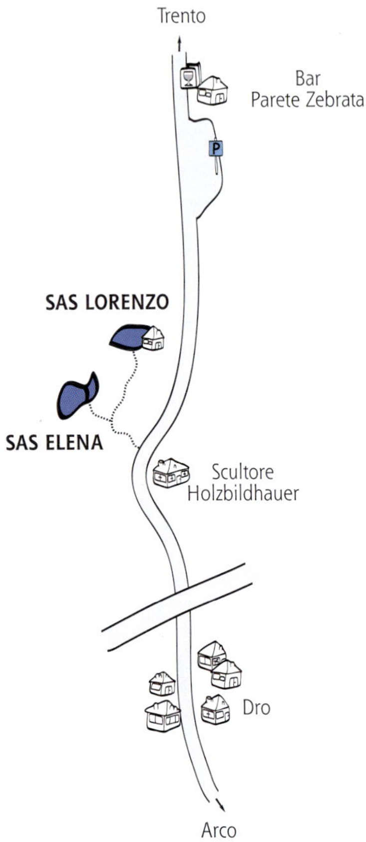

6c	1
5c	3
5b	3
5a	3
4c	5
4b	2
4a	4
<4	3

24

SAS LORENZO

1 SPIGOLONE	4b	12m	Geneigte Platte mit guten Griffen.
2 BRONTOLO	4c	14m	Geneigte Platte mit guten Griffen.
3 EOLO	4a	14m	Geneigte Platte mit guten Griffen.
4 CUCCIOLO	4a	16m	Geneigte Platte mit guten Griffen.
5 PISOLO	4c	16m	Geneigte Platte mit guten Griffen.
6 MAMMOLO	4b	16m	Geneigte Platte mit guten Griffen.
7 GONGOLO	4a	14m	Geneigte Platte mit guten Griffen.
8 DOTTO	4c	12m	Geneigte Reibungsplatte.
9 IL PRINCIPE AZZURRO	5a	12m	Einstieg mit Aufrichter, dann Platte mit Reibungsstellen
10 BIANCANEVE	5c	18m	Senkrechter Einstieg mit Dellen, dann Platte
11 LA STREGA	5c	18m	Kleiner Überhang mit Aufrichter.
12 LA MELA AVVELENATA	6c+	18m	Leisten und Dellen, leicht überhängend

SAS ELENA

1 QUI	5b	10m	Geneigte Platte mit technischen Passagen.
2 QUO	5b+	10m	Geneigte Platte mit technischen Passagen.
3 QUA	5b	10m	Senkrechter Einstieg mit Bauch, dann Platte.
4 DUCHESSA	4c	8m	Geneigte Platte.
5 ROMEO	4c	8m	Geneigte Platte.
6 MATISSE	5a+	8m	Geneigte Platte mit technischen Passagen.
7 MINOU	5a	8m	Geneigte Platte mit technischen Passagen.
8 BIZET	4a	8m	Kleine Verschneidung mit guten Griffen.
9 CIP	5c	10m	Bewegungstechnisch anspruchsvoll mit kleinen Dellen
10 CIOP	3c	12m	Sehr leichte Einstiegsroute.
11 BAMBI	3b	12m	Sehr leichte Einstiegsroute.
12 POCAHONTAS	3a	12m	Sehr leichte Einstiegsroute.

ROOM & BREAKFAST & CLIMB

Pietra Rara

"Kleines Hotel" im Sarca Tal mit Kletterwände, Seen und Schlösser

Historische Residenz von 1769 liebevoll restauriert. Genießen Sie Ihren Urlaub in völliger Freiheit mit kostenlose Wi-Fi, Fahrräder und Wäscherei!

Neue Relax-Bereich mit Sauna und Massage für Ihr Wohlbefinden

LLE DEI LAGHI Via alla Busa 6 PIETRAMURATA di DRO (TRENTINO) +39 366 6457187 www.pietrarara.it

MASSI DI GAGGIOLO
SAS LORENZO

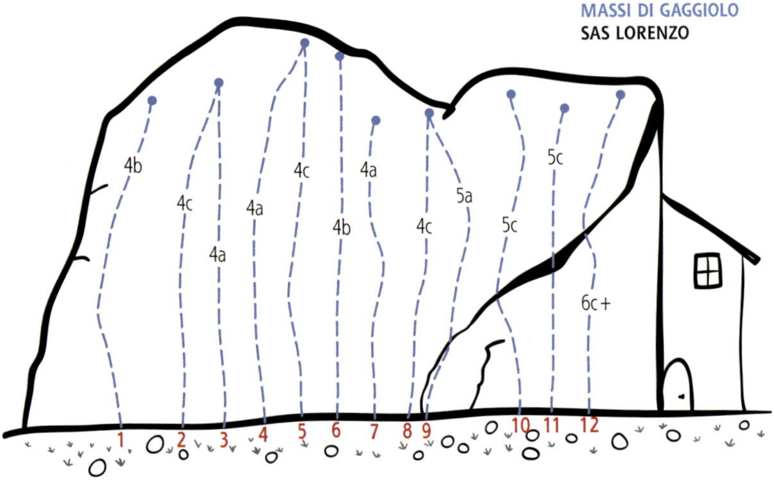

SAS ELENA Ost

SAS ELENA Nord

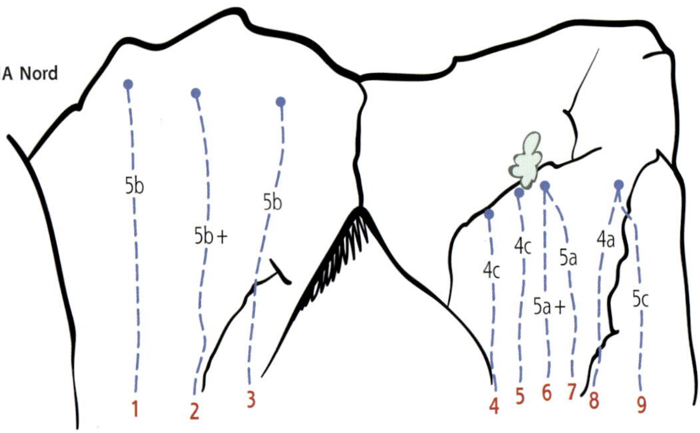

SAS ELENA Ost

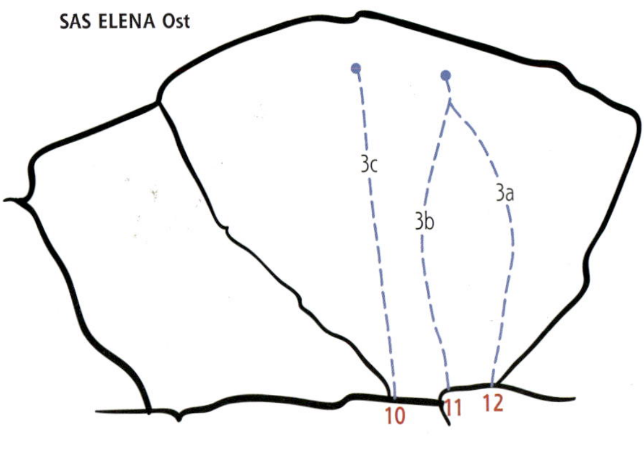

Information office:
Azienda per il Turismo Trento, Monte Bondone, Valle dei Laghi
Via Roma, 63 - 38070 Vezzano (TN)
Tel. +39 0461 216050/864400 - info@discovervalledeilaghi.it

Comunità della Valle dei Laghi
Via Nazionale 12 - 38070 Vezzano Trento
Telefono: (+39) 0461-340163
segreteria@comunita.valledeilaghi.tn.it

VALLE DEI LAGHI natura da vivere

COMUNITÀ DELLA VALLE DEI LAGHI

www.discovervalledeilaghi.it
www.comunita.valledeilaghi.tn.it

Dro - Pietramurata - Sarche

Transatlantico

Der Sektor Potiomkin, im unteren linken Teil der Wand, bietet eine Reihe von sehr schönen Einseillängenrouten. Tropflöcher und positive Leisten verlangen viel Technik, man wird aber mit schönen Routen entlohnt. Die kurzen Routen wurden vom sehr aktiven Erschließer Rolly Galvani eingebohrt, von ihm stammen auch viele der Mehrseillängenrouten am 'Transatlantico'. Man sollte unbedingt einmal eine dieser langen Linien ausprobieren, wenn man plant, den Klettergarten zu besuchen. Diese Routen werden im Kletterführer 'Hohe Wände bei Arco' von D. Filippi – Ed. Versante Sud beschrieben.

Erschließer: R. Galvagni u. a.

Anfahrt/Zustieg
Von Arco 12,5 km, dann 25 Min. Zustieg auf Forststraße und Wanderweg.

Von der Sarcabrücke in Arco (auf der S.S.45bis) in Richtung Trento/Madonna di Campiglio und weiter nach Pietramurata (12,2 km). Auf der linken Seite liegt die Bar "New Entry", man parkt hinter dem Haus. Auf dem Wanderweg nun weiter (links an einem weißen Häuschen vorbei). Man folgt diesem (Haupt-)Weg bis zu einer Kreuzung (grün-gelbe Schranke, Stein mit rotem Kreuz). Hier links, nach ca. 200 m erreicht man eine breite Schotterstraße. Jetzt rechts und auf dieser Straße weiter hoch. Nach insgesamt ca. 20 Min. Gehzeit erreicht man eine große Rechtskehre mit großen Felsblöcken, der Felsriegel liegt genau oberhalb. Hier wurde der Wald auch vor nicht langer Zeit etwas gerodet. Kurz darauf zweigt links (Steinmännchen) ein Pfad ab, der zu den Einstiegen führt. Der Sektor mit den kurzen Routen liegt im ganz linken Bereich.

TRANSATLANTICO

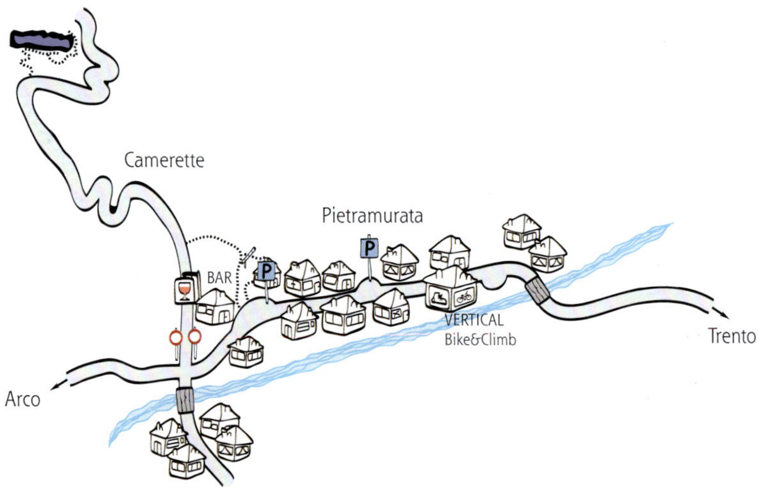

7b	1
7a	3
6c	3
6b	3
6a	1
5c	1

12

SEKTOR POTIOMKIN

1 ARBEIT MACHT FREI		6c	28m	Piazschuppe, dann technisch anspruchsvolle Platte
2 ULTIMA TULE		7a +	27m	Kletterei an Leisten und viele Gleichgewichtsprobleme
3 AQUILA DELLA NOTTE	SL1	6b	25m	Große Griffe, dann Einzelzug mit verstecktem Griff
	SL2	5c	20m	Uninteressant
4 AL TONNO DI CORSA		7b	27m	Schwierig beim Ausstieg aus der senkrechten Wand
5 PRELUDIO		7a +	27m	Abwechslungsreiche, schwer erkennbare Züge
6 POTIOMKIN		7a	28m	Abwechslungsreiche, schwer erkennbare Züge
7 FRUIT AND VEGETABLE		6c	28m	Schön, scharfkantige Leisten, zwei Blockierzüge im Ausstieg (SL2 6b, SL3 3a, SL4 7a, SL5 6c, SL6 6b + ,100 m)
8 PERIGEO		6c	24m	Blockierzug am Einstieg, dann technisch
9 ESTASIA		6b +	22m	Schwieriger Start mit Blockierzug an Leisten
10 MURUROA		6b	30m	Abwechslungsreich, etwas schmutzig (SL2 6b, SL3 7b, SL4 7a, SL5 6b + , 100 m)
11 IL DELTA DI VENERE		6a +	25m	Schön mit positiven Griffen, technisch anspruchsvoller Quergang (SL2 6b, SL3 6c, SL4 6b, SL5 6b + , 80m)

TRANSATLANTICO
POTIOMKIN

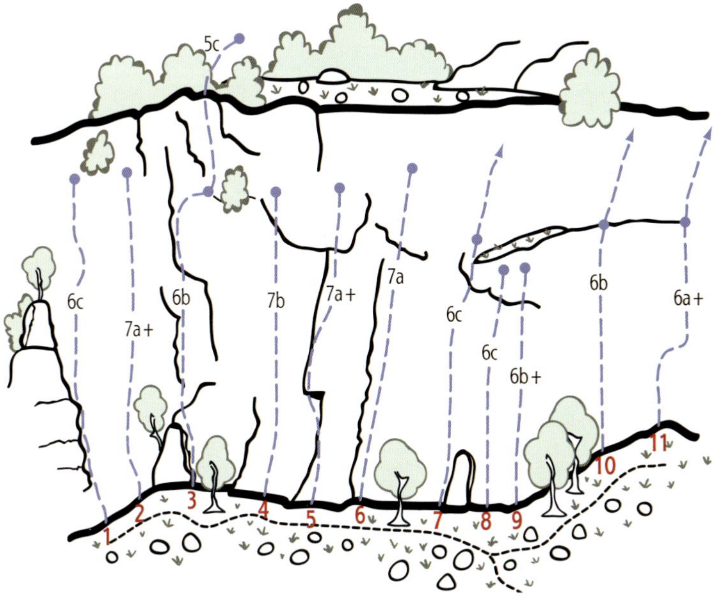

Dro - Pietramurata - Sarche

Camerette

28

Die ersten Routen in diesem sehr interessanten und abwechslungsreichen Gebiet wurden schon in den 1990er Jahren von der Gruppe ‚Sisyphos'erschlossen. Die steilsten Linien beginnen mit einem Überhang und enden mit einem senkrechten, technisch anspruchsvollen Bereich. Mittlerweile wird der Klettergarten wegen der Schönheit und Schwierigkeit der Routen gern besucht, der Sektor B allerdings weniger. Bei der Rückkehr könnt ihr euch bzw. eure Taten im ‚New Entry' belohnen, seit Jahren gibt es hier schmackhafte, gut belegte Brötchen.

Erschließer: D. Bonvecchio, M. Cagol, F. Leoni, R. Larcher u.a..

Anfahrt/Zustieg
Von Arco 12,5 km, dann 15 Min. Zustieg auf Wanderweg.

Von der Sarcabrücke in Arco (auf der S.S.45bis) in Richtung Trento/Madonna di Campiglio und weiter nach Pietramurata (12,2 km). Auf der linken Seite liegt die Bar "New Entry", man parkt hinter dem Haus. Auf dem Wanderweg nun weiter (links an einem weißen Häuschen vorbei, man folgt diesem (Haupt-)Weg bis zu einer Kreuzung (grün-gelbe Schranke). Jetzt links, nach ca. 200 m erreicht man eine breite Schotterstraße, hier rechts und 50 m bergauf bis zu einer Kurve. Hier wiederum nach rechts auf den ausgetretenen Steig und steil durch den Wald und in Serpentinen bis zur Felswand. Hier teilt sich der Weg, jetzt nach rechts und in kurzer Zeit bis zum Klettergarten. Der Sektor B liegt etwa 50 m rechts vom Hauptsektor.

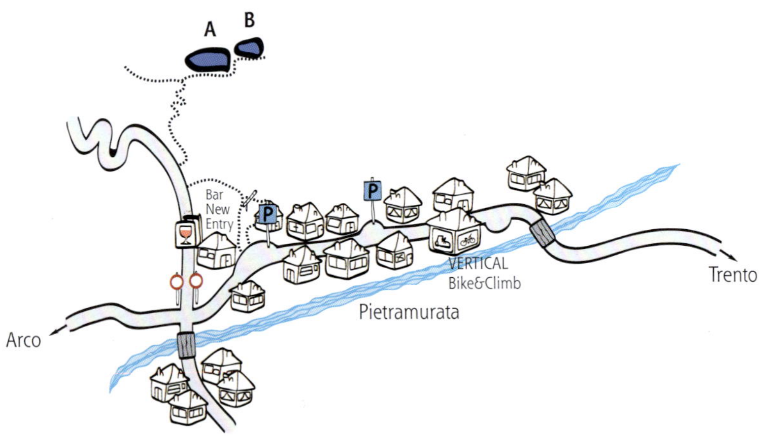

?	5
8a	2
7c	8
7b	3
7a	6
6c	3
6b	5
6a	3
5c	1

36

SEKTOR A

1 INITIATOR	6a	25m	Technisch anspruchsvolle Plattenkletterei
2 LA TAMBATA	6b+	25m	Plattenkletterei mit technisch schwieriger Passage
3 SPAZIO 1999	6c	25m	Technische Plattenkletterei mit schwierigem Ausstieg in leichtem Überhang
4 NUTELLA	6b+	25m	Sehr schöne Ausdauerkletterei mit Gleichgewichtspassagen
5 TUTTI I GIORNI	6c	27m	Boulderzug in der Mitte der Route
6 IL TOPO	7a	28m	Einfacher Beginn mit schwieriger Stelle im Ausstiegsdach
7 FICCANASO	6a+	25m	Schöne Verschneidung im klassischen Stil
8 TANTUM	7a/b	25m	Leisten im mittleren Teil verlangen Fingerkraft
9 JACK	6c	22m	Heikle Bewegungen, sehr technischer Ausstieg: an der Kante klettern
10 BENNY	6a	22m	Nette Route, an abgerundeten Griffen
11 AUSTRIA	5c	22m	Brüchig, lose Blöcke
12 SHHIT	7c+	28m	Kraftraubender Einstieg, dann senkrechte Ausdauerkletterei; sehr schöne Route
13 UNA MANZANA AL GIORNO	7c+	28m	Harter, technisch schwieriger Einstieg
14 LA BAMPA	7c	27m	Längenzug, sehr schöne Route
15 LA CLASSICA	7c/+	28m	Schöne, äußerst technische und onsight schwierige Wandkletterei
16 IKEBANA	8a	28m	Sehr viel Ausdauer, Blockierer am Dach und Gewichtsverlagerung; herrliche Route
17 LIBIA	7c+	28m	Schwieriger Boulderzug in der Mitte und langer Hakenabstand
18 DX SX	7c+	28m	Einzelzug im Überhang
19 RASTAFAR	7c+	28m	Athletischer Einstieg, Rastposition, dann sehr technische Plattenkletterei
20 PIN E PUK	8a	27m	Harte Route, Fingerboulder
21 EL NINO	7c+	27m	Schwierige Einzelstelle im oberen Wanddrittel
22 MANI DI FATA	7a	25m	Einstieg an Seitgriffen, Ausdauerkletterei, technisch anspruchsvolle Ausstiegsplatte
23 RAMPADOS	7b	25m	Anfang mit Einzelstelle an kleinen Slopern, dann heikle Moves mit Spreizschritten; weiter Hakenabstand zum Schluss
24 SCORPION	7a	25m	Schwierige Gleichgewichtspassage beim Dachausstieg
25 OCIO CHE SLIMPEGO	7b	25m	Einstiegsdynamo, schwieriger Zug in der Platte vor Umlenker, sehr schöne Route

CAMERETTE
SEKTOR A

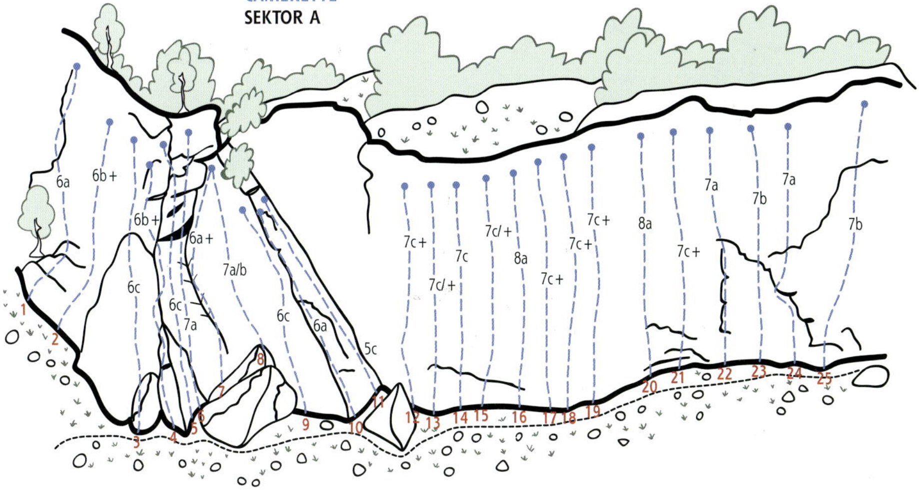

SEKTOR B

1 LA RIVINCITA	?	20m	Projekt. Technische Plattenkletterei in bestem Fels
2 SOGNO	?	20m	Projekt. Technische Plattenkletterei in bestem Fels, Fußtechnik
3 TUTTI PAZZI	?	20m	Projekt. Technische Plattenkletterei in bestem Fels, Fußtechnik
4 TORNATENE	?	20m	Projekt. Technische Plattenkletterei in bestem Fels, Fußtechnik
5 OVVIAMENTE	6b+	30m	Schwierige Einzelstelle
6 DIEDRICAMENTE	6b	30m	Schöne Verschneidung, leider oft nass
7 OHNE NAMEN	?	30m	Projekt
8 NIDO DI FALCO	6b	100m	Klassische Route mit vier Seillängen, mit Bohrhaken saniert, aber jedoch zusätzlich selbst abzusichern. Zweite SL teilweise dreckig
9 SORELLA LUNA	7a	30m	Schöne senkrechte Wandkletterei
10 FRATELLO SOLE	7b	30m	Große Ausdauer an kleinen Leisten
11 DOVERI	7a+	30m	Anspruchsvolle Wandkletterei

CAMERETTE
SEKTOR B

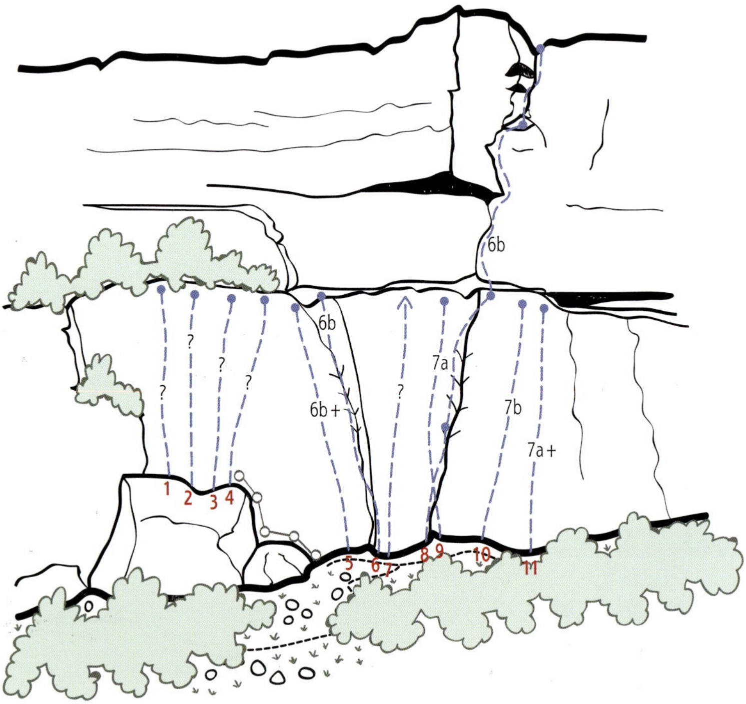

Muro di chitarra, Marco Zanni, *Space boy*, 8a *(ph. Roni Andres)* ▶

Dro - Pietramurata - Sarche

Muro di chitarra

29

Mitten in einem kühlen Buchenwald und fernab der Straße liegt dieses Gebiet mit bislang 13 Routen in bester Felsqualität. Sechs dieser Routen sind immer noch Projekte, die aber alle freigegeben sind: Also nur zu!
Anfangs wurde diese Wand ausschließlich von den Erschließern selbst frequentiert, nach wie vor sind hier nur wenige andere Kletterer zu sehen. Dies ist kaum zu verstehen, denn einige Linien wie *Prete Lesso* sind wirklich toll. Zugegebenermaßen, die Routen sind zwar kurz, doch schwierig und anstrengend.

Erschließer: D. Bonvecchio, F. Leoni u. a.

Anfahrt/Zustieg
Von Arco 12,5 km, dann 20 Minuten Zustieg auf einem Wanderweg.
Von der Sarcabrücke in Arco (auf der S.S.45bis) in Richtung Trento/Madonna di Campiglio und weiter nach Pietramurata (12,2 km). Auf der linken Seite liegt die Bar "New Entry", man parkt hinter dem Haus. Auf dem Wanderweg nun weiter, links an einem weißen Häuschen vorbei. Man folgt diesem (Haupt-)Weg bis zu einer Kreuzung (grün-gelbe Schranke). Hier links weiter und nach ca. 100 m (kurz vor einer Linkskurve) rechts auf den ersten, gut ersichtlichen Weg, der hoch in den Wald geht. Immer auf diesem Weg bleiben, über ein kleines Geröllfeld (nicht auf einen rechts abwärts führenden Pfad) und bis zu einem Abzweig mit markantem Steinmännchen. Hier jetzt links, die steile Spur führt im Zickzack über das Geröllfeld höher. Nach ca. 10 Minuten Fußweg zweigt (in Höhe des Klettergartens Baule) linkshaltend eine kaum sichtbare Pfadspur ab zum Massiv.

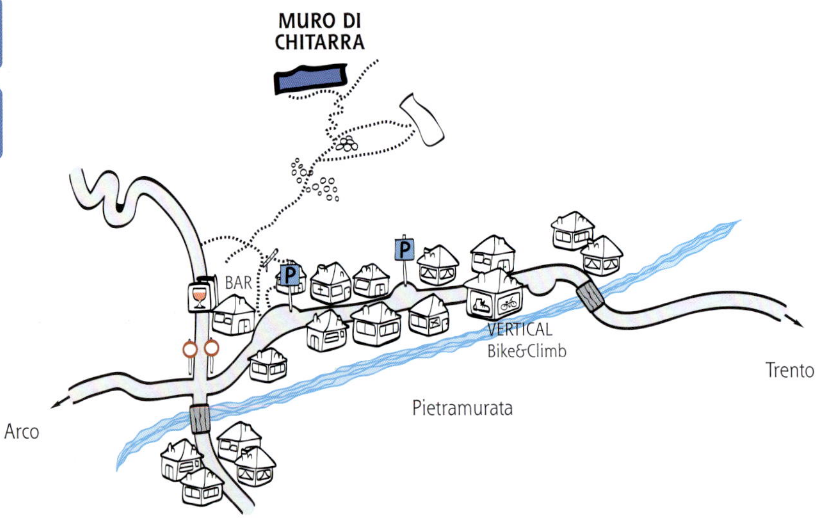

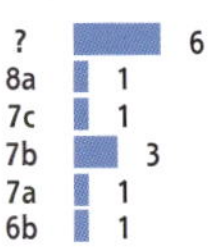

13

1 PRETE LESSO	7b+	15m	Schöne senkrechte Wandkletterei
2 SPACE BOY	8a	15m	Projekt
3 OHNE NAMEN	?	15m	Projekt
4 OHNE NAMEN	?	12m	Projekt
5 OHNE NAMEN	?	12m	Projekt
6 OHNE NAMEN	?	12m	Projekt
7 OHNE NAMEN	?	12m	Projekt
8 TROVA LA CHIAVE	7b	12m	Überhängende Wandkletterei
9 LO SVASO	7a+	12m	Fußtechnik
10 OHNE NAMEN	?	12m	Projekt
11 L'ACCORDO	7b	15m	Senkrechte Wandkletterei mit Verschneidung
12 OHNE NAMEN	7c+	15m	Technische Wandkletterei
13 SBREC	6b	15m	Technisch anspruchsvoller Riss

MURO DI CHITARRA

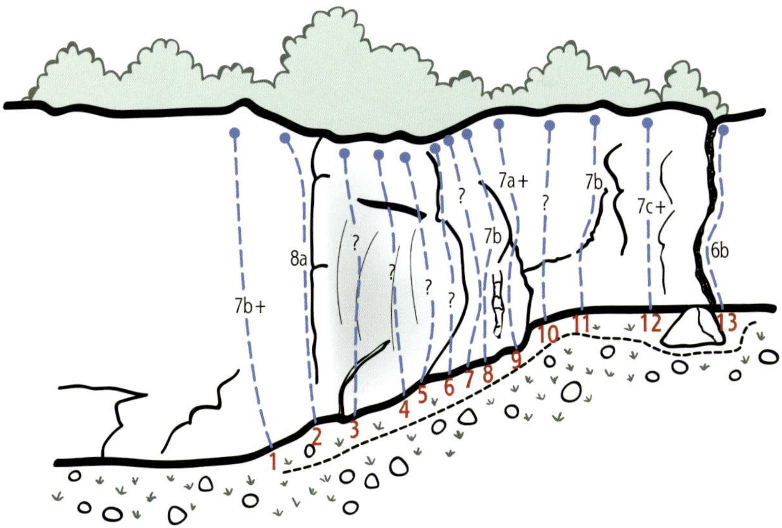

Dro - Pietramurata - Sarche

Baule

30

Kleines Klettergebiet oberhalb von 'Giardino di Nato' und rechts von 'Muro di Chitarra'. Die Routen verlaufen auf einem sehr schönen Felspfeiler, der sich durch festes, graues Gestein auszeichnet. Trotz dieser Tatsache wird man hier nie sehr viele Kletterer sehen.

Erschließer: D. Bonvecchio, M. Cagol, F. Leoni u.a.

Anfahrt/Zustieg
Von Arco 12,5 km, dann 20 Min. Zustieg auf Wanderweg.

Von der Sarcabrücke in Arco (auf der S.S.45bis) in Richtung Trento/Madonna di Campiglio und weiter nach Pietramurata (12,2 km). Auf der linken Seite liegt die Bar "New Entry", man parkt mit hinter dem Haus. Auf dem Wanderweg nun weiter, links an einem weißen Häuschen vorbei. Man folgt diesem (Haupt-)Weg bis zu einer Kreuzung (grün-gelbe Schranke). Hier links weiter und nach ca. 100 m (kurz vor einer Linkskurve) rechts auf den ersten, gut ersichtlichen Weg, der hoch in den Wald geht. Immer auf diesem Weg bleiben, über ein kleines Geröllfeld (nicht auf einen rechts abwärts führenden Pfad) und bis zu einem Abzweig mit markantem Steinmännchen. Hier jetzt links die steile Pfadspur im Zickzack über das Geröllfeld höher. Nach ca. 10 Minuten hat man die auf der rechten Seite gut sichtbare Felswand erreicht.

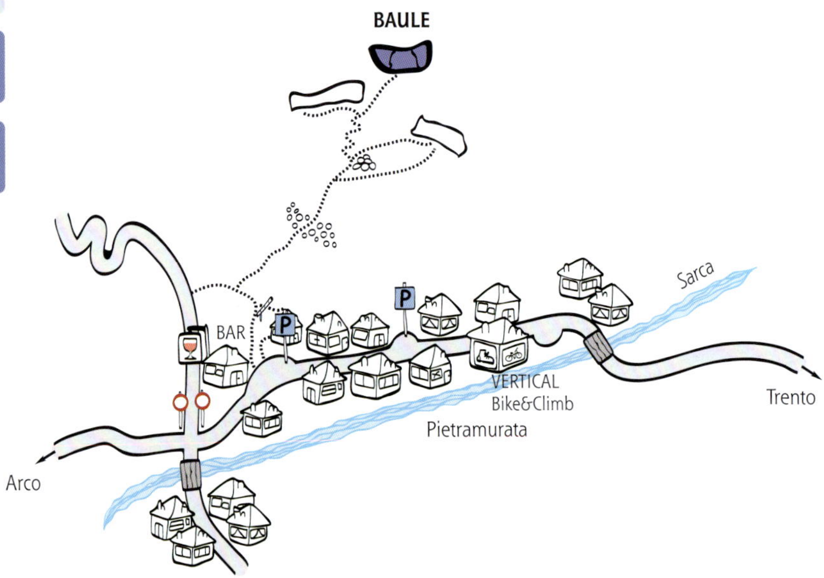

?	1
7b	3
7a	3

7

1 OHNE NAMEN	?	20m	Projekt
2 MONSTER	7a+	20m	Rissverschneidung links
3 ARAKNE	7b+	20m	Erster Haken gemeinsam mit "Monster", dann rechts
4 FINALFANTASY	7a	25m	Graue, kompakte Wand
5 TEKKEN 4	7a+	25m	Graue Wand, dann strukturierte kleine Verschneidung
6 SPYROMEN	7b+	25m	Graue Wand, Technik und Balance
7 MISSION XXX	7b	25m	Kleine Risse, Technik und Balance

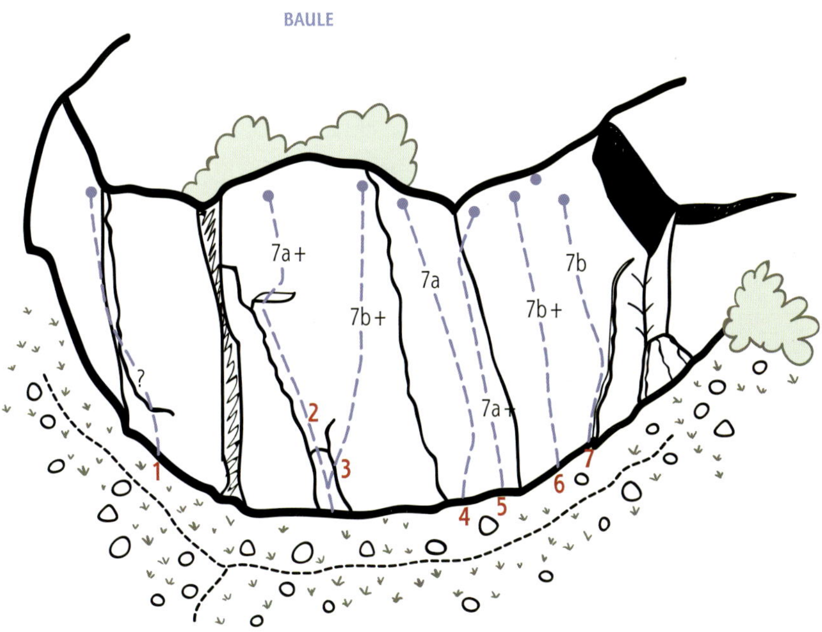

Dro - Pietramurata - Sarche

Giardino di Nato

30

Mitten im kühlen Eichen- und Buchenwald gelegen, hat dieses Gebiet einiges zu bieten: Beste Felsqualität mit senkrechten Wandklettereien an Leisten, Auflegern und kleinen Überhängen. Wie fast alle Gebiete um Pietramurata wurde dieser Klettergarten von der Gruppe 'Sisyphos' eingerichtet.

Erschließer: D. Bonvecchio, M. Cagol, M. Curti, R. Larcher, F. Leoni.

Anfahrt/Zustieg
Von Arco 12,5 km, dann 15 Min. Fußweg.
Von der Sarcabrücke in Arco (auf der S.S.45bis) in Richtung Trento/ Madonna di Campiglio und bis nach Pietramurata (12,2 km). Auf der linken Seite liegt die Bar "New Entry", man parkt hinter dem Haus. Auf dem Wanderweg nun weiter, links an einem weißen Häuschen vorbei. Man folgt diesem (Haupt-)Weg bis zu einer Kreuzung (grün-gelbe Schranke). Hier links weiter und nach ca. 100 m (kurz vor einer Linkskurve) rechts auf den ersten, gut ersichtlichen Weg, der hoch in den Wald geht. Immer auf diesem Weg bleiben, über ein kleines Geröllfeld (nicht auf einen rechts abwärts führenden Pfad) und bis zu einem Abzweig mit markantem Steinmännchen. Hier geradeaus noch kurz weiter bis zur Felswand.

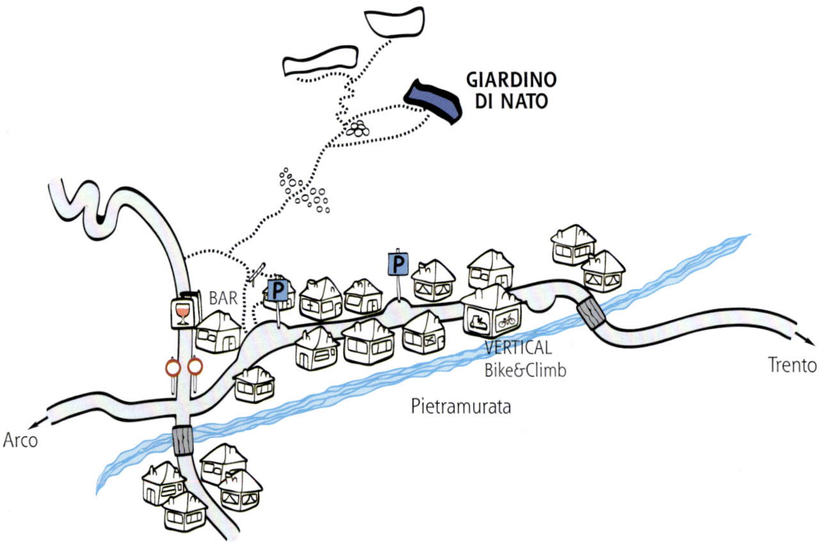

?	2	
7b		8
7a	2	
6c	2	
6b		7
6a	2	
5c	2	

25

1 GERRY		6a	18m	Technische Wandkletterei
2 STRUCCALUCCA		6b	18m	Glatter Fels, dennoch lohnenswert
3 MAMMALUCCA		6c	18m	Versteckte Griffe
4 DON PEDRO		7a+	20m	Passage mit Blockierzügen
5 POLVEROM		7b	20m	Schwierigkeitsgrad definiert: ohne rechte Schuppe
6 CRAXI CRACK		6b	22m	Leicht abgespeckter Riss
7 MR. OBALOBA		7a+	23m	Blockierer, dann Ausdauer, schöner Fels
8 ZIO E LA TIBIA		6c+	23m	Die schönste Route der Wand
9 BERTOLI		7b+	23m	Einzelstelle mit Boulder
10 OHNE NAMEN		?	23m	Projekt
11 NON È UN 6C		7b	23m	Überhängende athletische Kante
12 IL CELVINO		7b	25m	Seltsame Passage, uninteressant
13 LA SFESURA		5c+	20m	Einfach bis zum ersten Stand
14 MISTER CASTAGNA		6c	10m	Erste Seillänge von La Sfesura, dann gerade über gelben Überhang, athletischer Zug
15 GIPELOSA	SL1	5c	20m	Platte mit guten Griffen
	SL2	6b	12m	
16 GIPELOSA PLUS		6b	12m	
17 MANICUZ E PREPUZIO		6b/c	26m	Kurze Einstiegsverschneidung mit Dach, technische Boulderpassage, beim Stand gerade im Riss an Untergriffen hoch
18 IL GIARDINO DI NATO	SL1	6a+	25m	Athletischer Riss, gerade hoch
	SL2	6b+	8m	Vor dem Stand technisch schwierig
19 KILLER SISTERS		6b/c	25m	Einstieg kleingriffig, schwer ersichtliche Passage in der Ausstiegsplatte
20 SGEVE D'AUTORE		7b	20m	Schöne Route mit Längenzug
21 EHI FRATELLO		7b+	18m	Kurz und schwer
22 B.B.		7b+	15m	Fingerkraft
23 LO SLANCIO		7b	13m	Komplizierte Passage
24 DIESEL		6b	10m	Kraftausdauer

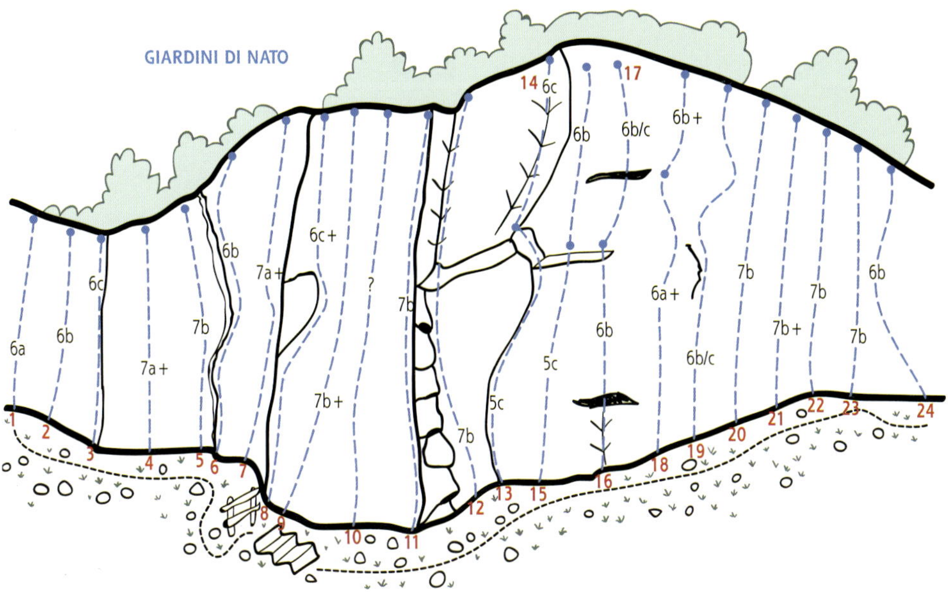

Sisyphos

32

Wer abwechslungsreiche Routen sucht, wird hier viel Spaß haben. In der senkrechten, mit einigen Dächern gespickten Wand finden sich auch kleine Sinter, Leisten und Tropflöcher. Vielseitige Klettertechnik ist hier gefragt! In den zwei Sektoren gibt es insgesamt 44 Routen. Das Gebiet ist der Gruppe ‚Sisyphos' gewidmet. Diese Gruppe entstand in den 90er-Jahren, als sich einheimische Kletterer zusammenfanden, um die bestehenden Gebiete im Sarcatal zu sanieren und neue zu erschließen. Und dieses Gebiet, das nach ihnen benannt ist, ist eine ihrer schönsten Kreationen.
Zu den eifrigsten Erschließern der Gruppe gehören Fabio Leoni, Danilo Bonvecchio, Rolando Larcher, Roland Galvagni, Marco Curti, Michele Cagol.

Erschließer: Gruppe Sisyphos.

Anfahrt/Zustieg
Von Arco 17 km, dann 15 Min. Zustieg auf Wanderweg.

Von der Sarcabrücke in Arco (auf der S.S.45bis) in Richtung Trento/Madonna di Campiglio/ Sarche. Man erreicht Pietramurata (12,2 km), fährt über die Sarcabrücke und weiter Richtung Madonna di Campiglio. Am Kreisverkehr geradeaus, am Einkaufszentrum vorbei und am Outlet Vertical Sportgeschäft links in Richtung Madonna di Campiglio/Tione abbiegen. Gleich nach der Brücke nach links in die 'Via Rauten', geradeaus bis zu einem kleinen Platz und auf der Schotterstraße weiter. Man folgt der rot-weißen Markierung 427 (Ponte del Gobbo/ Pietramurata) durch die Weingärten. Nach etwa 500 m dann an der Schotterstraße so parken, dass die Durchfahrt nicht behindert wird. Ein schmales Sträßchen, das mit Felsblöcken versperrt ist, führt zum Flussbett.
Von diesem Punkt aus auf dem Schotterweg noch 400 m weiter und bei einem großen Felsblock (links) dann rechts auf den deutlich sichtbaren, steilen und steinigen Pfad, der im Zickzack in 10 Minuten zu den Felsen führt.

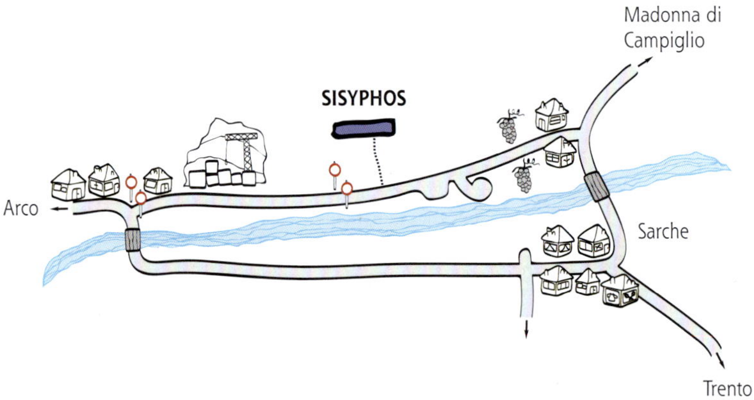

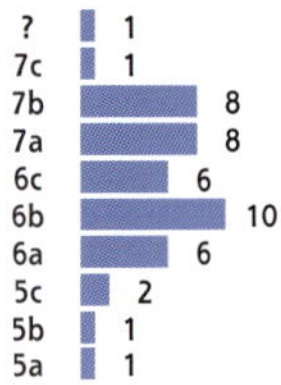

44

1 SARNER MAUS	5a	10m	Kurze Platte, uninteressant
2 DON JUAN	5b	12m	Kurze Platte, uninteressant
3 CARLOS	6a	15m	Graue, kleine Wand
4 SOLERO	6a+	15m	Schöne Ausdauerroute
5 COOKIE SNACK	6b	15m	Ausdauer an großen Griffen
6 ICE TEA	6b+	15m	Technisch anspruchsvoll, gute Fußtechik
7 LIUK	6b+	15m	Onsight schwierig
8 CALIPPO	6a	18m	Verschneidung mit technisch schwierigem Einstieg
9 FREDDOLONE	6b+	15m	Fingerkraft
10 CREMINO	6b	20m	Technisch, Abschlussdach
11 CAMILLINO	6b+	20m	Sehr technisch
12 CORNETTO	6c	23m	Einfach zu Beginn, vor dem Umlenker Fußtechnik gefragt
13 MAGNUM	7a	23m	Technisch sehr anspruchsvoll
14 CUCCIOLONE	7b	24m	Sehr technisch und heikle Züge
15 OHNE NAMEN	?	?	Projekt
16 BIKINI	7b+?	24m	Sehr technisch und heikle Züge
17 BLOB	7b+	12m	Boulder im Überhang, dann weiter über Bikini
18 WINNER	7b	24m	Sinterkletterei, dann schöne graue Platte
19 CROCCANTE	5c	15m	Einfacher Quergang
20 COPPA DEL NONNO	6c+	24m	Sehr schöne Route, Clippen am 2. Haken schwierig, Schlussüberraschung
21 ELDORADO	6b+	12m	Kurz, sehr rauer Fels
22 IL PROFETA	7b+	25m	Ausgezeichneter Fels
23 TIMOTY LEARY	7b	25m	Schwierige senkrechte Wandkletterei, viele Griffe müssen ertastet werden
24 BOOM	7a+	25m	Sehr schöne Route, die Züge vor dem Umlenker bestimmen den Grad
25 ESTRE RIMEDI	6c+	25m	Sehr schöne Route

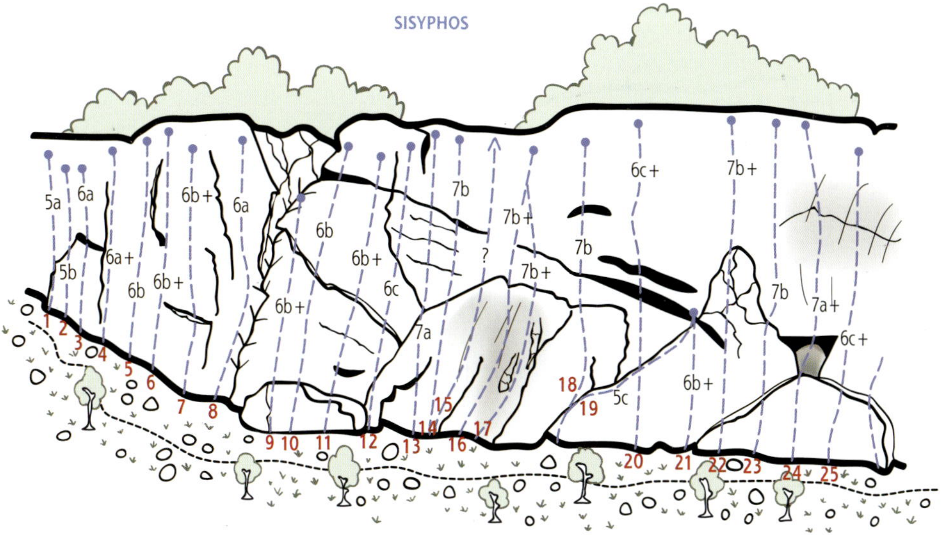

26 GOO	7a	25m	Nicht gerade einladender Fels, mit künstlich verbesserten Griffen
27 CORRIERA BARALLINA	7a+	25m	Fingerboulder nach dem Dach, dann technische Platte
28 OGNI LIMITE HA UNA PAZIENZA	6c+	25m	Einstieg wie Lampo di Fulmine, dann links
29 LAMPO DI FULMINE	6b+	25m	Sehr schöne Route
30 UCCIDI I TUOI IDOLI	7c	22m	Wenn du meinst, du hast es gepackt, dann ist es noch immer nicht vorbei... exakte Fußtechnik und sehr heikle Züge
31 BY PASS	7b	22m	Ausdauer mit technischen Zügen
32 CIÒ L'SOFFIO	7a+	22m	Ausdauer
33 SEVERANCE	7a+	20m	Sehr schöne Linie
34 NON MI CONTA IL TORNO	7b	18m	Sehr schön, sehr harte Einzelstelle
35 MAESTRO TAPPO	7a/b	20m	Gelber Fels, einige Löcher, dann Dach und Längenzüge
36 VITA DA CORRIDOIO	6c+	20m	Schöne Züge, sehr technisch
37 SPAVALDO	6b+	18m	Supertechnisch
38 PIUME DI STRUZZO	6a	20m	Einfach, aber technisch anspruchsvoll
39 VASELINA	6a	22m	Einfach, aber technisch anspruchsvoll
40 IL TERZO SESSO	6b	16m	Technisch schwierige Platte
41 LA COMMEDIA UMANA	6c+	25m	Komplizierte Stelle im Überhang
42 TU MI PUNGI	5c	13m	Kurz, scharfer Fels
43 IGEL	6a+	13m	Platte
44 IL RUGGITO DEL LEONE	7a	25 m	Leichter Einstieg, dann technisch anspruchsvoller Wulst

SISYPHOS

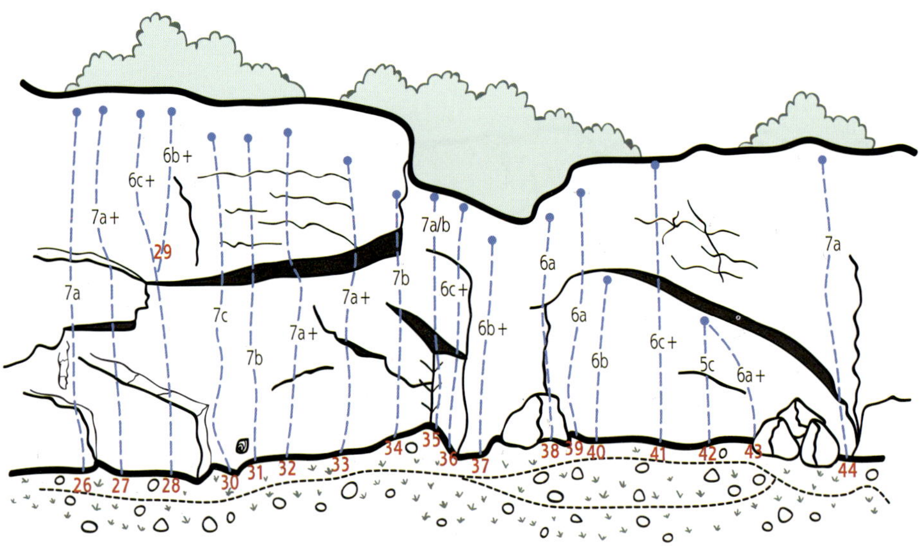

Sisyphos, *Giovani Ruffato (ph. Roni Andres)* ▶

Athos

Nach der Eröffnung von zwei schönen Routen (*Non solo pane* und *Se la conosci la eviti*) Anfang der 90er Jahre am ersten Pfeiler des Monte Casale hatten E. Boldrin und G. Damian auch an die Einrichtung eines Klettergartens namens Athos gedacht. Sie waren in jenen Tagen immer wieder an der schönen Wand vorbei gegangen, aber es sollte viel Zeit vergehen, bis sie sich wirklich an die Arbeit machen konnten. Erst im Herbst und Winter 2004 richteten sie, wie bei ihren alpinen Linien auch, über ein Dutzend Routen von unten ein. Die Erschließungs- und Sanierungsarbeiten wurden von der Sektion Bozen des Ital. Alpenvereins unterstützt. In letzter Zeit kamen weitere 13 Linien hinzu, allesamt offen stehende Projekte.

Erschließer: E. Boldrin, G. Damian, D. Bonvecchio u.a.

Anfahrt/Zustieg
Von Arco ca. 17 km, dann 20-25 Min. Fußweg.

Von der Sarcabrücke in Arco (auf der S.S.45bis) in Richtung Sarche/Trento/Madonna di Campiglio. Beim Kreisverkehr weiter geradeaus, am Centro Commerciale Sarche sowie am Outlet Vertical Sport vorbei und links in Richtung Madonna di Campiglio S.P. 237 del Caffaro. Gleich nach der Brücke wieder links in die "Via Rauten" und weiter geradeaus bis zu einem kleinen Platz. Auf der Schotterstraße rechts der Sarca (weiß-rote Markierung Nr. 427, Ponte del Gobbo/Pietramurata) weiter, bei einer Schranke auf der linken Seite gibt es ein paar wenige Parkplätze. Zwei weitere Plätze gibt es 200 m weiter links am Straßenrand. Hier gegenüber beginnt auch ein steiler Weg, auf dem man nach 10 Minuten den Wandfuß des rechten Vorbaus am Monte Casale erreicht. Jetzt biegt man links ab, nach ca. 10 m sind rechts gut sichtbare rot-weiße Markierungen zu erkennen. Der Weg führt über felsiges Gelände (ein paar Fixseile) und nach weiteren 10 Min. zur rechten Seite des Klettergartens. Wer bei der Abzweigung am Vorbau links in den Wald weiter geht, erreicht den Klettergarten Sisyphos.
Bitte keine Steine auf dem Zustiegsweg und am Klettergarten Athos lostreten – der Klettergarten Sisyphos liegt nämlich direkt darunter!

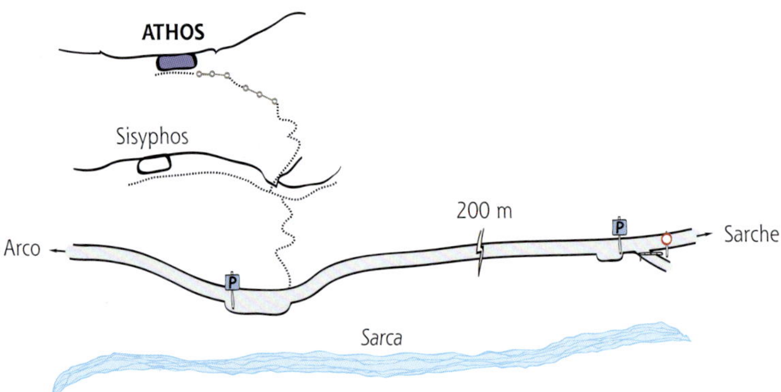

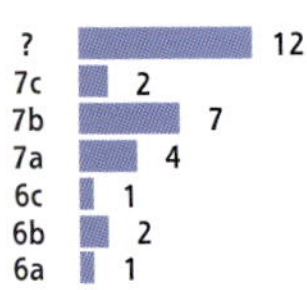

29

1 OHNE NAMEN	?	25m	
2 OHNE NAMEN	?	25m	
3 OHNE NAMEN	?	25m	
4 OHNE NAMEN	?	25m	
5 OHNE NAMEN	?	25m	
6 IL RANCOROSO	7c	15m	Senkrechte, technische Wand (Schwierigkeiten bei den Bohrhaken)
7 NAPULE	7b+/c	160m	Schöne und schwierige Route, lange Seillängen, eher schwierige Absicherung. L1 7b+/c 35m, L2 7c/+ 50m, L3 7b 55m, L4 7a+ 20m. Erschließer: D. Bonvecchio
8 L'ULTIMO VOLO	7b	30m	Senkrechte Wand, Runout im Ausstieg.
9 L'UVA D'INVERNO	7b+	30m	Technischer Ausstieg
10 GABRY	6b+	35m	Leicht überhängende Wand, weite Hakenabstände
11 IL BACIO DI GIUDA	7a	32m	Bis zum Schluss technisch
12 L'OMBRA CHE TI SEGUE	7b+	33m	Schwieriger Mittelteil, technischer Ausstieg
13 L'ULTIMO DEI MIEI CANI	7b	33m	Senkrechte, technisch schwierige Wand
14 UOMINI SOLI	7a+	33m	Ausstieg leicht überhängend
15 OCCHI NELLA POLVERE	6c+	33m	Sehr schöne Ausdauerroute
16 IL MITO DI MITHRA	6b/c	12m	
17 L'AFFITTACAMERE	7a	12m	Kurz aber heftig
18 L'INSULTO	6a+	12m	Reibungsplatte
19 PIANO B	?	12m	
20 NECTAR	?	12m	
21 ROSSO TOBLINO	?	12m	
22 OHNE NAMEN	?	12m	
23 I GIORNI DELLA MERLA	?	12m	
24 IL DONO	?	12m	
25 OHNE NAMEN	?	12m	
26 OHNE NAMEN	?	12m	

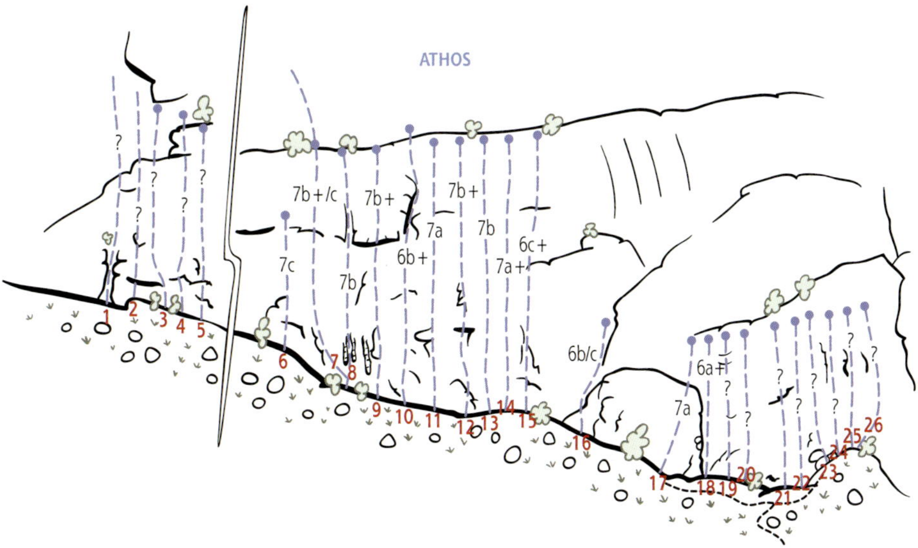

Sarche

Zu Unrecht werden diese drei kleinen Sektoren kaum frequentiert. Schöner, grauer, kompakter und strukturierter Fels zeichnet die Wände aus. Die Aussicht über das obere Sarcatal, den Tobliner See und die hohe Felswand des Piccolo Dain ist einmalig. Den Sektor C erreicht man nur über die Route *Avvicinamento*. Auf einem Band beginnen dann die eigentlichen Routen (Absicherung an Stahlseil möglich).

Erschließer: M. Curti, G. Di Matteo u. a.

Anfahrt/Zustieg

Von Arco ca. 17 km, dann 10 Min. auf Wanderweg.

Von der Sarcabrücke in Arco (auf der S.S.45bis) in Richtung Sarche/Trento/Madonna di Campiglio. Beim Kreisverkehr weiter geradeaus, am Centro Commerciale Sarche sowie am Outlet Vertical Sport vorbei und links in Richtung Madonna/Tione. Gleich nach der Brücke wieder links in die "Via Rauten" und weiter geradeaus bis zu einem kleinen Platz. Auf der Schotterstraße (weiß-rote Markierung Nr. 427, Ponte del Gobbo/Pietramurata) durch die Weinberge, nach einer mit einer Schranke abgesperrten Straße, die zum Fluss führt, dann so parken, das die Durchfahrt nicht behindert wird.
Ab der Schranke ca. 200 m zurück in Richtung Sarche und dann links auf einen Pfad, der im Zickzack zu einem ersten Felsmassiv führt. Hier dann links auf- und absteigend an diesem entlang bis zum Sektor A. Zu den anderen Sektoren an der Felswand linkshaltend weiter.

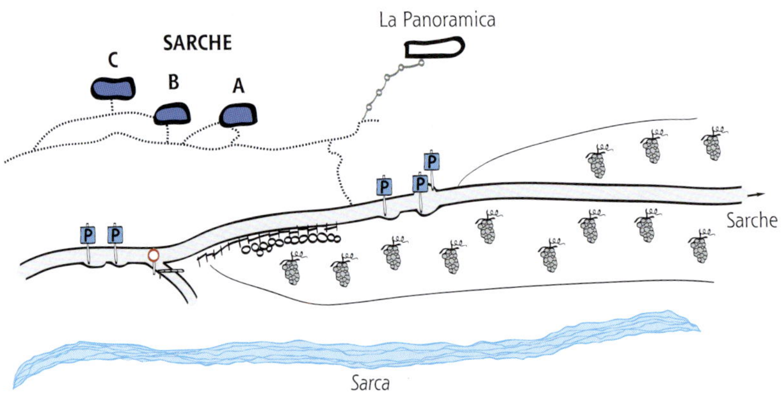

?	2
7b	2
7a	3
6c	2
6b	7
6a	4
5c	1

21

SEKTOR A

1 PAPPA E CICCIA	7b	12m	Einzelstelle mit sehr kleinen Griffen
2 SONSTUFO	6b+	12m	Wunderschöne schöne gelbe Wand mit Leisten
3 SONSTANCO	6b/c	13m	Wand mit runden Griffen
4 CCÀ N'SCIUN' È FESS	6b	13m	Kleiner Überhang mit kleinen Griffen
5 TOTÒ CAMEN	6b+	15m	Technischer Einstieg, dann gute Griffe, aber wenig logische Grifffolge
6 ZOMBIE LE CHUCK	6a	15m	Ausdauerkletterei an Seitgriffen
7 MONKEY ISLAND	6a+	18 m	Gute Griffe
8 PEDRO PAPÀ	6a+	20m	Schön, kompakter grauer Fels

SEKTOR B

9 SPENDI SPANDI OFFENDI	6b	18m	Heikler Einstieg mit runden Griffen, dann schöne Wand mit Leisten
10 NUNTEREGGAE PIÙ	7a	30m	Zu Beginn Leisten, mit schwierigem Dachausstieg
11 COLLAUDATORE DI VIAGRA	7a+	30m	Anfangs Leisten, schwieriger Dachausstieg
12 FALETTI IN LOVE	7b+	27m	Ausdauernd, sehr kleingriffig, schwieriger Dachausstieg
13 PARLI COME BADI	6c	20m	ausdauernd, sehr kleine Griffe, technisch anspruchsvoll
14 TREMENDISSIMA MULATTA	6c	20m	Intensiv an sehr kleinen Griffen, technisch anspruchsvoll

SEKTOR C

15 AVVICINAMENTO	5c	18m	Nicht gerade leichter Beginn, etwas schmutzig
16 VACUUM	6a+	25m	Schöne Route, Beginn an Schuppen, heikler Ausstieg
17 PSEUDOMONAS	?	25m	Projekt. Fingerkraftausdauer, heikle Passagen
18 GINETTO E CESARINO	7a+	25m	Fingerkraftausdauer
19 BIGOI CON CECI	?	25m	Projekt. Fingerkraft, Ausdauer und heikle Passagen
20 MATRIX	6b+	25m	Schöne, technisch schwierige Wand mit Leisten
21 HOLI MAN	6b	18m	Schöne, technisch schwierige Wand mit Leisten

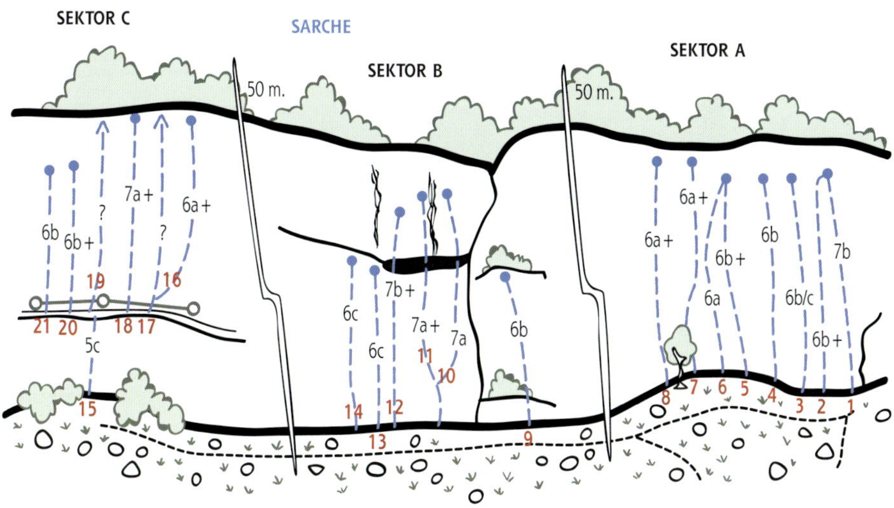

Dro - Pietramurata - Sarche

La Panoramica

35

Es verwundert nicht, dass die unermüdlichen Erschließer Leoni und Cagol von Vertical Sport dem Felsmassiv diesen Namen gaben. Es liegt etwa hundert Meter oberhalb des Sarcatals, die Aussicht auf das Tal und den Tobliner See sind atemberaubend. Alle Routen sind sehr schön und lang, meist mit gemäßigten Schwierigkeiten. Wer hierher kommt, wird viel Ruhe finden und keinesfalls enttäuscht sein. Ab dem Einstieg zu *Controluce* ist es besser, sich gesichert weiter zu bewegen.

Erschließer: M. Cagol, F. Leoni u.a.

Anfahrt/Zustieg
Von Arco 17 km, dann 10 -15 Min. Zustieg auf Wanderweg (mit Fixseilen).

Von der Sarcabrücke in Arco (auf der S.S.45bis) in Richtung Sarche/Trento/Madonna di Campiglio. Beim Kreisverkehr weiter geradeaus, am Centro Commerciale Sarche sowie am Outlet Vertical Sport vorbei und links in Richtung Madonna/Tione. Gleich nach der Brücke wieder links in die "Via Rauten" und weiter geradeaus bis zu einem kleinen Platz.
Auf der Schotterstraße (weiß-rote Markierung Nr. 427, Ponte del Gobbo/Pietramurata) durch die Weinberge, nach einer mit einer Schranke abgesperrten Straße, die zum Fluss führt, dann so parken, das die Durchfahrt nicht behindert wird.
Ab der Schranke ca. 200 m zurück in Richtung Sarche und dann links auf einen Pfad, der im Zickzack zu einem ersten Felsmassiv führt.
Bei einer Abzweigung unterhalb der ersten Felsen dann rechts weiter und bis zu einem ersten Fixseil, an diesem hoch und dann rechtshaltend wieder auf einem Pfad weiter bis zu einem weiteren Fixseil bzw. zur Felswand.

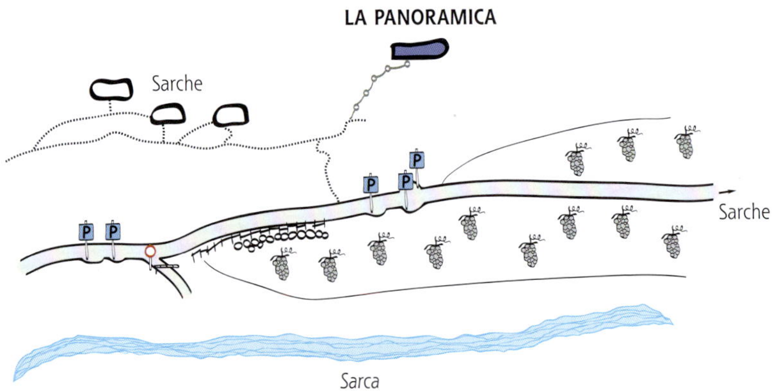

?	1
7b	2
7a	6
6c	4
6b	3
6a	3

19

1 MESSA A FUOCO	6a/+	23m	Leicht brüchig und schmutzig
2 OVETTO XA2	6b+	28m	Gute Griffe mit Abschlussplatte
3 FOTOCOLOR	6b+	28m	Zwei heikle Stellen
4 DIAFRAMMA	6b	28m	Einzelstelle an Leisten, dann leichter
5 INFINITO	7a+	30m	Technisch anspruchsvoll im mittleren, senkrechten Wandteil
6 OBIETTIVO	6c+	30m	Ausdauer im Mittelteil, grauer kompakter Fels
7 ZOOM	7a	34m	Zwei schwierige Passagen bei den kleinen Dächern
8 GRANDANGOLO	6c+	34m	Heikler Beginn, Seitgriffe in leichtem Überhang
9 FLASH	6c	34m	Ausdauer in leichtem Überhang
10 PROFONDITÀ DI CAMPO	7a	34m	Lose Blöcke und sehr schmutzig, sollte noch sicherer gemacht werden
11 CONTROLUCE	?	?	Projekt
12 AUTOSCATTO	6a+	25m	Technische Verschneidung
13 ESPOSIMETRO	6a+	25m	Schöne Aufwärmroute
14 OTTICHE	6c	18m	Technisch anspruchsvoll, Einzelstelle mit kleinen Leisten
15 PRISMA	7b+	24m	Schwierige Einzelstelle am Schluss
16 FILTRI	7b?	24m	Ausdauerwand, sehr schwere Passagen
17 FISHEYE	7a	24m	Sehr schöne Route, ein Muss
18 POLARIZZATORE	7a	24m	Senkrechte Wandkletterei an kleinen Leisten
19 50MM	7a	24m	Kurze Boulderstelle, dann Rastposition, ausdauernd und sehr technisch

LA PANORAMICA

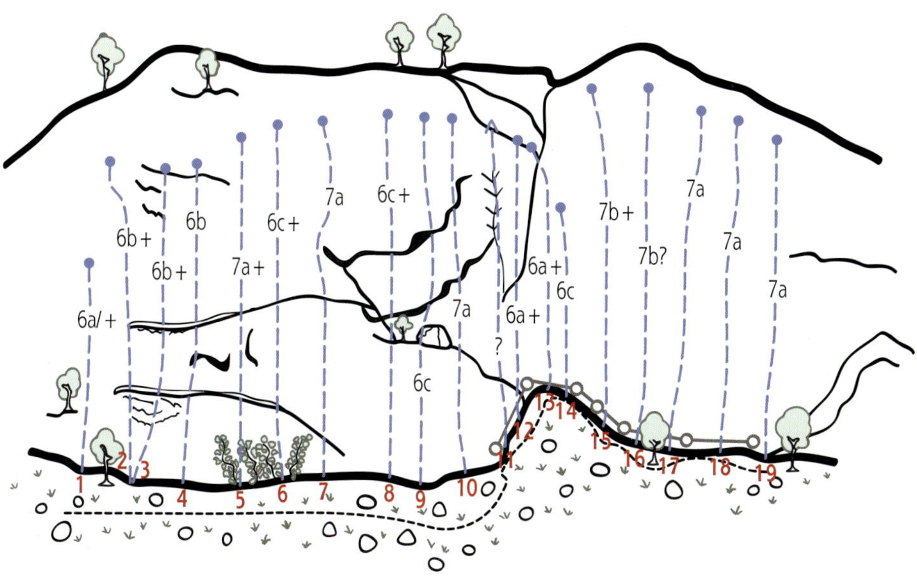

Dro - Pietramurata - Sarche

Il posto delle fragole

36

Der Klettergarten liegt wunderschön oberhalb der Ebene von Pietramurata und des Lago di Toblino. Die Routen in der grauen Felswand sind allesamt sehr schön, die einzige Ausnahme ist *Cloaca massima*. Das Felsband mit den Einstiegen ist sehr exponiert, Vorsicht ist deshalb auch beim Ablassen oder Abseilen (vor allem bei den Routen 1-3) angebracht. Der Einstieg erfolgt von oben.

Erschließer: R. Galvagni, D. Filippi, F. Leoni u.a.

Anfahrt/Zustieg
Von Arco 19,4 km, dann 12 Min. Fußweg.

Von der Sarcabrücke in Arco (auf der S.S.45bis) in Richtung Trento/ Madonna di Campiglio/ Sarche. Man erreicht Pietramurata (12,2 km), fährt über die Sarcabrücke und weiter Richtung Madonna di Campiglio. Am Kreisverkehr geradeaus, am Einkaufszentrum vorbei und am Outlet Vertical Sportgeschäft links in Richtung Madonna di Campiglio/Tione abbiegen und 2,4 km weiter fahren. In der ersten Kehre parkt man dann auf einem großen Platz auf der rechten Seite. In der Mitte der Kurve beginnt der bezeichnete Wanderweg (Nr.427) nach Sarche. Leider zeugt der viele Müll am Beginn des Weges nicht gerade von einem respektvollen Umgang mit der Umwelt... Nach etwa 80 m sieht man auf der rechten Seite einen Steinmann: Hier geht es in einer seichten Rinne bergauf, dann linkshaltend (Steinmännchen) in Richtung des Grats. Man folgt der Pfadspur und steigt dann mit Hilfe eines Fixseils zum Wandfuß ab.

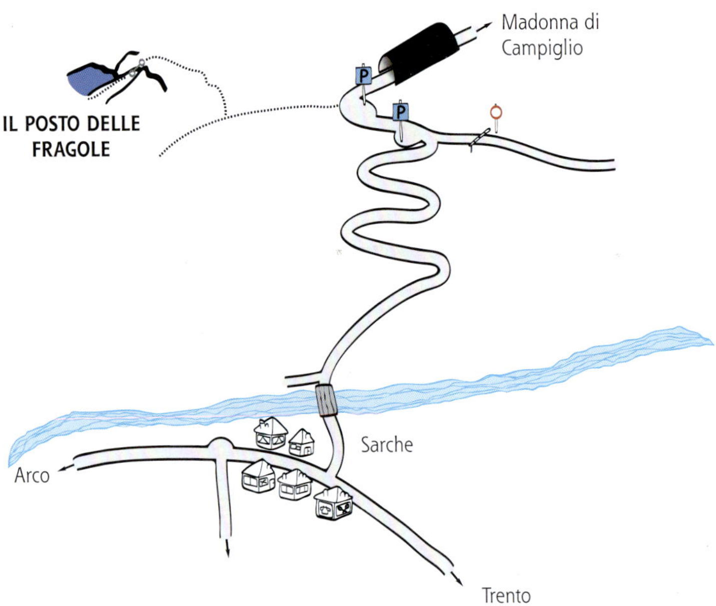

?	1
6c	3
6b	7
6a	2

13

1 COLON ASCENDENTE	6b	20m	Senkrechte, gut strukturierte Wand
2 GOODBYE LENIN	6b	20m	Senkrechte, gut strukturierte Wand
3 ART ATTAK	6c +	18m	Athletischer Start mit einigen geschlagenen Griffen
4 OSMOSI	?	18m	Viel Technik und Bewegungsgefühl
5 SEX FOR ONE	6a +	18m	Ideale Aufwärmroute
6 AGENT ORANGE	6b	18m	Einstieg etwas bröselig, dann schöne Bewegungen
7 EFFETTO NOTTE	6b +	18m	Technik und Bewegungsgefühl
8 ORIZZONTI PERDUTI	6b +	18m	Viel Technik und Bewegungsgefühl
9 IL POSTO DELLE FRAGOLE	6c	18m	Ausdauer und Technik
10 ANATEMA	6b	18m	Technik und harte Einzelstelle
11 FUNKY TOWN	6b	18m	Unklare Einzelstelle
12 GANG BANG	6c +	18m	Technisch schwieriger Boulder
13 CLOACA MASSIMA	6a +	16m	Technik und Bewegungsgefühl

IL POSTO DELLE FRAGOLE

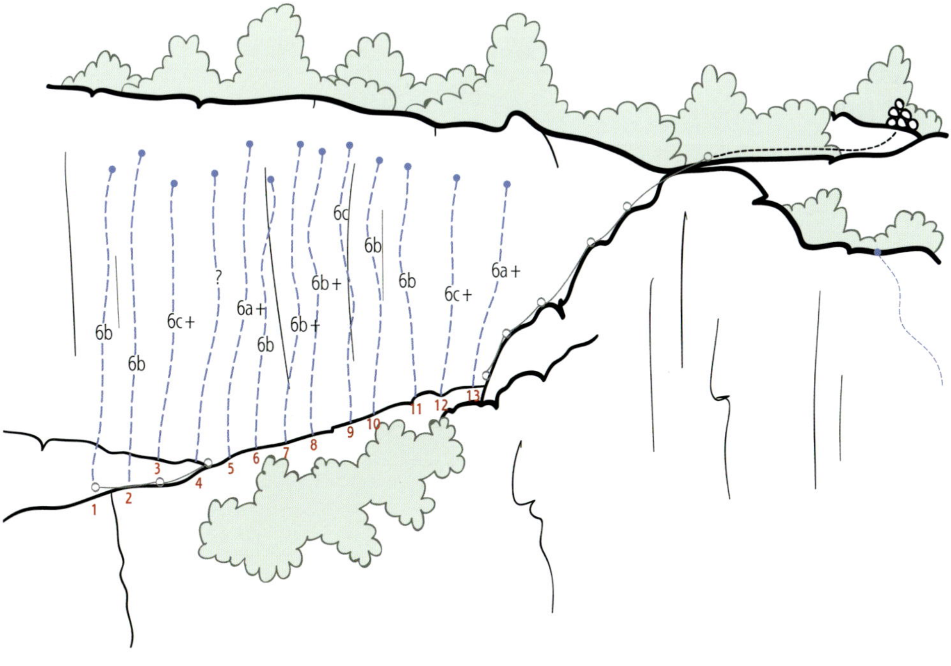

Limarock

Kleiner und leicht erreichbarer Sektor an der alten Straße nach Limarò, mit einer schönen Aussicht. Die Routen weisen fast durchgehend hohe Schwierigkeitsgrade auf: Einige verlaufen in Rissverschneidungen, andere in leicht überhängenden, plattigen Wandbereichen. Das Gebiet liegt ruhig, aber fast immer im Schatten und ist deshalb im Sommer ideal. Im Winter ist es dagegen meist zu kalt.

Erschließer: S. Banal, D. Bonvecchio, G. Cozzio u. a.

Anfahrt/Zustieg
Von Arco 22 km, dann 5 Minuten Zustieg auf einer Asphaltstraße.

Von der Sarcabrücke in Arco (auf der S.S. 45bis) in Richtung Trento/ Madonna di Campiglio/ Sarche. Man erreicht Pietramurata (12,2 km), fährt über die Sarcabrücke und weiter Richtung Madonna di Campiglio. Am Kreisverkehr geradeaus, am Einkaufszentrum vorbei und am Outlet Vertical Sportgeschäft links in Richtung Madonna di Campiglio/ Tione abbiegen noch 5,2 km weiter fahren. Man passiert drei Tunnels und parkt vor dem 4. Tunnel (Balandin) auf der rechten Seite. Nun zu Fuß auf der alten Straße, die mit Zementblöcken versperrt ist, noch ca. 300 m weiter bis zur Wand. Die Einstiege der Routen liegen direkt neben der Straße. Achtet auf Radfahrer!

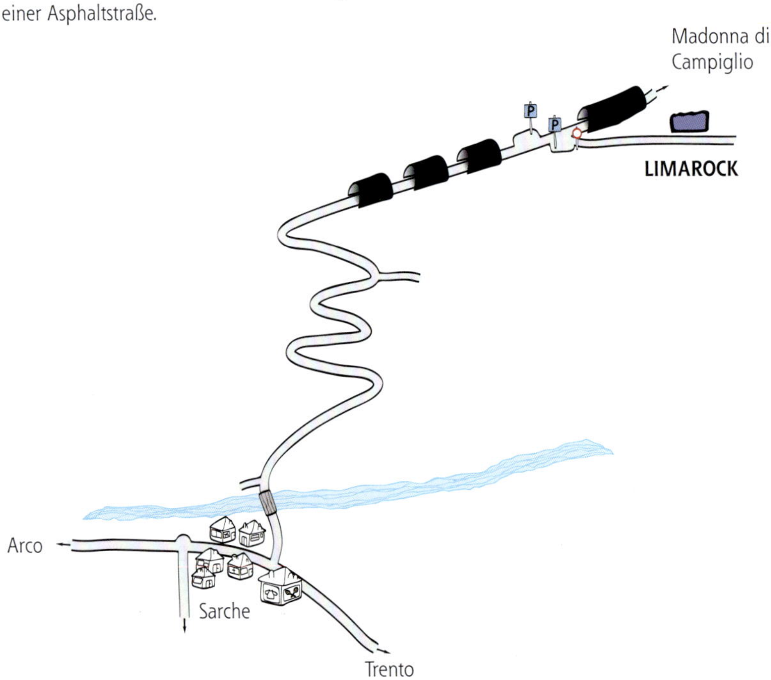

?	3
8a	3
7c	2
7b	2
7a	1
6c	1
6b	1

13

1 OHNE NAMEN	?	17m	Projekt, Einstieg über Attwengen Sun, weiter über Total Fascination und dann gerade hoch
2 TOTAL FASCINATION	?	17m	Projekt
3 ATTWENGEN SUN	8a/+	17m	Zwei Boulderstellen
4 CREN	7c+	20m	Zu Beginn Längenzüge, dann Ausdauer an guten Griffen
5 GOLLUM	8a	18m	Einstieg über Cren, dann rechts. Ausdauer
6 REEL SMEAGLE	?	18m	Projekt
7 OMAR	6c+	25m	Schwieriger Start bis zum Riss
8 POP QUIZ	7c+	25m	Kleine Griffe beim Ausstieg aus dem ersten Wandbereich, größenabhängige Boulderstelle im Mittelteil; weite Hakenabstände
9 BELLA MOSSA	7b+	28m	Kurzer, schwerer Boulderzug am Dach, dann technisch schwierige Platte
10 ACACIA	6b	25m	Harter Zug zur Schuppe
11 MOKA	7a+	25m	Ausdauer mit abwechslungsreichen Bewegungen, Klebehaken
12 HELTER SKELTER	7b+	25m	Ausdauer in Verschneidungen und an breiten Schuppen
13 MOBBING	7c	20m	An den ersten vier Haken wie Helter Skelter, dann nach rechts. Heikle Gleichgewichtspassage im Mittelteil

LIMAROCK

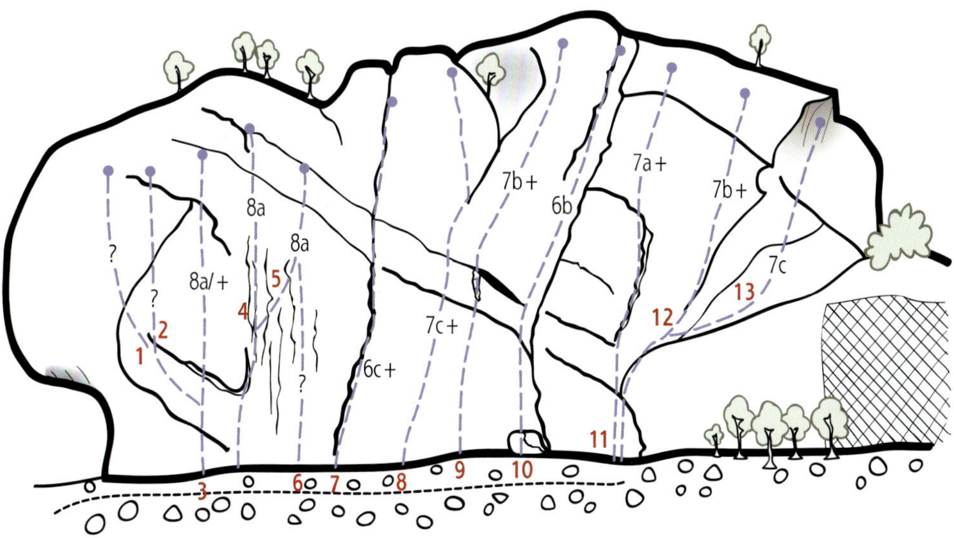

Dro - Pietramurata - Sarche

Babilonia

38

330 m

SO

Die etwa 20 Routen in der kompakten, senkrechten Wand sind perfekt erschlossen, sehr lang (70-Meter-Seil erforderlich) und einige können sogar als außerordentlich schön bezeichnet werden. Achtung: Oberhalb der Wand verläuft ein Wanderweg, deshalb besteht vor allem an Wochenenden erhöhte Steinschlaggefahr.

Erschließer: F. Leoni u.a., Material von Vertical Sport

Anfahrt/Zustieg

Von Arco ca. 17 km, dann 15 Min. Zustieg auf Wanderweg.

Von der Sarcabrücke in Arco (auf der S.S.45bis) in Richtung Trento/Madonna di Campiglio/Sarche. Man erreicht Pietramurata (12,2 km), fährt über die Sarcabrücke und weiter Richtung Madonna di Campiglio. Am Kreisverkehr geradeaus, am Einkaufszentrum vorbei und am Outlet Vertical Sportgeschäft links in Richtung Madonna di Campiglio/Tione abbiegen. Gegenüber der Q8-Tankstelle biegt man dann gleich wieder rechts ab und folgt einer kleinen Straße zur Bocciabahn (Bocciofila di Sarche) (bei einem kleinen blau gestrichen Haus), wo man parkt. Von hier ist der Klettergarten schon zu sehen, er liegt etwas links unterhalb der Felswand des Piccolo Dain.

Zu Fuß geht es nun durch den Eingang und auf die Rückseite des Gebäudes bis zum Olivenhain, auf dessen linker Seite dann weiter hoch und bis zu einem flachen Wanderweg. Jetzt rechts weiter und am Endes des Olivenhains dann links, immer dem steilen Weg folgend. Dieser Weg führt zu den Einstiegen der Routen am Piccolo Dain (Rückweg vom Klettersteig ‚Rino Pisetta'). Kurz vor dem Wandfuß steigt man dann linkshaltend in den Wald (Steinmännchen) und bis zum Klettergarten ab.

15'

Grad	Anzahl
?	1
7b	5
7a	7
6c	5
6b	1

19

1 LAP DANCE	6c	30m	Am 4. Haken sehr kleingriffig, dann Ausdauer an Leisten
2 CORTO METRAGGIO 6c		18m	Viele Griffe, aber alle etwas seltsam...
3 MAKE YOURSELF	7a	30m	Dellen und Boulderzüge, sehr komplex
4 PULP FICTION	7a +	30m	Ein MUSS, Fingerkraft und Intuition
5 NARNIA	7b +	30m	Sehr ausdauernd und kleingriffig
6 LEGGE FINI	7b	30m	Sehr schön, Ausdauer, Blockierzug
7 DI QUA E DI LÀ	6c +	30m	Etwas erzwungene Linie, schöne Bewegungen
8 X-MEN	7a	30m	Boulderzug beim fixen Expressset
9 FALANGE ARMATA	7a +	30m	Der Name ist Garantie, sehr schön! Oberhalb des Bandes Vorsicht beim Clippen
10 TRAFFIC	7b	28m	Unharmonisch
11 LA IENA	6b +	28m	Schwierige Aufwärmroute
12 ATLETI DEL TUBO	7b	25m	Kurz, aber heftig. Viel Fingerkraft.
13 URUKAI	7a +	25m	Zwei Boulderzüge. Scheint verdreckt, ist es aber nicht
14 NATURAL HELP	7a?	25m	Etwas dreckig
15 MISTER NO	7a	23m	Komplexe Ausdauerroute
16 WOLVERINE	6c +	23m	Harter Fingerzug am Ausstieg
17 LA MATTANZA	6c	23m	Zuerst leicht, im Ausstieg pumpig
18 PRINCE OF SLOVENIA	7b +	15m	Schöner kurzer Boulder
19 OPEN PROJECT	?	20m	Projekt

BABILONIA

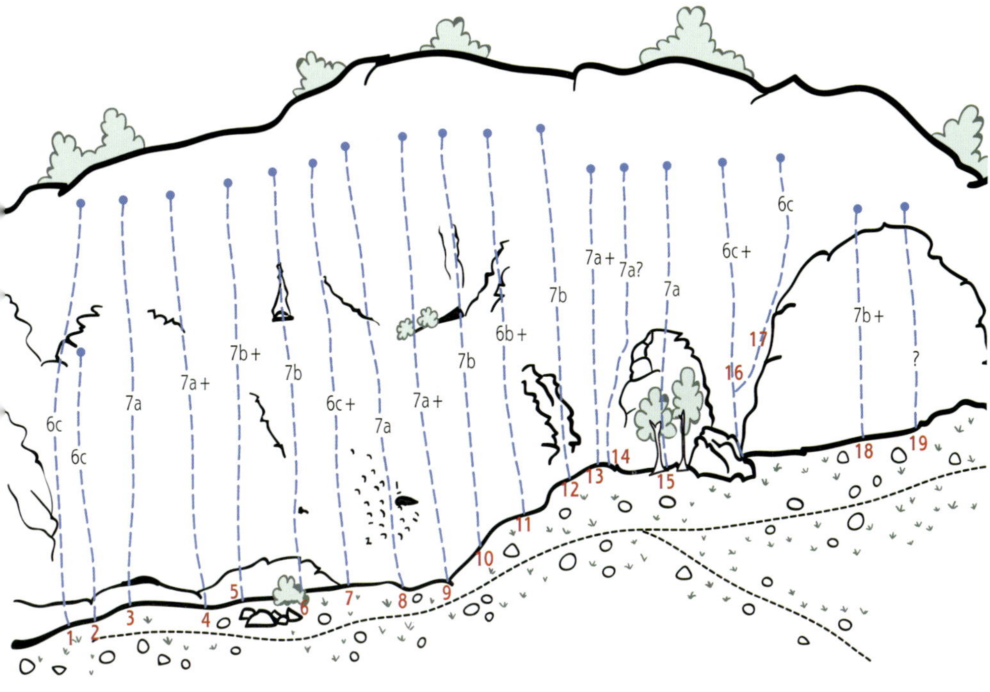

Dro - Pietramurata - Sarche

Bassilandia

Zweifellos ist das Klettergebiet oberhalb des Tobliner Sees einer der schönsten Orte des Sarcatals, nicht nur wegen des herrlichen Panoramas, sondern auch wegen sehr schönen Routen mit bester Felsqualität, deren Zahl im Laufe der Zeit immer mehr anstieg.

Die meisten wurden von F. Leoni, G. Dalfovo und D. Bonvecchio eingebohrt, sie widmeten die Wand dem Andenken an Roberto Bassi. 2013 bohrte M. Ghezzi die gesamten Routen im Sektor Fragolina ein. Die momentan 65 Routen liegen meist im Bereich 6c bis 8b+, empfehlenswert sind vor allem *Cucciolo d'uomo* 7a, *Marcos* 7a+, *Da zanca a zanca* 7c, *Cerutti Gino* 8a und *Compañero* 8b.

Wegen der südlichen Ausrichtung ist dies ein perfektes Winterklettergebiet, die Sonne scheint hier vom Vormittag bis zum frühen Nachmittag. Im Frühjahr und Herbst sind aber durchaus auch angenehme, nicht zu heiße Klettertage drin. Das gesamte Klettergebiet liegt in einem Naturschutzgebiet, verhaltet euch bitte dementsprechend!

Erschließer: M. Cagol, L. Celva, M. Curti, G. Dalfovo, R. Larcher, F. Leoni, M. Ghezzi u.a.

Anfahrt/Zustieg

Von Arco 18,5 km, dann 15 Min. Zustieg auf Wanderweg.

Von der Sarcabrücke in Arco (auf der S.S.45bis) in Richtung Trento/Madonna di Campiglio/ Sarche. Man erreicht Pietramurata (12,2 km), fährt über die Sarcabrücke und weiter Richtung Madonna di Campiglio. Am Kreisverkehr geradeaus, am Einkaufszentrum vorbei und am Outlet Vertical Sportgeschäft und weiter in Richtung Trento. Am Beginn des Toblino-Sees parkt man dann auf der linken Straßenseite (Steinschlagnetze). Hinter den Netzen führt ein Pfad rechtshaltend bergauf. Diesem Pfad folgt man bis zu einem weiteren, rot markierten und flachen Weg. Jetzt rechts weiter und etwas später, kurz nach den Steinstufen, links (Steinmännchen und roter Punkt)(5) und noch kurz bis zur Wand. Zum Sektor Iodio folgt man dem flachen Weg in nördlicher Richtung, die Felswand ist vom Weg aus gut zu sehen.

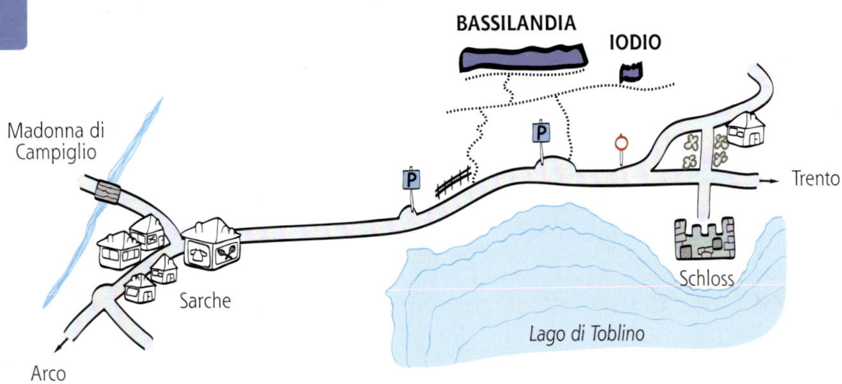

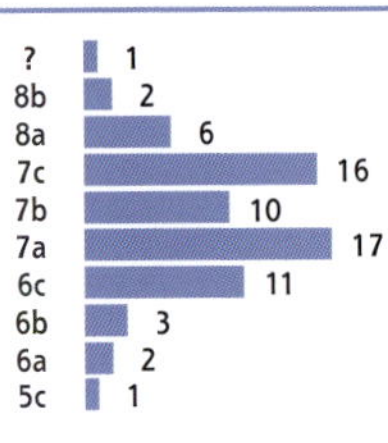

69

SEKTOR FRAGOLINA

1 EL GORDO	7c+	22m	Senkrechte Wand, Boulderzüge im Ausstieg über Wulste
2 EL FLACO	7c/+	22m	Senkrechte Wand, Boulderzüge im Ausstieg über Wulste
3 L'ABUELITO	7c	22m	Senkrechte Wand, Boulderzüge im Ausstieg über Wulste
4 PHELIA	7b	20m	Boulderstelle im Mittelteil
5 MARCOS	7a+	20m	Sehr schön, Technik
6 NEBRASKA	6b+	20m	Kurze Wand mit guten Griffen, Einzelstelle am Beginn
7 ARANCICCHIA	7c	23m	Schwierige Moves in der gelblichen Platte, kleines Dach und plattiger Ausstieg
8 MICRO CIP	7b+	20m	Senkrechte Platte, kleingriffig, dann strukturierter Fels
9 SGRINFIA	7a	19m	Athletischer Felsbug, viel Ausdauer und Balnance an Leisten und senkrechten Griffen
10 VOLO NUZIALE	6c	22m	Boulder im Überhang
11 BELLA MONELLA	5c	21m	Schöne strukturierte Rissverschneidung
12 IL BALESTRUCCIO	6c+	30m	Leichter Einstieg, dann Boulderpassage, Ausstieg fordert Technik und Entschlusskraft
13 POLIFEMO	7a+	34m	Abwechslungsreich, ein paar Fingerboulder, Ausstieg mit Bewegungsgefühl
14 OCCASO	7b	35m	Senkrechte, Technik fordernde Wand, Dach und herrliche Platte mit Sintern
15 FRAGOLINA	6a	23m	Strukturierter Fels, heftiger Einstieg und Balancepassage in der Mitte
16 LE COLONNE D'ERCOLE	6c	31m	Herrliche struckturierte Tropflochwand, dann Kraftausdauer im leichten Überhang
17 NEC PLUS ULTRA	6c+	40m	Verlängerung von Le colonne d'Ercole. Aufrichter über dem Standplatz, dann kompakte Platte
18 MACHINE À GRIMPER	6b+	33m	Boulder und Bewegungspassagen, sehr schöne strukturierte Tropflochplatte, Kraft im Ausstieg
19 TOBIA-RÀ	6c+	30m	Kleingriffiger, schwieriger Einstieg, strukturierte Platte, dann senkrecht mit Sintern und Leisten
20 BIRILLO MORBIDO	6c+	28m	Fantastische Tropflochplatte mit zwei kleingriffigen Passagen

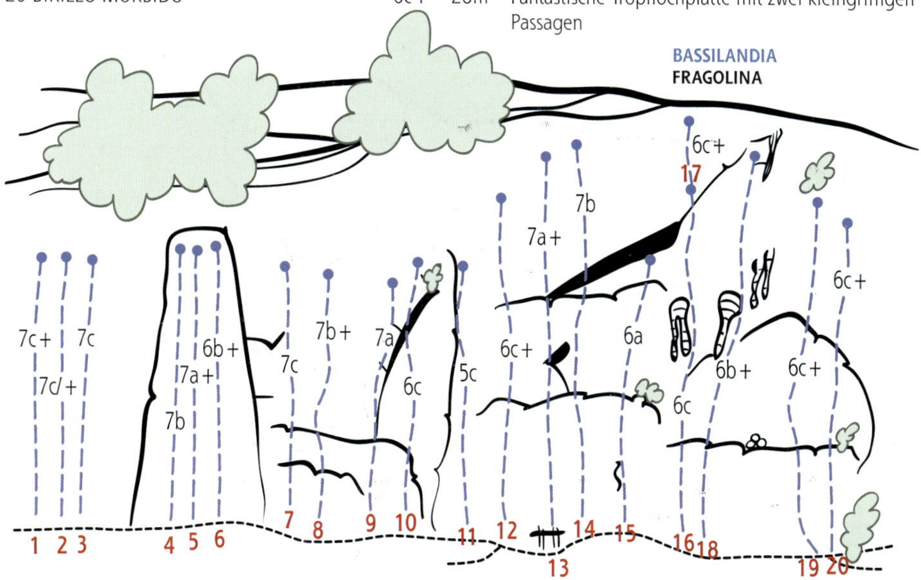

21 KIRKUK	7a?	25m	
22 I GAG MEN	7a+	25m	Boulderpassage im Ausstieg
23 ANATHEMA	7b	25m	Boulderpassage im Ausstieg
24 PHOENIX	7a+	25m	Technisch anspruchsvolle Platte, dann Boulderpassage
25 X PILE	7b	25m	Technisch anspruchsvolle Platte, dann Kraftausdauer
26 6 MARZO	6a+	18m	Kurze Wand mit guten Griffen
27 ADALPINA	6c	25m	Heikler Beginn, dann Sinterverschneidung
28 SAPORI DI LAGOLO	6c+	25m	Sinterkletterei
29 SU E GIU'	7a/b	28m	Einzelstelle vor dem Umlenker
30 IL PATTO	6c+	15m	Fingerkraftausdauer
31 NIX IS NICHT	6b+	15m	Verschneidung
32 OHNE NAMEN	8a	30m	Boulderzüge an Leisten
33 FRISCO	7c	32m	Fingerkraftausdauer, glatte Abschlusswand
34 OHNE NAMEN	?	30m	Projekt
35 CERUTTI GINO	8a	30m	Extreme Kraftausdauer
36 TSUNAMI	7c+/8a	28m	Ausdauer mit Einstiegsboulder
37 MOHAMED KALIFA	7c+/8a	28m	Zuerst Sinter, dann Seit- und Untergriffe
38 E CHIOVE	7c+	28m	Harter Einstiegsboulder, dann Ruhepunkt. Zweiter Teil Ausdauerkletterei mit Längenzug
39 L'ANDALOPITECO	8a+/b	28m	Gute Fußtechnik, viele Seit- und Untergriffe
40 EXTRATERRESTRE	7a	20m	Kurzer Einstiegsboulder an schmerzhaften Griffen, dann wunderschöner Sinter
41 EXTRATERRESTRE PLUS	8a	28m	Oberer Teil von Extraterrestre, Fingerkraft
42 WILL COYOTE	6c+	20m	Sehr schöne Sintersäule (schöne Aussicht auf den See)
43 DA ZANCA A ZANCA	7c	27m	Ausdauer an positiven Leisten mit anstrengenden Längenzügen

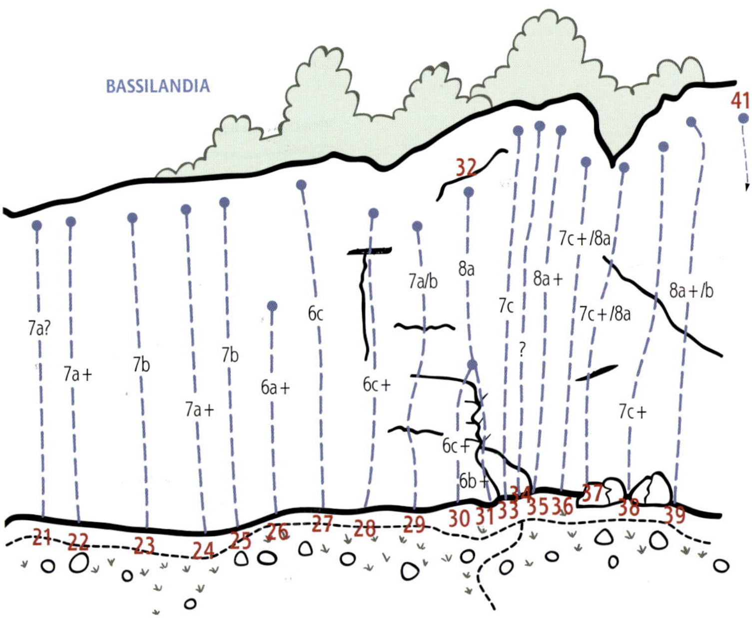

44 PKK	8b+	27m	Ausdauer an kleinsten Unter- und Seitgriffen, exakte Fußtechnik
45 BOD PA	7c	25m	Ausdauer
46 GOGANGA	7c/+	26m	Senkrechte Wand, Fingerkraft
47 IL SIGNOR G.	7c	26m	Einstiegsboulder, kniffliger Ausstieg
48 QUI RESTING	7c+	20m	Schwieriger Ausstieg an Untergriffen und Auflegern
49 QUO VADIS	7b	18m	Boulder an kleinen Leisten vor Umlenker
50 SUDOKU	8a	26m	Route ist zweigeteilt, kleinste Leisten und harte Einzelstelle
51 CAMPAÑERO	8b	26m	Wunderschöne, perfekte Wand. Fingerkraft
52 DIEDRIN VOLLL	7b+	25m	Verschneidung mit überhängendem Ausstiegszug
53 MESSICO E NUVOLE	7a	27m	Einzelstelle im Ausstiegsdach
54 ASK THE DUST	8a	27m	Schwieriger Fingerzug vor dem Umlenker
55 GUIDO SUL MUSCHIO	8a	25m	Boulderzug an Zweifingerloch, Aufleger
56 CUCCIOLO D'UOMO	7a	25m	Zunehmende Ausdauer
57 IL MARE CALMO	7a	22m	Zuerst einfach, dann immer schwieriger
58 MADL WADL	7c+	22m	Heftige Boulderpassage an kleinen Löchern
59 TRUTTA BIANCO BLU	7b+	22m	Ausdauer in senkrechter Wand, Ausstiegsboulder
60 GIAMAICA	7a/b	20m	Ausdauer in senkrechter Wand, Ausstiegsboulder
61 TIM	7a+	18m	Ausdauer
62 GONG OH	7b	18m	Harte Einzelstelle im Mittelteil
63 BRILLANTINA	7a	18m	Boulderzüge in senkrechter Wand
64 NOVECENTO	7a	18m	Boulderzüge in senkrechter Wand
65 CROTALO WALL	7a	15m	Blockierzug im Einstieg

SEKTOR IODIO (Kein Topo)

1 IODIO	6c+	18m	Verschneidung
2 IO ODIO	7b+	18m	Längenproblem
3 IO DIO	7c	18m	Kante
4 ODDIO	7a	?	Kleine, überhängende Platte mit Kieseln

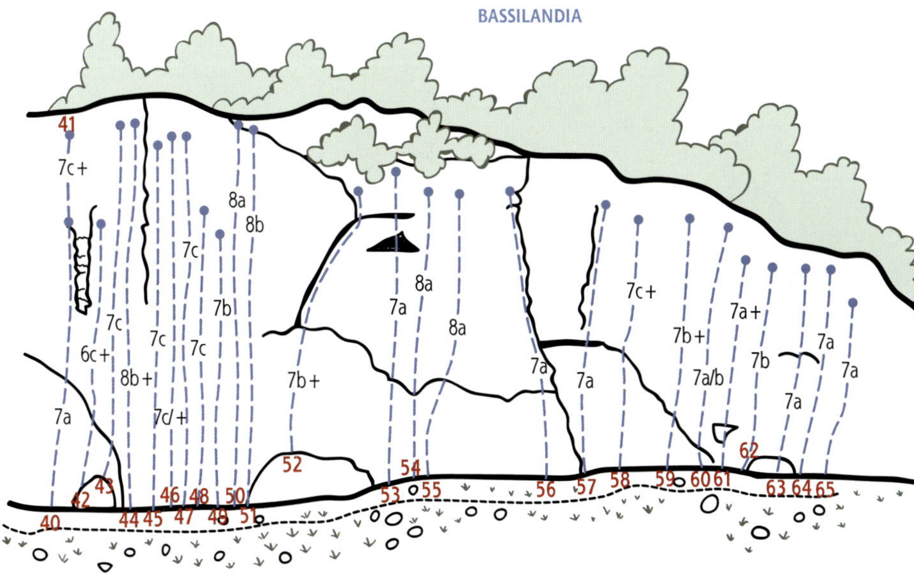

Geboren in Andalo (Provinz Trient) am 2. August 1961
Sternzeichen: Löwe.
Verheiratet mit Sara.
Seit 20 Jahren wohnt er in Terlago, das er genauso liebt wie den gleichnamigen Klettergarten.
Über den Sektor Bassilandia sagt er: "Das Panorama!... Wenn du kletterst, scheinst du in einer anderen Welt zu sein."

GIANGUIDO DALFOVO

Unter Brüdern

L'Orizzonte degli eventi in der Gola di Toblino ist zum Zeitpunkt dieses Interviews seine neueste Kreation: 40 Meter, im Grad 8b/c, mit einer ganz harten, kleingriffigen Passage in der Mitte und einer ultratechnischen Platte weiter oben. Eine Linie für Kletterer mit einem "ganz besonderen Geschmack", geeignet für diejenigen, die über eine besondere Bewegungsfähigkeit und außergewöhnlich gute Fußtechnik verfügen.

Es ist keine Überraschung, dass ausgerechnet er die Route *L'Orizzonte degli eventi* eingebohrt und auch befreit hat. Wer Gianguidos Werdegang verfolgt hat, weiß, dass er einer der eifrigsten und stärksten Spezialisten für senkrechte Wände und Platten ist. Aber er ist keiner, der seine Erfolge in den Vordergrund rückt, das ist nicht seine Art. "Ich kam erst in das Sarcatal, als hier die grundlegenden Dinge für das Sportklettern bereits gelegt waren." Gianguido setzt den Grundstein für seine Erfolge schon Anfang der 90er-Jahre an den Felswänden in der Umgebung von Trient. "Vier Bandscheibenvorfälle und ein zersplitterter Wirbel: Ich hatte damals beim Klettern langer Routen, meiner ganzen Leidenschaft, ganz schön was auf's Spiel gesetzt. Konnte mit meinem beschädigten Rücken nicht noch mehr riskieren und brauchte deshalb eine neue Spielwiese."

Zum Sportklettern kam er also mehr gezwungenermaßen als aus freien Stücken. Aber auch ein bisschen, weil ihn diese Art des Kletterns faszinierte. Mit seiner Frau zieht er von Andalo, seinem Geburtsort, nach Terlago ins Valle dei Laghi. Und dann beginnt er, im Alter von 30 Jahren, wieder ernsthaft zu klettern und versucht, nun in kurzen Routen, das zustande zu bringen, was ihm das Schicksal in hohen Wänden versagt hatte. "Ich startete praktisch von Null auf und brachte mir alles selbst bei. In Andalo herrschte damals eine andere Klettermentalität als in Arco, es gab keine Sportklettertradition. Nachdem ich umgezogen war, freundete ich mich mit dem Sportklettern immer mehr an. Ich sah, dass ich hier noch vieles bewegen konnte und mit dem konstanten Klettern wurde ich auch immer besser."

Gianguido ist nicht der Typ, der eine oder zwei, sagen wir 7a's, klettert und sich dann gleich an eine 7b oder 7c macht. Nein, er will erst fast alle 7a's im Umkreis klettern, dann die 7b's, dann 7c's und so weiter. Eines nach dem Anderen, ist sein Motto und somit steigt sein Können zwar langsam, aber gewaltig. "Ich habe mir mal die Mühe gemacht, meine Routen zu zählen. Das war nicht schwierig, weil ich sie ja alle notiert hatte, damit ich meinen Fortschritt auch nachvollziehen konnte."

"Ich erinnere mich gut, wann ich die Routen zum ersten Mal klettern konnte. In den vergangenen 15 Jahren müssten es so um die 600 Routen im Bereich 7c und schwieriger gewesen sein. Dazu kommen noch die Routen, die ich Indoor kletterte. In den ersten Jahren habe ich das auch grafisch dargestellt, aber daran letztlich das Interesse verloren."

Seine erste 8a gelingt ihm 1997, als er die Route *Ikebana* im Gebiet Camerette in Angriff nimmt, die viel Ausdauer fordert und mit einem Blockierzug über ein Dach und anschließendem Aufrichter aufwartet. Seine zweite 8a-Route ist *Il ladro di saponette* in Massone: technisch schwierige Passagen, die schwer zu lesen sind...

Es sind Linien, die sehr viel Bewegungsvermögen und beste Fußtechnik fordern. Gaben, die heute bei Kletterern immer weniger zu finden sind. "Platten mag ich sehr gern. Für die Überhänge braucht man Kraft, auch Ausdauer. Ich bin aber recht schmächtig, doch auf den Platten kann ich mit Fußtechnik richtig viel machen und Spaß haben. Wenn du die Technik beherrschst, kannst du auch an unmöglichen Stellen noch ausruhen."

Irren ist menschlich, sagt man. Wenn dem so ist, dann ist Beharren des Teufels. Und Gianguido ist jemand, der Beharrungsvermögen hat. "Dieser Enthusiasmus und diese Ungläubigkeit brachten und bringen mich immer weiter nach vorne. Die Anspannung, es nicht hinzubekommen, bleibt mir bei allen neuen Routen erhalten. Vielleicht war ich deshalb so erfolgreich, weil ich mir nie ein Limit gesetzt habe."

Lange Zeit sucht er noch nicht befreite Linien, die er erstbegehen konnte. Auch die schwierigen Routen

seiner Freunde wollte er wiederholen. So langsam beginnt er, auch seine eigenen zu befreien und gehört heute zu den Kletterern, die die meisten Plattenrouten im Sarcatal erstbegangen oder wiederholt haben.
Eine der ersten Routen über 8a, die er einbohrte und erstbeging, heißt *L'andalo piteco* (8a/b, 2002); sie verlangt viel Bewegungstechnik an Zangen- und Untergriffen. In der Linie *Cerutti Gino* (8a, 2003) ist extrem viel Fingerkraft nötig, vor allem im Ausstieg. In *PKK* (8b+, 2003) hingegen braucht man eine sehr gute Fußtechnik gepaart mit Ausdauerkraft an senkrechten Mikrogriffen und Untergriffen. Diese Routen stehen beispielhaft für seinen Weg, auf dem er im Jahr 2005 *Compañero* (8b) befreien kann. 2009 gelingt ihm seine erste 8c, *Thin ice*, ein altes Projekt von Larcher/Bonvecchio, das 2008 von Belgier Nicholas Favresse erstbegangen wurde. Wer sich daran schon mal versucht hat, weiß, was Sache ist.
Seit 20 Jahren und mit einem fast tänzerischen Rhythmus "kratzt" Gianguido Dalvofo, im Sternzeichen Löwe geboren, an den plattigen Wänden im Sarcatal. Und fordert sich immer wieder selbst heraus. Um ehrlich zu sein, ist er den Überhängen aber auch nicht ganz abgeneigt. "Weil, wie Rolando Larcher mir eines Tages sagte, man gerade da, wo Mängel sind, etwas tun muss! Und weil ich in Überhängen nie richtig gut war, musste ich hier mehr trainieren. Und jetzt habe ich sogar Spaß daran." Meist ist er dafür in Gebieten unterwegs, die zwar die Eingeweihten kennen, die aber nicht veröffentlich werden.
"So ganz allgemein gesagt, gefallen mir eher die langen Routen, in denen man kämpfen muss! Ich besuche ein Gebiet so oft, bis ich früher oder später, alle Routen geklettert habe." Seine Frau Sara kann das bezeugen. „Klar", sagt Gianguido, „ich gehe schon mit verschiedenen Kumpels zum Klettern, einer davon ist Lino Celva. Aber meistens ist meine Frau dabei, sie teilt meine Ängste und meine Erfolge. Ich weiß, dass sie da ist. Immer. Sobald ich ein paar Stunden, einen halben Tag frei machen kann, bin ich mir sicher, dass ich auf sie zählen kann. Ohne sie und ihre Geduld hätte ich nie so viele Routen klettern können. Und jetzt geht auch sie leidenschaftlich gern klettern!"
So konnte Gianguido Tag für Tag einen Pinselstrich zum Bild des Kletterns im Sarcatal beitragen. Und auch jetzt steckt er sich noch Ziele, nämlich eine 9a zu klettern. Bedauert er etwas? Ja, eine Sache: "Ich lese gern die Romane von John Fante, und am meisten gefällt mir 'Unter Brüdern'. Ich hätte gern eine Route danach benannt, aber jemand hatte schon die gleiche Idee gehabt." Klar, dass die Route etwas Besonderes geworden wäre...!

Einige seiner Lieblingsschrifsteller:
John Fante, Gabriel Garcia Marquez, Niccolò Ammanniti, Herman Hesse

Von Gianguido empfohlene Routen im Sarcatal:
Nomesino: *Bucomagia* 7a «Es ist schwierig, eine weitere so perfekte Aufwärmroute zu finden.»
Nago: *Titanic* 7a+ «Wer hätte wohl nicht auch gern mal eine solche Linie eingebohrt?»
Terlago: *No reaction* 7b+ «Weil sie in der schönsten Wand im Sarcatal ist.»
Piccola Dallas: *La classica* 7c «Einfach schön!»
Red Point Wall: *Signorina swarowski* 7c «Ruhiger Ort, fantastischer Fels.»
Santa Massenza: *Acid* L1+L2 7c+ «Eine richtig lange Reise.»
Camerette: *Shhit* 7c+ «Weil man neben Technik auch Ausdauer braucht.»
Bassilandia: *Cerutti Gino* 8a «Wunderschöner Fels und wunderschönes Panorama.»
Padaro: *Viaggi stellari nel porno paese* 8a «Fast wie auf Kalymnos.»
Terlago: *Maledetta fortuna* 8a «Die Messlatte für eine 8a. Und eine der meist projektierten im ganzen Tal.»
Massone: *Super maratona* 8b+ «Viel Ausdauer und stark überhängend.»
Bassilandia: *PKK* 8b+ «Viel Kraft an kleinsten Griffen, schwieriger Zug im Ausstieg.»
Gola di Toblino: *L'orizzonte degli eventi* 8b/c «Kleingriffige und harte Passage in der Mitte, dann eine ultratechnische Platte.»
Terlago: *Thin ice* 8c «Sehr viel Kraftausdauer an kleinsten Griffen.»

ARCO WALLS
COLLANA LUOGHI VERTICALI
Diego Filippi
ARCO WALLS
COLLANA LUOGHI VERTICALI
Diego Filippi
HOHE WÄNDE BEI ARCO
COLLANA LUOGHI VERTICALI
Diego Filippi
ARCO PARETI
Vie classiche moderne e sportive in Valle del Sarca
EDIZIONI VERSANTE SUD

Dro - Pietramurata - Sarche

La Gola

Dieses Klettergebiet ist ein richtiges kleines Paradies, weil es alles bietet: von der gutgriffigen, einfachen Route über steile Überhänge bis hin zur supertechnischen Platte. Das in klettertechnischer Hinsicht sehr geschichtsträchtige Gebiet liegt in einer engen Schlucht ganz in der Nähe des Tobliner Sees. In den letzten Jahren wurde es weniger besucht, als es eigentlich angebracht wäre. Vielleicht liegt das auch an der strengen Bewertung der Routen ab 7a aufwärts.
Nur mit viel Technik, Bewegungsgefühl und/oder der entsprechenden Fußtechnik ist in den Routen der Sektoren ‚Pezzent Area' (mit der schwierigen 8b *Madame Doc*), ‚Guardrail' oder ‚Castello' etwas zu holen. Hier sind vor allem die Klassiker *Futura* 8a+ (ein Meisterwerk von Roberto Bassi), *Tursen* 7c und *La Sfinge* 7c+ zu erwähnen. In den neueren Sektoren wie ‚Tornante' und ‚Arcadioland' kommen auch 6a-Kletterer zu ihrem Vergnügen.
Die Sektoren sind unterschiedlich ausgerichtet, deswegen kann hier das ganze Jahr über geklettert werden, im kleinen Sektor ‚La Casa del Piacere' sogar bei Regen. Es ist fast nicht vorstellbar, dass jemand nach einem Besuch dieses Klettergartens nicht von ihm angetan sein wird.
Bitte beachtet, dass alle Sektoren in einem Naturschutzgebiet liegen!

Erschließer: R. Bassi, H. Mariacher, die Gruppe, Sisyphos', und viele andere.

Anfahrt/Zustieg

Von Arco ca. 9 km, dann 5 Min. Zustieg auf Wanderweg oder Forststraße.
Von der Sarcabrücke in Arco (auf der S.S.45bis) in Richtung Trento/Madonna di Campiglio/ Sarche. Man erreicht Pietramurata (12,2 km), fährt über die Sarcabrücke und weiter Richtung Madonna di Campiglio. Am Kreisverkehr geradeaus, am Einkaufszentrum vorbei und am Outlet Vertical Sportgeschäft und weiter am See entlang. Auf halber Höhe des Sees (1,7 km nach Sarche) liegt das wunderschöne Schloss von Toblino. Genau gegenüber der Einfahrt zum Schloss beginnt eine Schotterstraße, die zuerst durch die Felder führt und dann ansteigt. An der ersten Kehre parkt man für den Zustieg zu den Sektoren Arcadialand und Pezzent Area. Der Straße entlang befinden sich immer wieder kleine Parkplätze für die weiteren Sektoren, die dann alle nach wenigen Minuten Fußmarsch erreicht werden.

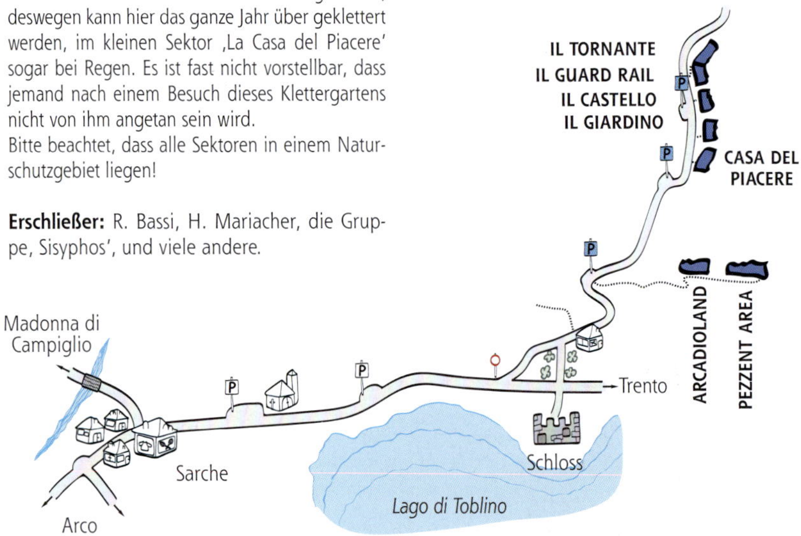

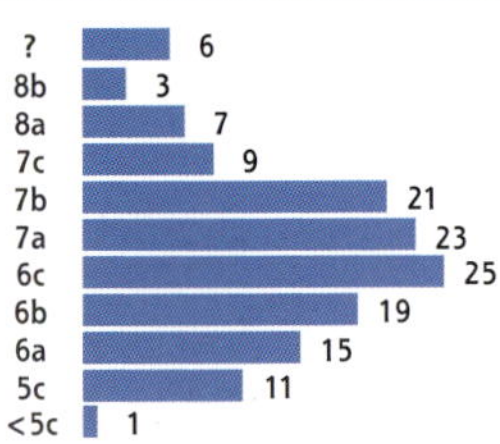

140

La Gola, Geremia Vergoni, *Mojado*, 8b/+ *(ph. arch. G. Vergoni)* ▶

SEKTOR IL TORNANTE

1 DIEDRO TURRI	6a/b	15m	Verschneidungskletterei
2 SHIRA	7b+	25 m	Überhängende Wand mit schwierigen Einzelstellen, Einstieg über Diedro Turri an kleinen Leisten
3 BAGIGI	5c	18m	Platte, durchzogen von einer Reihe von Rissen
4 GAMBA DI LEGNO	5c/6a	21m	Gutgriffige Platte mit heikler Einzelstelle
5 ZIO TIBIA	6c	18m	Gutgriffige Platte mit Gleichgewichtspassage an Auflegern
6 DILETTANTI ALLO SBARAGLIO	7a	18m	Schöne, technisch anstrengende und anspruchsvolle Platte
7 PLEASE	6b	20m	Einfacher Einstieg, dann Ausdauer an Leisten
8 ENFANT PRODIGE	4a	5m	Für Kinderkurse
9 GIANNI E PINOLI	6a	20m	Einfacher Einstieg, dann Ausdauer an Leisten
10 DOTT. LIVORE	6b+	20m	Einfacher Einstieg, dann Ausdauer an Leisten
11 PACCOMAN	6a	22m	Leichter Beginn, Einzelstelle im Mittelteil
12 MENEFÒTTO	7b	20m	Schön, schwieriger Zug am Überhang
13 GLOBUS MUNDI	6a	24m	Verschneidung
14 INDIA	7a	24m	Technisch anspruchsvolle Platte
15 INDIA PLUS	7b	24m	Technisch anspruchsvolle Platte
16 PRAJNAPARAMITA	6b	24m	Ausdauerroute, technisch schwieriger Ausstieg an kleinen Leisten
17 OM	6b+	24m	Sehr erzwungene Linie

SEKTOR IL GUARDRAIL

1 DIEDRO ARMANI	5c/6a	24m	Rissverschneidung, klassische Kletterei
2 PEPPONE	6c+	22m	Einstieg wie Diedro Armani, dann Aufleger und technisch schwierige Kletterei

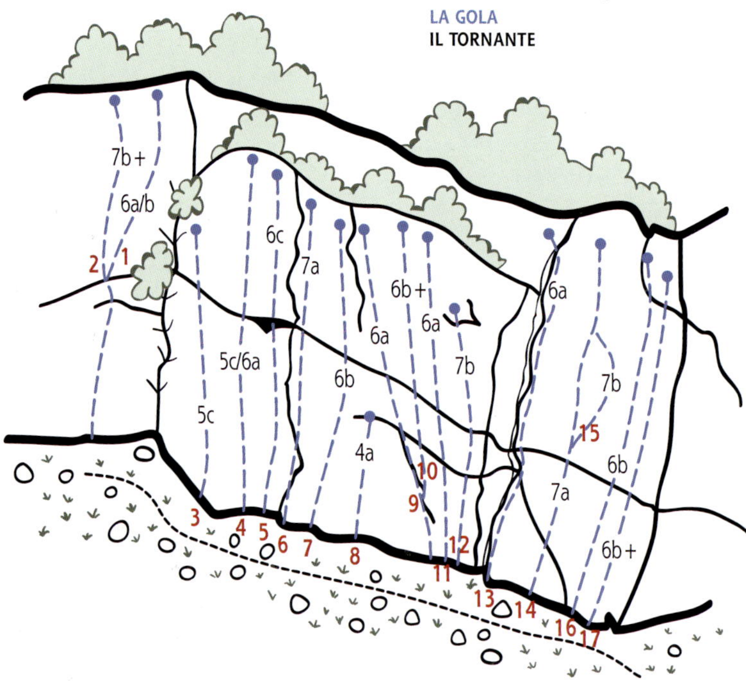

3 DON CAMILLO		7a+	23m	Schwere Einzelstelle zu Beginn, dann Ausdauer
4 TURSEN		7c	25m	Ausdauer mit schwierigem Zug im Mittelteil
5 007		7c	25m	Technisch sehr schwierige Einzelstelle
6 HÖLLENGANDA		6c+	25m	Zu Beginn abgespeckt, dann schön ausdauernd
7 ZAPPATA		6c+	25m	Technischer Einstieg an Leisten, dann Ausdauer
8 HELLO DEBBY		7a	25m	Senkrechte Ausdauerwand mit heiklen Einzelstellen
9 LISCHE DI BANANA		7a+	25m	Schwere Einzelstelle am Einstieg, dann Ausdauer
10 CALIPSO		6a+	25m	Strukturierter Fels, schön
11 IMPEDITA		7c	20m	Sehr technisch, sehr ausdauernd
12 FUTURA		8a+	18m	Klassiker von Roberto Bassi. Mikroleisten
13 ROULETTE RUSSA		6c/7a	26m	Ausdauer, schön
14 ERCOLINO		6c+	26m	Schöne Wandkletterei, ausdauernd
15 GOULOISE		6c+	26m	Weite Hakenabstände
16 TINTARELLA DI LUNA SL1		6b	15m	Einfach, große Griffe, leicht überhängend
	SL2	7b+	15m	Technisch schwierige Leistenkletterei
17 BIJOUX		7b	25m	Schöne Route an Leisten, Ausdauer
18 GOTICA		6c+	25m	Schöne Route an Leisten, Ausdauer
19 MARMELLATA DI PERE		7b+	22m	Schöne Route an Leisten, Ausdauer
20 SUPERVECCHIA		7c	22m	Senkrechte, technische Route an Minigriffen, Fingerkraft und Bewegungsgefühl
21 ENGRAM		7b+	20m	Senkrechte, technische Route an Minigriffen, Bewegungsgefühl
22 ICNUSA		6c+	20m	Technisch schwierige Leistenroute
23 MORBILLIO		6b+	20m	Wunderschön an guten Griffen, viel Bewegungsgefühl
24 COLTELLO SELVAGGIO		6c+	20m	Wunderschön an guten Griffen, viel Bewegungsgefühl, Schlussüberraschung
25 ENTROPIA		6c	10m	Kurzer schwerer Boulder
26 OHNE NAMEN		7a	10m	Kurzer schwerer Boulder
27 OHNE NAMEN		7b+	10m	Kurzer schwerer Boulder

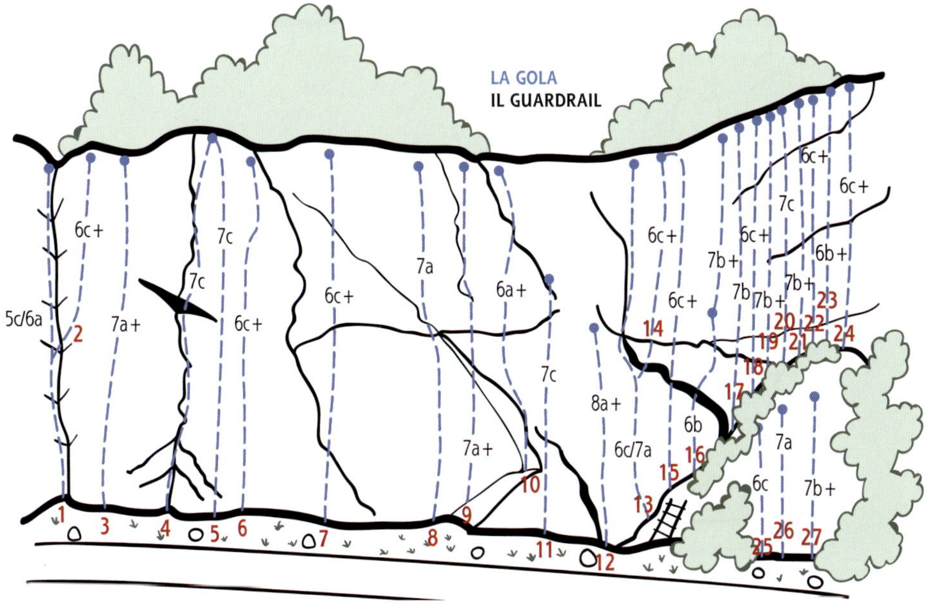

SEKTOR IL CASTELLO

1 RAPSODY IN BLUE	SL1	6a	18m	Schön, mit guten Griffen
	SL2	7a/b	20m	Senkrechte Platte mit kleinen Griffen
2 TENDINITE		7b	20m	Sanierte Route, Einzelstelle mit Einfingerloch
3 DOLLARI E PAPERI	SL1	6b	20m	Schwierige Reibungsplatte mit seltsamen Bewegungen
	SL2	7b	20m	Technisch schwierig, nicht leicht ersichtlich
4 SEX CLIMBER		6c+	18m	Abgespeckte Stelle am Einstieg
5 CALAMITY JANE		7b	20m	Technisch an kleinen Griffen
6 PROJEKT ROBERTO BASSI		?	20m	Einstieg über Calamity Jane, dann gerade hoch
7 CAPITAN CLIFF		?	20m	Athletischer Ausdauerpfeiler
8 MOJADO		8b/+	40m	Einfache Einstiegsplatte, dann Überhang mit Boulderzug. Schwierige Querung und technisch superschwere Platte
9 L'ORIZZONTE DEGLI EVENTI		8b/c	40m	Leicht überhängende Wand, dann Platte. 2013 befreit von G. Dalfovo
10 LA SFINGE	SL1	6c+	15m	Technisch anspruchsvoll
	SL2	8a	24m	Technisch anspruchsvoll, Ausdauer. Schwierige Stelle an kleinen Tropflöchern
11 AFRICAN REGGAE	SL1	7a+	18m	Technisch schwierige Passage
	SL2	8a+	20m	Schwieriger Boulder. Wenig begangen, aber interessant und schön
12 RESTA WAY		7c+/8a	30m	Platte mit schwierigsten Bewegungen
13 CHE PEPERINO!	SL1	6c	25m	Längenzug
	SL2	7a	22m	Technisch anspruchsvoll, kleine Griffe
14 BOB ROCK		6c+	20m	

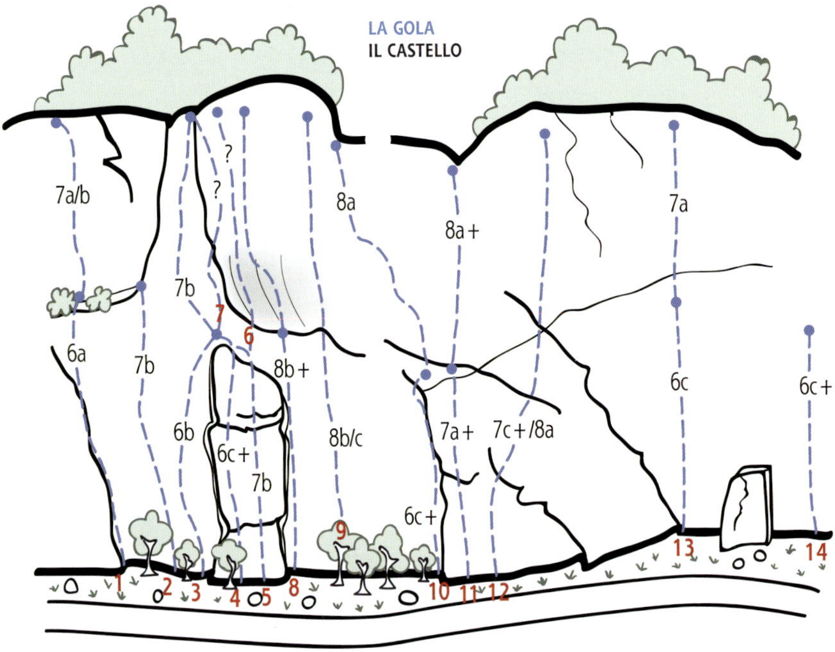

SEKTOR IL GIARDINO

1 LA VENDETTA DI ROBINSON	6c+	14m	Technisch anspruchsvoll, Aufleger, Ausdauer
2 HIGH WAY TO HELL	7a+	16m	Sehr schön, technisch sehr anspruchsvoll und ausdauernd mit runden Löchern
3 NEEDLESS AND PINS	6b	18m	Ausdauer am schönen Pfeiler
4 IL PANZONE	7a	20m	Einstieg mit Verschneidung, dann senkrechte Ausdauerwand
5 ALHOA	6b	20m	Schöne Risse, dann Ausstiegsplatte
6 IL NONNO CICLISTA	6b	20m	Parallele Risse
7 W GLI ALPINI	7a	14m	Schwierige kleingriffige Platte, nicht mit Riss klettern
8 SPIGOLO PENDENTE	7b+	14m	Passagen mit Gewichtsverlagerung, dauernde Balancesuche
9 PASSEGGIATA NEL GIARDINO DI ROSA	6c	14m	Technisch anspruchsvolle Verschneidung
10 PEDRO ASSENTE	5c	14m	Einstieg gutgriffig, Ausstiegsriss

SEKTOR L'UGOLA (kein Topo)

1 IL MISTICO SENZA DIO	?	?	Projekt (alte Haken)
2 OHNE NAMEN	?	?	Projekt (alte Haken)

SEKTOR TERZO MILLENNIO (kein Topo)

1 MARE D'INVERNO	7b	25m	(alte Haken)
2 ARGONAUTI DELL'IDEALE	7c?	23m	(alte Haken)
3 PUSKIN	?	25m	(alte Haken)
4 SPEED BALL	?	25m	(alte Haken)

SEKTOR IL NASINO (kein Topo)

1 CLEOPATRA	7b+	25m	Einzelstelle (alte Haken)
2 NUMERO BIS	7a	25m	Ausdauer (alte Haken)
3 BEND AIDS	6c+	25m	Schwierig beim Ausstieg (alte Haken)
4 SBRONZI BEAT	6c+	20m	(alte Haken)

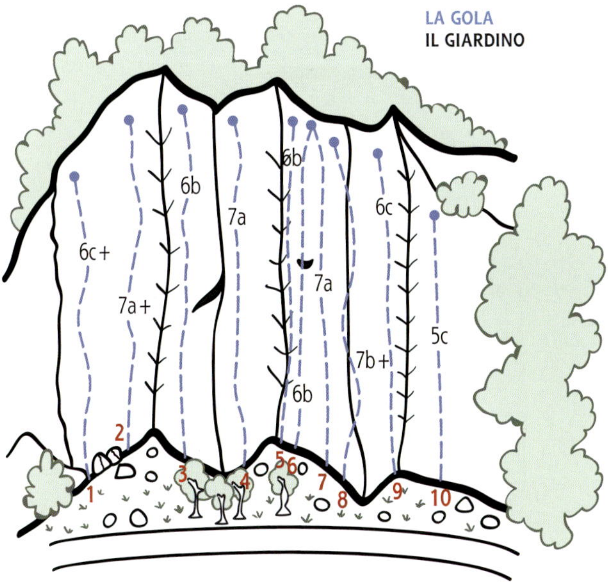

SEKTOR LA CASA DEL PIACERE

1 RESTING	7c+	25m	Einstiegsboulder, dann ausdauernd
2 RESTING DIRECT	7b+F.B.		Einstiegsvariante von Resting, harter Boulder
3 RAIN MAN	8a+	40m	Schwieriger Einstiegsboulder, dann ausdauernd an Sintern. Sehr lang!
4 RAIN MAN DIRECT	8a+	40m	Variante von Rain Man, links der Originalroute
5 DESTINO FATALE	8a	20m	Schwere Abschnitte
6 NEUROTICA	7c	20m	Kurze überhängende Verschneidung
7 DANZA MACABRA	7a+	20m	Sinter und gute Griffe, klassische Aufwärmroute
8 HEY JOE	7a+	20m	Sinter und gute Griffe, klassische Aufwärmroute
9 NIGHT CLUB	7b	20m	Ausdauer an Sintern
10 MISTER MONKEY	7a	18m	Start im tiefsten Punkt der Grotte, an Stalaktiten
11 RELAX + MISTER MONKEY	7c+	32m	Athletische Ausdauerkletterei an Stalaktiten

LA GOLA
LA CASA DEL PIACERE

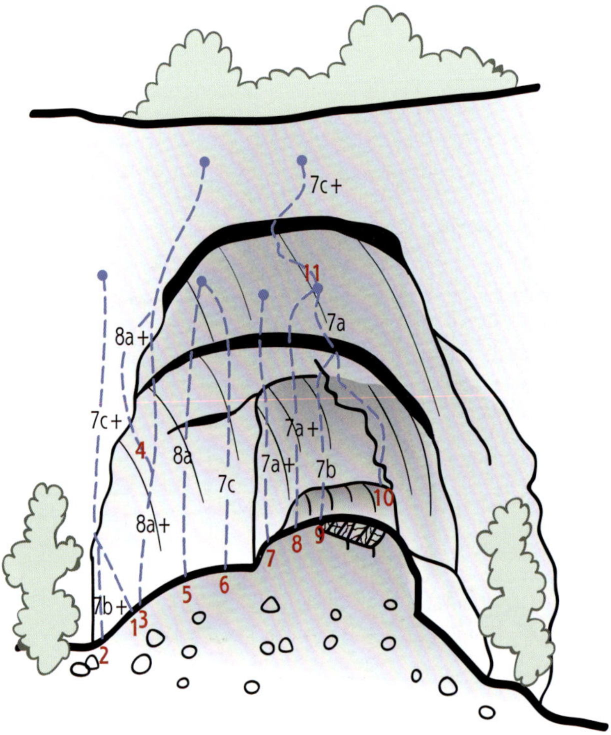

SEKTOR ARCADIOLAND

1	FORST CLUB	6b+	12m	
2	OHNE NAMEN	6b+	12m	
3	SAND CREEK	5c	16m	Kleingriffiger Einstieg, ausdauernd
4	AYUTTI TUTTI	5c	12m	Einzelzug, danach leichter
5	LADRI DI GRASSO	5c/6a	12m	Kleingriffiger Einstieg, ausdauernd
6	PANCE GROSSE	6a+	12m	Technisch schwierige Platte, kleine Griffe
7	UNA ROSA IN MEZZO AL...	5c	24m	Leicht, gute Griffe
8	BASLOC	5c	28m	Gut strukturierte Platte, sehr schön
9	MICLA	5c	30m	Gut strukturierte Platte, sehr schön
10	LAVAST'OVIGLIA	6a+	18m	Senkrechte Platte, Schlüsselstelle an Untergriffen im Mittelteil
11	CRITICATUTTO	7a+	18m	Technische Reibungsstelle an Auflegern
12	L'AFRICANO	7b	20m	Ausdauerwand an kleinen Griffen mit heiklem Gleichgewichtproblem
13	LA VARIANTE	5c/6a	23m	Leichte Route mit Einstiegsverschneidung
14	BRUNELLO MARINO	6a/b	23m	Schöne Ausdauerroute an Leisten
15	RED HANTS	6a	20m	Ausdauer mit anstrengendem Ausstieg
16	CELLULAR-DOG	6b	20m	Gut strukturierte Platte mit schwierigem Ausstieg
1 7	ARCADIOLAND	6a+	30m	Gut strukturierte Platte mit technisch schwierigen Ein- und Ausstiegszügen
18	SERPENTI VOLANTI	6a+	30m	Platte mit technisch schwierigem Ausstieg
19	VOTANTONIO	6a	28m	Sehr heikle Einzelstelle im Mittelteil

LA GOLA
ARCADIOLAND

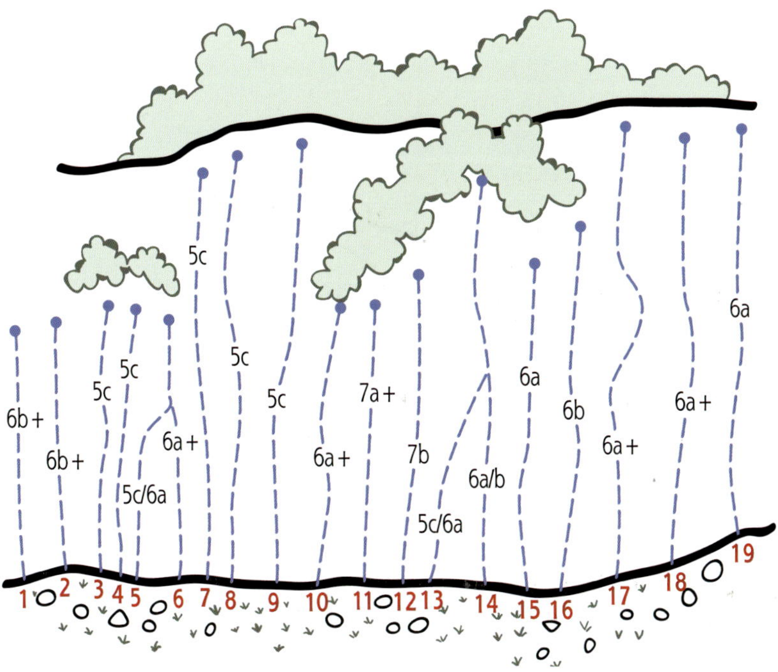

SEKTOR PEZZENT AREA

1 DOTTOR IMBRUGLIA	6b	17m	Senkrecht mit Boulderstellen
2 OLMO	6b	16m	Senkrecht mit Boulderstellen
3 LOLITA	6b/c	15m	Senkrecht mit heiklen Passagen
4 BUMBALINO	6a	18m	Einzelstelle bei Start
5 PANDA	6c/7a	18m	Außergewöhnliche Route mit heiklen Stellen
6 BABOLIN	6b+	18m	Seltsame Bewegungen in schöner Wand
7 THE SONG REMAINS	7b	20m	Onsight schwierige Passagen, Ausdauer
8 MADAME DA MENT	6b/c	22m	Onsight schwierige Passagen, Ausdauer
9 FABIUS	6c	20m	Technisch schwierig mit Seitgriffen und Auflegern
10 MADAME DOC	8b	20m	Fußtechnik absolut wichtig. 2008 befreit von C. Giovannini
11 BABY KILLER	?	20m	Projekt
12 LE ORE	7b+	22m	Schöne Leisten in Ausdauerroute
13 MINNIMINOPRIO	6c+	22m	Heikle Stellen an Leisten und Seitgriffen
14 SPIT TERRORE	7a/b	24m	Einzelstelle am Einstieg, dann ausdauernd an Leisten
15 ZERO IN AMORE	7a	24m	Schwere Einzelstellen, schön und ausdauernd
16 DISCOPETTOMANE	6c+	24m	Schöne Wand mit Runout im Ausstieg
17 LUPPERMAN	6a	26m	Immer den guten Löchern nach! Sehr schön!
18 COMMISSARIO CERVO	6c	26m	Einzelstellen an scharfkantigen Leisten
19 GUN CLUB	7a	24m	Kleinste Leisten, Züge an Monolöchern
20 TRIS DI DONNE	8a	24m	Technische, kleingriffige Platte; gute Fußtechnik
21 MANO DI FATO	7a	24m	Schwieriger Beginn, dann Ausdauer in kompaktem Fels
22 VIA DEI SUMERI	?	26m	Projekt
23 W MESSICO	7a/b	24m	Schöne Leisten in Ausdauerroute
24 DARK SIDE OF MY LIFE	7b	20m	Gleichgewichtspassagen an kleinsten Griffen
25 QUELLI CHE...	6b+	18m	Senkrecht, dann Reibungsplatte
26 ...NON STRAPIOMBANO	6c/7a	20m	Senkrecht, dann Reibungsplatte

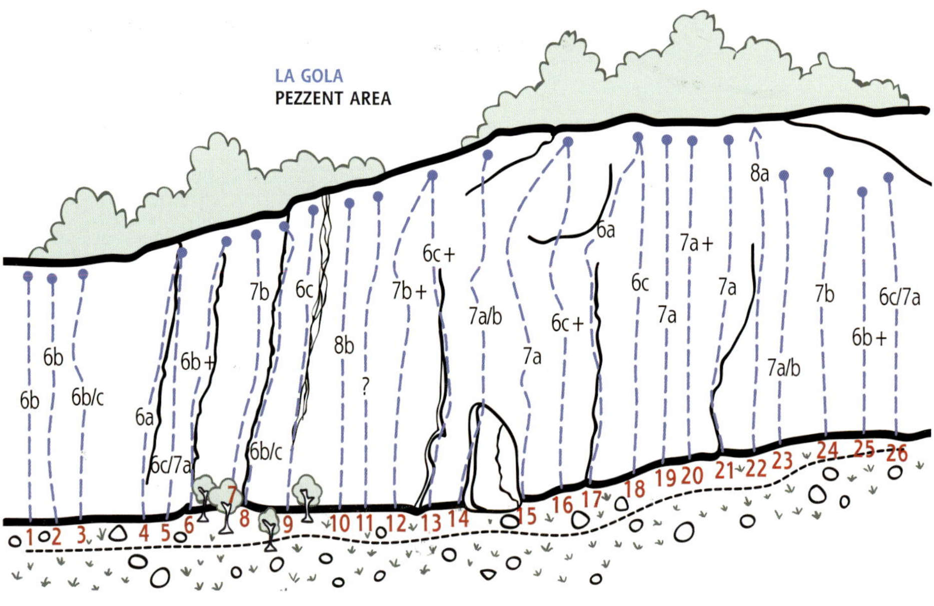

La Gola, Gianguido Dalfovo, *L'orizzonte degli eventi* 8b/c *(ph. Lino Celva)* ▶

Santa Massenza

280 m

Lange Zeit fand die Wand wenig bis gar keine Beachtung. Erst jetzt, durch die von Danilo Bonvecchio, Simone Banal und Fabio Leoni durchgeführte Sanierung, steht sie wieder mehr im Rampenlicht. Technik und Präzision sind in den wirklich lohnenden Routen der Schlüssel zum Erfolg. Einer der Entdecker war Roberto Bassi, dessen Routen (nicht nur in diesem Sektor) auch heute, nach mehr als 20 Jahren, von überaus großem Einfühlungsvermögen und Mut zeugen.
Hundert Meter links der Wand befindet sich die Route Gilette, die Roberto Bassi eingebohrt hat und die immer noch keine freie Begehung aufweist.

Erschließer: R. Bassi, D. Bonvecchio, S. Banal, F. Leoni u.a.

Anfahrt/Zustieg
Von Arco 20 km, dann 10 Min. Zustieg auf Straße und Wanderweg.

Von der Sarcabrücke in Arco (auf der S.S.45bis) in Richtung Trento/Madonna di Campiglio/Sarche. Man erreicht Pietramurata (12,2 km), fährt über die Sarcabrücke und weiter Richtung Madonna di Campiglio. Am Kreisverkehr geradeaus, am Einkaufszentrum vorbei und am Outlet Vertical Sportgeschäft und weiter am See entlang. Nach dem See und vor der Brücke nach links Richtung Santa Massenza (S.S.245). Nach einigen hundert Metern auf dem großen Parkplatz rechts parken. Ab hier nun auf der Straße 50 m weiter. Nach dem ersten Haus auf der linken Seite nach links (Hinweisschild 'Madruzziana'). Auf diesem Weg 5 Min. weiter hoch und bei der zweiten Kreuzung nach rechts abbiegen. Das Felsmassiv liegt jetzt direkt oberhalb des Wegs (es ist auch schon vom Parkplatz gut zu sehen).

10'

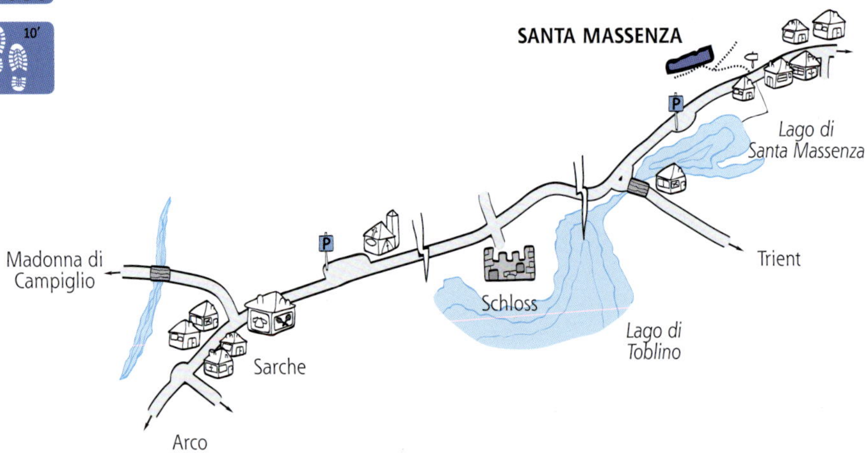

?	1
8a	1
7c	5
7b	5
7a	6
6c	2
6b	2
6a	1

23

1 ALI'		6b	20m	Senkrechte Wand
2 VYPERA		7b	25m	Senkrechte Wand
3 SANTA MA SENZA		7c+	20m	Etwas heikel, zwei Quergangsboulder
4 BANDA BASSOTTI	SL1	7a+	20m	Senkrechte herrliche Wand (geklebte Haken)
	SL2	?	12m	Projekt
5 SADHANA		7b	24m	Senkrechte Wand
6 PSYCHE		7a+	20m	Kniffliger Einstieg, trifft bald auf Sadhana
7 PSYCHE PLUS		7b/c	35m	Die 1. und 2. Länge von Psyche am Stück
8 JOY		7a+	18m	Senkrechte Wand
9 JOY PLUS		7c	35m	Die 1. und 2. Länge von Joy am Stück
10 LUCKY STRIKE		7c	20m	Senkrechte Wand
11 LUCKY STRIKE PLUS		8a	38m	Die 1. und 2. Länge von Lucky Strike am Stück
12 ACID		7b/c	20m	Einstieg leicht überhängend, sehr schöne Wandkletterei
13 ACID PLUS		7c+	38m	Die 1. und 2. Länge von Acid am Stück
14 NEMICO PUBBLICO		7c+	32m	Senkrechte Wand
15 FAKKETE		7a+	28m	Verschneidung + Kante
16 MACUMBA		7b	15m	Platte an Mikroleisten
17 JOLLY JUMPER		7a	15m	Run out am Ende
18 TORO SEDATO		6c	15m	Kante
19 MANOLITO		6a+	15m	Verschneidung
20 RITI TRITI		6c	15m	Kleine Kante
21 AVVOLTOI		6b	15m	Platte
22 SHARON TATE		7a	14m	Kurze, aber intensive Platte

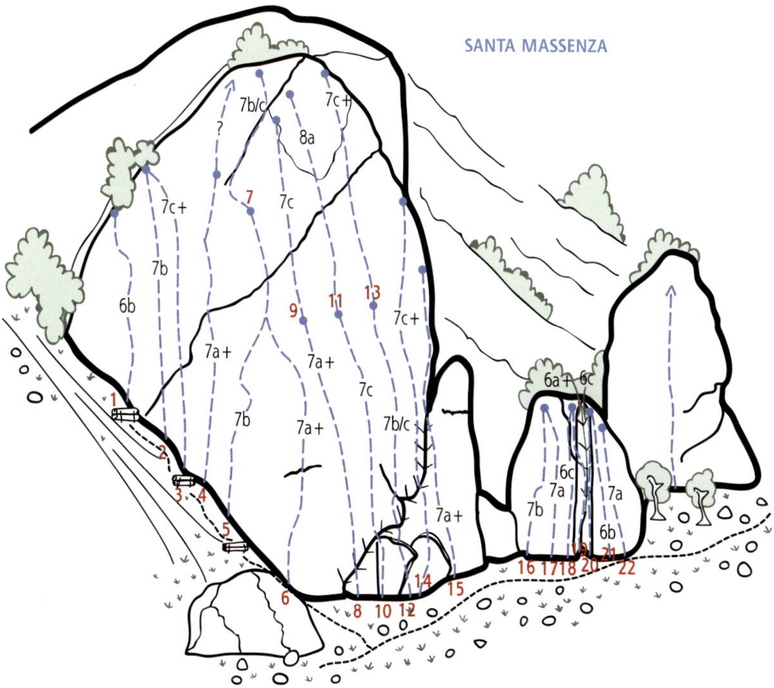

Dro - Pietramurata - Sarche

Climax

42

Dieses Klettergebiet liegt am Beginn des langen Felsriegels oberhalb von S. Massenza. Die Felsqualität ist durchweg bestens und bietet abwechslungsreiche Klettereien.
Die Zweiseillängenrouten sind sehr schön, werden aber wenig begangen. Das kühlste Klettergebiet im Sarcatal eignet sich für Übergangszeiten und natürlich für die Sommermonate, zumal, wenn der Nachmittagswind den Schweiß an den Fingern trocknet. Wieder einmal hat uns der unermüdliche Erschließer Danilo Bonvecchi hier ein schönes Geschenk hinterlassen.

Erschließer: D. Bonvecchio, D. Lira, A. Lucchi u.a.

Anfahrt/Zustieg
Von Arco 21 km, dann 15 Min. Zustieg auf Wanderweg.

Von der Sarcabrücke in Arco (auf der S.S.45bis) in Richtung Trento/Madonna di Campiglio/Sarche. Man erreicht Pietramurata (12,2 km), fährt über die Sarcabrücke und weiter Richtung Madonna di Campiglio. Am Kreisverkehr geradeaus, am Einkaufszentrum vorbei und am Outlet Vertical Sportgeschäft und weiter am See entlang. Nach dem See und vor der Brücke nach links Richtung Santa Massenza (S.S.245). Durch das Dorf, unter einem Torbogen hindurch und noch 300 m weiter geradeaus. Am Ortsausgang dann links beim Friedhof parken. Nun zu Fuß ins Dorf zurück und gleich nach der Schnapsbrennerei Casimiro-Poli rechts ab. Zwischen den Häusern auf der Straße (leichte Linkskurve) hoch und bis zur Kreuzung. Dort rechts auf die kleine Schotterstraße, die an einem Stromhäuschen vorbei führt. Hier beginnt der Pfad, der im Zickzack in den Wald hinauf führt. Bei einem Steinmännchen führt ein flacher Pfad links ab: Diesem Weg folgt man bis zum Hauptsektor. Zum neuen Sektor geht man auf dem Zickzackweg noch weiter bis linkerhand große Blöcke zu sehen sind, die von einem Felssturz herrühren. Hier beginnt eine Felsrippe (aus der später die eigentliche Felswand entsteht), die zum Hauptsektor hinab führt.

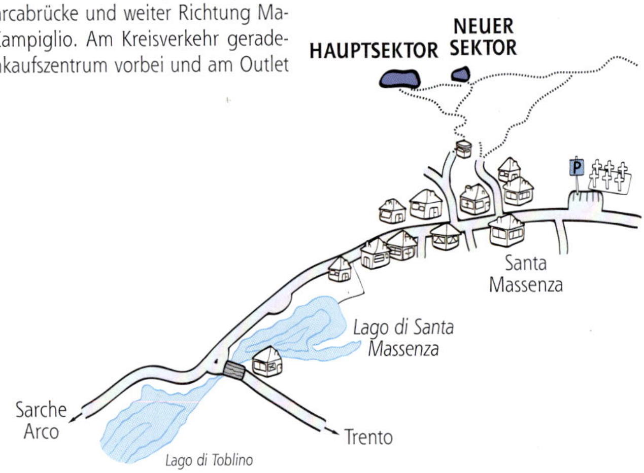

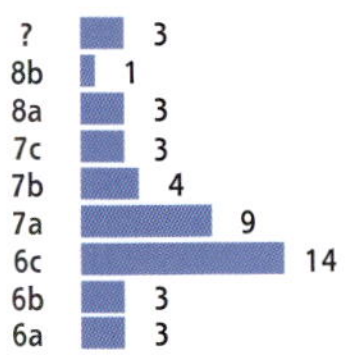

43

Climax, Simone Banal *(ph. arch. Banal)* ▶

HAUPTSEKTOR

1 SKEGA		6c	22m	Nicht einfacher Bauch und Verschneidung
2 VIXEN		7c+	22m	Schwieriger Boulder und Kante
3 MAMA BLU		8a+	22m	Leicht überhängende Ausdauerroute, sehr schön
4 COL CUL		8a	25m	Onsight schwer, sehr schön
5 COL BLU		8b	25m	Erster Teil wie Mamma Blu, dann nach rechts und Ausstieg in Col Cul
6 OHNE NAMEN		?	?	Projekt
7 TROMBETTA		7a	30m	Technische Platte und Verschneidung.
		?	?	Empfehlenswert!
8 STRISCIA BIANCA		7b	22m	Onsight schwer, technisch anspruchsvoll
9 MEMORIA LAVABILE		7a+	22m	Einzelstelle an kleinsten Griffen
10 FUFFIGO		6c+	22m	Kurze Einzelstelle
11 AMICI MIEI		6c+	20m	Stopp bei der ersten Umlenkung
11a AMICI MIEI ALLUNGATA		7c	35m	Lange Route, schwer zu 'lesen'
12 VIA DEL TUBO		6c+	20m	Stopp bei der ersten Umlenkung
12a VIA DEL TUBO ALLUNGATA		7b	35m	Ausdauerroute
13 L'ARTE DELLA FUGA		7a+	28m	Unhomogen, nach schwierigen Einzelstellen Rastpositionen
14 EH	SL1	6c+	25m	Verschneidung, Ausdauer
	SL2	6c+	20m	Wenig wiederholt, überhängend
15 LUCCHI STRAC	SL1	6b+	25m	Ausdauer an Tropflöchern
	SL2	6c	20m	Route in rotem Fels, wenig wiederholt
16 PIRANHAS		7a+	20m	Einstieg wie zweite Länge von Lucchi Strac, dann nach rechts über Überhang und Platte
17 SCHIAVA DEL LUCIANO	SL1	6c/7a	25m	Technisch schwieriger Beginn
	SL2	6c+	25m	Dach und Verschneidung
18 OCCHI BLU	SL1	6b+	20m	Platte, langer Runout, aber einfach
	SL2	6a	30m	Verschneidungskletterei. Nur die Stände sind eingebohrt. Friends und Normalhaken nötig.
	SL3	5c	30m	Verschneidungskletterei. Nur die Stände sind eingebohrt. Friends und Normalhaken nötig.
19 LA LEGGE DELL'ORTICA	SL1	6c	20m	Ausdauer an Tropflöchern
	SL2	7a	25m	Einzelstellen mit guten Rastpositionen
20 OHNE NAMEN		?	25m	Projekt
21 OHNE NAMEN		?	25m	Projekt
22 SAVANAROLA	SL1	7a	25m	Einzelzug an Auflegern, zum Ende Ausdauer
	SL2	8a	20m	Technik und Fingerkraft
23 ECLETTICA		7b/c	20m	Beginnt bei erster Umlenkung von Savanarola. Der Überhang wird in der Platte umgangen
24 SENSIBILE ALLE RONDINI	SL1	7a	25m	Rechter Ausstieg ist 7c
	SL2	6c+	25m	Vom Stand nach rechts, Ausdauerkletterei
25 D.B.		7b+	28m	Vom Stand von Sensibile alle Rondini geradeaus, Überhang mit Leisten, dann senkrechtePlatte
26 BON CALMI	SL1	6a	30m	Von unten erschlossen (S3) D. Bonvecchio, L. Caldini, A. Miori
	SL2	7c	20m	
	SL3	7a	30m	

NEUER SEKTOR (kein Topo)

1 VESCOVO DE MATAREL		6a+	15m	Kurz, aber nicht zu unterschätzen
2 PRINCIPINO GIORGE		6c	15m	Kurz, aber nicht zu unterschätzen
3 MERLO DA L'UA		6b	15m	Kurz, aber nicht zu unterschätzen
4 CLONE CLOONEY		7a+	15m	Längenzug
5 ERMANNO SBANFA		6c	15m	Ausdauer in leichtem Überhang
6 RENEL	SL1	6c+	35m	Weite Hakenabstände
	SL2	7a	30m	Weite Hakenabstände
	SL3	7b	30m	Weite Hakenabstände

CLIMAX
HAUPTESEKTOR

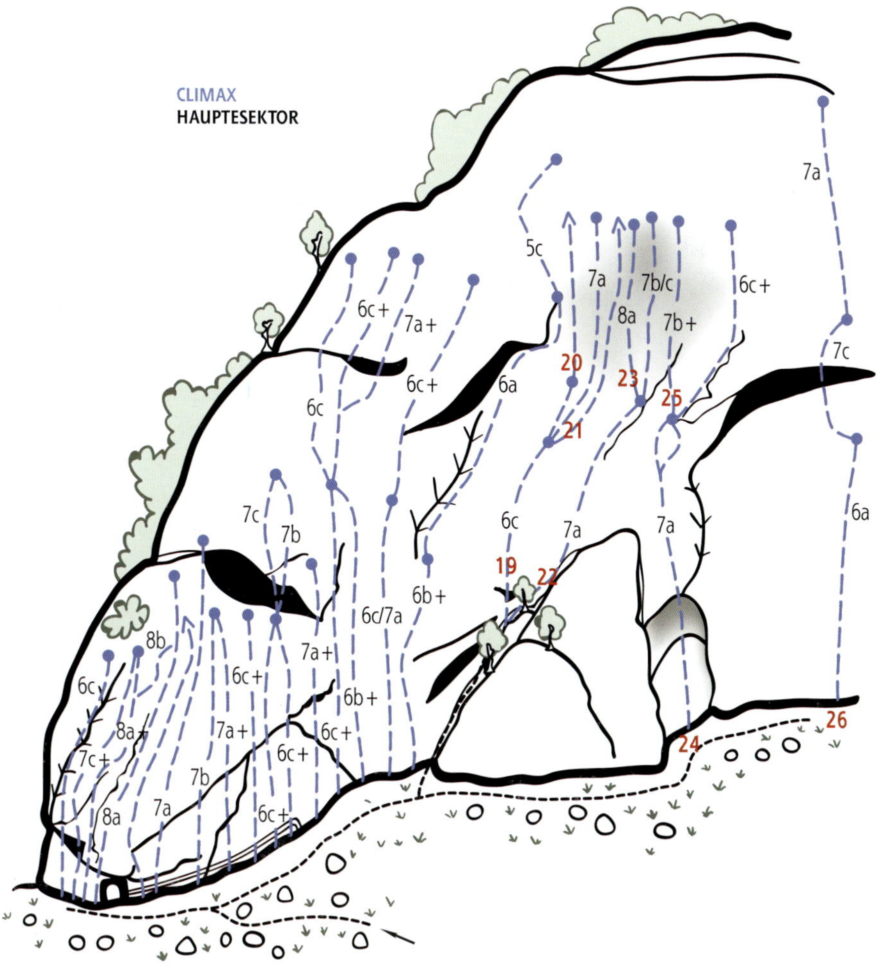

Dro - Pietramurata - Sarche

Il Giardino delle occasioni perdute

43

Der Klettergarten liegt in einem sehr ruhigen Waldgebiet, von hier hat man einen schönen Ausblick auf den See von S. Massenza, den kleinen Ort Fraveggio und die weiter entfernten Gipfel der Paganella. Den grauen, kompakten Kalkfels kann man durchaus als fantastisch bezeichnen, aber auch in den einfacheren Routen ist eine gute Fußtechnik sowie ein gutes Auge für das Erkennen von kniffligen Stellen gefragt. Fast alle Routen sind schön und lang, die meisten liegen im Bereich zwischen 6a und 6c.
Der Klettergarten wurde beinahe komplett von M. Bertolasi und seiner Frau erschlossen. Als erste Route würde 1995 die Linie *Giardino delle occasioni perdute* eingebohrt.

Erschließer: M. Bertolasi, F. Garbari, P. Marchetti u.a.

Anfahrt/Zustieg
Von Arco 21 km, dann 15 Min. Zustieg auf Wanderweg.

Von der Sarcabrücke in Arco (auf der S.S.45bis) in Richtung Trento/Madonna di Campiglio/ Sarche. Man erreicht Pietramurata (12,2 km), fährt über die Sarcabrücke und weiter Richtung Madonna di Campiglio. Am Kreisverkehr geradeaus, am Einkaufszentrum vorbei und am Outlet Vertical Sportgeschäft und weiter am See entlang. Nach dem See und vor der Brücke links ab in Richtung Santa Massenza. Durch das Dorf, unter einem Torbogen hindurch und noch 300 m weiter geradeaus. Am Ortsausgang dann links neben dem Friedhof parken. Nun zu Fuß zurück auf die Hauptstraße und in die erste kleine Straße nach rechts einbiegen. Weiter bergauf, an einem markanten ockerfarbenen Haus vorbei. Aus dem Asphaltsträßchen wird ein Schotterweg, man fährt weiter bis zu einem Gebäude aus Blech. Hier beginnt rechts ein Wanderweg ab, der diagonal rechts zu einem weiteren, gut markierten Weg führt. Jetzt links weiter, nach etwa 10 m ist die Felswand rechts gut zu sehen.

?	3
7b	1
7a	2
6c	5
6b	5
6a	4

20

Alexandra Ercolani, *Dead can dance*, 6c *(ph. B. Quaresima)* ▲

1 LINFOMANE	?	10m	Platte mit Boulder
2 TOP GUN	?	10m	Platte mit Boulder
3 È MEGLIO USARE L'ATTACK	?	8m	Platte mit Boulder
4 DULCIS IN FUNDO	6a	16m	Einstiegskamin, dann Platte mit Einzelstelle
5 LA DANZA IMMOBILE	7a	16m	Einstieg auf glatter Reibungsplatte, dann wunderschöne Tropflöcher
6 LA POZIONE DI MA	6b	18m	Schwer erkennbare Einstiegspassage, dann schöne, steile Rissverschneidung und kleiner Überhang
7 ASCELLE DELIRANTI	6c+	18m	Gerade hoch vielleicht sogar 7a+. Danach Platte und Sintersäule
8 IMPATTO FATALE	7a+	18m	Ursprünglich 6c+, jetzt schwieriger, da am 2. Haken ein Griff ausbrach (Längenzug)
9 CONSAPEVOLEZZA	6c+	18m	Immer schwieriger werdende Platte, leicht überhängende Wand
10 LA FEBBRE DEL RAGNO ROSSO	7b	15m	Platte in rotem, leicht überhängenden Fels, Einstiegsboulder
11 IL BOSCO DELLE NUVOLE	6c+	25m	Schöne Platte mit Tropflöchern, Schuppen und kleinen Leisten
12 PAPA WAS A ROLLING STONE	6c+	25m	Schöne Platte mit Tropflöchern, Schuppen und kleinen Leisten

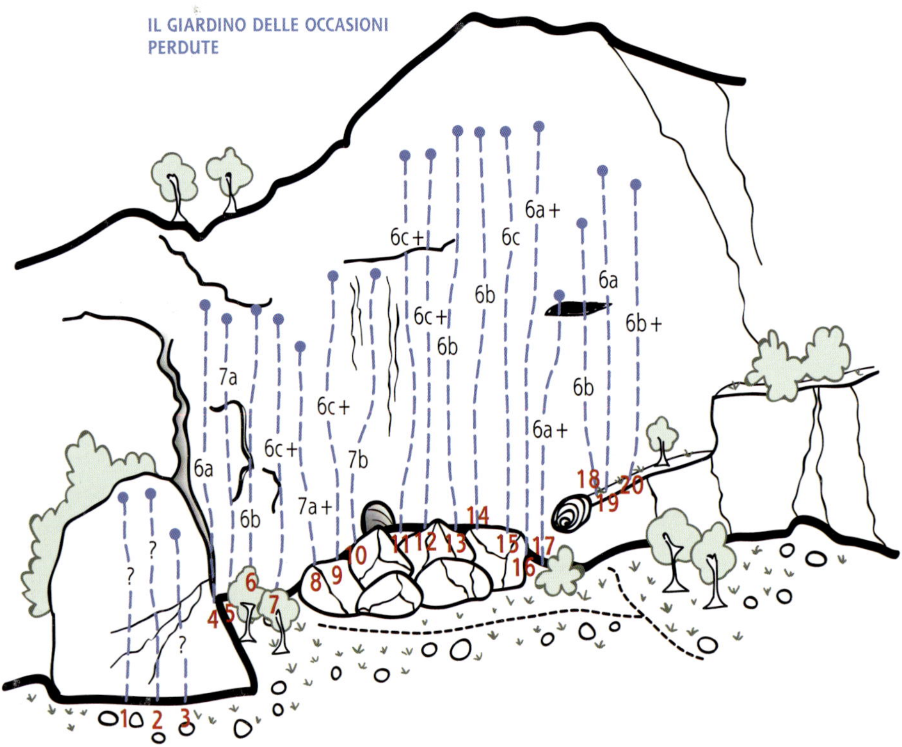

13 IL GIARDINO DELLE OCCASIONI PERDUTE	6b	27m	Leichter Überhang, sehr schöne Kletterei
14 POLI SPIRITOSI	6b	27m	Strukturierte Platte, Ausstieg onsight ziemlich schwierig
15 DEAD CAN DANCE	6c	27m	Kleines Einstiegsdach, dann Platte
16 QUARANTAVIERZIG	6a +	27m	Technisch anspruchsvolle Platte mit schwierigem Einstieg
17 RITMI SOLARI	6a +	12m	Technisch anspruchsvolle Platte mit schwierigem Einstieg, schön aber zu kurz!
18 ODE AI BARBARI	6b	15m	Nicht einfache Platte, Reibungspassagen onsight schwierig
19 POCIMANIA	6a	18m	Strukturierte Platte, nur zu Beginn schwer
20 SSENZA MA	6b +	18m	Schöne Einstiegsplatte, Boulderzug im Mittelteil, dann einfach

Dro - Pietramurata - Sarche

La finestra

In der überhängenden gelben Wand existieren momentan 20 Routen im Bereich über 7a. Hier sind vor allem viel Fingerkraft und großes Ausdauervermögen gefordert. Zu den Einstiegen der rechten Routen (ab *Super Barrio*) gelangt man mit Hilfe eines Fixseils. Auf dem Felsband folgen dann nach der Linie Dopo è buio sul ghiacciao einige sehr überhängende Routen von A. Lucchi und D. Lira. Vorsicht: Das Fixseil zu diesen Routen ist recht alt.
Das Panorama von hier ist einmalig, es reicht vom Lago di Santa Massenza über den Ort Fraveggio bis hin zu den Ausläufern der Paganella. Weiter im Norden ist der Lagorai erkennbar, im Süden das Tal von Cavedine und die drei Gipfel des Monte Cornetto.

Erschließer: M. Bertolasi, D. Lira, A. Lucchi u .a.

Anfahrt/Zustieg
Von Arco 21 km, dann 20 Min. Zustieg auf Wanderweg.

Von der Sarcabrücke in Arco (auf der S.S.45bis) in Richtung Trento/Madonna di Campiglio/Sarche. Man erreicht Pietramurata (12,2 km), fährt über die Sarcabrücke und weiter Richtung Madonna di Campiglio. Am Kreisverkehr geradeaus, am Einkaufszentrum vorbei und am Outlet Vertical Sportgeschäft und weiter am See entlang. Nach dem See und vor der Brücke zweigt man links ab nach Santa Massenza, dann durch das Dorf, unter einem Torbogen hindurch und noch 300 m weiter geradeaus. Am Ortsausgang dann links neben dem Friedhof parken. Nun zu Fuß zurück auf die Hauptstraße und in die erste kleine Straße nach rechts einbiegen. Immer den Berg hoch, an einigen Häusern vorbei bzw. an einer Trockenmauer entlang. Aus dem Asphaltsträßchen wird ein Schotterweg, der bei

?	4
8a	1
7c	4
7b	5
7a	5
6c	1

20

einem Gebäude der Wasserleitung endet. Hier zweigt ein Wanderweg ab und führt rechtshaltend diagonal zu einem weiteren, gut markierten Weg. Rechts weiter, über ein Geröllfeld und gleich links auf einen Wanderweg (Bez. ‚Margone-Scal'). Nach etwa 200 m Aufstieg erreicht man eine Felsplatte (rechts) mit alten, geschlagenen Haken und einem großen, roten Punkt. Hier jetzt links auf den flach verlaufenden Pfad und kurz darauf zum Klettergarten.

1 OHNE NAMEN	7c+	20 m	Harte Boulderpassage
2 VERDE SGRONDO	7b+	20 m	Technik und Fingerkraft in leicht überhängender Wand
3 ULAN BATOR	7a+/b	20m	Technik und Fingerkraft in leicht überhängender Wand
4 TOUCH AND GO	7c+	25 m	Ausdauernd, technisch anspruchsvoll, Fingerkraft
5 EGOMANIAC KID	8a	25 m	Technisch anspruchsvoll an Leisten in leicht überhängender Wand, ausdauernd
6 UN ATTIMO	7b+	25m	Harte Einzelzüge im Mittelteil, Ausstieg in leicht überhängender Wand
7 SUPER BARRIO	7c	25m	Leicht überhängende Wand, schön, ausdauernd, technisch mit Fingerkraft
8 MARZIANO TI AMO	7c	25m	Leicht überhängende Wand, schön, ausdauernd, technisch mit Fingerkraft
9 POTATO CRISPIES	7b	30m	Leisten in leicht überhängender Wand
10 TRASLOCO FORZATO	7a	30m	
11 DALLA TERRA ALLA LUNA	7a	30m	
12 TRA ZERO E 8000	6c+	30m	Gelbe überhängende Wand, dann graue, strukturierte Platte
13 CONQUISTATORI DELL'INUTILE	7a	30m	Gelbe überhängende Wand, dann Platte
14 E' BUIO SUL GHIACCIAIO	7a+	30m	Gelbe überhängende Wand, dann Platte
15 FOTTITI BASTARDO	7b+	30m	
16 OHNE NAMEN	?	30m	Traverse im Überhang, Vorsicht: gefährlich
17 OHNE NAMEN	?	30m	Noch unvollendetes Projekt
18 SOTODO MIKE	7b+	30m	Sehr schöner, Audauerkraft fordernder Überhang
19 OHNE NAMEN	?	30m	Projekt von Daniele Lira
20 OHNE NAMEN	?	30m	Ausstiegsvariante des Projekts von Lira

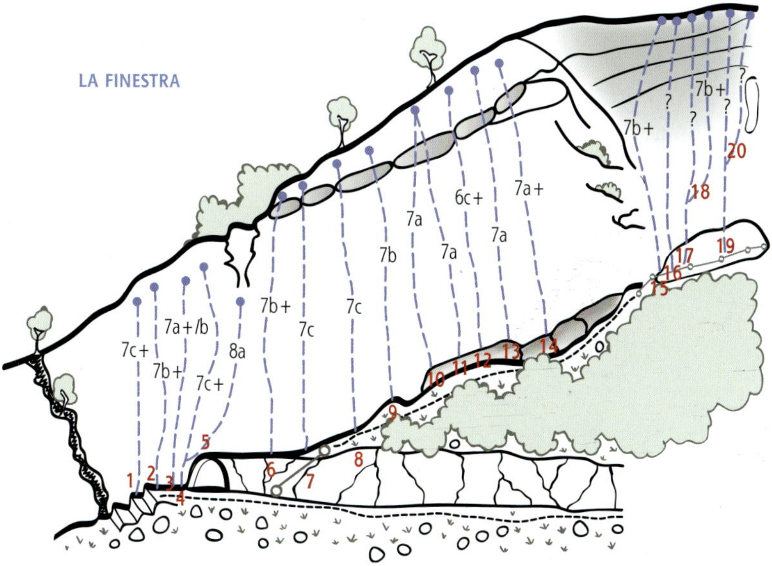

Deep Water Soloing

Herrliche Felsen, knapp über dem Wasser, eine wunderschöne Umgebung – noch mehr Wünsche? Zum DWS (Deep Water Soloing) braucht es neben Kletterschuhen nur noch einen Magnesiabeutel, den man an einen Felsvorsprung hängt sowie vielleicht ein Handtuch.
Schon 1979 haben Giuliano Stenghel und Alessandro Baldessarini diese Wände ganz in der Nähe des Hafens von Riva entdeckt. Sie waren gerade aus den Calanques in Südfrankreich zurückgekommen, wenig verwunderlich, dass ihre hier erschlossene Traverse den Namen "Via Calanques" erhielt. Später kam noch die schöne Route "Linea Poetica" dazu (Stenghel, Zenatti, Sartori) sowie an der Parete Serenella eine weitere herrliche, 200 Meter lange Traverse.
Giampaolo Calzà, der immer wieder zum Trainieren hierher kommt, hat uns auf diese DWS-Möglichkeiten hingewiesen und wir wollten nicht versäumen, sie in dieser Ausgabe vorzustellen.
Wir empfehlen, einen Klettergurt anzuziehen und eine Selbstsicherungsschlinge mit Karabiner mitzunehmen, denn es gibt immer wieder Haken zum Ausruhen. Auch sollte man nie alleine klettern und vielleicht sogar auch eine Schwimmweste anziehen. Auch an sehr heißen Sommertagen sind die Touren ein Genuss. Alle drei vorgestellten Traversen verlaufen 2-3 Meter über dem Wasser, es gibt viele Varianten und auch komplett neue Bouldermöglichkeiten.

Erschließer: G.Stenghel, A.Baldessarini, P.Calzà, E.Zenatti, F.Sartori u.a..

Anfahrt/Zustieg
Von Arco ca. 6,4 km, dann 10 Min. zu Fuß auf Radweg, dann 10-15 Min. mit einem Tret- oder Paddelboot bis zu Parete Serenella (15-25 Min. zu den anderen Wänden).

Von der Sarcabrücke in Arco nach Riva (S.S.45 bis) und dort am Kreisverkehr weiter in Richtung Rovereto/ Trento. Auf der linken Straßenseite ist bald das große Gebäude der Feurewehr (Vigili del Fuoco) zu sehen, hier parkt man auf dem großen kostenlosen Parkplatz (6,4 km von der Sarcabrücke in Arco). Jetzt überquert man die Straße und geht auf dem Radweg 500 m weiter zur Punta Lido, wo man Tret- und Paddelboote mieten kann. Bis vor kurzem konnte man den Fels auch durch die Tunnels der alten Straße erreichen, heute ist dieser Zugang leider verboten. Vielleicht ändert sich das in Zukunft aber wieder.

1 PARETE SERENELLA
6c 200m
In der Tour existieren ein paar Haken, an denen man ausruhen kann (2014). Die Entdeckung dieser fantastischenTraverse haben wir Giuliano Stenghel zu verdanken. Von rechts nach links : 6b 6a 6c 6a 6c (Ankermöglichkeit Boot) 6a 6a 5b 5b

2 LAGO BLU
7b+ 50m
Sehr schöne Traverse mit einer ziemlich schwierigen Passage, erschlossen von Giampaolo Calzà. Die Felswand liegt ca. 300 m nach der Parete Serenella. Von Nord nach Süd: 6a, dann Stellen 6b, die folgende Passage ist 7b+ (10 m).

3 PARETE IRIDE
7a 70m
Die Traverse folgt in weiten Zügen der Linea Poetica. Die Wand liegt ca. 70 m nach derjenigen mit der Tour Lago Blu.
Von Nord nach Süd: einige Stellen 6b, Einzelzug 7a/+, dann 6a/6b (10 m), danach Stelle 7a, der Rest liegt zwischen 5b/c und 6a.

◄ Deep Water Soloing, SParete Serenella, tefano Folgarait *(ph. Giampaolo Calzà)*

Regina del Lago

Leichte bis mittelschwere Routen und schöne Ausblicke auf den Gardasee kennzeichnen dieses Klettergebiet. Es gibt viele schöne Linien im Grad 6a bis 6b, auch deshalb zählt dieses Massiv zu den stärker frequentierten. Das werdet ihr nach einem Besuch ebenfalls feststellen. Zudem bieten zwei interessante Sektoren auch Mehrseillängenrouten, die meist mit Bohrhaken ausgestattet sind und Schwierigkeiten bis 6c bieten.

Der Zustiegsweg ist recht bequem, aber nicht einfach, das Gebiet liegt sehr ruhig und am bewaldeten Wandfuß ist es ziemlich kühl. Die Erschließer haben sich schon beim Zustieg viel Mühe gegeben und an der Wand viel Putzarbeit geleistet. Wenn ihr kurz vor dem Einsteigen eure Kletterschuhe reinigt, bleiben uns diese wunderschönen Routen vielleicht noch lange erhalten!

Oberhalb des Klettergartens befinden sich steile, bewaldete Hänge, die von Felsen durchsetzt sind. Es ist also besser, einen Helm zu tragen. Verursacht möglichst keinen Steinschlag, denn auf der darunterliegenden (alten) Straße nach Ponale sind immer viele Radfahrer und Wanderer unterwegs; die Route ist für Mountainbiker einer der Klassiker schlechthin und führt bis zum Ledro-See: Ein Muss!

Erschließer: M. Santi, D. Falcone, R. Marchi, E. Cigalotti u. a.

Anfahrt/Zustieg

Von Arco 12,8 km, dann 10-15 Minuten Zustieg auf einem Wanderweg.

Von der Sarcabrücke in Arco in Richtung Riva und dann weiter in Richtung Ledro-See/Storo, durch einen langen Tunnel und kurz nach der Abzweigung nach Pregasina auf dem großen Platz auf der linken Straßenseite parken.

Zu Fuß nun zum Tunnel zurück und rechts auf die alte Straße (Durchfahrt verboten) nach Ponale. Durch den kleinen Tunnel und weiter bergab. Auf der linken Straßenseite ist eine Steinmauer. Am Ende dieser Mauer (bzw. gegenüber eines kleinen Platzes) beginnt ein Wanderweg. Jetzt auf die Mauer steigen, kurz auf dieser entlang und dann dem Pfad folgen

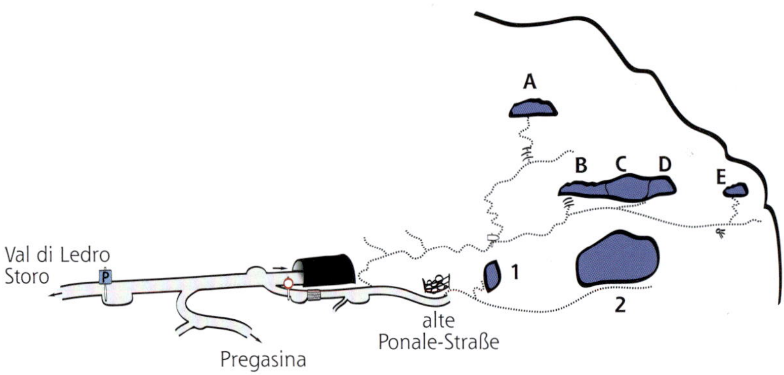

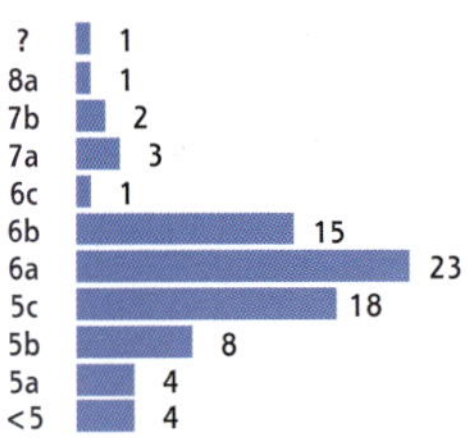

78

(nicht links abzweigen), weiter bergauf und dann flacher weiter. Nach einer Engstelle mit großen Felsblöcken und an einer sehr ausgesetzten Stelle (deutlich später) erreicht man eine Abzweigung mit dem Schild „Palestra" (Klettergarten).

Ab hier zum Sektor A:
Links etwa 7-8 Min. auf dem gut markierten Pfad weiter bergauf. Kurz bevor er flacher wird, wieder links (Steinmann) und über einen steinigen Abschnitt zur Felswand.

Ab hier zum Sektor B, Regina del Lago, (C), D und E:
Zunächst weiter geradeaus, bis auf der linken Seite Steigspuren zu den verschiedenen Sektoren führen. Man erreicht zunächst den Sektor B und kurz darauf die beiden anderen.

Zu den Sektoren Prima und Seconda Fascia (Mehrseillängenrouten):
Vom Parkplatz zu Fuß zum Tunnel zurück und rechts auf die alte Straße (Durchfahrt verboten) nach Ponale. Durch den kleinen Tunnel, an einer Schranke vorbei und weiter bergab, bis auf der linken Seite ein Bergrutsch mit Steinschlagnetzen sichtbar ist. Hier dann schräg rechtshaltend in den Wald aufsteigen bis kurz darauf die Kante, die den Sektor Prima Fascia begrenzt, erreicht ist. Zum Sektor Seconda Fascia auf dem Weg rechts weiter bis zu den Routeneinstiegen (bitte keinen Steinschlag verursachen, die Straße unterhalb wird in der Saison stark von Bikern und Fußgängern frequentiert).

(ph. arch. Donato Falcone)

SEKTOR A

1 DUE SFERE	6c+	18m	Platte mit kleinen Dellen, Fußtechnik
2 ILLUSIONE	6a+	20m	Einstieg leicht, dann schöne Tropflöcher und Schuppen
3 SOTTO ZERO	5b	20m	Geneigte Platte, Ausstieg schwierig
4 OHNE NAMEN	5c	32m	Schöne Platte mit Aufschwüngen
5 GAUDÍ	6a	30m	Technisch schwierige Reibungsstelle
6 TACHICARDIA	6b+	30m	Platte, technisch schwierige Stelle, Ausdauer
7 ANTIBIOTICO	5c	25m	Einstieg etwas bröselig, dann schöner Riss
8 TANNINO	6b	15m	Schöne Wand mit Tropflöchern und Dellen, Ausdauer
9 PETTIROSSO	6a	28m	Herrliche Schuppe bzw. Verschneidung, dann Platte. Sehr schön
10 BIANCANEVE	6a	25m	Strukturierte Platte, sehr schön
11 ESMERALDA	6b	25m	Unten leicht, harter Zug vor dem Umlenker
12 SASSI E SESSO	6a+	20m	Fast senkrechte Tropflochplatte. Nicht einfach
13 C.N.S.A.S. Val di Ledro	6b	20m	Einzelstelle im mittleren Teil
14 9 FEBBRAIO	6a	30m	Wunderschöne Linie, Einzelstelle zu Beginn
15 NUOVI POVERI	6b	30m	Kurze Platte mit Fußtechnik, heikler Bauch
16 2 CINGHIALI	6a	32m	Sehr schöner Ausdauer-Ausstieg
17 GLI INVISIBILI	5b/c	25m	Schön strukturierter Fels
18 OHNE NAMEN	?	?	Projekt, noch nicht ganz eingebohrt
19 IL TEMPO CHE PASSA	6a+	22m	Einstiegszug an Bauch
20 GEISHA	6a	22m	Schöne Bewegungstechnik in der Platte

SEKTOR B

1 SOGNI PROIBITI	6a	20m	Einstieg an Tropflöchern, dann einfacher
2 LA GENESI	5c	20m	Ausdauer an Löchern, Stand gemeinsam mit Nr. 1

REGINA DEL LAGO
SEKTOR A

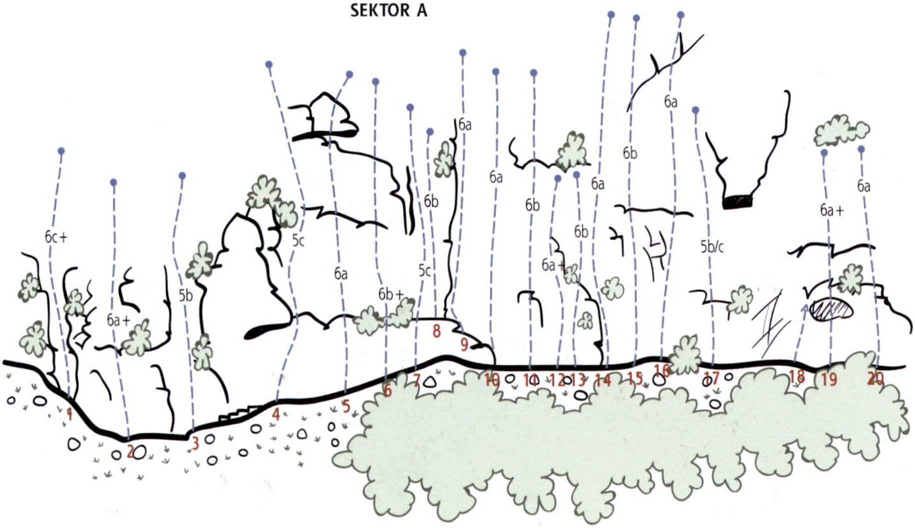

3 SADIKI		6a/b	20m	Fingeriger Zug in der Mitte, sehr schön
4 PHILIPP FLANN		6b	25m	Senkrechte Platte mit Tropflöchern, Mittelteil und Ausstiegswand sehr schön
5 NÖEL 2003		5c	22m	Einzelstelle in der Mitte, dann sehr schön
6 NIKITA		6b	18m	Abschüssige Tropflöcher in der Mitte
7 L'ARROGANTE		6b	22m	Kleiner Überhang, sehr schöne Wand im Mittelteil
8 FLEBO		6a+	32m	Lange Route auf geneigter Platte, sehr schön
9 SASSICAIA		5c	32m	Lange Route auf geneigter Platte, sehr schön
10 SOPRA		5b	10m	Kleine strukturierte Platte
11 SOTTO		5c	10m	Kleine strukturierte Platte. Stand gemeinsam mit Nr. 10
12 OSSESSIONE		6a	25m	Einstieg nicht einfach, dann schön strukturierter Fels
13 EL CIGA		6a	25 m	Schöne Platte, Fußtechnik, fantastischer Riss
14 EROS		6b+	20m	Im Mittelteil Bewegungstechnik
15 A TESTA IN GIÚ		6a+	22m	Strukturierte Platte, heikler Ausstieg

SEKTOR REGINA DEL LAGO (C)

1 SPIRITO LIBERO	SL1	5a	30m	Fußtechnik in strukturierter Platte
	SL2	6b+	30m	Kleiner Überhang, sehr schöne Platte, geschlagene Haken
2 IRIS		5c	10m	Kurze Platte, heikel
3 CASA DEL FALCO		5c	10m	Einzelstelle im Ausstieg, schön
4 UNA PER TUTTI	SL1	5a	27m	Sehr schöne, geneigte Platte
	SL2	5c	16m	Sehr schöne, fast senkrechte Platte
	SL3	5c	16m	Herrliche Platte, Einzelstelle vor dem Umlenker
5 SASSO IN FACCIA	SL1	6a+	30m	Wunderschöne Platte, Fußtechnik
	SL2	6a+	30m	Platte, Ausdauer
6 SEGNI DI GUERRA		6a+	30m	Rechtsvariante nach der 1. Länge von Nr. 5

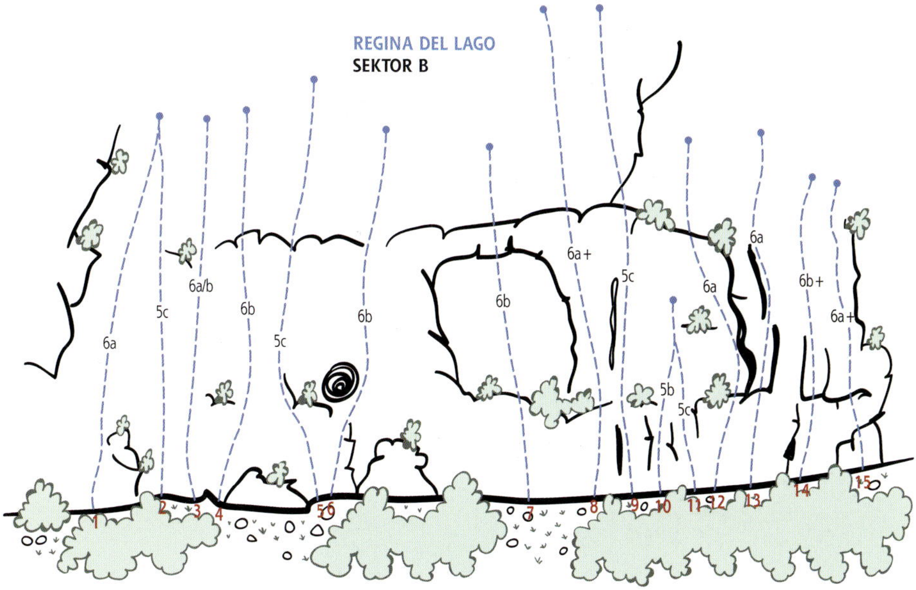

7 3 DICEMBRE	SL1	6a	30m	Schön, Einstieg heikel
	SL2	3a	15m	Leicht, etwas loses Gestein
	SL3	6a	30m	Senkrechte Platte mit einem geschlagenen Griff. Schön
8 GECKO		6b+	30m	Variante von Nr. 7. Kleine Tropflöcher und Löcher, viel Fingerkraft
9 RISTORANTE DA GIANNI		6b+	30m	Einstieg mit Piaztechnik, dann Bauch, schöne Untergriffe
10 GOBBI SPORT		7a	10m	Senkrechte kleine Wand, Boulder über den Bauch
11 LA MANSARDA DEL TROMBINO		5c	30m	Verschneidungen, Schuppen, strukturierter Fels
12 REGINA DEL LAGO	SL1	5c	18m	Schöne Verschneidung, sehr schöne Linie, empfehlenswert
	SL2	6a+	15m	Sehr schöne Verschneidung
	SL3	5c	15m	Sehr schöner Quergang mit herrlichem Panorama
	SL4	3a	15m	Leichter Ausstieg, etwas loses Gestein
13 ZIO GENIO	SL1	5c	20m	Schöne Verschneidung
	SL2	5c	20m	Aufschwünge
	SL3	3a	20m	Leichter Ausstieg, etwas loses Gestein

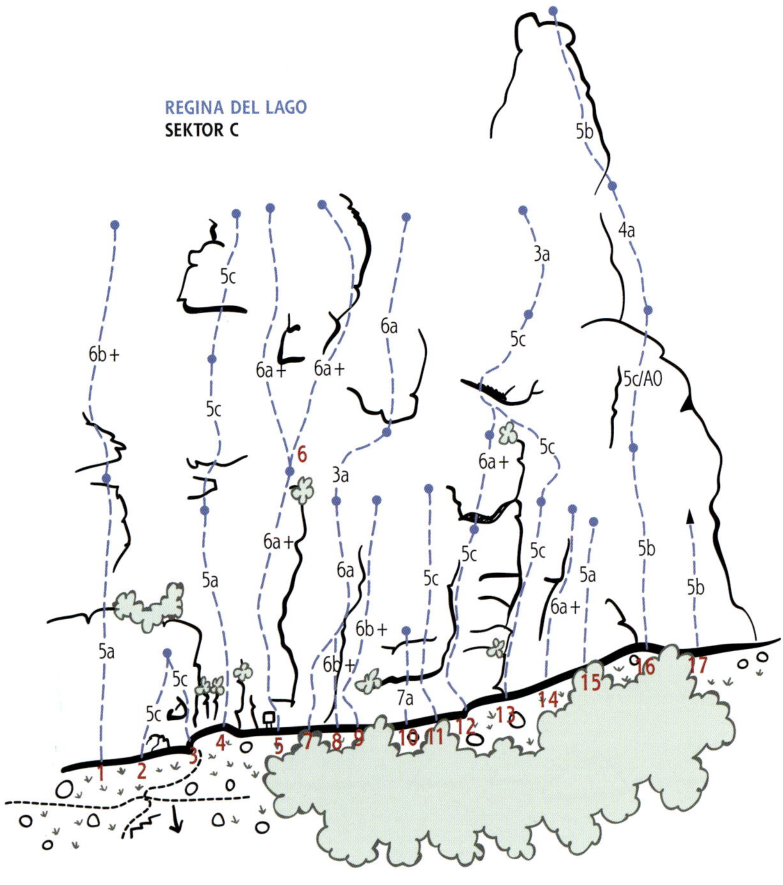

14 ERNIA	SL1	5b	25m	Strukturierte Platte
	SL2	5c/A0	25m	Einzelstelle am kleinen Dach
	SL3	4a	25m	Leicht, etwas loses Gestein
	SL4	5b	25m	Wunderschöner kleiner Pfeiler
15 PAPPA		5a	15m	Schöne Linie in sehr kompaktem Gestein (kein Topo)
16 CICCIA		5b	15m	Schöne Linie in sehr kompaktem Gestein (kein Topo)
17 SEMIRAMIDE	SL1	5b	20m	Herrliche Passage vor dem Stand
	SL2	5b	15m	Leichter Quergang, gutgriffige kleine Wand
	SL3	5c	30m	Abwechslungsreich
	SL4	5c/6a	30m	Zuerst nicht gerade schöner Fels, aber die letzten 10m sind fantastisch

SEKTOR D

1 PICCOLO BUDDA	7b+	12m	Schräge Leisten und Aufrichter, nicht einfach
2 GONZALIER	7a	12m	Folge von kleinen Dächern
3 IRPINIA 80	7a+	18m	Einstiegsboulder, dann kleines Dach mit guten Griffen
4 MANUEL 2005	7b	18m	Senkrechte Wand mit Leisten, dann Tropflochplatte

SEKTOR E

1 UPSIDE DOWN	8a	25m	Herrlicher versinterter Überhang
2 BRACCIA TESE	6b	12m	Kleine Leistenund gute Griffe. Etwas dreckig
3 IN BOCCA AL BUCO	6b	12m	Leisten. Platte
4 OHNE NAMEN	6b+	12m	Zuerst viele Konkrezionen, dann Wulst mit Slopern
5 OHNE NAMEN	6a+	12m	Leisten, Seitgriffe, Platte und Überhang

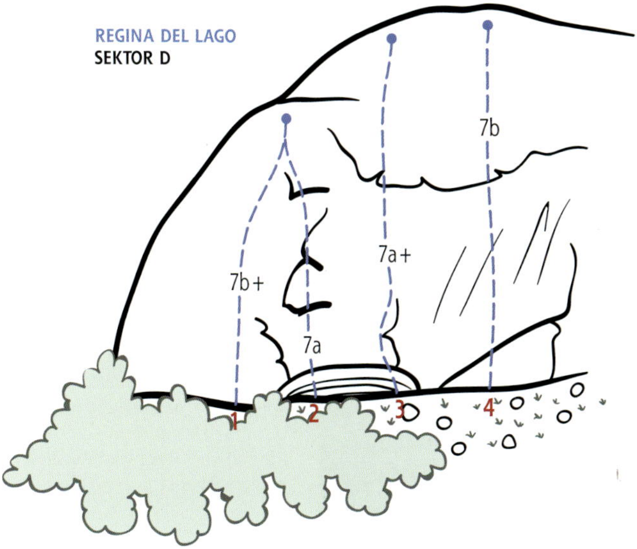

SEKTOR PRIMA FASCIA

1 VIA SOUVENIR
D. Falcone, R. Marchi 2005
6c (6a+ obl.) Bohrhaken
100 m SL1 6b+, SL2 6c, SL3 6a+ A0, SL4 6b
Anhaltend schwierige und ermüdende Route.
Vom letzten Stand noch 30 leichte Meter bis zum Abstiegspfad.
Abstieg über Pfad: vom Ausstieg nach links, 10 Min. bis zum Parkplatz.

2 VIA SOLE DEL SUD
D. Falcone, R. Marchi 2004
6b (5c obl.) Bohrhaken
100bm SL1 5c, SL2 6a, SL3 6a+, SL4 6b
Sehr schöne Linie mit herrlicher 2. Seillänge. Nur eine Passage 6b. Vom letzten Stand noch 30 leichte Meter bis zum Abstiegspfad. Nordseitig ausgerichtet, deswegen an heißen Tagen empfohlen.
Abstieg über Pfad: vom Ausstieg nach links, 10 Min. bis zum Parkplatz.

3 VIA CAINO E ABELE
M. Santi, D. Falcone 2002
6a+ (5c obl.) Absicherung mit Bohr- und Normalhaken
150 m SL1 6a+, SL2 4c, SL3 5c, SL4 5c/6a, SL5 5a
Schöne Route, insbesondere die 3. SL und der Quergang in der 4. SL
Abstieg über Pfad: vom Ausstieg nach links, 10 Min. bis zum Parkplatz.

SEKTOR SECONDA FASCIA

1 VIA PLAISIR
D. Falcone, G. Falcone 2009
6a (5b obl.) Bohrhaken und Sanduhren
80 m SL1 5b, SL2 5c, SL3 5c/6a
Schöner und sehr strukturierter Fels, insgesamt lohnende und abwechslungsreiche Route. Vom letzten Stand noch 100 m leicht bis zum Abstiegsweg. Die Linie wurde von unten nur mit Friends eröffnet.
Abstieg über Pfad: vom Ausstieg nach links, 10 Min. bis zum Parkplatz.

2 VIA BABILONIA
D. Falcone, R. Marchi 2007
6a (5b obl.) Bohrhaken
100 m SL1 6a, SL2 5b, SL3 6a, SL4 5b
Interessante Linie mit einer sehr schönen 3. SL. Vom Ausstieg weiter in den Wald aufsteigen bis zum Abstiegsweg.
Abstieg über Pfad: vom Ausstieg nach links, 10 Min. bis zum Parkplatz.

3 VIA SOLE MINORE
M. Santi, D. Falcone 2003
6a (5b obl.) Bohrhaken
90 m L1 5b, L2 6a, L3 5b
Leichte und sehr schöne Route, eine einzige Stelle 6a. Von unten eröffnet, außergewöhnliche 2. SL.
Abstieg über Pfad: vom Ausstieg nach links, 10 Min. bis zum Parkplatz.

4 VIA SESTO SENSO
D. Falcone, E. Cigalotti 2003
6a+ (5c obl.) Bohrhaken
100 m SL1 5b, SL2 6a+,SL3 5c, SL4 3a
Leicht und abwechslungsreich, sehr schöne 3. Seillänge. Vom letzten Stand schräg linkshaltend bis zum Abstiegsweg.
Abstieg über Pfad: vom Ausstieg nach links, 10 Min. bis zum Parkplatz.

5 VIA FIORI DI PRIMAVERA
M. Santi, D. Falcone 2001
6b+ A0 (6a obl.) Bohrhaken
150 m SL1 5b, SL2 6a, SL3 6a+, SL4 6b+, SL5 6a A0, SL6 4a
Sicherlich die schönste Route in diesem Sektor. Sehr exponiert, von unten eröffnet.
Vom letzten Stand schräg linkshaltend noch 150 m bis zum Abstiegsweg.
Abstieg über Pfad: vom Ausstieg nach links, 10 Min. bis zum Parkplatz.

REGINA DEL LAGO
SECONDA FASCIA
1
2
3
4
5
6
7
8
9
10
11
12
13
14
15
16
17
(ph. arch. Donato Falcone)

6 VIA PIRANHA
M. Santi, E. Mazzarini 2003
7a+ Unterschiedliche Haken
SL1 VI+,S L2 7a+, SL3 VII oder A0, SL4 6c, SL5 IV
Standplatz 2 und 3 gemeinsam mit der Route *Fiori di primavera.*
Abstieg über Pfad: vom Ausstieg nach links, 10 Min. bis zum Parkplatz.

7 VIA BACCO TABACCO E VENERE
M. Santi, D. Falcone 2003
6b A0 (6a+ obl.) Bohrhaken
140 m SL1 6b+, SL2 6b, SL3 6a+ A0, SL4 6b+,SL5 6a, SL6 6a+
Ein absolutes Muss! Sehr exponierte und anstrengende Route. Für die 3. SL (A0) sind 18 Expressschlingen notwendig.
Am Stand der 3. SL kreuzt die Route *Follie d'Autunno*, diese führt nach links weiter.
Abstieg über Pfad: vom Ausstieg nach links, 10 Min. bis zum Parkplatz.

8 VIA FOLLIE D'AUTUNNO
D. Falcone, R. Marchi 2006
6c A0 (6b obl.) Bohrhaken
120 m SL1 6a+, SL2 6b+, SL3 6c+ A0, SL4 6b+ A0, SL5 4c
Luftige, anstrengende Route, sehr ausdauernd und mit einer tollen letzten Seillänge. Bis zum 3. Stand von unten eröffnet.
Am 3. Stand kreuzt die Linie *Via Bacco Tabacco e Venere*, diese führt rechts weiter.
Abstieg über Pfad: vom Ausstieg nach links, 10 Min. bis zum Parkplatz.

9 FROM YOUR EYES BORN THE SKY
M. Santi, R. Maroni 2003
VII+ alpine Absicherung
130m SL1 VII+, SL2 VII+ od. A0, SL3 VII+, SL4 VII+
Alpine Route.
Abstieg über Pfad: vom Ausstieg nach links, 10 Min. bis zum Parkplatz.

10 OHNE NAMEN
Alte Linie mit 8mm-Plättchen.
Abstieg über Pfad: vom Ausstieg nach links, 10 Min. bis zum Parkplatz.

11 DEI NONNI
M. Santi, E. Mazzarini 2009
7b obl. Bohrhaken clessidre e chiodi
100m SL1 7b, SL2 7a, SL3 6b+, SL4 6b
Abstieg über Pfad: vom Ausstieg nach links, 10 Min. bis zum Parkplatz.

12 SEGHE E TAVERNELLO
M. Santi, E. Mazzarini 2009
VI+/VII Normalhaken und Sanduhren
80m SL1 VI+, SL2 VI+, SL3 V, SL4 VI
Alpine Route, in der 3. Seillänge etwas brüchig.
Abstieg über Pfad: vom Ausstieg nach links, 10 Min. bis zum Parkplatz.

13 FAVOLA LEDRENSE
M. Santi, R. Maroni 2003
VII+ Bohr-und Normalhaken
100 m SL1 VI, SL2 VI+, SL3 VII-, SL4 Rampe in den Wald, SL5 VII-
Alpine Route .
Abstieg über Pfad: vom Ausstieg nach links, 10 Min. bis zum Parkplatz.

14 VIA SETTIMO CIELO
M. Santi, D. Falcone 2003
5c/6a (5a obl.) Bohrhaken
110 m SL1 5b, SL2 5c/6a, SL3 5c, SL4 5b
Sehr schöne Tour, strukturierter Fels mit vielen Löchern und kleinen Rissen. Von unten eröffnet.
Abstieg über Pfad: vom Ausstieg nach links, 10 Min. bis zum Parkplatz.

15 VIA VIAGRA
D. Falcone, R. Marchi 2009
6b (5c obl.) Bohrhaken und Sanduhren
120m L1 6b, L2 III, L3 6a, L4 5b
Sehr abwechslungsreiche Linie. Erste Seillänge anstrengend, dann leichter. Die Haken stecken etwas weiter auseinander. Von unten eröffnet und später neu abgesichert.
Abstieg über Pfad: vom Ausstieg nach links, 10 Min. bis zum Parkplatz.

16 VIA DONNE DI CUORI
D. Falcone, R. Marchi 2009
5c (5a obl.) Bohrhaken
100 m SL1 5c, SL2 5a, SL3 5b, SL4 4a
Interessante Route mit sehr schöner Verschneidung in der ersten Länge. Vom 1. Stand ist eine Variante (6b+) nach rechts möglich. Von unten eröffnet.
Abstieg über Pfad: vom Ausstieg nach links, 10 Min. bis zum Parkplatz.

17 VIA MESSALINA
D. Falcone, R. Marchi 2009
6a (5a obl.) Bohrhaken
110 m SL1 6a, SL2 5c, SL3 5c, SL4 5b
Leichte Route mit einer sehr schönen Aussicht und einigen tollen Passagen. Von unten eröffnet.
Abstieg über Pfad: vom Ausstieg nach links, 10 Min. bis zum Parkplatz.

"Casa Falcone"

Ledro (TN) – Via dei colli 29c , 38067

Tel. +39 0464508797 – casafalcone@arrampicata-ledro.it

www.arrampicata-ledro.it

HOLIDAY APARTMENT SPORT FERIENHAUS RELAX

3 Km da Biacesa , falesia "Regina del Lago"

500 m dalle spiagge del Lago di Ledro

3 Km dalla fantastica e panoramica strada della "vecchia Ponale" , Lago di Garda

15 Km dai Mercatini di Natale Arco

Sanderland

Etwas oberhalb des Lago di Tenno und nur wenig entfernt von den mittelalterlichen Orten Tenno und Canale di Tenno liegt diese herrliche, senkrechte Felswand. Für die langen Routen, die alle schwerer als 7a sind, wird mindestens ein 70-, teilweise sogar ein 80-Meter-Seil benötigt. Die aktuell schwierigste Linie ist *Crystal Planet* 8b, sie wurde 2011 von P. Benvenuti befreit. Der Wandfuß, ein nicht gerade bequemes und schräges Band, wurde von den Erschließern mit viel Arbeit hergerichtet.
Im Sommer kann man nach dem Klettern ein schönes Bad im See nehmen, der sich im 14. Jahrhundert durch einen Felssturz gebildet hat, zudem lohnen auch die schönen kleinen Orte einen Besuch.

Erschließer: S. Donati u. a.

Anfahrt/Zustieg
Von Arco ca. 14 km, dann 20-25 Min. Zustieg auf Schotterweg und Pfad.
Von der Sarcabrücke in Arco durchquert man den Ort in Richtung Riva, nach 2 km erreicht man das Einkaufszentrum Poli Regina. Etwa 500 m danach biegt man am Kreisverkehr rechts in Richtung Valle di Ledro-Tenno-Storo ab (S.S.421). Man fährt durch einige kleine Orte, bis man schließlich am Lago di Tenno in der Nähe des Club Hotel Lago di Tenno parkt (im Sommer gebührenpflichtig).

Zwischen dem Hotel Stella Alpina und dem Residence Arcobaleno führt eine Treppe zum See hinunter. Am Seeufer dann rechts weiter, kurz nach einem Picknickplatz (Bänke und Kiosk/Bar) dann auf einen Pfad, der zur oberen kleinen Straße mit einer Steinmauer führt. Zuerst rechts, danach am Wanderwegschild (Nr. 406, Castil-Balino) links und auf dem Schotterweg leicht bergauf. Nach einer Rechtskehre am Ende der Wiesen folgt eine Linkskehre, der Klettergarten liegt genau gegenüber.
Auch schon vom Parkplatz aus ist die Felswand auf der anderen Seite des Sees zu sehen.

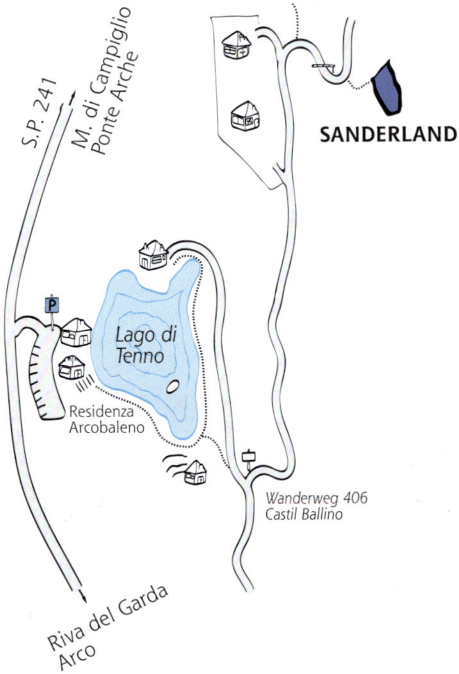

?		5
8a		5
7c		3
7b		6
7a		3
6c		1

23

1 IL GRANDE FARDELLO	7c?	40m	Standplatz in der Mitte
2 IL GRANDE FARDELLO (RECHTS)	?	40m	Rechtsvariante
3 OHNE NAMEN	?	30m	Alte Linie, alte Haken
4 OHNE NAMEN	7b+	25m	Ausstiegsboulder
5 OHNE NAMEN	7b+	30m	Technisch schwierige Kletterei
6 OHNE NAMEN	?	?	Projekt Noch nicht ganz eingebohrt
7 PETTIROSSO	7a	20m	Ausdauer, Einzelstelle, schön
8 DECISIONE CRITICA	7c+?	30m	Senkrechte Ausdauerwand, Überhang mit geschlagenen Griffen
9 DECISIONE CRITICA PLUS	8a+	39m	Platte mit Leisten
10 GRAN CICLONE	7b	27m	Senkrechte Wandkletterei
11 GRAN CICLONE PLUS	7c	34m	Ausdauer, schöne Bewegungen in leichtem Überhang
12 L'INFAME	7b+	21m	Einzelstelle in der Platte, überhängende Verschneidung
13 BRACCINO CORTO	8a	19m	Ausdauer mit Längenzug
14 CRYSTAL PLANET	8b	25m	Leistenkletterei
15 MACROPALO	7a/b	31m	Verschneidung und schwierige Stelle im Überhang
16 FRENULO ROTTO	7b+	23m	Zwei Boulderzüge
17 IL DUBBIO	?	39m	
18 DURCHELDURA	7b+	38m	Zuerst maximalkräftig, dann technisch am Überhang; sehr schön
19 ALCOLTEST	8a	39m	Inhomogene Route mit harten Einzelstellen an Leisten
20 L'ARTISTA	7a+	38m	Bis zum ersten Stand 6c, dann harte Einzelstelle und technische Platte
21 SESTA MISURA	6c+/7a	35m	Längenzüge im unteren Teil, dann technisch
22 FOTOMODELLA PER HOBBY	8a	36m	
23 PEZZO GROSSO	?	28m	

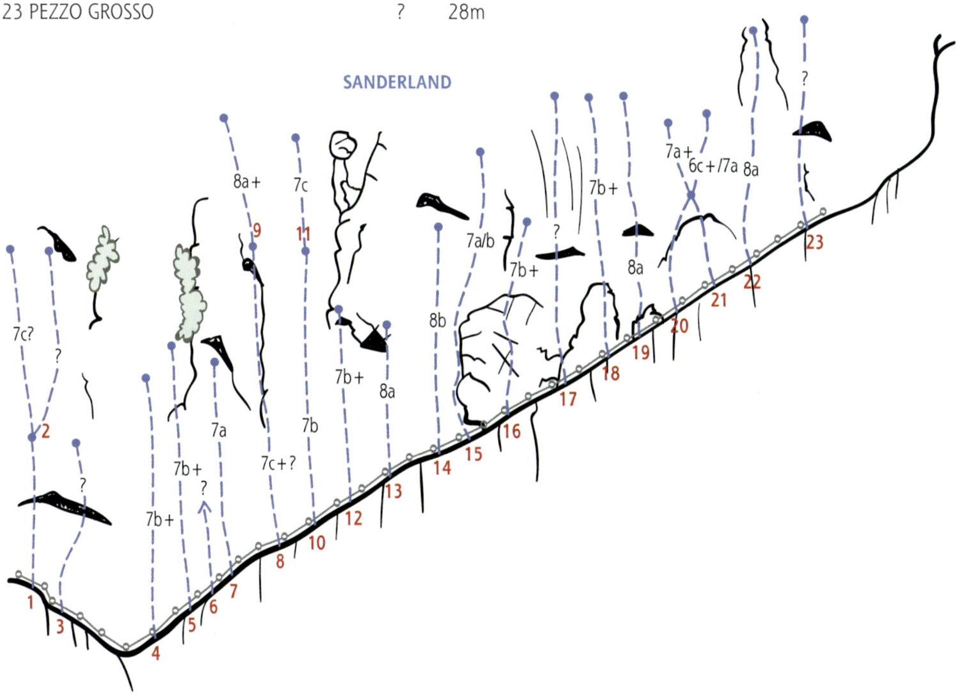

Nago Torbole

Belvedere

48

Schon der Name ("Schöne Aussicht") sagt alles: Von hier aus kann man das herrliche Panorama über das nördliche Gardaseegebiet genießen. Aber auch die Routen hier lohnen wegen der sehr guten Qualität des hellen, kompakten Kalks und der schönen, intuitiven Kletterei an Löchern mit kurzen Boulderpassagen. 2011 wurde der gesamte Klettergarten saniert, der Wandfuß gesäubert und die Zustiege vereinfacht (als Teil des Projekts ‚Outdoor Park Garda Trentino'). Der Sektor A mit der grauen, kompakten Wandstrukturist für Anfänger geeignet. Im Sektor B findet man viele anspruchsvolle Routen in senkrechter bis leicht überhängender Wand.
Leider wurde jede Route jetzt mit einem kleinen Plättchen versehen, auf dem eine Nummer steht und nicht der Routenname. Hoffentlich wird diesem Beispiel anderswo nicht gefolgt, denn man erinnert sich doch viel eher an eine gekletterte Route, wenn sie einen Namen hat (der ihr vom jeweiligen Erschließer gegeben wurde). Die Nummerierung in diesem Führer entspricht nicht diesen Routennummern.

Erschließer: L. Colò, L. Grasso, N. Festi, Stone, Trientiner Bergführerverband u.a.

Anfahrt/Zustieg
Von Arco 6 km Fahrt, dann 10 Min. Fußweg zum Sektor B und 15 Min. zum Sektor A.

Von der Sarca-Brücke in Arco auf der SS 240 in Richtung Rovereto und in Nago am Kreisver-

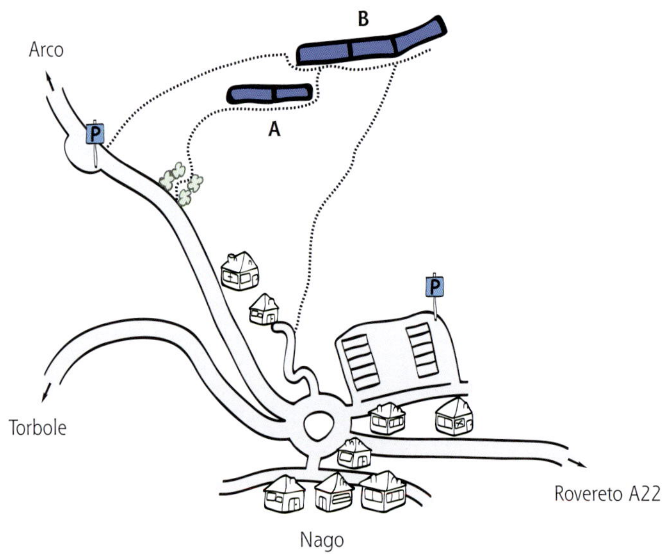

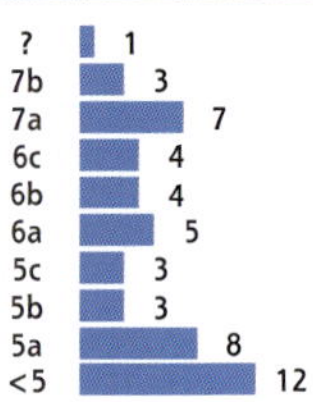

50

Belvedere, Linda Grossi, El *Maister*, 5a+ *(ph. Giampaolo Calzà)* ▶ ▲

kehr nicht in Richtung Rovereto weiter, sondern auf den großen Parkplatz hinter der Agip-Tankstelle.
Nun zu Fuß zum Kreisverkehr und rechts auf die ansteigende, asphaltierte Straße (Schild ‚Falesia Belvedere/Klettergarten Belvedere'). Nach 50 m dann auf der schmalen Schotterstraße weiter (immer wieder gleiche Beschilderung). Rechts an einer Infotafel vorbei und auf dem Wanderweg entlang des eingezäunten Olivenhains weiter den Berg hoch. Nach einem kurzen Abstieg führt der Weg diagonal in den Wald und zum Sektor B.
Zum Sektor A: Vom Sektor B weiter bergab in den Wald. Kurz darauf erreicht man die oberen Routen (20). Auch von der Staatsstraße 240 aus ist dieser Sektor erreichbar, aber wegen der Parkprobleme wird davon abgeraten (zudem muss die stark befahrene Straße überquert werden).

SEKTOR A

1 OHNE NAMEN	5a	12m	Sehr gute Griffe, im Ausstieg etwas schwieriger
2 OHNE NAMEN	3b	12m	Leicht, große Henkel
3 ASPIRANTI 07	3c	12m	Leicht, große Henkel
4 FESSA	5a	12m	Nette Schuppe
5 OHNE NAMEN	5c	12m	Kurzes Dach, dann Reibungskletterei
6 ALE'GHER	5a	15m	Schöne Linie, große Griffe, Längenzug im Ausstieg
7 DOG FISH	6a	15m	Leichter Einstieg, dann Wand rechts einer Rinne. Heikle Züge
8 EL MAISTER	5a+	12m	Schöne Linie mit großen Löchern
9 CAMPI ELISI	5b	12m	Einige Längenzüge, dann leichter
10 QUINTO	5b+	10m	Ausdauer in kompakter Wand
11 STORCH	5b	8m	Eine etwas schwierigere Bewegung in der Mitte
12 100 TESTE	4c	10m	Einstieg mit Slopern etwas heikel, dann leichter an Schuppen
13 POER	4b	8m	Einzelstelle
14 PRIMIER	4a	10m	Schön, große Schuppen
15 FASSAN	4b+	10m	Große Löcher, in der Mitte Reibungskletterei
16 TALLIAN	3c	12m	Leicht, schön, sehr nahe Hakenabstände. Rechts von einer Rinne hoch.
17 OHNE NAMEN	4a+	12m	Leicht, schön, bester Fels
18 OHNE NAMEN	4a+	12m	Leicht, schön, bester Fels
19 IL MONACO CINESE	4a+	10m	Heikler Ausstieg an Slopern
20 IL MONACO UBBIDIENTE	4a	12m	Heikler Ausstieg an Slopern

BELVEDERE
SEKTOR A

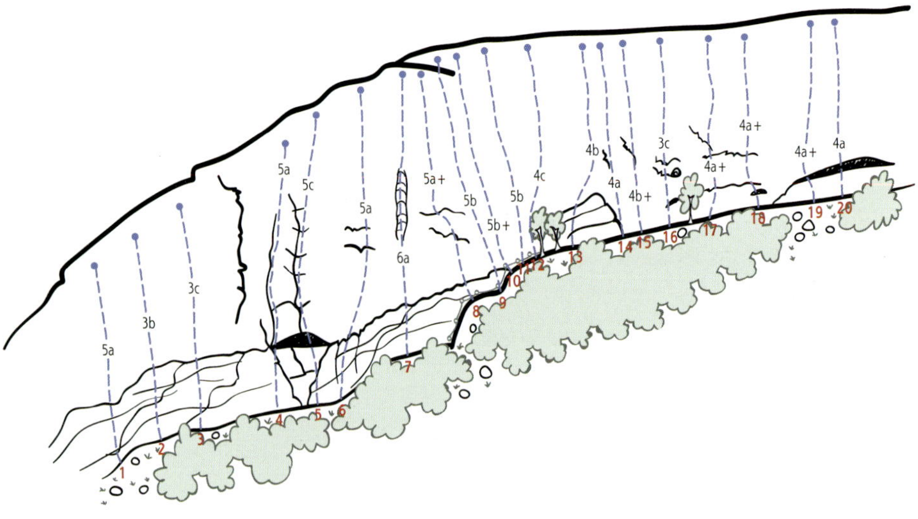

Belvedere, *Cave cannam*, 7b+ *(ph. Roni Andres)* ▶

BELVEDERE
SEKTOR B

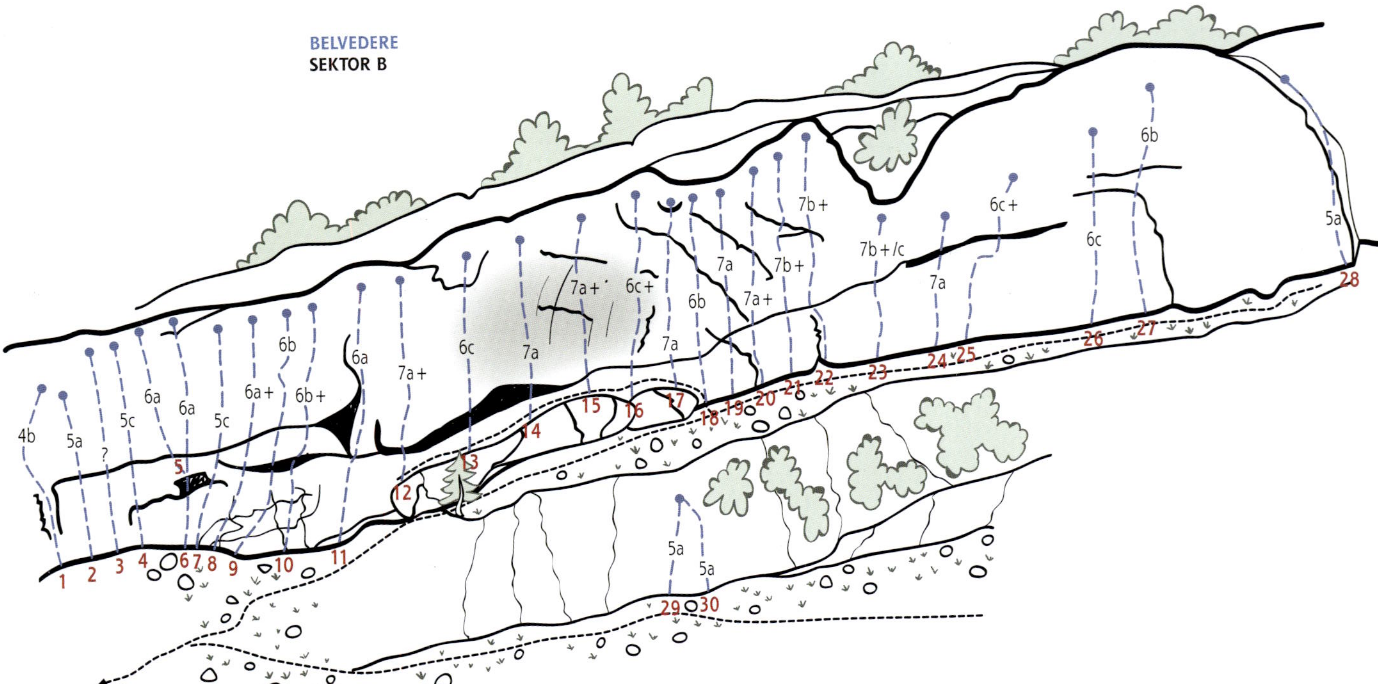

SEKTOR B

1 OHNE NAMEN (21*)	4b	12m	Leicht, schöner Fels
2 OHNE NAMEN (22*)	5a	12m	Kleine Wand mit guten Griffen
3 OHNE NAMEN	?	20m	Alte Haken, kein Umlenker
4 SPETTACOLO (23*)	5c	24m	Kurze Wand, sehr schöner Fels im oberen Teil
5 OHNE NAMEN	6a	24m	Einstieg gemeinsam mit 'Giordano', dann links. Alte Bohr- bzw. geschlagene Haken
6 GIORDANO (24*)	6a	22m	Schwierige Bewegungen und sehr schöner Ausstieg
7 PICCOLA CHIMERA (25*)	5c	22m	Leichter Einstieg, dann schöne Wand mit Löchern
8 VIA DEL BISCOTTO (26*)	6a+	24m	Einstieg wie Piccola Chimera, dann ab dem 2. Bohrhaken rechts an großen Löchern
9 PATATINA FRITTA (27*)	6b	24m	Senkrecht an Sloperlöchern
10 RENATO BUTTA LA PASTA (28*)	6b+	24m	Kleines Dach mit schönen Griffen, dann löchrige Wand
11 ZUCCHINA TRAFELATA (29*)	6a	20m	Gutgriffige Wand, dann Rissverschneidung
12 FINI FLAMBEE (30*)	7a+	15m	Einstiegsboulder, dann gute Griffe
13 ZORRO IN CONDOTTA (31*)	6c	13m	Leicht überhängende Ausdauerwand
14 SI', BADRONE (32*)	7a	14m	Einstieg mit kleinem Dach, dann Ausdauerwand, heikler Ausstieg
15 NACQUIMO FORTI (33*)	7a+	16m	Ausdauer
16 LORO DEL RENO (34*)	6c+	15m	Sehr schöne, leicht überhängende Ausdauerwand mit guten Griffen
17 BASTIAMOLA LÌ (35*)	7a	16m	Sehr schöne leicht überhängende Ausdauerwand
18 WARM UP (36*)	6b	16m	Sehr schön, leicht überhängend mit Riesenlöchern
19 PEA BRAIN (37*)	7a	16m	Sehr schöne Ausdauerroute
20 APE POKER (38*)	7a+	16m	Slopergriffe und Boulderzug am Ausstieg
21 CAVE CANNAM (39*)	7b+	16m	Kleingriffig
22 LAST TRAIN HOME (40*)	7b+	16m	Serie von schwer voraussehbaren Zügen
23 POVERO GATTO (41*)	7b+/c	14m	Schwierige Serie von Zügen in leichtem Überhang
24 URLO DEL VENTO (42*)	7a	14m	Diverse kleine Löcher im Dach im Mittelteil
25 VAL DI NON (43*)	6c+	19m	Schwierige Rechtsquerung im Mittelteil
26 IL DOLCE (44*)	6c	18m	Einstiegsüberhang, dann große Löcher
27 CAFFÈ ESPRESSO (45*)	6b	18m	Überhang mit großen Griffen, dann einfacher über Platte
28 OHNE NAMEN (46*)	5a	14m	Geneigte Wand mit guten Griffen
29 OHNE NAMEN	5a	7m	Kurze Wand
30 OHNE NAMEN	5a	7m	Kurze Wand, schwieriger Einstieg

* Die Nummern in Klammer beziehen sich auf die Nummern auf den Plättchen an den Routeneinstiegen

Nago Torbole

Marmitte dei giganti

49

Die Kletterrouten verlaufen vorwiegend auf kompakten, weißen Kalkplatten. Im oberen Bereich dieses Gebiets gibt es einige leichte, im unteren Bereich mehrere mittelschwere Wege. Die Routen sind aber eher kurz. Herrlich ist Aussicht auf den Gardasee und Torbole, mit den umliegenden Weingärten und dem Kontrast zu den grauen und bauchigen Überhängen der Marmitte. Man sollte nicht versäumen, diese Naturdenkmäler, von denen das Gebiet den Namen hat, zu besichtigen.

Das Phänomen der Gletschermühlen

Schon rein optisch sind die "Marmitte dei Giganti" einen Besuch wert. Wegen ihrer charakteristischen Form und ihrer bemerkenswerten Ausmaße hat ihnen der Volksmund den Namen "Kessel der Riesen" gegeben. Es sind eiszeitliche Naturphänomene, so genannte Gletschermühlen, die zu den bekanntesten des gesamten Alpenraumes zählen. Hierbei handelt es sich um große Kalklöcher, die von den Gletschern, die zum Teil über 1000 Meter hoch waren, gebildet wurden, die hier eine Felsstufe vorfanden. Entstanden sind sie durch starkes Schmelzwasser im Gletscherinnern, welches Steine spiralförmig herumgewirbelte und dadurch diese Ausspülungen im weicheren Gestein entstehen ließ. Sie

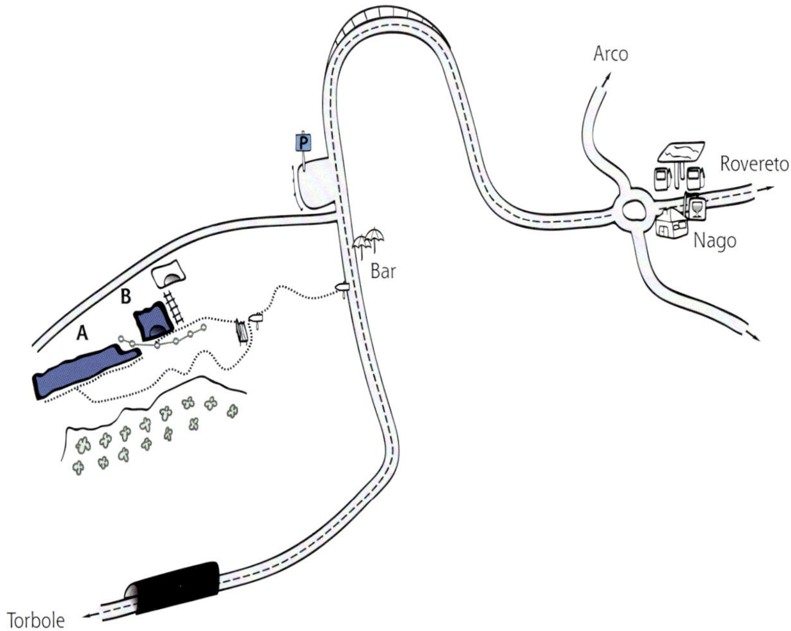

?	5
7a	2
6c	1
6b	3
6a	7
5c	2
5b	6
5a	1
<5	5

32

stammen noch aus der Eiszeit Wurm (130.000-10.000 v. Chr.).

Erschließer: S. Bailoni, R. Bassi, G. Calzà, A. Leviti, O. Piazza u.a.

Anfahrt/Zustieg
Von Arco 6,4 km, dann 5 Min. Fußweg zum Sektor B oder 10 Min. zum Sektor A.

Von der Sarcabrücke in Arco in Richtung Rovereto und am Kreisverkehr (nach 6 km) rechts abbiegen in Richtung Torbole. Gleich nach der Linkskehre sieht man links eine Cafébar, rechts ist ein Parkplatz mit Ausblick auf den Gardasee: hier parken. Jetzt geht man auf der Straße noch ca. 20m weiter bergab in Richtung Torbole (Achtung: stark befahrene Straße). Am gelben Hinweisschild "Marmitte dei Giganti" und "Palestra di roccia" dann auf dem gestuften Schotterweg bergab
Zum Sektor B (Einseillängenrouten): Immer auf dem Hauptweg entlang und bei der Gabelung bzw. nach der Metallleiter rechts zu den Einstiegen der weißen Felswand.
Zum Sektor A: Bei der Sitzbank (Schild 'Torbole') links und ca. 10 Min. weiter bergab bis zu den Olivenhainen am Fuß der Marmitte. Ihr geht über Privatgrund: Verhaltet euch bitte dementsprechend, hinterlasst vor allem keine Abfälle. Jetzt auf die ganz linke Seite des Olivenhains und über steinerne Stufen zu den Einstiegen.

SEKTOR A

1 MARMITTA CATALITTICA	SL1	6b+	22m	Überhängender Start, dann einfache Platte.
	SL2	6a	23m	Kleiner überhang, dann Platte mit Löchern
2 DUE GIGANTI	SL1	6a+	22m	Zuerst kleiner, sehr griffiger überhang dann Platte
	SL2	5c	22m	Platte mit guten Löchern
3 PIOVE... GOVERNO LADRO	SL1	6b+	15m	Überhängender Start, dann Platte
	SL2	5c	28m	Einfache Platte mit Löchern
4 OHNE NAMEN	SL1	6b	12m	Wand mit kleinen Löchern, zu Teil verschmutzt
	SL2	6a	15m	Wand mit kleinen Löchern, zu Teil verschmutzt
5 ORECCHIETTA PUGLIESE		6a+	15m	Dem großen überhang links ausweichen
6 A TUTTA BIRRA		7a	18m	Schöne Ausdauerroute, die zentral über das Dach an guten Griffen führt
7 FARO FREAK		6c	18m	Ausdauer im überhang
8 DORA	SL1	6a	15m	Schwierige Stelle zu Beginn, dann einfach an guten Griffen. Leicht schmutzig
	SL2	4a	10m	Kurzer und einfacher Quergang, schmutzig
	SL3	5b	28m	Interessante, griffige Platte, alte Haken und Schlingen
9 GALATTICA		5b	28m	Vom ersten Stand der Route Dora gerade hinauf (den Zwischenstand überklettern). Ausgesetzte Seillänge an Schuppen und Löchern, wenig interessant
10 OHNE NAMEN		5b	25m	Schöne Platte mit Löchern, wenn auch zu Beginn schmutzig (im Toprope klettern). Goldene Klebehaken.
11 OHNE NAMEN		?	?	
12 UN ATTIMO DI ASSENZA		6a+	25m	Schöne Seillänge an großen Löchern, Kletterpassagen in leichtem überhang (auch Toprope kletterbar)
13 MOUNTAIN MAN		?	?	
14 OHNE NAMEN		?	?	
15 OHNE NAMEN		?	?	

SEKTOR B

16 OHNE NAMEN	5b	12m	Sympathische Reibungsplatte
17 ULISSE	6a	12m	Kleiner Boulder beim Start an Auflegern, dann einfach. Start oberhalb des Fensters.
18 OHNE NAMEN	4b	12m	Reibungsplatte. Start in der Mitte der kleinen Steinmauer
19 OHNE NAMEN	4c	12m	Reibungsplatte
20 OHNE NAMEN	4b	12m	Platte, gute Löcher
21 OHNE NAMEN	4a	12m	Platte, gute Löcher
22 IL CICLOPE	5b	12m	Reibungsplatte; Start oberhalb des Fensters.
23 OHNE NAMEN	5a	12m	Platte mit großen Löchern
24 OHNE NAMEN	5b	12m	Schöne dunkelgraue Wand mit guten Löchern
25 MOONWALK	7a+	8m	Kurzer Boulder
26 OHNE NAMEN	?	20m	Schöne Route, verläuft quer, rechts der Marmitta

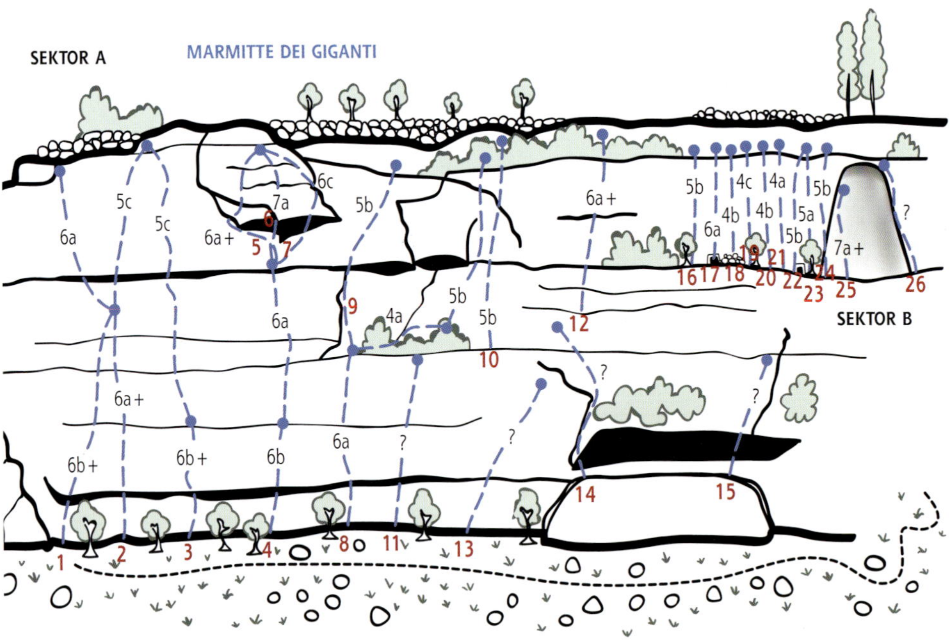

Belvedere, Linda Grossi, El *Maister* 5a+ *(ph. Giampaolo Calzà)* ▶

Nago

300 m

Mit der Zunahme der Routenanzahl im Sektor Mangusta ist auch das allgemeine Schwierigkeitsniveau in diesem Gebiet angestiegen. Dieser Sektor bietet nun viele Routen zwischen 6a und 8c+. Mit den sechs weiteren Sektoren existieren jetzt mehr als 160 Touren in sehr kompaktem Fels, in denen Leisten und Tropflöcher viel Kraftausdauer und Fingerkraft fordern. Die Routen *La Mandria* 6a, *La Placca* 6b, *Mamalucco* 7a, *Eh Mersh* 7b oder *Titanic* 7a+ zählen hier si-

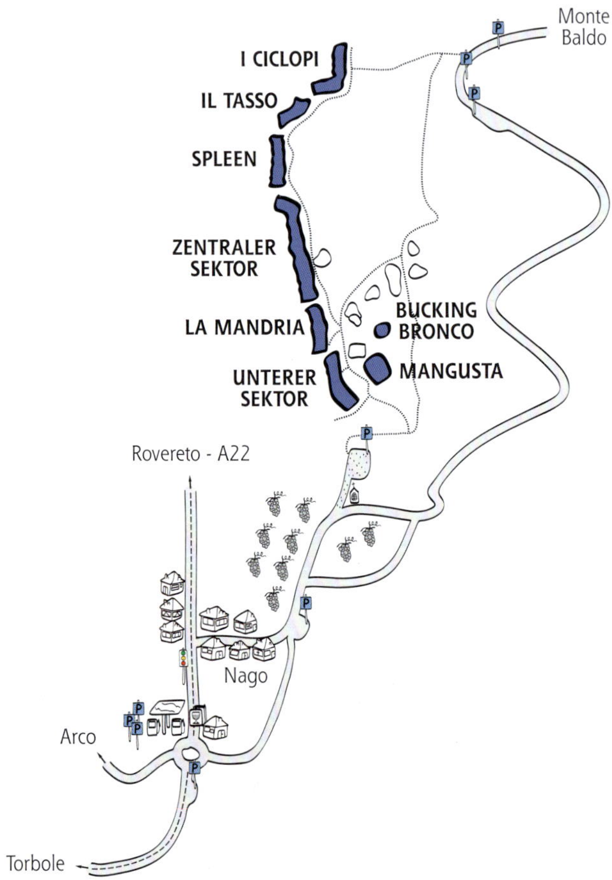

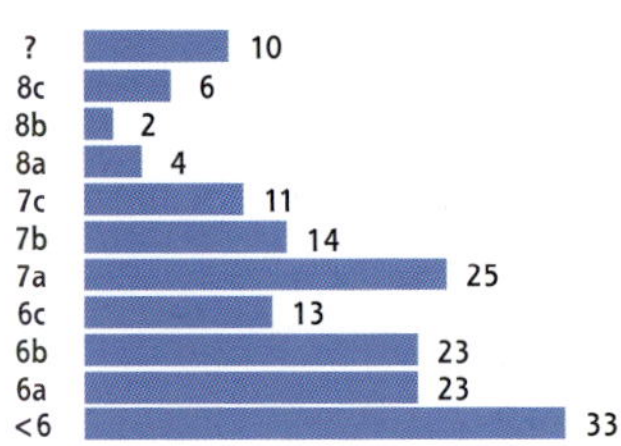

164

Oberer Parkplätze

Unterer Parkplätze

Nago, Silvio Reffo, *Bucking Bronco*, 8c+ *(ph. Giampaolo Calzà)* ▶

cherlich zu den Highlights. Wer sich in höheren Graden wohl fühlt, der sollte die neuen Linien von Markus Bock ausprobieren, der Routen im kurzen und konzentrierten Frankenjura-Stil einbohrte (wo auch Wolfgang Güllich 'zu Hause' war). Einen Markstein setzte S. Reffo mit der Wiederholung an einem Tag von *Bucking* Bronco 8c+ und *Warbeast* 8c+.
Im Unteren Sektor und im Sektor Massi haben auch Familien mit Kindern Spaß und Platz.
Von den höher gelegenen Sektoren bietet sich ein herrlicher Ausblick auf das nördliche Gardaseegebiet.
Routen in diesem Klettergarten dürfen nur mit Zustimmung der Gemeindeverwaltung Nago-Torbole verändert oder erschlossen werden!

Erschließer: L. Colò, Verband der Trientiner Bergführer, D. Depretto, M. Manica, S. Merighi, R. Larcher, M. Bock – um nur einige der unzähligen Erschließer dieses Gebietes zu nennen...

Anfahrt/Zustieg
Von Arco 7,5 km, dann 5-10 Minuten Zustieg auf einem Wanderweg.

Von der Sarcabrücke in Arco in Richtung Rovereto, am Kreisverkehr in Nago geradeaus, am Hotel Rubino vorbei und nach der Ampel nach rechts abbiegen (Hinweisschild 'Strada Monte Baldo'). Dann 1 km durch die Weingärten und weiter bis zur Abzweigung am Bildstock S. Giuseppe.
Zu den unteren Sektoren nun nach links und 400 m weiter bis zum großen, aber oft überfüllten Parkplatz bei der Ranch. Ab hier zu Fuß auf dem Weg (‚Sentiero della pace') 300 m weiter, bei der ersten Weggabelung links in Richtung Malga Zures und dann immer geradeaus. Man erreicht ein markantes Steinmäuerchen und gleichzeitig den ersten (Unteren) Sektor sowie den Sektor Mangusta. Der Wanderweg führt weiter zu den Sektoren La Mandria, Zentral und den übrigen.
Zu den oberen Sektoren (Spleen, Tasso, Ciclopi) fährt man beim Bildstock S. Giuseppe auf der Asphaltstraße durch Olivenhaine und Weingärten weiter in Richtung Monte Baldo. Genießt das herrliche Panorama! Nach 2 km gibt es auf der linken Straßenseite Parkmöglichkeiten. Die oberen Wandsektoren liegen jetzt genau gegenüber. Nun zu Fuß zur Kehre, dann in den Wald und auf dem Weg immer geradeaus weiter bis zum (ersten) Sektor Ciclopi (5 Min.) und den folgenden Tasso, Spleen und Centrale.

SEKTOR MANGUSTA

1 OHNE NAMEN	?	10m	Projekt
2 FLASH	7c	8m	Kurz und sehr zäh, kleingriffig
3 OHNE NAMEN	?	14m	Leichte Route auf der Rückseite
4 OHNE NAMEN	?	14m	Ähnlich wie Nr. 3
5 OHNE NAMEN	7c	17m	Gleich links der Kante
6 DER SONNE ENTGEGEN	7c/+	18m	Kante
7 MANGUSTA	8c	18m	Ausdauer, kleingriffig an Leisten
8 BLACK TOOTH GRIN	8a+/b	18m	Bis zum 5. Haken athletisch und sehr schön, dann kleingriffig und unangenehm
9 CALIFORNIA 91	7a+/b	18m	Athletischer Überhang mit guten Griffen
10 WARBEAST	8c+	18m	Einstiegsboulder, später harte Passage
11 GHOST RIDER	8c	18m	Harter Einstieg, dann Ruhepunkt und wieder schwer. Kraftausdauer
12 GREAT SOUTHERN TRENDKILL	8b+	18m	Einstiegsboulder plus einige Boulderpassagen, sehr konzentriert
13 NO HOPE GOAT FARM	8c+	18m	Direkteinstieg zu Nr. 12
14 OHNE NAMEN	?	18m	Projekt 8c+? Eigener Einstieg, dann weiter zum zweiten Drittel von No hope goat farm, Ausstieg über Nr. 12
15 MOUSTACHE CORNER	8a	18m	Kante, Boulderpassage zwischen 3. und 4. Haken
16 OHNE NAMEN	8a	18m	Kante direkt, Ausdauer
17 OHNE NAMEN	8a/b	18m	Projekt, senkrechte Wandkletterei
18 VIA NICOLA	7c+	18m	Bewegungstechnik, kleingriffig
19 SSOUL	8b/+	18m	Diverse Blockierzüge in der Mitte
20 OHNE NAMEN	?	18m	Projekt
21 OHNE NAMEN	?	18m	Einstieg wie Nr. 20, dann nach links
22 OHNE NAMEN	7a+	10m	
23 OHNE NAMEN	?	10m	Boulderpassage am Einstieg

SEKTOR MASSI (keine Skizze)

1 UN BAR PER RITA	5c	10m	Geneigte Wand mit großen Griffen
2 OHNE NAMEN	?	6m	Kurz; selbstgefertigte schwarze Haken
3 BUON ANNO	5b	8m	Großgriffig, kompakter Fels

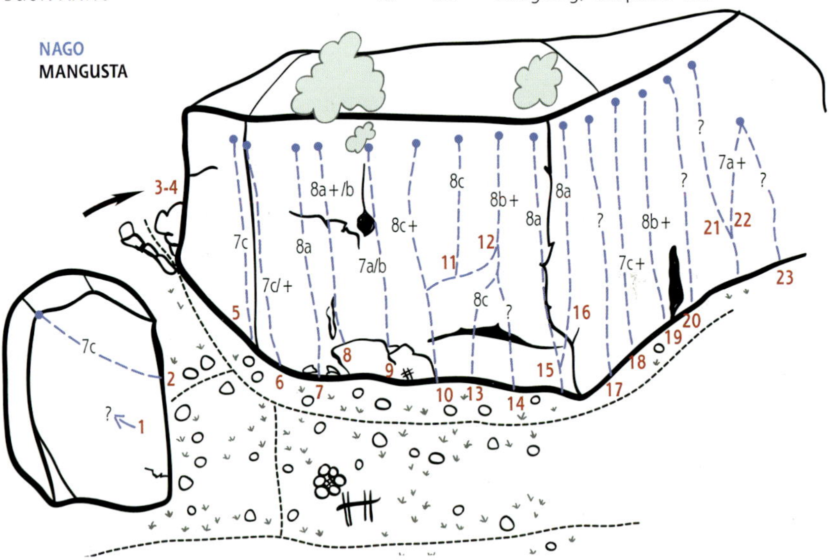

4 FUFI	6b	8m	Überhängende Verschneidung.
5 OHNE NAMEN	?	8m	Direkter Einstieg zu Fufi.
6 BUCKING BRONCO	8c+	8m	Super harter Boulder.
7 OHNE NAMEN	?	?	Projekt Gabriele Moroni

UNTERER SEKTOR

1 OHNE NAMEN	6b+	15m	Harte Einzelstelle, Bewegung und Reibungskletterei
2 OHNE NAMEN	6a/b	15m	Einzelstelle, Bewegung
3 OHNE NAMEN	?	12m	Leicht überhängend an Auflegern
4 OHNE NAMEN	5c	12m	Rissverschneidung mit guten Griffen
5 OHNE NAMEN	6b+	12m	Leicht schräge Linie, Technik an kleinen Griffen
6 OHNE NAMEN	6a	20m	Zuerst abgespeckt, dann einfacher
7 OHNE NAMEN	5a	20m	Gut strukturiert in bestem Fels
8 VOGUE	5c/6a	20m	Einfache Platte mit senkrechter Abschlusswand
9 NUVOLA ROSSA	6a	20m	Längenzug, dann weiße Wand, leicht dreckig
10 GIOCHI D'OMBRA	5c	25m	Großgriffige Platte, dann Tropflöcher
11 TAKE IT EASY	5c	25m	Einfache Platte mit senkrechtem Wandabschluss
12 OHNE NAMEN	5b	25m	Bester, strukturierter Fels mit senkrechtem Wandabschluss
13 OHNE NAMEN	4c	14m	Rissverschneidung
14 OHNE NAMEN	4c	15m	Großgriffig
15 OHNE NAMEN	5b	18m	Einfach am kleinen Pfeiler, dann Ausdauerriss
16 OHNE NAMEN	4b	20m	Immer große Griffe
17 IL CALABRONE	5c	15m	Schöner Ausstieg nach links
18 RAMBA	6a	15m	Schwierig, abgespeckte Plattenpassage
19 OHNE NAMEN	5a+	15m	Leichte, gutgriffige Rissverschneidung
20 PHANTON	6b+	18m	Einstieg abgespeckt und dreckig, dann Tropflöcher
21 CHIEDI A BEPPO	6b+	18m	Schön, aber durch viele Begehungen abgespeckt
22 PANORAMA	6b+	18m	Ausdauer, Längenzug
23 KIRA	7a	18m	Harter Boulder im kompakten, gelben Fels, Ausdauer
24 IL PANETTIERE	6c+	18 m	Technisch anspruchsvoll, Seitgriffe und Aufleger
25 DEE E SOCIA	7b+	18 m	Längenzug
26 MARIO LO SA	7b	18 m	Schwierige Stelle an Seitgriffen und Auflegern
27 RUGGIERO LO PERFIDO	6a+	18 m	Großgriffig bei Ausstieg aus dem Überhang
28 FUORI ORARIO	6c+	12 m	Kurze Wand mit Einzelstelle an Auflegern

NAGO
UNTERER SEKTOR

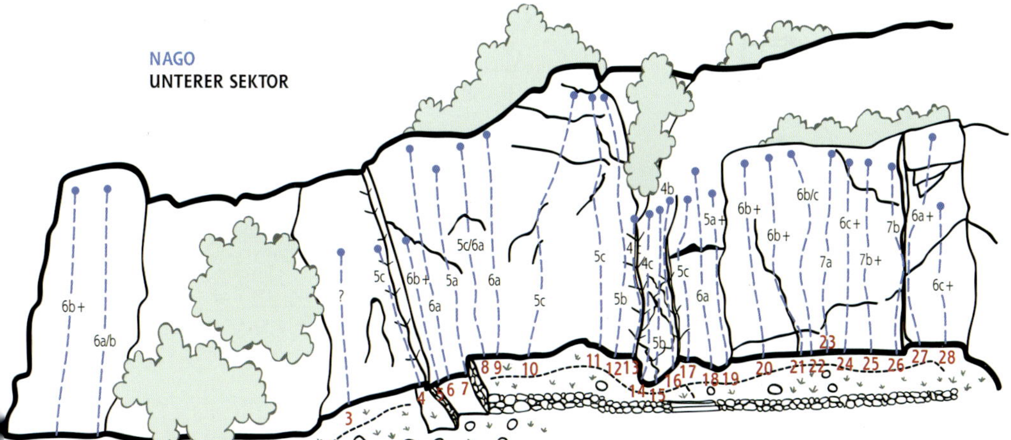

SEKTOR LA MANDRIA

1 BALI		6a	10m	Kurze, intensive weiße Wand
2 VISIGOTI		6a	10m	Kurze Wand mit Seitgriffen
3 UNNI		4c	8m	Leichter Riss mit Reibungstritten
4 ZUPPA ZUPPA	SL1	2c	10m	Strukturierter grauer Fels, große Griffe
	SL2	6a	12m	Schöne graue Wand mit Tropflöchern
5 PARAMPOMPOLI	SL1	2c	10m	Strukturierter grauer Fels, große Griffe
	SL2	6a+	12m	Folge von Auflegern
6 ALCOR		5b	10m	Einfacher Querriss an großen Griffen
7 WINKINBONGO		5b	10m	Athletischer Riss
8 ASDÙ		5a+	10m	Riss mit guten, außenliegenden Tropflöchern
9 ENZO MOLINARI		6a+	10m	Nicht einfach, an Tropflöchern
10 IL CAPRICCIO		7c	20m	Kraftausdauer, schwer lesbar
11 SUPERMARIO		7c	22m	Schwieriger Einstieg an Leisten und Auflegern
12 GOBAZIO		6a+	25m	Senkrecht an Leisten mit kurzem Boulder
46 LA MANDRIA		6a	25m	Senkrecht an Leisten und Tropflöcher zum Schluss, empfehlenswert
13 MARIO POLENTA		6a	25m	Senkrecht an Leisten mit Längenzug
14 JEFFO		6a+	22m	Bewegungspassagen
16 LILLILLA		6a+	22m	Senkrechte Wand und Kante mit Leisten und Tropflöchern

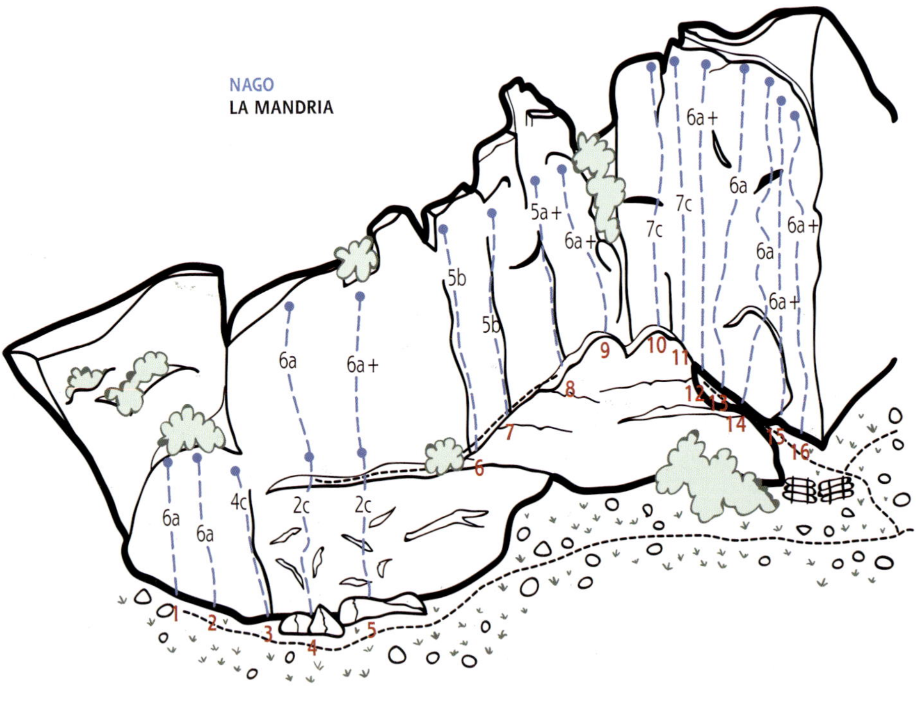

Nago, Silvio Reffo, *Warbeast*, 8c+ *(ph. Giampaolo Calzà)* ▶

ZENTRALER SEKTOR

1 LA PLACCA	SL1	5b	15m	Einfach an großen Griffen
	SL2	6b	20m	Senkrecht mit Tropflöchern, sehr schön
2 CATO ZULÙ		6b+	30m	Ausgesetzte Kantenkletterei mit schwieriger Stelle im Mittelteil
3 LO SCONOSCIUTO		6b+	30m	Inhomogen mit schwierigem Ausstieg aus dem Dach, fotogen
4 PEACH PITT		6c	18m	Senkrechte Wand mit Boulder
5 TORPEDO		7a+	20m	Senkrecht, technisch anspruchsvoll, schwer lesbar
6 MAMMALUCCO		7a	20m	Herrlich, technisch anspruchsvoll
7 GENESI		7a	22m	Tropflöcher, kleine Fingerlöcher, Leisten, mit schwieriger Stelle im Mittelteil
8 NIBBIO		6b+	25m	Kleiner Pfeiler mit Überhang im Mittelteil, empfehlenswert
9 UCCELLI DI ROVO		7b+	25m	Folgt der Kante
10 ASTUZIO		6b+	8m	Kurze, technische Wand
11 ESULI LONTANI		7a	25m	Wand mit Tropflöchern, ausdauernd, empfehlenswert
12 LA NONNA VA IN AUSTRALIA		6c+	25m	Senkrecht an Tropflöchern, ausdauernd
13 TASMANIA		7a	25m	Senkrecht, Einstiegsüberhang mit Tropflöchern und Leisten, ausdauernd
14 CRISALIDE		6c	25m	Leicht überhängend an Löchern und Untergriffen, zum Schluss Längenzug
15 CODA DI PORCO		6a+	25m	Untergriffe und Schuppen, dann einfacher in Platte
16 FACILE		5a	25m	Schön strukturierte, graue Wand
17 ASDO DA MELCH		7c	25m	Kurzer und schmerzhafter Boulder
18 GRISÙ		7a+	25m	Schöne graue Wand mit Tropflöchern und Seitgriffen, ausdauernd
19 LUCACAPIOTTI		7b+	38m	Glatte Wand mit schweren Einzelstellen
20 DAGO		7b+	38m	Lange Route an kleinen Griffen mit zwei Einzelstellen und Längenzug; Zwischenstand möglich
21 EH MERSH		7b	38m	Kleingriffig, schwierige Einzelstelle; Zwischenstand möglich
22 CULO DRITTO		7b	22m	Schwierige Linksverlagerung
23 HULIGANI DANGERAUX		7a+	25m	Leisten und Sinter mit technisch schwieriger Einzelstelle
24 PASSEGGERI DEL VENTO		7b+	40 m	Senkrecht, Ausdauer an Tropflöcher und Leisten
25 LUNATICA		7b	18m	Technischer Start an Unter- und Seitgriffen
26 BOULEVARD		7c	40 m	Leicht überhängend, Ausdauer an Leisten
27 PER SEMPRE MARY		7b+	40 m	Lange Ausdauerroute, mit einigen Einzelstellen
28 I SOLITI IGNOTI		7a	20 m	Ausdauer an Leisten
29 SBARGEK		6b+	18 m	Sehr fotogene Kante, aber abgespeckt
30 LUPO ALBERTO	SL1	6c+	15 m	Riss mit schwerer Mittelpassage
	SL2	7a+	20 m	Ausdauer in schönem Fels, wenig wiederholt
31 TITANIC		7a+	35 m	Leicht überhängend mit Leisten und Tropflöchern, Ausdauer. Empfehlenswert!
32 ICEBERG		7a+	35 m	Leicht überhängend mit Einzelstelle, schwierig zu lesen
33 GANDALF		6c+	30 m	Schöne Ausdauerroute mit Einzelstelle an Seitgriffen
34 ESODO		6b	30 m	Start an schmerzhaften Tropflöchern, dann Leisten und Tropflöcher, etwas luftige Absicherung
35 COHELET		6b+	28 m	Leisten und Tropflöcher mit Einzelstelle am Dach
36 SWAMI IL BULLO		5b	30 m	Inhomogene, graue, geneigte Wand, griffig
37 NILLO IL BELLO		5b	30 m	Inhomogene, graue, geneigte Wand, griffig

NAGO
ZENTRALER SECTOR

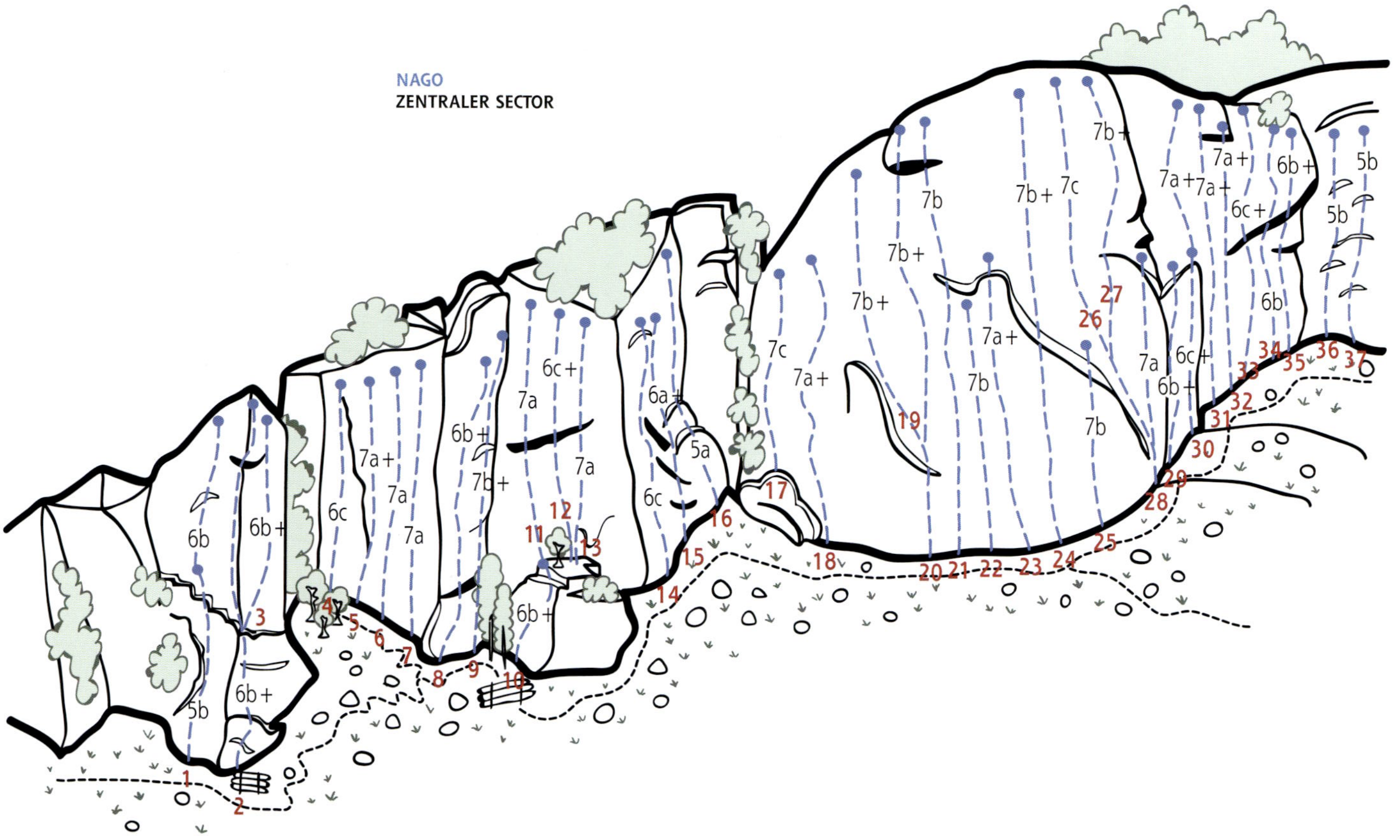

SEKTOR SPLEEN

1 TROPPO BUONI CON LE DONNE	5c	15m	Schön, Leisten und große Griffe
2 NEVERMORE	6c+	20m	Einzelzug, onsight schwer
3 SPLEEN	6a+	15m	Kompakte Wand mit Einzelstelle
4 EQUINOX	6a+	15m	Nicht einfach, Einstieg leicht überhängend
5 GERICO	6a+	15m	Ausdauer
6 NIGHT'FLY	5c	15m	Senkrecht an großen Griffen
7 SUPER TRAMP	5c	15m	Grauer, großgriffiger Fels, empfehlenswert
8 GOOD BYE STRANGER	6a	15m	Schräg verlaufende Route in grauem, kompaktem Fels
9 CIF	5c	18m	Schön, schwieriger Einzelzug
10 RAGIONER FILINI	5c	18m	Ausdauer, positive Leisten
11 MEGA DIRETTORE	5b+	18m	Gutgriffig, aber leider abgespeckt
12 ALVAREZ	6b+	12m	Überhang mit Löchern
13 AQUILANTE	6b	15m	Überhang mit Löchern
14 GENERALE	6c	15m	Fingerkraft
15 FIRMINIK	6a+	15m	Zu Beginn schwierig, dann einfacher
16 IL FACHIRO	6b+	15m	Schwieriger Mittelteil an Leisten und Löchern
17 PATTI SASSI	5b	15m	Strukturierte, einfache Platte

NAGO
SPLEEN

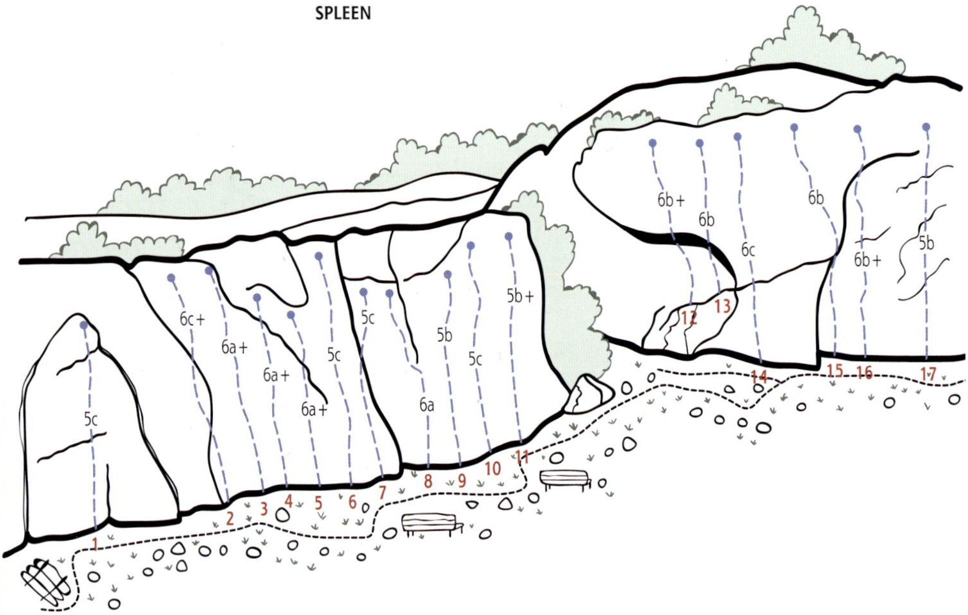

SEKTOR IL TASSO

1 KING LEAR	7a+	25m	Herrlich, Löcher, Untergriffe und Aufleger, leicht überhängend
2 CASSIO	6c+/7a	18m	Schmerzhafte Passage mit scharfen Tropflöchern
3 IAGO	6b+	18m	Ausdauer an großen Griffen in Rissverschneidung
4 ROSENKRANTZ	7a	15m	Einzelzug im Mittelteil
5 GUILDENSTERN	6b	20m	Ausdauer an Tropflöcher, sehr schön
6 MEDEA	6a	20m	Athletisch und ausdauernd in den letzten Metern
7 AGAVE	7a+	20m	Ausstiegsboulder an Auflegern
8 ELENA	6b+	15m	Kompakter Fels, technisch anspruchsvoll
9 GONNERILLA	7a+	15m	Senkrechte Platte, Leisten und Löcher, kleingriffig
10 REGANA	6b+	18m	Platte an guten Griffen, schwieriger Start
11 CORDELIA	6a	16m	Platte mit guten Griffen, etwas abgespeckt

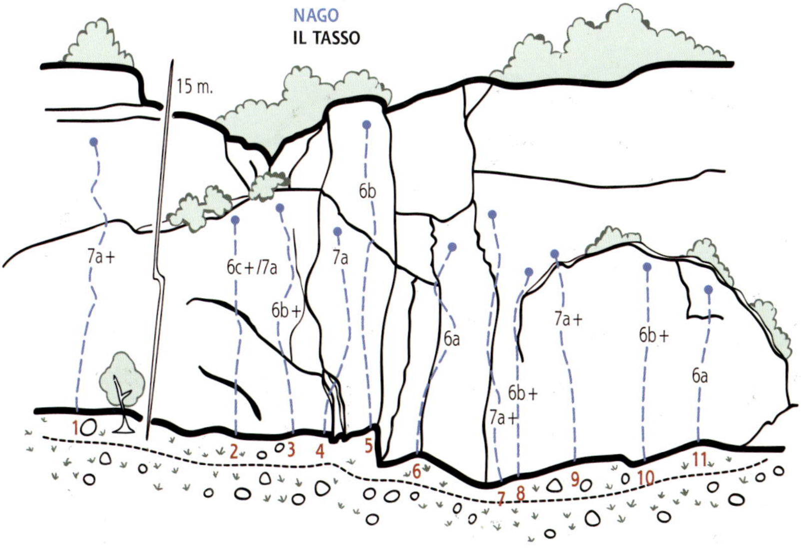

SEKTOR I CICLOPI

1 ALBATROS		7a	25m	
2 LITTLE CRACK		5c	12m	Schöner Riss
3 IDICH		6b	24m	Tropflöcher und Aufleger im ersten Teil
4 FRANZ UND ANDREA		7a	30m	Ausdauer an scharfen Kanten und Auflegern, empfehlenswert; gute Fußtechnik notwendig
5 DAS GLASSPERLENSPIEGEL		6c	25m	Fußtechnik, Schuppen und Aufleger
6 PATIENCE DANS L'AZUR		6c+	22m	Graue, technische Wand mit kleinen Löchern, schön
7 CYCLOPS		7a	28m	Technische Kante, schwierig zu interpretieren
8 ODYSSEY		7b+	35m	Sehr schöne Route, Kraftausdauer und schwierige Einzelstelle
9 NAUSICA		7b	35 m	Sehr schöne Route, Kraftausdauer
10 PROMETEUS	SL1	7a+	16 m	Schwierige Stelle am kleinen Einstiegsdach
	SL2	7a	20 m	Ausgesetzte und seltsame Kante mit runden Seitgriffen
11 STENGHEL MANICA		V+	50 m	Klassischer Kamin, alte Haken
12 LA TANA DEI CICLOPI		7a+	20 m	Graue Platte
13 LOTUS	SL1	7b+	18m	Ausdauer an Sintern und positiven Griffen.
	SL2	8a	16m	
14 HERACLES	SL1	7c	18m	Weißer Fels, Ausdauerroute
	SL2	7c+	12m	
15 MAC BECHT		7b/+	8m	Schmerzhafter Boulder
16 MARINO IL MALANDRINO		4b	12m	Nette Platte
17 UGO PACIUGO		4b	12m	Geneigte Verschneidung mit großen Griffen
18 PIO ALBERGO TRIVULZIO		6c	12m	Gute Griffe, schwieriger Ausstieg; Einstieg links der Bohrhakenreihe
19 C'E' QUALCOSA		6a	12m	Gutgriffige, graue Wand mit senkrechten Schuppen

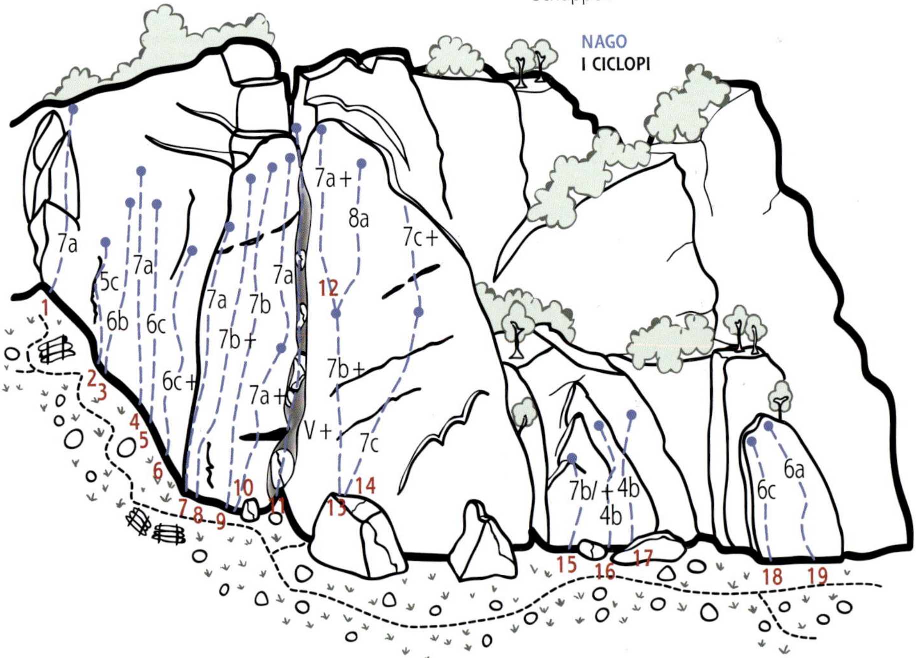

Nago, Linda Grossi, *Gandalf*, 6c+ *(ph. Giampaolo Calzà)* ▶

MARKUS BOCK

Geboren in Bamberg am 13. Februar 1979

Sternzeichen: Wassermann

Schon mit sechs Jahren hat er dank seiner Eltern ersten Felskontakt.

Mit 15 klettert er seine erste 8a+, mit 16 die erste 8b+ und mit 17 seine erste 8c. Ab der Jahrtausendwende beginnt er, zielstrebig neue Schwierigkeiten zu suchen und Erstbegehungen an Boulderblöcken und in Wänden zu realisieren. Er wird auch als "König" des Frankenjuras bezeichnet.

"Training? Kein spezielles. Ich muss einfach draußen klettern und es muss Spaß machen. Nur so halte ich meine Grundpower konstant und abrufbar. Mehr kann ich dazu nicht sagen."

Freunde, mit denen Markus oft klettert

Manuel Brunn, Martin Hauenstein, Kai Bunke, Wolfgang Widder.

Sponsoren

Marmot, La Sportiva, Metolius, ClifBar, Beal, Goryfy, Moon.

Naturally gifted

Auf sein Konto gehen einige extrem boulderlastige Linien bis 8c+ in Nago – der "König" des Frankenjuras setzt auch in Arco absolute Maßstäbe für extremste Routen!

Kletterhallen mag er nicht. Und dort trainieren... ja, manchmal, aber nur, wenn gar nichts anderes geht. Markus ist draußen zu Hause, er braucht die frische Luft und den Himmel über sich. Sonne, die ihn wärmt und Natur um ihn herum. Bei diesen Bedingungen schlägt sein Herz schneller, ist sein Kopf frei und seine Motivation riesig. Und wenn ihm dann noch die Linie zusagt, so sprechen die erreichten Schwierigkeitsgrade für sich!

Im Frankenjura kletterte und klettert Markus die schwersten Wege, dort ist er zu Hause. Zu seinen frühen Erstbegehungen zählt die Linie *Unplugged* (9a, 2003), auch die weltberühmte *Action Directe* von Wolfgang Güllich konnte Markus 2005 wiederholen. Auf sein Konto geht *Corona*, die er 2006 eröffnete und auch befreite: in jener Zeit eine der sehr wenigen Sportkletterrouten, die auch Adam Ondra wiederholte und deren Grad bestätigte. 2009 gelingt Markus mit *The man that follows hell* eine weitere 9a+, die mit einem fingerkillenden 8c+-Start über *Kawaschuwu* beginnt, einer Route, die schon von Milan Sykora, einem Freund von Wolfgang Güllich, projektiert wurde.

„Ich habe Wolfgang nie persönlich kennen lernen dürfen, aber ich habe viele seiner Routen geklettert", erzählt Markus. „Als er starb, war ich noch sehr jung. 1992 war ich gerade mal 13 Jahre alt, hatte zwar schon längere Zeit mit dem Klettern begonnen, aber seine Routen waren natürlich noch zu schwierig für mich. In den darauffolgenden Jahren verfestigte sich aber meine Freundschaft mit Milan Sykora, er zeigte mir, wie man den Fels lesen muss. Er brachte mir auch bei, wie man neue Routen erschließt. Und ich spreche hier von kurzen Routen, weil ich, neben einer natürlichen und schönen Linie, vor allem die Schwierigkeiten und die schönen Bewegungen suche."

Mittlerweile gehen fast vierzig Routen im Grad 8c+ auf Markus' Konto und seine Erstbegehungen von 9a-Touren lassen sich nicht mehr mit den Fingern beider Hände abzählen.

Wie ein guter Spürhund ist auch Markus immer auf der Suche nach „Beute", neuen Touren. Sehr oft im Frankenjura, aber wenn sich dort im Winter die Sonne kaum noch blicken lässt und die Temperaturen in den Keller gehen, nimmt er von dort Reißaus. Sehr oft fährt er dann nach Arco und auch hier verfolgt er nur ein Ziel: Er sucht sich Projekte und bringt sie mit Entschlossenheit zu Ende!

"Ich klettere nicht mehr gerne in Hallen, da bin ich einfach nicht so motiviert wie draußen. Deshalb wollte ich, nachdem ich schon mit 17 in Moskau Jugendweltmeister geworden war, auch nicht mit dem Wettkampfklettern weiter machen. Auch in den Wintermonaten versuche ich so oft wie möglich, draußen zu klettern. Und was bietet sich da mehr an als Arco!? Zwei-, dreimal im Monat setzte ich mich ins Auto, fahre in wenigen Stunden dorthin und verbringe ein paar schöne Tage mit Freunden beim Klettern. Manchmal begleiten mich auch meine Lebensgefährtin Iris und mein Sohn Noah. Iris klettert auch, und dazu wandert sie gerne und fährt gerne Mountainbike. In Arco kann sie dies alles (und noch mehr!) an einem einzigen Tag machen."

In Nago wiederholt Markus 2012 die Route *Mangusta* (8c), von Rolando Larcher eingerichtet und erstbegangen. Ab da wurde dieses Gebiet für einige Winter zu seinem Refugium. „Hier sind doch noch mehr extreme Linien drin", sprach's, schritt zur Tat und so entstanden nach und nach *Der Sonne entgegen* 7c/7c+ (freie Begehung 2012), *Black Tooth Grin* 8a+/b, *Warbeast* 8c+, *Ghostrider* 8c, *Great Southern Trendkill* 8b+, *Moustache Corner* 8a und eine 7c im äußerst rechten Bereich (freie Begehungen alle 2013). "Anfang 2014 konnte ich nach ein paar Tagen Ausboulderns die super abwechslungsreiche Linie *No hope Goat Farm* 8c+ befreien, mit dem direkten Einstieg über *Great Southern Trendkill*."

Nicht vergessen werden soll auch *Bucking Bronco*, eine zwar nur acht Meter lange, aber sehr explosive, boulderlastige Route im Grad 8c+, die er 2013 im nahegelegenen Sektor Massi eröffnete und erstbeging.

Wann aber wird wohl der Sektor Mangusta keine Geheimnisse mehr für Markus bieten? Dann, wenn er auch sein Projekt *Great Southern Trendkill*, ein alternativer Einstieg von *No Hope Goat Farm*, gelöst hat? „Ich muss ja eigentlich nur andere Linien entdecken. Und davon gibt es im Sarcatal noch genügend!".

Also aufgepasst, Markus wird uns sicherlich auch noch in den kommenden Jahren in Erstaunen versetzen. Wer weiß, vielleicht werden wir uns bald über seine erste eigene 9a+ hier bei Arco freuen. Wollen wir wetten?

Fünf von ihm im Sarcatal empfohlene Routen

Nago: *Bucking Bronco* 8c+ "Ungewöhnlich kurz mit knallharten Boulderzügen."

Nago: *No Hope Goat Farm* 8c+ "Super Linie! Sehr abwechslungsreich."

Val di Gresta: *Natural Present* 8c/8c+ "Anfangs sehr pumpig an kleinen Konkrezionen, dann schwierige Boulderpassagen."

Bus de la Stria: *Conti d'Arco* 8b "Eine fantastische neue Route von Gerhard Hörhager im Sektor Olivo."

Nomesino: *Ex express* 8a "Ein absoluter Klassiker."

Tatoos und Heavy Metal Music

"Meine Tattos? Die haben was mit Heavy Metal zu tun. Seit ich richtig klettere, begleitet mich diese Art von Musik. Sie ist meine zweite Leidenschaft! Es ist kein Zufall, dass sich viele meiner Routennamen auf Songs meiner Lieblingsgruppen wie z. B. Down, Crowbar, Eyehategod, Black Sabbath und Saint Vitus beziehen.

Nago Torbole

Passo S. Giovanni

Dieser Klettergarten war einer der ersten in der Region Arco; er ist von der Straße zwischen Mori und Nago gut zu sehen und liegt im Einzugsgebiet des Biotops Lago di Loppio. Das Gebiet wird in vier Sektoren unterteilt, die vielen Routen im grauem Kalkfels liegen im Bereich von 4c bis 8a. Mittlerweile sind einige Linien etwas abgespeckt und ganz allgemein bekommt man in diesem Gebiet eher nichts geschenkt. Man taucht hier sozusagen in das Klettern der 1970er-Jahre ein, denn auch bei den leichten Routen ist Bewegungstechnik gefragt. Die in den Fels geschlagenen Löcher sind Relikte von Militärunterständen aus dem 1. Weltkrieg. Im gesamten Gebiet gibt es auch eine Menge Boulderblöcke, die Linien findet man auf diversen Tafeln. Der Zustieg ist sehr bequem und ein Wäldchen spendet Schatten, weshalb dieser Klettergarten bestens für Familien geeignet ist.
Sektor A - B: Einfach, mit sehr gut strukturiertem Fels und vielen Löchern.
Sektor C: Leicht überhängende Wand, Ausdauer.
Sektor D: Schöne und technisch anspruchsvolle Routen in sehr kompaktem, grauem Fels. Sehr gute Fußtechnik unabdingbar.

Erschließer: L. Cipriani, D. Depretto, G. Dorigatti, E. Dossi, D. Tonelli, F. Zenatti u. a.

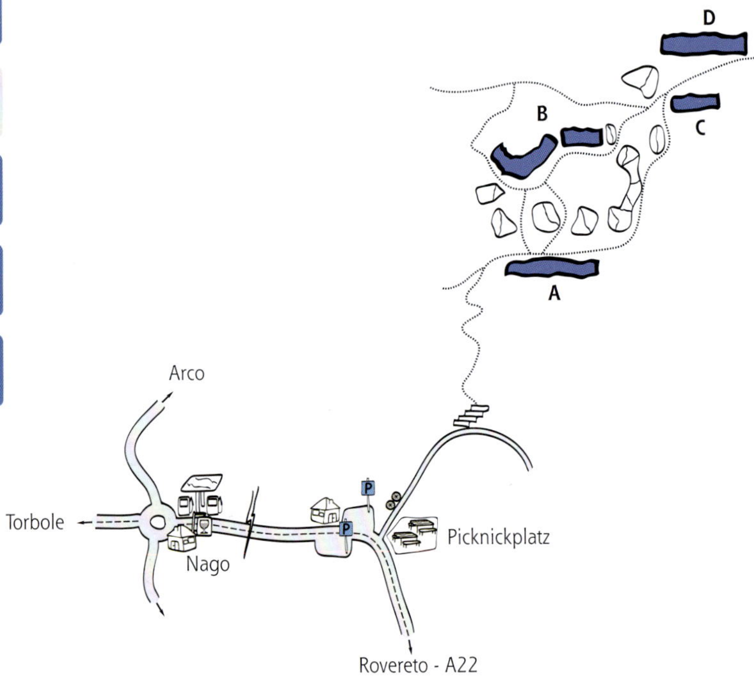

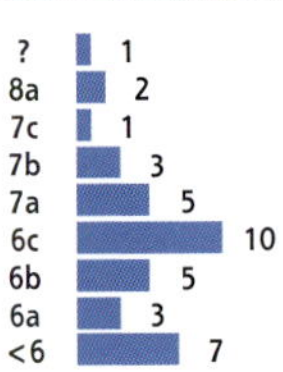

37

Anfahrt/Zustieg
Von Arco 7 km, dann 5 Min. Zustieg auf Straße und Wanderweg.

Von der Sarcabrücke in Arco in Richtung Rovereto, durch Nago und weiter bis zum S. Giovanni-Pass und parkt hier am Straßenrand. Nun über die Straße (hier geben Informationsschilder Auskunft über die Geschichte des S. Giovanni-Passes und über das Biotop Lago di Loppio) und auf dem Radweg in Richtung Mori ca. 1 Min. weiter abwärts, bis auf der linken Seite Steinstufen in den Wald hochführen. Nach ungefähr 3 Min. erreicht man das Bouldergebiet und rechts den ersten Sektor. Geht man gleich nach links, erreicht man kurz darauf die weiteren Sektoren.

SEKTOR A

1 OHNE NAMEN	6c+	10m	Einstieg technisch , Mittelteil heikel
2 RUBIN	6a+	10m	Längenzug im Mittelteil
3 SUPER NOVA	5c	10m	Einfache Aufwärmroute
4 OHNE NAMEN	5c	10m	Einfache Aufwärmroute
5 SAPHIR	5c	10m	Der Kante entlang
6 KANTE	7a	10m	Überhang, dann glatte Platte
7 BOCHIADA	6c+	10m	Schöne Züge im Mittelteil
8 HOT DREAM	5c	10m	Schöne Kante
9 ULTIMATUM	7b+	12m	Sehr technische Wandkletterei
10 OHNE NAMEN	6c	12m	Schöner Start, dann Einzelstelle an geschlagenen Griffen
11 FIL DE FER	6c	13m	Entlang der Kante
12 E.T.	5c	10m	Alte Route am Block ganz links

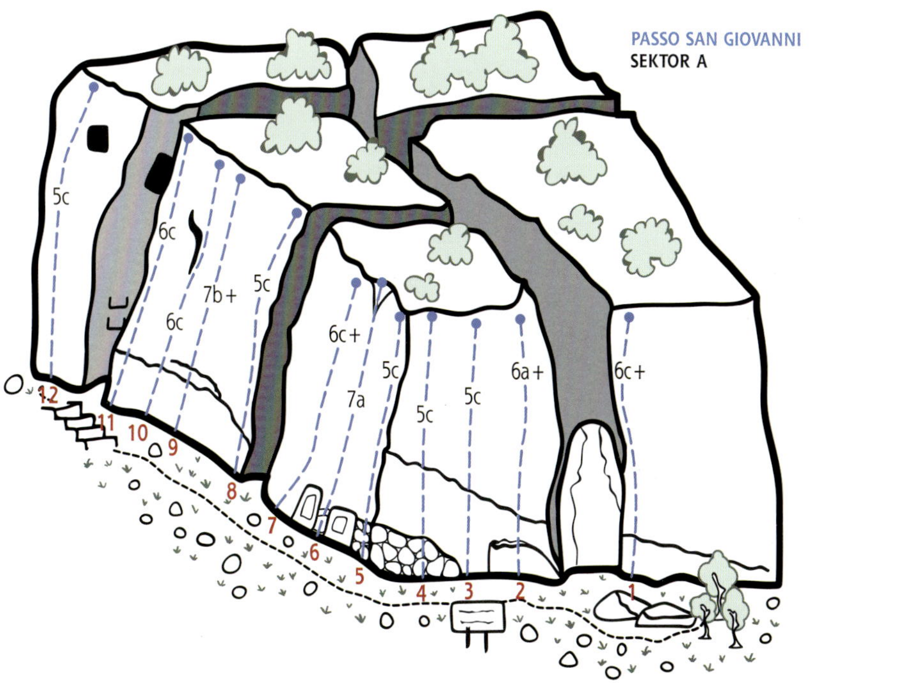

SEKTOR B

1 OHNE NAMEN	6c	10m	Zuerst senkrecht, technische Plattenkletterei, dann geneigter
2 NOMESIS	6b+	10m	Immer an der Sturzgrenze, kleinstgriffig
3 SOGNI DI ROBOT	6b+	10m	Ausdauer, nie einfach
4 HARI SHELDON	6a+	12m	Strukturierte Platte, gute Fußtechnik
5 IO NOI GAIA	6b+	12m	Technisch schwierige Kletterei
6 IL MULE	4c	8m	Einzelner Block weiter rechts, einfache Aufwärmroute
7 SECONDA	5c	8m	Einzelner Block weiter rechts, schwieriger Einstieg, dann einfacher

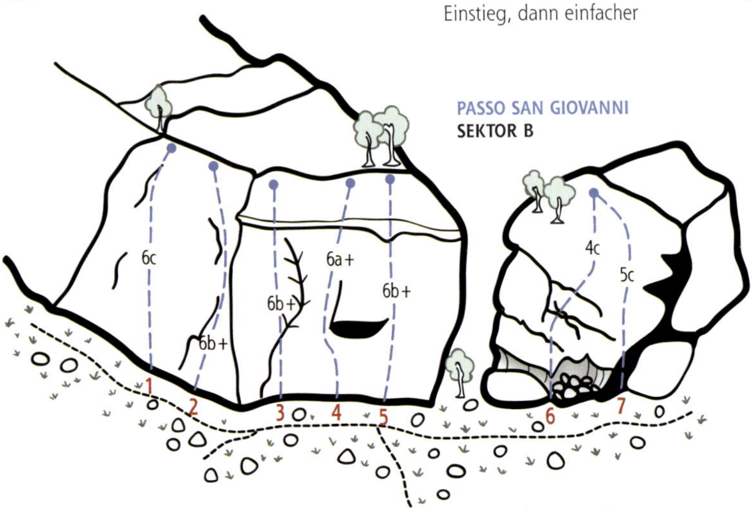

SEKTOR C

1 BOL DE RI	7b+	10m	
2 FAFIFURNI	8a	12m	Ausdauer und Präzision an Mikroleisten
3 MOONRAKER	?	12m	Leicht überhängend
4 KRIEG DER STERNE	7c	12m	Leicht überhängend an kleinen Griffen
5 VENEZIA 2000	8a	12m	Leicht überhängend an kleinen Griffen

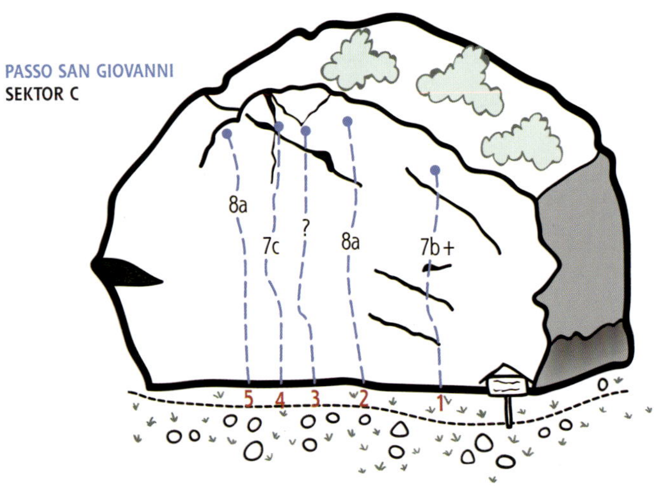

SEKTOR D

1 NUOVI EROI		6c	12m	Boulderstelle, dann delikate Platte
2 S.D.A.P.		7a+	15m	Schwieriger Fingerdynamo
3 T.N.T.	SL1	7a	20m	Einstiegsdynamo
	SL2	7a	18m	Fußtechnik, sehr heikle Reibungspassage
4 SNIFF-SNIFF		7b+	25m	Schwieriger Boulder
5 VAMPIRIA		7a	25m	Längenzug mit Einzelstelle am Dach
6 DOPPIO MALTO		6c	25m	Technisch anspruchsvolle Platte
7 LUCKY STRUCCA		6c+	25m	Aufleger und schwierige Reibungstritte
8 BOYS DON'T CRY		6c	25m	Ausdauer an kleinen Griffen und Auflegern
9 CONTROLL		6b	25m	Schöne Bewegungen in grauer Wand
10 BUCEFALOMANIA		6c+	25m	Beginn an Seitgriffen und Auflegern, dann einfacher in geneigter Wand
11 OHNE NAMEN		6b	26m	Schwierige Sequenz an kleinen Griffen, empfehlenswert
12 CRI CRI		6a+	28m	Schöne Ausdauerwand an guten Griffen

PASSO SAN GIOVANNI
SEKTOR D

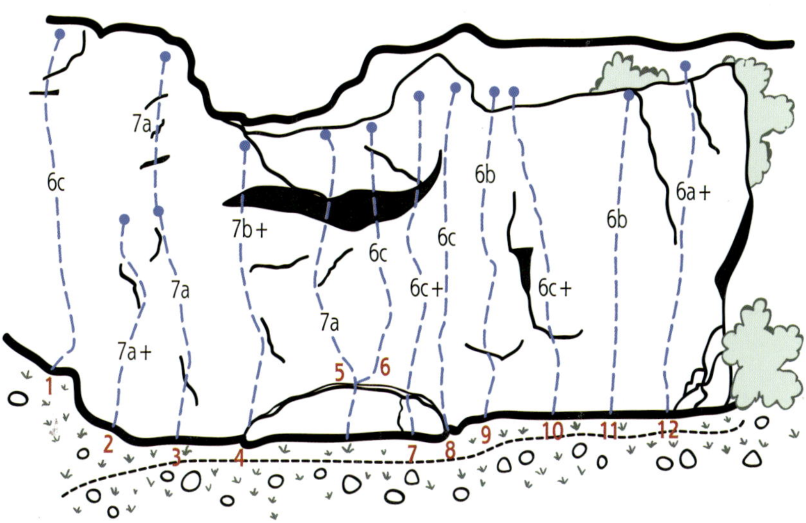

Corno di Bò

Dieses Gebiet liegt genau oberhalb des Tunnels von Corno di Bo' und eignet sich aufgrund seiner mittelschweren, gut eingerichteten Mehrseillängenrouten bestens für Anfänger, auch wenn es manchmal Stellen mit etwas abgespeckten Griffen bzw. Tritten gibt.
Die Routen hier sind pure Reibungskletterei. Die Aussicht auf den Gardasee ist sehr schön, auch die Badesachen solltet ihr dabei haben, denn unmittelbar in der Nähe der Einstiege befindet sich ein kleiner Strand.
Abstieg: Über die Aufstiegsrouten abseilen. Mindestseillänge 60m.

Erschließer: D. Depretto, C. Mattei.

Anfahrt/Zustieg
Von Arco 10,5 km.

Von der Sarcabrücke in Arco in Richtung Rovereto (S.S. 240). Beim zweiten Kreisverkehr (0,8 km) nach rechts abbiegen in Richtung Torbole. Beim Camping Maroadi (6,5 km) nach links abbiegen und weiter nach Torbole. Man überquert die Sarca und fährt weiter bis zum Kreisverkehr. Nun nach rechts Richtung Verona-Malcesine (S.S 249, ab hier noch 3 km). Weiter am See entlang und durch den ersten kurzen Tunnel (Salto della Capra). Nach 300 m beginnt der zweite Tunnel (Corno di Bò), gleich danach liegt die Felswand auf der rechten Seite.
Achtung! Parken ist sehr schwierig, weil nur in den schmalen Einbuchtungen vor und nach dem Tunnel möglich. Etwa 400 m weiter befindet sich auf der linken Seite ein viel besserer Parkplatz (namens ‚Torbolino'), aber dann muss man auf der viel befahrenen Straße durch die kurzen Tunnel wieder zurück laufen. Die Felswand ist dann auf der linken Seite gut zu sehen.
Nichts im Auto lassen: Aufbrüche sind nicht gerade selten!

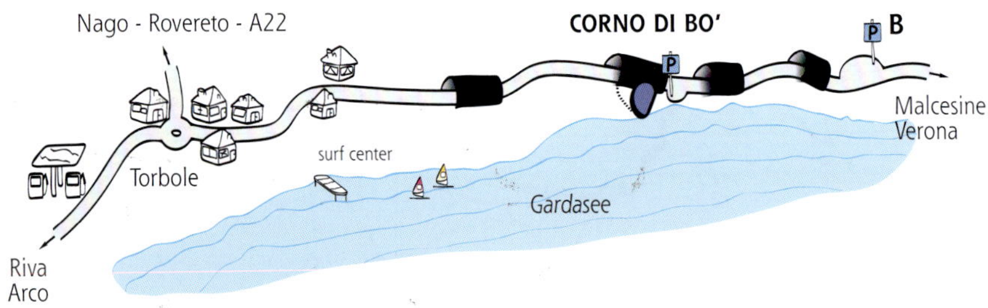

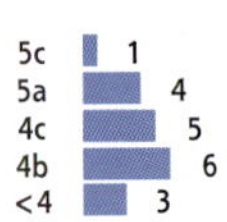

19

A B

1 OHNE NAMEN	SL1	4b	25m	Geneigter, etwas dreckiger Riss
	SL2	4b	25m	Die letzten 10m gemeinsam mit Pritt
2 PRITT	SL1	4b	25m	Geneigter Riss
	SL2	4b	25m	Geneigte Reibungsplatte
3 KUKI	SL1	4c	25m	Geneigte Reibungsplatte
	SL2	4c	25m	Geneigte Reibungsplatte
4 TONY IL TELEFONISTA	SL1	3a	25m	Geneigter Riss
	SL2	5a	25m	Geneigte Reibungsplatte
	SL3	5a	25m	Geneigte Reibungsplatte
	SL4	3a	25m	Geneigte Reibungsplatte
5 CESIRA	SL1	3a	25m	Geneigter Riss
	SL2	5c	25m	Geneigte Reibungsplatte
6 NOREX	SL1	5a	25m	Geneigte Reibungsplatte
	SL2	5a	25m	Geneigte Reibungsplatte
	SL3	4c/5a	25m	Geneigte Reibungsplatte
7 OHNE NAMEN	SL1	4c	25m	Reibungsplatte
	SL2	4c	25m	Reibungsplatte
8 OHNE NAMEN		4b	20m	Geneigte Reibungsplatte
9 OHNE NAMEN		4b	20m	Geneigte Reibungsplatte

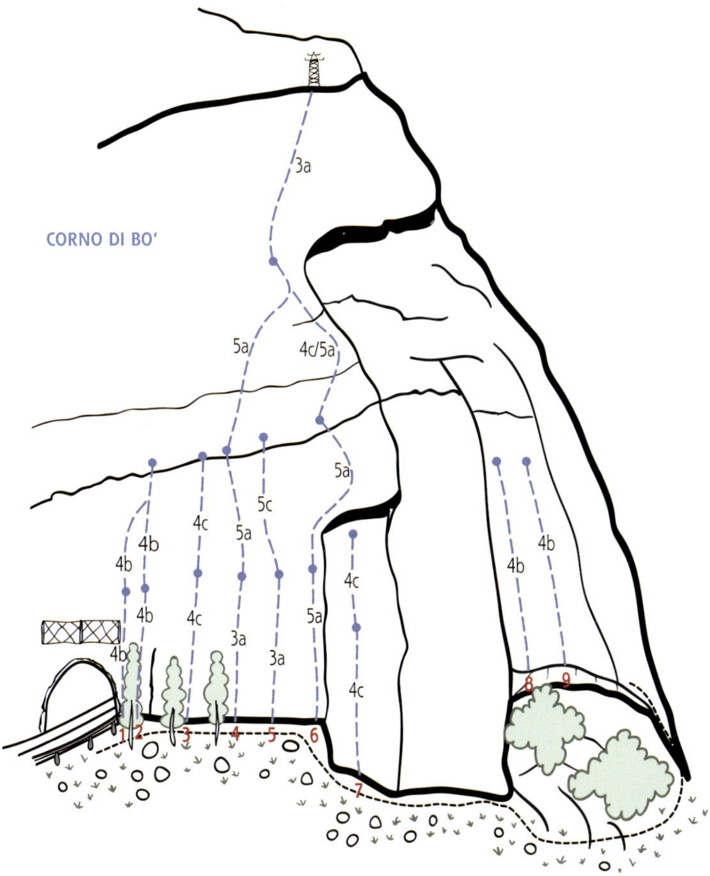

Nago Torbole

Spiaggia delle Lucertole

53

100 m

Die Bilder von zwei Kletteren am Einstieg und einem dritten, der gerade dabei ist, sich in das blau leuchtende Wasser des Gardasees zu stürzen, gingen lange Jahre um die Welt und verbreiteten die Magie, die diesem einmaligen Klettergebiet inne wohnt, bis in ferne Länder. Schon vor dreißig Jahren kletterten Heinz Mariacher und Manolo in dieser glatten Wand Routen, die Marksteine für Technik und Bewegungsgefühl waren (und nach wie vor sind). Wer also über diese Voraussetzungen verfügt, sollte dem Gebiet unbedingt einen Besuch abstatten. Die hier angegebenen Schwierigkeitsgrade sind diejenigen der Erstbegeher. Sie weichen deutlich ab von denen, die heutzutage vergeben werden würden...
Damit das Seil im Trockenen bleibt, braucht man einen Rucksack beim Sichern, denn die meisten Routen starten direkt am Wasser.

Erschließer: R. Bassi, G. Calzà, L. Iovane, H. Mariacher, M. Zanolla u. a.

Anfahrt/Zustieg
Von Arco 10,6 km in Richtung Malcesine. Von der Sarcabrücke in Arco in Richtung Rovereto (S.S. 240). Beim zweiten Kreisverkehr (0,8 km) nach rechts abbiegen in Richtung Torbole. Beim Camping Maroadi (6,5 km) nach links abbiegen und weiter nach Torbole. Man überquert die Sarca und fährt weiter bis zum Kreisverkehr. Nun nach rechts Richtung Verona-Malcesine (S.S. 249, ab hier noch 3,1 km). Weiter am See entlang und durch den ersten kurzen Tunnel (Salto della Capra). Nach 300 m beginnt der zweite Tunnel (Corno di Bò), die Felswand liegt rechts der Tunneleinfahrt.
Achtung! Parken ist sehr schwierig, es ist nur in den schmalen Einbuchtungen vor und nach dem Tunnel möglich. Etwa 400 m weiter befindet sich auf der linken Seite ein viel besserer Parkplatz (namens ‚Torbolino'), aber dann muss man auf der viel befahrenen Straße durch die kurzen Tunnel wieder zurück laufen. Die Felswand ist dann auf der linken Seite gut zu sehen. Nichts im Auto lassen: Aufbrüche sind nicht gerade selten!

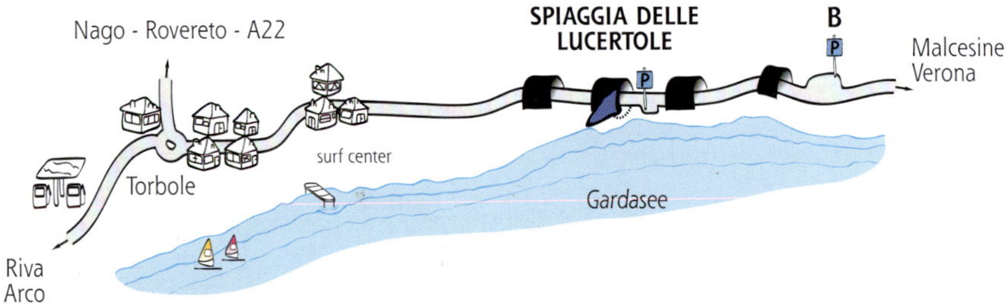

7c	4
7b	4
7a	5
6c	2
6b	5
6a	2
5c	1

23

A B

1 DAFFY-DAFFY		6a+	20m	Ausstieg an Seitgriffen
2 VENTOFOBIA		6a+	20m	Schlussplatte mit einigen Längenzügen
3 OHNE NAMEN		6c	25m	Schwieriger Zug im Mittelteil
4 FUNKY MA CHIC		7b	25m	Reibungkletterei, sehr technisch
5 BEPI NERO		7a	28m	Schwieriger Längenzug
6 PICCOLA DOSE		7a+	30m	Anfangs schwierig, dann runde Sintersäule
7 HONKY TONKY		6b+	32m	Technisch schwierig, im unteren Teil etwas abgespeckt, dann Ausdauer
8 CICALA CLACK		7b+	32m	Höchste Reibungstechnik an Tritten und Untergriffen
9 PEYOTE AL RABARBARO		7c	32m	Stelle mit Blockierer an kleinsten Löchern, technisch schwierige Schlusswand mit Untergriffen
10 PAT UND PATACHON		6b+	27m	Schöne Route an Tropflöchern
11 ALBATROS	SL1	6b	25m	Längenzug beim Ausstieg aus dem Überhang
	SL2	7c	20m	Schwierige Züge an kleinen Griffen
12 LUISA VIOLENTA	SL1	6b+	27m	Abgerundete Griffe mit schwierigem Längenzug kurz vor dem Umlenker
	SL2	5b	12m	Einfacher Quergang nach rechts
	SL3	7a	25m	Sehr schöne Seillänge in kompaktem Fels
13 LA SIGNORA DEGLI APPIGLI		7c	18m	Harte Einzelstelle; Manolos Meisterwerk
14 NON SEGUITEMI MI SONO PERSO		7b	20m	Anspruchsvolle (Fuß-)Technik
15 TOM TOM CLUB	SL1	6b	30m	Querriss, dann Einzelstelle in Platte
	SL2	7b	30m	Sehr schöne Platte mit schwieriger Grifffolge, langer Hakenabstand
16 SENTIERISSIMO		7a	28m	Reibungskletterei an kleinen Auflegern, schwer erkennbare Stelle
17 LAURIE		7a	28m	Schwieriger Einstiegsüberhang mit Längenzug in ein Loch
18 TROTA		6c	30m	Schwieriger Ausstieg aus dem Überhang
19 TOM E JERRY		7c	30m	Technisch extrem schwierig mit kleinen Griffen, heikle Züge an Untergriffen. Einstieg wie Tom Tom, dann gerade hoch

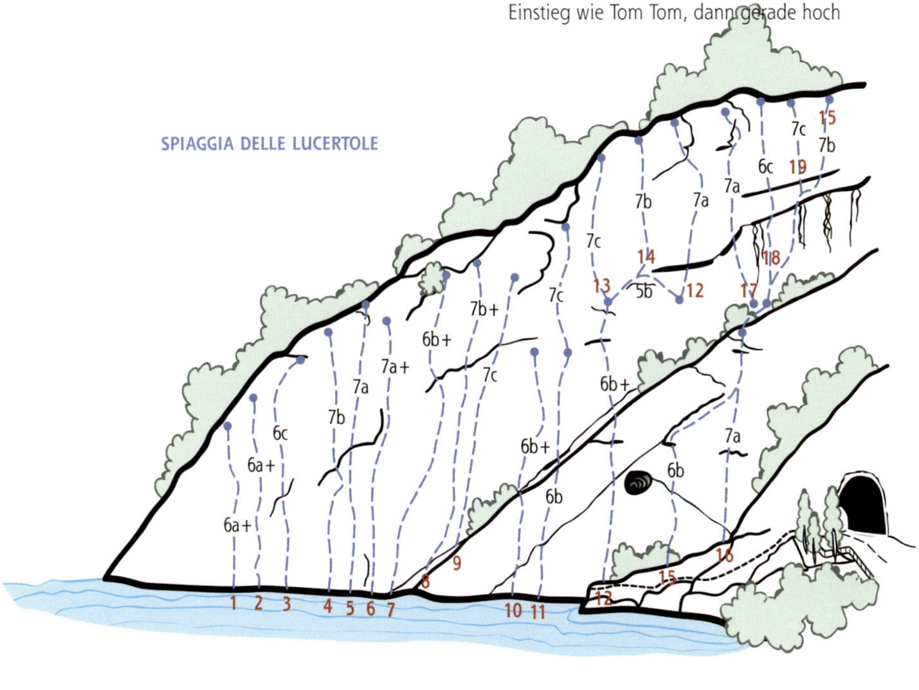

Torbolino

Die kleine Wand liegt direkt neben der Straße. Vom linken Sektor hat man einen wunderschönen Ausblick auf und über den direkt darunter liegenden Gardasee. Schöner, gut strukturierter Kalkfels mit Tropflöchern.

Anfahrt/Zustieg
Von Arco 10,9 in Richtung Malcesine.

Von der Sarcabrücke in Arco in Richtung Rovereto (S.S. 240). Beim zweiten Kreisverkehr (0,8 km) nach rechts abbiegen in Richtung Torbole. Beim Camping Maroadi (6,5 km) nach links abbiegen und weiter nach Torbole. Man überquert die Sarca und fährt weiter bis zum Kreisverkehr. Nun nach rechts Richtung Verona-Malcesine (S.S. 249, ab hier noch 3-4 km). Weiter am See entlang und durch drei kurze Tunnels. Der Klettergarten liegt direkt an der Straße unmittelbar nach dem vierten Tunnel (Cavalcarolle). Auf der linken Seite befindet sich ein guter Parkplatz. Die Routen rechts vom Tunnel beginnen am Parkplatz. Den linken Wandbereich erreicht man durch die Unterführung, die zum Strand führt. Diese Linien werden aber so gut wie gar nicht begangen, obwohl sie sehr schön und gar nicht so einfach sind. Leider liegt am Einstieg viel Müll.
Lasst nichts im Auto zurück, Autoaufbrüche sind recht häufig.

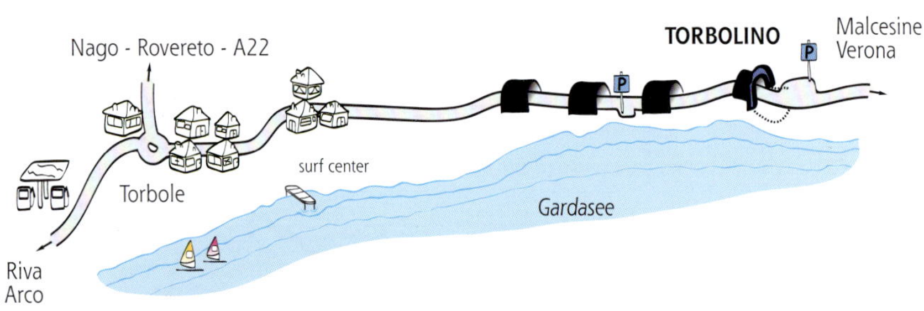

6b	▇▇	4
6a	▇	2

6

1 NIKONS		6c	23m	Ausdauerkletterei im senkrechten Teil. Wenig wiederholt
2 VAI AVANTI TU CHE MI VIEN DA RIDERE		6c	25m	Heikler grauer Wulst. Wenig wiederholt
3 MIRAGE		6a	25m	Große Tropflöcher, schwierige Ausstiegspassage. Wenig wiederholt
4 TORBOLINO	SL1	6b	20m	Sympathische Route in gutem Fels, nicht leicht
	SL2	6c+	20m	Heikle Moves in sehr kompaktem Fels
5 OHNE NAMEN		6c+	40m	Heikle Einzelstellen in grauem Fels

TORBOLINO

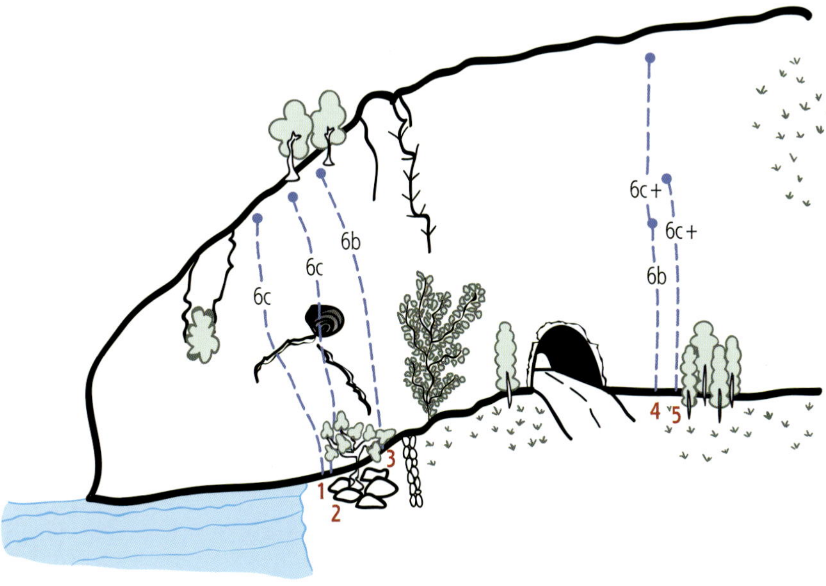

Valle di Cavedine

Castello di Drena

55

Unterhalb des Castello di Drena, in der Schlucht des Flusses Salagoni, liegt eine Felswand, die eher starken Kletterern vorbehalten bleiben wird. Sie wurde im Jahr 2008 erschlossen und hat noch viel Potenzial. Im sehr stark überhängenden Gelände ist ohne Kraftausdauer nichts zu holen. Hier kann auch an Regentagen geklettert werden.

Erschließer: S. Merighi u.a.

Anfahrt/Zustieg
Von Arco ca. 9,6 km, dann 5 Min. bequemer Zustieg auf Wanderweg.

Von der Sarcabrücke in Arco (auf der S.S.45bis) in Richtung Trento/Madonna di Campiglio, am Kreisverkehr geradeaus und nach 4,8 km rechts in Richtung Cavedine/Castello di Drena abzweigen. Man fährt ab jetzt bergauf, rechts ist das Schloss von Drena zu sehen. Gleich am Ortseingang von Drena parkt man rechts auf einem Platz. Von hier folgt man dann der 'Via al Castello' etwas abwärts und biegt dann nach rechts auf eine kleine Schotterstraße ab. Nach kurzer Zeit wird aus dieser ein bequemer Wanderweg, der zur Schlucht führt. Nach einer Biegung hat man den oberen Bereich des Klettergartens erreicht.

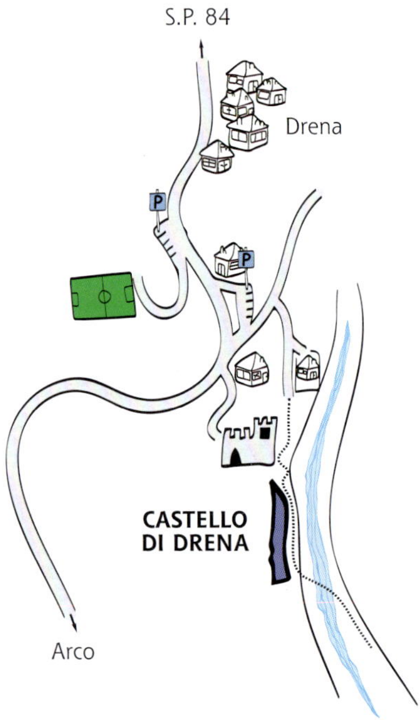

?	2
8b	3
8a	2
7c	2
7b	1
7a	2

12

1 BRABOLETTA	8b	18m	Zuerst sehr anstrengend, dann guter Ruhepunkt, überhängender Ausstieg mit Leisten
2 L'ORCO SHREK	?	17m	Projekt
3 OHNE NAMEN	?	15m	Projekt
4 ATTO DI FORZA	7c+	15m	Einstiegsboulder, Kraftausdauer, harter Zug vor dem Umlenker
5 CANNA BIS	7b+	15m	Kraftausdauer
6 L'OCCHIO DELLA TIGRE	7c	16m	Blockierzug
7 L'ATTIMO FUGGENTE	8a+	15m	Blockierzug
8 CAT WOMAN	7a/b	12m	Blockierzug
9 DARK SIDE OF THE MOON	8b	12m	Kraftausdauer, Boulderzug vor dem Umlenker
10 L'ONDA PERFETTA	8a	12m	Kraftausdauer
11 LA LINEA DELLA VITA	8a+/b	17m	Extrem athletisch diagonal durch das ganze Dach. Schöne Moves mit vielen Hooks. FA Nicola Parziani
12 DINAMITE	7a+	12m	Boulderstelle

CASTELLO DI DRENA

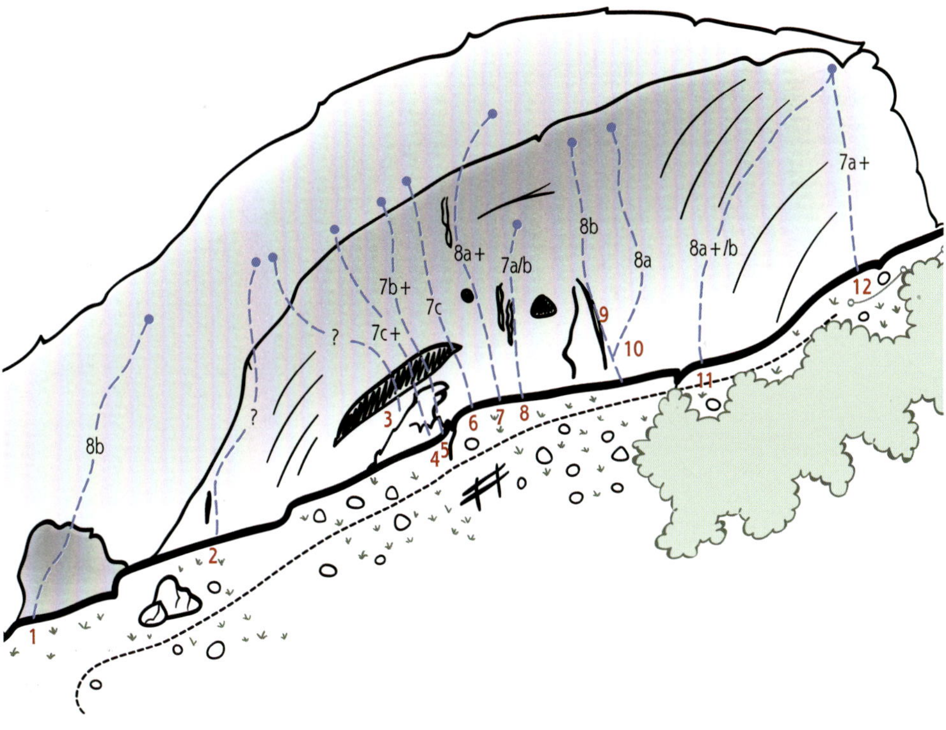

Area 51

Nicht weit vom Castello di Dreno und mitten in einem schönen Buchenwald liegt ein Gebiet mit einigen Routen im frz. 6. Grad. Roland Galvagni hat hier vor einigen Jahren die ersten Linien eingebohrt, es gibt noch viele Möglichkeiten für Neutouren. Nach starken Regenfällen bleibt die Wand lange nass.

Erschließer: R. Galvagni u.a.

Anfahrt/Zustieg
Von Arco ca. 9,8 km, dann 15-20 Min. bequemer Zustieg auf Wanderweg.

Von der Sarcabrücke in Arco (auf der S.S.45bis) in Richtung Trento/Madonna di Campiglio, am Kreisverkehr geradeaus und nach 4,8 km rechts in Richtung Valle di Cavedine/Castello di Drena (S.P.84) abbiegen. Man fährt ab jetzt bergauf, etwa 100 m nach dem Schloss von Drena parkt man rechts auf einem Platz. Gegenüber vom Parkplatz führt eine schmale Straße (Wegweiser "Narveol") bergauf (alternativ auf schönen Treppenstufen zur kleinen Kirche "Madonna di Fatima" bzw. bis zur schmalen Straße, die man etwa 10 m vor dem Brunnen wieder erreicht).
Am Brunnen dann rechts, auf der folgenden Wegpassage hat man eine schöne Aussicht über das ganze Sarcatal. Bei einer Kurve, noch vor dem Haus, dann links (Steinmann) auf einen Pfad, der an der Einzäunung des Weinbergs entlang führt. Danach in den Wald und immer auf dem absteigenden Hauptweg entlang bis zum Sektor Roswell. Zum Sektor Nikola Tesla noch 3-5 Min. Weiter.

420 m

W

15-20'

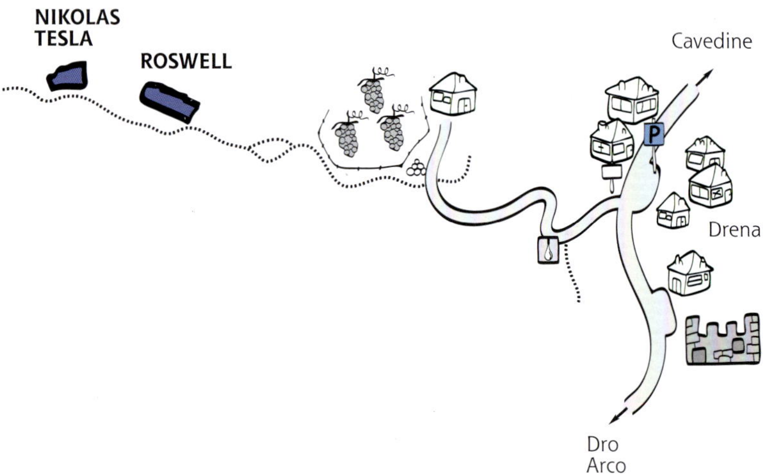

?		3
6c		1
6b		2
6a		3
5c		1

10

SEKTOR NIKOLAS TESLA

1 LORETTA	6a+	12m	Leicht, Querung mit guten Griffen
2 TOOL	?	10m	Selbst abzusichern, kleine Keile, Camalot 0.3
3 PUTA OSTIA!	6b+/c	10m	Längenzug, versteckte Leisten. Grad muss noch bestätigt werden.
4 GNIGNUGNAGNO	6b+/c	10m	Senkrechte Griffe, Schulterzüge. Grad muss noch bestätigt werden
5 BRÈVA E TIVÀN	6a+	18m	Einstieg senkrecht, dann schöne geneigte Platte
6 VILMA E LUIS	5c	18m	Einzelstelle am Einstieg, dann schöne geneigte Platte

SEKTOR ROSWELL

7 CORRENTE GALVANICA	?	18m	
8 AREA 51	?	18m	
9 LA KUMA	6c+	22m	Einzelstelle mit senkrechten Griffen, dann heikle Platte
10 IL SERGENTE NELLA NEVE	6a	22m	Schöne strukturierte Platte. In der Mitte Längenzug und Einzelstelle

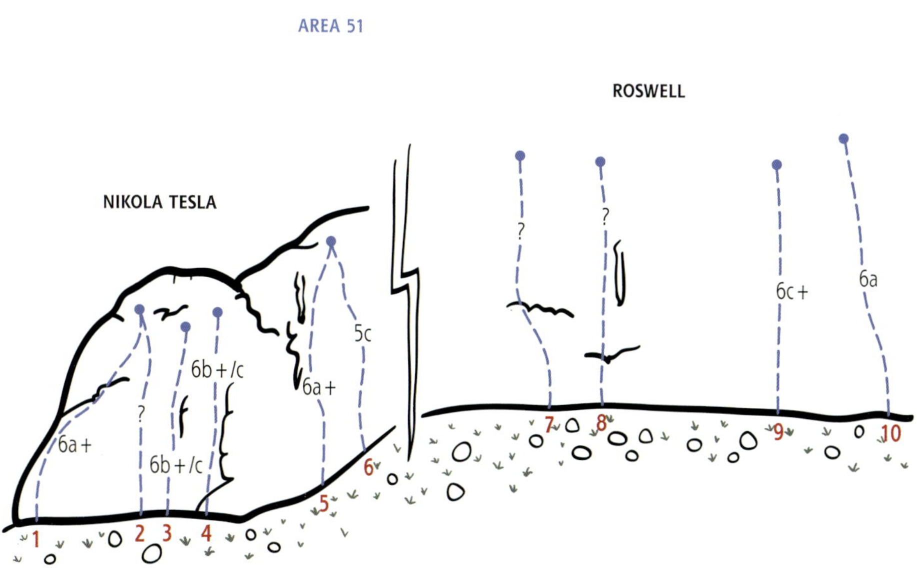

Cavedine

Beim Anblick dieser Wand scheint alles auf das klettertechnisch Wesentliche reduziert: Sehr saubere und klare Linien durchziehen den Fels. Es ist gleichsam von vornherein ersichtlich, dass hier nur mit Technik und Bewegungsgefühl etwas zu holen ist. Schon in den einfachen Routen ist es notwendig, die Kletterbewegungen sehr gezielt einzusetzen, um Erfolg zu haben. Die Routen der oberen Grade haben generell mittellange, schwierigere Abschnitte, aber richtige Ausdauer ist hier nicht nötig.

Erschließer: D. Bonvecchio, R. Galvagni u.a

Anfahrt/Zustieg
Von Arco 19 km, dann 3 Min. Zustieg auf Wanderweg.

Von der Sarcabrücke in Arco (auf der SS45bis) in Richtung Trento/Madonna di Campiglio. Nach 5 km, in Dro rechts abbiegen in Richtung Valle di Cavedine (S.P.84). Man fährt durch Drena, danach Cavedine und biegt hier am Dorfausgang (50 m nach der IP-Tankstelle) nach links in Richtung Lago di Cavedine ab. Nach einigen Kehren wird die Straße flacher und gibt den Ausblick auf den See frei. Man fährt an einem Bildstock (links) vorbei (gegenüber beginnt eine schmale asphaltierte Straße) und noch 300-400 m weiter geradeaus. Der bequeme Zustiegsweg zur Wand beginnt etwa in der Mitte der ersten Leitplanke. Parken kann man entlang der Straße.

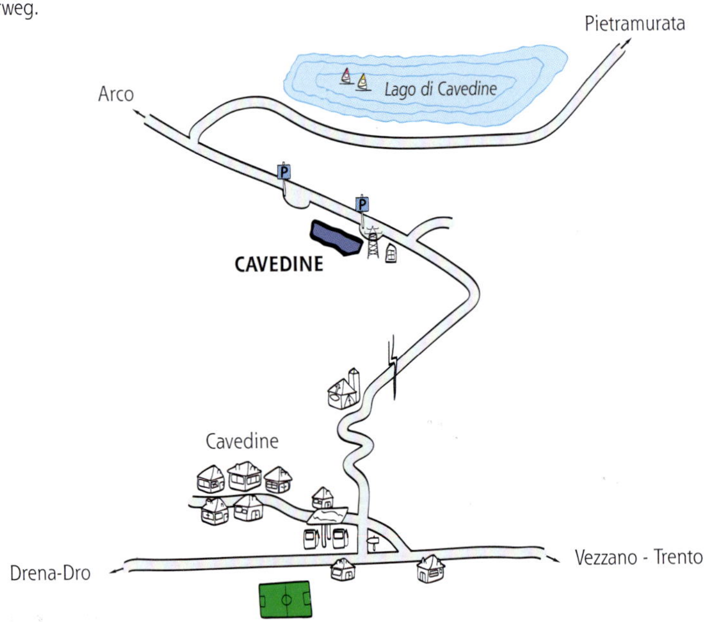

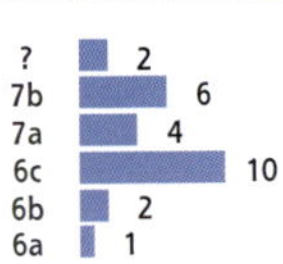

25

1 LATTE PIU'	6c	15m	Gleichgewichtsbewegungen
2 SBARBIE E PREPUZIO	6c	15m	Schöne Züge, Koordination
3 POPOLO BUE	6c+	15m	Schwieriger Einstieg, Wand mit Leisten
4 ORO NERO	6c	15m	Längenzüge am Einstieg, leichter Überhang mit Leisten
5 OIBÒ	6b+	15m	Platte mit Löchern und Leisten
6 ALTA TENSIONE	6a+	15m	Versteckte Griffe. Nicht einfach!
7 GIOIA E RIVOLUZIONE	7a	18m	Seitliche Längenzüge in der Mitte, dann schwere Passage
8 GIOIA E RIVOLUZIONE PLUS	7c	8m	Verlängerung von Gioia e Rivoluzione, schwieriger Boulder
9 ALIBI	7a	25m	Zuerst technisch, dann an künstlichen Leisten
10 ORGASMATIC	6c+/7a	16m	Serie von Auflegern
11 ORGASMATIC PLUS	7b+	8m	Komplexer Boulder an Leisten
12 PALPITO TENUE	7b	20m	Zuerst einfach, dann Längenzug an kleinen Griffen/ Slopern
13 TOTÒ D'ARABIA	7b+	20m	Komplexe Serie von Zügen
14 INGENUE UTOPIE	6c	20m	Schöne Züge an Löchern und Leisten
15 PLACEBO	6c+	20m	Seitengriffe und Aufleger, onsight schwer
16 MISERY NON DEVE MORIRE	7b	20m	Zuerst Aufleger, dann Blockierer an Einzelstelle
17 3° MESE	6c	20m	Einstieg wie Misery, dann gerade hoch
18 ABE'S	7b	10m	Kurz und heftig
19 GANJA	7b	20m	Teilweise hakenlos
20 MAGMA	6c+	20m	Viel Koordination und Gleichgewicht
21 SESSO E NUTELLA	6b+	20m	Strukturierte Wand mit kleinem Überhang
22 VOX POPULI	7a	20m	Kraft fordernder Einstieg, dann Boulder im Überhang
23 DIAFRAMMA	6c+/7a	18m	Einstieg an Leisten, dann Überhang
24 OHNE NAMEN	?	18m	
25 OHNE NAMEN	?	18m	

CAVEDINE

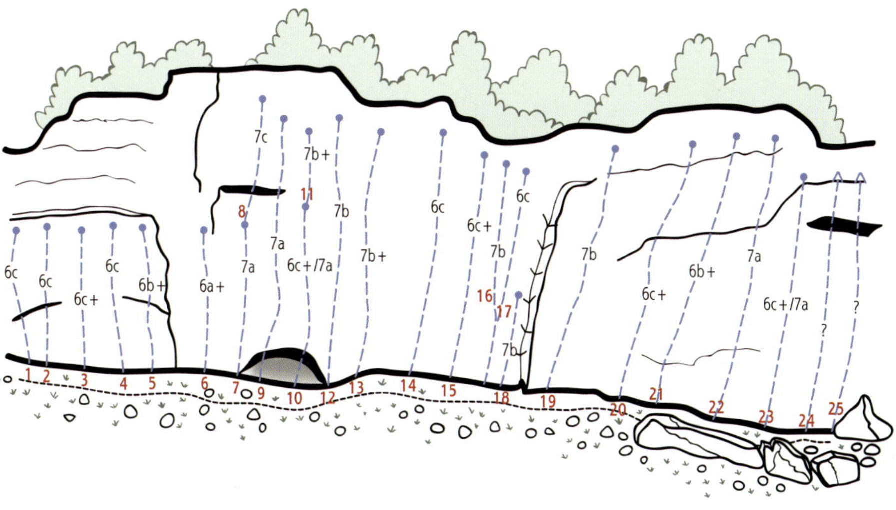

Valle di Cavedine

La cosina

58

590 m

15-20'

Die kleine Felswand liegt in einem schönen Wald und wurde schon vor vielen Jahren von F. Leoni, M. Faletti, S. Elmi u.a. entdeckt und mit wenigen Routen eingerichtet. Der bequeme Zustiegsweg, an dem auf archäologische Besonderheiten hingewiesen wird, führt über den Bergrücken zwischen Lago di Cavedine und Valle Cavedine.

2014 wurde der Klettergarten mit finanzieller Unterstützung der Gemeinde Cavedine und der Talgemeinschaft deutlich vergrößert. Die Erschließungs- und Sanierungsarbeiten führte die Cooperativa delle Guide Trentine (Kooperative der Trientiner Bergführer) durch. Das Felsmassiv ist ein schönes Beispiel für einen Klettergarten mit vielen leichten Routen, an dem jetzt Einsteigern ein schöner „Spielplatz" geboten wird.

Erschließer: Cooperativa delle Guide Trentine, Gemeinde Cavedine und Comunità di Valle, Gino Malfer von Arcomountainguide.

Anfahrt/Zustieg

Von Arco 18 km, dann 15-20 Min. Zustieg auf bequemem Weg.

Von der Sarcabrücke in Arco weiter in Richtung Trento/ Madonna di Campiglio und nach 5 km, in Dro, rechts abzweigen in Richtung Valle di Cavedine (S.P.84). Am Ortsausgang von Cavedine (50 m nach der IP-Tankstelle) biegt man links in Richtung Lago di Cavedine ab. Nach einigen Kehren wird die Straße flacher, auf der rechten Seite sieht man den Recyclingplatz der Gemeinde und parkt hier.

Jetzt geht man Richtung Ort zurück und biegt (nach 10 m) links auf die Schotterstraße ab. Bei der ersten Abzweigung wiederum links weiter und hinter dem Recyclinghof vorbei. Danach folgt man rechtshaltend dem Schotterweg bzw. den Wegweisern 'Strada Romana', an der Abzweigung bei einem Feld auf der linken Seite dann dem Wegweiser 'Carega del Diaol'. Kurz darauf zweigt man dann rechts ab (Wegweiser 'Area Archeologica-Lasino') und passiert den 'Carega del Diaol', einen Felsblock mit Inschrift aus dem 1. Jh. Bei der nächsten Abzweigung geht man rechts weiter (Wegweiser 'La Cosina - Fontana Romana'), kurz nach dem Picknickplatz, wenn der Weg bergab führt, ist die Felswand dann zu sehen.

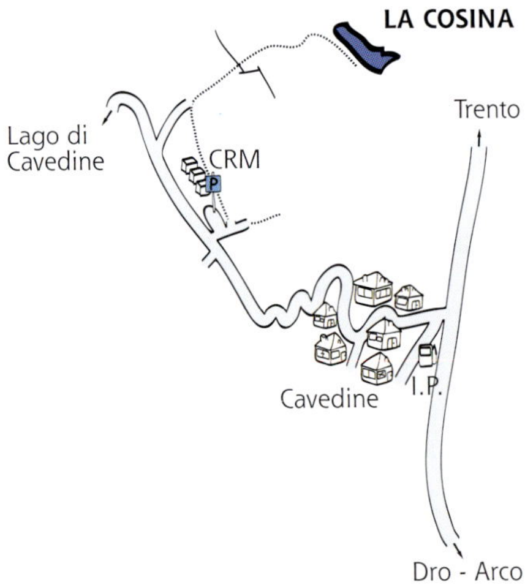

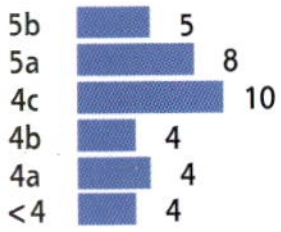

35

OBERER SEKTOR

1 MERLO		4a	5m	Weiter Einstiegszug
2 PETTIROSSO		3c	6m	Kurz und leicht
3 PICCHIO		3a	5m	Kurz und leicht
4 TORDO		3b	5m	Kurz und leicht
5 USIGNOLO		3a	7m	Leicht und abwechslungsreich
6 CINCIALLEGRA		4c	8m	Schwieriger Einstiegszug
7 CINCIA BIGIA		5a	9m	Schwieriger Einstiegszug
8 CODIROSSO		4c	6m	Löchrig, leicht
	SL2	5b	4m	Codibugnolo Reibungspassage
9 BALESTRUCCIO		4b	6m	Löchrig, leicht
10 CARDELLINO		4a	6m	Löchrig, leicht
11 FRINGUELLO		5b	9m	Bewegungstechnik (alte Linie)
12 GAZZA		5a	5m	Schwieriger Abschlusszug
13 GHIANDAIA		5a	10m	Schön, Bewegungstechnik
14 GRACCHIO		4c	10m	Schön, Bewegungstechnik
15 GUFO		5a	12m	Schön, Bewegungstechnik
16 CARPINO		5a	12m	Schwieriger Einstieg, dann deutlich leichter
17 FRASSINO		4b	12m	Leicht, schön
18 MAGGIOCIONDOLO		4c	10m	Senkrecht mit guten Griffen
19 ROVERELLA		4c	13m	Senkrecht mit guten Griffen
20 SARA		5a	13m	Lange Züge oberhalb vom Band
21 GRETA		4c	14m	Lange Züge oberhalb vom Band
22 LOLLO		4c	15m	Lange Züge oberhalb vom Band
23 GINEPRO NANO		4c	5m	Kurz
24 PUNGITOPO		4b	5m	Kurz
25 CICLAMINO		5b+	6m	Spreiztechnik, weiter Zug am letzten Haken
26 PRIMULA		4b	8m	Schön strukturiert
27 RANUNCOLO		4c	8m	Schwierige Reibungsstelle

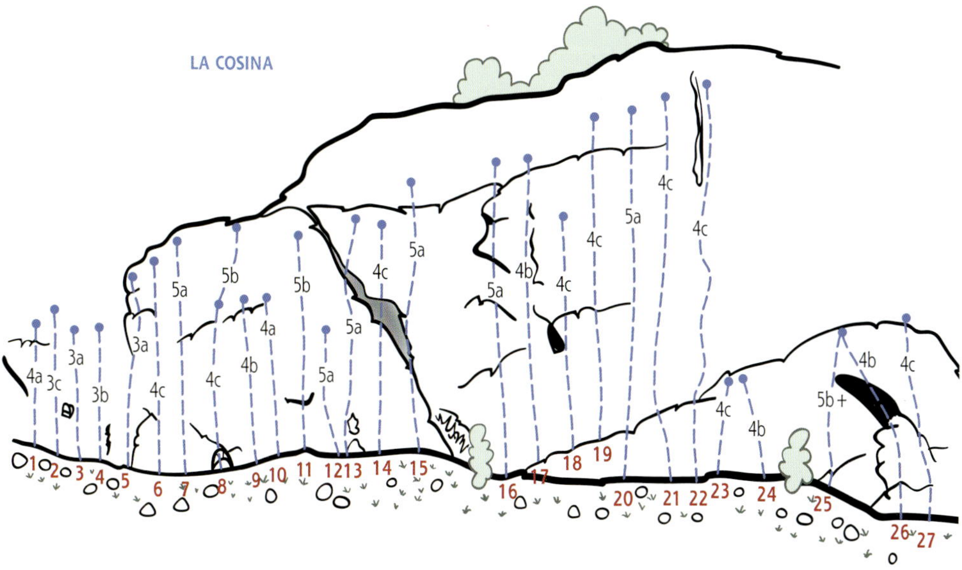

UNTERER SEKTOR

28 VOLPE	4a+	6m	Kleiner Bauch am Ausstieg
29 CAPRIOLO	4a	6m	Anfangs kleingriffig, dann leicht
30 TASSO	4a+	9m	Kleine Griffe zu Beginn
31 LEPRE	4c	9m	Schön strukturierte Platte mit Löchern
32 GNOMO DOLOMITICO	5a	14m	Schön strukturierte Platte mit Löchern, vor dem Umlenker Längenzug
33 ELENA	5a	16m	Schön strukturierte Platte mit Löchern
34 LORENZO	5b	16m	Schön strukturierte Platte mit Löchern und Schuppen, weiter Zug am Einstieg und in der Mitte
35 GUFO	5b+	16m	Schwieriger Einstiegszug, dann schöne, geneigte Platte mit Löchern, Bewegungstechnik

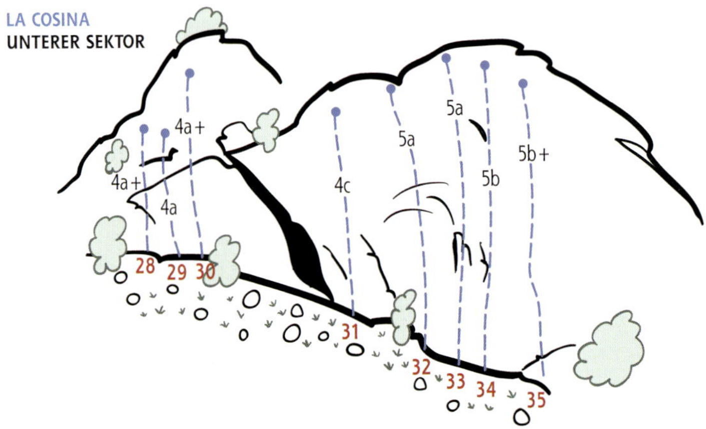

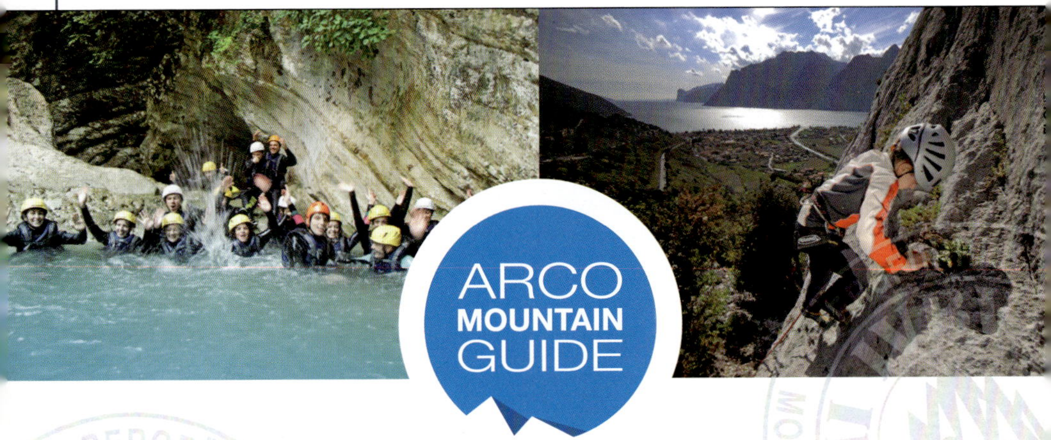

CANYONING • CLIMBING • FERRATE • TREKKING • SKI TOURING • FREERIDING

www.arcomountainguide.com

cell. 330.567285 • info@arcomountainguide.com

COLLANA **LUOGHI VERTICALI**

Stefano Montanari

DAONE PROG

Blocchi sul granito dell'Adamello

Bouldering on Adamello granite — WITH ENGLISH VERSION

Boulderblöcke im Granit des Adamello-Gebiets — DEUTSCHE ÜBERSETZUNG

EDIZIONI **VERSANTE SUD**

Valle di Cavedine

San Siro

An diesem Massiv wird schon seit Anfang der 1980-Jahre geklettert, es liegt sehr ruhig auf dem Rücken, der das Sarcatal vom Val Cavedine trennt. Wie es bei vielen der alten Klettergärten der Fall ist, sind die angegebenen Schwierigkeitsgrade heute nicht mehr richtig nachvollziehbar. Hier findet man alles: Überhänge, Dächer und Platten. Empfehlenswerte Routen sind *Regan boia* 6b+, *Blow* 7b/c, *Nuvole* 7a, *Piani molteplici ascendenti panoramici* 7c, *L'essenziale* 8a+, *Il fagiano* 6a+.

San Siro eignet sich das ganze Jahr über zum Klettern, sogar in den Sommermonaten (dann vormittags). Hier ist es nie zu voll, der Wandfuß ist schattig und auch für Kinder geeignet. Von den Routenausstiegen hat man eine herrliche Sicht auf die Berge der Brenta, leider sind einige Routen aber aber recht dreckig.

Anfang der 1990er Jahre finanzierte die Provinz Trient die vollständige Sanierung des Felsmassivs: Ein schönes Beispiel für den Erhalt und die Aufwertung von Klettergebieten.

Erschließer: R. Bassi, D. Bonvecchio, O. Celva, R. Larcher u.v.a

Anfahrt/Zustieg

Von Arco 19 km, dann 3 Min. Zustieg auf Wanderweg.

Von der Sarcabrücke in Arco (auf der S.S.45bis) in Richtung Trento/Madonna di Campiglio. Nach 5 km in Dro rechts abbiegen in Richtung Valle di Cavedine (S.P.84) und weiter bis Lasino (19 km von Arco). Rechts an der Straße liegen eine 'Total'-Tankstelle und die Pizzeria '4 Stagioni'. Jetzt links auf die schmale Straße, die genau gegenüber beginnt. Man fährt an der kleinen Kirche von S. Siro vorbei und parkt dann am höchsten Punkt des Sträßchens rechts auf einem großen Parkplatz (1 km von der Pizzeria). Von hier auf der Straße 10 m bergab und rechts auf den breiten Weg, der direkt zu den einzelnen Sektoren führt.

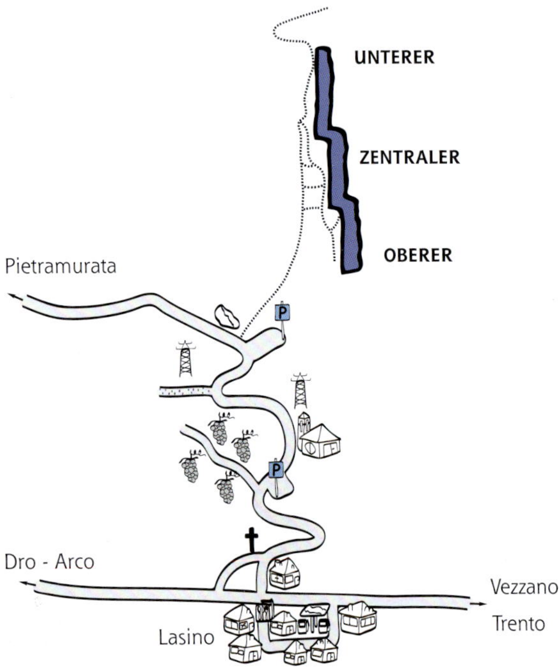

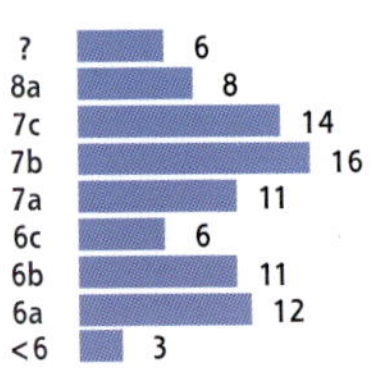

87

UNTERER SEKTOR

1 CHIARA MA INDECISA	7a+	15m	Kurzer maximalkräftiger Boulder
2 IATIFAH	7b	10m	Technische senkrechte Wand
3 VENDETTA	7b+	20m	Technische senkrechte Wand
4 OHNE NAMEN	?	?	Projekt
5 MAFIA BIANCA	7a	15m	Technische senkrechte Wand
6 PEPPINO	7c/+	8m	Gelb-graue Wand, Längenzug (7b für Große?)
7 PEPPINA	7c+	8m	Kurz und heftig
8 CHARLOT	7b+	16m	Senkrechte Wand, Fingerkraft
9 LUISIANA	7b	18m	Fast senkrechte, graue Wand; kurze, onsight schwierige Passage
10 VALENTINA	6a	18m	Gutgriffiges kleine Wand
11 ALEPH	6a	18m	Gutgriffiges kleine Wand
12 SCANSATI	7a+	20m	Schwere Einzelstelle am Dach
13 SALAY	7a+	20m	Schwieriger Dachausstieg
14 JERON	7b	20m	Schwierige Sequenz im Mittelteil
15 È INUTILE SOGNARE	8a	20m	Schwierige Sequenz mit runden Seitgriffen und Reibungstritten
16 JEREZ	7c+	20m	Einstiegsboulder an Auflegern
17 MISS LOLITA	7a+	25m	Passage mit heiklen Bewegungen
18 FUKUSHIMA	?	25m	Projekt
19 MELARINFANFUNFINFLA	8a+	20m	Technisch schwierige Route an Auflegern
20 QUIVI IL TEMPO	7b	25m	Schwieriges Einstiegsdach, dann Ausdauer an guten Griffen
21 D.D.T.	7c+	25m	Ausdauer und Boulderpassagen
22 ATLANTIC CITY	7c+	25m	
23 OHNE NAMEN	7a+	25m	Boulder am Dach
24 REGAN BOIA	6b+	25m	Technische Platte, etwas abgespeckt, aber schön (historische Bewertung...)
25 OHNE NAMEN	6c	25m	Schöne Bewegungen in grauer Platte

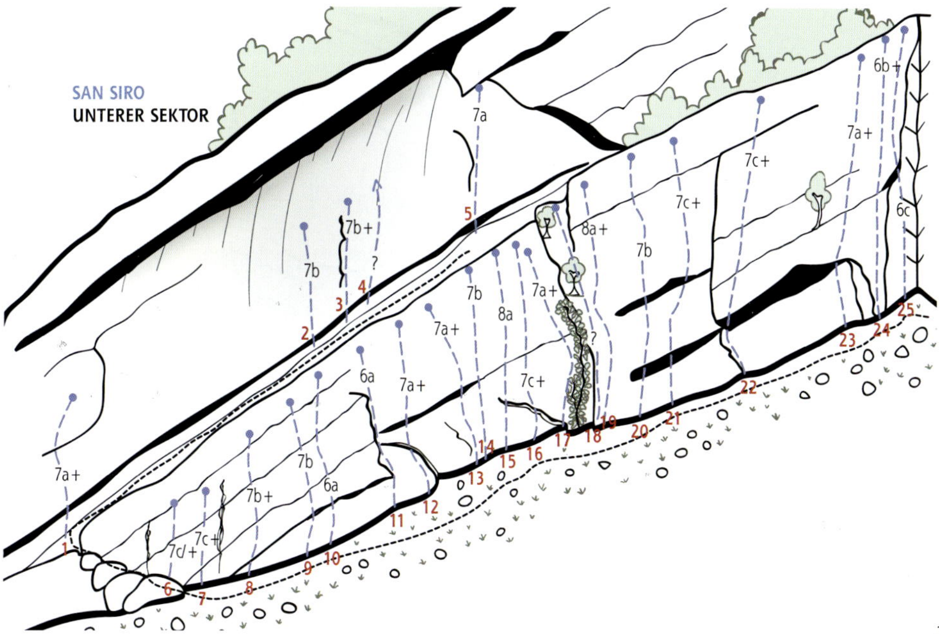

ZENTRALER SEKTOR

1 OHNE NAMEN	?	28m	Projekt
2 OHNE NAMEN	?	28m	Projekt
3 HAIKU	7c	25m	Ausdauer in schwarzem Fels
4 ZAGOR	7c	8m	Kurzer und harter Boulder
5 ICTU OCULI	7c+/8a	28m	Einstiegsboulder und Ausdauer an positiven Leisten, Boulderzug
6 DIAVOLINO	8a+	10m	Schmerzhafter, kurzer Boulder (Haken entfernt)
7 OHNE NAMEN	7c+	30m	Ausdauer, Boulder in der Mitte
8 LA MONELLA	6c+	20m	Route mit Untergriffen und runden Griffen
9 OHNE NAMEN	?	12m	Altes Projekt von Roberto Bassi
10 THE MENINBLAK	8a	28m	Erster Teil athletisch, Ausstieg sehr technisch und schön
11 MEMBORACCIO	6b+	20m	Gute Griffe, Linkstraverse an Untergriffen
12 OHNE NAMEN	?	?	Projekt. Weite Hakenabstände
13 BLOW	7b/c	20m	Senkrechte technische Route, mit Längenzug beim Ausstieg
14 XANADU	8a+	20m	Boulder am Dach
15 ELETRIC BUDDA	8a	28m	Ausdauer an guten Griffen, schwieriger Einzelzug am Ausstieg
16 PIANI MOLTEPLICI ASCENDENTI PANORAMICI	7c	28m	Serie von kleinen Überhängen, Ausdauer mit Einzelstelle
17 L'ETERNO PRESENTE	7b	28m	Ausdauer an zum Teil abgespeckten Griffen
18 IL VERGINE	7b	28m	Ausdauerroute, nicht zu unterschätzen
19 NUVOLE	7a	30m	Einzelstelle an kleinen Auflegern, dann Ausdauer im Schlussteil
20 DEDI	6c	20m	Heikle Einzelstelle

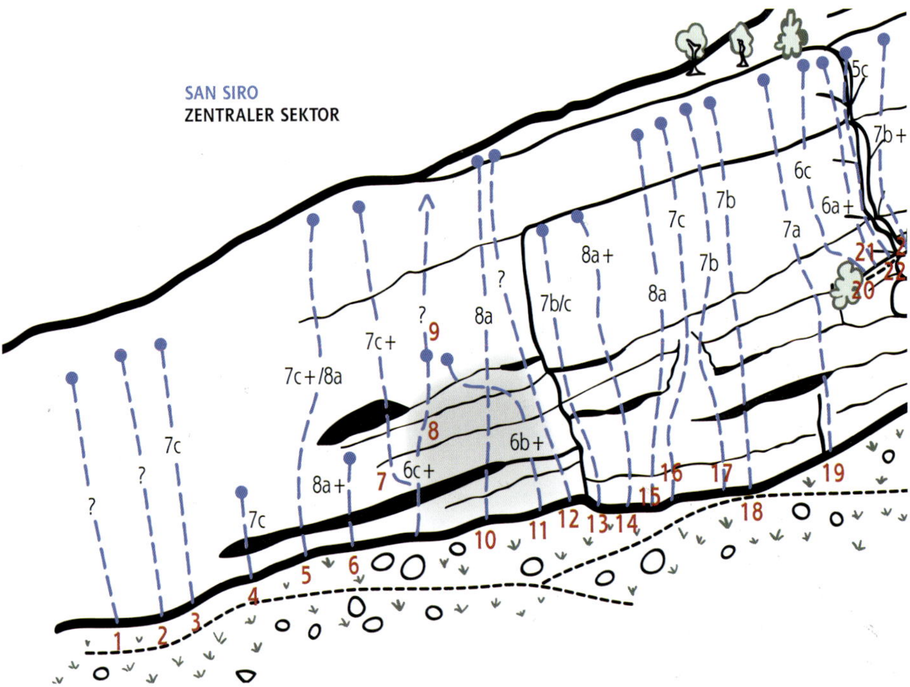

21 BUSH DEL CUL	6a+	20m	Nette Platte in grauem Fels mit guten Griffen
22 MAGIC BIEST	5c	20m	Einfache Rissverschneidung
23 MIRÒ	7b+	20m	Kurze kleingriffige Sequenz, senkrecht
24 L'ESSENZIALE	8a+	23m	Senkrecht mit kleinsten Griffen, sehr schön
25 TEMPESTA DEL DESERTO	8a	25m	Schwierige Folge von kleinsten Griffen in leicht überhängender Wand
26 OHNE NAMEN	?	?	Projekt von Danilo Bonvecchio (entfernt)
27 TOPOLINO	7c+	25m	Boulder in senkrechter grauer Wand (entfernt)
28 SQUALO GIALLO	7b+	25m	Einstieg sehr schwer an Sintern, dann technisch schwierige Verschneidung
29 VENTO	7c	25m	Variante von Aria (im oberen Teil), kleinste Leisten
30 STRAVENTO	7c	25m	Direkte Variante von Vento
31 ARIA	6c	30m	Schwieriger Einstieg, dann schöne Verschneidung und graue Schlusswand
32 TUXEDO	6a	25m	Leicht geneigte Ausdauerplatte
33 GEDEONE	6a	25m	Kompakte Platte, Fingerboulder im Ausstieg, abgespeckt
34 THE KID	5b	18m	Einfache Route an guten Griffen, abgespeckt
35 PIC-NIC AD	6b+	25m	Einfach bis zum Dach, abgespeckt
36 NUOVI GIORNI	6b	28m	Technische Passagen in Platte
37 IL RISVEGLIO DEGLI EROI	6b	20m	Einstiegsüberhang, dann nette Platte

OBERER SEKTOR

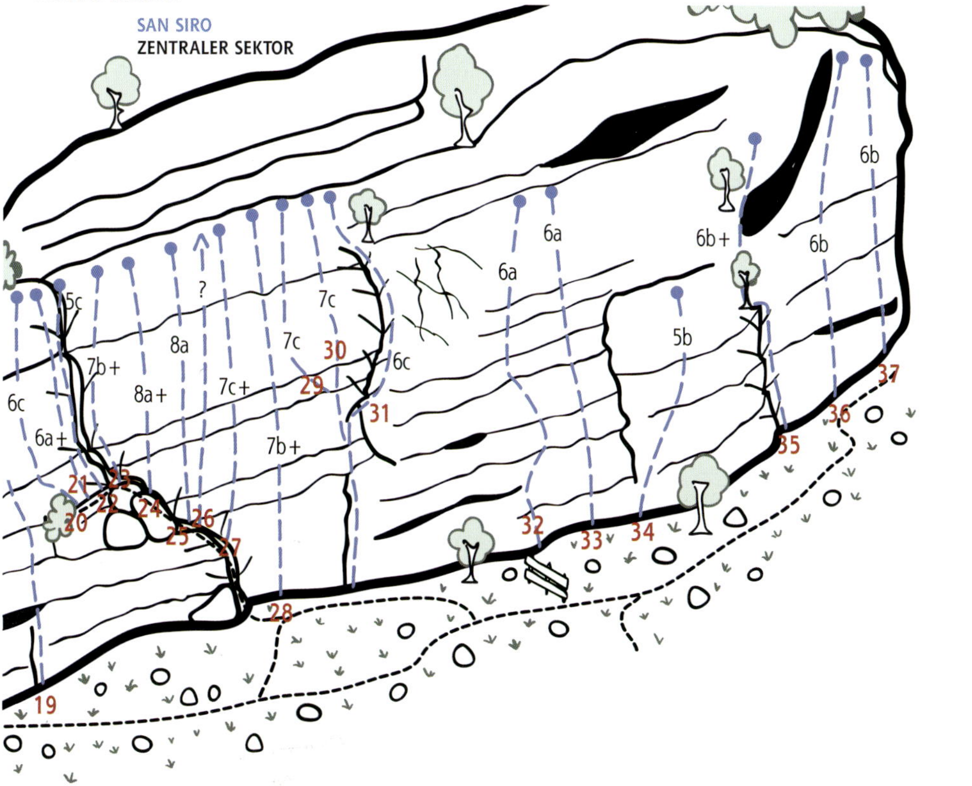

1 HOUDINI		7a	20m	Senkrechte Route, onsight schwere Passagen
2 NAZKA		7b+	20m	Kleingriffig in kompakter, senkrechter Wand
3 SEDERINI PARLANTI		7b	20m	Passagen mit Seitgriffen
4 FRED FALLO		7a+	27m	Ausdauerroute, mit markantem Dach
5 ZIO ULCERA		7c	28m	In der Mitte schwierig an Leisten, harter Ausstieg
6 OHNE NAMEN		7b+	28m	Boulder am Dach
7 MAD PROFESSOR		7b+	28m	Ausdauerroute mit Längenzug, zwingende Passage am Dach
8 CIUSPINO		7a	33m	Interessante Route, die neueste Linie hier
9 FLIPPER	SL1	6c+	25m	Dach mit Henkel
	SL2	6a+	25m	Technische Platte
10 ALEXANDER PLAZ	SL1	7b	25m	Boulder an kleingriffigem Dach
	SL2	6a	25m	Platte mit Tropflöchern
11 ZIZOMAT	SL1	6b+	20m	Kleiner Boulder am Dach
	SL2	6b+	20m	Technische Platte mit Tropflöchern
	SL3	6a+	20m	Mehrere kleine Überhänge im Ausstieg
12 ROCK STORY	SL1	6b+	20m	Einzelstelle am kleinen Dach
	SL2	6a	25m	Technische Platte mit Tropflöchern und Leisten
	SL3	6b	18m	Kleine, gelbe Überhänge
13 FIESTA		7a	15m	Gleichgewichtsproblem
14 W MESSICO		6c	15m	Kleiner Boulder am Dach
15 IL FAGIANO		6a+	15m	Gut strukturierte Platte
16 UNA FOOLTA		6a	18m	Gut strukturierte Wand
17 CASTAGLIA		6a	20m	Nette graue Wand
18 MAGICO ALBERMANN		6b+	20m	Heikle Passagen
19 THYCO B		6b	20m	Leisten und Löcher in grauem Fels

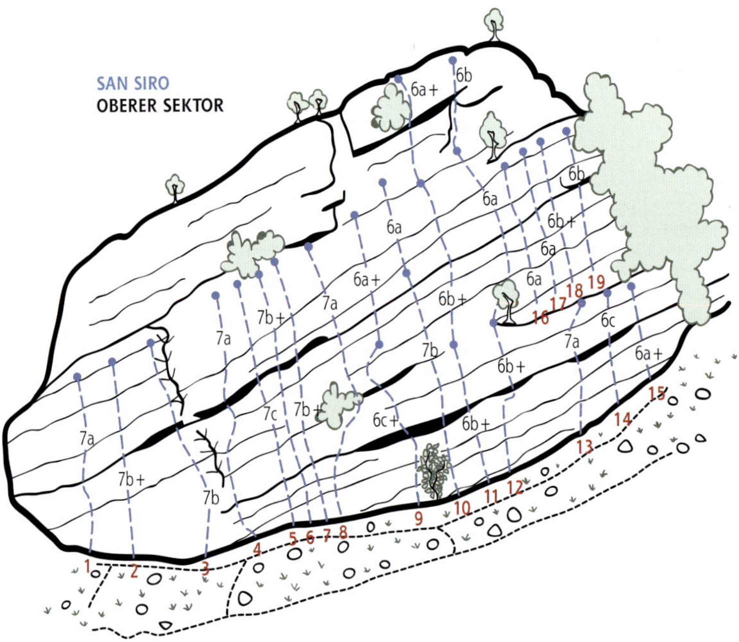

San Siro *(ph. Matteo Pavana)* ▶

Valle di Cavedine

Lagolo

60

Das Klettergebiet liegt ruhig, fast möchte man sagen etwas abgelegen, an den Abhängen des Monte Bondone. Die wenigen Routen sind anfangs überhängend und haben dann technisch äußerst anspruchsvolle Ausstiege. Wegen der Ausrichtung nach Westen sind die Reibungsverhältnisse im Sommer vor allem am Vormittag ideal, solange die Wand noch im Schatten liegt. Genießt die herrliche Aussicht auf die Brentagruppe und vergesst (im Sommer) nicht die Badesachen, denn nach einem anstrengenden Klettertag lädt der nahe See von Lagolo zu einer Abkühlung ein!

Erschließer: D. Bonvecchio u. a.

Anfahrt/Zustieg

Von Arco 26 km, dann 5 Min. Zustieg auf Wanderweg.

Von der Sarcabrücke in Arco (auf der S.S.45bis) in Richtung Trento/Madonna di Campiglio. Nach 5 km an der Kreuzung rechts nach Dro (S.P.84) abbiegen in Richtung Valle di Cavedine und weiter nach Cavedine. Etwa 2 km nach dem Ort an einer Kreuzung dann rechts in Richtung Monte Bondone abbiegen (S.P.85) und nochmals ca. 7,5 km weiter fahren. Kurz vor dem Ortsschild 'Località di Lagolo' ist die graue, überhängende Felswand im Wald gut zu sehen; man parkt gleich nach dem Schild auf der linken Straßenseite. Der kurze Pfad zum Klettergarten beginnt direkt in Falllinie der Wand.

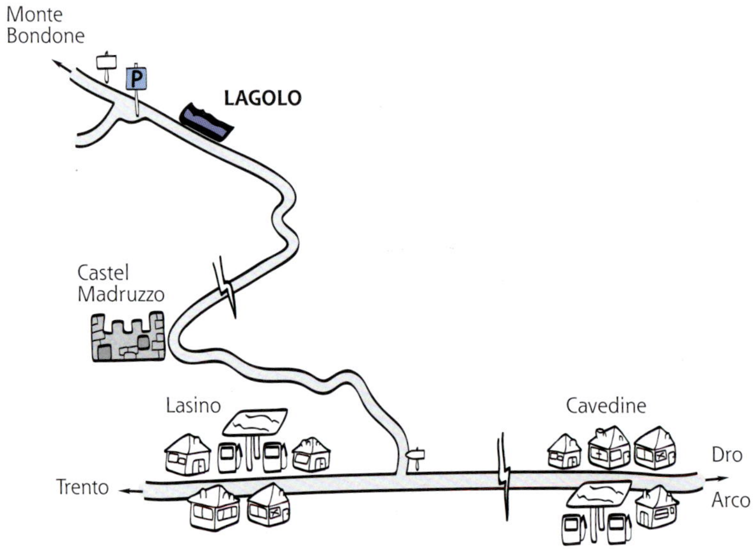

?	1
8a	3
7c	1
7b	2
7a	2

9

1 TRASH	8a+	25m	Ausdauerroute. Riss, dann kurze, onsight schwierige Verschneidung
2 PERELA'	8a+	20m	Ausdauer mit einer kniffligen Stelle am Schluss
3 KIZNERARSE	8a	20m	Harte Einstiegspassage, dann Ausdauer, schön
4 OHNE NAMEN	?	20m	Projekt
5 IO LA TENGO	7c/8a	20m	Längenzüge und schwieriger Dachausstieg
6 VIBRAM	7b/c	17m	Überhang, einfaches Dach, der Ausstieg bleibt etwas dem Zufall überlassen...
7 INES	7a	15m	Zuerst Fingerkraft, dann leicht geneigte Wand
8 ORA ET LABORA	7a+	15m	Zuerst Fingerkraft, dann leicht geneigte Wand
9 GRANCHIO	7b	15m	Zuerst harter Boulder, dann leicht geneigte Wand

LAGOLO

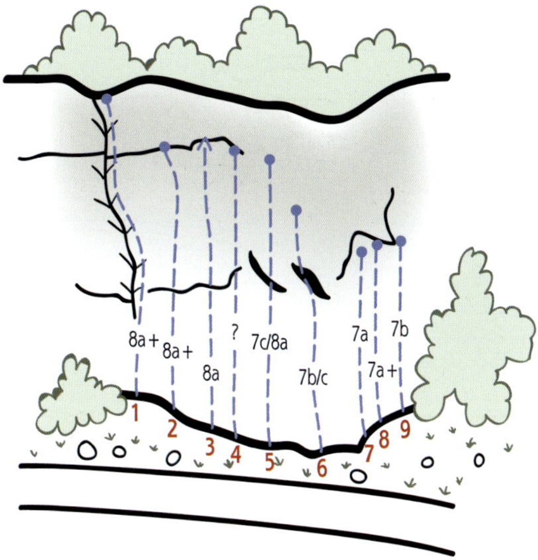

Terlago

Der Klettergarten von Terlago ist in zwei Felswände aufgeteilt, die wahre Perlen der Natur und wie zum Klettern geschaffen sind: vertikale Tafeln aus fantastischem Kalk, mit kleinen und kleinsten Leisten gespickt. Fingerkraft ist hier ebenso wie eine sehr gute Fußtechnik unerlässlich.

Dieses Gebiet ist sicherlich ein Highlight, wenn man Kletterrouten in senkrechten Wänden liebt und sollte dann bei einem Aufenthalt in Arco oder Umgebung auf jeden Fall auf dem Plan stehen.

D. Bonvecchio, der dieses Massiv entdeckte und erschloss, hat vor kurzem auch den kleinen Klettersteig am Wandfuß des Sektors B eingerichtet.

Die schwerste Tour hier, *Thin Ice* 8c, konnte N. Favresse im Jahr 2008 als Erster frei klettern. Gleich darauf gelangen R. Scarian, M. Zanolla und G. Dalfovo die nächsten Wiederholungen, alle bestätigten sowohl den Schwierigkeitsgrad als auch die Schönheit der Route. Der Klettergarten ist von der Straße aus gut zu sehen, die markanten senkrechten Wände fallen sofort ins Auge.

Erschließer: E. Bettega, D. Bonvecchio, O. Celva, R. Larcher u. a.

Anfahrt/Zustieg

Von Arco 31 km, dann 15 Min. Zustieg auf Wanderweg.

Von der Sarcabrücke in Arco (auf der S.S.45bis) in Richtung Trento/Sarche. Etwa 1 km nach Vigolo Baselga zweigt man links nach Terlago/Laghi di Lamar ab (S.P.18). Gleich nach der Kirche dann rechts und geradeaus weiter bis zur Piazza di Torchio. Hier parken.

Nun rechts auf eine kleine Straße, unter einem Torbogen durch und ca. 300 m weiter. Nach den letzten Häusern dann links auf ein steiles, gepflastertes Sträßchen, das bald zu einer Schotterstraße wird. An einigen Privatgrundstücken vorbei immer in Richtung der Felswand, die schon sehr gut sichtbar ist. In Falllinie des Sektors A hochsteigen, dann führt ein Pfad im Zickzack direkt zu diesem Sektor. Der Sektor B liegt ca. 200 m weiter rechts davon und ist leicht in 5 Min. zu erreichen.

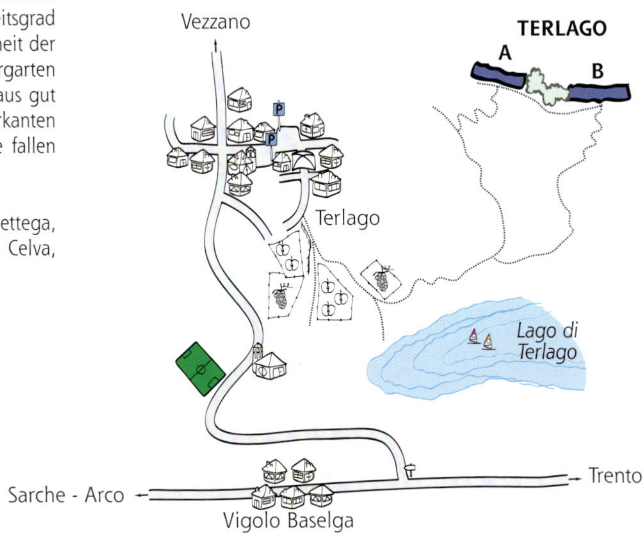

?	1
8c	1
8b	1
8a	6
7c	9
7b	9
7a	2
6c	1
6b	3
<6	3

36

SEKTOR A

1 MACCHIA NERA	5b	15m	Einfache Rissverschneidung (70m links von L'Orso Buono)
2 FICUS BENJAMIN	6b	18m	Rissklettererei (70m links von L'Orso Buono)
3 PAGANELLA	7b	18m	Senkrechte Wand mit guter Rastposition in der Mitte (40m links von L'Orso Buono)
4 L'ORSO BUONO	7a	15m	Fingertechnik
5 FICUS	7b	15m	Boulder
6 ELIOGABALO	6b	20m	Technische Verschneidung
7 ALVARO VITALI	8a	20m	Boulder in der Mitte und zum Schluss
8 L'ALVARON	8b	20m	Einstiegsvariante A. Vtali, 1. freie Begehung G. Dalfovo, 2010
9 PROGETTO BASSI	?	20m	Projekt Roberto Bassi
10 THIN ICE	8c	20m	Viel Kraftausdauer an kleinen Griffen, rotpunkt N. Favresse 2008
11 THIN LIFE	8a+	20m	Einstieg über Nr. 12. In der Mitte weiter über Thin Ice. Schwierige Querung an kleinen Griffen
12 L'ALTRA VITA	8a	20m	Einstiegs- und Schlussboulder mit guter Rastposition dazwischen
13 SISYPOST	8a+	20m	Ausdauer an leicht überhängender Wand
14 MALEDETTA FORTUNA	8a	20m	Sehr schön, Boulder im Mittelteil, ausdauernd
15 NON TI REGGE PIÙ LA POMPA	7c+/8a	20m	Ausdauer an kleinen Leisten in leicht überhängender Wand
16 GOLDEN BOY	7c+	20m	Ausdauer an kleinen Leisten in leicht überhängender Wand
17 GOLDEN CONTADINO	7b+	20m	Einstieg wie Contadino Osvaldo und Ausstieg wie Golden Boy
18 IL CONTADINO OSVALDO	6c+	18m	Klassische Aufwärmroute, Ausstiegsboulder
19 ENRICO LA TALPA	7a+	18m	Schräger Riss, mit Ausstiegsboulder
20 ALDO B.	4a	13m	Geneigte, schräge Verschneidung
21 GATTO SPUGNA	5c	18m	Platte, den Stand von Aldo B überklettern

TERLAGO
SEKTOR A

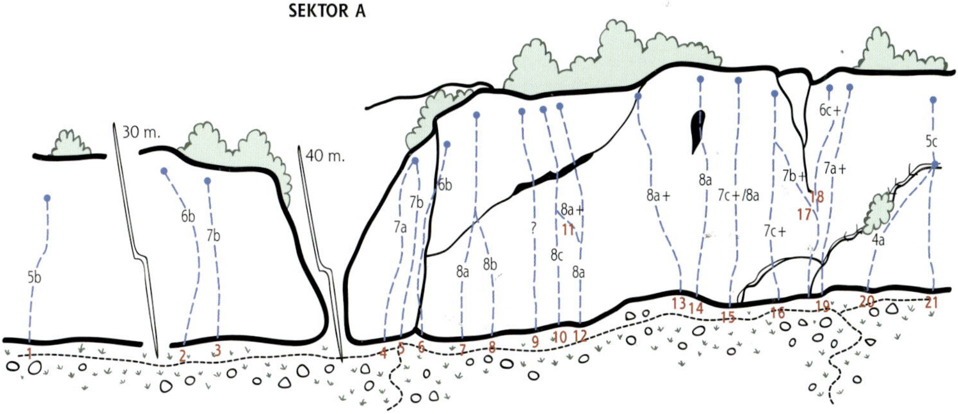

SEKTOR B

1	DEPENSE	6b	18m	Klassische Aufwärmroute im Riss
2	GAY	7b+	18m	Kleine Leisten in senkrechtem Fels
3	TAMARINDO	7b+	18m	Kleine Leisten in gelb-grauem, senkrechtem Fels
4	LA VEDOVA ALLEGRA	7c	20m	Fingerkraft an kleinsten Leisten in grauem Fels
5	NO REACTION	7b+	21m	Wunderschöne Ausdauerroute, ein Meisterwerk der Natur
6	HONGA HONGA	7c/8a	20m	Ausdauer an Leisten und Löchern
7	OHNE NAMEN	?	20m	Ausstieg über Il Sussuro
8	IL SUSSURRO	7c	20m	Boulder im Mittelteil
9	ROLAMBO	7c	20m	Scharfkantiger Fels zu Beginn, Rippen zum Schluss
10	I DONT'T KNOW	8a	20m	Ausdauer an kleinen Leisten
11	PATAFISICA	7b+	22m	Ausdauer an Leisten und Löchern in senkrechter Wand
12	TERZA ETÀ	7c	22m	Ausdauer an Leisten und Löchern in senkrechter Wand
13	FRENKY	7c	22m	Ausdauer an Leisten und Löchern in senkrechter Wand
14	ÖTZI	7c	23m	Ausdauer an Leisten und Löchern in senkrechter Wand
15	TASI	7b+	23m	Kurze Einstiegswand, Quergang und Schlussboulder (saniert)
16	OHNE NAMEN	7b/c	25m	Zu Beginn kleingriffig, dann Ausdauer

TERLAGO
SEKTOR B

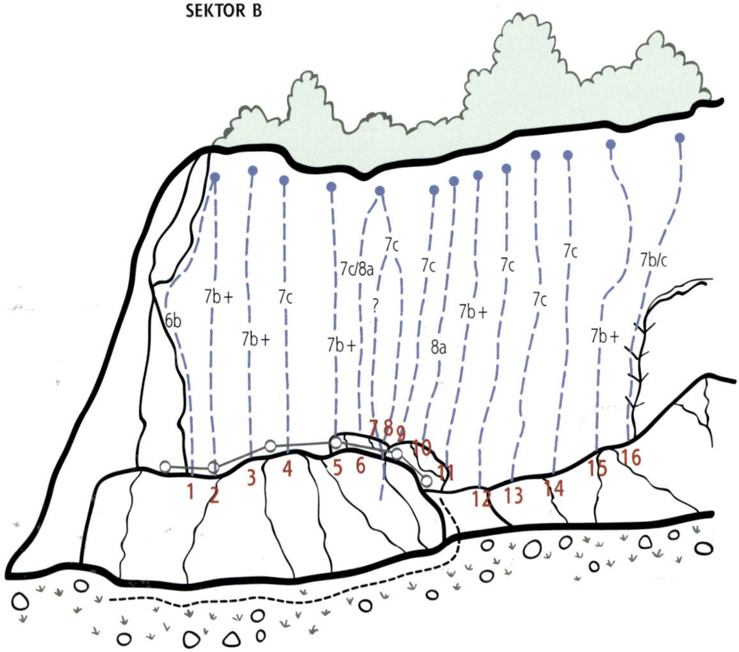

Terlago, Simone Banal *(ph. arch. Banal)* ▶

Canton

Die graue, kompakte Felswand liegt oberhalb des kleinen Ortes Monte di Terlago. Wer will, kann sich nach dem Klettern in einem der nahe gelegenen Seen von Lamar erfrischen. Ein schöner Campingplatz ist ebenfalls nicht weit entfernt.

Erschließer: D. Bonvecchio, M. Faletti u.a.

Anfahrt/Zustieg
Von Arco ca. 31 km, dann 15 Min. Fußweg.

Von der Sarcabrücke in Arco (auf der S.S.45bis) in Richtung Sarche/Trento und ca. 1 km nach Vigolo Baselga an einer Kreuzung links nach Terlago/Laghi di Lamar (S.P.18). Im Ort Monte di Terlago dann links zur Kirche bzw. Sportplatz. An der Kirche links vorbei, geradeaus weiter bis zu einem Platz mit rotweißen Wegweisern (Casale) und hier parken. Man folgt zunächst der Schotterstraße linkerhand (Wanderweg 606), bis kurz vor einer Wasserleitung ein weiterer Wanderweg schräg links wieder zur Schotterstraße bzw. einer Madonnenstatue und Tisch mit Bänken führt. Nach einem zweiten Tisch (20 m weiter) geht man um einen Bergrücken herum bis zum Felsriegel.

Von Trento: Von der Autobahnausfahrt Trento Centro in Richtung Madonna di Campiglio und bis zur Abzweigung nach Terlago. Dann weiter wie oben beschrieben.

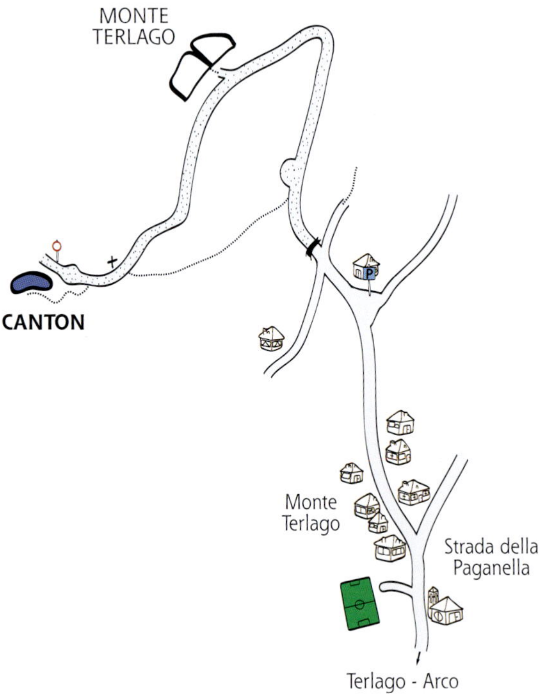

?	1
7b	3
7a	2
6c	4
6b	1

11

1 CLANDESTINO	7a	20m	Überhängender Einstieg und kleine Verschneidung, schön
2 MAT	7b+	20m	Überhängender Einstieg und kleiner grauer Pfeiler
3 CANTON	6b+	20m	Einstieg an Sintern, kurze Ausstiegsverschneidung
4 FUORIONDA	6c	18m	Senkrechte graue Wand, Bewegungstechnik
5 SCAPPA	6c/7a	18m	Senkrechte graue Wand, Bewegungstechnik
6 GILBERT & GEORGE	7b	18m	Senkrechte graue Wand, Bewegungstechnik
7 VALÁ	6c	18m	Senkrechte graue Wand, Bewegungstechnik
8 OPEN DOOR	7b+	18m	Ausdauer an kleinen Griffen
9 OHNE NAMEN	?	14m	Projekt
10 NON SO	7a	14m	Ausdauer in grauer Wand
11 ZZZ	6c	10m	Ausdauer in grauer Wand

CANTON

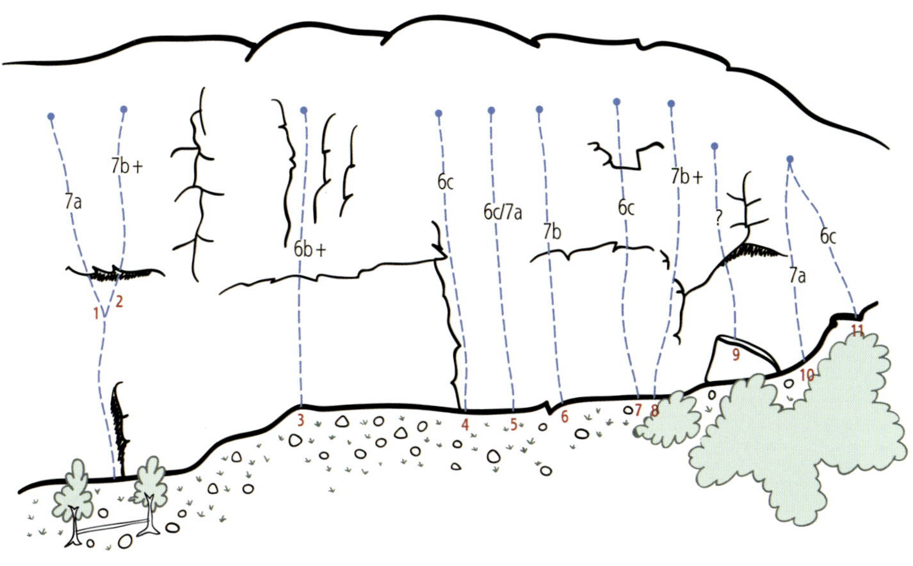

Monte Terlago

900 m

SO

Das neueste Klettergebiet in der Region besteht aus zwei Sektoren, die sehr ruhig gelegen sind und viele abwechslungsreiche Klettereien bieten: Technisch anspruchsvolle Platten sind ebenso zu finden wie starke Überhänge mit harten Boulderpassagen. Die Erschließer haben ganze Arbeit geleistet und auch den Wandfuß recht bequem hergerichtet. Wer also die höheren Grade beherrscht, sollte diesem Klettergarten definitiv einen Besuch abstatten. Der untere Sektor (Settore Basso) besticht mit überhängenden Routen, im oberen Sektor ist die Wand meist senkrecht und ziemlich kompakt.

Die bei Drucklegung des Führers schwierigste Route war *Pinza idraulica* (8b/+), sie wurde von V. Ballardini eingebohrt und auch erstmals gepunktet, wobei der Grad noch bestätigt werden muss. Wer nach dem Klettern Entspannung sucht, findet sie ganz in der Nähe an den schönen Seen von Lamar.

5-10'

Erschließer: V. Ballardini, L. Forti M. Pavana u.a.

Anfahrt/Zustieg

Von Arco ca. 31 km, dann 5-10 Min. Fußweg.

Von der Sarcabrücke in Arco zunächst in Richtung Sarche bzw. Trento und ca. 1 km nach Vigolo Baselga links ab auf die SS18 nach Terlago (2,5 km) und hier dann weiter in Richtung Laghi di Lamar (SS18). In Monte di Terlago biegt man nach der Kirche links ab auf die "Strada della Paganella", diese führt leicht bergauf zu einem größeren Platz (Casale, erste Parkmöglichkeit). Eine Schotterstraße führt auf der linken Seite weiter (Markierung Wanderweg Nr. 606), die zweite Parkmöglichkeit bietet sich bei einer Verbreiterung (links ist ein Wasserreservoir). Man folgt der Forststraße dann weiter bis zum Klettergarten nach der Kehre.

Von Trento: Ausfahrt A22 Trento Centro, weiter Richtung Madonna di Campiglio (SS 45bis) und bis zur Abzweigung bei Terlago. Ab hier wie oben beschrieben weiter.

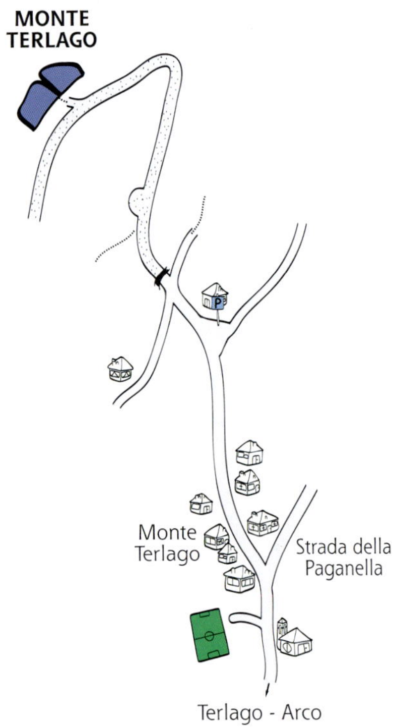

?	5
8b	1
8a	6
7c	2
7b	3
7a	4
6c	3

24

UNTERER SEKTOR

1 OHNE NAMEN	?	?	Projekt Gianguido Dalfovo
2 MONDO DI LADRI	?	40m	Projekt, Platte mit schwierigen Bewegungen, dann Überhang
3 ROLLITO PETARD	?	28m	Projekt
4 PINZA IDRAULICA	8b/+	28m	Harte Boulderpassage über Bauch. Rotpunkt Valerio Ballardini
5 LEGATO BLU SUMMER	?	28m	Projekt, herrlicher Felsbug
6 50 ANNI E NON SENTIRLI	8a+	28m	Überhang, dann Blockierzug an Slopern
7 GENZIANA	8a+/b	25m	Boulderpassagen über Bauch
8 BELLA LEI	8a+	25m	Boulderpassagen über Bauch. Wunderschön!
9 ZURLÌ	7a+/b	23m	Harte Ausstiegspassage
10 PAROLA DI LUPETTO	6c+	20m	Kompakter Fels
11 STUDENTI MODELLO	6c+	18m	Platte mit Balanceproblemen

OBERER SEKTOR

12 ODORE DI BANANA		6c+	20m	Nicht zu unterschätzen!
13 AFRICA LONTANA		?	20m	Projekt, kompakte Platte
14 MACCHIA D'OLIO E MANGIANZA	SL1	7a+	30m	Weiter Hakenabstand
	SL2	7c	42m	Athletischer Überhang
15 MANGIA PELLE		7b+	25m	Weiter Hakenabstand, scharfe Tropflöcher
16 HO PERSO IL CELLULARE		7c+	28m	Boulderzug kurz vor dem Umlenker
17 BURNING LOVE		8a	28m	Herrliche Route in super Fels!
18 IT'S A LONG WAY TO THE TOP		8a	30m	Die ersten 10 Meter sind sehr hart, dann Ausdauer
19 FALSA PARTENZA		7b	23m	Harter Einstieg
20 MOTO IN FIAMME		7b+	23m	Kleingriffig
21 PINK COLOR & BLACK GORILLA		8a	23m	Kleingriffige Boulderzüge (Erschließer M. Pavana)
22 SASHA SPAZADÒRA		7a+/b	23m	Boulderpassage über Bauch
23 PILLY FREESTYLE		7a/+	24m	Platte mit Bewegungstechnik

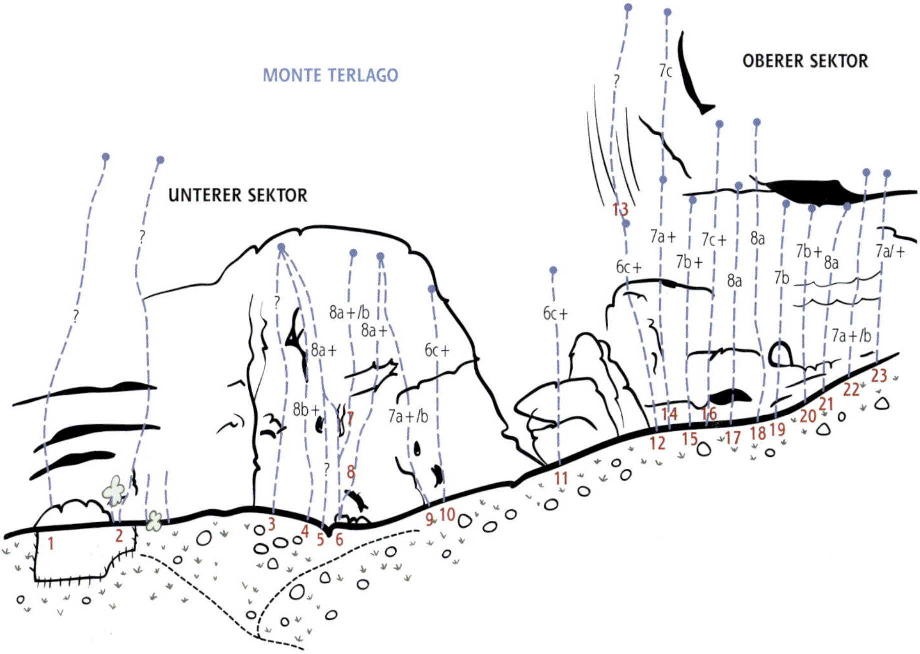

Vigol

64

Eine interessante, aber kleine Wand mit perfektem Gestein und schönen Routen. Die beiden Projekte stehen allen Kletterern offen.

Erschließer: D. Bonvecchio, R. Pedrotti u.a.

Anfahrt/Zustieg
Von Arco ca. 25 km, dann 12-15 Min. Zustieg auf Wanderweg.

Von der Sarcabrücke in Arco (auf der S.S.45bis) in Richtung Trento/Sarche. Man fährt am Lago di Toblino vorbei und durch Vezzano. Nach dem Ristorante "Al Vecchio Mulino" (links) erreicht man eine weite Kurve (exakt 9 von Sarche entfernt) und parkt auf der linken Seite. Eine kleine Straße führt bergab zu den Feldern. Die erste Wiese auf der linken Seite quert man dann auf der rechten Seite bis zu ihrem Ende. Jetzt in den Wald und dem flachen Pfad weiter folgen. Der Weg führt an den Ruinen eines Steinhäuschens vorbei. Etwa 50m nach dem Ende einer Trockenmauer zweigt links (Steinmännchen) eine Pfadspur ab und führt linkshaltend in Richtung des Felsmassivs. In nördlicher Richtung steigt man dann hoch bis zur Felswand und zu den diversen Einstiegen (ca. 5 Min. von der Abzweigung am Steinmännchen).

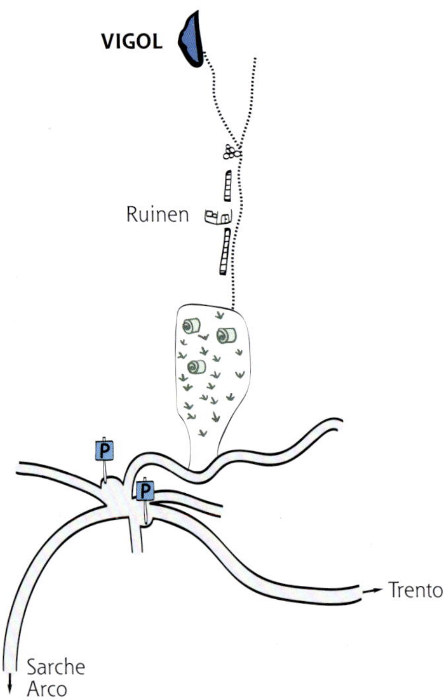

?	3
7c	1
7b	3
6b	1

8

1 OHNE NAMEN	?	15m	Projekt
2 OHNE NAMEN	6b	15m	Sollte eine Aufwärmroute werden
3 OHNE NAMEN	?	15m	Projekt
4 OHNE NAMEN	7b	15m	Sinter
5 OHNE NAMEN	?	15m	Projekt
6 OHNE NAMEN	7c+	15m	Wunderschöne, überhängende Route
7 OHNE NAMEN	7b	15m	Einzelstellen in grauem Fels
8 OHNE NAMEN	7b	15m	Einzelstellen in grauem Fels

VIGOL

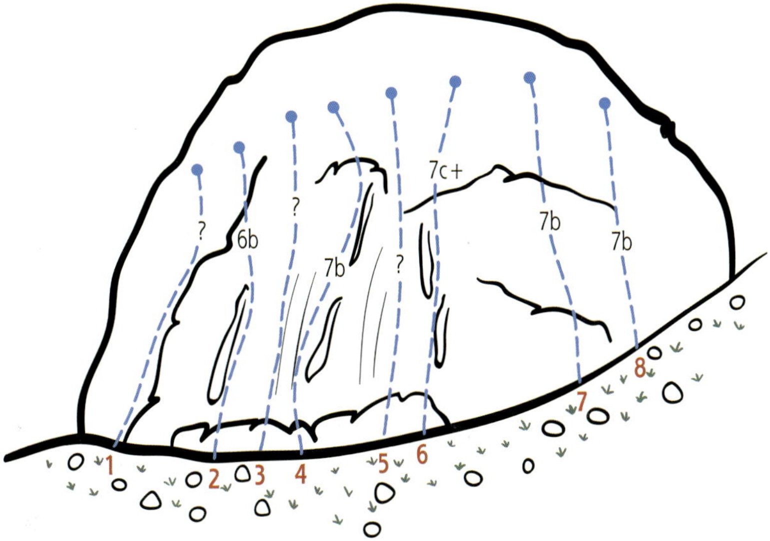

Lon

Zu Unrecht wird dieses Gebiet sehr wenig besucht. Es ist in zwei Sektoren unterteilt und hat eine große Anzahl schöner und technisch anspruchsvoller Routen zu bieten. Am Anfang des Zustiegsweges wurde leider unsachgemäß Bauschutt entsorgt.
Ausrichtung: Ost, Nord-Ost.

Erschließer: D. Bonvecchio, A. Lucchi u.a.

Anfahrt/Zugang:
Von Arco 26 km, dann 10 Min. Zustieg auf Wanderweg.

Von der Sarcabrücke in Arco (auf der S.S.45bis) in Richtung Trento/Madonna di Campiglio. Nach Sarche erreicht man Vezzano (22,4 km), bei der Esso-Tankstelle nach rechts und in das Dorf hinein. Nach dem Marktplatz nach links in Richtung Margone-Ranzo abbiegen (S.P.18) und weiter aufwärts in Richtung Ranzo. Etwa 3 km nach dem Ortszentrum von Vezzano parkt man dann genau am Beginn von Steinschlagnetzen auf der linken Seite. Auf der Straße noch 150 m weiter, dann steigt man bei einer Felsnische mit Madonnenstatue über die Leitplanken. Leicht absteigend und der Felswand folgend erreicht man den Sektor B (10 Min.), nach weiteren 5 Min. Sektor A.

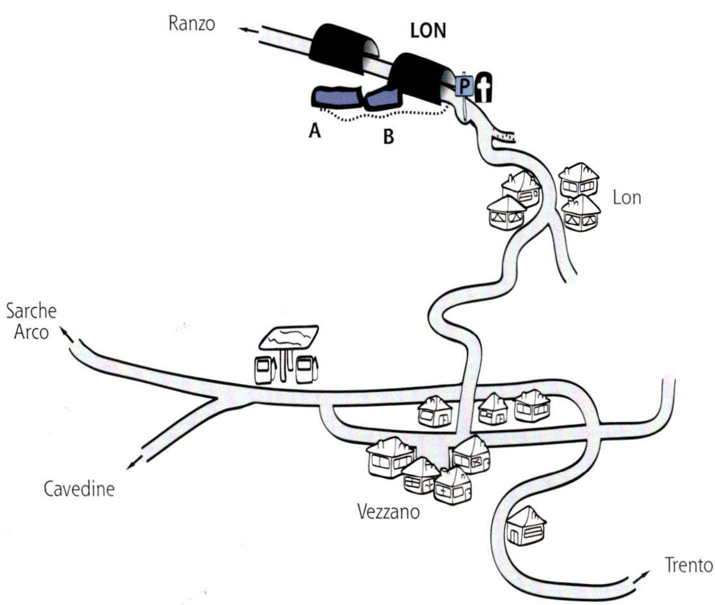

7c	3
7b	3
7a	7
6c	6
6b	4
6a	2
5c	1

27

SEKTOR A

1 CIOP		6b	15m	
2 CIP		6b	15m	
3 PECCATO		7a	20m	Einstieg auf Band
4 BIONDINA		7a+	20m	Einstieg auf Band
5 LE CHIAVI DEL PRESENTE		7c	20m	Einstieg auf Band
6 MACACO		6c	15m	Einzelstelle am Dach
7 SPARISCI		7a	15m	Einzelstelle am Dach
8 TOURING CLUB		7a+	30m	Schwieriger Einstieg, immer wieder Rastpunkte zwischen den Einzelstellen
9 EVA	SL1	6a	18m	Scharfe Griffe in schöner Platte
	SL2	7b+	7m	Kurzer Überhang
10 CHIEDI CHIEDI	SL1	6b+	18m	Scharfe Griffe in schöner Platte
	SL2	7b+	7m	Kurzer Überhang
11 BOH		7a	15m	Einzelstelle am Dachausstieg
12 SENZA ZUCCHERO	SL1	6c	18m	Schwerer Dachausstieg
	SL2	7c	8m	Kurze Wand an Auflegern
13 SANGRE CALDO		6b	16m	
14 PRIMI BACI		5c	16m	
15 JAMES		6c	15m	Athletischer Ausstieg
16 MEG		6c/7a	15m	Kleine Griffe und Technik

LON
SEKTOR A

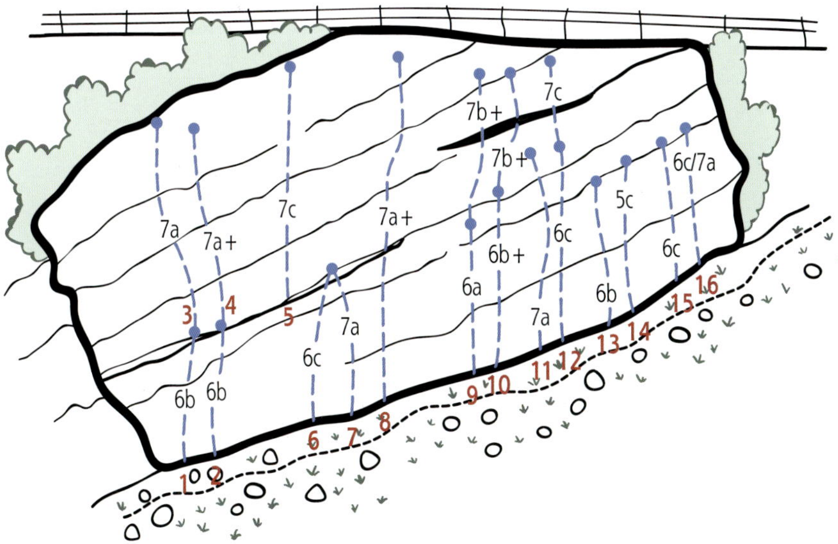

SEKTOR B

17 ALÈ CHE BALE		6a+	25m	Schöne Route in kompaktem Fels
18 MUCHO FIFFAO	SL1	6c	20m	Schöne Route in kompaktem Fels
	SL2	6c+	15m	Schöne Route in kompaktem Fels
19 BRAZZIZA		7a+	25m	Perfekter, grauer Fels, Ausdauer
20 CICCIO SELVAGGIO		7a+	25m	Perfekter, grauer Fels, Ausdauer
21 FUFFI MI STUFI		7c	25m	Perfekter, grauer Fels, Ausdauer
22 LEFT NEST		7b	25m	Perfekter, grauer Fels, Ausdauer
23 RUA		?	25m	Projekt. Perfekter, grauer Fels

LON
SEKTOR B

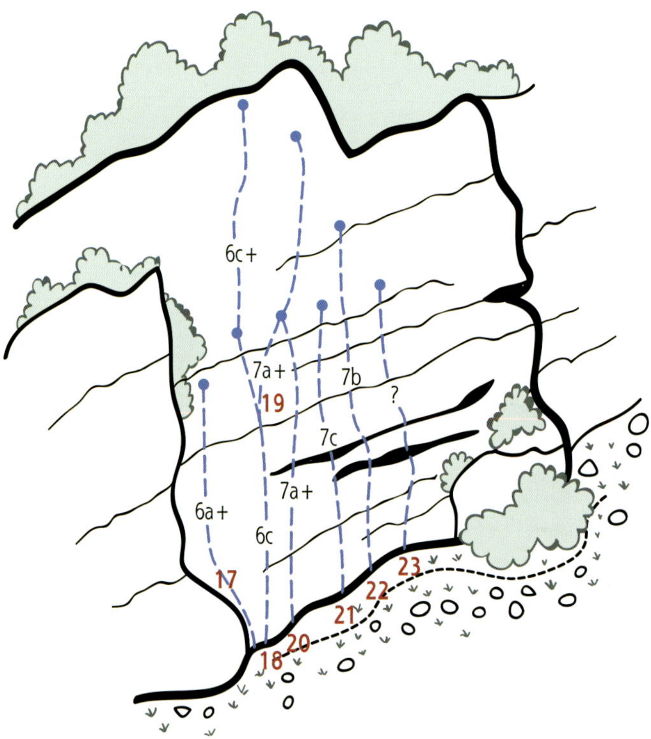

Ranzo, Simone Banal *(ph. arch. Banal)* ▶

Teatro delle Marionette

66

Der Klettergarten liegt im ersten Teil einer etwa hundert Meter hohen Felswand. Bislang (Stand der Drucklegung dieses Führers) wurden elf Routen erschlossen, es gibt aber noch sehr viel Potenzial für weitere Linien! Von der Felswand genießt man eine schöne Sicht auf die umliegenden Berge.

Erschließer: A. Beber, S. Banal u.a.

Anfahrt/Zugang:
Von Arco ca. 26 km, dann 5 Min. Fußweg.

Von der Sarcabrücke in Arco auf der SS 45bis in Richtung Trento und am Ortseingang von Vezzano (nach 22,4 km), bei der Esso-Tankstelle, nach rechts in den Ort abbiegen. Am Marktplatz dann links Richtung Margone/Ranzo (SP 18) und weiter bergauf. Nach 3 km fährt man an einer Schotterstraße (rechts) vorbei und kann die ersten Steinschlagnetze erkennen, jetzt parkt man gleich auf der linken Straßenseite.
Zu Fuß nun noch vor dem ersten Netz bergauf in den Wald, die Pfadspur führt linkshaltend bis unterhalb des großen Felsmassivs. Zu den Routen 1- 6 steigt man am besten von rechts über leichte Felsaufschwünge höher.

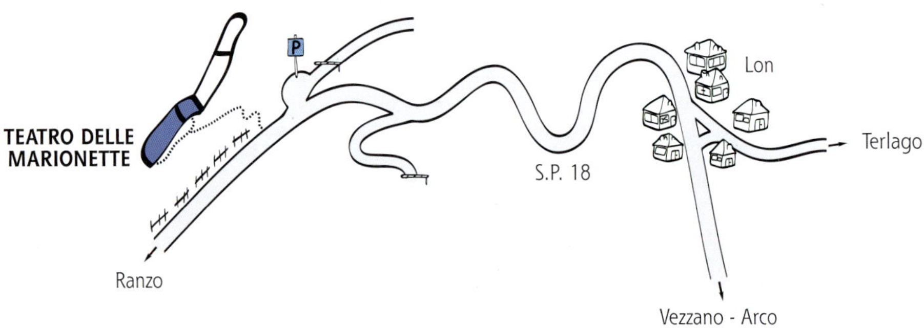

?	3
8a	1
7c	1
7b	1
7a	3
6c	1
6b	1

11

1 OHNE NAMEN	?	?	Projekt, beim Stand der Drucklegung Fixseil sichtbar
2 OHNE NAMEN	7a	20m	Ausdauer an Leisten
3 LUCIGNOLO	7a+	20m	Boulderpassagen, onsight schwierig
4 IL GIULLARE	7a+	20m	Ausdauer an Leisten
5 PIERROT	6c+	20m	Rote Wand mit Leisten
6 IL MANGIAFUOCO	6b+	20m	Harte Einstiegspassagen
7 VESCOVI E MAGHI	7c	28m	Boulderpassagen und Ausdauer
8 SU IL SIPARIO	7b+	28m	
9 BURATTINI DEL PROPRIO EGO	?	35m	Projekt
10 OHNE NAMEN	8a	32m	Ultraharte, kleingriffige Einstiegspassage, dann Ausdauer. Weiter Hakenabstand
11 OHNE NAMEN	?	28m	Projekt

TEATRO DELLE MARIONETTE

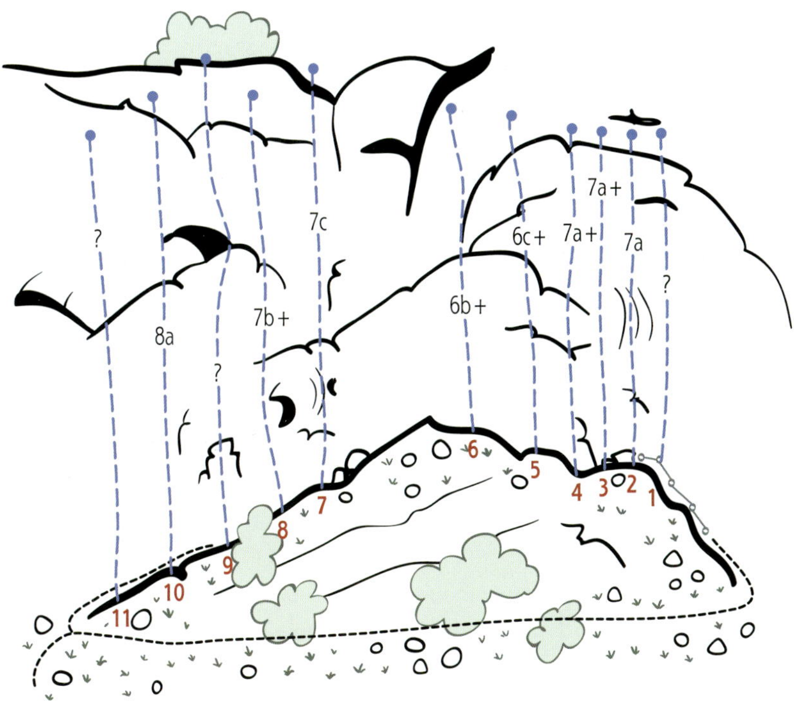

Coel dela Val dela Porta

In kurzer Zeit ist aus dieser wunderschönen, großen Grotte einer der besten Klettergärten im Gebiet von Ranzo und Valle dei Laghi geworden. Aber nur für diejenigen Hardmover, die sich in einer 7b+ noch überhaupt nicht schwer tun... Die bis zu 38 Meter langen Linien fordern einiges an Ausdauer und Fingerkraft. Die einzige leichte Route im Grad 6a+ dient als Zustieg zu den schwierigen Linien. Auch bei Regen kann hier in sehr vielen Routen geklettert werden.

Erschließer: S. Banal, E. Bettega, D. Bonvecchio, L. Goller, D. J. Hall, R. Larcher, A. Stenico u.a.

Anfahrt/Zustieg
Von Arco ca. 30 km, dann 10 Min. Zustieg auf Wanderweg.

Von der Sarcabrücke in Arco auf der (S.S.45bis) in Richtung Trento/Madonna di Campiglio. Nach Sarche erreicht man Vezzano (22,4 km), bei der Esso-Tankstelle nach rechts und ins Ortszentrum. Nach dem Marktplatz nach links in Richtung Margone-Ranzo abbiegen (S.P.18) und auf der Panoramastraße weiter aufwärts, an der Kreuzung dann in Richtung Ranzo. Bei einem Wanderwegschild (Nr.627, Margone Ciago) und einer gemauerten Steintafel (beides rechts) auf der linken Seite parken (7,5 km vom Zentrum von Vezzano). Zu Fuß auf der Straße in Richtung Ranzo weiter, nach ca. 100 m ist die Grotte oberhalb der Straße gut zu sehen. Ein Pfad führt in Falllinie an zwei Steinschlagvorrichtungen vorbei durch den Wald und in wenigen Minuten direkt zur Wand.

COEL DELA VAL DELA PORTA

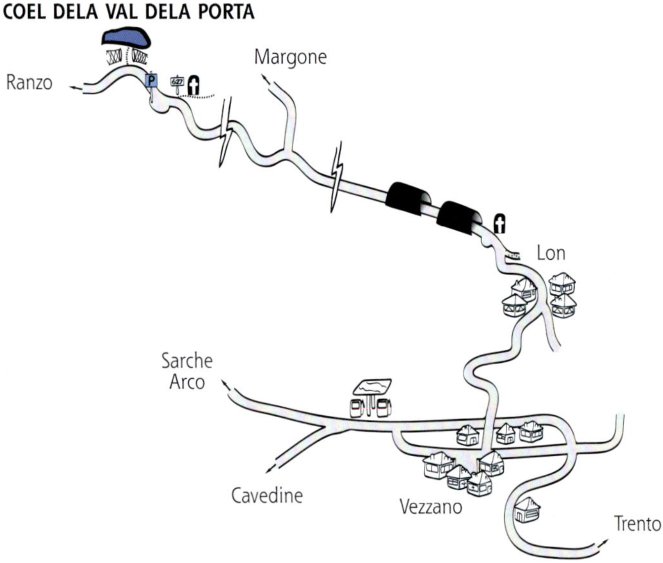

?	1
8b	4
8a	6
7c	4
7b	2
7a	5
6c	1
6a	1

24

SEKTOR A

1 CALYPSO	7a	28m	Ausdauer auf Platten
2 HELIOS	7a+	30m	Einige schwierige Einzelstellen im Zentralteil
3 AMEN	8b	35m	Kante, dann Verschneidung und schöne Platte
4 AMEN - PATAGONIA	8b/c	35m	Einstieg über Amen, Ausstieg über Patagonia
5 PATAGONIA	8b/c	38m	1. Länge wie Sampei, dann athletischer Überhang. Viel Technik, Mut und Kletterkunst
6 SAMPEI	7b+	20m	Schwierige Blockierzüge am Überhanng
7 SAMPEI	7c	38m	Verbindung der beiden Längen von Sampei: schwierige Blockierzüge am Wulst, seltsamer überhängender Kamin
8 USHER	8a+	38m	Schwieriger Überhang, überhängender Riss
9 CAVALCA IL SERPENTE	7c	30m	Sehr schöne Sintersäule
10 LUCAS	7c	30m	Ausdauer mit Schlussblockierer
11 CANNA BIANCA	8a	30m	
12 CANNACULO	7a+	30m	Einstieg über Canna Bianca und Ausstieg über Biculo
13 BICULO	7b	25m	Ausdauer an Konkretionen

COEL DELA VAL DELA PORTA
SEKTOR A

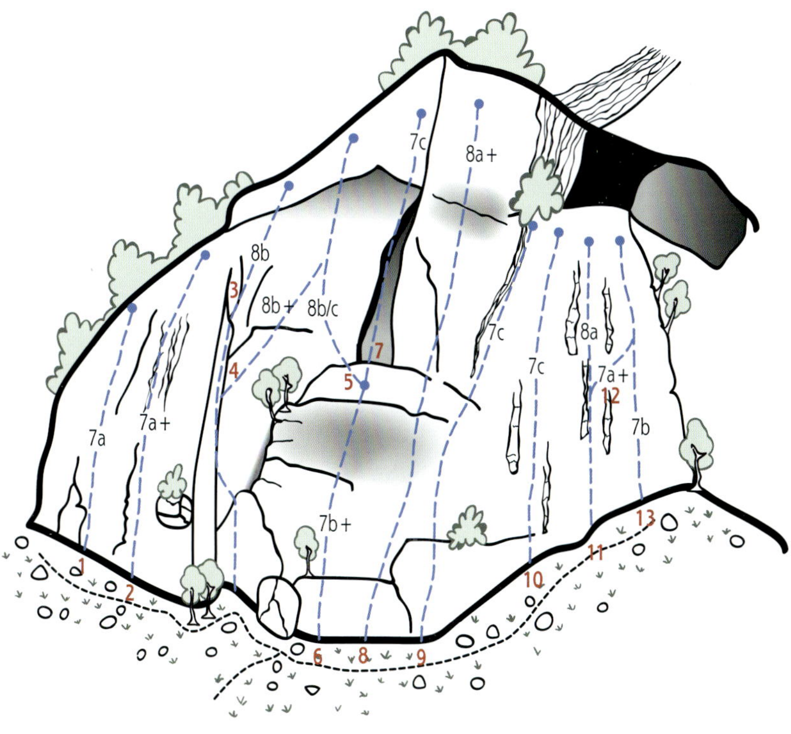

SEKTOR B

1 LA PIOVRA	?	?	Projekt
2 OHNE NAMEN	8°	30m	Ausdauer im Überhang, plattiger Ausstieg
3 CIRCOLARE VAI A CAGARE	8a/b	33m	Einstiegsboulder, dann Ausdauer
4 INSETTO SCOPPIETTANTE	6a+	20m	Leichter Riss
5 INSETTO SCOPPIETTANTE TURBO	7a+	33m	Einstieg über Insetto scoppiettante, dann eigene Linie
6 MIO CUGGINO È CANE-TOPO	6c+	18m	Heikle Moves in schwieriger Platte
7 DER HERR SPALMAN	7a+	18m	Reibungskletterei
8 CARPE DIEM	8a/+	31m	Harte Einzelstelle nach der Mitte, kleingriffig und ausdauerkräftig. Einstieg über Insetto scoppiettante
9 MIO FRATELLO È FIGLIO UNICO	7c+/8a	31m	Größenabhängiger Boulderzug, Einstieg über Mio cuggino
10 TAGLIERINO MALANDRINO	8a	31m	Fingerkräftige Einzelstelle im Überhang, Einstieg über Mio cuggino
11 ADIDAS	8b+	31m	Harte, viel Fingerkraft fordernde Linie durch die überhängende Wand. Einstieg über Mio cuggino

COEL DELA VAL DELA PORTA
SEKTOR B

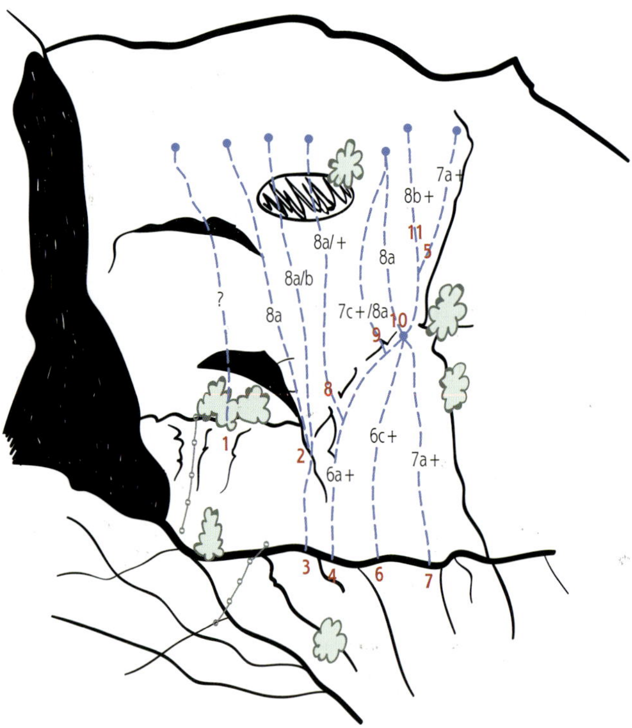

Coel de la Val dela porta, Simone Banal *(ph. arch. Banal)* ▶

Margone

Klettergarten mit abwechslungsreicher Kletterei in perfektem Fels und mit herrlichem Panorama. Die zwei nahe beieinander liegenden Sektoren weisen verschiedene Charakteristiken auf. In den grauen Platten des linken Sektors ist eine gute Fußtechnik das Ein und Alles. Im rechten Sektor mit seinen zwei kleinen Grotten ist eine gehörige Portion Kraft nötig, reine Ausdauerrouten fehlen. Ideal ist es hier in den Übergangszeiten oder an Wintervormittagen.

Erschließer: D. Bonvecchio, M. Curti, D. J. Hall, D. Lira u. a.

Anfahrt/Zustieg
Von Arco 30 km, dann 10 Minuten Zustieg auf einem Wanderweg.

Von der Sarcabrücke in Arco auf der (S.S.45bis) in Richtung Trento/ Madonna di Campiglio. Nach Sarche erreicht man Vezzano (22,4 km), bei der Esso-Tankstelle nach rechts und ins Ortszentrum. Nach dem Marktplatz nach links in Richtung Margone-Ranzo abbiegen (S.P.18) und auf der Panoramastraße weiter bergauf, an der Kreuzung dann in Richtung Ranzo. Bei einem Wanderwegschild (Nr. 627, Margone Ciago) und einer gemauerten Steintafel (beides rechts) auf der linken Seite parken (7,5 km vom Zentrum von Vezzano). Vorsicht beim Parken. Nun auf den Wanderweg Nr. 627, nach ca. 5 Min. bei einer Linkskurve rechts auf einen schönen Pfad und kurz darauf zum Klettergarten.

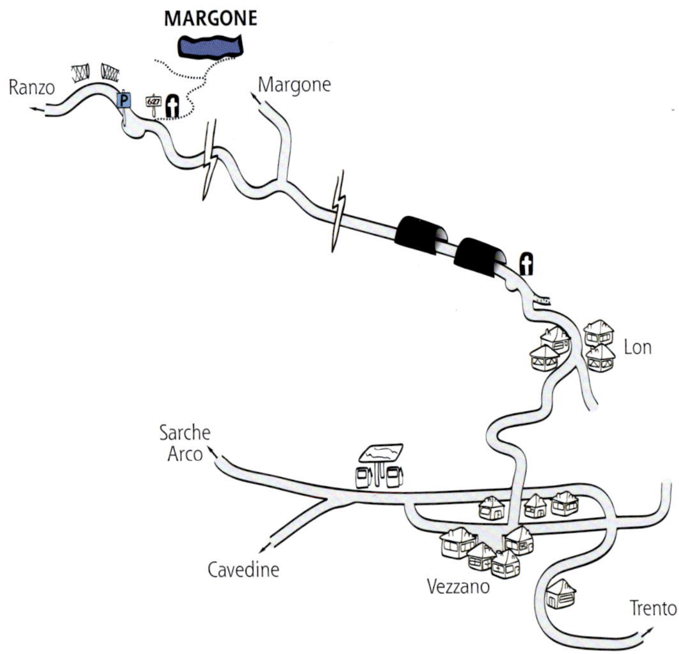

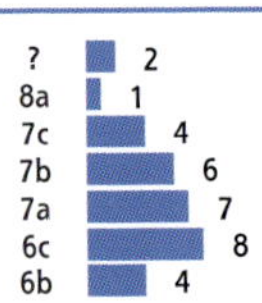

32

1 BAMBINO NEL TOMBINO		6c	22m	Leicht geneigte, graue Platte mit Schlussboulder
2 BAMBINO NEL TOMBINO		6b	22m	Leicht geneigte, graue Platte mit Ausstieg über Colombre
3 COLOMBRE		6b+	22m	Leicht geneigte, graue Platte mit Schlussboulder
4 STIMOLICCHIO		7a	18m	Sehr harter Fingerboulder
5 FRENO IL TRENO		6b+	18m	Einzelstelle beim Dachausstieg
6 PERCHÉ TANTO ODIO		6c+	22m	Am Einstieg senkrechte, dann geneigte Platte
7 RIGOTTI BROTHERS		6b+	22m	Graue Platte
8 GUARDIA DEL PORCO		?	22m	Projekt, schwieriger Ausstieg
9 VENUS		6c	20m	Plattenkletterei, Einzelstelle in der Mitte
10 RINCO TV		7b/c	15m	Schlussüberraschung
11 BERLUSCOIONI		7b/c	15m	Einzelstelle bei Dachausstieg
12 PANORAMIX	SL1	7a	25m	Einstieg onsight schwer
	SL2	7b+	15m	Luftiger Überhang
13 ADESSO	SL1	7a+	25m	Einzelstelle im Mittelteil
	SL2	7c	15m	Luftiger Überhang
14 VIA DEL PESCE		6c+	20m	
15 FREGO MENE		6c	20m	Harte Einzelstelle, Fingerkraft
16 BEL MONA		7a+	25m	Luftiger Überhang zum Schluss
17 ONE		6c+	25m	Einstieg wie Bel Mona, dann rechts und gerade hoch. Direkteinstieg sehr hart (8a?)
18 CASA APERTA		8a	25m	Schwieriges Dach mit künstlichen Griffen
19 DOPO		7c+/8a	25m	Schwieriges Dach mit künstlichen Griffen
20 BELZEBÙ		7c	23m	Boulder am Dach
21 E LE TESTE		7c+	22m	Boulder am Dach
22 HALP PIPE		?	30m	Projekt
23 ZIO CANE		7a	30m	Heikler Überhang, dann lange Platte
24 ROCK E ROCK		7a+	30m	Heikler Überhang, dann lange Platte
25 BAR PARISI		7c	30m	Fingerkraft im Überhang
26 FAMIGLIA NUMEROSA		7b+	24m	Blockierer beim Dachausstieg
27 STRANI GIORNI		7c	20m	Schwierige Züge über das Dach
28 LA STRANA COPPIA		6c+	26m	Schwieriger überhängender Einstieg
29 VALSUGANA		7a+	26m	
30 MANCO UNA LIRA		6c	26m	Einstiegsboulder, dann leichter

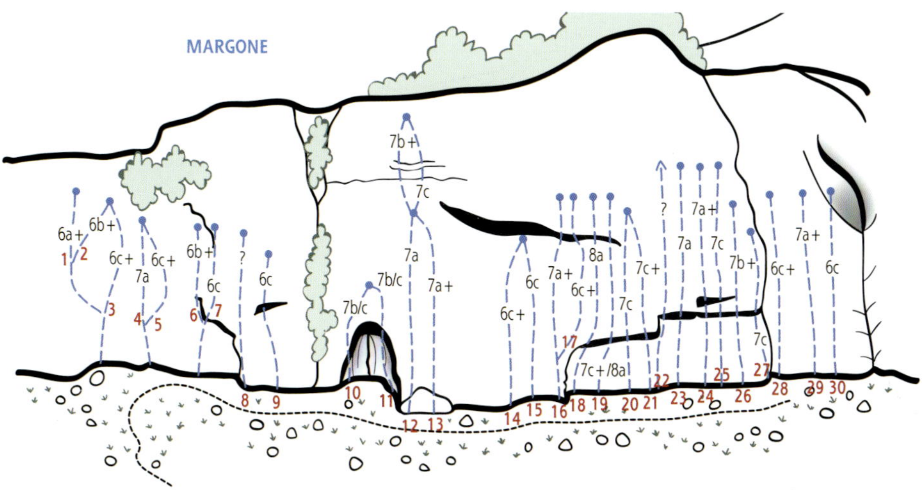

Terlago - Ranzo

La Calchera

Wie viele andere Neuvorschläge in diesem Führer bietet auch dieser kleine Klettergarten noch sehr viel Erschließungspotenzial. Er liegt nah beim kleinen Ort Ranzo und weist eine schöne und kompakte Wand aus Kalk auf. Wer also gern neue Routen einbohrt: los geht's!

Erschließer: M. Zorzi, M. Fes u.a.

Anfahrt/Zustieg
Von Arco ca. 30 km, dann 3 Min. zu Fuß auf Wanderweg.

Von der Sarcabrücke in Arco in Richtung Trento und am Ortseingang von Vezzano (nach 22,4 km), bei der Esso-Tankstelle, nach rechts in den Ort abbiegen. Am Marktplatz dann links Richtung Margone/Ranzo (SP 18) und weiter bergauf. Die Straße ist teils tief in den Fels eingeschnitten und man genießt ein wunderschönes Panorama. Hundert Meter vor dem Ortsschild von Ranzo ist auf der rechten Seite eine Bauruine zu sehen (hier wurde früher Kalk gelagert), davor gibt es 2 Parkplätze. Weitere Parkmöglichkeiten findet man ca. 300 m vor dem Ortschild auf der linken Straßenseite.
Vom kleinen Parkplatz am Kalklager geht man auf einem Pfad zwischen den beiden Ruinen bergauf, bei den Schienen dann auf einer Pfadspur linkshaltend in den Wald und hat nach 2 Minuten den Fels erreicht.

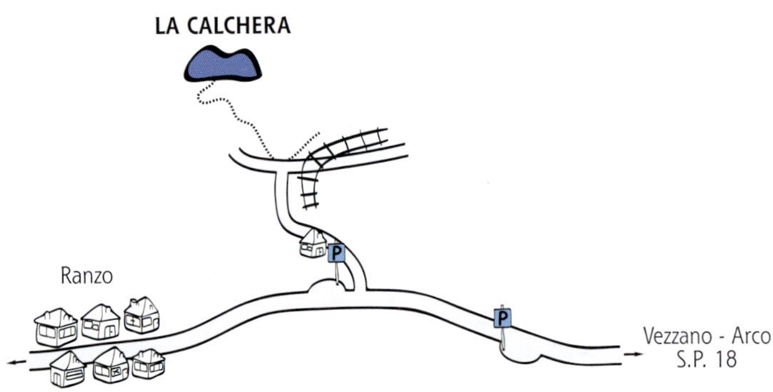

?	1
7c	1
7b	1
7a	3
6c	1
6b	1

8

1 OHNE NAMEN	7b+	25m	Harte Züge im oberen Teil
2 OHNE NAMEN	7a	25m	
3 OHNE NAMEN	7a	25m	
4 HEIDI	7a	25m	Schwieriger Ausstiegsboulder
5 CACO 3	6c	20m	Schwieriger Wulst
6 OHNE NAMEN	8a	25m	Bewegungsproblematik
7 OHNE NAMEN	6b+	18m	Viel Ausdauer
8 OHNE NAMEN	?	?	Projekt

LA CALCHERA

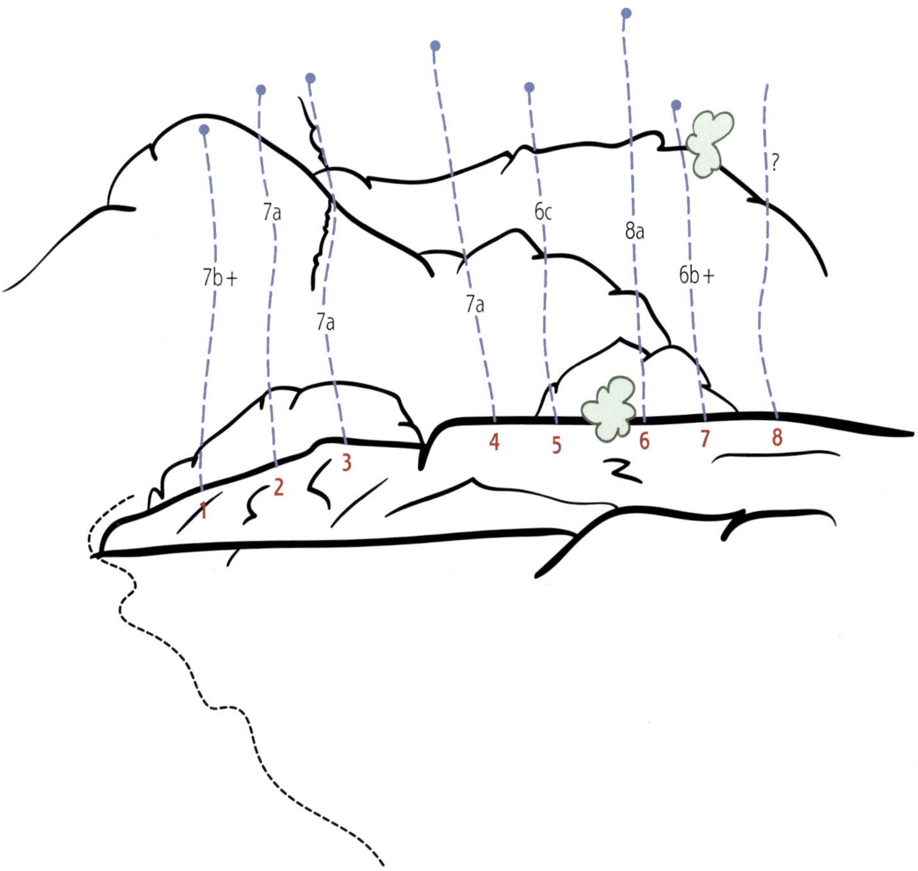

Terlago - Ranzo

Drago Zone

Kleiner und leicht erreichbarer Sektor an der alten Straße nach Limarò. Die Routen weisen fast durchgehend hohe Schwierigkeitsgrade auf: Einige verlaufen in Rissverschneidungen, andere in leicht überhängenden, plattigen Wandbereichen. Das ruhige Klettergebiet mit einer schönen Aussicht liegt fast immer im Schatten und ist deshalb ein ideales Sommergebiet. Im Winter ist es dagegen hier meist zu kalt zum Klettern.

Erschließer: S. Banal, D. Bonvecchio.

Anfahrt/Zustieg
Von Arco 22 km, dann 5 Min. Zustieg auf Wanderweg.

Von der Sarcabrücke in Arco auf der (S.S.45bis) in Richtung Trento/Madonna di Campiglio. Nach Sarche erreicht man Vezzano (22,4 km), bei der Esso-Tankstelle rechts abbiegen und ins Ortszentrum. Nach dem Marktplatz nach links in Richtung Margone-Ranzo abbiegen (S.P.18) und auf der Panoramastraße weiter bergauf nach Ranzo. Wenige hundert Meter nach dem Ort geht es bergab, gleich nach einer Kehre dann rechts auf die kleine Straße, die durch Wiesen führt. Immer geradeaus, an einem Bildstock (rechts) vorbei und wieder bergauf. An einem Bauernhof vorbei und 10 m danach rechts auf ein Sträßchen, das steil bergab führt (in Richtung Lago di Toblino). Man erreicht eine Abzweigung mit einer Sitzbank, auf der teils zementierten, teils geschotterten Straße dann noch 500 m weiter und parken (5 km von Ranzo). Auf der linken Seite sieht man den Wanderweg, der in den Wald führt. Bei der dritten Weglaterne (bzw. der ersten auf der linken Seite) dann auf einer Pfadspur hoch zum Klettergarten.

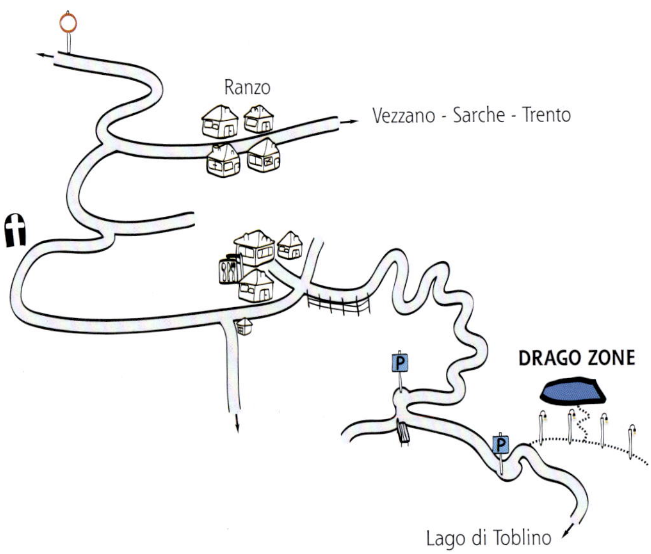

?	2
7b	1
7a	4
6c	1
6b	5
6a	1
5c	1

15

1 SPACCACHIOCCHE	6a+	18m	Boulder zu Beginn
2 BO...	6c	26m	Ausdauer
3 STRAZABOSKI	6b	20m	Boulder zu Beginn
4 MIMALIBIS	6b	20m	Überhängender Start
5 LACIO DROM	6b+	21m	Boulder zu Beginn
6 MI GHE VOI MASA BEN....	6b+	21m	Boulder zu Beginn
7 SKI ALP	6b	22m	Senkrechte Platte
8 PITOST CHE EN TOST	5c/6a	20m	Verschneidung
9 PACHAMAMA	7b	22m	Boulder in Platte
10 NAMASTÈ	7a/b	20m	Ausdauer in Platte
11 GIOCHETTO MALSANO	7a+	20m	
12 CHE PACHIA	7a	20m	Ausdauer
13 GUERRIERI DELLA LUCE	7a	22m	Ausdauer an Sintern
14 OHNE NAMEN	?	?	Projekt
15 ESSERE DI LUCE	?	?	Projekt

DRAGO ZONE

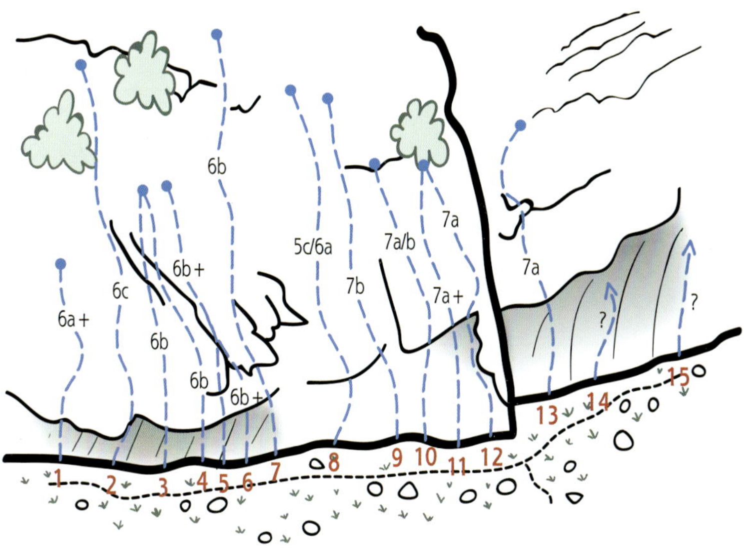

Ranzo

Ein großes Klettergebiet, das in mehrere Sektoren unterteilt ist und einen herrlichen Ausblick auf die gegenüber liegenden Gipfel des Dain und Forra del Limarò bietet.
Hier findet ihr viele abwechslungsreiche und interessante Routen (über 70) in diversen Schwierigkeitsgraden in senkrechten bis überhängenden Wänden. Aber leider variiert auch die Felsqualität von sehr gut bis befriedigend.
Bei Ranzo ist (wie in den meisten anderen Gebieten im nördlichen Sarcatal) Danilo Bonvecchio für die Erschließung verantwortlich. Er empfiehlt vor allem folgende Routen: *Gihad* 7c/+, *Vergine stolto* 7b, *Tzara* 7c, *Dolce miseria* 8a, *Puerco escondido* 8a/b. Die Linien im neuen Sektor Tonsai werden oft im Toprope geklettert. Das Gebiet eignet sich bestens für das Klettern in den Wintermonaten. Es ist nicht ungewöhnlich, dass man(n) trotz der Kälte im Talgrund hier schon ‚oben ohne' unterwegs sein kann.

Erschließer: S. Banal, R: Bassi, D. Bonvecchio, L. Caldini, H. Mariacher A. Stenico, M. Turri u. a.

Anfahrt/Zustieg
Von Arco 33 km, dann 5-15 Minuten Zustieg auf einem Wanderweg.

Von der Sarcabrücke in Arco (auf der S.S.45bis) in Richtung Trento/Madonna di Campiglio. Nach Sarche erreicht man Vezzano (22,4 km), bei der Esso-Tankstelle nach rechts und dann ins Ortszentrum. Nach dem Marktplatz nach links in Richtung Margone-Ranzo abbiegen und weiter Richtung Ranzo (S.P.18).
Die schöne Panoramastraße wurde zum Teil in den Fels gehauen. Etwa 300 m nach Ranzo (im Dorf gibt es einen kleinen Lebensmittelladen) biegt man rechts auf eine asphaltierte Straße ab, die gleich nach der ersten Kehre in eine Schotterstraße übergeht.
Weiter aufwärts, dann durch einen Tunnel, nach etwa 400 m durch eine Art 'Canyon' und kurz danach rechts parken (2 km von Ranzo), weitere Parkmöglichkeiten befinden sich am Ende der Schotterstraße). Gegenüber des ersten Parkplatzes, hinter der Leitplanke, beginnt der Zustieg. Zunächst steigt man ca. 7-8 m in leichter Kletterei (II) über Felsen abwärts und geht dann auf einem Pfad weiter in das Wäldchen. Nach 3 Min. erreicht man den oberen Sektor

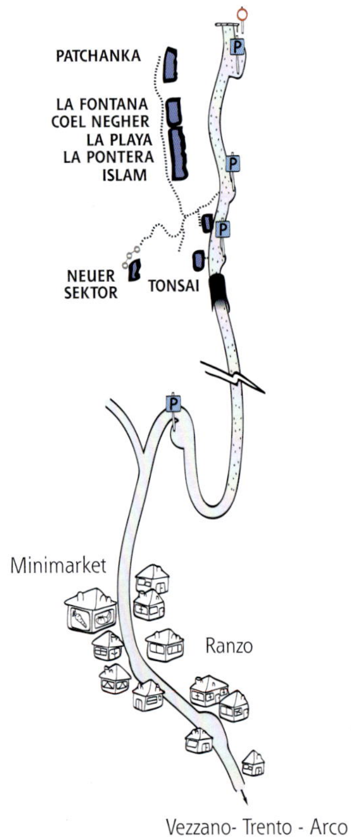

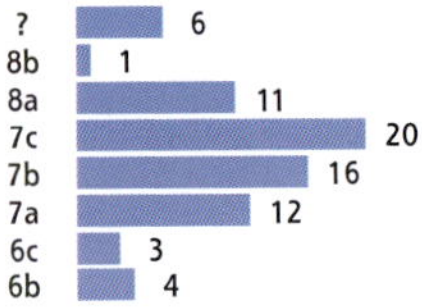

73

und danach, rechtshaltend, die anderen Sektoren. Zum ‚Neuen Sektor' steigt man in Höhe der Abzweigung der Sektoren ‚Islam' oder ‚La Pontera' usw. auf geradem Weg ab. Ein Fixseil führt zu den verschiedenen Routen. Für den Sektor Bonsai parkt man am besten nach dem Tunnel auf der linken Straßenseite, dann steigt man über die Leitplanke und geht in Höhe eines Wasserrohrs auf einer Pfadspur hoch (Fixseil) bis zur Wand (Abseilen von oben).

Von der Autobahnausfahrt A22 Trento Centro weiter in Richtung Madonnna di Campiglio (S.S.45bis) bis nach Vezzano. Dann weiter wie oben beschrieben.

SEKTOR TONSAI (ohne Topo) Routen von links nach rechts

1 OHNE NAMEN	7b	18m	Knifflige Platte mit Tropflöchern, bester Fels
2 OHNE NAMEN	7b	18m	Platte mit Tropflöchern, bester Fels
3 HAPPY ENDING	7c+	18m	Herrliche Tropflochplatte, Ausstiegsboulder
4 OHNE NAMEN	7b	18m	Platte mit Tropflöchern, Bewegungstechnik, bester Fels

SEKTOR ALTO (ohne Topo)

1 BASSICCHIO	?	?	Projekt
2 ISA DI GHISA	6b	25m	Platte mit Tropflöchern
3 BARBAGIANNI	6b+	20m	Platte mit Tropflöchern

CANYONING • CLIMBING • FERRATE • TREKKING • SKI TOURING • FREERIDING

www.arcomountainguide.com
cell. 330.567285 • info@arcomountainguide.com

SEKTOR ISLAM

1 OHNE NAMEN		7b	20m	Projekt
2 OHNE NAMEN		?	20m	Projekt
3 CANE SCIOLTO		7c+	20m	Kleingriffige Einzelstelle im Mittelteil, knackiger Ausstieg
4 DOGMATICA		8a	25m	Geklebte Griffe
5 L'ALBA DEL PIANETA		7c+	25m	Ausdauer im Überhang bis zum ersten Stand. 2. kurze Seillänge
6 ALI AGCA		8a+	25m	Boulder an Leisten, Untergriffe im Überhang, schwieriger Ausstieg
7 GIHAD		7c/+	25m	Ausdauer im Überhang

SEKTOR LA PONTERA

1 NO ANGEL		7a	29m	Überhang mit schmalen Rissen
2 LINEA BLU		7b	29m	Schöne, leicht überhängende Platte
3 VIA IL CORMORANO...		?	30m	Projekt. Boulder am Dach
4 VENTO DEL NORD		7a+	26m	Ausdauer an Untergriffen im Überhang
5 PONTERA		7c	20m	Boulderzug in Verschneidung
6 NIVIS		7b+	20m	Technisch schwieriger Boulder
7 VERGINE STOLTO		7b	25m	Athletischer Boulder
8 TSUNAMI		7a/b	25m	Ausdauer an Leisten

SEKTOR LA PLAYA

1 OHNE NAMEN		7c	20m	Ausdauer im Überhang
2 OHNE NAMEN		?	20m	Projekt
3 CICCIO		8a	20m	Boulderpassage übers Dach
4 PEDRO		7c+	20m	Athletik im Überhang, dann harter Boulder
5 L'ARTISTA DEL C.		7b/+	30m	Athletische Platte, dann Boulder
6 PETER PUNK		7a/b	30m	Ausdauer in Überhang, dann technische und fantasievolle Platte
7 LA GARA	SL1	6c	18m	Überhang an Sintern
	SL2	7b+	10m	Kurze aber schwere Platte, Leisten
8 L'ALLUNGATA		7b/c	30m	Zwischen zwei Boulderzügen gute Rastposition
9 LA BISTECCA		7c	25m	Harter Ausstiegsboulder

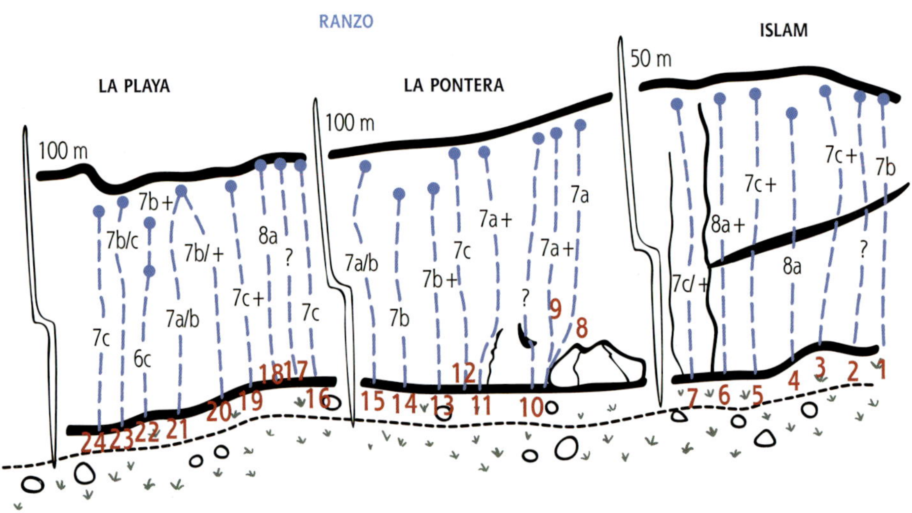

SEKTOR COEL NEGHER

1 TZARA	7c	20m	Athletischer Überhang mit Sintern
2 L'AUTISTA	8a	20m	Überhang
3 MEDUSA	8a	25m	Ausdauer in steilem Überhang, recht gute Griffe
4 STILE LIBERO	7c/8a	25m	Lange Züge an Untergriffen
5 OHNE NAMEN	7b+	25m	Ausdauerüberhang
6 CINDY	7c+	25m	Ausdauer an Mikroleisten
7 ZUC TIROL	7c	25m	Ausdauer

SEKTOR LA FONTANA

8 OHNE NAMEN	?	15m	Projekt
9 DOLCE MISERIA	8a	15m	Untergriffe in steilem Überhang
10 MALA VIDA	7a+	15m	Zwei Griffe geklebt
11 MOANIGLIA	7c	15m	Harter Zug an Kante
12 IPPOPACCIO	7a/b	15m	Offener Riss, Piaztechnik
13 CABRON	7a/b	15m	Versteckte Griffe

SEKTOR PATCHANKA

14 LA DURA LEGGE DEL GOL	8a	30m	Geschlagene Griffe, Ausstiegsvariante von Puerto Escondido
15 PUERCO ESCONDIDO	8a/b	30m	Viel Ausdauer im 2. Teil
16 ERGONOMICA	8a+	30m	6c bis zum Schrauber, dann Ausdauer an Mikroleisten
17 PATCHANKA	7c+	30m	6b+ bis Mitte, dann Ausdauer mit Einzelstelle im Schlussteil
18 LA BEFANA	8b	30m	Ausdauer, harte Passagen; Einstieg über 19
19 UCCEL DI BOSCO	6b+	30m	Ruhestelle in Mitte, dann Verschneidung
20 META OSCURA	7a	28m	Senkrechte Platte mit Aufrichter im Mittelteil
21 ISOLITUDINE	7a+	28m	Abwechslungsreich an Leisten und Sintern
22 RADIO SODOMITI	7b	32m	Schnell klettern! Athletisch
23 IL DUCA DELLE PRUGNE	7c+	30m	
24 RIPOSO FORZATO	7b+	25m	Einzelstelle in der Mitte und zum Schluss
25 LA MINACCIA ALCOLICA	7c/8a	30m	Schwarze, technisch sehr anspruchsvolle Wand
26 SUPERCIUK	7c	20m	Ausdauer im Überhang, Einzelstelle im Ausstieg

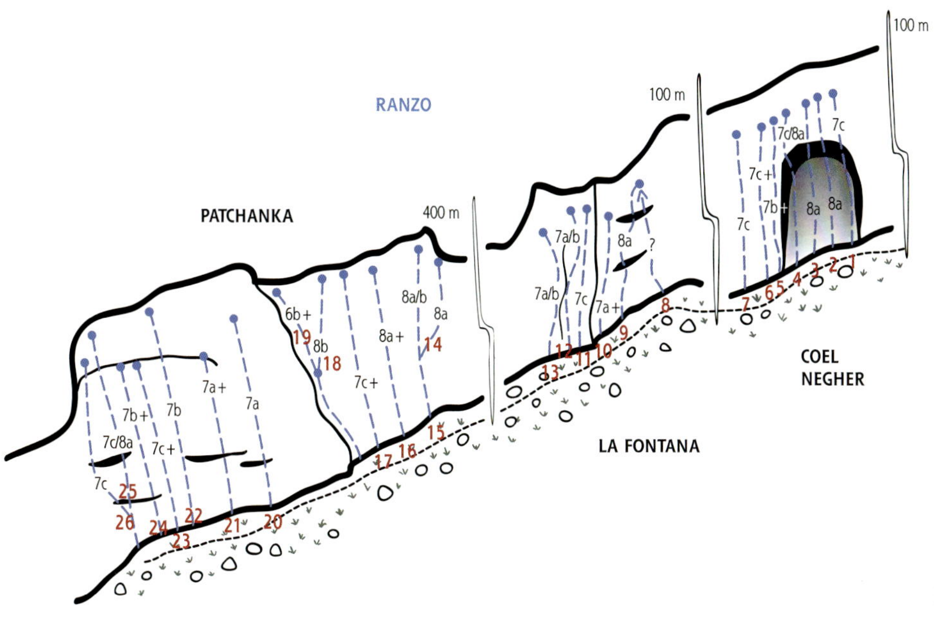

NEUER SEKTOR

1 PERMA LOSO	7b+	15m	Ausdauer am überhängenden Pfeiler, links der Haken leichter
2 OHNE NAMEN	?	?	Projekt
3 OHNE NAMEN	?	?	Projekt
4 CIAO FUCIO	7a	30m	Einzelzug auf das mittlere Band
5 MUCCA E POLLO	7c/8a	28m	Kraft und Technik am Einstiegsüberhang
6 MANIFESTO	8a	28m	Ausdauer im Überhang, Boulder über kleines Dach
7 GANDHI	7c	28m	Leicht überhängende, ockerfarbene Platte, mit Einzelzug im Ausstieg
8 L'INTESTINO	6c+	28m	Klemmen und piazen
9 HOT BELAY-LA SOSTA CHE SCOTTA	8a+/8b	35m	Schwieriger Überhang, dann äußerst technische Platte. Mit einem Sprung an die Umlenkkette ist die Schwierigkeit nicht so hoch
10 LIVANOS	7b	40m	Lang und variantenreich. Schlingen verlängern. Achtung beim Ablassen bei 70m-Seil!
11 TU MENTI	7b+	25m	Bis zum ersten Stand 7b+, zum 2. Stand noch Projekt
12 SINDROME DA SINGOLO	7c+	35m	Ultraschwierige Reibungsplatte
13 UN POSTO AL SOLE	7a/b	30m	Perfekter Fels mit Einzelstelle
14 NEOCLASSICA	7b	30m	Einstiegsriss muss selbst abgesichert werden
15 SOGGETTI SMARRITI	7b	30m	Bis zum Dach 6b+, dann 7b. Ausqueren zu Paperino möglich
16 PAPERINO	6c+	30m	Genusskletterei an Tropflöchern und Riss

RANZO
NEUER SEKTOR

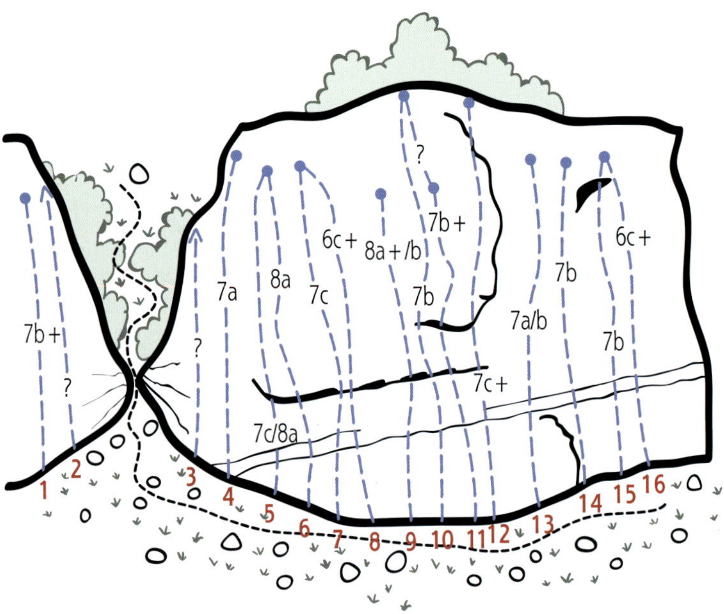

Coel dela Val dela Porta, Mirko Corn, *Taglierino malandrino* 8a *(ph. Simone Banal)* ▶

Terlago - Ranzo

Il Bersaglio

72

Oberhalb der Limarò-Schlucht haben Edy Boldrin und Giacomo Damian eine schöne Felswand endeckt und insgesamt 25 Routen zwischen 5c und 6c eingerichtet. Der Name des Klettergartens bezieht sich auf eine Schießscheibe (it. 'bersaglio') für Bogenschützen, die auf dem Zustiegsweg zu sehen ist. Fast alle Routen wurden von unten eröffnet, die Hakenabstände sind aber nie zu weit. Die sehr ruhig gelegene Felswand eignet sich besonders für einen Besuch im Herbst, Winter und Frühjahr.

Erschließer: E. Boldrin, E. Chieregato, G. Damian, E. Filippi, u.a.

Anfahrt/Zustieg
Von Arco 31 km, dann 10-15 Min. zu Fuß auf Straße und bequemem Wanderweg.

Von der Sarcabrücke in Arco in Richtung Trento und am Ortseingang von Vezzano (nach 22,4 km), bei der Esso-Tankstelle, nach rechts in den Ort abbiegen. Am Marktplatz dann links Richtung Margone/Ranzo (SP 18) und weiter bergauf. Die Straße ist teils tief in den Fels eingeschnitten und man genießt ein wunderschönes Panorama. Man ereicht Ranzo, fährt au der Hauptstraße weiter und biegt etwa 100 m nach dem Minimarket links auf die Straße nach S. Vigilio ab. Jetzt fährt man ca. 400 m immer rechtshaltend bergab und zweigt bei einem Kreuz (Beginn des Wanderwegs San Vili) dann rechts auf eine kleine Straße ab. Die Parkmöglichkeiten sind sehr begrenzt: eine kurz vor der kleinen Straße sowie eine kurz nach dem Kreuz. Wenn diese Plätze belegt sind, auf keinen Fall in den Wiesen oder vor Zufahrten parken! Weitere Parkmöglichkeiten gibt es entweder 300 m vor oder nach dem Kreuz entlang der Straße.
Am Kreuz dann zu Fuß auf dem Wanderweg Nr. 613 weiter, an einem ersten links bergab führenden Sträßchen vorbei, am zweiten Sträßchen dann rechts leicht bergauf und an einer Steinmauer entlang. Kurz darauf erreicht man einen Bogenschießplatz. Der Zustiegsspfad beginnt direkt hinter der Schießscheibe, nach einem kleinen Geröllfeld geht man noch 2 Min. weiter bis zur Felswand.

ACHTUNG! NUR AUF DEN ERLAUBTEN PLÄTZEN PARKEN! DIE STRASSE FREIHALTEN UND KEINESFALLS PRIVATGELÄNDE BETRETEN ODER BEFAHREN.

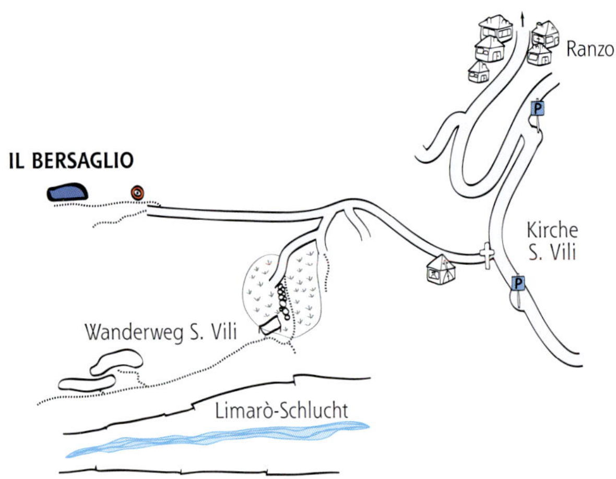

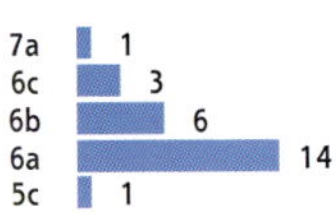

25

A

B

1 MASSIVA DI PIETRA	6a+	20m	Zuerst über strukturierten Fels, dann links der Kante weiter
2 IL RUBACUORI	6a	20m	Sehr strukturierter Fels
3 IL BATTIBECCO	6a	18m	Sehr strukturierter Fels
4 CANYAMEL	6a	20m	Sehr strukturierter Fels
5 POETICA	6c+	20m	Überhängende, gelbe Wand mit kleinen horizontalen Leisten
6 L'UOMO DIETRO ALLA PORTA	6b+	20m	Athletische Passage in der Mitte
7 GIOIE E MOTORI	6b+	20m	In der Mitte Verlagerung nach links, Ausstieg mit Zangengriff
8 LA FRICONA	6a	20m	Ausstieg an kleinen Leisten
9 APPARIZIONI	6a+	20m	Vertikale Griffe in der Mitte
10 RAPSODIA D'AUTUNNO	6a	20m	Überhang mit Schuppe
11 MINI COOPER	6a+	20m	Technisch anspruchsvolle Moves
12 PRESENZE OSCURE	6b+	20m	Schräg über den zentralen Überhang
13 TOPKAPI 2007	6b+	20m	Platte mit Bewegungstechnik
14 GIACOMELA	6a+	20m	Technisch schwierig in senkrechter Platte
15 MARA PERTI	6b	20m	Technisch schwierig in senkrechter Platte
16 DEGGIAVÙ	6a+	20m	Technisch schwierig in senkrechter Platte, Ausstieg mit kleinen Leisten
17 CAOS A BANGKOK	6c+	20m	Technisch schwierig in senkrechter Platte, Ausstieg mit kleinen Leisten
18 CLÌ CLÌ	6c+	25m	Technisch anspruchsvoll über Bauch mit Längenzug, schräg über den Ausstiegsüberhang
19 LE STANZE DEL DESIDERIO	6a+	20m	Untergriff an gelber Schuppe, kurze Querung an Tropflöchern
20 MATILDE ELEVEN	6a	20m	Kraft fordernde Verschneidung, athletischer Überhang
21 L'ERBA DEL VICINO	7a	20m	Kurze Platte mit glatten Griffen
22 BENAZIR	6b+	20m	Ausstieg aus Verschneidung mit Längenzug
23 TOP GAM	5c	20m	Einstiegsverschneidung, dann graue strukturierte Platte
24 SANTANY	6a+	18m	Heikler Zug in Rissverschneidung
25 MICA MALE	6a	18m	Reibungsstelle in der Mitte, Tropflöcher

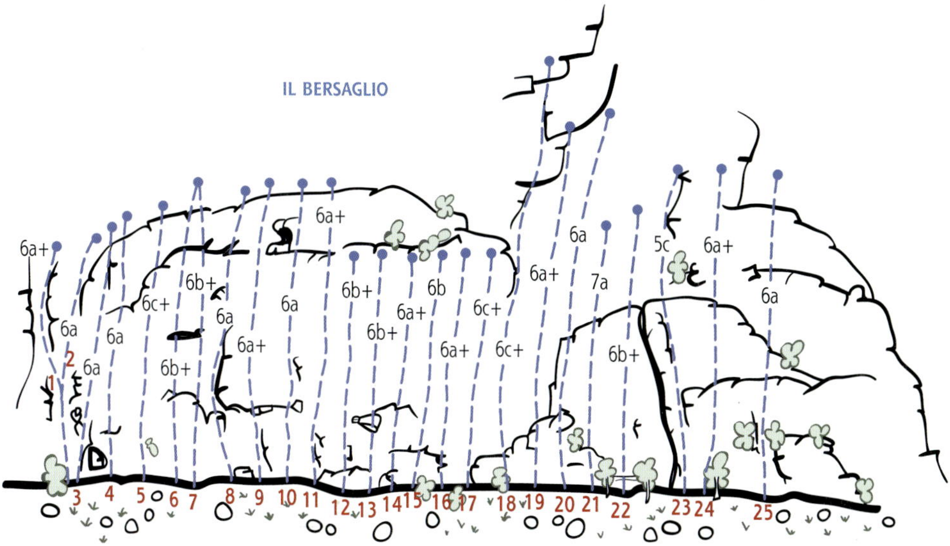

Terlago - Ranzo

Il Vaticano

73

Der schöne Klettergarten oberhalb der Limarò-Schlucht its recht neu und weist noch viel Erschließungspotenzial auf. Die Ausdauerrouten in den stark überhängenden Wänden eignen sich besonders für starke Kletterinnen und Kletterer. Wer also eine 7a locker drauf hat, sollte dieser Wand definitiv einen Besuch abstatten. Der Zustieg ist nicht gerade bequem, aber die 15 Minuten Fußmarsch lohnen sich auf alle Fälle.

Erschließer: D. Bonvecchio, A. Lucchi, L. Celva, R. Larcher, S. Banal u.a.

Anfahrt/Zustieg

Von Arco ca. 31 km, dann 20 Min. zu Fuß auf bequemem Wanderweg (eine Stelle mit Fixseil).

Von der Sarcabrücke in Arco in Richtung Trento und am Ortseingang von Vezzano (nach 22,4 km), bei der Esso-Tankstelle, nach rechts in den Ort abbiegen. Am Marktplatz dann links Richtung Margone/Ranzo (SP 18) und weiter bergauf. Die Straße ist teils tief in den Fels eingeschnitten und man kann ein wunderschönes Panorama genießen. Man erreicht Ranzo, fährt auf der Hauptstraße weiter und biegt etwa 100 m nach dem Minimarket links auf die Straße nach S. Vigilio ab. Jetzt fährt man ca. 400 m immer rechtshaltend bergab und zweigt bei einem Kreuz (Beginn des Wanderwegs San Vili) dann rechts auf eine kleine Straße ab. Die Parkmöglichkeiten sind sehr begrenzt: eine kurz vor der kleinen Straße sowie eine kurz nach dem Kreuz. Wenn diese Plätze belegt sind, auf keinen Fall in den Wiesen oder vor Zufahrten parken! Weitere Parkmöglichkeiten gibt es entweder 300 m vor oder nach dem Kreuz entlang der Straße.
Am Kreuz dann zu Fuß auf dem Wanderweg Nr. 613 weiter, an den ersten beiden Abzweigungen vorbei, bei der mit dem Schild "Sorgente Masere" (etwa in Höhe der ersten Wiesen) dann links abzweigen. Weiter in Richtung einer

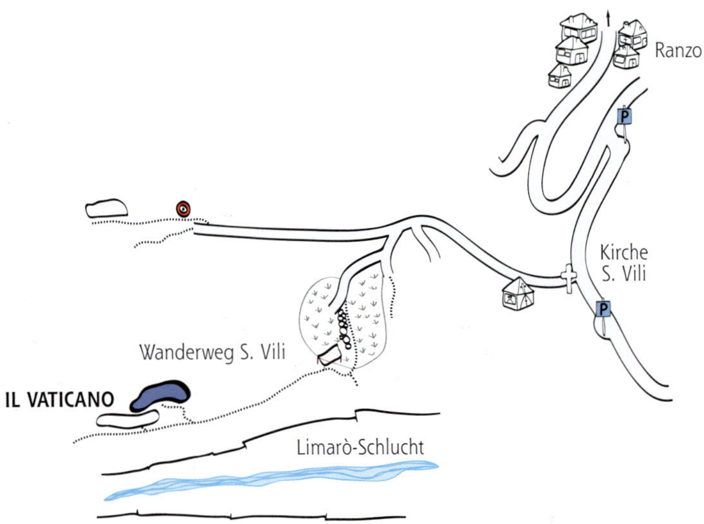

?		4
7c		6
7b		3
7a		3
6c		2

18

Hütte in einer Wiese, um die Hütte herum und dann auf den Wanderweg S. Vili, der bergab durch den Wald führt. Bei einem großen Steinmann zweigt dann eine Pfadspur in Richtung des gut sichtbaren Felsriegels ab. In der Mitte der Felsen führt ein gesicherter Steig (Fixseil und Eisenstufen) über den Wandsockel zum Band mit den Routeneinstiegen.

ACHTUNG! NUR AUF DEN ERLAUBTEN PLÄTZEN PARKEN! DIE STRASSE FREIHALTEN UND KEINESFALLS PRIVATGELÄNDE BETRETEN ODER BEFAHREN.

1 ORA PRO NOBIS	SL1	7a+	20m	Ausdauer im Überhang
	SL2	6c	30m	Schwarze Sinter
2 OHNE NAMEN		?	20m	
3 OHNE NAMEN		7b+/c	20m	Überhang
4 ELDORADO		7c	20m	Sehr stark überhängend, Ausdauer
5 OHNE NAMEN		7c+	30m	Sehr stark überhängend, Ausdauer
6 LA BEFANA		7c+	30m	Sehr stark überhängend, Ausdauer
7 IL CHIERICHETTO		7c+	30m	Sehr stark überhängend, Ausdauer
8 IL SACRESTANO		7c+	30m	Sehr stark überhängend, Ausdauer
9 PER UN PUGNO DI UPAT		7b	30m	Sehr stark überhängend, Ausdauer
10 TONA		6c	30m	Lange Aufwärmroute
11 CACCIA ALLE STREGHE		7b	25m	Boulderpassage über Dach
12 OHNE NAMEN		7c	30m	Boulderpassage über Dach
13 OHNE NAMEN		?	25m	Projekt, sehr schön
14 OHNE NAMEN		?	25m	Projekt
15 BACIA L'ANELLO		?	25m	Projekt
16 RATZINKER		7a	25m	Überhängende Verschneidungen
17 SANTO UFFIZIO		7a+	25m	Überhängende Verschneidungen

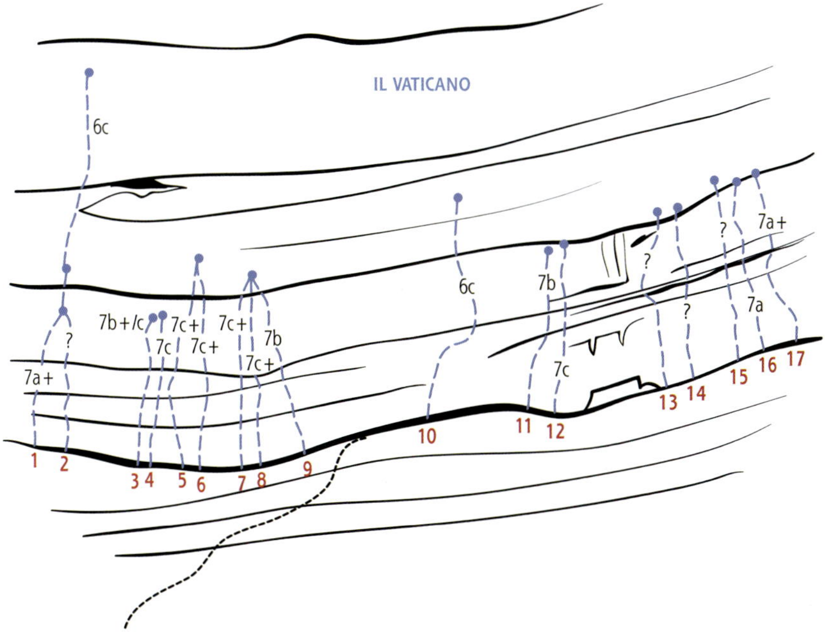

Comano

Die wunderschöne, nur an wenigen Stellen leicht überhängende Wand liegt mitten in einem traumhaften Lärchenwald. Die Brüder Paolo und Luca Malesardi bohrten die erste Route hier in den frühen 1980er Jahren ein und erschlossen später auch die meisten anderen Routen.

Durch die Ausrichtung nach Nordwesten ist Comano ein ausgezeichnetes Sommerklettergebiet, denn die Sonne scheint erst spät am Nachmittag in die Wand. Der kurze Zustieg und die wunderschöne Umgebung machen die Wand zu einem interessantest Ziel, besonders für diejenigen, die nicht nur starke Überhänge lieben.

Erschließer: L. und P. Malesardi u.a.

Anfahrt/Zustieg

Von Sarche 14 km, dann 2 Min. Zustieg auf Wanderweg.

Von Arco in Richtung Trento und bis nach Sarche, dann links in Richtung Madonna di Campiglio. Auf der ansteigenden Straße (S.S.237) weiter, an den Thermen von Comano vorbei, und durch Ponte Arche. Am Ortsende, kurz vor der Brücke über den Duinabach, in Richtung Godenzo/Comano links abbiegen. Weiter nach Godenzo und fast am Dorfende wieder links abbiegen nach Comano. Bei der Kirche dann rechts (links ist eine Trattoria) und auf der Straße in den Wald hineinfahren. Man fährt etwa 250-300 m weiter und trifft nach der 3. Kehre auf einige Stellplätze. Das Felsmassiv schimmert leicht durch den Wald hindurch. Ein Steinmännchen weist auf den Zustiegsweg (2 Min.) hin.

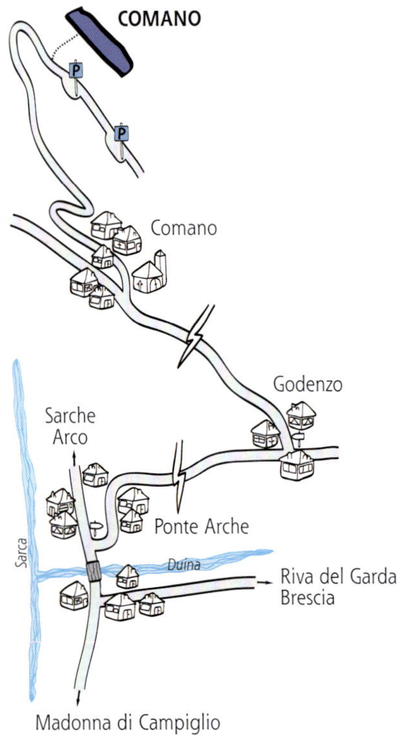

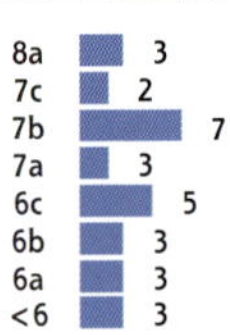

29

Comano, Caterina Bonapace, *Tangenziale*, 7b *(ph. Geremia Vergoni)* ▶

1 LE FAZIL 1	4b	14m	Leichte Kletterei
2 LE FAZIL 2	4b	14m	Verläuft parallel zu 1, ähnlich
3 ENPROVA	4c	14m	Einfache Verschneidungskletterei, etwas brüchig, aber geputzt
4 GILIOLA	6a	15m	Ausdauer an großen Griffen
5 POLPASTRELLI	6c	15m	Kompakter Fels mit abschüssigen Löchern, dann überhängend
6 GRONDA	6c+	15m	Den schwierigen Abschlussbauch genau in der Mitte überklettern
7 DRITDREICIODI	6a+	16m	Sehr schöne Ausdauerroute
8 SFIGA	6a	16m	Einfache Abschnitte bis zum Überhang
9 CRODO	6c	17m	Schwierige Züge mit Auflegern und Zangengriffen. Über den Bauch in ausdauernder Kletterei
10 VIA SASS	6b	17m	Athletischer Ausstieg aus Nische
11 GNOC	6b+	17m	Athletische Einzelstelle zu den Schuppen beim letztem Haken
12 SCAIA	7c+	17m	Einstiegsboulder an Leisten, Rastposition und Einzelstelle unter dem Ausstieg
13 CUBA LIBRE	7b+	20m	Harte Sequenz an Leisten, dann wunderschöne Ausdauerkletterei
14 GOCCIA	6c	19m	Gute Leisten, dann schwierig an den letzten Haken
15 DELTA	6b+	19m	Schöne Route an Leisten mit Schüsselstelle in der Mitte
16 TANGENZIALE	7b	19m	Ausdauer, vor der Einzelstelle im Ausstieg sind die Unterarme schon richtig dick...
17 FRANCESCA	7b	17m	Wie Ignota, aber zu eingezwängt zwischen 16 und 18
18 SPINACI	7a+	18m	Ausdauer mit harter Sequenz im Mittelteil und Einzelstelle vor dem Umlenker
19 IGNOTA	7b	19m	Harte Sequenz an abschüssigen Leisten im Mittelteil. Zu eingezwängt zwischen 18 und 20
20 MADUR	6c+	20m	Ausdauer mit Genuss an Leisten
21 PANORAMICA	7a+	18m	Harter Einstieg mit Gewichtsverlagerung nach rechts zu Kante hin, dann einfacher
22 TOPO GIGIO	7a+	19m	Ausdauernd, Kraft und Gleichgewicht im oberen Wandteil
23 FRAGOLE	8a	19m	Einzelstelle, dann Ausdauer an guten Griffen
24 FRAGOLE CON PANNA	7b+	19m	Umgeht den Einstiegsboulder von 23 in weniger gutem Fels, Schluss wieder gemeinsam
25 BERNARDI	7b	17m	Die erste erschlossene Route der Wand; Stand an altem Bohrhaken mit Karabiner oder am Baum (Schlingen!)
26 L'ADERENZA	7b	16m	Kleinste Leisten und Aufleger, dann Kante mit Gleichgewichtsverlagerungen
27 LA CAREGA	8a	12m	Kleine Leisten und Dynamo
28 IL BUCO	7c	12m	Löcher, athletische Linie
29 SPALLA CHE TI PASSA	8a+	10m	Boulder

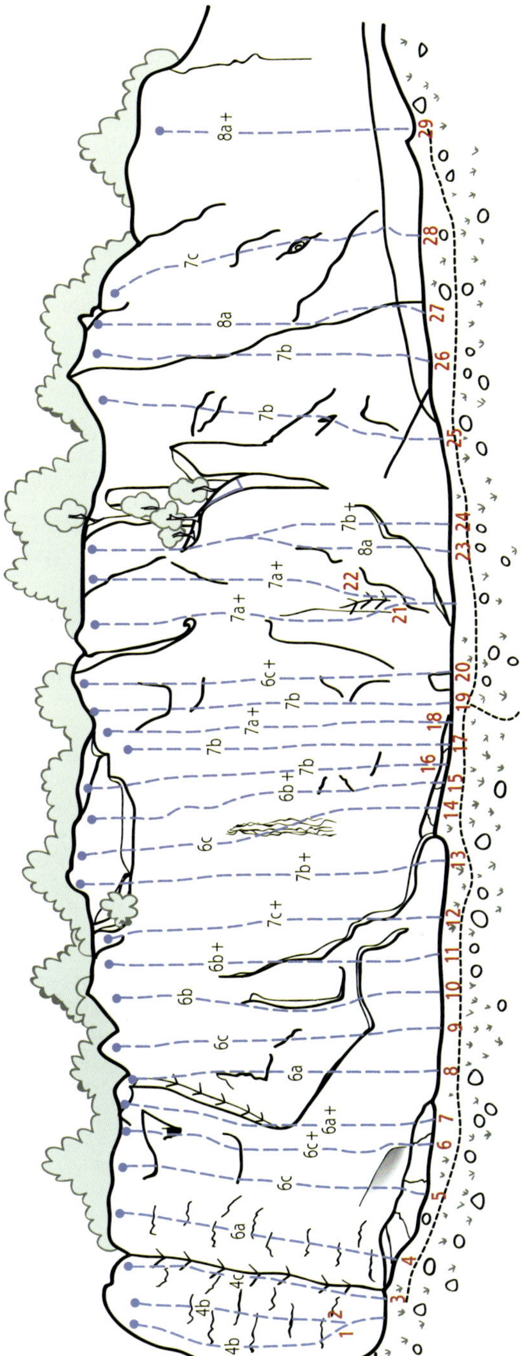
1
2
3
4
5
6
7
8
9
10
11
12
13
14
15
16
17
18
19
20
21
22
23
24
25
26
27
28
29
4b
4b
4c
6a
6c
6c+
6a+
6a
6c
6b
6b+
7c+
7b+
6c
6b+
7b
7b
7a+
7b
6c+
7a+
7a+
8a
7b+
7b
7b
8a
7c
8a+

Val Lomasone

75

Die ersten Routen wurden hier in den 1990er-Jahren erschlossen, seitdem kamen stetig neue hinzu. Im Sektor Al Pilastro enstanden diverse Mehrseillängenrouten, im Sektor Roccia dei Folletti wurden danach viele neue Linien bis 6a eingebohrt. Der Klettergarten liegt ruhig in einem Seitental der Valli Giudicarie, die beste Zeit für einen Besuch ist von Anfang Frühjahr bis Ende Herbst. Heute existieren in diesem Klettergarten insgesamt über 100 Routen, die Dank der Arbeit der Gruppo Rocciatori del Lomaso bestens gepflegt sind.
Zu den Entdeckern dieses Gebiets gehören die Brüder Paolo und Luca Malesardi, denen danach noch viele Erschließer folgten (z. B. Ruggero Carli, Danilo Bonvecchio sowie die unermüdlichen Marco Donati und Rudy Filippi). Das Val Lomasone ist im Übrigen ein guter Ausgangspunkt für viele Wanderungen in die Brenta-Gruppe. Weitere und aktuelle Informationen sind auf der Website www.arrampicatalomasone.it zu finden.
Ein paar hundert Meter nach dem beschriebenen Parkplatz gibt es eine große Picknickzone mit Tischen, Toiletten, Trinkwasser, Grillplätzen und Schutzdächern aus Holz.

Erschließer: Gruppo Rocciatori del Lomaso, D. Bonvecchio, R. Carli, M. Donati, R. Filippi. L. und P. Malesardi u. a.

Anfahrt/Zustieg
Von Sarche 17 km, dann 10 Min. Fußweg.

Von Arco in Richtung Trento und bis nach Sarche, dann links in Richtung Madonna di Campiglio. Auf der ansteigenden Straße (S.S.237) etwa 8 km weiter, an den Thermen von Comano vorbei und durch Ponte Arche. Am Ortsausgang, kurz nach der Brücke über den Duinabach, links in Richtung Riva del Garda und Lomaso (11 km von Sarche). Nach einigen Kehren erreicht man das Hochplateau von Fiavè, fährt durch Campo Lomaso und Vigo Lomaso und erreicht Dasindo. Hier biegt man bei einem Kreuz und dem Hinweisschild 'Via Lomasone' auf das enge Sträßchen ein, fährt dann durch das Dorf und an der Kirche vorbei. Die Straße führt an Feldern und Wiesen und an einer Fischzucht vorbei, aus der Asphalt- wird eine Schotterstraße und man erreicht den Parkplatz (Schild 'Palestra di Roccia'). Von hier in 10 Minuten zu den Felsen.

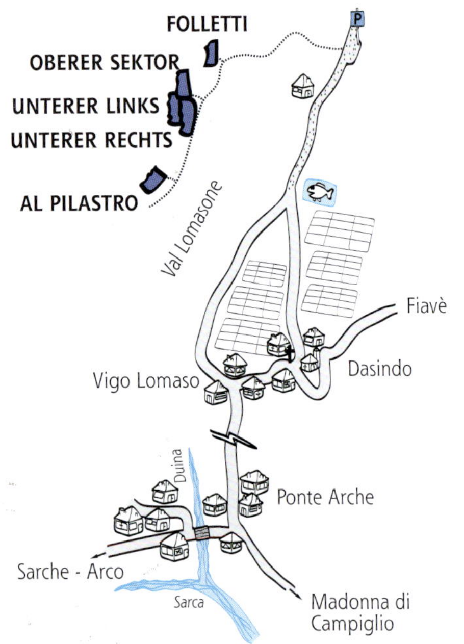

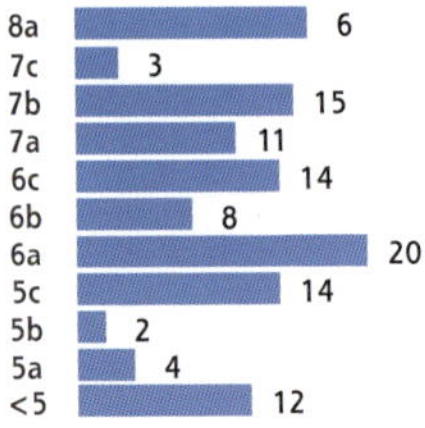

110

UNTERER SEKTOR, LINKS

1 CICLAMINO	5c	15m	Einfach an Henkeln
2 DERUBATA	6a+	15m	Reibungsschlüsselstelle, dann gute Griffe
3 BUS DEL GNAO	6a	15m	Gute Griffe, Crux mit Einfingerloch
4 AICHEMAL	5b	18m	Einzelstelle gleich am Einstieg
5 VIA DEL COMITATO	6a+	18m	Schöne, reine Reibungsplatte
6 SANTA LUCIA	5c	20m	Eine der schönsten Routen hier, perfekte Leisten, dann an Untergriffen über kleines Dach
7 MAIALINO FATATO	6a+	20m	Schwieriger Piazriss, kleine Tritte im Ausstieg
8 VIA DEI SANTI	7a+	23m	Einstieg einfach, dann schwieriger über das Dach und Schlussüberhang
9 MUCCA PAZZA	7b+	20m	Boulder an kleinen Griffen
10 HÄNSEL	7a+	20m	Ausdauer, Züge an Auflegern und Löchern im Mittelteil, dann einfacher
11 GRETEL	7a	20m	Athletisch an guten Griffen, auch nach dem Dach anstrengend
12 NAS	6c+	15m	Kraft fordernder Überhang

VAL LOMASONE
UNTERER SEKTOR, LINKS

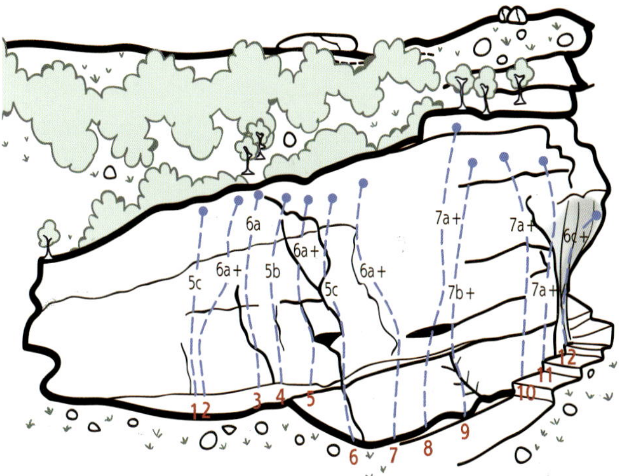

UNTERER SEKTOR, RECHTS

13 4 STAGIONI		6b	27m	Schöne Route, verlangt Kraft, Technik und Intuition
14 VARIANTE		6b	25m	Einzelstelle unter dem gutgriffigen Dach
15 ELEFANTE		6c	25m	Kleine Griffe im Überhang
16 CAMINO REAL	SL1	5c	20m	Durch evidenten Kamin
	SL2	6a	20m	Schöne Platte
17 MEMORIE ALCOLICHE		8a	25m	
18 DEMONI E FATE		8a	18m	Schwieriger Zangengriff an Sinter
19 BABY		5c+	10m	Kurze Route, die über das Band führt
20 PAOLETA		6b	10m	Alle Schwierigkeiten im Einstieg
21 SDITO		6b	18m	Reibungskletterei mit wenigen Griffen
22 CAMPANIL NORD		5a	15m	Zugang zu Route 25
23 CAMPANIL OVEST		6a	15m	Gutgriffig
24 CAMPANIL SUD		6a	15m	Zwei kleine Reibungsstellen

25 CASTELLO DELLA RANA VERDE		7b	12m	Startet oben am Pfeiler, mit schwierigem Zug
26 TOCAIA		7a	15m	Ausdauer an kleinen Griffen
27 DIEDRO ROTTO	SL1	6b	25m	Verschneidung mit bröckeligem Fels, zuerst Reibungskletterei
	SL2	7c	15m	
28 GANDALF		7a	20m	Überhang mit Längenzügen
29 LUCE NUOVA	SL1	6a+	23m	Reibung,
	SL2	6a	20m	Schöne Verschneidung
30 MARIPOPPINS	SL1	6c+	20m	Ausdauer, gerade hoch 7b
	SL2	6b	20m	Über Felsvorsprünge, rechte Variante ähnliche Schwierigkeit
31 TUPAMAROS	SL1	7a	25m	Sehr schön mit komplexen Zügen und viel Intuition
	SL2	7b	20m	Projekt
32 DIAGONALE		6b	20m	Gutgriffiger, schräger Riss
33 CANDOMBLÈ	SL1	6c	25m	Einstieg wie Diagonale, dann schwierige Platte
	SL2	6a+	15m	Geneigte Verschneidung
34 ICARO		7a	25m	Komplexe Züge an kleinen Griffen
35 ACHAB		7b	22m	Über dem Dach schwierige Reibungskletterei
36 VIA DEL CUBO		6a+	20m	Schöne Route, Kraft und Technik
37 SPIGOLO SUD		6a	20m	Anstrengend im ersten Teil

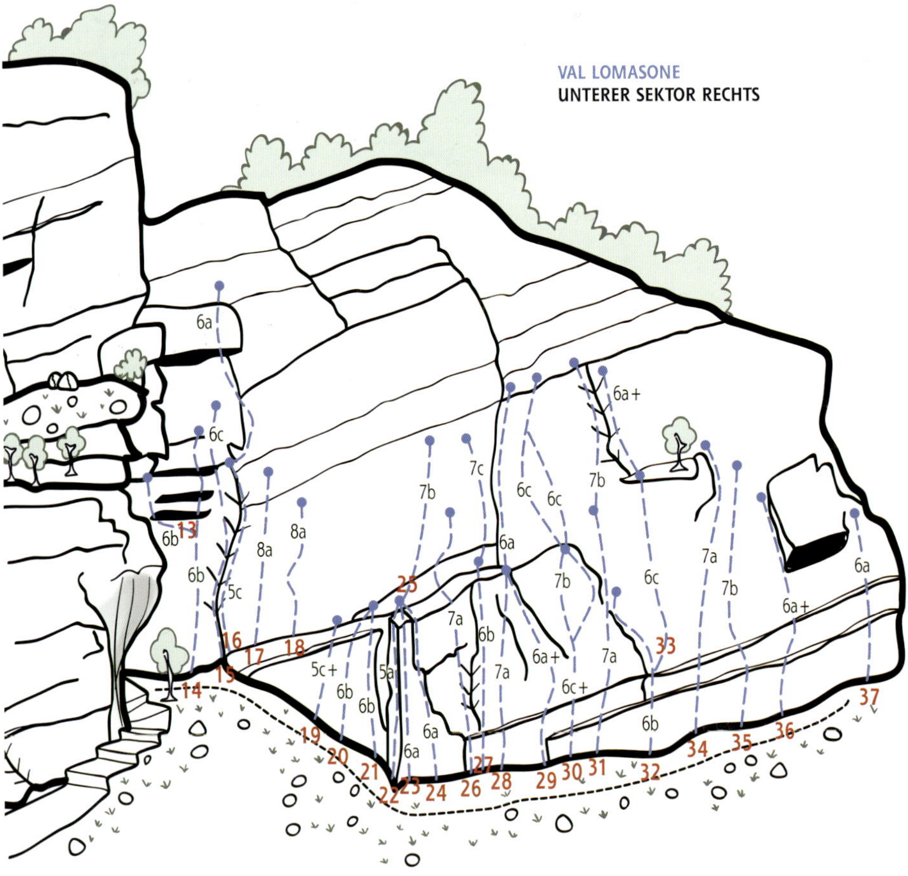

OBERER SEKTOR

1 TOSTO	7a+	12m	Schlüsselstelle im Mittelteil mit Längenzug an kleinen Griffen
2 DIVORZIO	6c	12m	Aufrichter im Ausstieg
3 LAMPO	6c	12m	Schwieriger Aufrichter im Ausstieg
4 PANORAMA	6c+	25m	Um ein Dach herum, kleiner Überhang mit wenigen Griffen im oberen Teil
5 MONTE BRENTO	7a+	25m	Einstieg wie Panorama, dann auf Terrasse und schwere Reibungsstelle in der Platte
6 SIGNORINA	7a+	20m	Einstieg wie Disonesta, dann Riss
7 DISONESTA	7b+	25m	Kleine Griffe und kleinste Zangen
8 LINDA	7b	25m	Kleine Griffe und kleinste Zangen
9 SIMONE	6c	25m	Zuerst Reibung, dann schöne Griffe
10 DRUM LIGHT	7b+	25m	Kreuzt Berta, Mikroleisten
11 BERTA	6a	15m	Unterteilt die Route Drum Light, heikel an geschlagenen Griffen
12 SENZA CODICE	7b	28m	Ausdauer an kleinen Griffen
13 RAMBLA	7a+	28m	Ausdauer an kleinen Griffen
14 LUCIGNOLO	7c	28m	Ausdauer an kleinen Griffen
15 TE 'NCULO	8a	28m	Mikroleisten und harte Einzelstelle
16 TENSIONE VERTICALE	8a+	30m	Mikroleisten, 1. RP G. Dalfovo
17 AKALASHNIKOV	7c+/8a	29m	Einzelstelle zum Umlenker
18 JINX	7c+	28m	Einstiegsvariante von Wiphala
19 WIPHALA	7b+	28m	Einzelstelle im Mittelteil
20 KILLINGZOE	7c+	29m	Schwierige Platte in Mittelteil, Dach am Ende
21 GRAVI-DANZA ISTERICA	7b	27m	Technische Platte
22 RE DE COPE	6c	27m	Crux im kleinen Einstiegsriss
23 ALPINISTIC	6a	26m	Rissverschneidung im Ausstieg, 5c bis zur ersten Kette
24 LA SQUARTA	6c	27m	Zangen und scharfe Kanten, Längenzug über das Dach, dann einfacher
25 CAPOEIRA	6c+	27m	Nach Einzelstelle Riss mit runden Kanten
26 DISTURBO	7b+	20m	Heikle Reibungskletterei
27 SACRIPANTE 1	5c	15m	In einer Rinne unterhalb der Überhänge, gutgriffig
28 SACRIPANTE 2	6a	18m	In einer Rinne unterhalb der Überhänge, gutgriffig

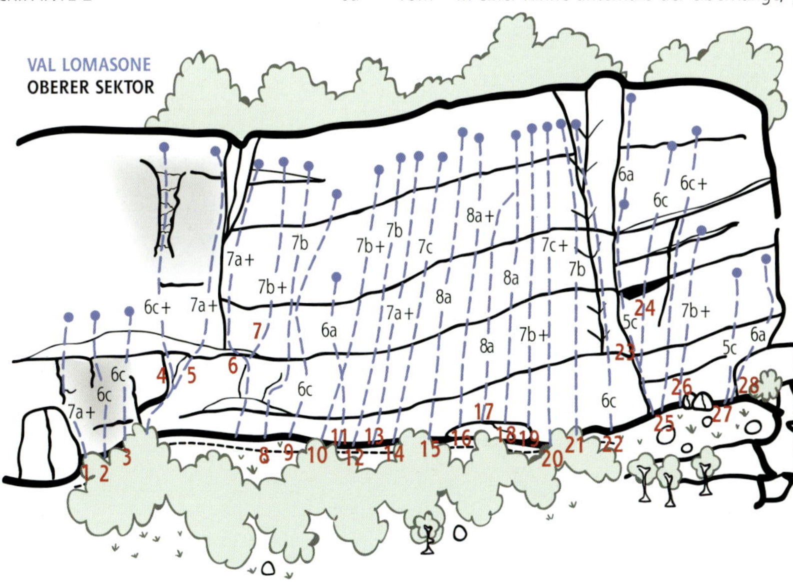

SEKTOR ROCCIA DEI FOLLETTI

1 VIA DEL LUMAC	5c	15 m	Geneigte Platte und kleiner Überhang
2 GAZZA LADRA	6a+	15 m	Geneigte Platte und kleiner Überhang
3 VIA DEL SKILAT	5c	15 m	Geneigte Platte
4 GATTO SILVESTRO	5c	15 m	Kurze senkrechte Aufschwünge
5 VIA DEI TOPOLINI	3a	15m	Leichte Verschneidung
6 LE LUCERTOLE	4a	15m	Geneigte gutgriffige Platte
7 VIA DELLA MARTORA	4a	15m	Geneigte Platte mit vielen guten Griffen
8 VIA DEL CAMOSCIO	4a	12m	Leicht mit kleinen Aufschwüngen
9 TOM & GERRY	3a	12m	Leicht mit kleinen Aufschwüngen
10 IL CORSARO	2a	12m	Leicht mit kleinen Aufschwüngen
11 PETER PAN	2a	12m	Leicht mit kleinen Aufschwüngen
12 WILLY IL COYOTE	5c+	15m	Ab dem mittleren Teil senkrechte Platte
13 VIA DELLE SALAMANDRE	6a	15m	Im mittleren Teil überhängende Platte
14 DIABOLIK	6c+	15m	Oben leicht überhängende Platte
15 VIA DELLA SIGFI	6c	15m	In der Mitte leicht überhängende Platte
16 SANDOKAN	6c	18m	Unten leicht überhängende Platte
17 WINNIE THE POOH	5a+	18m	Unten leicht überhängende Platte
18 BAFFARDELLO	3a	25m	Leicht
19 BEILHUND	5a	25m	Kleiner Einstiegsüberhang, dann leicht
20 CALCARÒT	4a	20m	Leichte Kletterei
21 ENCOF	5a+	20m	Schön geneigte Platte
22 FAUNET	5c	20m	Geneigte Platte
23 GIOSALPINO	6a	20m	Verschneidung und Platte
24 MAGET	6a+	20m	Kaminverschneidung und Ausstiegsplatte
25 LAURO	5c+	12m	Zuerst plattig, dann geneigter Fels
26 MAZARUL	5c	12m	Geneigte Platte, dann gute Griffe
27 MORKIES	5b	12m	Geneigte Platte, dann gute Griffe
28 RUREL	4a	10m	Leicht mit kleinen Aufschwüngen
29 SGRANF	3a	10m	Leicht mit kleinen Aufschwüngen
30 ZAMPA DI GALLO	2a	10m	Leicht mit kleinen Aufschwüngen

VAL LOMASONE
ROCCIA DEI FOLLETTI

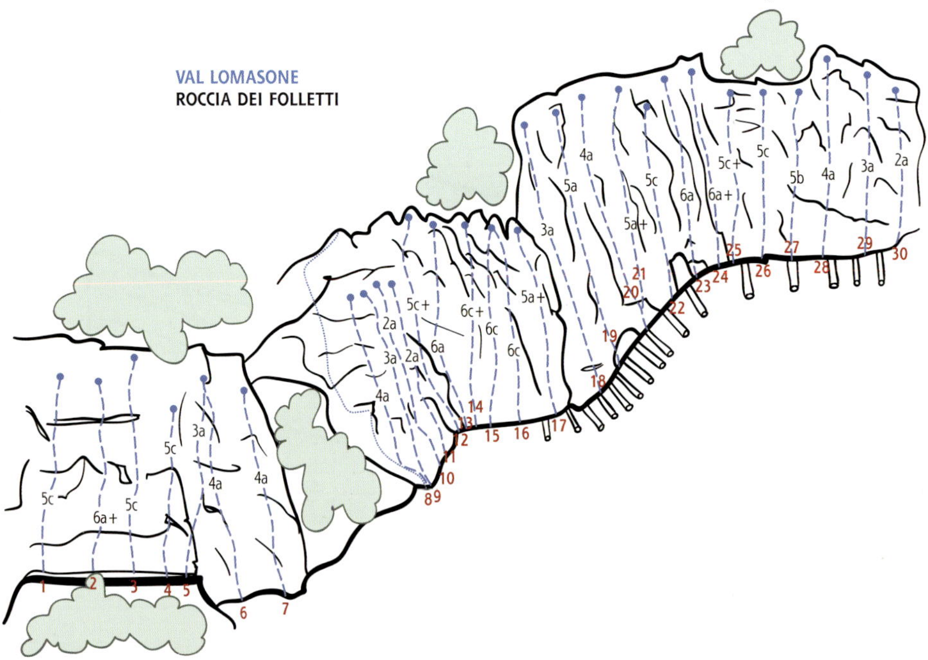

SEKTOR AL PILASTRO

1 POCXIPÈ	7b	90m	Schöne Route in kompaktem Fels, 15 Expressschlingen. Erschließer C. Ruggero, F. Rudi, A. Alessandro, Abstieg: Abseilen über die Route.
2 TRUDEL	5c	18m	Schöne Plattenroute, dann leicht überhängend
3 ALI NEL VENTO	6a	18m	Einstiegsriss, dann große Griffe. Sehr schön
4 SUPERSAYAN	7b	140m	Schwierig und schön. Muss zusätzlich mit Friends abgesichert werden. Erschließer: D. Bonvecchio, A. Lucchi. Abseilen über Nr. 89.
5 TRIBULAUM	6c	18m	Leisten und kleine Griffe, senkrechte Wandkletterei
6 IO VAGABONDO	6b+	18m	Senkrecht, Leistenkletterei
7 DIEDRO LOMASONE	6b+	120m	Schöne Route, 11 Expressschlingen. Abstieg: Abseilen über die Route. Erschließer: O. Piero, C. Ruggero u. Gefährten.
8 VIA DEL POMOL	7b	80m	Schöne. logische Linie. 16 Expressschlingen. Erschließer: C. Ruggero, A. Alessandro u. Gefährten. Abstieg: Abseilen über die Route.
9 CARFES	7b	110m	Interessante Route, 12 Expressschlingen. Erschließer: C. Ruggero, F. Andrea u. Gefährten. Abstieg: Abseilen über die Route.

VAL LOMASONE

AL PILASTRO

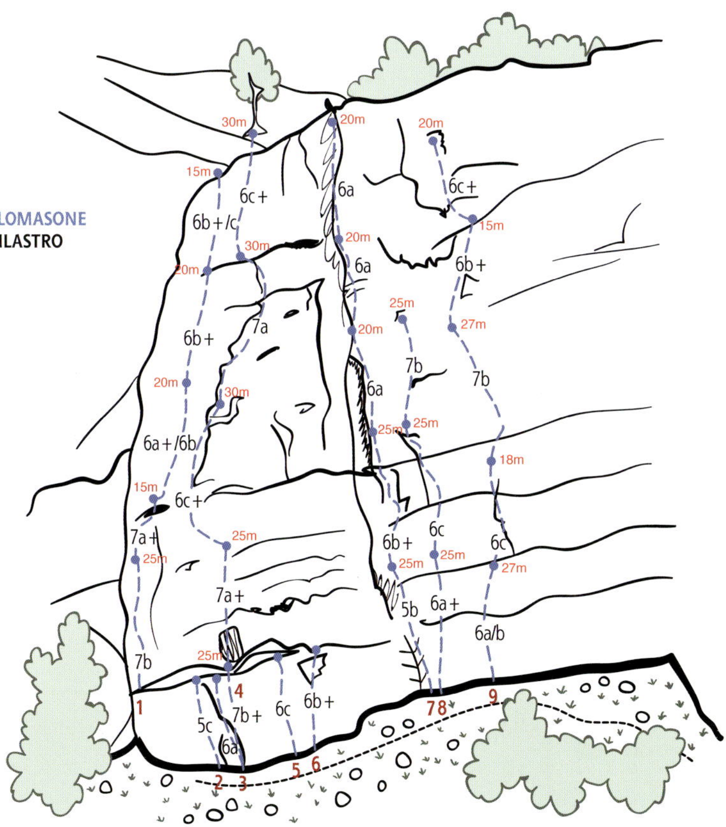

Giudicarie - Molveno

Sunny Place

76

Eine große Verschneidung kennzeichnet diese schöne Wand; die ausgezeichnete Felsqualität lässt bald die Schweißperlen vom Zustieg vergessen. Die Routen sind bestens mit Bohrhaken abgesichert. Wegen der südöstlichen Ausrichtung scheint nach ca. 15.00 Uhr die Sonne nicht mehr auf die Wand.
Für Kulturinteressierte lohnt ein Abstecher zum Schloss von Stenico. Es beherbergt das Trientiner Landesmuseum für Kunst und bietet unter anderem eine Dauerausstellung über archäologische Funde und über die Holzbearbeitung.

Erschließer: F. Cavallaro, M. Faletti, F. Scandolari.

Anfahrt/Zustieg
Von Sarche 14 km, dann 20 Min. Zustieg auf Forststraße und Wanderweg.

Von Arco in Richtung Trento und bis nach Sarche, dann links in Richtung Madonna di Campiglio. Auf der ansteigenden Straße (S.S.237) etwa 8 km weiter. Am Ende des Anstieges bei einer Kreuzung dann rechts, über eine Brücke, und weiter in Richtung S. Lorenzo in Banale/ Molveno und bis nach Villa in Banale (1,3 km von der Kreuzung). Hier links weiter nach Stenico (4 km). Im Ortszentrum von Stenico rechts Richtung Molveno (S.P.34) und am Ende der Häuser (in Höhe einer Bushaltestelle und Müll-

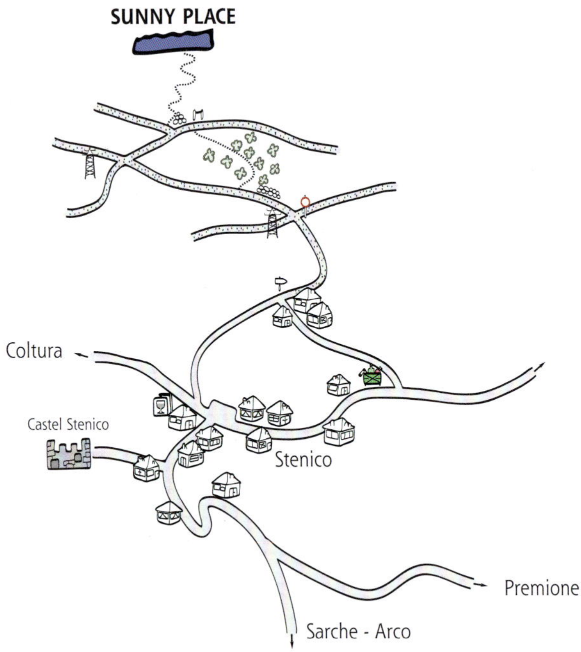

?	2
8a	3
7c	3
7b	3
7a	4
6c	4
6b	3
6a	2
<6	2

26

containern) links auf die 'Via Doss Marin'. Am Ende der Steigung beim Schild 'Strada di Coleo' rechts und ca. 100 m weiter, bis die Straße aufhört. Hier gibt es vor Beginn der Schotterstraße verschiedene Parkmöglichkeiten.
Nun auf der Forststraße etwa 20 m weiter, dann rechts auf einer Pfadspur durch den Wald. Man erreicht dann wieder die Schotterstraße und folgt dieser linkshaltend etwa 20m. Dann zweigt ein steiler Pfad rechts ab in Richtung einiger Kiefernbäume. Dieser Pfad führt über teils steile Kehren bergauf, nach etwa 10 Min. ist die Felswand erreicht.

1 DA LIBBERA'		8a	20m	Leicht überhängende Platte mit Löchern und Auflegern
2 ENDEMISTICO		7c	25m	Anstrengend im überhängenden schwarzen Wasserstreifen, dann Sinter vor dem Schlussteil
3 LES GARCION		4a	12m	
4 OHNE NAMEN		?	?	Projekt
5 REVOLUTION		7a	15m	Athletisch an Sintern und Längenzug zum Schluss, 6a bis zur ersten Kette
6 ROCCANDO ROLLANDO		8a+	30m	Schöne, anstrengende Grifffolge über den ersten Überhang; 6a+ bis zur ersten Kette
7 LA PIPPANDA		7b+	30m	Einstieg wie Anarchia Alpestre, herrliche Ausdauerroute an der leicht überhängenden Kante
8 ANARCHIA ALPESTRE	SL1	5c	12m	Über die Platte unter der Verschneidung
	SL2	6c+	18m	Über die große Verschneidung

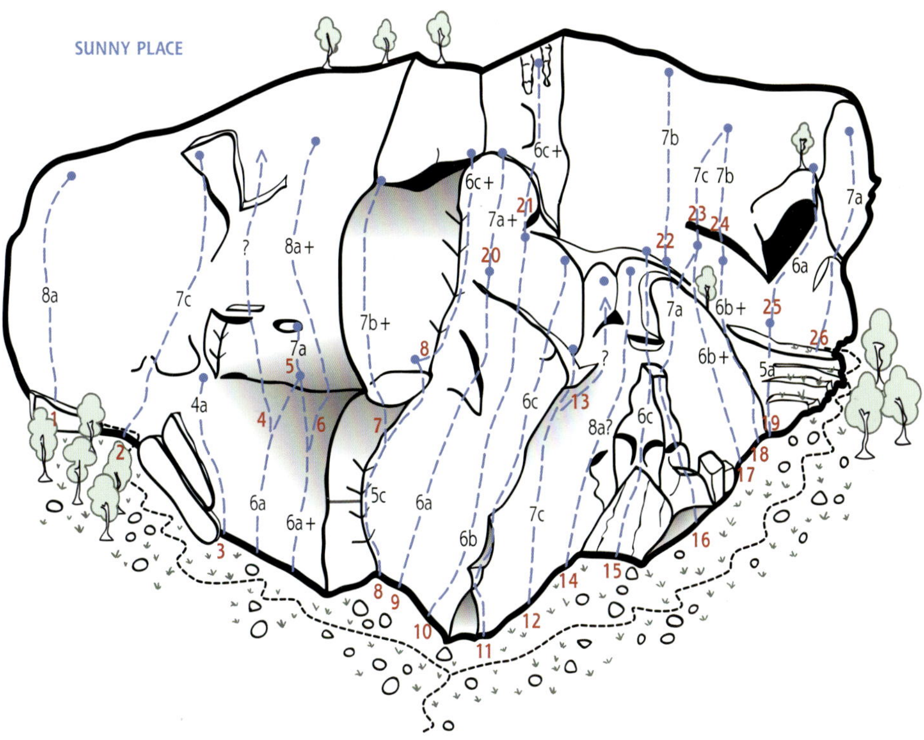

9 IL BALLO DEI BABBEI	6a	18m	Schöne, ganz leicht geneigte Platte mit Tropflöchern und kleinen Löchern
10 ALFA	6b	19m	Wie 9, einige Einzelstellen an Schuppen und Tropflöchern
11 BOROBUDUR	6c	20m	Schwieriger Bewegungsablauf im Ausstieg
12 KAMASUTRA	7c	13m	Bouldersequenz an kleinen Griffen
13 OHNE NAMEN	?	?	Projekt
14 OHNE NAMEN	8a?	18m	Projekt. Technisch an Auflegern, dann athletisch, nach dem Band einfacher. Vermutlich 8a
15 LOGGIA	6c	18m	Komplexe Verschneidungskletterei
16 MUTANDA STANCA	7a	18m	Über gutgriffiges Dach, dann einfache Platte
17 VATIC ANO	6b+	15m	Plattenkletterei
18 SANDALA	6b+	18m	Plattenkletterei bis zum Band
19 A-CESSO	5a	13m	Grauenhaft, auf rutschigem Moos
20 MORCHEEBA	7a+	12m	Herrlich, wenn als Fortsetzung von Il Ballo Dei Babei geklettert; heikle Kletterei mit kleinen Griffen und Auflegern, schlechte Tritte
21 ALFA-ALFA	6c+	16m	Herrlich, wenn als Fortsetzung von Alfa geklettert; Gleichgewichtsboulder kurz über der Kette
22 SOLARIA	7b	20m	Einstieg über Mutanda Stanca; Ausdauer an guten Griffen, empfehlenswert
23 ZOE	7c	20m	Einstieg über Vatic Ano
24 SHITTING MONEY	7b	15m	Einstieg über Sandala
25 PAN	6a	20m	Unter einer Verschneidung um einen großen Block herum
26 LUM	7a	15m	Kurze Platte mit Löchern, mit Einzelstelle im Überhang

Sunny Place *(ph. Riky Felderer)* ▶

Giudicarie - Molveno

Riobianco

77

Das Klettergebiet liegt in einem schönen Buchenwald direkt über der Straße und der Zustieg ist (wie bei vielen anderen Klettergärten entlang der Provinzsstraße 34) sehr kurz. Leider ist es am Wandfuß aber nicht sehr bequem, da dieser steil abfällt und der Weg zur nächsten Route oft ganz schön schwierig ist.
Die Wand, die Franco Scandolari entdeckt und eingerichtet hat, hängt fast komplett über und ist mit Kalkkonkretionen übersät. Der daraus resultierende Kletterstil an runden Löchern und Sintersäulen verlangt viel Fingerkraft und eine gute athletische Vorbereitung.
Ausflugstipp: In der Nähe kann man den botanischen Garten von Rio Bianco mit einer Reihe von Wasserfällen besichtigen. Ein Besucherzentrum gibt Einblick über die Flora des Naturparks Adamello-Brenta.

Erschließer: F. Scandolari.

Anfahrt/Zustieg
Von Sarche 15 km, dann 5 Min. Fußweg.

Von Arco in Richtung Trento und bis nach Sarche, dann links in Richtung Madonna di Campiglio. Auf der ansteigenden Straße (S.S.237) etwa 8 km weiter. Am Ende des Anstieges bei einer Kreuzung dann rechts, über eine Brücke, und weiter in Richtung S. Lorenzo in Banale/ Molveno und bis nach Villa in Banale (1,3 km von der Kreuzung). Hier links weiter nach Stenico (4 km). Im Ortszentrum von Stenico links Richtung Tione (S.P.34), vorbei an den Wasserfällen von Rio Bianco und 200 m danach dann links auf einem großen Parkplatz parken (1 km nach Stenico). Nun auf der Straße 100 m weiter (Achtung, viel Verkehr), die Straße überqueren und auf einen Pfad, der über die letzten Blöcke eines Felsriegels führt. Linkshaltend an Steinschlagnetzen vorbei und kurz darauf zum Wandfuß.

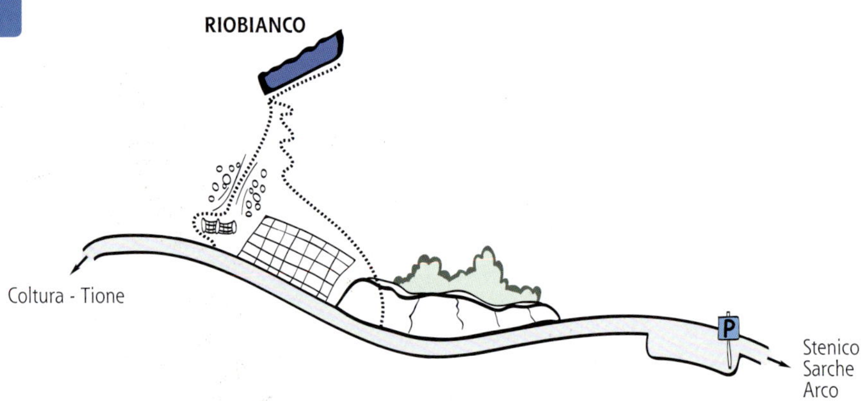

?	4
8a	1
7c	1
7b	3
7a	4
6c	3

16

1 ALGINOR	7a	15m	Kleinste Griffe
2 CERVO VOLANTE	6c+	15m	Zuerst gute Leisten, dann athletischer Ausstieg
3 PATA	7a	15m	Zangengriffe und abschüssige Löcher
4 BUIK	?	20m	Projekt. Senkrechte Kletterei an kleinsten Zangengriffen und Konkretionen, schwieriger Zug unterm Dach
5 CEVAPCˇ ICI	?	20m	Projekt. Glatte Wand mit runden Konkretionen
6 TACCHINA	7b	25m	Schöne Lochkletterei mit Längenzügen
7 TSUNAMI	8a/b	25m	Projekt. Passage an oft nassen Konkretionen, dann Bauch mit Leisten
8 LE BITTE	7b+	32m	Einstieg mit Konkretionen, Löchern und Auflegern, dann an sehr schmalem Riss entlang
9 PLINKI	7a+	30m	Ausstieg zwischen den zwei Schlussdächern
10 ANOUK	7b	30m	Kurze Platte mit Auflegern, dann athletische Züge im Überhang
11 INOX	?	26m	Projekt. Platte mit sehr glatten Konkretionen
12 GRETEL	7c	26m	Aufleger und Löcher, sehr schwieriger Einstieg
13 EDERA	7a+	25m	Athletischer Start, Abschlussverschneidung einfach
14 IL TAGLIACORDE	6c	28m	Ausdauer an Löchern und bröckeligem Fels
15 LARA CROFT	6c+	28m	
16 OHNE NAMEN	?	28m	Projekt, keine Haken

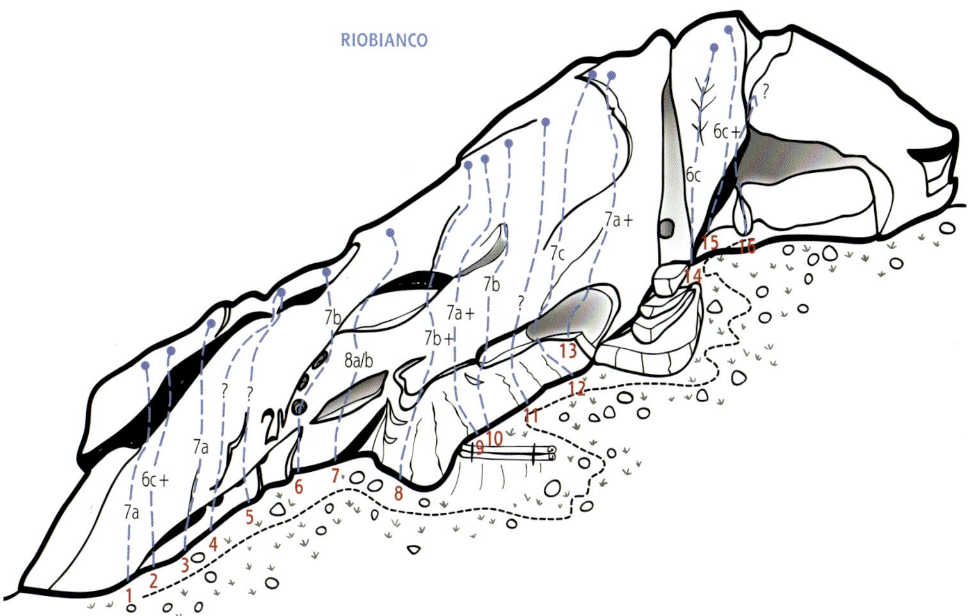

Val d'Algone

Die Straße im Val d'Algone schlängelt sich unter steilen Felswänden und Wäldern entlang und führt zu den herrlichen, weiten Almwiesen, die sicherlich einen Besuch wert sind. Wer möchte, kann hier auch im Gasthaus oder in der Hütte übernachten.

Das Klettergebiet liegt auf 700 m Meereshöhe am Taleingang und dank der Lage neben dem Bach und im Wald ist es hier schön kühl. Die Felswand besteht aus kompaktem Kalk, ist leicht geneigt bis überhängend und sehr strukturiert, mit großen Löchern, Dächern, Kanten und Verschneidungen. Wer sich mindestens im Bereich 6a wohl fühlt, kommt hier sicherlich auf seine Kosten und 7a-Kletterer werden sich über einige wunderschöne Routen freuen können.

Für die Mountainbiker unter den Kletterern ist das Val Algone wie geschaffen: Eine Forststraße führt bis auf die Malga Movlina (1746m) zu Füßen der gezackten Dolomitengipfel. Von hier aus lässt sich eine herrliche Aussicht auf die gegenüber liegenden Granitgipfel des Adamello-Gebietes genießen.

Erschließer: F. Scandolari, D. Salvaterra u. a.

Anfahrt/Zustieg

Von Sarche 19 km, dann 1 Min. Fußweg.

Von Arco in Richtung Trento und bis nach Sarche, dann links in Richtung Madonna di Campiglio. Auf der ansteigenden Straße (S.S.237) etwa 8 km weiter. Am Ende des Anstieges bei einer Kreuzung dann rechts, über eine Brücke, und weiter in Richtung S. Lorenzo in Banale/Molveno und bis nach Villa in Banale (1,3 km von der Kreuzung). Hier links weiter nach Stenico (4 km). Im Ortszentrum von Stenico links Richtung Tione (S.P.34), vorbei an den Wasserfällen von Rio Bianco und bis zur Ponte (Brücke) del Lisagn (fast 4 km von Stenico). Kurz vor der Brücke zweigt rechts die Straße in das Algonetal (Val d'Algone) ab. Auf dieser Straße 2,2 km weiter bis zu zwei Parkmöglichkeiten auf der rechten Seite unter einer Felswand. Hier parken, über den Bach und in einer Minute zur Wand.

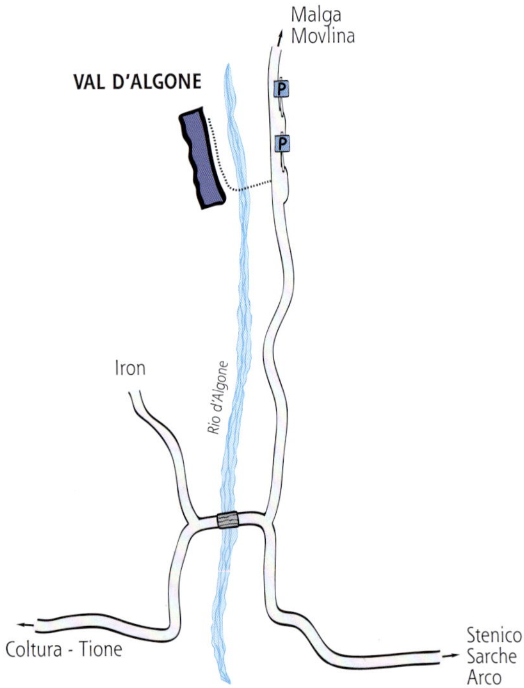

7c	1
7b	1
7a	13
6c	17
6b	14
6a	9
<6	5

60

1 PICCOLE PESTI	4c	10m	Über ein Band, dann senkrechtes Wändchen
2 RIEN VA PLUS	6c	15m	Schwieriger Dachausstieg
3 TRANSGENICA	7a	20m	Die ersten 8m schwierig, dann leichter
4 TALN	7b	18m	Boulder unter dem Dach
5 L'UNICO VIZIO DE ME FIOL	6b	15m	Technischer Ausstieg aus der Nische am Anfang, dann Reibung
6 TUC TUC	6a	15m	Piaztechnik an kleinem Pfeiler
7 IL NIDO DEL RAGNO	6b+	25m	Reine Ausdauer an guten Griffen
8 TOLLERANZA ZERO	7a	25m	Schöne Grifffolge an Schuppen, Längenzug bei Ausstieg im Überhang
9 NEE	6c	25m	Kaum Rastpositionen in der Ausdauer fordernden Verschneidung
10 AYUTTHAYA	6c	25m	Heikler Zug an kleinen Leisten
11 SNOOPY BAR BONDO	6a+	25 m	Ausdauer, (schlechter) Ruhepunkt an großem Loch
12 DAMELA TOMELA	6b	20m	Unter dem Band steile Wandkletterei, dann einfacher
13 IL FAGGIO	6a+	20m	Einstieg neben einer Verschneidung
14 BATTI IL TUO TEMPO	6a	20m	Zuerst steile Wandkletterei, dann einfacher
15 PER FOTTERE IL POTERE	6b	20m	An zwei Löchern vorbei, bis zu Schuppe im oberen Teil
16 TEST	5c	20m	Schwieriger Einstieg an kleinem Überhang
17 ARBEIT MACHT STRAC	5b	20m	Am Einstieg Löcher, dann leichter
18 GROSSE BUSEN	5b	15 m	Wand mit Leisten
19 KLINKER	5a	20 m	Wand mit Leisten
20 SPECCHIO SPECCHIO	6b	18 m	Wand mit Wulst
21 MOSAICO	6a+	20 m	Löchrige Wand
22 GARRAPATA	6a	25 m	Löchrige Wand
23 TIRO MANCINO	6a+	15m	Geneigte Platte
24 ERUZIONE CUTANEA	6b+	20m	Schlüsselstelle im oberen Teil an kleinen Griffen
25 DÉJA VU	6b+	20m	Graue Platte

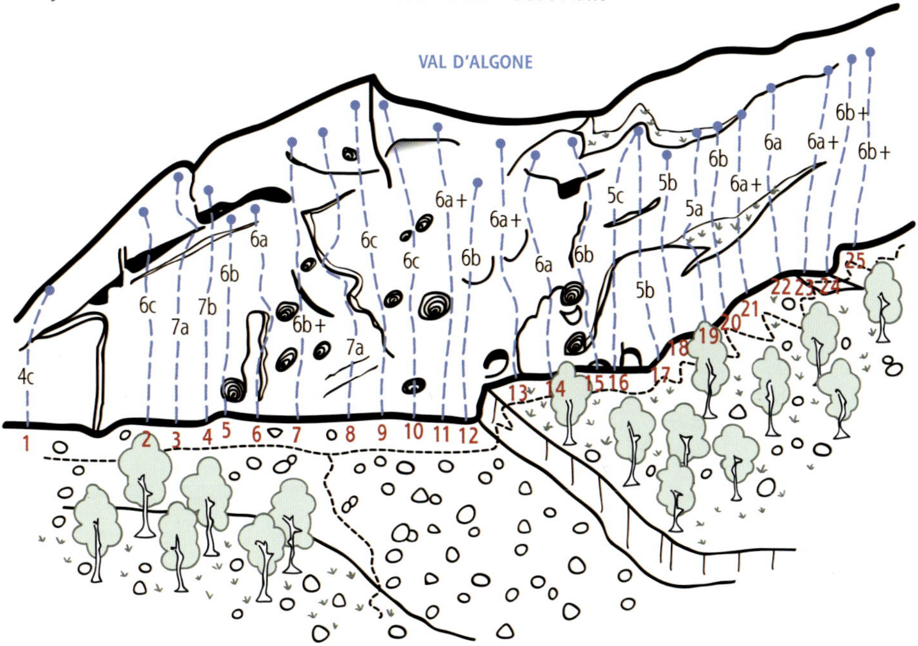

26 LO SCORPIONE	6c	20m	Schöne Bewegungen
27 STIR IT UP	6c	20m	Schöne Bewegungen
28 BKK	6c+	20m	Kurze Leistenpassagen, immer wieder Ruhepunkte
29 VIA DEI TALEBANI	6a+	18m	Schöne Querung an Leisten unter einem großen Loch
30 DOLPHINGER	7a+	18m	Anstrengende steile Wandkletterei im oberen Teil
31 NEFERTITI	7a	18m	Schöner Dachausstieg
32 JAH	6c+	20m	Über das Dach, dann anstrengende steile Wandkletterei bis unter Umlenker
33 RAPERONZOLO	6b	20m	Athletisch mit Seitgriffen, dann an Henkeln am Dach vorbei
34 DIEDROLO	6c+	20m	Einzelstelle im Ausstieg vom Dach, Aufleger
35 LUNA	6b+	20 m	Einzelstelle beim Ausstieg aus großem Loch, schön
36 RAY LEY RAY LEY	7a	20m	Ausdauer an Leisten und Auflegern
37 PATPONG	6c	20m	Einzelstelle
38 KO NOK	7a	23m	Einstiegsboulder, dann leichter
39 ALGONICA	6c+	23m	Schwieriger Ausstieg aus dem Dach
40 GODURIA	6b+	25m	Schöne Kletterei, athletisch im oberen Teil

VAL D'ALGONE

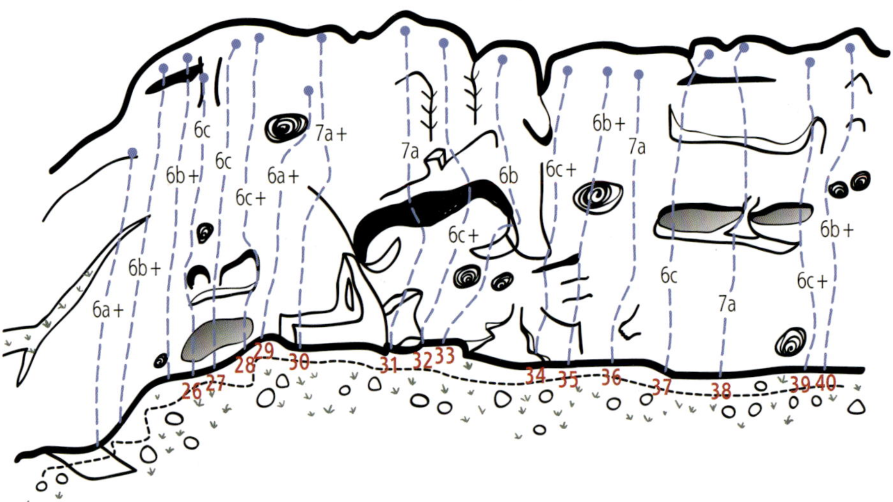

41 SHINGA	6b	25m	Technischer Überhang, athletischer Überhang
42 CLEXYDRA	6b	28m	Zwei überhängende Abschnitte im oberen Teil
43 PUTREFAX	6b+	20m	Überhängende Platte. Psycho...
44 ASBALZ	7c	18m	Kontinuierlich schwerer, dann harte Sequenz an Leisten im Überhang
45 CANNA SONANTE	7a+	18m	Ausdauer und Sprünge
46 WAT ARUN	6c+	30m	Sehr schöne Verschneidung, unterbrochen von großen Löchern und kleinen Absätzen
47 IMPERVERSANDRO	6c+	20m	Ausdauersequenzen mit Rastpositionen
48 ASIA	7a	20m	Sehr schöne Ausdauerroute mit langem Zug unter dem Loch
49 NANÀ	7a	18m	Ausdauerroute mit technischen Zügen unter dem Loch
50 ALCOOLIC PASSENGER	6c+	18m	Einzelzug an schrägem Aufleger
51 PSYCHEDELIC FLY	7a	18m	Achtung: Nest!
52 SCANDALOSA MARY	7a	25m	Schön, aber anfangs heftig
53 ELIAS	6c+	22m	Harte Einzelstelle zu Beginn
54 BEZ HOLOSTJ	6c+	22m	Technischer Ausstieg
55 TORQUEMADA	6c	15m	Kurz und heftig, Fußtechnik
56 TURGIDA	6c	15m	Mittelteil mit Seitgriffen, dann leichter
57 ORANGE BAT	7a	15m	Kante, Ausstieg nach links 6c
58 THE PUSHER	6a+	20m	Bis zum ersten Band technisch anspruchsvoll, dann zwei athletische Stellen
59 LA LU	6b/c	20m	Unterbrochen von einem breiten Band. Nach rechts leichter
60 LAST WALTZ	7a	18m	Schwierige Züge beim Umklettern des Daches, dann Ausstiegsriss

VAL D'ALGONE

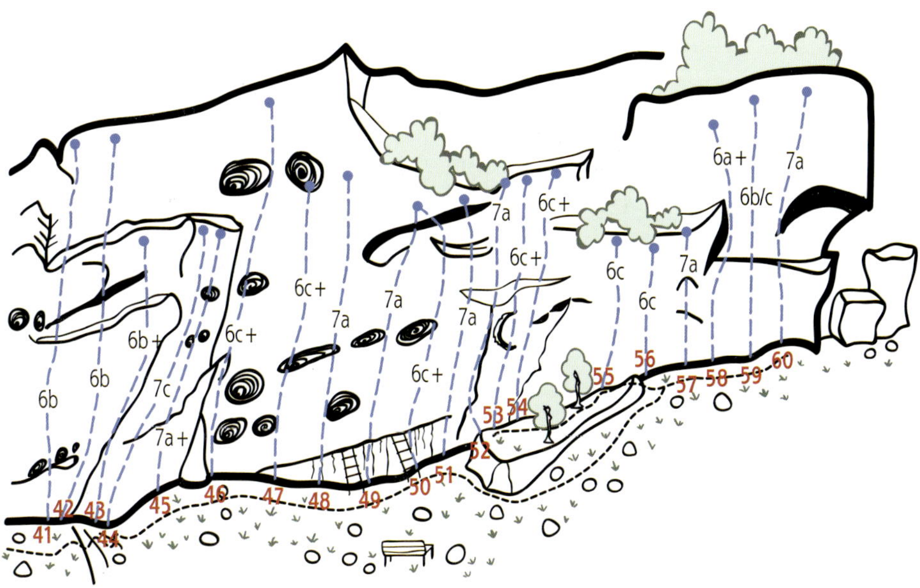

Coltura

Dieser Klettergarten war der erste, der in der Region der Judikarischen Alpen erschlossen wurde. Mittlerweile gibt es hier fast einhundert sehr abwechslungsreiche und lohnende Linien. Nach den ersten Erschließungsarbeiten durch die Gruppo Finanzieri Tione machten sich auch E. Salvaterra und F. Scandolari ans Werk. Auch F. Cavallaro haben wir viele Routen zu verdanken. Der neue Sektor Cadenac entstand durch die großartige Arbeit der Cooperativa Guide Alpine del Trentino (G. Canale, D. Lorenzi, E. Chesi, F. Salvadei, G. Ghezzi). In diesem Sektor wird empfohlen, einen Helm zu tragen, weil in einigen Routen der Fels nicht immer fest ist. Der sehr schöne Sektor Patagonia mit der leicht überhängenden Wand bietet die schwierigsten Linien. Die härteste Route hier ist *Vatriopinza* 8b, die von A. Mazotti eingebohrt und von G. Dalfovo zum ersten mal rotpunkt durchstiegen wurde. Mazzotti erschloss auch die Linien *Toti Spritz*, *Analfabeta* und *Il re dell'Oltre*.
Der Fels liegt nahe an der Straße, aber weil diese kaum befahren wird, ist es hier doch recht angenehm ruhig. Unterhalb des Sektors Africa liegt ein schöner Picknickplatz.

Erschließer: F. Cavallaro, E. Salvaterra, F. Scandolari, Gruppo Finanzieri Tione, Cooperativa Guide Alpine del Trentino u.a.

Anfahrt/Zustieg

Von Sarche 19 km, dann 1 Min. Fußweg.

Von Arco in Richtung Trento und bis nach Sarche, dann links in Richtung Madonna di Campiglio. Auf der ansteigenden Straße (S.S.237) etwa 8 km weiter. Am Ende des Anstieges bei einer Kreuzung dann rechts, über eine Brücke, und weiter in Richtung S. Lorenzo in Banale/Molveno und bis nach Villa in Banale (1,3 km von der Kreuzung). Hier links weiter nach Stenico (4 km). Im Ortszentrum von Stenico links Richtung Tione (S.P.34), Nach 5,5 km erreicht man kurz vor der Ortschaft Coltura den Parkplatz bzw. den Klettergarten.

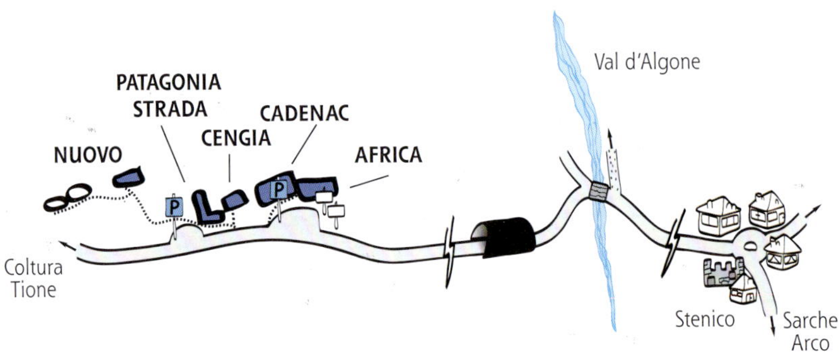

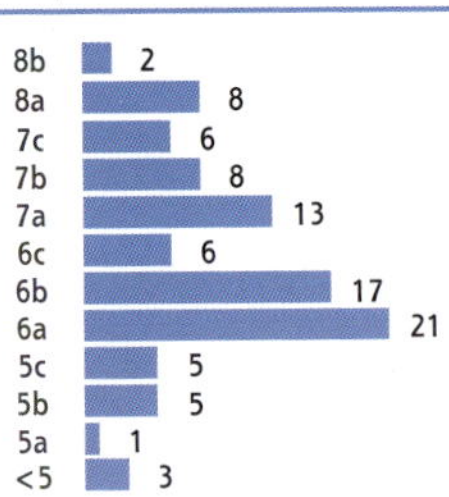

96

LINKER SEKTOR (kein Topo)

1 OHNE NAMEN	6a+	20m	Platte
2 OHNE NAMEN	6a+	20m	Plattenkletterei
3 OHNE NAMEN	7a	15m	Seltsame Einzelstelle am Überhang
4 OHNE NAMEN	7a/b	20m	Schwieriger Einstieg über Bauch und an Sintern
5 OHNE NAMEN	6b+	15m	Platte

NEUER SEKTOR

1 OHNE NAMEN	6a+/b	15m	
2 FALCO DELLA NOTTE	6a	18m	Platte
3 SENTENZA	7a	18m	Kante
4 IL MONCO	7a/b	25m	Kompakte Wand
5 COLTURA INTENSIVA	7a+	25m	Sehr schöne Linie mit Einzelstelle (2 geschlagene Griffe)
6 CASSANDRA	?	13m	Eingeklemmt zwischen Coltura Intensiva und Mandala, sehr definiert
7 MANDALA	7b+	25m	Gelbe Wand mit Dach
8 ATLANTIDE	6b	20m	Einstieg in der Verschneidung, dann Platte
9 POPOLO DEL SOLE	7a	25m	Einstiegsvariante von Nr. 8, Blockierzug
10 MIRAGGIO	6c+	20m	Einzelzug am Bauch
11 IL PELLEGRINO	6a+	20m	Ausdauer, gute Griffe
12 IL SOMMO	6b+	18m	Einstieg leicht geneigt, dann ungewöhnliche Bewegungsabfolgen (Selbst hergestellte Laschen, kein Topo)
13 AVATAR	6a	18m	Kamin (Selbst hergestellte Laschen, kein Topo)
14 I LOTOFAGI	7a	14m	Ausdauer im Überhang (kein Topo)
15 ANABASI	7b+	14m	Ausdauer im Überhang (kein Topo)

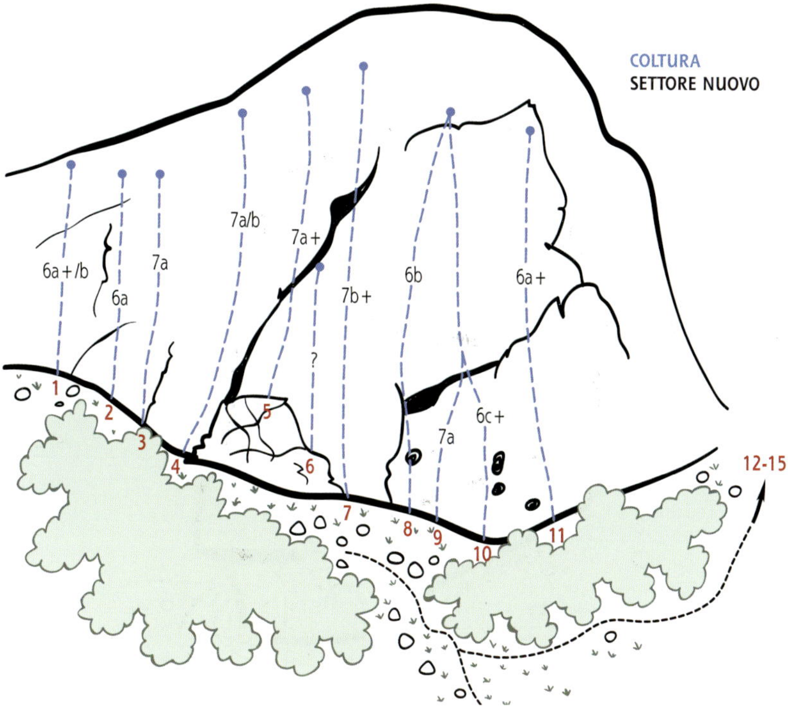

SEKTOR PATAGONIA

1 GIORNI LIQUIDI	7c	20m	Schlüsselstelle ist der Ausstieg aus dem Dach; nicht mit Verschneidung klettern!
2 IRON CLIMBING	8a	20m	Boulder und Mittelteil
3 ROAD TO NOWHERE	8a	20m	Komplizierte Züge und Ausdauer an kleinen Griffen
4 L'ALLOCCO	8b	20m	Ausdauer im Überhang
5 ODISSEA	8a	20m	Harte Einstiegspassage, dann etwas einfacher, zwei Schlüsselstellen, wobei die erste schwieriger ist; sehr schön
6 VARIOPINZA	8b	20m	Am 4. Haken von Odissea gerade hoch. Der Name (Zangengriffe) sagt alles! RP Gianguido Dalfovo
7 ODISSEA PLUS	7b+	20m	Ausdauer, schöner Zug über den Überghang
8 LA BALENOTTERA	7c	20m	Schwierige Ausdauerroute
9 LUPUS IN FABULA	7c+	20m	Ausdauer, Überhang und schräg verlaufende Verschneidung, super schön!
10 TRANS CULTURALE	8a	35m	Einstieg mit Einzelzug an kleinsten Leisten, dann Ausdauer
11 ANALFABETA	8a+	30m	Zwei harte Einzelzüge und Ausdauer
12 DELIRIO TREMENS	8a	26m	Sehr schwierige Einzelstelle beim Dach zu Beginn, dann einfacher
13 MEFISTO	7b	25m	Einzelstelle im Mittelteil und Ausdauer
14 ATTILA	7c	30m	Intensive Sequenz an kleinsten Leisten im Mittelteil
15 ROCKERDUC	7a	22m	Zwei Ausdauerpassagen
16 PAPILLON	7b	25m	Die Schwierigkeit steckt in den athletischen Zügen zu Beginn
17 TOTI SPRITZ	8a	10m	Harte Züge an Leisten. Zweite SL noch nicht fertig
18 IL RE DELL'OLTRE	7c+/8a	20m	Athletische Traverse am Dachrand

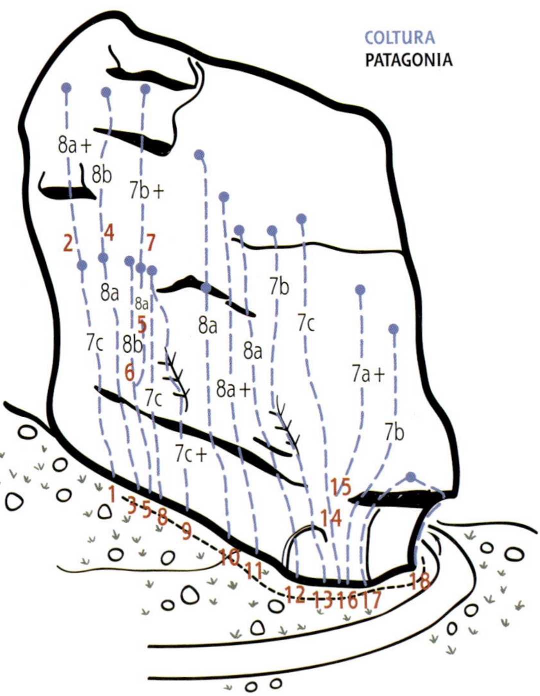

SEKTOR STRADA

1 DREAM		7a	10m	Drei schwierige Klettermeter vor dem Umlenker
2 OHNE NAMEN		6c+	10m	Kleine Leisten und Gleichgewichtsproblem am gelben Streifen
3 GIOVANNA TUTTA PANNA		6b	10m	Ohne Verschneidung!
4 ROAD RUNNER		5c	10m	Geneigte Wand
5 OHNE NAMEN		6a+	10m	Traverse an Leisten
6 FRISH FRESH		6a+	10m	Schwieriger Einstieg an abgespeckten Leisten
7 LA POPA CHE PIPA		6a	10m	Riss
8 WOODSTOCK		6c	10m	Intensiv an abschüssigen Leisten

SEKTOR LA CENGIA

9 GOBLIN		7b+	15m	Schwierige und komplizierte Züge im 2. Teil
10 TARZAN		7a	12m	Überhang im Mittelteil mit runden Zangengriffen und Konkretionen
11 OHNE NAMEN		7a	15m	Technisch schwierige Platte
12 EASY WAY		6b+	20m	Schöne Ausdauerroute, 1.Teil schwieriger
13 DIEDRO ERMANNO		6a	20m	Herrliche Rissverschneidung
14 VARIANTE		7a	27m	Technisch schwierige 5-Meter-Platte im oberen Teil
15 L'IDRAULICO		7b	26m	Ausdauer in leichtem Überhang; sehr schön, auch wenn der Fels leicht staubig ist; Ausstieg an Sintern ist oft nass
16 L'UOMO AZZURRO		8a	24m	Schöne Kante mit Auflegern und Reibungstritten an Konkretionen, ohne das Loch in Routenmitte
17 MORTO CHE CAMMINA		7c	18m	Ausdauer an Leisten mit schwierigen Gewichtsverlagerungen
18 CALVARIO		7b+	20m	Gleichgewichtprobleme an Leisten mit heikler Linksverlagerung; empfehlenswert!
19 FESSURA		6b	22m	Verläuft 15m im Riss
20 DIEDRO DIDATTICO		5b	30m	Nette Kaminverschneidung

SETTORE CADENAC

21 LO SCORPIONE È IN AGGUATO		6b	20m	Heikler Ausstieg an kleinen Griffen
22 IL PILASTRO DEL BRENTA		5c	25m	Ausdauer
23 CLAUDIA		5c	25m	Entlang der Kante, Einzelstelle im Ausstieg
24 ALEJANDRA		6a+	25m	Rechts der Verschneidung (Bohrhaken)
	SL2	6c	18m	Leicht überhangender Start
	SL3	6b+	18m	Leisten, Ausdauer fordernd
25 GIORGIO	SL1	4a	12m	Leicht Aufschwünge, etwas brüchig
	SL2	5b	14m	Schöne Verscneidungskletterei
	SL3	6a	18m	Ausdauer. Ausstieg nach rechts
	SL4	6a	15m	Kleiner Riss
26 VARIANTE DI GIORGIO		6b	6m	Einzelstelle vor dem Umlenker
27 IL DECLINO DI UN CLIMBER		5b/c	12m	Direktausstieg an Bohrhaken
28 LEYLA	SL1	5b/c	18m	Verschneidungskletterei
	SL2	6a+	15m	Kurze Verschneidung, plattiger Ausstieg
29 LEYLA VARIANTE DIRETTA		6c+	8m	Platte mit kleinen Leisten, vom Stand leicht nach rechts
30 EVELYN		6a+	15m	Verschneidung und Platte
31 ANDREA	SL1	6a	12m	Verschneidungskletterei
	SL2	5c	12m	Vorsicht. Muss naoch geputzt werden

32 MARTINA	SL1	6a+	25m	Platte mit Leisten
	SL2	5b/c	10m	Schöne rötliche Verschneidung
	SL3	6a+	10m	
33 SOFIA		6b+	20m	Am Stand von Martina gerade hoch
34 ALESSIA		6b+	15m	Heikle Ausstiegspassage
35 BEBER	SL1	4c	12m	Leichte Aufschwünge
	SL2	5c	15m	Platte
	SL3	6a+	25m	Einzelstelle am überhängenden Beginn

SEKTOR AFRICA

36 I ME NONI		6b+	30m	Athletischer Einstieg, dann von Bändern unterbrochen
37 LA BUENA ESTRELLA		6c	20m	Einzelstelle an geklebten Griffen im oberen Teil
38 REGINA DELLA NOTTE		6b	28m	Genusskletterei an großen Leisten, Rastposition in der Mitte
39 OHNE NAMEN		6b	25m	Einfach bis zur letzten Platte, Einzelstelle an Leisten
40 ORSON & RUGA		5a	15m	Gut strukturierter Pfeiler
41 OHNE NAMEN		4a	15m	Nicht besonders schöne Verschneidung
42 BLOCCO MENTALE		6b+	18m	Schöne Reihe von Rissen und Schuppen
43 BREAK FINGER	SL1	7a	13m	Riss, dann Leisten; anhaltend intensiv
	SL2	6a	15m	Schöne Ausdauerkletterei mit steiler Schlusswand
44 FALCHETTI		6b+	12m	Schwierigkeit nach 6m an abschüssigen Leisten
45 BAZA		6a	11m	Nach der ersten Hälfte leichter
46 BELLA GITA		6b	10m	Leisten neben Riss

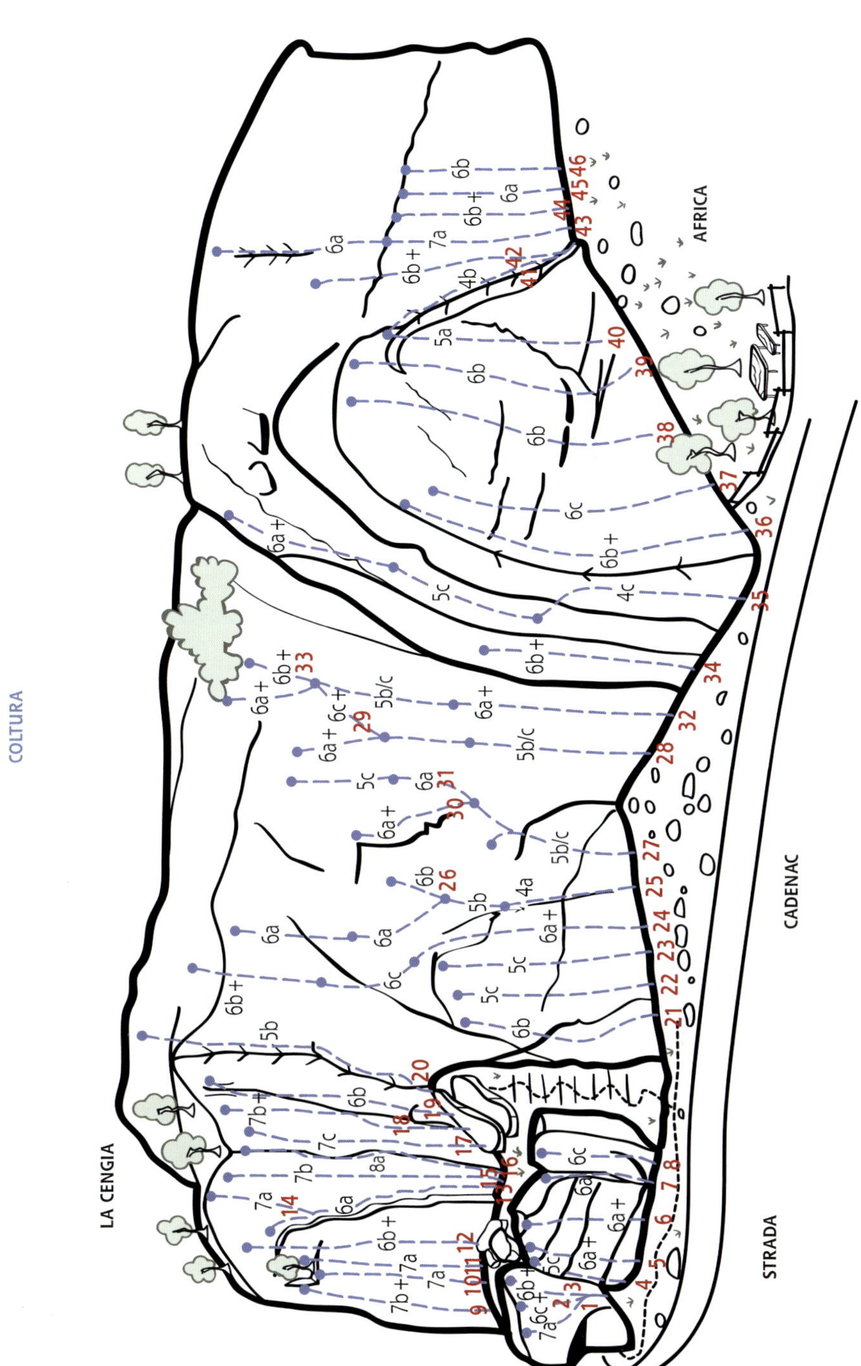

◀ Coltura *(ph. Davide Negretti)*

Giudicarie - Molveno

Croz de le Niere

80

Wie Tione liegt auch dieser Klettergarten landschaftlich wunderschön, sozusagen zu Füßen der Judikarischen Alpen. Schon die Anfahrt entlang der Sarca mit dem Blick auf die schönen Bergwiesen ist ein Erlebnis.
Hier überwiegen Routen in den unteren Schwierigkeitsgraden und deshalb ist dieses Gebiet eines der meistbesuchten der Umgebung. Aber auch Routen in den oberen Schwierigkeitsgraden fehlen nicht: Bis 8a reichen die Schwierigkeiten in den überhängenden Sektoren. Sehr schön sind die mittelschweren Routen im Sektor ‚El Cos dei Croz', schön und einfacher die im Sektor Formica und im Sektor Lavarda..
Gianluigi und Giovanni Leonard schufen nicht nur die meisten Routen, sondern auch alle Holzskulpturen, die in den Nischen und auf den Bändern der Wand angebracht wurden. Verschiedene Sektoren wurden nach einigen der über zehn Figuren benannt.
Fast ein Muss ist ein Ausflug zur Rocca Bastìa. Hoch über Preore können hier Überreste der römischen Besiedlung besichtigt werden (Gehzeit ca. 1 Stunde).

Erschließer: G. und G. Leonardi u.a.

Anfahrt/Zustieg
Von Sarche 22 km.

Von Arco in Richtung Trento und bis nach Sarche. Dort links in Richtung Madonna di Campiglio. Über die Sarca und auf der ansteigenden Straße (S.S.237) an den Terme di Comano vorbei, durch Ponte Arche und noch 8 km in Richtung Madonna di Campiglio weiter. An einer Kreuzung rechts nach Preore/Ragoli, durch den Ort Preore und auf die ansteigende Straße nach Montagne (S.P.53). Kurz nach der ersten Kehre parkt man auf einem Rastplatz mit Tischen und Bänken, genau unterhalb des Sektors ‚Formica'.

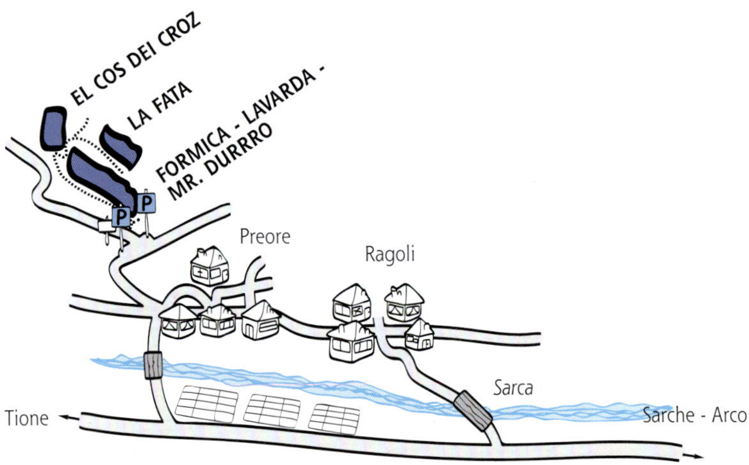

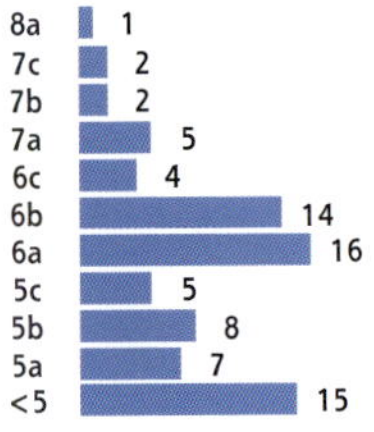

83

SEKTOR FORMICA

1	LA RISCOSSA DEL CODARDO	5c	18m	Zuerst geneigte Platte, dann athletischer
2	VIA DELLA DOMENICA	5a	25m	Über Verschneidung und Wand
3	GREEN	5a	25m	Serie von Schuppen, Ausdauer an guten Griffen
4	SALI O SCENDI	5b	25m	Aus- und Einstieg schwierig, alte Haken
5	CAVALCANDO L'ASINO	4c	18m	Kurze, aber schöne Platte
6	GIGI PROBLEM	5a	8m	Schöne ästhetische Kante
7	LA VOLPE	4c	26m	Gutgriffige Platte bis unter das Dach
8	DIEDRO 84	4c	25m	Über große Verschneidung
9	IL PIGRO	5b	20m	Kleines Einstiegsdach, Schlussteil wie Diedro 84
10	PILASTRO MOANA	6a	20m	Geneigte Platte ganz links vom Dach
11	EMENTAL	4a	17m	Einfache Platte an großen Löchern
12	GIARDINO NASCOSTO	5b	17m	Griffige Platte
13	SABATO	4b	17m	Folgt einem schmalem Riss
14	NANNINGA	5b	17m	Kurze Plattenstellen, von Bändern durchzogen
15	VOLIN CURVA	6b	15m	Platte mit kleinen Griffen
16	DOLCI CREATURE	6a	15m	Technische Platte
17	SEMAFORO ROSSO	6a	15m	Platte mit kleinen Griffen
18	VIA DELLA DOMENICA 2	5a	15m	Einfache Platte
19	TEN YEARS AFTER	6a+	20m	Heikle Züge an glattem und kompaktem Fels
20	GREEN 2	4c	20m	Griffige Platte mit Abschlussdach
21	UN POSTO AL SOLE	6a	15m	Senkrechte Platte
22	LA VOLPE 2	4b	20m	Rechts am Dach vorbei
23	STI DU BRACI	6b+	12m	Direkt über das Dach; kurz

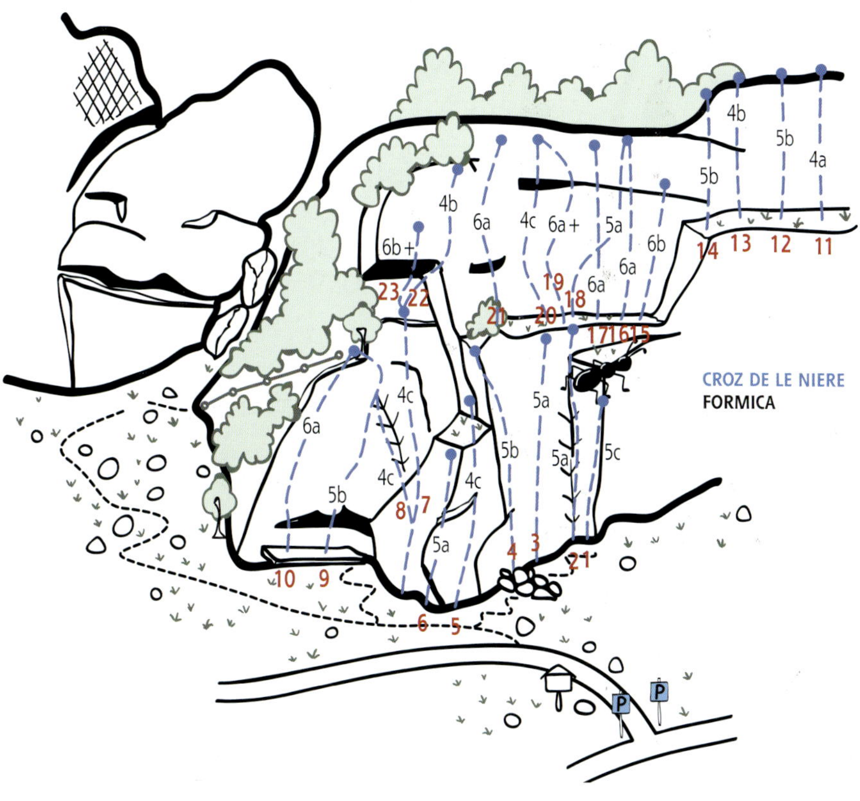

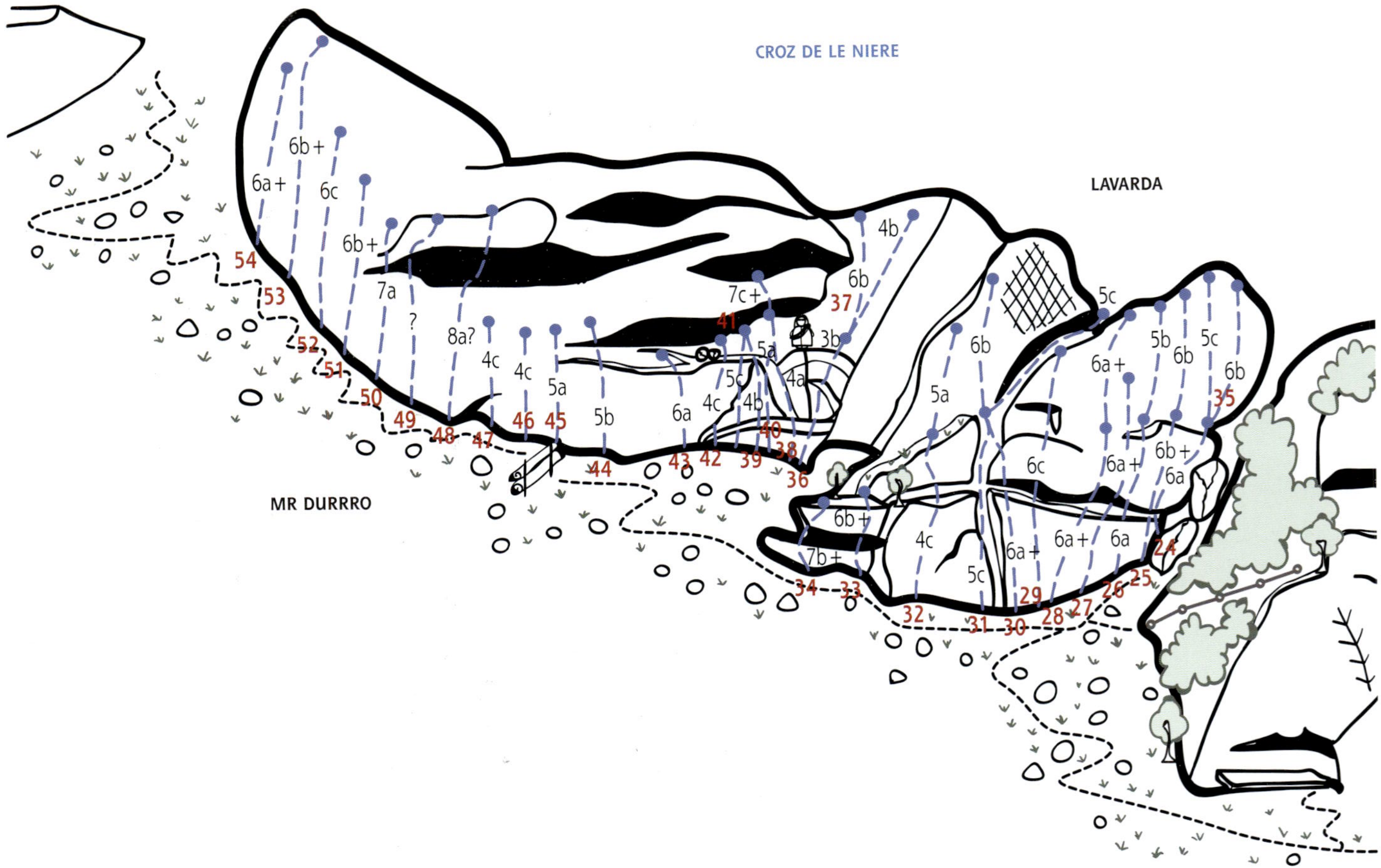
CROZ DE LE NIERE
LAVARDA
MR DURRRO
6a+ 6b+ 6c 6b+ 7a ? 8a? 4c 4c 5a 5b 6a 4c 5c 4b 5a 7c+ 4a 3b 6b 4b 6b 5a 6b 5c 6a+ 5b 6b 5c 6b 6c 6a+ 6b+ 6a 6b+ 7b+ 4c 5c 6a+ 6a+ 6a
54 53 52 51 50 49 48 47 46 45 44 43 42 39 40 41 38 36 37 34 33 32 31 30 29 28 27 26 25 24 35

SEKTOR LAVARDA

24 LUKY LUKE		6a	20m	Fast in der Rinne
	SL2	5c	18m	Griffige Platte
25 POCO SALE	SL1	6b+	20m	Senkrechte Platte
	SL2	6b	15m	Ausdauer an kleinen Griffen
26 VIA PREORE	SL1	6a	20m	Senkrechte Platte
	SL2	5b	15m	In homogenem Fels
27 CARIE		6a+	25m	Einzelstelle über den Überhang und schwerer Ausstieg
28 GARABOMBO	SL1	6a+	25m	Einzelstelle über den Überhang
	SL2	6a+	15m	Technische Platte
29 AVANAGANA		6c	15m	Über kleines Dach rechts von Via delle Ivane
30 VIA DELLE IVANE	SL1	6a+	20m	Mögliche Einstiegsvariante rechts
	SL2	6b	15m	Platte links der Steinschlagnetze
31 L'EQUIVOCO	SL1	5c	20m	Über große Verschneidung
	SL2	5c	18m	Ausdauer am schrägen Riss
32 VIA DEI NO BONI	SL1	4c	25m	Klassische Risskletterei
	SL2	5a	22m	
33 NO STOP		6b+	12m	Einzelstelle bei Dachausstieg
34 LA FINE DEL SOCIALISTA		7b+	12m	Am Dach vorbei, Boulder zur Kante
35 SINDROME DA COFANO		6b	15m	

SEKTOR MR. DURRRO

36 ANNI 60	SL1	3b	15m	Einfache Stufen
	SL2	4b	20m	Schöne Route rechts der Verschneidung
37 MAFALDA		6b	35m	Erste Meter gemeinsam mit Anni 60
38 LA RAZA		4a	12m	Einfache Rampe, endet neben der Holzskulptur Mr. Durrro
39 BUOKER T.		4b	12m	Einfache Einstiegsplatte, wie vorhergehende Routen
40 5/11/1986	SL1	5a	12m	Gemeinsamer Stand mit I titoni
	SL2	7c+	28m	Athletische, spektakuläre Züge unter dem Dach
41 I TITONI		5c	12m	Stand unter dem Dach
42 I COIONI		4c	12m	Stand an zwei großen Felskugeln
43 PANCETTA		6a	12m	Über Bauch am Anfang
44 COS		5b	15m	Schwieriger Einstieg
45 LA CERTOSINA		5a	12m	Geneigte Platte
46 NO SMOKING		4c	15m	Einstieg senkrecht
47 IL SIMPATICO FUNAKI		4c	15m	Einstieg überhängend
48 JUST FOR ONE DAY		8a?	20m	Einfach bis unter das Dach, dann Einzelstelle mit Längenzug
49 I PINOCCHI		?	15m	Projekt. Über das Dach
50 PEPA		7a	15m	Überhang mit Schlüsselstelle am kleinen Dach im Ausstieg
51 SUPERDILDO		6b+	15m	Ausdauer an leicht überhängenden Leisten
52 EL DILDO		6c	18m	Ausdauer an leicht überhängenden Leisten
53 I SEGUGI		6b+	20m	Ausdauer an leicht überhängenden Leisten
54 BOTANICA		6a+	18m	Ausdauer in senkrechter und leicht überhän gender Wand an Leisten

SEKTOR EL COS DEI CROZ

1 OHNE NAMEN	6b+	25m	Ausdauer
2 L'OCIO DEI SENTER	6c+	25m	Ausdauer
3 MR. DURRO	7c	25m	Ausdauer an leicht überhängenden Leisten, verläuft links der Holzskulptur vom Holzwurm
4 SCANNAMENTO	7a	23m	Ausgenagelt
5 GLOBULO	6b+	23m	Ausdauer an leicht überhängenden Leisten
6 OHNE NAMEN	7b	25m	Schwierige Einzelstelle
7 LA FATA	7a/b	20m	Herrliche Ausdauerroute an Leisten
8 GUARDIAN DE LE NIERE	7a	20m	Über zwei kleine Dächer, Ausdauer im Überhang
9 OHNE NAMEN	6b	20m	Schräger Riss, dann Platte
10 OHNE NAMEN	7a+	20m	Ein paar kleine Überhänge, Ausdauer

CROZ DE LE NIERE
EL COS DEI CROZ

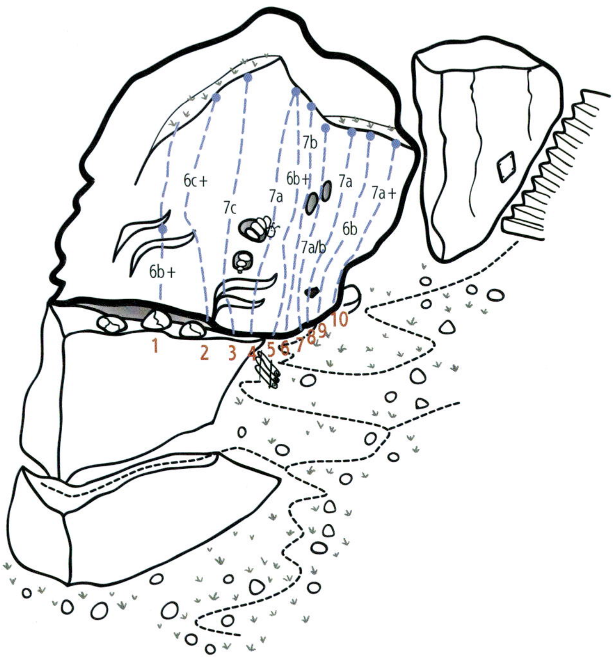

SEKTOR LA FATA

1 SUONI GIALLI	6a+	25m	Gelbe Verschneidung, dann Platte mit Überhängen
2 BACINI	6b	18m	Anstrengender Einstieg, dann einfacher
3 TECNOLOGICA	4b	26m	Platte mit senkrechten Schuppen
4 SPIGOLO MARCIO	5b	28m	Einstieg links der Kante, dann einfacher
5 GNOMO 2	6a	12m	Einzelstelle bei Dachausstieg
6 GNOMO 1	6a+	12m	Einzelstelle bei Dachausstieg
7 CAPORAL LISTES	6c	12m	Boulder bei Dachausstieg
8 PIETRA SU	5b	15m	Aufeinander folgende Verschneidungen

CROZ DE LE NIERE

LA FATA

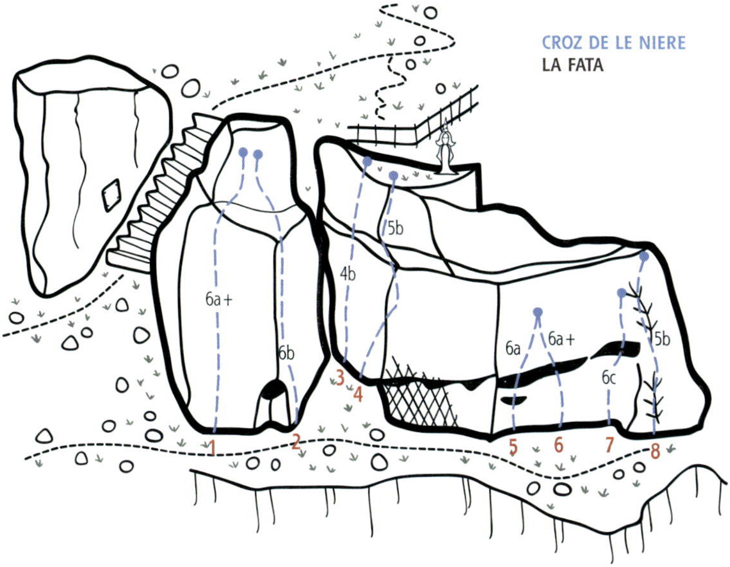

Col del Frate

Zwei Sektoren prägen dieses Gebiet, das erst nach Croz de le Niére entdeckt wurde. Im ‚alten' Sektor findet man schöne Linien in senkrechtem Fels oder Überhängen. Der zweite Sektor wurde viel später eingebohrt (und das nicht besonders gut) und es bedarf wohl auch noch einiger Putzarbeit, bis man hier von schönen Routen sprechen kann.

Erschließer: F. Cavallaro, G. u. G. Leonardi, G. Canale u.a.

Anfahrt/Zustieg
Von Sarche 23 km, dann 10 Min. Zustieg auf Wanderweg.

Von Arco in Richtung Trento und bis nach Sarche. Dort links in Richtung Madonna di Campiglio. Über die Sarca und auf der ansteigenden Straße (S.S.237) an den Terme di Comano vorbei, durch Ponte Arche und noch 8 km weiter in Richtung Madonna di Campiglio. An einer Kreuzung rechts nach Preore/Ragoli, durch den Ort Preore und auf die ansteigende Straße nach Montagne (S.P.53). Nach der ersten Kehre biegt man links ab, fährt am Klettergebiet von Croz de le Niére vorbei und noch ca. 500 m weiter bis zu einem Rastplatz (Sitzbank, Hinweistafel) auf der linken Seite. Gegenüber beginnt der Pfad, der zuerst gerade hoch, dann diagonal linkshaltend zu den Felsen hoch führt.

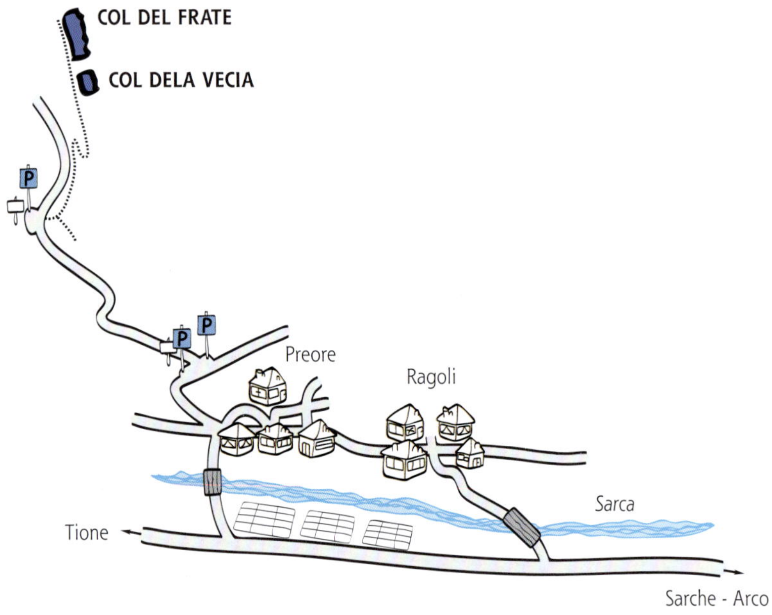

?	2
7c	8
7b	10
7a	2
6c	5
6b	6
6a	10
<6	5

47

SEKTOR COL DEL FRATE

1	FRICÒ	6a+	10m	Gutgriffige Platte
2	DIEDRO DEI CAPACI	6b	10m	Platte mit glatten Griffen
3	CORNA DI SATANASSO	6b+	10m	Anstrengende Platte
4	CAMPANÒ	6a+	10m	Harter Einstieg, dann athletisch bis zum Umlenker
5	TANTI AUGURI	7a	10m	Einzelstelle zu Beginn
6	WOLFY	6c	10m	Durchgehend sehr anstrengend
7	SPIT PARADE	6c	10m	
8	DON TOBIA	6a+	10m	
9	PATUC	5c	10m	
10	SERENO	5c	12m	Schöne Plattenkletterei
11	VARIABILE	6a	12m	Gute Fußtechnik notwendig
12	ICARO	7b	12m	Hinter dem anliegenden Block; Ausdauer in leichtem Überhang
13	CAZZI ACIDI	7c+	12m	Hinter dem angelehnten Block. Ausdauer in leichtem Überhang
14	LENGUA GROSA	6c	25m	Wunderschöne Plattenroute
15	IL VIZIO DI JANE	7b+	12m	Ausdauer, stark überhängend
16	GIOVENTU' SONICA	7c	12m	
17	VIA VIGO	7c+	12m	Extrem harte Ausdauerpassage
18	IL GIARDINO DEL SUONO	7b	12m	Ausdauer, stark überhängend
19	TESTE PARLANTI	7c	12m	Ausdauer, stark überhängend
20	LE ZUCCHE CHE SI SPACCANO	7c+	12m	Ausdauer, stark überhängend
21	LA CADUTA DEL SISTEMA	?	12m	Projekt
22	OHNE NAMEN	?	12m	Projekt

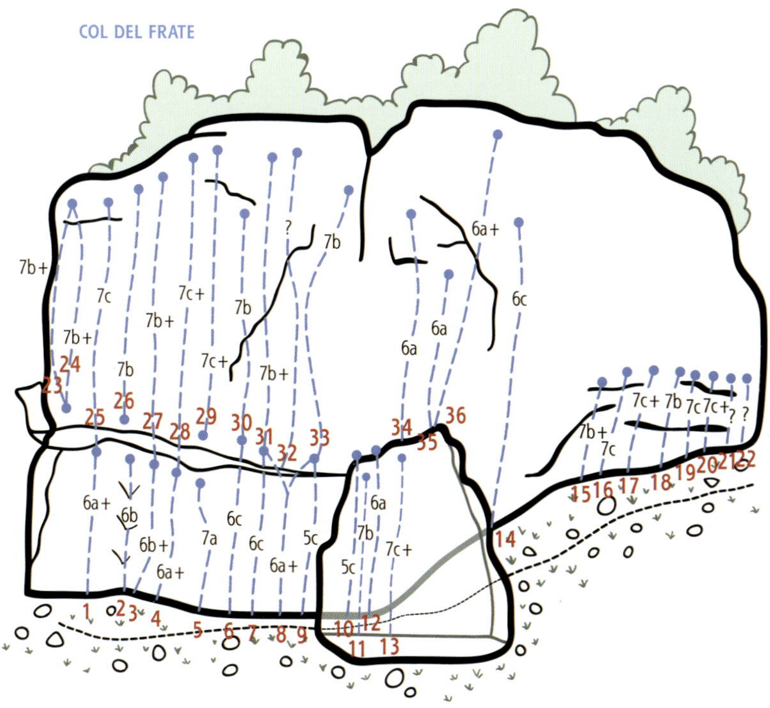

23 MATRILINEARE		7a+	20m	Schwieriger Ausstieg (Fußtechnik)
24 ESTREMA SINISTRA		7b+	20m	Technisch schwierige Platte, leicht überhängend
25 ASSALTI FRONTALI		7c	20m	Platte, leicht überhängend
26 LOFAR		7b	20m	Seichter Riss
27 FRANCESCA		7b+	20m	Platte und Ausdauerleisten
28 VIVABORDIN		7c+	20m	Platte mit heiklen Zügen. Einzelstelle zu Beginn
29 IL PINGUINO		7c+	20m	Technische Platte, Minileisten
30 L'ETERNO PERDENTE		7b	25m	Die ersten 10m gemeinsam mit Stati di agitazione
31 STATI DI AGITAZIONE		7b+	30m	Die ersten 10m etwa 6c, dann schwieriger. Fußtechnik!
32 OHNE NAMEN		?	?	
33 ANGUS YUNG		7b	30m	Technische Platte, zu Beginn leicht
34 POLVERE DI SPIT		6a	25m	
35 VECCHI AGRICOLI		6a	15m	Senkrechte Platte
36 LO HOBBIT		6a+	25m	Senkrechte Platte

SEKTOR COL DELA VECIA

1 KING OF CLIFFES		6c+	18m	Senkrechte kleine Wand mit Querband
2 ANTIORARIA		6a+	15m	Leicht überhängende Verschneidung mit guten Griffen
3 MUSTELA		6b+	18m	Einstieg auf der Kante, Einzelstelle am kleinen Dach
4 BROMURATO		6b	18m	Senkrechte Wand mit guten Griffen
5 I TANANAI		6b+	20m	Senkrecht, Ausdauer
6 CAVALLARIA		6c	20m	Einzelstelle am kleinen Dach
7 I SENTIERI DI ALICE SX		6a	20m	Verschneidung
8 I SENTIERI DI ALICE DX		5c	18m	Gut strukturierte Wand, Einstieg gemeinsam mit Nr.7
9 SAS DE SFROSS		4b	18m	Kante, am Einstieg geklebte Griffe
10 LE FIZE DEL CIORE	SL1	6b+	20m	
	SL2	7a/b	10m	Zwei starke Überhänge, von Band unterbrochen
11 40 PAS		6a	15m	Geneigte Platte

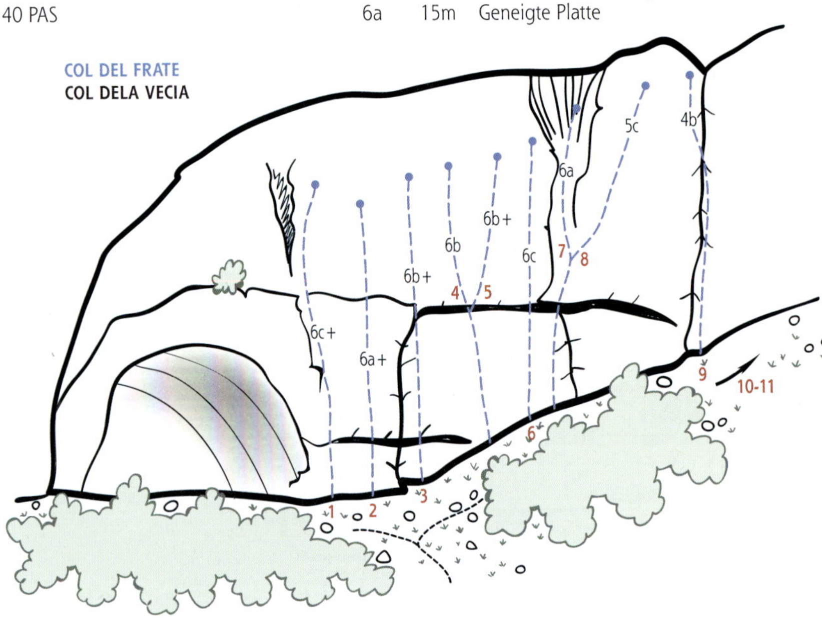

Tione

82

Der historische Klettergarten wurde vom CAI Tione eingerichtet und eignet sich bestens für Einsteiger sowie Kletterer, die auch in mittelschweren Routen Spaß haben.
Die Absicherung ist gut, hier klettert man vorwiegend in Platten, auch wenn Kanten, Verschneidungen, kleine Dächer und kurze Überhänge nicht fehlen. Der Wandfuß liegt voll in der Sonne, es ist deshalb besser, die heißen Sommervormittage zu meiden.
Um den Klettergarten sicherer zu machen, wurden in letzter Zeit alle Umlenker und viele Haken von der Vereinigung der Bergführer Pinzolo/Val Rendena ausgetauscht. Die Bergführer erschlossen zudem vier neue Routen.

Erschließer: Alpenverein Tione, Vereinigung der Bergführer Pinzolo/Val Rendena

Anfahrt/Zustieg
Von Sarche 25 km, dann 3 Min. Fußweg.

Von Arco in Richtung Trento und bis nach Sarche. Dort links in Richtung Madonna di Campiglio. Über die Sarca und auf der ansteigenden Straße (S.S.237) an den Terme di Comano vorbei, durch Ponte Arche und noch 10 km weiter bis Tione. Hier im Kreisverkehr am Ortseingang (rechts geht es nach Madonna di Campiglio, links nach Brescia) geradeaus in Richtung Busbahnhof und bei der Kreuzung mit der ‚Via del Foro' nach links. Weiter bis zur Piazza Guido Boni (Caffè Brevine) und dort auf dem großen Parkplatz parken. Auf der rechten Seite des Platzes führt ein Weg in den oberen Teil des Orts (Richtung Val Bono). Nach ca. 80 m dann links auf den (beschilderten) Alpenvereinsweg 'CAI Miravalle'. In 3 Minuten erreicht man den Klettergarten, der hinter den Häusern zu sehen ist.

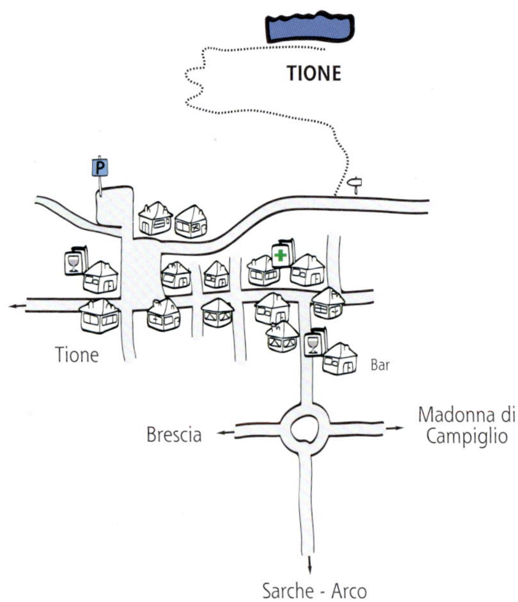

7a	1
6c	3
6b	8
6a	7
5c	1
5b	3
4a	1

24

1 OHNE NAMEN	4a	15m	Leichte Platte
2 OHNE NAMEN	6b	13m	Kleiner Überhang, Kraft und Technik
3 OHNE NAMEN	6a+	18m	Passagen an Leisten, senkrechte Wand
4 OHNE NAMEN	6a	18m	Passagen an Leisten, senkrechte Wand
5 ALDEBARAN	5b	18m	
6 THE DOCTOR	5b	12m	Geneigte Platte, entlang seichter Verschneidung
7 ZIA MARIOTA	5b	12m	Platte und Aufleger
8 AVE CESARE	6a	18m	Einzelstelle über Dach und schöne Züge an Kante
9 CIP E CIOP	6b	18m	Über kleines Dach, zweiter Teil in brüchigem Fels
10 PAPEROGA	6b	18m	Grauer Bauch mit kleinen Leisten
11 YOGHI	6c	18m	Grauer Bauch, Ausstieg über grasige Bänder
12 BUBU	6b+	20m	Schöne Linie rechts der oberen Bänder
13 THE BIKE	6a+	20m	Serie von leicht überhängenden Bäuchen
14 CADETO	6c	18m	Kreuzt eine alte Techno-Route, dann rechts in die Verschneidung
15 GUIDE ALPINE	7a+	16m	Harte Einstiegsplatte, dann zwei Dächer
16 OLIMPIA	6b+	16m	Schöne Linie mit Leisten und Untergriffen
17 CHIARETTA	6b/c	18m	2 Dächer nach Rastposition auf Band
18 SOL LEVANTE	6b+	18m	An weißem Wasserstreifen, Einzelstelle vor letzter Nische
19 SPIK E SPAN	5c	16m	Schöne Platte, dann sehr schöne und luftige Kante
20 FIAMME GIALLE	6a	16m	Führt in die grasige Rinne
21 CAVRAROLE	6a	12m	Technisch anspruchsvolle Platte
22 ARCANGELO	6a+	15m	Technisch anspruchsvolle Platte
23 MEVERICK	6b	15m	Technisch anspruchsvolle Platte
24 TIZZI	6c	15m	Technisch anspruchsvolle Platte

TIONE

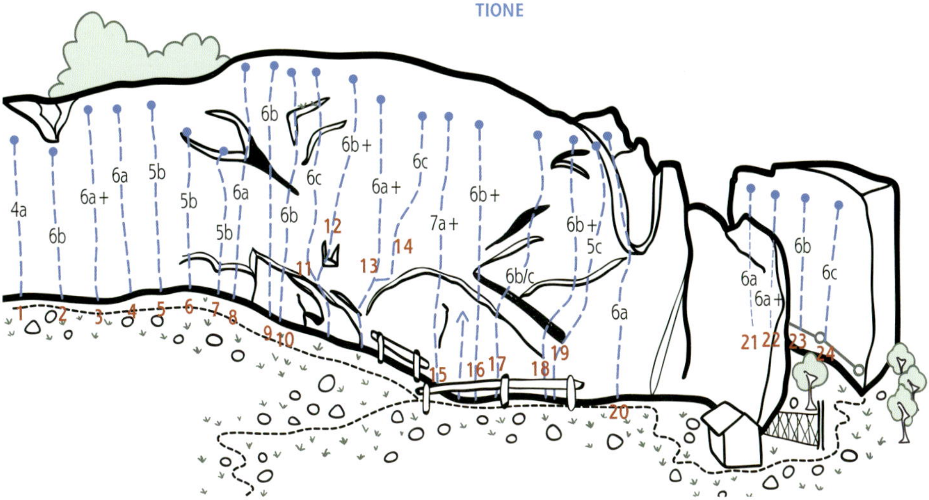

Breguzzo

Das schöne Gebiet weist eine stattliche Anzahl von herrlichen Routen im mittleren und oberen Schwierigkeitsbereich auf, die alle durch besten Fels führen. Fast jede Art von Kletterstil ist hier angesagt: Heikle Passagen in Platten, athletische Kletterei in Überhängen, kurze maximalkräftige Passagen oder auch reine Ausdauerrouten.
Bruno Ferrari hat diesen Klettergarten perfekt erschlossen. Er ist nach Südosten ausgerichtet und die schönen Nadel- und Laubbäume spenden am Wandfuß sehr viel Schatten. Ein kleines Detail am Rande: Die Routennamen wurden den alten Familiennamen der Einwohner von Breguzzo entlehnt. An Rasttagen ist ein Ausflug zur Malga Trivena (Alm) im Val di Breguzzo sehr zu empfehlen.

Erschließer: B. Ferrari u.

Anfahrt/Zustieg
Von Sarche 29 km, dann 10 Min. Fußweg.

Von Arco in Richtung Trento und bis nach Sarche. Dort links in Richtung Madonna di Campiglio. Über die Sarca und auf der ansteigenden Straße (S.S.237) an den Terme di Comano vorbei, durch Ponte Arche und noch 10 km weiter bis Tione. Hier nun in Richtung Brescia und weiter bis nach Breguzzo (14 km von Ponte Arche). Am Ortseingang, gleich nach der kleinen Kirche, biegt man nach rechts in die ‚Via Rocca' ab und parkt nach 1,4 km kurz vor einem Elektrizitätswerk rechts.
Nun 50 m auf der Straße bergab und auf einen schönen Weg, der schräg nach rechts zu einer Schotterstraße führt (in der Nähe zweier Sendemasten). Jetzt auf der Straße rechtshaltend weiter und nach 50 m, bei einem Strommasten, wiederum rechts auf einen kleinen Weg. Nach 5 Minuten erreicht man den Klettergarten.

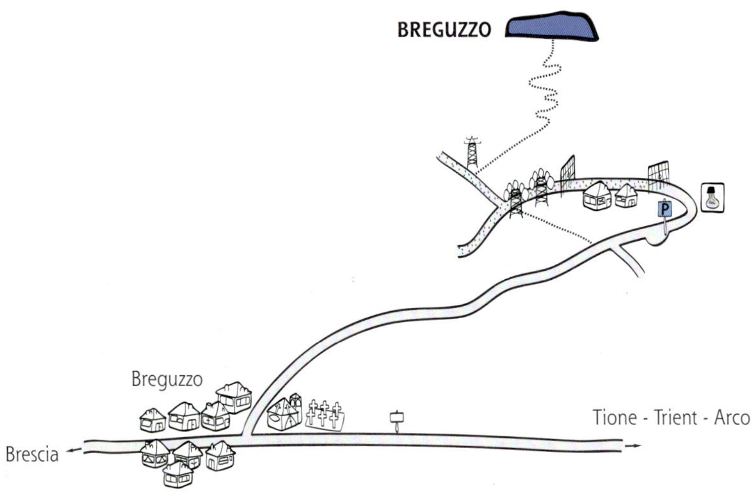

8b	1
8a	1
7c	4
7b	4
7a	4
6c	3
6b	1
6a	4
<6	2

24

1 TASCHE	6a	10m	Rissverschneidung
2 CAGOLA	6a	10m	Bröckeliger Fels, grasige Bänder, nicht schön
3 BORSÀC'	7b+	18m	Kraftausdauer
4 POLENTÌ	7c+	20m	Schöne, überhängende Linie mit Löchern, Ausstieg an Leisten
5 MONDÌ	8b+?	20m	Schon rotpunkt geklettert?
7 SECHI	7b	30m	Einstieg mit kleinen Löchern, dann henkelig mit großen Löcher. Kleingriffiger Schlussteil mit schwierigem Clippen
8 STRUZ	7c	30m	Schlüsselstelle am Ende einer langen Ausdauertour
9 RIMONEL	7c	30m	Kleingriffige Boulderzüge, Ausdauer
10 PEROBALE	7b+	28m	Ausdauer mit Längenzügen an großen Griffen. Harte Einzelstelle im Ausstieg. Bis zum ersten Umlenker 6c
11 FORLÌ	8a	28m	Am grauen Wasserstreifen entlang
12 BARACHÌ	7a	27m	Technisch anspruchsvolle Platte, Dach und anstrengender Überhang; schön
13 BAGOI	6c	25m	Komplizierte Kaminverschneidung, schöner und einfacher Dachausstieg
14 PANCÌ	7a	23m	Quert an Löchern nach rechts; anstrengende, abschüssige Rissschuppe
15 PAGNATE	7c/+	23m	Ausdauer an Leisten, Schlüsselstelle an abschüssigen Griffen im Mittelteil
16 CASTÈI	7b	23m	Zu Beginn Längenzüge, Kraftausdauer
17 PATAFI	7a	21m	Einzelstelle im Mittelteil
18 MITILDI	6b+	20m	Technische Querung im Mittelteil, athletischer Ausstieg im Dach
19 PIMPINEL	6c	22m	Plattige Einzelstelle, Ausstiegsüberhang
20 PRENZIP	6a+	17m	Rechts der schwach ausgeprägten Kante, ausdauernd und schön
21 POSTELARÌ	5c	16m	Rissverschneidung, brüchig
22 FERACÌ	6a+	13m	Mit großen Löchern links der Haken, dann grauer Überhang
23 BARTÒI	5a	13m	Für Anfänger geeignet

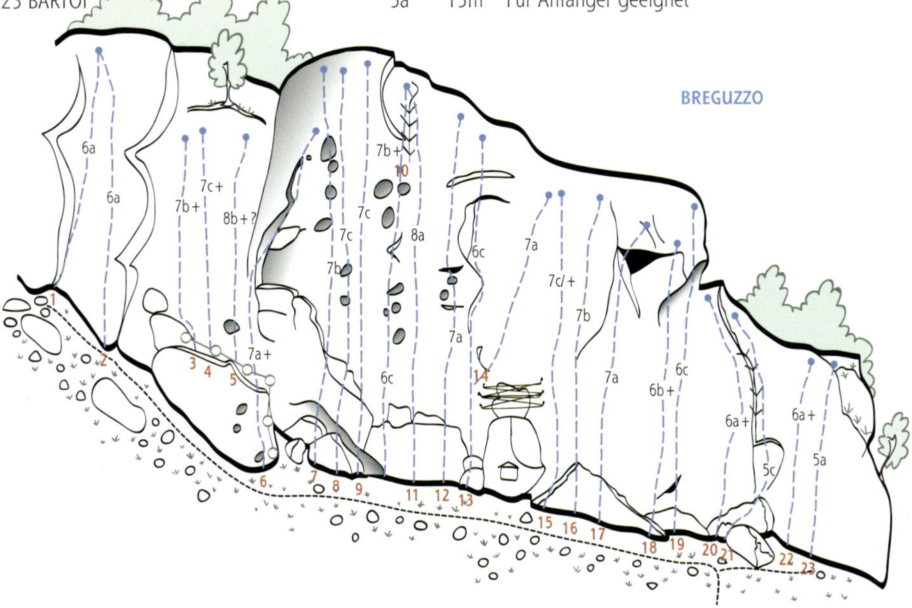

Promeghin

Unterhalb des Sportplatzes im Ort S. Lorenzo di Banale liegt ein Klettergebiet, das aufgrund seines Konglomeratgesteins etwas ganz Besonderes ist. Es eignet sich vor allem für die heißen Sommermonate: der umgebende Lärchenwald verschafft angenehme Kühlung. Die Wände sind senkrecht und weisen viele Kiesel auf, nach Regen bleiben die Ausstiegsmeter oft lange nass. Der Wandfuß ist sehr bequem, weshalb auch Familien gerne hierher kommen.
Wanderer finden viele Ausflugsziele im Naturpark Adamello/Brenta, erreichbar durch das nahe gelegene und schöne Val d'Ambiez. Startpunkt hierfür ist Baesa, das nur 2 km von S. Lorenzo in Banale entfernt liegt.

Erschließer: Gemeinde San Lorenzo in Banale.

Anfahrt/Zustieg
Von Sarche 18 km mit dem Auto, dann 3 Min. Fußweg.

Von Arco in Richtung Trient bis nach Sarche. Dort nach links abbiegen in Richtung Madonna di Campiglio. Über die Sarca und auf der ansteigenden Straße ca. 8 km weiterfahren. Am Ende des Anstieges an der Kreuzung nach rechts abbiegen und weiter nach S. Lorenzo in Banale. Hier dann nach rechts zum Campo Sportivo (Sportplatz) abzweigen. Man parkt am Rondell und steigt über die Wiese am Zaun entlang auf bis zu den ersten Felsen (3 Minuten).

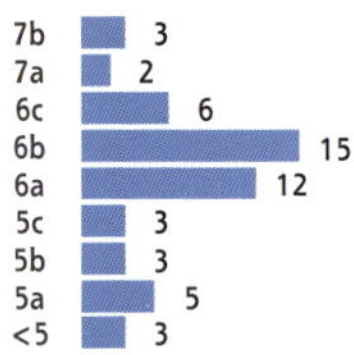

52

1 OHNE NAMEN	4a	10m
2 OHNE NAMEN	3c	10m
3 OHNE NAMEN	SL1 5b	7m
	SL2 6a	7m
4 OHNE NAMEN	5c/6a	20m
5 OHNE NAMEN	SL1 5a	10m
	SL2 5c	10m
6 OHNE NAMEN	6a	20m
7 OHNE NAMEN	SL1 5a	10m
	SL2 6a +	10m
8 OHNE NAMEN	6c	20m
9 OHNE NAMEN	6c	15m
10 OHNE NAMEN	6b/c	15m
11 OHNE NAMEN	5a	5m
12 OHNE NAMEN	5a	5m
13 OHNE NAMEN	6b	15m
14 OHNE NAMEN	6a +	15m
15 OHNE NAMEN	6b	15m
16 OHNE NAMEN	6b	15m
17 OHNE NAMEN	4a	5m
18 OHNE NAMEN	5c	15m
19 OHNE NAMEN	5a	15m
20 OHNE NAMEN	5b	18m
21 OHNE NAMEN	5b	15m
22 OHNE NAMEN	6b	18m
23 OHNE NAMEN	6b/c	18m
24 OHNE NAMEN	6c/7a	18m
25 OHNE NAMEN	6c	18m
26 OHNE NAMEN	6b/c	18m
27 OHNE NAMEN	6b	18m
28 OHNE NAMEN	6b/c	18m
29 OHNE NAMEN	6a/b	18m
30 OHNE NAMEN	6a +	18m
31 OHNE NAMEN	6b	18m
32 OHNE NAMEN	6a	18m
33 OHNE NAMEN	6a +	18m
34 OHNE NAMEN	6b +	18m
35 OHNE NAMEN	6a/b	18m
36 OHNE NAMEN	6a	18m
37 OHNE NAMEN	6b/c	20m
38 OHNE NAMEN	6c +	14m
39 OHNE NAMEN	6c	14m
40 OHNE NAMEN	6a +	20m
41 OHNE NAMEN	6b	20m
42 OHNE NAMEN	6b +	20m
43 OHNE NAMEN	7a +	20m
44 OHNE NAMEN	7a +	20m
45 OHNE NAMEN	7b	20m
46 OHNE NAMEN	7b +	20m
47 OHNE NAMEN	7b	15m
48 OHNE NAMEN	6a	15m
49 OHNE NAMEN	6b	15m

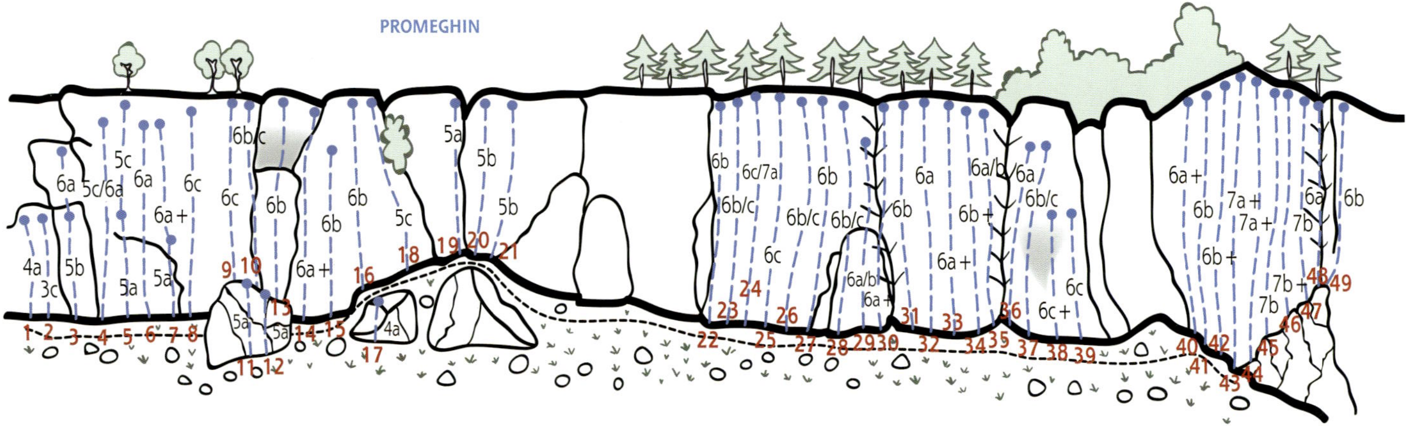

Nembia

600 m

SO

5'

Bereits in den frühen 80er-Jahren erschlossen Roberto Bassi, Rolando Larcher und die Brüder Di Marino die ersten Routen in diesem Gebiet, die neueren Linien gehen auf das Konto von Simone Elmi und Franco Cavallero. Die Schwierigkeitsgrade sind hier höher anzusetzen als in anderen Gebieten (z. B. in Nago).
Nur mit sehr guter Fußtechnik und viel Balancegefühl ist in den knackigen Plattenpassagen etwas zu holen. Immer wieder mal laufen Tiere oberhalb der Wand herum, ein Helm ist hier also empfehlenswert. Nehmt euch auch die Zeit und besucht die nahe gelegenen, schönen Orte Deggia und Moline.

Erschließer: R. Bassi, F. Cavallaro, S. Elmi, R. Larcher, Gebrüder Di Marino, u.a.

Anfahrt/Zustieg
Von der Autobahnausfahrt S. Michele/Mezzocorona 32 km.

Von der Ausfahrt der A22 in Richtung Madonna di Campiglio. Nach Mezzolombardo an der zweiten Kreuzung links ab in Richtung Spormaggiore/Molveno und in Molveno dann weiter in Richtung S. Lorenzo in Banale. Man fährt am See entlang und erreicht schließlich die Trattoria ‚Nembia'. Von hier dann noch 600 m weiter, man parkt links bei einer Kiesgrube. Der Klettergarten liegt genau gegenüber.

Von Sarche 21 km.

Von Arco in Richtung Trento und bis nach Sarche. Dort links in Richtung Madonna di Campiglio. Über die Sarca und auf der ansteigenden Straße (S.S.237) ca. 8 km weiterfahren. Am Ende des Anstieges an der Kreuzung nach rechts abbiegen (S.Lorenzo in Banale/Molveno) und nach S. Lorenzo in Banale. Durch den Ort, weiter in Richtung Molveno und nach dem Tunnel auf den gut sichtbaren Parkplätzen bei einer Kiesgrube parken (600 m vor dem See bzw. der Trattoria ‚Nembia').

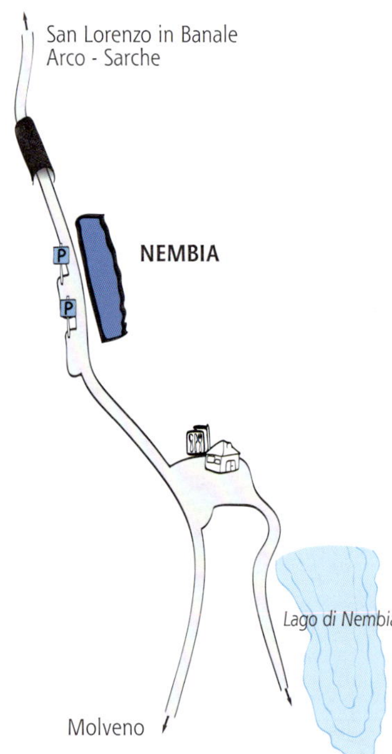

?		3
7c		1
7b		2
7a		1
6c		2
6a		1

10

1 FRÜHSTÜCK	6a	15m	Aufwärmroute mit nicht leichtem Schluss
2 YANGHIZZATI	7a	28m	Überhängender Einstieg, dann spektakuläre Platte mit heikler Gleichgewichtspassage
3 MIND BOMB	7b	28m	Einstieg wie Yanghizzati, danach rechts über technisch anspruchsvolle Platten und kleine Überhänge. Sehr zu empfehlen!
4 OHNE NAMEN	?	28m	Ähnlich wie Mind Bomb, Einstieg aber schwieriger und seltsamer
5 SCASAZZA	7b+	28m	Wunderschöne Route in der schön strukturierten Platte, onsight schwer lesbare Passage in der Mitte, Ausstieg nicht zu unterschätzen
6 TOFU'	7c+?	25m	Einstiegsboulder an Untergriffen, dann Ausdauerplatte
7 CICCO D'OCCHESTRA	6c+	30m	Senkrechte Platte, wunderschöne und abwechslungsreiche Kletterei
8 SIOCCANN	6c+	23m	Senkrechte Platte mit Überhängen und artistischem Ausstieg. Sehr schön.
9 LA GUIDE DU MONDE	?	26m	Projekt. Senkrechte Ausdauerwand, sehr technische Passagen
10 L'ANIMA DEL TELEMARK	?	25m	Projekt. Senkrechte Wand mit Einstiegsüberhang. Heikel

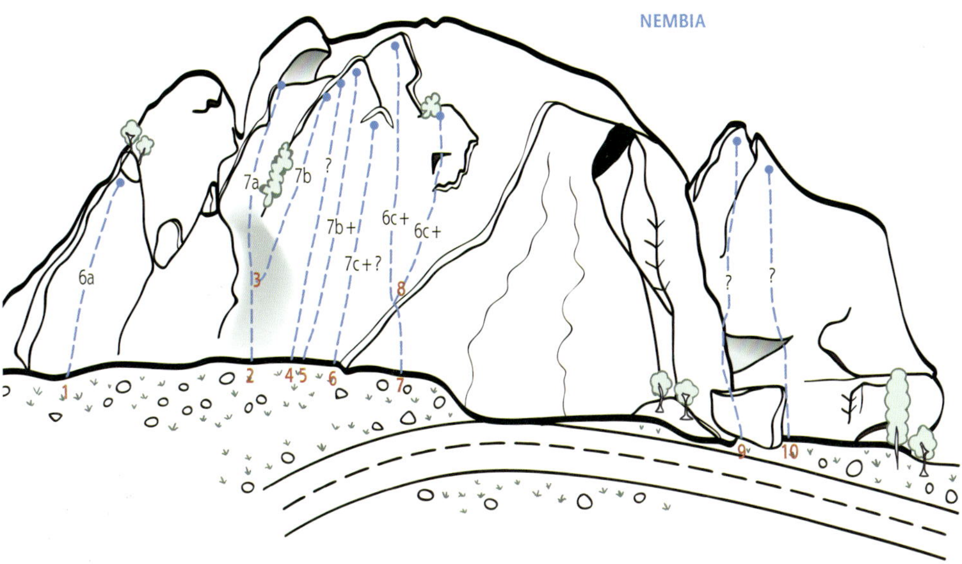

Giudicarie - Molveno

Lago Nembia

86

Dieses Gebiet liegt eigentlich nur wenig entfernt vom Klettergarten von Nembia entfernt und ist doch ruhig, um nicht zu sagen abgelegen. Hier kann noch richtig viel erschlossen werden! Der Fels ist sehr strukturiert und die Baseclimbs sind kurz und schön. In den Mehrseillängenrouten trifft man oft auf hohe Schwierigkeitsgrade, im Ganzen gesehen sind sie aber leider nicht sehr homogen.
Am Beginn des Zustiegs liegt der See mit Parkplatz, Spielplatz und einer Wiese mit einigen Boulderblöcken, weshalb Nembia als sehr familienfreundliches Klettergebiet zu empfehlen ist. Interessant und lehrreich ist ein in der Nähe liegender Naturlehrpfad des WWF, den man zu Fuß oder mit dem Mountainbike umrunden kann.

Erschließer: D. Bonvecchio, S. Bordoni, S. Elmi, R. Maurina, R. Pedrotti.

Anfahrt/Zustieg
Von der Autobahnausfahrt S. Michele/Mezzocorona 32 km, dann 5 Min. Fußweg.

Von der Ausfahrt in Richtung Madonna di Campiglio. Nach Mezzolombardo dann links ab nach Molveno und weiter in Richtung S. Lorenzo in Banale. Man fährt am See entlang bis zur Trattoria ‚Nembia' und parkt hier rechts auf dem großen Platz. Die Felswand ist von hier deutlich sichtbar: Man geht rechts um den See herum und an den Schutzmauern vorbei bis zum Massiv (5 Min.).

Von Sarche 21 km, dann 5 Min. Fußweg.

Von Arco in Richtung Trento und bis nach Sarche. Dort nach links abbiegen in Richtung Madonna di Campiglio. Über die Sarca und auf der ansteigenden Straße ca. 8 km weiter fahren. Am Ende des Anstieges an der Kreuzung nach rechts abbiegen und weiter nach S. Lorenzo in Banale. Durch S. Lorenzo hindurch, weiter in Richtung Molveno, durch einen Tunnel und bis zur Trattoria ‚Nembia'. Hier links abbiegen und auf dem großen Parkplatz parken. Die Felswand ist deutlich sichtbar: Man geht rechts um den See herum und an den Schutzmauern vorbei bis zum Massiv (5 Min.).

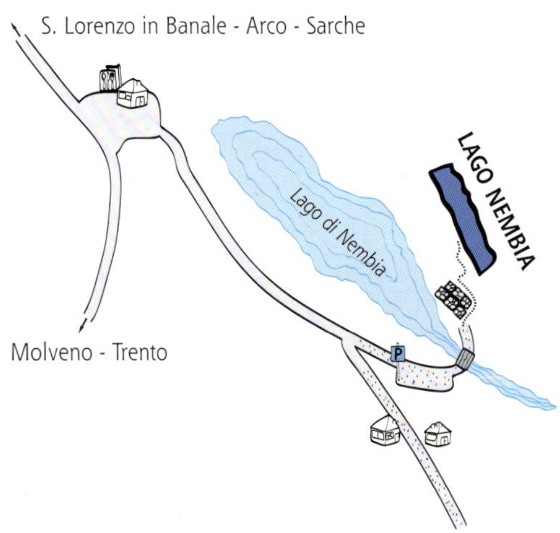

?	4
8a	2
7c	3
7b	6
7a	1
6b	3
6a	4

23

1 ILLUSIONI	7b	20m	Senkrechte, sehr technische Platte
2 MISTICANZA	7b	28m	Ausdauer in senkrechter, gelber Wand mit großen Griffen
3 PANZA	7b	28m	Wie Misticanza. Gemeinsamer Umlenker.
4 SPIGOLANDO	?	28m	Projekt. Ausgesetzte Kante, bewegungstechnisch immer grenzwertig
5 IL FISIOTERAPISTA	7c	18m	Leicht überhängende Platte
6 COLASANTI	7b	18m	Wie Il Fisioterapista, etwas einfacher
7 LA MANOVRA	7b	18m	Leicht überhängender Start, stumpfe Ausstiegsverschneidung
8 L'ADATTATORE	7a	20m	Senkrechte Ausdauerwand mit technischen Passagen, empfehlenswert
9 ANGELA	6b+	20m	Leicht überhängender Einstieg, stumpfe Ausstiegsverschneidung, gemeinsamer Stand mit L'adattatore
10 MEGALOMAN	6b	20m	Seichte Verschneidung, sehr strukturierter Fels, leicht überhängender Ausstieg; empfehlenswert, aber nicht auf die leichte Schulter nehmen...
11 MIA MOGLIE E' UNA GOLF	6a+	15m	Griffige Platte, Fingerkraft im Ausstieg
12 RENE'	6b	15m	Wie Mia Moglie, aber schwere Züge am Ausstieg des Überhangs
13 RITUAL DE LO HABITUAL	8a	110m	Wunderschöne Route in gelben überhängenden Platten. Abseilen mit 60m-Seil. R. Pedrotti & Gef.
14 PANORAMIX	7c	25m	Projekt
15 ASTERIX	?	25m	Projekt
16 OBELIX	?	25m	Projekt
17 MATRIX	?	25m	Projekt
18 VARIANTE	6a	25m	
19 IL SOLITARIO	7b	30m	Heikle Bewegungen in senkrechter grauer Wand

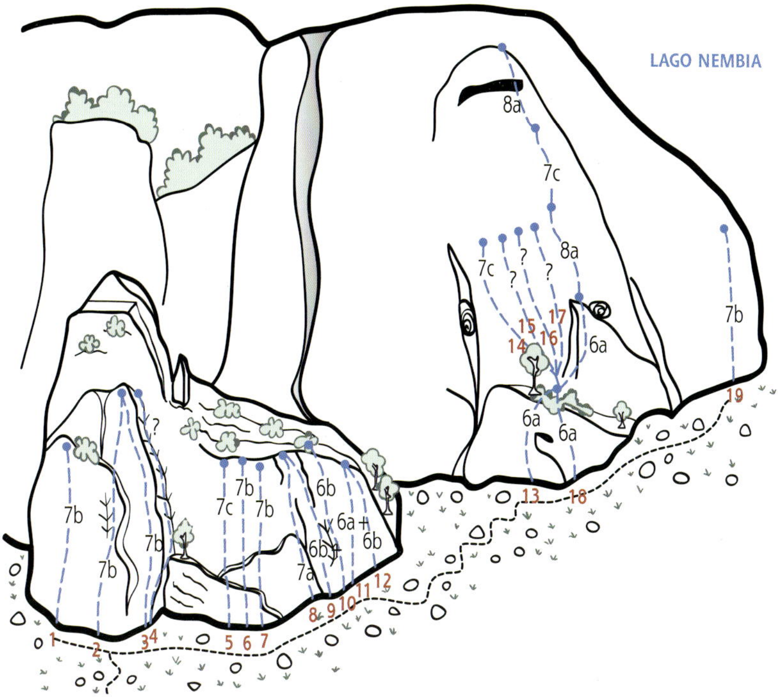

Giudicarie - Molveno

Molveno S. Antonio

87

Dieser Klettergarten sieht fast aus wie ein Amphitheater aus Dolomitgestein, überragt von einem riesigen Dach. An diesem Ort, so kurz vor den hohen Bergen der Brentagruppe, sind die Zeichen eines längst vergessenen Alpinismus immer noch erkennbar. Wer hier klettert, träumt angesichts der imposanten Südwand des Croz dell'Altissimo fast unweigerlich von langen Alpinrouten.
S. Antonio ist ein klassisches Klettergebiet und bestens für Anfänger geeignet, es bietet aber auch einige interessante Touren in den Graden 6a und 6b. Das Massiv ist dem Andenken an Luca Sartori gewidmet, einem sehr starken Alpinisten aus Molveno.
Während der Sommersaison sind die Parkplätze gebührenpflichtig.

Erschließer: V. Bastiani, A. Franchi, F. Nicolini, F. Spellini, Bergrettung Molveno, Bergführer Molveno.

Anfahrt/Zustieg
Von der Autobahnausfahrt S. Michele/Mezzocorona 25 km, dann 5 Min. Fußweg.

Von der Ausfahrt in Richtung Madonna di Campigliound nach Mezzolombardo dann links ab Richtung Spormaggiore/Molveno. In Molveno in Richtung Lido di Molveno bzw. Campingplatz und nach den Tennisplätzen und dem Hotel Dolomiti rechts abbiegen. Gleich rechts gibt es Parkplätze (nur in der Hochsaison kostenpflichtig). Alternative Parkmöglichkeiten gibt es etwas weiter: Am Sportplatz vorbei und bis zu einem kleinen Platz links bei einer Schottergrube (Achtung: die Durchfahrt ist im Juli und August verboten!).
Zu Fuß folgt man ca. 10 Min. der Straße geradeaus in Richtung Rifugio Ciclamino. Bei einer Sitzbank dann links auf einen Pfad, der zur Felswand führt (insgesamt 15-20 Min.). Bitte beachten: Wegen möglichem Steinschlag ist ein Helm empfehlenswert.

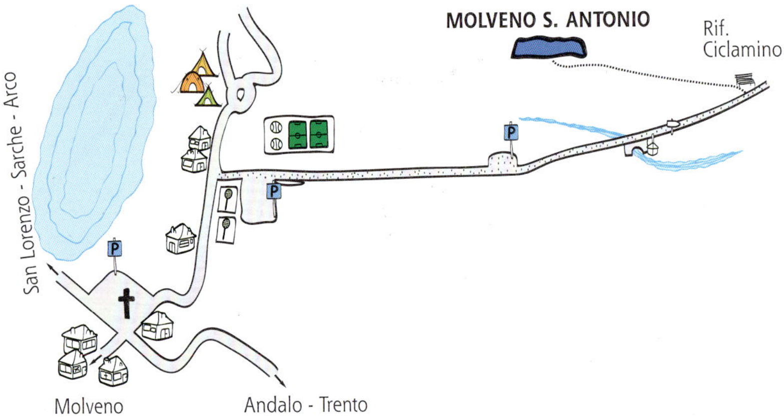

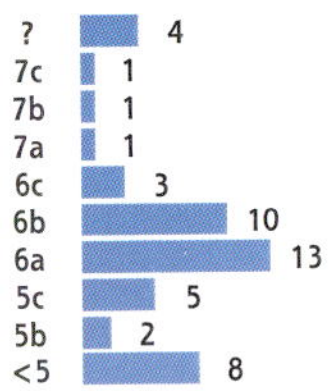

47

Von Sarche 27 km, dann 5 Min. Fußweg.

Von Arco in Richtung Trient bis nach Sarche. Dort nach links abbiegen in Richtung Madonna di Campiglio. Über die Sarca und auf der ansteigenden Straße (S.S.237) ca. 8 km weiterfahren. Am Ende des Anstieges an der Kreuzung nach rechts abbiegen und weiter nach S. Lorenzo in Banale. Durch den Ort und weiter nach Molveno (27 km von Sarche). Hier im Ort dann nach links in Richtung des Strandbads (Lido) und auf der geraden Straße Richtung Campingplatz. Nach den Tennisplätzen und dem Hotel Dolomiti rechts abbiegen. Von hier weiter wie oben beschrieben.

1 OHNE NAMEN		7c+	?	Harter Ausstieg (nicht im Topo)
2 OHNE NAMEN		?	?	Projekt (nicht im Topo)
3 LA CLASSICA		4a	10m	Seichte Verschneidung, leicht
4 TRANS		6a+	20m	Einstieg mit seltsamer Rissverschneidung, dann Querung zum Umlenker der Nr. 5. Weite Hakenabstände!
5 BREZGNEV		6a+	20m	Einstieg wie Trans, dann netter schmaler Riss
6 GAME OVER		?	25m	Griffiger Überhang mit Blockierer
7 STI'ANI		5c	25m	Klassischer Kletterstil in Rissverschneidung
8 CIUIGA		6b	25m	Einstiegsüberhang, dann Boulderzüge, danach gutgriffig mit kniffligen Moves
9 HASTA LUEGO		6c+	20m	Gelbe Einstiegsplatte, dann sehr schwerer Zug über das Dach, dann überhängender Riss bis zum Stand
10 LA SFESA		6a	25m	Risskamin am Einstieg, dann strukturierte senkrechte Platte
11CIAPA&TIRA		6b	10m	Kurzer, kräftiger Überhang. Schön!
12 BOULDER BOY		6b+	25m	Überhängender Einstiegsboulder mit großen Griffen; dann senkrechte, strukturierte Platte. Schön!
13 MUCUGNO MAN		6b	25m	Einstieg seltsam und technisch anspruchsvoll, dann senkrechte Platte. Schön!
14 DITA D'ACCIAIO		6c	25m	Einstieg mit viel Fingerkraft, dann gutgriffige Platte
15 FRALOS		6a+	25m	Einstieg an abgerundeter Kante technisch, dann senkrechte gelbe Platte. Schön!
16 GO!		6b	25m	Einstieg mit Fingerkraftboulder, dann senkrechte Platte mit guten Griffen. Ausstiegsüberhang mit guten Schuppen. Empfehlenswert!
17 JUMA		6a	20m	Senkrechte Platte mit ausgeprägtem Überhang und Längenzügen an kleinen Griffen
18 SCRODA	SL1	3a	10m	Anfängerroute
	SL2	5b	15m	Leicht überhängende Verschneidung (Stand von SL1 überkletterbar)
19 NIK	SL1	4a	10m	Anfängerroute
		6a+	15m	Graue Platte mit abschließender Verschneidung. Achtung beim Ausstieg! (Stand von SL1 überkletterbar)
20 CIDO	SL1	3b	10m	Anfängerroute
	SL2	4a	15m	Die Kante links umklettern (Stand von SL1 überkletterbar)
21 BEBE		6a+	15m	Einstieg bei Cido, dann gerade über überhängenden Pfeiler (Stand von SL1 überkletterbar)
22 PERO		5c	10m	An der überhängenden Kante mit guten Griffen
23 OCIO &GAMBA	SL1	6a+	15m	Schöne senkrechte, technische Platte Empfehlenswert!
	SL2	6a	15m	Platte (Stand von SL1 überkletterbar)

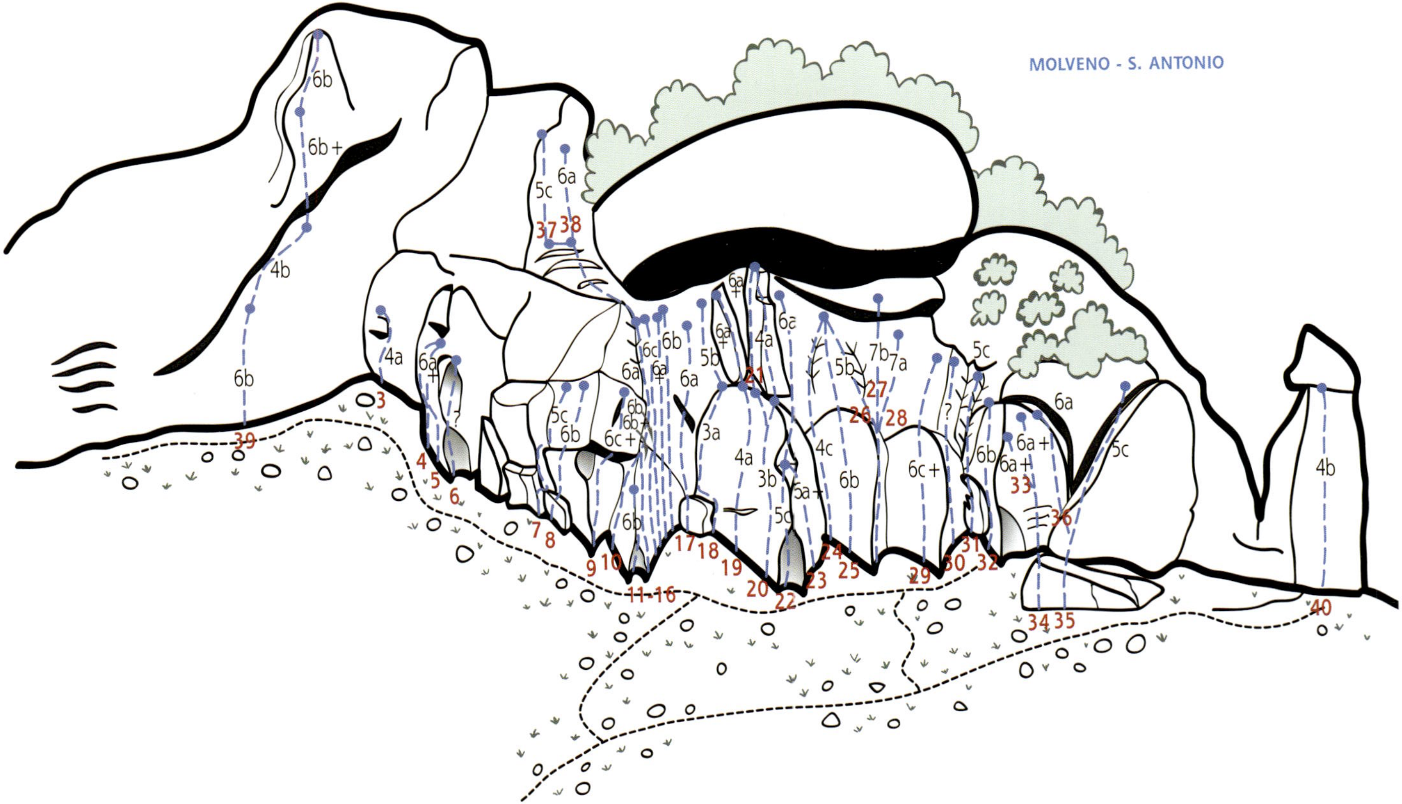
MOLVENO - S. ANTONIO
6b
6b+
4b
6b
39
4a
3
6a+
?
4
5
6
5c
6a
37
38
5c
6b
7
8
6c+
6b+
6b
6b
9
10
11-16
6c
6a
6b
6a+
6a
17
18
6a+
5b
6a+
4a
21
3a
4a
19
20
3b
5c
22
6a+
6a
5b
7b
7a
27
26
28
4c
6b
23
24
25
6c+
29
5c
?
6b
30
31
32
6a+
6a+
33
6a
36
5c
34
35
4b
40

24 ZAMBO	4c	25m	Klassische Rissverschneidung in grauem, dann gelbem Fels. Empfehlenswert!
25 CIORTE	6b	25m	Einstieg mit Längenzug, heikler Überhang
26 ALICE	5b	25m	Auch sehr schön, zuerst an schwarzen Schuppen, dann kurze gelbe Verschneidung
27 EL BOTEGA	7b	25m	Einstieg wie Alice, dann sehr senkrechte, schwarze Platte mit wenigen Griffen
28 LINTY	7a	25m	Einstieg wie Alice, dann leicht überhän gende Platte mit komplizierten Zügen
29 ROLY	6c+	25m	Platte an Kante entlang. Gleichgewicht! Schön
30 TREIGNAMPI	?	25m	Projekt. Überhängende schwarze Platte
31 H2O	5c	25m	Sehr schöne klassische Rissverschneidung
32 FRANZ	6b	25m	Überhängender Einstieg, dann einfacher bis zum Stand. Hakenabstände beachten!
33 4X4	6a+	18m	Überhang mit künstlichen Griffen (ohne diese 6b). Ausdauer
34 4X4 Linke Variante	6a+	18m	Einstieg wie 4X4, dann ausdauernder nach links
35 EL SKIRAT	5c	25m	Einstiegsbauch, dann schöne Rissverschneidung
36 IOCIPROVO	6a	15m	Einstieg wie El Skirat, dann senkrechte Platte mit Leisten
37 PANORAMIX	5c	15m	Erreicht man über die unteren Routen (12-16). Schön an ausgesetzter Kante. Abseilen!
38 VOGLIA DI LAGO	6a	15m	Erreicht man über die unteren Routen (12-16). Schön an ausgesetzter Kante. Abseilen!
39 VIA DEI BALOCCHI	6b+	120m	Achtung, Fels zum Teil brüchig, Helmpflicht! Abseilen mit 70m Seil! F. und E. Nicolini. SL1 6b, SL2 4b, SL3 6b+, SL4 6b
40 LUNELM	4b	15m	Geneigte Platte für Anfänger (nicht im Topo)

V. Sporeggio - Val di Non

Cavedago

88

'Lo Svago sano', was so viel heißt wie das gesunde Vergnügen, reimt sich fast auf 'Cavedago, il paese dello svago', das Dorf des Vergnügens eben! Dieses Gebiet ist sicherlich das interessanteste, spektakulärste, sonnigste und selektivste Gebiet in der Hochebene von Andalo/Molveno. Es empfiehlt sich für alle Kletterer, die Ausdauerrouten und technische Kletterei in den mittleren und oberen Schwierigkeitsgraden lieben und die auch im Winter oder bei Regen Klettermeter herunterspulen wollen. Ohne weiteres kann man von schönsten Plattenrouten zu steilen Ausdauerrouten wechseln.
Dies ist definitiv ein herrliches Plätzchen: Eingerahmt von den Dolomiten der Brenta erhebt sich die mehrfarbige Felswand über Wiesen und Täler. Im plattigen Bereich ist der Kalkfels sehr kompakt, im zentralen Teil ist er gelblich eingefärbt, überhängend und manchmal etwas brüchig. Und die Unersättlichen können zum Tagesabschluss noch einige Boulder an den Blöcken beim Parkplatz ziehen!

Erschließer: S. Elmi, S. Bordoni, L. Giupponi u.a.

Anfahrt/Zustieg
Von der Autobahnausfahrt S. Michele/Mezzocorona 16 km, dann 10 Min. Zustieg auf Wanderweg.

Von der Ausfahrt der A22 zunächst in Richtung Cles. Nach Mezzolombardo dann links abbiegen in Richtung Spormaggiore/Molveno (SS421, nach ca. 3,5 km erreicht man Spormaggiore bzw.eine Q8-Tankstelle, gleich danach biegt man links ab in die bergauf führende Straße, nach ca. 100 m nochmals links ab und parkt auf einem kleinen Platz. Die Felswand ist von hier schon gut zu sehen.
Auf der anderen Seite des Platzes beginnt ein Pfad, der in den Wald und zum Klettergarten führt.

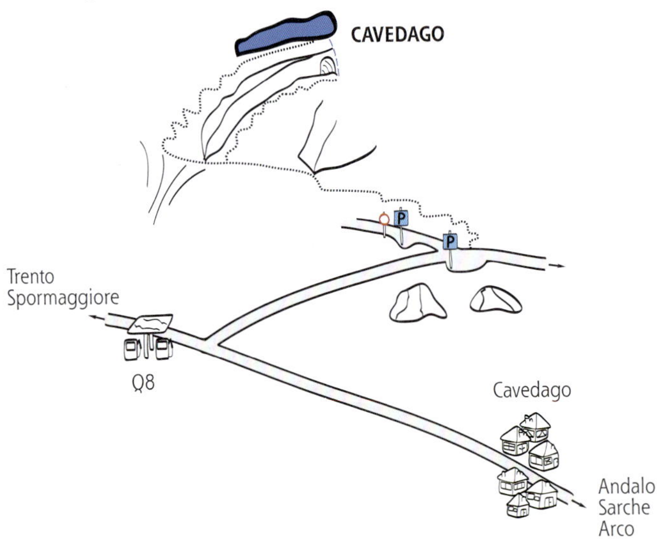

?	2
8a	10
7c	3
7b	1
7a	7
6b	2
6a	4

29

Cavedago *(ph. Geremia Vergoni)* ▶

1 MEZZO SECOLO		6b	12m	Schwierige Platte
2 A POPPAVIA		6a	15m	Heikle Passagen
3 L'EQUILIBRIO DELLE COSE		7a+	15m	Super anspruchsvolle Plattenkletterei
4 PANTA REI		6a	15m	Einstieg mit schwieriger Einzelstelle
5 LO SCEMO MOTORIO		6a	15m	Nicht zu unterschätzende Verschneidung
6 E COSÍ SIA	SL1	7c+	18m	Viel Technik und Boulderzüge
	SL2	8a	25m	Ausdauer L1 + L2
7 OCCHI DI BOSCO		8a+	28m	Leicht überhängend, Fingerkraft
8 CARPE DIEM	SL1	8a	22m	Ausdauer
	SL2	8a+	27m	Boulderzüge und Ausdauer L1 + L2
9 DEMIAN		8a+	28m	Boulderzüge und Ausdauer. L1 gemeinsam mit Il sogno, dann links weiter
10 IL SOGNO LA LUNA E IL FALO'		8a	27m	Zwei schwierige Hälften, guter Ruhepunkt in der Mitte
11 L'OMBRA DEL VENTO		8a	27m	Sehr schön und sehr hart! Kraftausdauer.
12 LA CURA		8a/b	28m	Ein- und Ausstieg schwierig, im oberen Teil Ausdauer
13 VIVA IL CAIVA		8a	25m	Schwieriger Einstiegsboulder, dann schöne Ausdauerroute, geht auf die Unterarme
14 ESPERANDO MANOLO		7c+	22m	Senkrechte technische Ausdauerroute
15 PUMA		8a	22m	Leicht überhängende Wand mit harten Fingerkraftpassagen
16 BIG BORDONS		6a+	22m	Rissverschneidung, Ausdauer
17 OHNE NAMEN		7b+	22m	Etwas erzwungene Linie.
18 LA PISTA		7a+	25m	Einstieg mit heiklen Zügen, dann Ausdauer an guten Griffen. Nie ganz einfach.
19 L'ALBANESE	SL1	6b+	20m	Schräg links verlaufende Verschneidung mit seltsamer Gewichtsverlagerung, dann ausdauernd und gutgriffig
	SL2	7a	26m	
20 SANTIAGO NEL PAESE DELLO SVAGO		7a+	25m	Ausdauer
21 L'EROE DEI DUE MONDI		7a	22m	Ausdauer mit heikler Passage in der Mitte. Schön
22 CAVEDAGO BEACH		7a	20m	Ausdauer, weiter Hakenabstand
23 PABLO		7c	22m	Boulderzüge am Wulst
24 TACAMILASPINA		?	22m	Projekt. Ausstieg aus Überhang sehr schwierig, griffarme senkrechte Platte
25 ER PATACCARO		7a	20m	Ausgesetzte Route, Einstieg etwas verzwickt, dann senkrechte Platte
26 IL BUCO NERO		?	30m	Projekt. Zuerst leicht überhängend, dann schwierige Platte

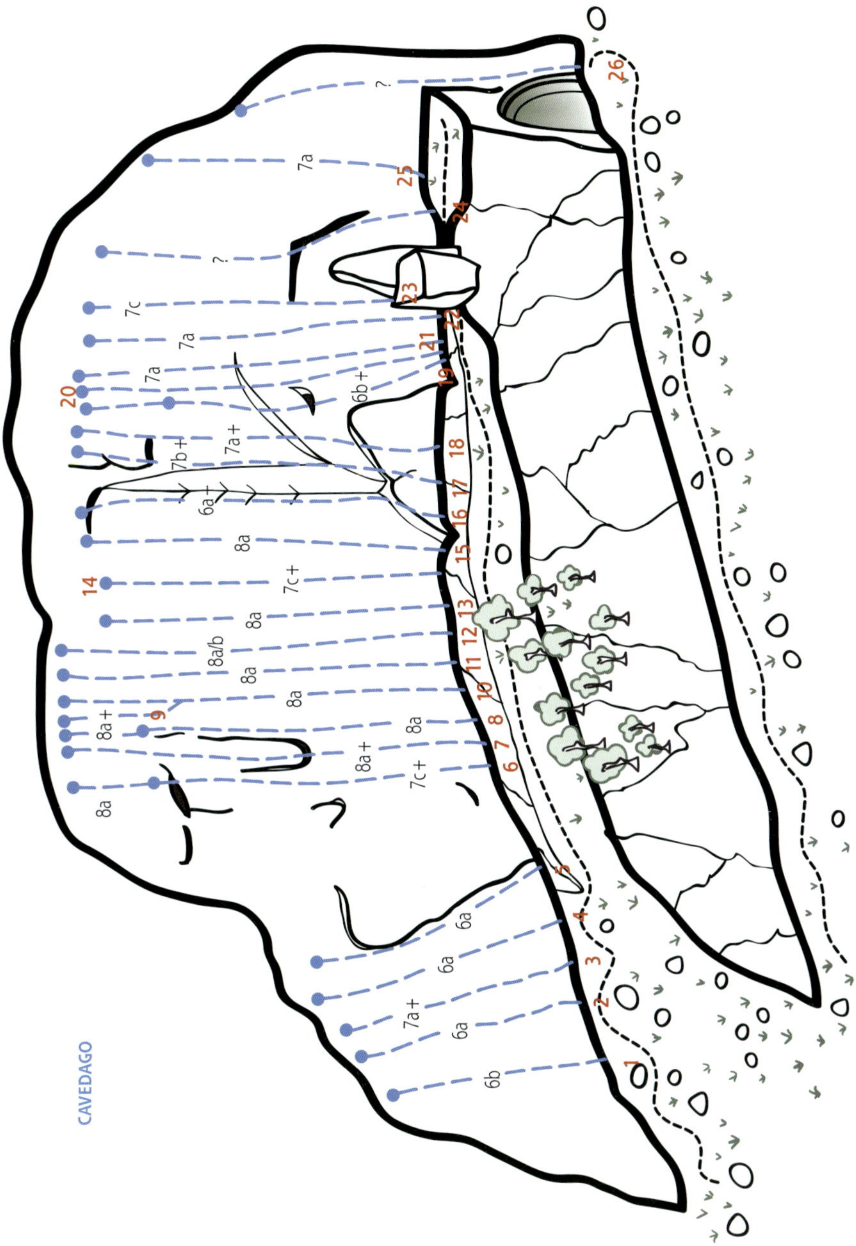
CAVEDAGO
1
2
3
4
5
6
7
8
9
10
11
12
13
14
15
16
17
18
19
20
21
22
23
24
25
26
6b
6a
7a+
6a
6a
8a
7c+
8a+
8a
8a+
8a
8a
8a/b
8a
7c+
8a
6a+
7b+
7a+
6b+
7a
7a
7c
?
7a
?

Spormaggiore

Eine bequeme Forststraße führt zu diesem Klettergebiet, das in einem schönen Waldgebiet gelegen ist. Die mehr als 20 Routen zwischen 4b und 6a sind perfekt eingerichtet und eignen sich deshalb gut für Einsteiger. Ideal ist es hier im Sommer und Frühjahr/Herbst, auch für Familien ist dieses Gebiet gut geeignet. Am Parkplatz und am Wandfuß gibt es Picknickmöglichkeiten. Ein schöner und kurzer Spaziergang führt zum charakteristischen Castel Belfort.

Erschließer: S. Avanzi, S. Elmi, R. Maurina, C. Tenaglia, M. Zeni, Associazione sportiva dilettantistica Liberamente u. a.

Anfahrt/Zustieg
Von der Autobahnausfahrt S. Michele/Mezzocorona 12 km, dann 5 Minuten Zustieg auf einem Wanderweg.

Von der Ausfahrt der A22 weiter in Richtung Cles, an Mezzolombardo vorbei und an der 2. Kreuzung links in Richtung Spormaggiore/Molveno abbiegen. Nach ca.1,3 km erreicht man Spormaggiore, kurz nach einem weißen Haus auf der rechten Seite, biegt man rechts ab auf eine Schotterstraße, die zum Park- und Picknickplatz führt (Schilder 'Sentiero Castel Belfort' und 'Area Pic Nic'). Vom Parkplatz dann auf den bergab führenden Schotterweg (Hinweisschild 'Palestra di Roccia') und bis zu einer Forststraße mit einer gelb-grünen Schranke. An der Schranke vorbei und auf der Forststraße noch 2 Minuten weiter bis zum Felsmassiv.

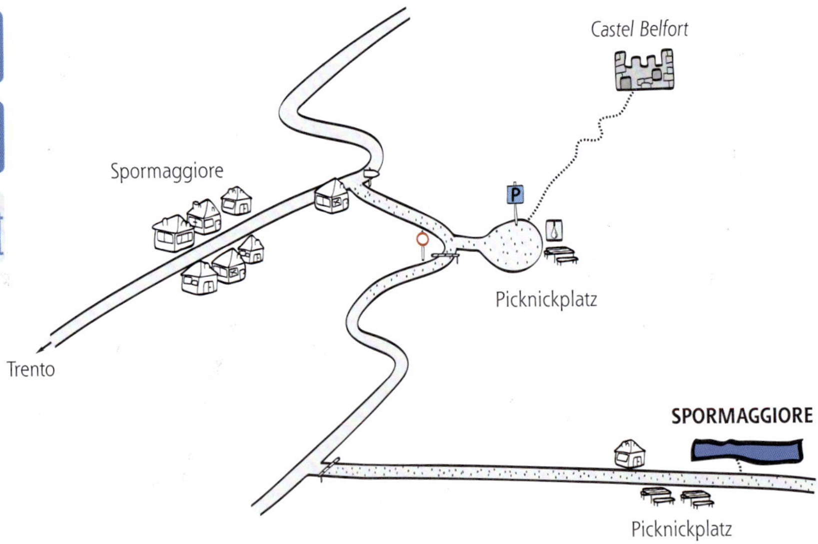

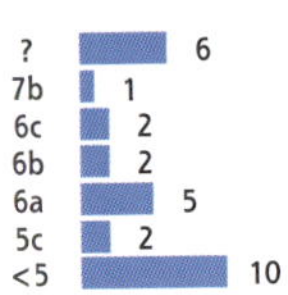

28

1 MUSK	4b	10m	Kleine strukturierte, graue Wand
2 BABY	4b	10m	Kleine strukturierte, graue Wand
3 ETREI	4b	10m	Kleine strukturierte, graue Wand
4 SHANGAY BAIT	5a	10m	Heikler Einstieg, dann leichter
5 RELATIVO	5a	10m	Heikler Einstieg, dann leichter
6 MAMI STA' IN PENSIERO	5a	10m	Kniffliges Dach am Einstieg, dann etwas dreckige Platte
7 TREMORS	5a	10m	Heikler Einstieg, dann Platte mit kleinen Rissen

SPORMAGGIORE

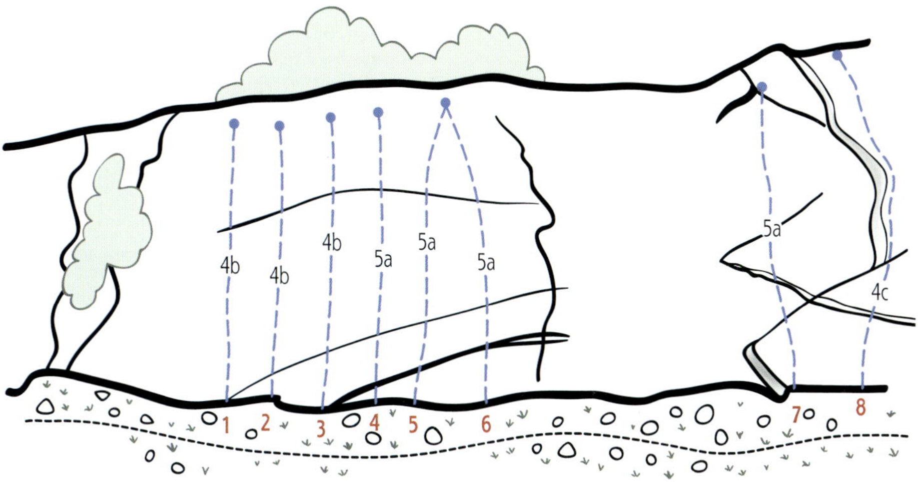

8 MASSO CONICO	4c	10m	Einfache kurze Verschneidung
9 SOPA DE CARACOL	5a	12m	Schöne Platte mit kleinen Rissen
10 TEMPI MIGLIORI	5c	15m	Platte mit einigen Überraschungen
11 VIA INTERDET	5a	15m	Schuppen und Henkel für Hände und Füße; schön!
12 LIBERAMENTE	6a+	15m	Zuerst Platte, dann schönes Dach
13 INSIDE	6a	12m	Schmaler Riss in senkrechter Platte. Nicht unterschätzen
14 ALTA TENSIONE	6c	12m	Boulderstelle mit Balance
15 FA' LA MOSSA GIUSTA	6c	12m	Technische senkrechte Wand
16 ONLY THE STRONG	6b	12m	Senkrechte, technische Ausdauerwand
17 OHNE NAMEN	?	12m	
18 UNA PIUMA BLU	6b+	12m	Einstiegsüberhang, dann senkrechte Wand
19 OSSO BUCO	5c	8m	Technik, etwas heikel
20 OCIO	6a	8m	Gute Griffe, kurz, technisch
21 BUS E MEZ	6a+	8m	Komische Gleichgewichtsstellen
22 LA PRIMA VOLTA	6a	8m	Löchrige Platte
23 PSIKO KILLER	7b	12m	Intuitive, schöne Route; athletisches Dach, technisch anspruchsvolle Linksquerung (mögliche Variante: gerade hoch) (kein Topo)
24 GROMIAL	?	12m	(kein Topo)
25 BILLY	?	12m	(kein Topo)
26 GRUVIERA	?	14m	(kein Topo)
27 OHNE NAMEN	?	14m	(kein Topo)
28 OHNE NAMEN	?	14m	(kein Topo)

SPORMAGGIORE

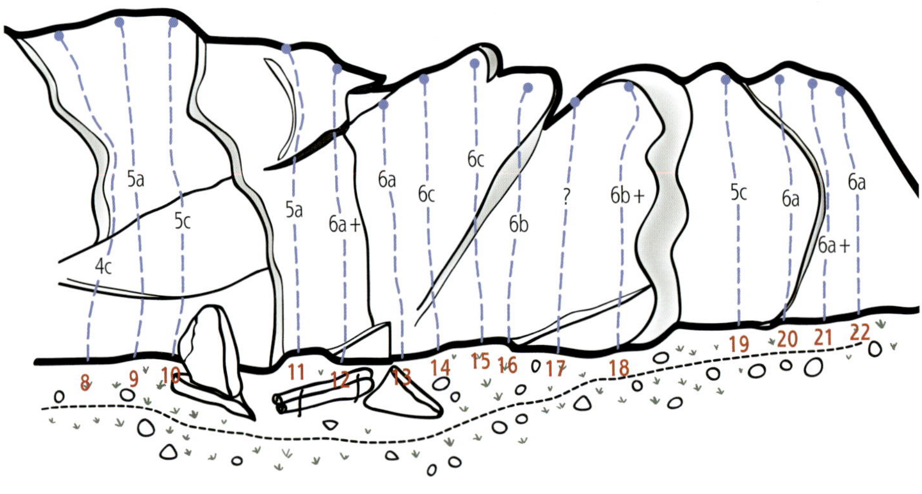

DOLOMITI SKI
COLLANA LUOGHI VERTICALI
Enrico Baccanti
Francesco Tremolada
SCIALPINISMO IN DOLOMITI
65 itinerari
+ 3 traversate
Puez-Odle - Fanis-Conturines
Croda Rossa-Vallandro
Tofane-Cristallo-Antelao
Pelmo-Mondeval-Croda da Lago
Col di Lana-Nuvolao - Marmolada
SKI MOUNTAINEERING IN THE DOLOMITES
WITH ENGLISH VERSION
EDIZIONI VERSANTE SUD
COLLANA LUOGHI VERTICALI
Francesco Tremolada
FREERIDE IN DOLOMITI
100 itinerari
EDIZIONI VERSANTE SUD
COLLANA LUOGHI VERTICALI
Guido Colombetti
SNOWALP IN TRENTINO ALTO ADIGE
60 itinerari di Snowboard e Scialpinismo
Dolomiti di Brenta - Ortles-Cevedale
Adamello-Presanella - Val Venosta
Monti Sarentini - Dolomiti Occidentali
DEUTSCHE ÜBERSETZUNG
EDIZIONI VERSANTE SUD

Tor di Visione

Hoch über der Piana Rotaliana, der Ebene von Mezzocorona, umgeben von den senkrechten Wänden der Rocchetta, befindet sich dieses Kletterjuwel. Tor di Visione ist ein kleines, selektives Klettergebiet mit atemberaubendem Panoramablick, in einer einzigartigen Abgeschiedenheit, die man sich erst zu Fuß verdienen muss. Bis auf die heißen Sommermonate ist Klettern das ganze Jahr über möglich. Für die Routen in dieser senkrechten Felswand ist technisches Können und Fingerkraft gefragt.
Auf der rechten Seite wurden zwei schwierige und spektakuläre Mehrseillängenrouten von L. Giupponi und Gef. eröffnet.

Erschließer: L. Giupponi, L. Goller u. a.

Anfahrt/Zustieg
Von der Autobahnausfahrt S. Michele/Mezzocorona 9 km, dann 30 Min. Zustieg auf Wanderweg.

Von der Ausfahrt der A22 in Richtung Cles. Bei der der Abzweigung bei Ortschaft Rocchetta nicht in den Tunnel, sondern in Richtung Vigo di Ton und in Masi di Vigo dann bei der Kirche parken.

Auf einer Forststraße geht man nun ca. 25 Min. lang in Richtung Tor di Visione. Man erreicht dann einen großen Platz, bei dem man nach links auf einen Weg in den Wald abbiegt. Nach ca. 50 m dann rechts talabwärts und auf dem kurzen, seilgesicherten Steig zu den Felsen.
Zu den Einstiegen der Mehrseillängenrouten: Am Klettergarten vorbei und in den Wald absteigen, dann auf einer Pfadspur nach links queren. Wenn die Felswand in Sicht ist, wiederum links auf einer ungemütlichen Rampe zum Wandfuß (20 Min. vom Klettergarten).
Einstieg zu Inverno serra: Linker Hand, unterhalb der Überhänge, beginnt ein Felsband. Auf diesem weiter bis zu einem Haken und einer Sanduhr mit Reepschnur.
Einstieg zu Chi sale e chi scende: Über eine Rampe mit Fixseil.

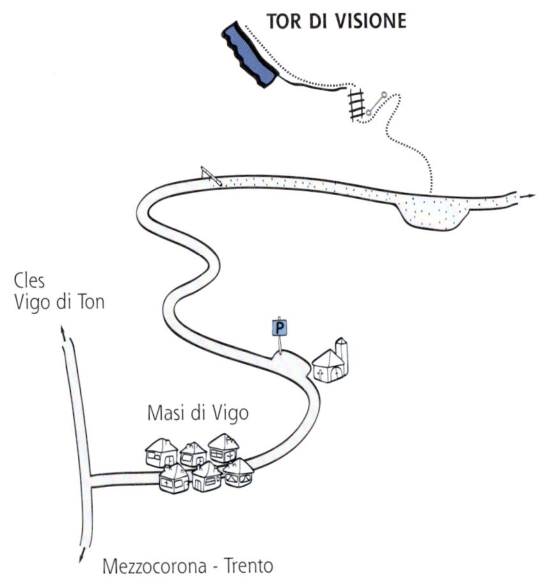

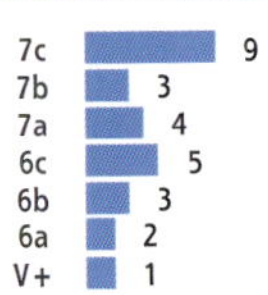

27

1 OHNE NAMEN		6b	15m	
2 OHNE NAMEN		7b+	25 m	Leicht überhängend mit kleinen Griffen
3 NOFRONTIERE (EX RESINAT)		7c	30m	Leicht überhängend mit Schlussboulder
4 MAGIOR TOM		6c	20m	Schöne Route an Löchern
5 DOMENICA LUNATICA		7b	20m	Technisch und Fingerkraft
6 HIGHLANDER	SL1	7a+	22m	Leicht überhängende Route mit Kraftausdauer
	SL2	7c+	13m	Wie 1. Seillänge, Boulderzüge im Ausstieg
7 NAVIGATOR		7c	25m	Zwei technische Boulder
8 L'ORSO		7c+	25m	Ausdauer und Boulder in der Mitte
9 RANGER		7c	25m	Technik und Ausdauer an Leisten
10 CAVALLO PAZZO		7a+	26m	An Löchern und Leisten
11 INCAS		7a+	26m	Sehr schöne Ausdauerroute an Löchern
12 LIANSKI		7a+	28m	Überhang mit Löchern und abschließende Platte
13 CHEJENNE		7c	30m	Einstiegsboulder, dann Ausdauer an Löchern mit Ausstieg in Platte; lange Hakenabstände
14 OHNE NAMEN		6a	12 m	Leichte Wand
15 OHNE NAMEN		6c	15 m	Senkrechte, technische Platte

16 INVERNO SERRA (Kein Topo)
Eröffnet von L. und D. Giupponi
7c+ (7a+ obl.) 200 m.
SL1 6a/b 50m; SL2 V+20m; SL3 6c 17m; SL4 7c+ 40m; SL5 6c+ 35m; SL6 6b+37m.

17 CHI SALE E CHI SCENDE (Kein Topo)
Eröffnet von unten von L. und D. Giupponi, C. Frasnelli, M. Aufderklamm u. F. Battocletti.
7c+ (7a+ obl.) 190 m.
SL1 6b+ 55m; SL2 7b/+ 30m; SL3 7c 25m; SL4 7c+ 38m; SL5 6c+ 40m.

TOR DI VISIONE

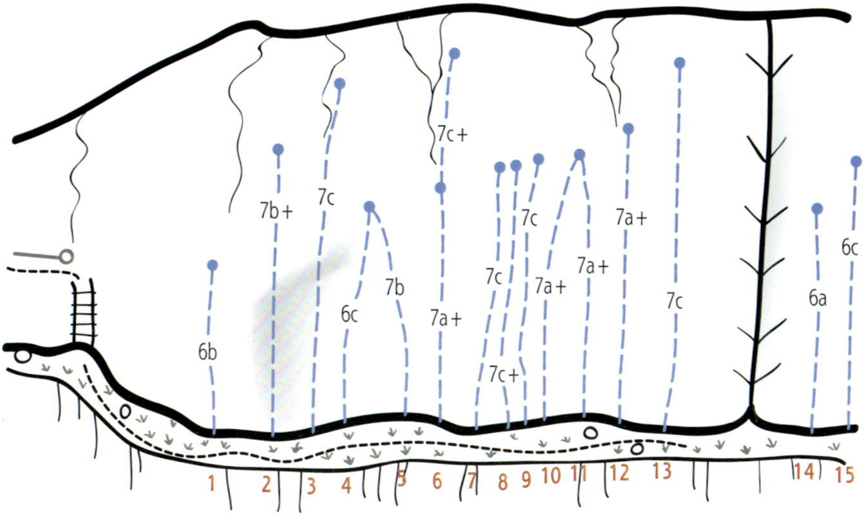

San Romedio

Schon im Jahr 2002 erschlossen die beiden Freunde Giuseppe Antonelli und Carlo Zottele die ersten sieben Routen in dieser Wand nahe der Wallfahrtskirche von San Romedio. Heute bietet dieser Klettergarten insgesamt 31 Linien, die meisten davon liegen im Schwierigkeitsgrad 6a - 6b. Ein angenehmer Weg mit schönen Ausblicken führt dorthin, dafür wurden sogar Stufen in den steilen Fels geschlagen. Der Klettergarten wurde Giuseppe gewidmet, der 2009 am Manaslu im Himalaya ums Leben kam. Fast alle Routennamen haben direkten oder indirekten Bezug zum Wallfahrtsort, so wurde beispielsweise die "Via San Romidio" am 15. Januar, am Feiertag des gleichnamigen Heiligen, eingebohrt. Die "Via degli Orsi" bezieht sich auf die Bären, die im Wildpark gehalten werden und die ebenso wie der Ort selbst ein echter Anziehungspunkt sind. Vor allem an Sommersonntagen ist der Wallfahrtsort ein Ziel unzähliger Besucher. Nicht zuletzt deshalb, aber vor allem wegen der südlichen Ausrichtung sollte man eher im Frühjahr oder Herbst hierher kommen und die heiße Mittagszeit auf jeden Fall meiden. Der Sektor B liegt am Beginn der Stufen, die Routen hier werden kaum wiederholt und müssten geputzt und auch saniert werden (Kein Topo).

Erschließer: G. Antonelli, C. Zottele, Associazione Smarano Climbing, u.a.

Anfahrt/Zustieg

Von der Autobahnausfahrt S. Michele/Mezzocorona 25 km, dann 3-15 Min. Fußweg.

Man verlässt die A22 bei der Ausfahrt S. Michele/Mezzocorona und fährt auf der SS43 weiter in Richtung Cles/ Madonna di Campiglio. Nach 20 km biegt man bei Dermulo rechts ab in Richtung Passo della Mendola (SS43), 4 km später zweigt man in der Ortsmitte von Sanzeno rechts ab zum Eremo San Romedio. Nach 750 m erreicht man das Ristorante Al Mulino. Von Mitte Juli bis Ende August muss man hier parken, weiter geht es dann mit einem Shuttlebus oder zu Fuß (2,5 km). In der anderen Zeit kann man weiterfahren, nach einer geraden Strecke parkt man dann vor der Brücke auf einem kleinen Platz auf der linken Seite. Eine kleine Straße führt weiter zur Kirche bzw. zu den gut sichtbaren Stufen, in deren Nähe die Felswand liegt.

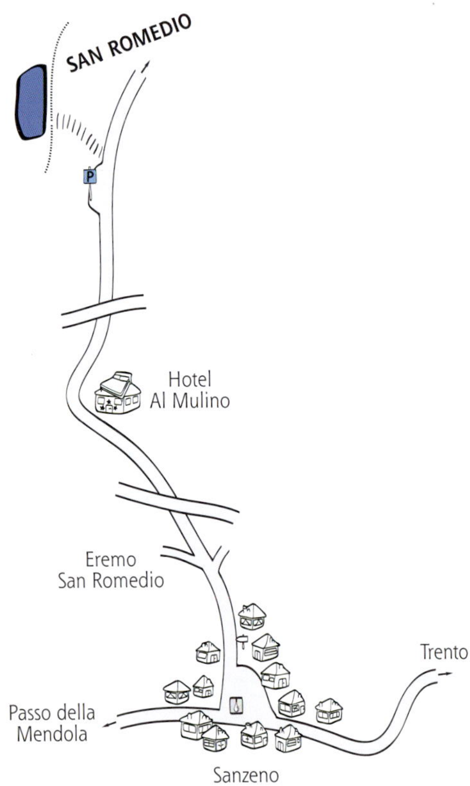

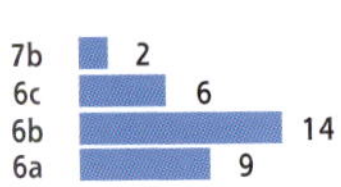

31

1 ORSA MINORE		6b+	14m	Harte Einstiegspassage
2 SPIGOLO CHARLIE		6a+	16m	Kraft fordernde Kletterei
3 VITA DA EREMITA		6b	20m	Ausstiegsverschneidung
4 IL 4° MARTIRE		6b+	24m	Kleine Leisten im Ausstieg
5 VERTICAL ROMEDIO		6a+/b	24m	In der Mitte technisch anspruchsvolle Passage
6 SUORE E FRATI		6b	22m	Heikler Einstieg, dann leichter
7 GROTTE DEGLI ORSI		6a+	20m	Ausdauerlinie
8 CLEO		6a	20m	Nach dem ersten Band Ausdauer
9 CORA		6a	20m	Technischer Einstieg, nach dem ersten Band Ausdauer
10 SOSTA DA ORSI		6a	20m	Bei den letzten Haken heikel, nicht rechts
11 TONEGHE VOLANTI		6a+	22m	Sehr schöne Route mit großen Löchern
12 YOGHI E BUBU		6b	24m	Viel Technik und Bewegungsproblematik im oberen Teil
13 REQUIEM		6b+	24m	Kleine Schuppen. Monofingerloch nach dem ersten leichten Teil
14 SAN ROMEDIO		6b+	26m	Schöne Route, Einzelstelle im Ausstieg
15 FRA TIBET		6b+	26m	Im Ausstieg Zug zu schwarzem Loch, schwer zu erkennen
16 VIA CRUCIS		6b+	26m	Viel Kraft bei den letzten Haken, leicht überhängend mit schönen Löchern
17 CALVARIO		6b+	28m	Viel Kraft bei den letzten Haken, leicht überhängend mit schönen Löchern
18 LUCIFERO	SL1	6b	20m	Ausdauer
	SL2	6c	26m	Kleine Leisten und Ausdauer
19 SANTI E RAMPICANTI		6b+	22m	Ausstieg über kleinen heiklen Wulst
20 PADRE TEQUILA		6b+	22m	Einzelzüge in der Mitte an kleinen Griffen
21 EREMO ESTREMO		6c+	22m	Sehr schön, Einzelstelle im Einstieg, Längenzug in der Mitte
22 QUEL SABATO SACRO		6c	22m	Diverse Einzelstellen im Einstiegsbereich, dann Ausdauer
23 OSTACOLI E TABERNACOLI		6c+	22m	Balanceproblem beim Quergang, technisch anspruchsvolle Moves
24 SUPER CRISTO		7b+	22m	Ausdauer an kleinen Griffen, danach etwas Vorsicht (brüchig)

SEKTOR B (kein Topo)

1 CHARLIE PREGA!	6b	12m	Crux am kleinen Dach
2 L'APOSTOLO FIGARO	6c	13m	Ausdauer (diverse kleine Dächer)
3 FRA TI E MI	7b?	14m	Viel Kraft beim Ausstieg aus dem Dach
4 ROMEDIO SI SENTE SOLO	6c	15m	Crux beim Dachausstieg
5 SANTO DEDI	6a?	14m	8mm-Bohrhaken
6 THAUR	6a	14m	8mm-Bohrhaken

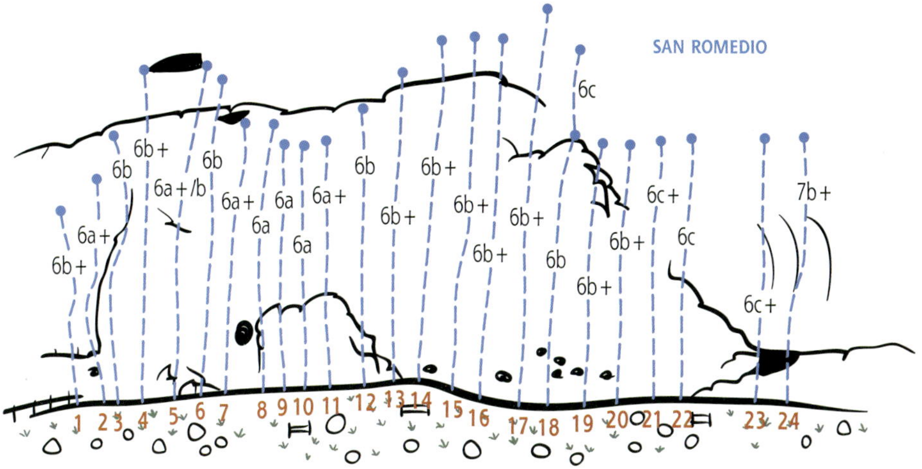

Val di Non

Verdes

92

Zu Unrecht wird dieses sehr ruhige und abseits gelegene Klettergebiet kaum besucht, denn die Routen in der senkrechten Wand bieten wirklich schöne Klettereien an Leisten. Die Felswand liegt ca. 400 m neben der Wallfahrtskirche San Remedio und wurde seit 2007 wurde in mehreren Etappen erschlossen. Die Erschließer danken der Gemeinde für die Erlaubnis zum Wegebau, der Sektion Cles des SAT für das Material und den Firmen Pitture Edili Fondriest sowie Carpenteria Dalla Tina dafür, dass sie Bohrmaschinen zur Verfügung stellten.

Erschließer: G. Antonelli, C. Zottele, Associazione Smarano Climbing, u.a.

Anfahrt/Zustieg
Von der Autobahnausfahrt S. Michele/Mezzocorona 27,5 km, dann 3-20 Min. Fußweg.

Man verlässt die A22 bei der Ausfahrt S. Michele/Mezzocorona und fährt auf der SS43 weiter in Richtung Cles/Madonna di Campiglio. Nach 20 km biegt man bei Dermulo rechts ab in Richtung Passo della Mendola (SS43), 4 km später zweigt man in der Ortsmitte von Sanzeno rechts ab zum Eremo San Romedio. Nach 750 m erreicht man das Ristorante Al Mulino. Von Mitte Juli bis Ende August muss man hier parken, weiter geht es dann mit einem Shuttlebus oder zu Fuß (2,5 km). In der anderen Zeit kann man weiterfahren, nach einer geraden Strecke parkt man dann vor der Brücke auf einem kleinen Platz auf der linken Seite. Eine kleine Straße führt bergauf zur Kirche (Haltestelle Shuttlebus). Hier folgt man dann der Schotterstraße (Wanderweg 532) noch 400 m, ca. 10 m vor einer kleinen Brücke führt links eine Pfadspur steil in den Wald und nach wenigen Minuten zum Wandfuß

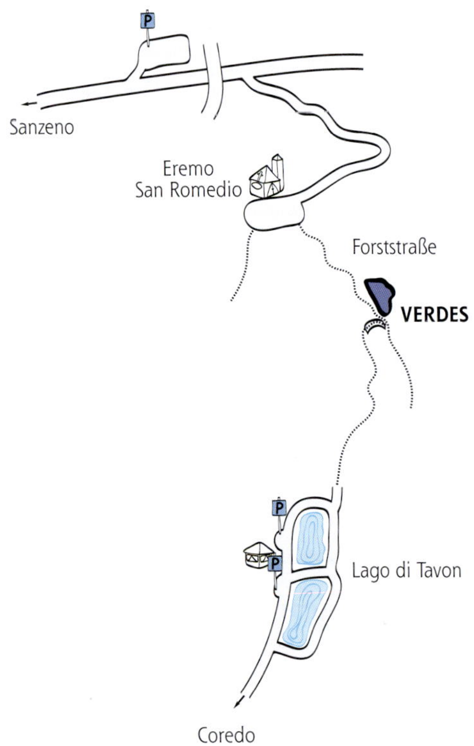

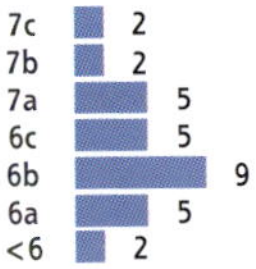

30

1 SANTA MARTINA		5a	23m	Verschneidungskletterei
2 LITANIE DI G.		6a/b	20m	Nach dem ersten Band Passagen an kleinen Leisten
3 DONPANGUDIO		6b	24m	Heikles Ausstiegsdach
4 ABBI FEDE		6b	24m	Einzelstellen, Ausstieg an kleinen Leisten
5 FREE YURKA		6b	24m	Ausdauer
6 STIGMATI		6b	24m	Ausdauer, Einzelstelle im oberen Bereich
7 TRIONFO DEI MARTIRI		6c	26m	Crux an Leisten im Ausstieg
8 AVE O DENNY	SL1	6a	16m	Offene, schräge Verschneidung
	SL2	6a+	15m	Heikle Einzelstelle am Klemmblock
9 LUSSURIA		7a+	28m	Vom ersten Stand von Ave oder Denny gerade hoch in die gestreifte Wand
10 AVARIZIA		7b+		Am 5. Haken von AVE oder Denny gerade hoch über den gelben Streifen
11 ACIDIA		7b+/c	28m	Nach dem leichten Einstieg leicht überhängend und kleingriffig
12 SETTE D PIU'		7a/b	22m	Heikle Passagen in grauer Wand
13 PER GRAZIA RICEVUTA		7a/b	22m	Schwierig bei den drei letzten Haken
14 THE DEUM		7a+	25m	Ausstiegsboulder
15 ALI D'ANGELO		6c	25m	Einstieg mit Riss, dann schöne Wandkletterei
16 SACRO		6a+	23m	Verschneidungskletterei
17 PROFANO		7c+	23m	Einstieg wie Sacro, dann gerade hoch an kleinen Leisten
18 L'ERETICO		6c	28m	In der Mitte Platte mit Bewegungsproblem
19 ½ ERETICO		6b+	20m	Einstieg wie Eretico, dann gerade hoch
20 GIUDA IL FIDATO		6a	28m	Verschneidung
21 UN PASSO DAL MIRACOLO	SL1	5c	10m	Brüchig
	SL2	7c	10m	Boulderzug vor dem Umlenker
22 A SUON DI CAMPANE		7a+	22m	Einfacher Beginn, dann immer schwieriger
23 CLERO DA SCLERO		6c	22m	Kraft und Ausdauer
24 LAMA SANTA		6b	20m	Schöne Route, Einstieg heikel
25 GIOIA E DOLORE		6c	14m	Heikle gestreifte Platte in der Mitte
26 PROFETA PAZZO		6b+	14m	Zu Beginn kleine Leisten, dann viel Kraft
27 SACRO SPECO		6b+	14m	Einzelstelle nach dem Band
28 SPIRITO LIBERO		6b	14m	Einstieg fordert Ausdauer, dann leichter

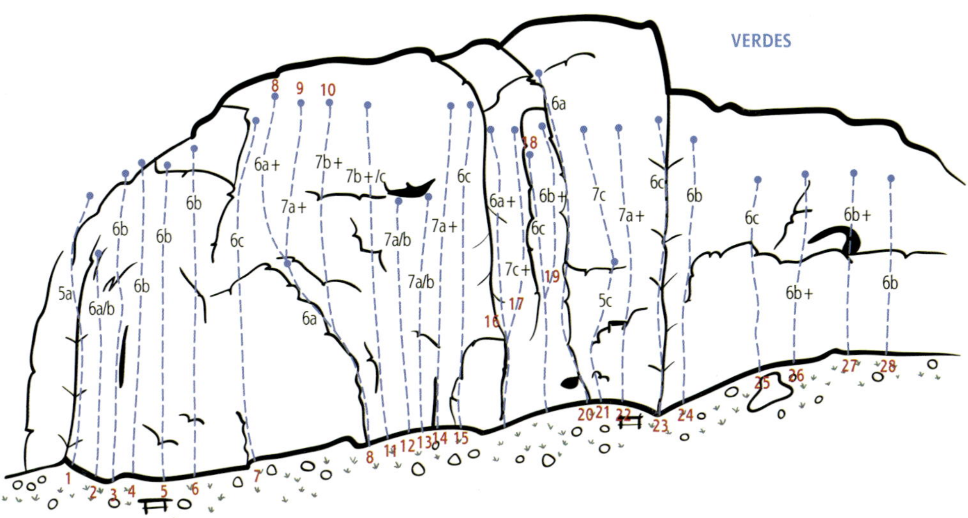

Val di Non

Malosco-Fondo

93

In der Nähe der kleinen Ortschaft Fondo liegt in einem schönen Nadelwald eine Felswand, die mit ihren senkrechten Wänden und diversen Überhängen lohnende und abwechslungsreiche Routen in unterschiedlichsten Schwierigkeitsgraden bietet. Für Einsteiger finden sich Routen schon ab 4c, und wer sich in den oberen Graden bewegt, kann Linien bis bis 7c abhaken.

Die Wand ist nach Norden ausgerichtet und eignet sich deshalb besonders für die heißen Sommermonate. Am Wandfuß herrscht fast ein alpines Feeling, zudem ist ein Picknickplatz in der Nähe. Nach dem Klettern lockt der nahe gelegene Lago Smeraldo und wer nicht klettern will, kann schöne Spaziergänge in die Umgebung machen.

Der Klettergarten wurde vom Trientiner Alpinclub dem starken und bekannten Bergsteiger Mario Stenico gewidmet. Schon Anfang der 1940 Jahre wurden die ersten Linien hier von italienischen Bergsteigern eröffnet. Die Routen wurde mit Unterstützung der Provinz Trento komplett saniert.

Erschließer: Ital. Armee, G. Recla, P. Bonvicin, D. Feller, F. Perlotto u.a.

Anfahrt/Zustieg

Von der Autobahnausfahrt S. Michele/ Mezzocorona 38 km, dann 10 Min. Fusweg.

Von der A22 bei der Ausfahrt S.Michele/ Mezzocorona abfahren und auf der SS43 weiter in Richtung Cles/Madonna di Campiglio. Nach ca. 20 km zweigt man bei Dermulo rechts in Richtung Passo Mendola ab, fährt weiter nach Fondo und gleich nach dem Ortsausgang dann in Richtung Lago Smeraldo weiter. Nach dem See fährt man am Eisstadion vorbei und parkt dann rechts auf einem kleinen Platz (etwa in Höhe einer markanten Schranke auf der linken Seite). Hier ist Platz für zehn Fahrzeuge. Jetzt geht man an der Schranke, die den Parkplatz absperrt, vorbei und folgt der kleinen Straße noch 150 m bis zum Schild mit der Aufschrift "Palestra di roccia/Passeggiata Sedruna". Ein steiler Weg mit Stufen führt hier in wenigen Minuten bis zur Wand.

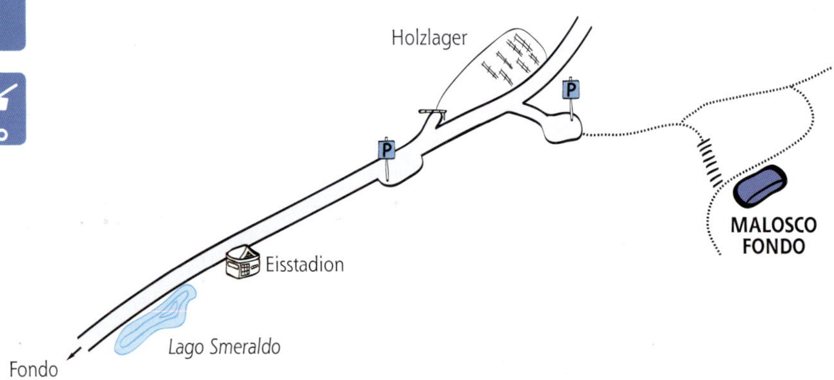

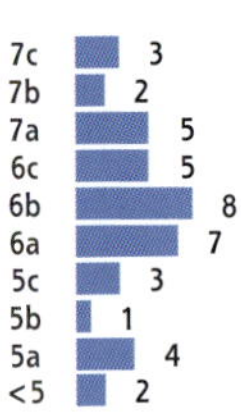

40

COLLANA LUOGHI VERTICALI
Cristiano Pastorello
Eugenio Cipriani
MONTE BALDO ROCK
Vie e falesie tra il Lago di Garda e la Val d'Adige
EDIZIONI VERSANTE SUD
COLLANA LUOGHI VERTICALI
Cristiano Pastorello
Eugenio Cipriani
MONTE BALDO ROCK
Klettergärten und Routen vom Gardasee bis zum Etschtal
EDIZIONI VERSANTE SUD
BALDO ROCK

1 VAGA BRUT	6b+	8m	Schwieriger Ausstieg
2 PERLOTTO	5c	18m	Einstieg mit kleinen Griffen, dann leichter
3 SILICONE	6a	20m	Schwieriger Ausstieg
4 DIEDRITE	4c	20m	Verschneidungskletterei, die leichteste Route hier
5 GRI GRI	5a	20m	Platte mit Leisten und Löchern
6 ISTERICA	5a	20m	Gute Griffe
7 DERBY FLEX	5c	20m	Schwierige Passage in Routenmitte
8 SAX E SEX	5a	18m	In der Mitte ist Technik gefragt
9 OTTONE	5b	20m	Schöne, technische Verschneidung
10 LUNA	6b	20m	Sehr harter Einstieg, dann leichter
11 DEL FRANCESE	6a	20m	Schwieriger Ein- und Ausstieg
12 FRECCIA ROSSA	6b	20m	Technisch anspruchsvolle Platte in Routenmitte, Ausdauer
13 TOPO CRUDELE	6c	20m	Schwieriger Ausstieg über kleines Dach, dann technische Platte
14 SPEEDY GONZALES	6a+	20m	Technischer Ausstieg, auch Ausdauer ist gefragt
15 NAOMI	6a	15m	Harte Passage im Ausstieg
16 EN TRA MEZ	6b+	16m	Intensiver Einstieg, dann leichter
17 ROSSO DI SERA	6a	20m	Schwieriger Einstieg, dann Ausdauer
18 CLASSIC MAGIC	5c	20m	Verschneidung, dann löchrig
19 TEMPO PER RESPIRARE	6a	15m	Harter Einstieg, dann löchrig
20 NEVERLAND	6a	22m	Schöne Platte, im Ausstieg löchrig
21 SENZA PAROLE	6c	22m	Ausdauerverschneidung
22 SOGNI DI UN VIAGGIO	7c	18m	Kleingriffiger Überhang, sschwierige Ausstiegspassage
23 TOP SECRET	7a+	18m	Im Schlussteil Zangengriffe
24 SMERALDA	7a+	18m	Harter Einstieg, dann Ruhepunkt und Einzelstelle
25 TEMPI DURI	7a+	18m	Viel Kraft im Einstieg, dann Ausdauer
26 MAX	6c+	25m	Onsight schwierig, Bewegungsprobleme
27 CRISALIDE	6b	25m	Technisch und schwierig zum Schluss
28 NUOVA PILONI	7a	25m	Harter Ein-und Ausstieg
29 XY	7c	25m	Schwieriger Ausstieg an Slopern
30 TUONI E FULMINI	7c	25m	Komplizierter, kleingriffiger Ausstieg
31 FRUTTI DI BOSCO	7b	22m	Kraftausdauer, sehr schön
32 COLIBRI	6b/c	22m	Kraftausdauer
33 CUCU SETTE	6b	20m	Onsight nicht einfache Bewegungsprobleme
34 FARFALLINA	6b+	18m	Kleine Löcher, die man finden muss...
35 SUPER POSTIN	6c	18m	Kleingriffig, onsight schwierig
36 METAL JACKET	7a	20m	Schwieriger Dachausstieg
37 TITTLE BLOCKS	7b+	20m	Einstieg kleingriffig, Dachausstieg
38 FORMIA	6c	20m	Bis zum Dach, danach harte 7c
39 MARTINO	5a	15m	Schöne Einstiegsroute
40 BARBARA	3a	15m	Die ersten Schritte im Fels

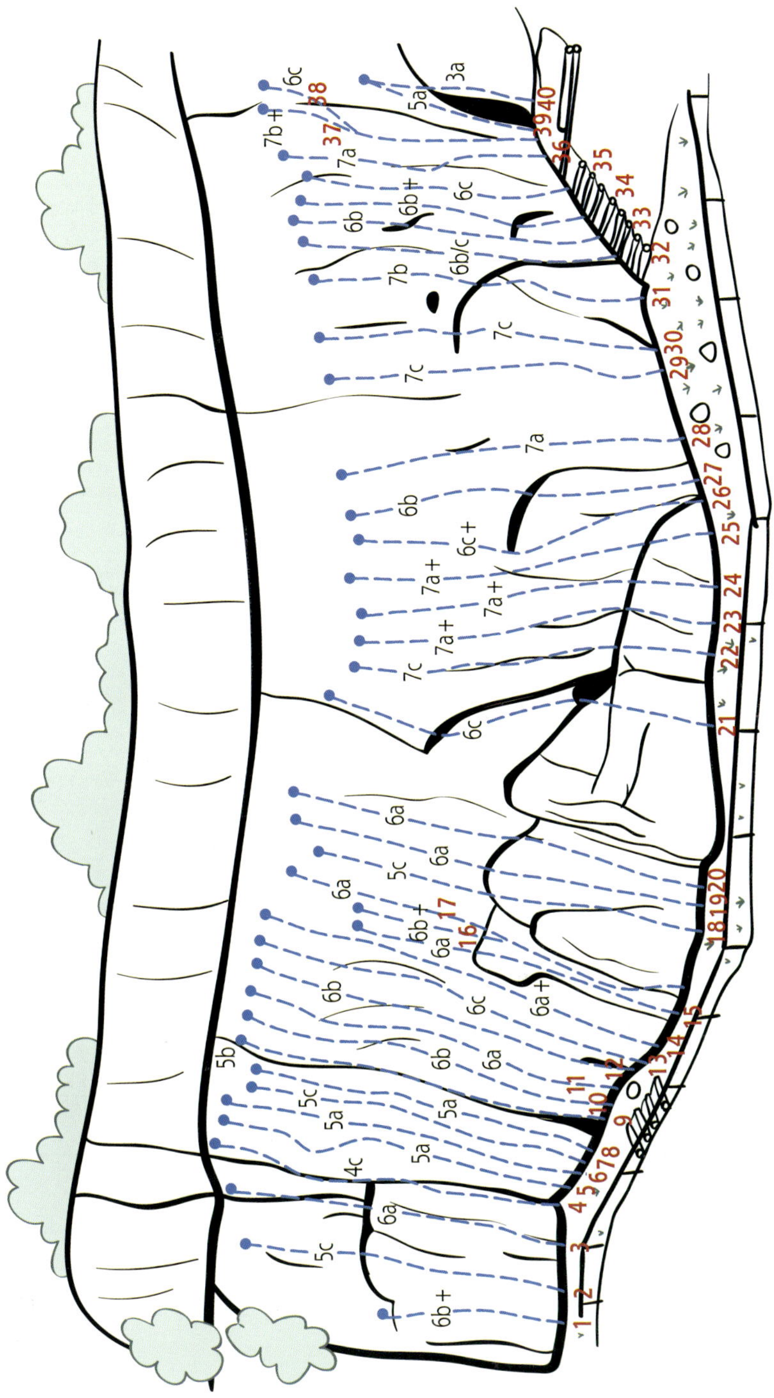
1
2
3
4
5
6
7
8
9
10
11
12
13
14
15
16
17
18
19
20
21
22
23
24
25
26
27
28
29
30
31
32
33
34
35
36
37
38
39
40

Val di Non

Mondino

94

Luca Giupponi war auf der Suche nach einer Felswand, die nicht weit von seinem Haus entfernt liegen und Routen bieten sollte, die seinem Kletterkönnen entsprachen. Zudem sollte man dort das ganze Jahr über klettern können. Ein Traum?
Nach vielem Suchen hatte er sie gefunden. Er musste dafür aber nicht, wie üblich, den Blick nach oben richten, sondern nach unten. Der Klettergarten liegt nämlich in einem richtigen Canyon und man erreicht in absteigend. Hier herrscht absolute Ruhe und wenn man vom Felsband, an dem die Routen starten, nach oben schaut, kann sich der Blick richtig verlieren. Die Routen im Sektor Mondino sind meist überhängend und weisen viele geschlagene Griffe auf.
Im weiteren Verlauf der Erschließung entstanden auch deutlich einfachere Linien. Die Sektoren L'Orto, Speranza und Patti Territoriali bieten 14 Routen in den Graden 5a bis 6a und wurden von den Bergführern Bruni und Cavosi eingebohrt. Die Erschließungs- und Wegearbeiten wurden von der Gemeinde Castelbuono unterstützt. Für diese Sektoren wird empfohlen, einen Helm zu tragen.
Achtung: die Einstiegsbereiche des ganzen Klettergartens liegen auf einem recht ausgesetzten Felsband.

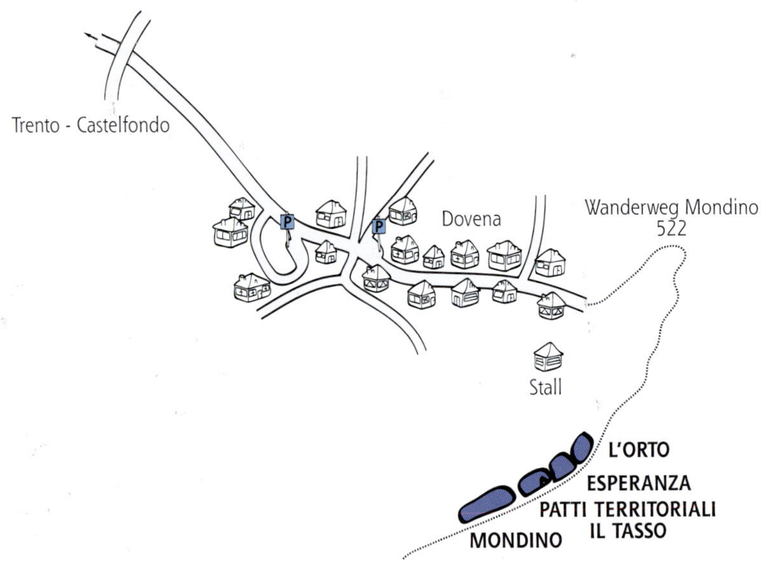

?	3
8b	3
8a	4
7c	8
7b	8
7a	4
6c	3
6b	4
6a	4
5c	4
5b	1
5a	4

50

Mondino, Luca Giupponi *(ph. Mario Manica)* ▶

Erschließer: L. Giupponi, P. Bonvicin, M. u. F. Aufderklamme, Società Guide Alpine del Trentino u.a.

Anfahrt/Zustieg

Von der Autobahnausfahrt S. Michele/Mezzocorona 42 km, dann 10 Min. Fußweg.

Man fährt bei der Ausfahrt S.Michele/Mezzocorona von der Autobahn ab und auf der SS43 weiter in Richtung Cles/Madonna di Campiglio. Nach ca. 20 km zweigt man bei Dermulo rechts in Richtung Passo Mendola ab (SS 43dir), fährt weiter nach Fondo (SS42) und folgt hier dann den Wegweisern nach Castelfondo. Hier biegt man rechts ab nach Dovena, fährt dort auf der Hauptstraße bergauf weiter durch den Ort bis zu einer Kreuzung, bei der ein kleiner Brunnen und ein Wegweiser ("Sentiero CAI 522") stehen. Hier gibt es einige wenige Parkmöglichkeiten. Wenn man 300 m weiter fährt, erreicht man einen größeren Parkplatz (auch für Wohnmobile geeignet). Vom Brunnen aus folgt man der flachen Straße (weiß-rote Markierungen), nach den Häusern dann dem Wegweiser "Sentiero del Mondino 522". Der Weg führt bergab in die Schlucht, nach ca. 400 m erreicht man die verschiedenen Sektoren.

SEKTOR L'ORTO

1 GEOMETRIE ESSENZIALI	5c	14m	Einstiegsboulder mit schönen Bewegungen
2 SFORAMENTO	6a	13m	Strukturierte Wand, Technik und Ausdauer
3 3.2.1.TEMPO SCADUTO	5a	15m	Bewegungs- und Fußtechnik
4 EL BRAO CONTADIN	5a	15m	Bewegungstechnik und Fingerkraft
5 GRATA E VENCI	5a	15m	Bewegungs- und Fußtechnik
6 OT SECONDI	5a	16m	Bewegungstechnik und Ausdauer

SETTORE ESPERANZA

1 BONBÈ BON PÈ	6a	25m	Einstiegsboulder, dann Ausdauer
2 PER SIMONE	6b	28m	Ausdauer mit guten Griffen, Ausstieg athletischer und leicht überhängend
3 PRIM EL GIUPPO	6a	28m	Ausdauer mit guten Griffen, schöner Ausstieg in kleiner Verschneidung
4 ES..PAZA..DORA.. O ES.. PAZO.. LIN	5c	25m	Einstieg mit schöner, kleingriffiger Platte. In der Mitte leicht überhängend und technisch

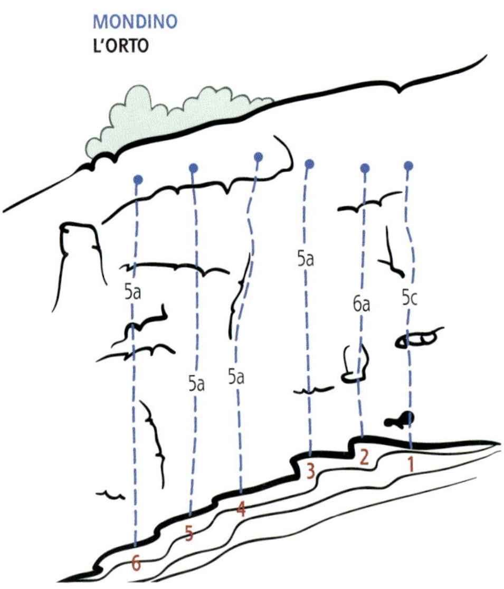

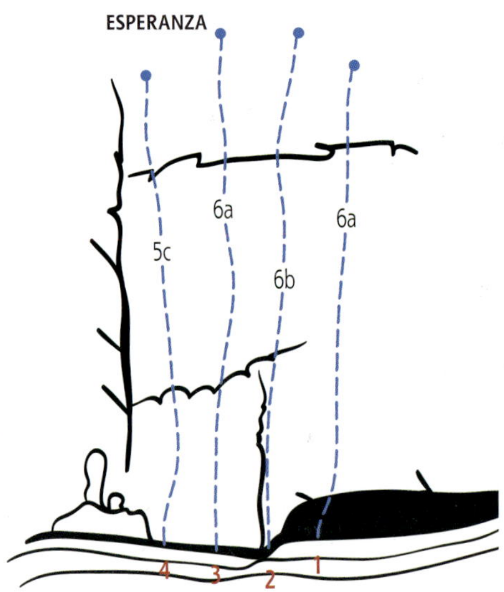

SEKTOR PATTI TERRITORIALI

1 LE MOND IN EVOLUZION	5c	15m	Technische Einzelstelle in der Mitte
2 FREEDOM	5c	15m	Überhängender Einstieg, dann brüchig
3 M 2	5b	16m	Überhängender Einstieg, schön strukturierter Ausstieg
4 LOSS VON ROME	4c	16m	Schöne Griffe in strukturiertem Fels

SEKTOR IL TASSO

5 BRENNESSEL WEG	6c+	18m	Einstieg großgriffig, dann Ausdauer. Heikler Ausstieg in Platte.
6 OHNE NAMEN	7a+	22m	Harter Einstieg, danach viele Seitgriffe
7 VIA DEL TASSO	6c	25m	Ausdauer
8 OHNE NAMEN	7b	25m	Einstieg wie Via del Tasso, dann links an kleinen Griffen weiter

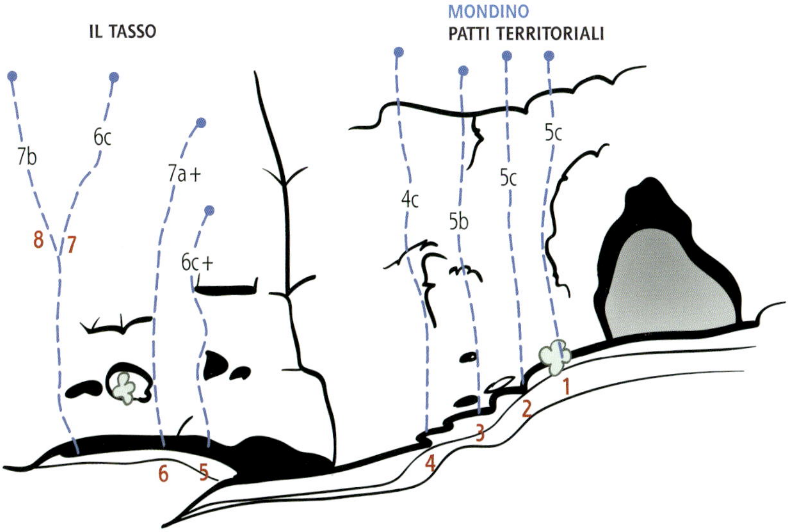

SETTORE MONDINO

1 CRAPA DURA ISA		6a+	17m	Gute Griffe und Ausdauer
2 NANCHA BON		6b	17m	Gute Griffe und Ausdauer
3 MEZA PAR UN	SL1	7a	17m	Harte Einstiegspassage
	SL2	7b	24m	Ausdauer, recht gute Griffe, Boulderpassage vor dem Umlenker (SL1 + SL2)
4 SENTIERI PER ESPERTI		7b/c	26m	Einstieg mit ungemütlichem Riss, Ausstiegsboulder
5 DIRETTA 522		7b+	26m	Einstieg wie Sentieri, dann links und ausdauernd weiter. Von unten eingebohrt, nur natürliche Griffe
6 15 NOVEMBRE		7a+	18m	Senkrechte Griffe und Sloper, viel Gleichgewicht
7 MAMAO		6c+	19m	Bis zum 4. Haken sehr heftig, dann Ausdauer
8 ZIGORI		7a	16m	Kurz, aber heftig. Kleingriffig
9 VIELEN DANK BEPINO		6b+	16m	Drei Blockierzüge im Einstieg, unübersichtliche Kletterei
10 LA CURTA		6b+	15m	Harte Einzelzüge im Einstieg, konzentrierte Schwierigkeiten
11 BARBARA		7b	20m	Kleingriffiger Einstieg, Ausdauer
12 FRECCIA	SL1	7b	16m	Ausdauer an Slopern
	SL2	7c	26m	Einststelle vor dem Umlenker (SL1 + SL2)
13 RONDINELLA		7b+	21m	Harter Einstieg, schöne Ausdauerroute
14 NANGA PARBAT		7c+	18m	Viel Ausdauer, im oberen Viertel
	SL1			unübersichtlicher Wulst
	SL2	8a	27m	Schwierig über das Dach vor dem Umlenker (SL1 + SL2)
15 TEN DUR	SL1	7c+	17m	Kraft und viel Ausdauer fordernd
	SL2	8a	28m	Kraft und viel Ausdauer, Boulderzüge (SL1 + SL2)
16 OHNE NAMEN		?	?	Projekt
17 SCALA REALE		7c+	26m	Kleingriffiger Einstieg, seltsame Verschneidung, anstrengender Wulst und Blockierzüge
18 MAGICO T4		7c+	26m	Bis zum 5. Haken von Scala reale, dann links weiter. Harter Sloperzug vor der Kette.
19 LA SFIDA		7b+	16m	Lange Blockierzüge an recht guten Griffen
20 GHIACCIO SOLARE		8a/b	24m	Boulderpassagen und dynamische Züge
21 KROIZ		7c	24m	Gute Griffe, Ausdauer, Überkreuzer in der Mitte
22 MEZ PER SORT		7c+	24m	Gute Griffe, Ausdauer, kleingriffer Ausstieg
23 LE CHITARRINE		8b	26m	Harter überhängender Einstieg, Ausdauer an kleinen Griffen
24 SPERANZA		8b	27m	Ausdauer mit eineigen Untergriffen
25 3 MAGGIO		8b	27m	Harter Einstieg, am 4. und 5. Haken seltsame Moves, Ausdauer
26 L'OSPITE		7c+	28m	Kleingriffige Blockierzüge in der Mitte, Ausdauer
27 L'INVASIONE		8a+	28m	Die längste Route hier, dynamischer Einstieg und viel Ausdauer
28 OHNE NAMEN		?	?	Projekt
29 LAVAREDO PROG		?	?	Projekt, nicht einsteigen

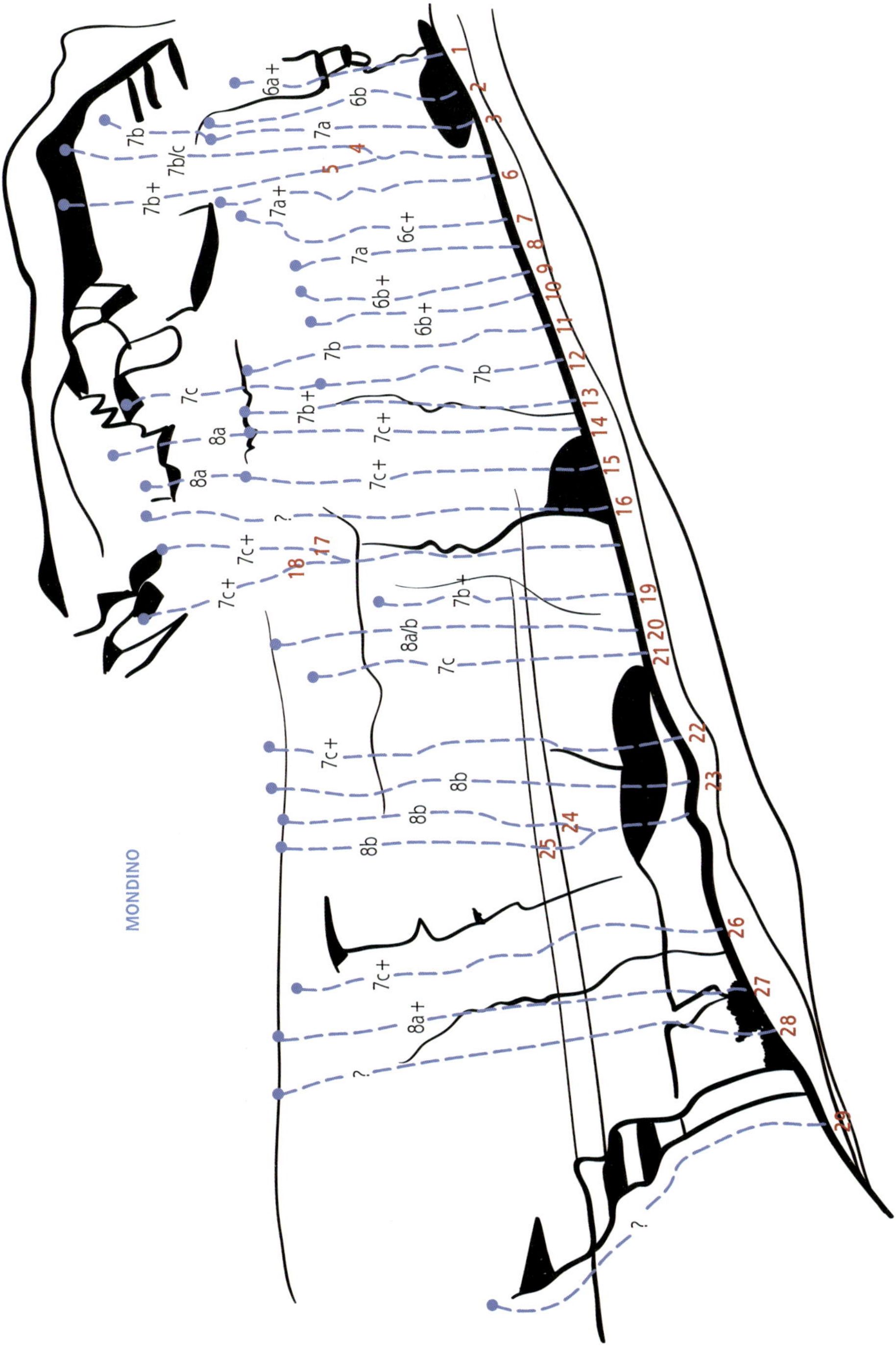
MONDINO
1 6a+
2 6b
3 7a
4 7b/c
5 7b+
6 7b+
7 7a+
8 6c+
9 7a
10 6b+
11 6b+
12 7b
13 7b
14 7b+
15 7c+
16 7c+
17 7c+
18 7c+
19 7b+
20 8a/b
21 7c
22 7c+
23 8b
24 8b
25 8b
26 7c+
27 8a+
28 ?
29 ?
7b
7c
8a
8a
8a
?
7c+
7c+

Rovereto

Monte Scanuppia

95

700 m

W

45'-1h

Wer auf der Suche nach einem sehr ruhig gelegenen Klettergebiet ist, findet es hier. Zudem ist das Panorama mit Blick auf die drei Gipfel des Cornetto und auf das Vallagarina einfach schön. Im Sektor "Acqua in Bocca" mit den bis zu 25 Meter langen Routen dominiert Ausdauerkletterei an Leisten. Im Sektor "Bacco e Tabacco" sind die Linien bis zu 30 Meter lang, die graugelbe Wand bietet hier, zusätzlich zu den Leisten auch noch viele Tropflöcher und zwischendrin immer wieder gute Ruhepunkte. Lasst euch also vom langen Zustieg (45-60 Minuten) nicht abhalten, zumal diese Wand auch mehr als nur einen Besuch verdient. Mit etwas Glück nimmt euch auch ein Anwohner mit dem Auto mit... Für den Rückweg benötigt man übrigens nur ca. 20 Minuten.

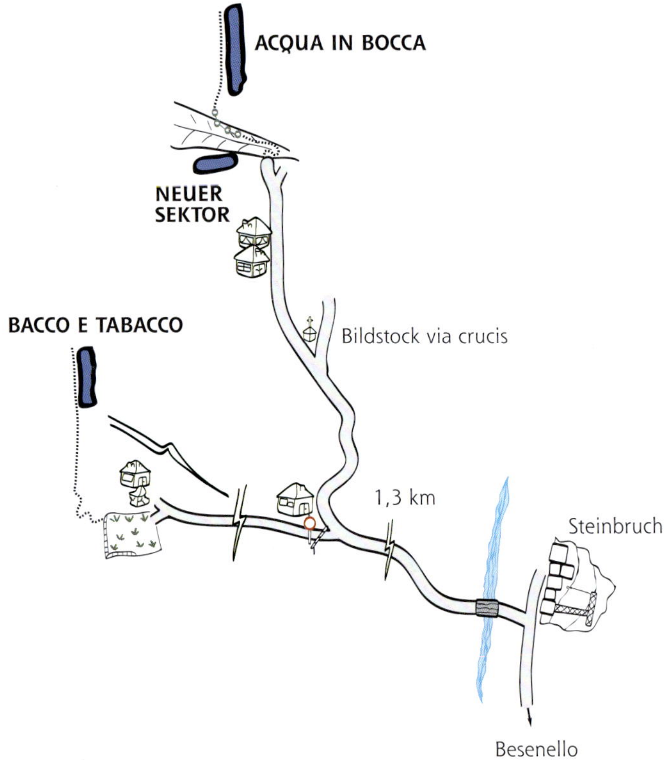

8b	3
7c	2
7b	9
7a	19
6c	20
6b	5
6a	1
<6	1

60

Erschließer: T. Buccella, I. Feller, M. Feller, L. Ondertoller, A. Postinghel u. a.

Anfahrt/Zustieg

Von Rovereto 12,5 km, dann 45-60 Min. Zustieg auf Straße und Wanderweg.

Von der Autobahnausfahrt Rovereto Sud zunächst in Richtung Trento/S.S.12, gleich nach Calliano ist rechts das Castel Beseno (eine Besichtigung lohnt sich!) zu sehen. Kurz nach dem Schild mit der Aufschrift "S.S. 12 km 364" erreicht man das Ristorante Posta Vecchia (rechts), 50 m danach biegt man rechts ab (Via Posta Vecchia, 11,2 km von der Autobahnausfahrt). Jetzt immer bergauf bis zur Einfahrt des großen Steinbruchs (1,3 km vom Ristorante Posta Vecchia) und in Einbuchtungen am Straßenrand parken. Direkt gegenüber des Steinbruchs beginnt kurz nach der Brücke die steile, zementierte Straße, die zum Monte Scanuppia führt.

Von Trento 15,2 km, 45-60 Min. Zustieg auf Straße und Wanderweg.

Von der Autobahnausfahrt der A22 Trento Centro folgt man den Wegweisern S.S.12/ Rovereto-Verona. Nach ca. 14,5 km fährt man durch eine Galerie, rechts sind Industriegebäude zu sehen (Sergio Dalla Noghere, Mobili Pfiffer). Gleich nach den Gebäuden der Fa. CEMEA (links) biegt man dann links ab (Via Posta Vecchia, von der Autobahnausfahrt ca. 15,2 km). Jetzt immer bergauf und bis zum Steinbruch. Weiter wie oben beschrieben.

SEKTOR ACQUA IN BOCCA

Auf der steilen, zementierten Straße etwa 1,5 km bergauf und bis zu einem Bildstock (links). Hier dann auf die Schotterstraße, die flach in den Wald führt. An zwei kleinen Gebäuden bzw. einem großen Kruzifix vorbei und weiter bis zu einer Lichtung mit einer Wellblechhütte. Die Felswand ist von hier leider nicht zu sehen. Zur Orientierung: Sie liegt unterhalb der Hochspannungsleitungen. Man geht hinter der Hütte vorbei (Privatgelände!) und steigt in der Rinne (einige Fixseile und eine kleine Holzleiter) bis zum Klettergarten ab (vom Bildstock etwa 10 Min.). Kurz bevor man das Massiv erreicht, findet man linkerhand den kleinen Neuen Sektor.

SEKTOR BACCO E TABACCO

Auf der steilen, zementierten Straße etwa 1,3 km bergauf und an der ersten kleinen Straße links abzweigen. Am Ende dieser Straße stehen rechts ein Haus und ein zerfallenes Gebäude. Jetzt geht man über die Wiese, die auf ihrer Nordseite von einer Steinmauer begrenzt wird. Am rechten Ende dieser Mauer beginnt eine anfangs nicht gut sichtbare Pfadspur, hier bergab und danach rechtshaltend zur Felswand (die von der rechten Seite der Mauer schon gut zu sehen ist). Ab der zementierten Straße etwa 10 Min.

SEKTOR ACQUA IN BOCCA

1 KOKAKOLA	6c	24m	Tropflochplatte
2 SPANISH BOMBS	6b+	24m	Wandkletterei, Ausdauer
3 REVOLUTION ROCK	6c	24m	Wandkletterei, Ausdauer
4 IL DITO DEL VIAGGIATORE	6c+	24m	Kleiner Überhang, Ausstiegsboulder
5 POLENTA E CUNEL	7a+	22m	Einzelstelle am Bauch mit weitem Hakenabstand
6 ENIGMA	6c	21m	Nicht eindeutiger (Längen-)Zug
7 CRESIMA	6a+	20m	Kurzer Boulder, dann leichter. Stand gemeinsam mit Nr. 8
8 BATTESIMO	5c	20m	Schöne Rissverschneidung
9 SPINGI GONZALES	6c+	25m	Direktvariante von Nr. 8, Boulder
10 LO HOBBIT	7a+	25m	Seltsame Einzelstelle, Ausdauer
11 JUMBO	6c+	25m	Seltsame Bewegungen an Sinter, Ausdauer
12 PIÙ FORTE RAGAZZI	7a+	25m	Technische Wandkletterei, Dach
13 ACQUA IN BOCCA	7c+	25m	Technisch sehr schwierig und kleingriffig
14 SOSPIRO	7b+	25m	Schöne technische Wandkletterei
15 OHNE NAMEN	?	?	Projekt
16 BEAUTIFUL STREET	7a	25m	Schöne technische Wandkletterei
17 IL GIOCO	7a+	25m	Technisch schwierig, Einstiegsboulder, sehr schön
18 FIESTA A LAS NEGRAS	7a+	25m	Sehr schöne senkrechte Wand
19 IL PENSATORE	7b+/c	23m	Schön, technisch, kleingriffig
20 EX RESINELLA	?	20m	Projekt
21 BUGIA	7b	18m	Bewegungstechnik, harter Zug über dem Dach
22 MR. POMODORO	6c+	18m	Einstiegsboulder, dann heikle Moves
23 VIETATO VIETARE	7a	20m	Harter Einstieg
24 SUPER FLOSS	6b+	16m	Wand mit schönen Bewegungen
25 HOMO SBIFIDUS	7a	20m	Boulderpassage in Platte
26 HOMO ABILIS	7a	20m	Heikle Züge an kleinen Griffen

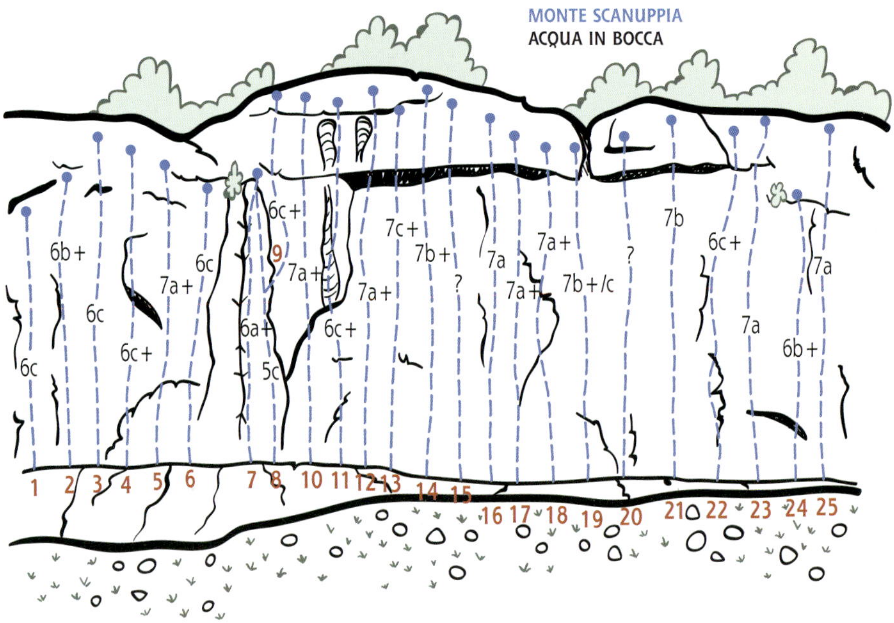

27 NO SLEEP	6c+	16m	Heikle Züge an kleinen Griffen
28 IL TURNICATORE PAZZO	6c	16m	Kleingriffige Boulderpassage in Platte
29 40 RUGGENTI	7a+	16m	Kleingriffige Boulderpassage in Platte
30 TONY MANERO	6c	20m	Kleingriffige Boulderpassage in Platte
31 PSICOTERAPIA	7a	16m	Kraftausdauer in senkrechter Wand
32 STARTMAN	6c	16m	Kraftausdauer in grauer Wand
33 M.I.L.F.	6b+	16m	Kraftausdauer in senkrechter Wand
34 KATASTROFEN	6b+	16m	Viele Leisten
35 THE CLASH	6c	16m	Kraftausdauer in grauer Wand
36 RATTENFALLEN	6c+	16m	Kraftausdauer in grauer Wand
37 OHNE NAMEN	?	16m	Projekt
38 FRITTURA MISTICA	6c+	16m	Wulst mit kleinen Leisten
39 VISITORS	6c	16m	Kraftausdauer in grauer Wand
40 PISCHELLA PICCANTE	7a+	16m	Kraftausdauer in grauer Wand
41 BIEVENIDO A TJUANA	7b	16m	Nach dem Dach eine Boulderpassage

MONTE SCANUPPIA
ACQUA IN BOCCA

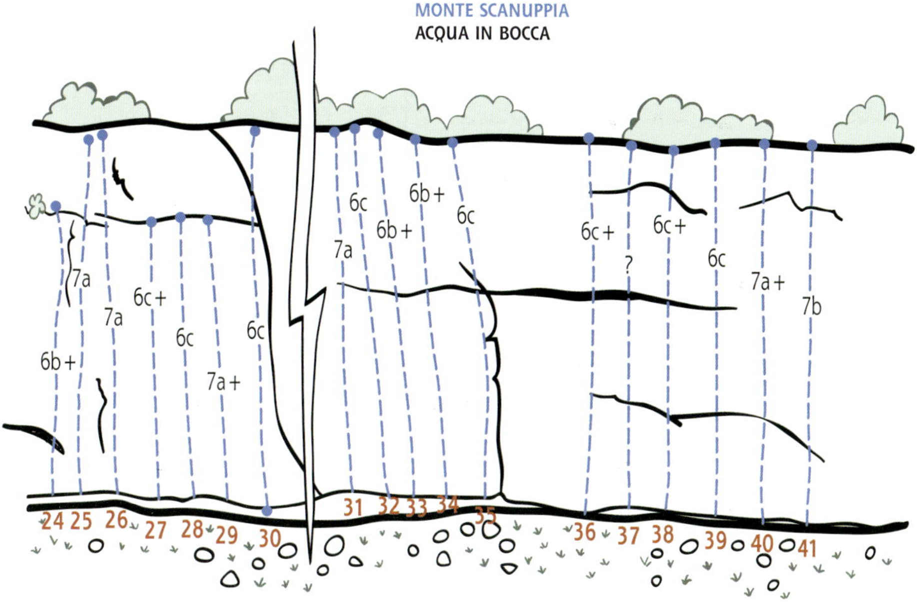

SEKTOR BACCO E TABACCO

1 EL TOPO	6c	30m	Technische Einzelzüge in grauer Wand
2 FESTIVALITO	6c+?	30m	Technische Einzelzüge in grauer Wand
3 JAMMING	7b/+	30m	Technische Einzelzüge in grauer Wand
4 L'ALIENATO	7a+/b	30m	Technische Einzelzüge in grauer Wand
5 SINTONIA SEGRETA	7b/+	30m	Technische Einzelzüge in grauer Wand
6 ARIA SOTTILE	7b	30m	Technische Einzelzüge in grauer Wand
7 NUNTEREGGAE PIÙ	7a+	30m	Harter Boulder
8 URLA NEL SILENZIO	6c+	32m	Plattenpassage, dann Einzelstelle
9 PLACCHISMO E RASSEGNAZIONE	7b	34m	Technische Platte, Ausstiegsboulder
10 LONDON CALLING	6c+	34m	Technische Einzelzüge in grauer Wand
11 CARETERA GALACTICA	7a	34m	Technische Einzelzüge in grauer Wand
12 NEMICO AMICO	7b	34m	Wand mit schmerzhaften Minigriffen
13 WOMAN FREE	7c+	24m	Schwieriger Boulder am Einstieg sowie in der Mitte
14 IO STO CON GLI IPPOPOTAMI	7a	25m	Einstiegsboulder, Technik
15 SUPER BILINKI	7a+/b	30m	Boulder im Ausstieg

NEUER SEKTOR (kein Topo)

1 VECCHIO LEONE	7a	20m	Kraftausdauer in senkrechter Wand
2 Z LA FOMICA	6c	20m	Kraftausdauer in senkrechter Wand
3 SHINING	7a+/b	20m	Kraftausdauer in senkrechter Wand
4 WHITE VEDOV	6b	20m	Kraftausdauer in senkrechter Wand

MONTE SCANUPPIA
BACCO E TABACCO

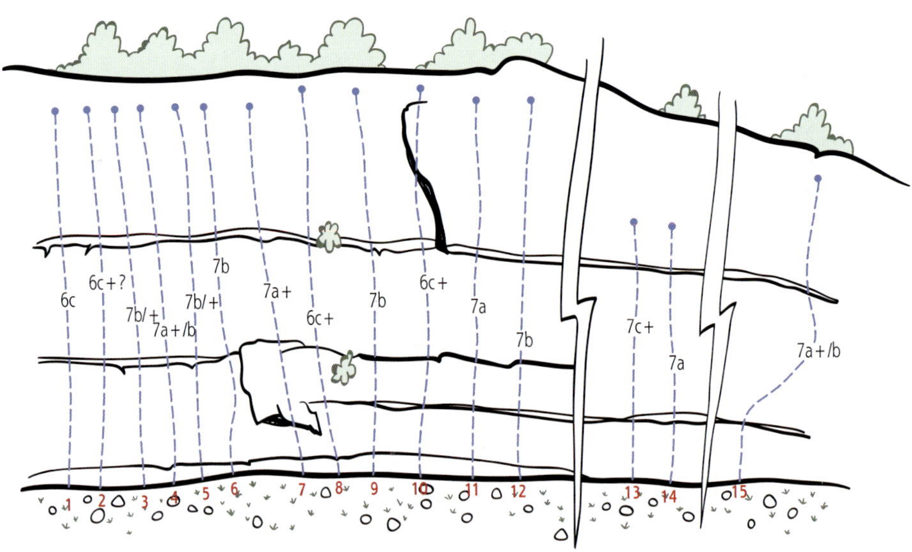

GRANIT
COLLANA LUOGHI VERTICALI
Mario Sertori
VAL DI MELLO
Arrampicate Trad e sportive nella culla del freeclimbing italiano
COLLANA LUOGHI VERTICALI
Mario Sertori
SOLO GRANITO
Masino-Bregaglia-Disgrazia
Arrampicate classiche e moderne
1 Valli del Masino e del Disgrazia
Mario Sertori
COLLANA LUOGHI VERTICALI
NICHTS ALS GRANIT
Masino-Bergell-Disgrazia
Klassische und moderne Routen
1 Täles des Masino und des Monte Disgrazia
COLLANA LUOGHI VERTICALI
Mario Sertori
VAL DI MELLO
Klassische und moderne Routen
VERSANTE SUD

L'Orrido

Gleich hinter dem Castel Beseno liegt ein Klettergarten, der eine für diese Gegend sehr ungewöhnliche Charakteristik aufweist: In den überhängenden Felsen gibt es viel Lochkletterei. Die 40 Meter lange Linie *Super diagonale*, die mit *No pain no gain* beginnt und am Ausstieg von *Orca* endet, ist schön und eine wirklich lange Reise durch die Überhänge. In Orrido kann zwar auch bei Regen geklettert werden, aber oft drückt nach Regenfällen das Wasser durch die Löcher. Die Wand selbst liegt morgens im Schatten und nachmittags in der Sonne. Künstliche und/oder geschlagene Griffe sind hier fast keine zu finden. Die Einstiege liegen auf einem ausgesetzten Band, etwas Vorsicht ist hier angebracht!

Erschließer: T. Buccella, M. Curti, R. Larcher, L. Ondertoller u. a.

Anfahrt/Zustieg
Von der Autobahnausfahrt Rovereto Sud ca. 19 km, dann 5 Min. Zustieg auf Asphaltstraße.

Von der Ausfahrt der A22 folgt man zunächst den Wegweisern Rovereto Centro und dann 'Trento/S.S.12'. Man fährt immer geradeaus, durch Rovereto hindurch und weiter nach Calliano (14,5 km von der Ausfahrt). Nach einer 'IP'-Tankstelle (rechts) biegt man dann nach rechts in Richtung Vicenza/Folgaria (S.S.350) ab. Kurz nach dem Ort Dietrobeseno fährt man durch einen Tunnel, dann über eine Brücke und durch einen weiteren Tunnel. Etwa 200 m nach dem zweiten Tunnel parkt man dann an einer großen Kurve.

Jetzt geht man auf der Straße zurück und durch den Tunnel, das Felsmassiv liegt rechts und ist von der Brücke gut sichtbar. Über eine Eisenleiter hat man schnell den Wandfuß erreicht.

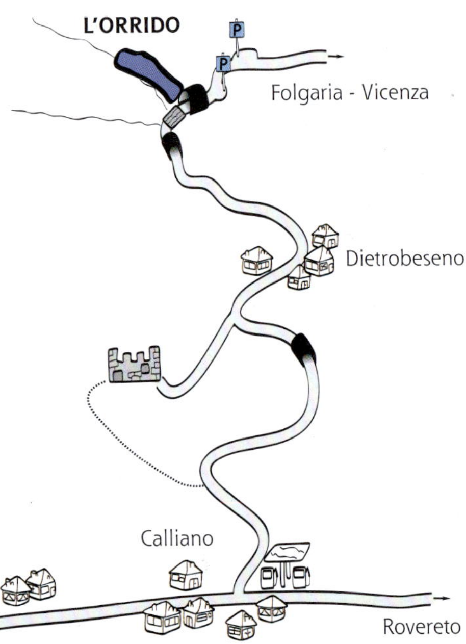

?	2
8a	8
7c	4
7b	4
7a	4
6c	4
6b	4

30

SICILIA
SAN VITO
LO CAPO
Sicilia
CLIMBING MAP
850
routes
FALESIE
CRAGS
KLETTERGÄRTEN
VERSANTE SUD
EL BAHIRA
YMCACLIMBINGHOUSE

1 PANICO A TONSAI		7b	15m	Senkrechte Wand mit Leisten
2 MEDITERRANEO		7a	15m	Senkrechte Wand mit Leisten
3 BUENA VISTA SOCIAL CLUB		6c+	15m	Senkrechte Wand mit Leisten
4 DREAMLAND		6b	15m	Senkrechte Wand, Ausstieg links
5 DREAMLAND		7a	32m	Ausdauer in senkrechter Wand
6 ROCK THE CASBAH		6c+	30m	Senkrechte Wandkletterei
7 TRICK OR TREAT		7b/7b+	12m	Athletischer Einstieg, dann Boulder
8 LYNX		7c+	14m	Athletischer Überhang
9 BABYGIFT		8a+	25m	Boulderpassage, danach über La balena weiter
10 ORCA		8a	28m	Einstieg wie La Balena. Im ersten Teil Boulderzüge, dann Leisten und Ausdauer
11 LA BALENA		8a+	27m	Boulderzüge im steilen Einstiegsüberhang, dann Leisten und Ausdauerkraft
12 LA BAMBINA		8a	27m	Beginnt in der Grotte mit Löchern, dann überhängender Wandteil mit Leisten und Ausdauerkraft
13 EL GIGANTE		7c	28m	Beginnt in der Grotte mit Löchern, dann Wand mit viel Ausdauerkraft an Leisten
14 SMOG		8a+/b	35m	Erster Teil von El gigante, dann schwieriger Boulder und Ausdauer
15 QUESTIONE MORALE	SL1	8a	30m	Ausdauer im Überhang, harter Ausstieg, langer Hakenabstand
	SL2	?	45m	Projekt. Erster und zweiter Teil von Questione morale
16 SALLY	SL1	7c	25m	Einstiegsboulder, dann Ausdauer in überhängender Wand
	SL2	8a	30m	Erste und zweite Länge von Sally. Schwieriger Ausstiegsboulder
17 LA SUPER DIAGONALE		8a+	40m	Erste 4 Haken von No pain no gain, dann diagonal links zum 5. Haken von Orca und weiter zum Umlenker. Sehr schön. 80m-Seil!
18 NO PAIN NO GAIN		7b	25m	Ausdauer an leicht überhängender Wand
19 ROCK SPIDER		7b	25m	Ausdauer an leicht überhängender Wand
20 BABY ZOCCOLA	SL1	6c	22m	Ausdauer an leicht überhängender Wand mit guten Griffen
	SL2	7a+	32m	Ausstieg an geklebten Griffen
	SL3	?	45m	
21 GIÒ CAZZOLA	SL1	6b	20m	Ausdauer an leicht überhängender Wand mit guten Griffen
	SL2	6b+	25m	Erste und zweite Länge von Giò Cazzola, merkwürdige Einzelstelle, einige geklebte Griffe
22 MARRAKECH EXPRESS	SL1	7a	25m	Technik und Bewegung
	SL2	7c	30m	Erste und zweite Länge von Marrakech, technische Boulderstelle
23 GIOVENTÙ BRUCIATA		6c/c+	20m	Boulderstelle am Bauch
24 NATURAL MYSTIC		6b	20m	Athletisch

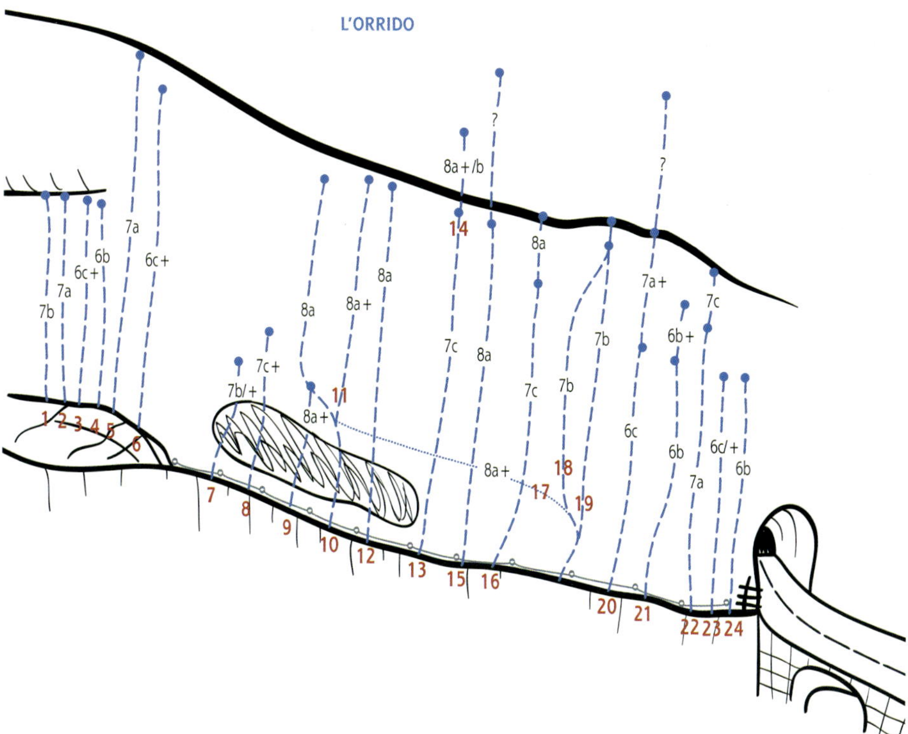
L'ORRIDO
1 2 3 4 5 6
7b 7a 6c+ 6b 7a 6c+
7 8 9 10 11 12
7b/+ 7c+ 8a 8a+ 8a+ 8a
13 14 15 16
7c 8a+/b ? 8a
8a+
17 18 19
8a 7c 7b 7b
20 21
7a+ ? 6c
22 23 24
7c 6b+ 6b 7a 6c/+ 6b

Serrada

An die siebzig Routen, hauptsächlich in den mittleren Schwierigkeitsgraden 6a bis 6c, gibt es in diesem schönen Klettergebiet. Es liegt in einem Eichenwald und eignet sich besonders für Sommertage. Auch Familien mit Kindern werden sich hier wohl fühlen. Lange Jahre war dieses Massiv in Vergessenheit geraten, aber dann sanierten Luciano Caldera und seine Frau Ornella die Wand, entfernten losen Fels und kümmerten sich um die Zustiegswege und den Wandfuß. Sie erschlossen auch neue Routen und brachten dadurch ein historisches Gebiet wieder zum Erblühen. Dies wurde und wird von vielen Kletterern geschätzt und deshalb ist hier im Sommer ganz schön was los.

Erschließer: L. Caldera, Pacher, Plotegher u. a.

Anfahrt/Zustieg

Von der Autobahnausfahrt Rovereto Sud 28 km, dann 10 Minuten Fußweg.

Von der Ausfahrt in Richtung Rovereto Centro und am Einkaufszentrum ‚Millenium Center' vorbei. Am 2. Kreisverkehr nach links in Richtung Trento/S.S.12. Auf der linken Spur einreihen und immer geradeaus weiter bis zum großen Kreisverkehr am Bahnhof (bis hierher 7 km). Jetzt nach rechts (Corso Rosmini) und Richtung Zentrum bzw. später Serrada-Folgaria/ S.P.2. Nach 19 km, nachdem man die vielen Teilorte der Gemeinde Terragnolo durchfahren

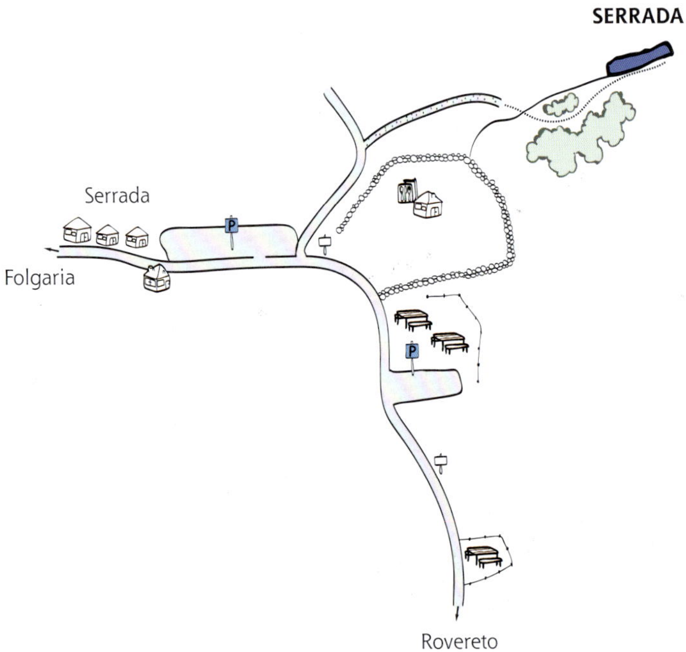

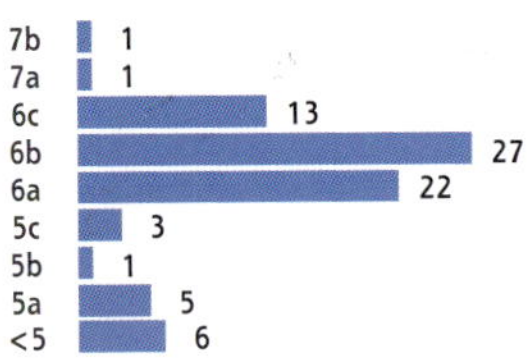

79

hat, zeigt ein Ortschild das Ende des Gemeindegebiets an. Ein weiteres Schild weist auf die ,Magnifica Comunità di Folgaria' hin. Es folgt das Ristorante ,Cogola' in einer großen Kurve, danach parkt man auf dem großen Parkplatz rechts. Auf seiner äußerst rechten Seite führt die ,Via San Rocco' weiter, schon nach etwa 20 m geht man aber in der ersten Kurve rechts auf den Schotterweg (hinter dem Restaurant). Nach ca. 100 m zweigt ein Weg bergab in den Wald ab, kurz darauf ist man am Wandfuß.

SEKTOR A

1 MAIYUMI	7b	8m	Heikler Start an Leisten
2 TSUNAMI	6a+	8m	Heikler Start an Leisten
3 MANU	4b	12m	Einfacher Pfeiler
4 MR. BOOMBASTIC	4a	12m	Über den Pfeiler, leicht
5 ECLISSE 99	6b	7m	Kurzer Boulder
6 LA MORTE NERA	6c+	12m	Ausdauer, einige künstliche Griffe
7 STARWAY TO HEAVEN	6c	12m	Ausdauer, einige künstliche Griffe
8 DANTON	5a	12m	Kante
9 HAWK	6a	12m	Einzelstelle im Ausstieg
10 SPITFOLLIA	6a+	12m	Technische Platte
11 PHOENOMENA	6a	12m	Heikler Einstieg, dann gutgriffige Platte
12 GHOST	6a	10m	Heikler Einstieg, dann gutgriffige Platte
13 MICROTEST	6c	10m	Schwieriger Einstiegsboulder
14 MELANCHOLY	4b	10m	Einzelstelle

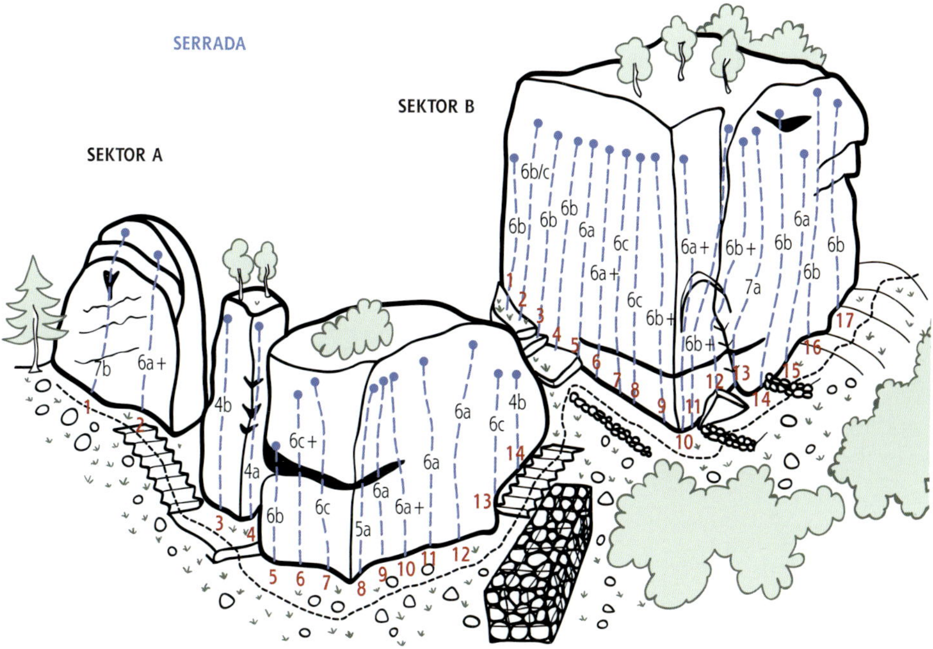

SEKTOR B

1 SPIDER	6b	10m	Heikler Einstieg, dann Aufleger
2 MEGAWATT	6b/c	22m	Technisch, in grauer Wand
3 DIE HARD	6b	22m	Dach umklettern, schöne Platte, kurzer Bauch mit Löchern
4 CROW	6b	22m	Technische Platte im Mittelteil
5 MURUROA	6a	22m	Einzelstelle im Mittelteil an der Schuppe
6 JESSICA	6a+	23m	Ausdauerroute an immer guten Griffen
7 NO LOVE	6c	23m	Heikler Längenzug am Einstieg, Schluss leicht überhängend
8 BALLA COI LUPI	6c	23m	Ausdauer in gelber Wand, Schluss leicht überhängend
9 CONDOR	6b+	23m	Wandkletterei, Fingerleisten, Schluss leicht überhängend
10 ESORCICCIO	6a+	23m	Ausdauer, etwas erzwungene Linie
11 MAIEMI	6b+	23m	Anfangs kleine Leisten, dann gute Griffe
12 MANI DI VELLUTO	6b+	25m	Einstieg mit Rissverschneidung, dann Platte
13 THE WALL	7a	25m	Fingerkraft an Leisten, dann einfacher
14 KAOS	6b	20m	Senkrechte, gelbe Wand mit Leisten und Bauch am Schluss
15 ZANZIBAR	6a	18m	Technische leicht geneigte Platte, Ausdauer
16 CADUTA MASSI	6b	25m	Technische leicht geneigte Platte, Ausdauer
17 GIADA	6b	25m	Technische leicht geneigte Platte, Ausdauer

SEKTOR C

1 CUZCO	6a+	8m	Boulderzug am Dach
2 INDIOS	3c	12m	Einfacher Risskamin
3 KURSK	6b	10m	Schwieriger Längenzug
4 TOTEM	6a	10m	Folgt dem Riss
5 TSAATAN	5b	16m	Geneigte Platte, Fußtechnik im Mittelteil
6 YETI	5c	18m	Leichter Riss, schwierige Positionierung zum Schluss
7 IBIS	6a	20m	Heikler Zug in der Platte, gute Fußtechnik
8 LADY DIANA	6a+	16m	Zuerst schwierige Stelle, dann technische Platte
9 GHIBLI	6a+	22m	Oberer Teil gemeinsam mit Mephisto

SEKTOR C

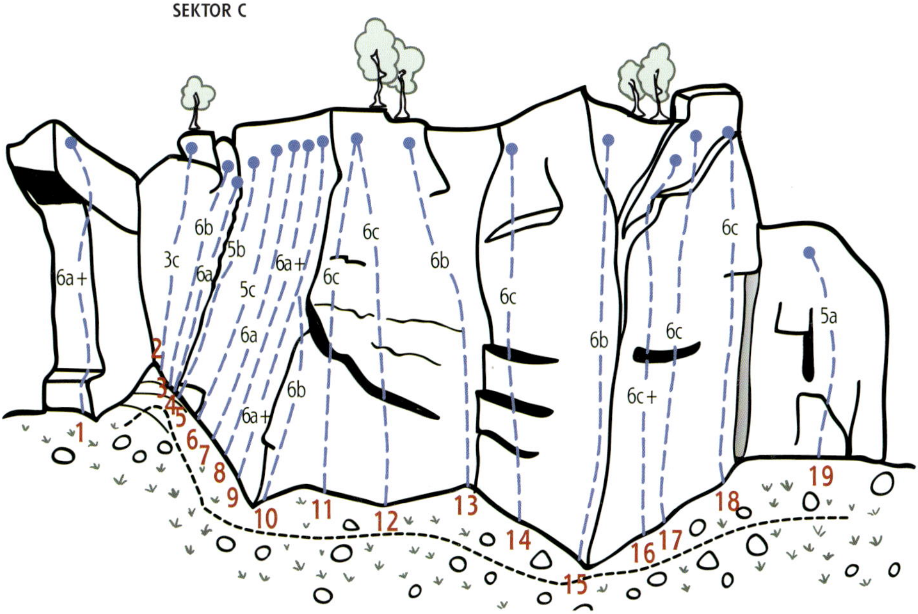

10 MEPHISTO	6b	22m	Einstiegsriss leicht überhängend, dann schwierige Platte
11 LUCIFERO	6c	22m	Schön, Bewegungstechnik
12 CONGEDO EXPRESS	6c	20m	Ausdauer an Leisten
13 TRAVERSO PERVERSO	6b	24m	Schwierige, kaum ausgeprägte Verschneidung in der Mitte
14 DUE DITA PRIME FALANGI	6c	20m	Einstiegsboulder, dann Platte, Ausstieg leicht überhängend
15 JOVANNONA	6b	20m	Einstieg an schwierigen Auflegern, dann Längenzüge
16 ANGEL OF DEATH	6c+	22m	Ausdauer an positiven Leisten, dann kleiner Bauch in der Mitte
17 ROBESPIERRE	6c	20m	Senkrechte Wand
18 PIRATA	6c	18m	Schwierige Kante
19 CHIPKO	5a	7m	Überhang mit Aufrichter

SEKTOR D

1 AYERS ROCK	6a	10m	Senkrechte Platte, Bewegungstechnik
2 HIDALGO	6a	10m	Leichter Riss, Einzelstelle im Ausstieg
3 INCA	5c	10m	LeichterRiss, Einzelstelle im Ausstieg
4 VIPER	5a	10m	Senkrechter Einstieg an guten Griffen
5 NANDU'	5a	14m	Einfach, brüchig
6 ZA˘ BJ	4a	18m	Brüchig
7 BALI	5c/6a	18m	In der Mitte Einzelstelle im Überhang
8 MACHU PICCHU	6b	18m	Schöner Einstiegsboulder, Längenzug am Schluss
9 LICHENI	6b	18m	Schwieriger Aufrichter
10 TARKINE	6b+	20m	Harte Stelle mit Leisten am Bauch
11 UGLY	6b+	20m	Schöne Linie, heikle Einzelstelle in der Platte
12 MIWOK	6a	20m	Heikle Einzelstellen in der Platte
13 MAYA	6b+	20m	Schöner Einstieg, problematischer Längenzug
14 EURO	6a	20m	Inhomogen, Einstiegsboulder
15 CANYON	4c	20m	Kamin

SEKTOR E

16 NON MOLLARE MAI	6c+?	30m	Mit einer kleinen, senkrechten und kleingriffigen Wandstelle
17 BRAVEHEART	6b+	30m	Ausdauer
18 ZIA LILLI	6a	30m	Schwierigere Einstiegspassage, dann leichter
19 VARIANTE	4a	6m	Einstiegsvariante von Zia Lilli
20 KOMBAI	5a	30m	Athletische Passage, dann leichter und etwas brüchig
21 SPIRIT	6b+	30m	Einzelstelle, dann leichter
22 TIME FLIES	6b	30m	Senkrechte gelbe Wand, kleine Griffe
23 ROCK GREY	6b+	30m	Ausdauer, Einzelstelle in den letzen Metern
24 EL PARAISO	6b	30m	Ausdauerwand, dann leichter
25 SUPER SILVIA	6b+	30m	Technische Einstiegswand, schwierige Züge im Ausstieg
26 YUNNAN	6c	15m	Schön strukturierte, senkrechte Wand; technischer Ausstieg
27 MY WIFE IS AN ANGEL	6b+	30m	Senkrechte Ausdauerwand, technischer Ausstieg
28 MALIK	6a	30m	Ausdauer zu Beginn, dann leicht und gute Griffe
29 SUN	6a	30m	Schöne Einstiegsplatte, dann leichter

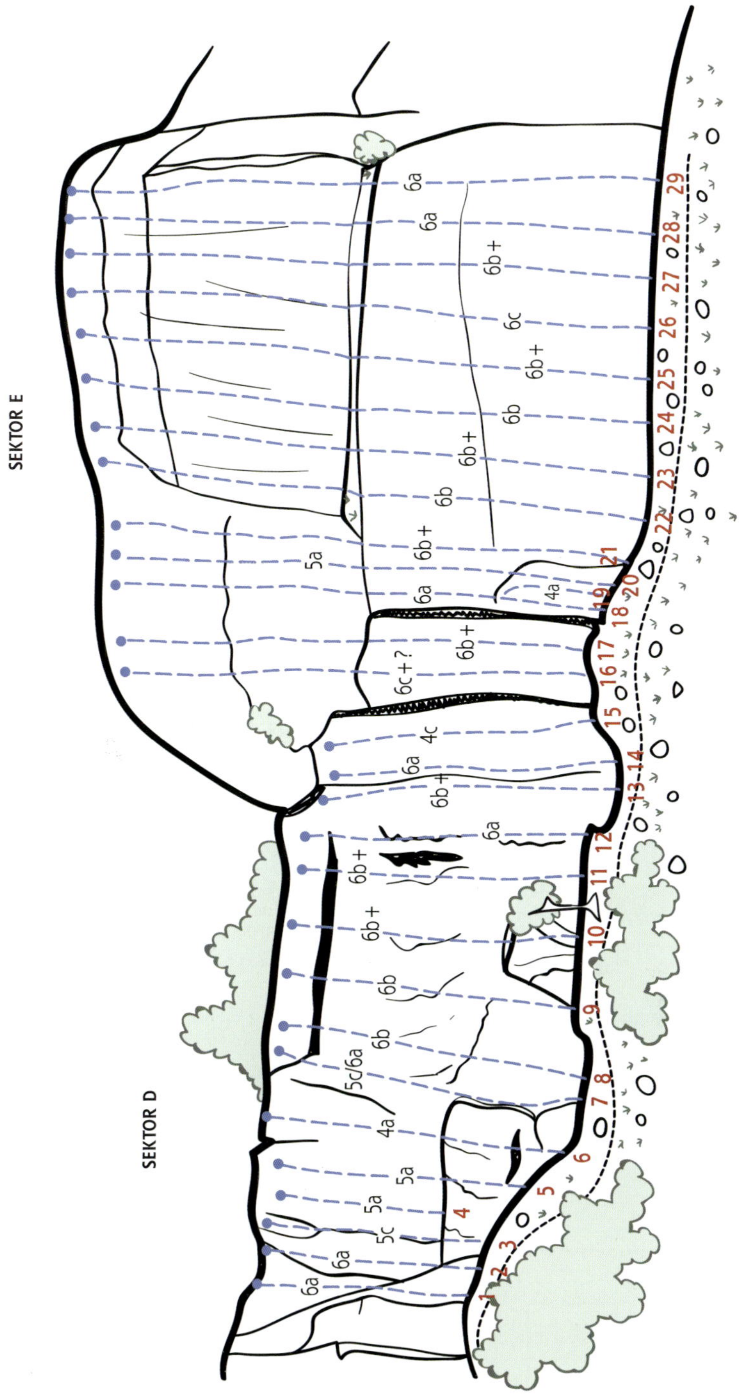
SEKTOR E
SEKTOR D

Zengio Del Far Noter

Diese große, schöne und überhängende Wand mit einigen langen Ausdauerrouten wurde hauptsächlich von Silvano Matassoni erschlossen. Der Klettergarten liegt etwas abgelegen und deshalb ist es hier sehr ruhig. Im linken Teil findet man relativ leichte Routen, weiter rechts gehen die Schwierigkeiten auch über 7a hinaus, teilweise gibt es sogar geschlagene Griffe. Viele Kletterer würden sich sicherlich einen etwas engeren Hakenabstand wünschen, man benötigt dennoch ein 70-Meter-Seil und viele Expressschlingen (mindestens 16).

Die Wand liegt in der Sonne und eignet sich deshalb auch für Wintertage, die schwierigsten und längsten Routen kann man auch bei Regen Klettern.

Erschließer: S. Matassoni u. a.

Anfahrt/Zustieg

Von der Autobahnausfahrt Rovereto Sud ca. 16 km, dann 15-20 Minuten Fußweg.

Von der Ausfahrt in Richtung Rovereto Centro und am Einkaufszentrum ‚Millenium Center' vorbei. Am 2. Kreisverkehr nach links in Richtung Trento/S.S.12. Auf der linken Spur einreihen und immer geradeaus bis zum großen Kreisverkehr am Bahnhof (bis hierher 7 km). Jetzt nach rechts (Corso Rosmini) und weiter in Richtung Zentrum bzw. später Richtung Serrada-Folgaria/S.P.2. Man fährt durch Noriglio und weiter Richtung Terragnolo. Nach zwei kurzen Tunnel zweigt links eine Straße nach Perini ab (die Hauptstraße führt weiter geradeaus nach Valgrande-Folgaria). Ab hier zwei Möglichkeiten:

1) Über Perini:

Weiter bergauf nach Perini und am Ende der Straße parken (wenige Parkplätze). Jetzt etwa 50 m auf einer Schotterstraße geradeaus und leicht abwärts bis zu den ersten Weinbergen.

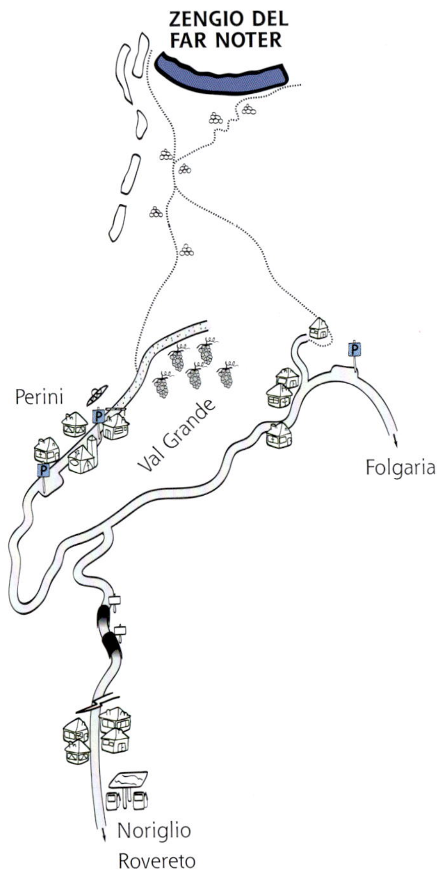

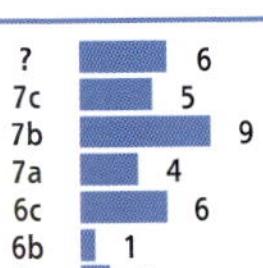

33

A

Perini

Zengio del Far Noter *(ph. Silvano Matassoni)* ▶

Hier links auf einen Pfad, der zum Wald führt. Weiter bergauf (Steinmännchen), an einer Abzweigung rechts und weiter aufsteigen bis zum Klettergarten (äußerst rechter Bereich).

2) Über Valgrande-Folgaria:
Die Parkmöglichkeiten hier sind weitaus besser und deshalb ist dieser Zugang auch empfehlenswerter. Man fährt nach den Tunneln weiter Richtung Folgaria und parkt das Auto bei Val Grande an der großen Kurve. Hinter dem Haus mit den Holzstößen beginnt der steile Wanderweg (Scottini Dienieri), der sich später mit dem Weg vereint, der von Perini kommt. Ungefähr 30 m danach (Steinmännchen) rechts auf einen Pfad und weiter bis zum Klettergarten.

1 VALIUM		7a	35m	Zwei technisch schwierige plattige Wandteile, von zwei kleinen Bändern unterbrochen
2 ENDOVENA		6c	35m	Plattige Wand mit Konkretionen aus Kalk. Nach dem 2. Band hoher Seilzug!
3 OSTIA		7a	35m	Leichter Anfang, kurze athletische Verschneidung und Riss, einige geschlagene Griffe
4 IL GHIRO		6c	35m	Leichter Anfang, dann technisch schwieriger und moralischer auf der geneigten Platte, kurzer athletischer Riss am Ausstieg
5 SPORCONA		6a+	25m	Längenzug in der breiten Verschneidung, dann schöne Griffe
6 BUON VIAGGIO		7b	30m	Leichter Beginn, dann problematischer Riss in schwierigem Gestein
7 TIRA POC		6a+	26m	Schöne Griffe, ebenso schöne Schuppe (nicht zu stark ziehen..)
8 ORO E ARGENTO		6b	20m	Am Schluss technisch und ausdauerkräftig
9 CANAIA		6c	30m	Mittelteil technisch mit kleinen Griffen, sonst leicht
10 DELICATA		6c	29m	Leichter Beginn, dann athletischer Zug und weiter Hakenabstand am Übergang vom Sinter nach rechts. Überhängender Ausstieg an schönen Griffen
11 LA GROTTA	SL1	6c+	25m	Seltsame Kletterei an schmerzhaften, kleinen Kieseln. Überhängender Boulderausstieg. Die 3. und 4. Expressschlinge verlängern
	SL2	7b	20m	Überhängende Ausdauerkletterei. Letzter Haken weit oben. Beim Ablassen/Abseilen Vorsicht!
12 ZIO PORCOLE		6c+	24m	Einige Einzelstellen und Ausdauer im Ausstieg. Geschlagene Griffe.
13 NO L'È BANANE		7a+	24m	Technisch schwierig, schlechter Fels. Lange, zwingende Passagen.
14 LA ME ROVINA		7a	24m	Ausdauer im Mittelteil. Boulderzug am Ausstieg
15 ORZORO		7c+	25m	Senkrechte, ausdauernde Wandkletterei an Löchern und kleinen Leisten. Schwierige, zwingende Passagen, viele Reibungstritte
16 ORZO BIMBO		7b+	25m	Einstiegsüberhang mit guten, geschlagenen Griffen. dann kleine Leisten und Löcher. Reibungskletterei und Fußtechnik. Einstieg wie 17
17 CIAPA E TIRA		7b	28m	Einstiegsüberhang, dann technisch schwierig, Ausdauer, weite Züge
18 LA CANNA		7b+	25m	Ausdauer an Sintern und ein paar schönen Löchern
19 IL TRONO		7c	35m	Ausdauer ohne Ende. Langer Hakenabstand
20 STRAZA BRAZI		7b	33m	Sinter und Löcher
21 LA SGIONFONA		7b	33m	Ausdauer an Sintern und einigen geschlagenen Griffen
22 PIPPISTRELLA		7b+	33m	Einstieg wie 23. Löcher, Sinter und viel Ausdauer
23 IL CORVO		7c	35m	Einstiegsüberhang mit schönen Löchern. Dann Ausdauer mit zwei weiten Zügen
24 PALPITAZIONI		?	35m	Projekt. Athletik, Ausdauer mit harten

			Einzelzügen, bei denen man weit über dem Haken steht..
25 FIGHE'R	7c+	35m	Schwere Stelle nach dem 4. Haken. Danach einige geschlagene Griffe am kleinen Überhang. Ausdauerkraft.
26 REGINA	7c+	34m	Anfangsüberhang mit guten Griffen. Kraftausdauer in senkrechter Wand
27 TARZAN	?	33m	Projekt. Ausdauer, einige geschlagene Griffe am Überhang
28 RE BUF	?	33m	Projekt. Ausdauer, leicht überhängend
29 LA TORTA	7b+	32m	Beginnt mit Sinter, dann leicht überhängend, einige geschlagene Griffe
30 RAMARRO^	?	32m	Projekt
31 ANZA	?	32m	Projekt. Leicht überhängend, einige geschlagene Griffe

ZENGIO DEL FAR NOTER

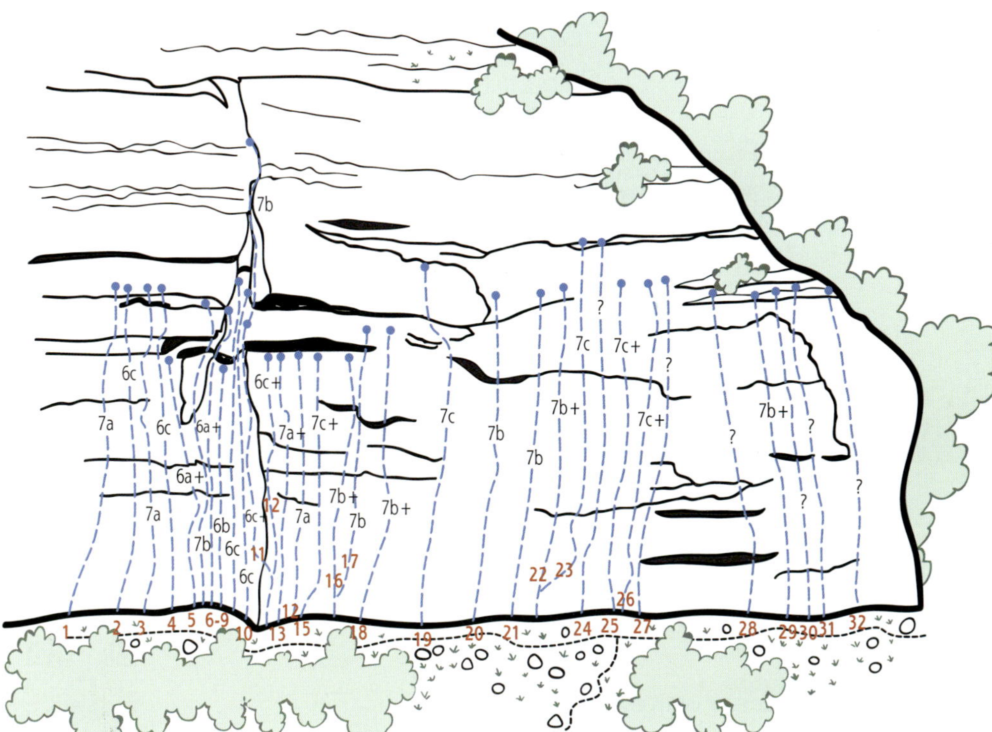

Noriglio

Der größte Klettergarten im Gebiet von Rovereto hat mehr als 100 Routen, die meisten davon im Bereich 5c bis 6c. Die Wand ist nach Süden ausgerichtet und deshalb vor allem für die kälteren Jahreszeiten geeignet. Aber natürlich ist auch im Sommer ein Besuch möglich. Der Klettergarten ist in mehrere Sektoren aufgeteilt, wobei die zentralen am meisten besucht werden. Achtung: Die Felswand befindet sich auf Privatgelände! Nehmt bitte Rücksicht und hinterlasst keine Abfälle. Weil sich einige Wenige nicht an diese Grundregeln hielten, war die Wand schon einmal einige Jahre lang gesperrt!

Erschließer: A. Bescapè, D. Cabas, M. Fait, G. Gerola, S. Martini, A. Masera, G. Scrinzi, G. Silvestri, S. Matassoni u. a.

Anfahrt/Zustieg
Von der Autobahnausfahrt Rovereto Sud 9,8 km, dann 10 Minuten Fußweg. Von der Ausfahrt in Richtung Rovereto Centro und am Einkaufszentrum ‚Millenium Center' vorbei. Am 2. Kreisverkehr nach links in Richtung Trento/S.S.12. Auf der linken Spur einreihen, weiter geradeaus und bis zum großen Kreisverkehr am Bahnhof (bis hierher 7 km). Jetzt rechts abbiegen (Corso Rosmini), immer in Richtung Zentrum bzw. später Richtung Serrada-Folgaria/S.P.2. Die Straße führt bergauf, man parkt dann in der Nähe der Tankstelle (vom Bahnhof bis hierher 3,3 km). Links führt eine kleine Straße den Berg hoch. Auf dieser Straße ca. 100 m bergauf und dann links weiter. Nach den letzten Häusern beginnt ein Wanderweg, in etwa 5 Min. ist der Klettergarten erreicht. Achtung: Dies ist Privatgelände, nehmt darauf bitte Rücksicht und eure Abfälle wieder mit! Der erste Sektor, den man erreicht, heißt 'Heidi e il Contadino' („Heidi und der Bauer").

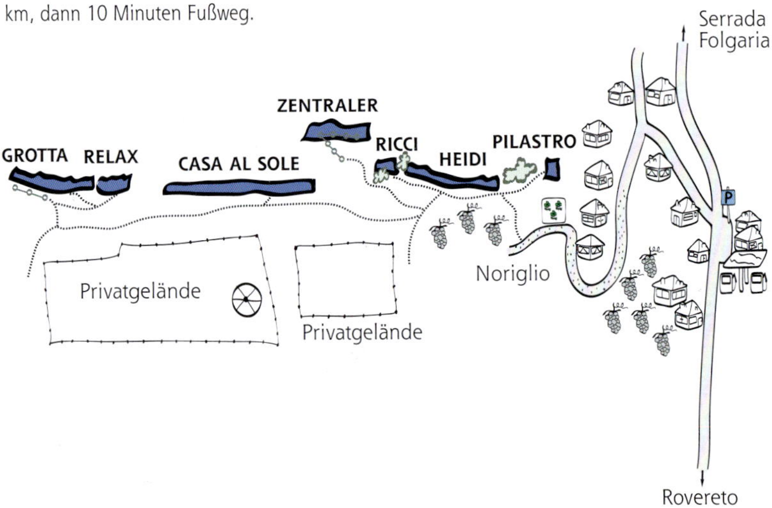

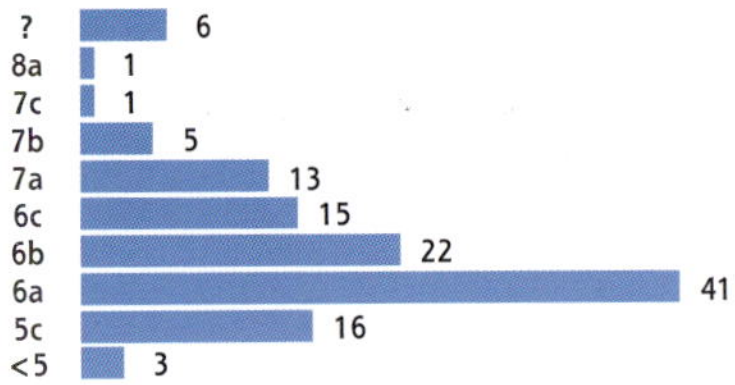

123

Noriglio, Barbara Maffei *(ph. Silvano Matassoni)* ▶

SEKTOR GROTTA

1 OHNE NAMEN	?	8m	Projekt
2 BARBARA	?	8m	Projekt
3 VIBRATION	6b+	8m	Riss am Anfang
4 BABY BRENTEGANY	7b	10m	Harter Ein- und Ausstieg
5 OHNE NAMEN	?	10m	Löcher und Minileisten, dann Fingerlöcher
6 LA NOTTE	8a	12m	Zuerst Überhang, einige geklebte Griffe
7 OHNE NAMEN	?	18m	Künstliche Griffe
8 OHNE NAMEN	7c	18m	Künstliche Griffe
9 INOX AETERNUM	7b+	12m	Route rechts der Grotte
10 BLITZ KRIEG	6c	12m	Schwieriger, kleingriffiger Einstieg
11 ME GUSTA	5c	10m	Leicht, schlechter Fels
12 DANIEL	6a	8m	Kurze graue Platte, wenig begangen
13 FRANCESCO	6a	8m	Kurze graue Platte, wenig begangen
14 ANNA	6a	8m	Kurze graue Platte, wenig begangen
15 GIULIA	2b	8m	Kleine Verschneidung, wenig begangen

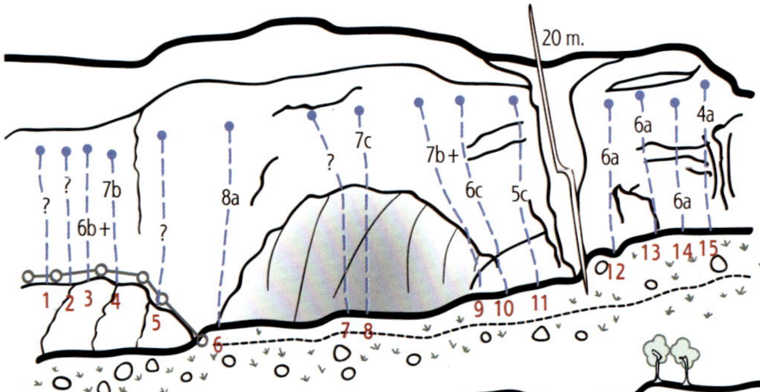

NORIGLIO
GROTTA

RELAX

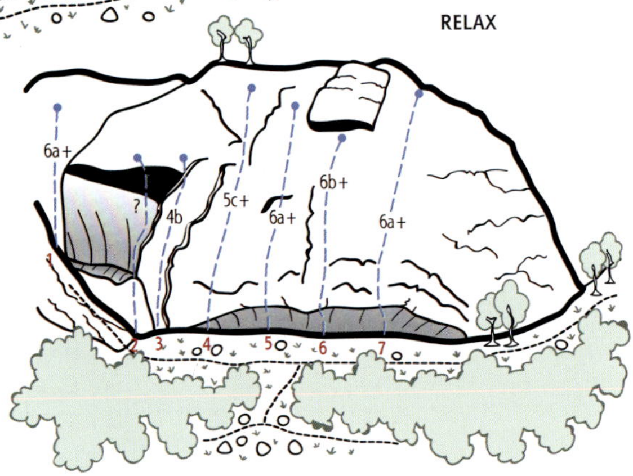

SEKTOR RELAX

1 LA VITA È BELLA	6a+	14m	Etwas versteckt oberhalb der kleinen Rampe links
2 CIAK SI GIRA	?	14m	Schwerer Einzelzug unter dem Dach
3 GATTO SILVESTRO 4	4b	14m	Offene Verschneidung, leicht brüchig
4 ALBA CHIARA	5c+	14m	Schöner plattiger Anfang, dann leichter
5 RELAX	6a+	14m	Nach den ersten drei Haken ist alles klar
6 COMBO	6b+	14m	Der Schwierigkeitsgrad resultiert aus der Einzelstelle am Anfang
7 3° MILLENNIO	6a+	12 m	Einzelstelle am Einstieg, dann schöne Platte

SEKTOR CASA AL SOLE

1 AIUTAMI A VOLARE	6a+	12m	Graue, schwierige Platte
2 ESPERIENZA D'ESCOBAR	6a+	12m	Platte mit schwierigem oberen Teil
3 EASY FURBO	6a	12m	Graue Platte mit Einzelstelle am Ausstieg
4 BRUSH-KIM	6a	12m	Graue Platte
5 ANDAMENTO LENTO	6b	12m	Schöne Platte, Ausdauer
6 OHNE NAMEN	6c	18m	Athletische Route
7 TEGNI DURO	6c	18m	Schwierige Einzelstelle an Löchern, dann leicht
8 BASTA COSI	6b+	18m	Platte, Ausdauerkraft
9 CUMBRE	6b+	15m	Kurzer Einstiegsboulder, dann Schuppe und Ausstiegswändchen
10 SU LE MANI	6c	20m	Dreckig, lohnt nicht
11 TAKE MY WAY	7a	20m	Schöne Risse am Anfang, dann technisch schwierige Platte
12 IL SOLE D'INVERNO	6c+	22m	Gelbrote Wand, Ausdauerproblem
13 SALI ....SCENDI	7a	22 m	Schwieriger Einstiegsboulder, dann Ausdauer
14 CAT WOMAN	6c+	30 m	Rote Wand, Einstieg an Schuppen, dann großgriffig und Ausstieg an Leisten
15 HO FATTO 13	7a+	30 m	Boulderproblem am Anfang
16 TWO THOUSAND	7a+	30 m	Boulderzug am Beginn, schwieriger plattiger Ausstieg
17 ALAMBICCO	7a+	30m	Kleine Leisten, Dach mit guten Griffen, Ausstieg plattig und sehr schön
18 BUON ANNO 1996	6c+	28m	Schöne Route mit schmerzhaften, spitzen Griffen
19 ORO PUNGENTE	6b+	20m	Technisch schwieriger Zug an verstecktem Griff
20 SINFONIA	6b+	20m	Ausdauer an Leisten und Tropflöchern
21 MEGA BITE	6c+/7a	30 m	Schöne Tropflochwand, technisch schwierige Ausstiegspassage
22 DIAPASON	6a+	20m	Ausdauer mit schwerem Zug in der Platte in der Mitte
23 PENTA	6b	20m	Gleichgewichtsproblem
24 GRAMMA	6a	12m	Senkrecht und leicht

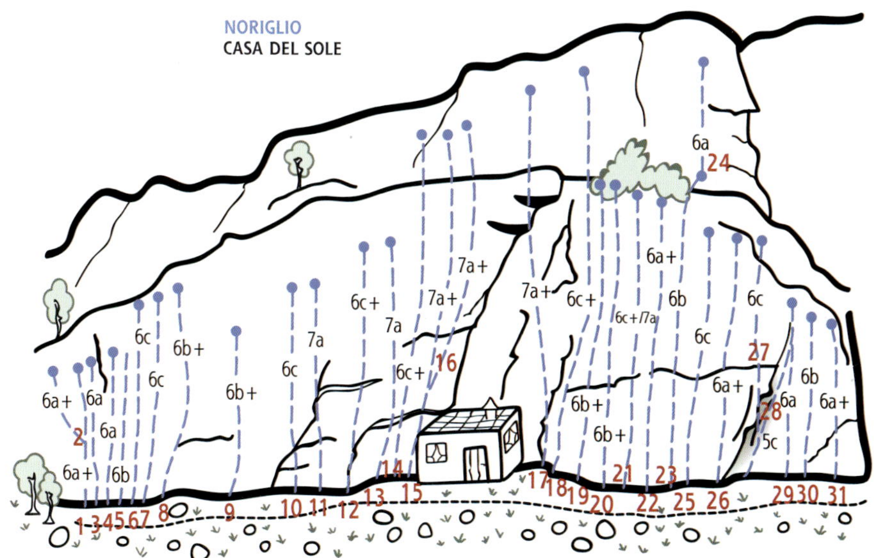

25 CONVIVENZA	6c	20m	Einzelstelle mit Löchern
26 NONNI SPRINT	6a+	20m	Anfangsdach, schwierig an Leisten, dann großgriffig
27 PENSIERI PERICOLOSI	6c	20m	Schwierig beim Ausstieg aus der Verschneidung
28 VERSCHNEIDUNG	5c	18m	Leichte, geneigte Verschneidung
29 HOT DOG	6a	18m	Kurze Wand mit Leisten
30 CHAT LINE	6b	16m	Einzelstelle am kurzen Einstiegsüberhang
31 KIT KAT	6a+	16m	Einzelstelle am kurzen Einstiegsüberhang, dann kompakter Wandteil mit Leisten

ZENTRALER SEKTOR

1 PALMA	5a	10 m	Einstieg am Drahtseil
2 ELVIO	6a+	10 m	Senkrechte graue Platte
3 PIERA	6a	10m	Senkrechte graue Platte
4 GIULIA	6a+	10m	Einzelstelle am Einstieg, schwieriger Ausstieg
5 PAOLA	6a	10m	Einstiegsplatte, dann Verschneidung und Riss, Bereich mit losem Gestein links umklettern
6 SUSY	6a+	8m	Graue Wand mit Leisten
7 LUCREZIA	6a	28m	Einstiegszug an Leisten, dann gutgriffig
8 BETTI	5c	28 m	Leichte, geneigte Verschneidung, dann gute Griffe
9 DONNA CARMEN	6b	28 m	Schöne, senkrechte Wandkletterei
10 SOFIA	6a	25m	Ausdauer
11 ZA'BJ	5c	25m	Kurze Wandstellen, gutgriffig
12 ULTIMO TANGO	6b+	25m	Schöne Wandkletterei, heikle Einzelstellen
13 SKY MAT	6a	22m	Einstieg in der Verschneidung, dann gerade hoch
14 YELLOW HAND	6a+	22m	Kante und Platte, Einstieg über Sky Mat
15 IL VOLO DELL'ANGELO	5c	20m	Verschneidungsklettereí, Einstieg über Sky Mat
16 PIER	6a	23m	Schöne Ausdauerkletterei
17 LUCA	5c	10m	Einstiegsvariante von Pier oder Dario
18 DARIO	5c	17m	Ausdauerkletterei mit guten Griffen

NORIGLIO
ZENTRALER SEKTOR

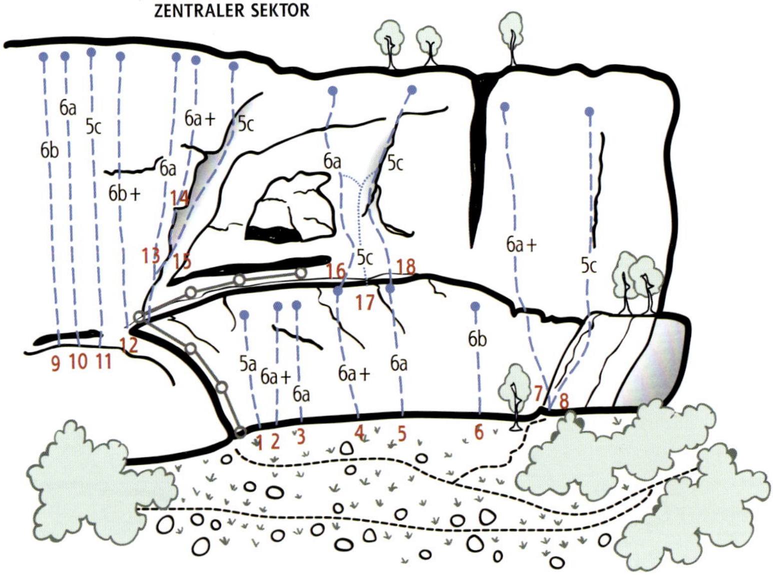

SEKTOR RICCI

1 CINZIA	5c	10m	Graue, kompakte kleine Wand
2 ASTRAGALO	6a+	10m	Graue, kompakte kleine Wand
3 RED LINE	6a	10m	Graue, kompakte kleine Wand
4 WHITE LINE	6a	10m	Graue, kompakte kleine Wand
5 BRUNO	5c	10m	Graue, kompakte kleine Wand
6 FRANCESCA	5c	10m	Graue, kompakte kleine Wand
7 FABIO	5c	10m	Graue, kompakte kleine Wand
8 SUSANNA	5c	12m	Graue, kompakte kleine Wand
9 ROSANNA	5c	12m	Graue, kompakte kleine Wand

NORIGLIO
SEKTOR RICCI

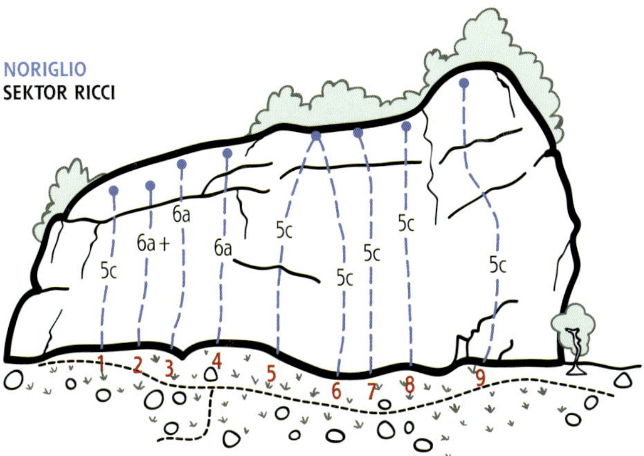

SEKTOR HEIDI E IL CONTADINO

1 AMICI DI UN TEMPO	5c	16m	Schräger Routenverlauf über eine schöne Platte
2 DONNE O FATE	6a+	16m	Graugelbe Wand mit Leisten, etwas bröselig
3 OHNE NAMEN	6b	18m	Leistenkletterei, dann kleines Dach
4 FINALMENTE SON PASSATO	6b	18m	Leistenkletterei, dann kleines Dach
5 I VIAGGETTI DI BETTI	6b	18m	Leistenkletterei, dann kleines Dach
6 RED POINT	6a	20m	Schwieriger Einstieg an Leisten, dann Platte mit guten Strukturen
7 TORMENTO E ESTASI	6a+	20m	Schwieriger Einstieg, dann Ausdauer
8 FACILE MA NON TROPPO	6b	20m	Schwere Einzelstelle in drei Viertel Höhe an Löchern
9 FORZA ITALIA	6c	20m	Ausdauerkraft, dann schwieriger Ausstieg aus dem Dach
10 OPEN YOUR MIND	6c	20m	Schwieriger kleiner, grauer Überhang
11 IL SUICIDA	7a	20m	Schwieriger kleiner, grauer Überhang, plattiger Ausstieg
12 TURBO I.E.	7a	20m	Schwieriger Bewegungsablauf an kleinen Seitgriffen und Tropflöchern
13 L'ETERNO RIPOSO	7a	20m	Schwieriger Ausstieg an Seitgriffen, weiter Hakenabstand

14 MEETING	6a +	20m	Leichter Anfang, dann plattig, weiter Hakenabstand
15 OHNE NAMEN	6b	20m	Schöne große Griffe, Ausstieg ziemlich tech nisch, gut abgesichert
16 METAXA	6b	20m	Schön mit kleinen Leisten
17 WIL COYOTE	6a +	28m	Interessante Route mit guten Griffen und Einzelstelle im Riss
18 ROBY	6a +	28m	Einstieg an Leisten, Ausstieg überhängend mit großen Griffen
19 VALE	6b	28m	Schöner überhängender Ausstieg
20 BETON	6c	26m	Passage mit Untergriffen und Tropflöchern
21 MAKALU	6a +	28 m	Schön, immer gutgriffig
21 OHNE NAMEN	6a +	28m	Schön, immer gutgriffig
22 30 METRI	6a	30m	Ausdauer in schöner Platte, Ausstieg überhängend
23 TATO PANI	6a +	18m	Sehr schön, Ausdauer an Leisten
24 FESSURINA	6c	18m	Schwierige Passage, schmerzhafter Fingerkiller
25 EXCALIBUR	6a +	18m	Kurzer und schöner Überhang mit Sintern
26 ARCOBALENO	6b +	18m	Zentraler Wandteil, Seit- und Untergriffe
27 FLIK	7a	18m	Zwei Einzelzüge an den grauen, bauchigen Passagen
28 FLOK	7b	18m	Technisch schwieriger Einstiegsboulder
29 MANETA BESTIALE	6a +	18m	Riss
30 ORZO BOMBO	7b	18m	Einstiegsboulderzüge mit kleinen Leisten im Überhang
31 X FILE	7a	16m	Einstiegsboulder Einstiegsboulderzüge mit kleinen Leisten im Überhang
32 PASSO FALSO	6a +	16m	Ausdauerkraft in der grauen Wand
33 DENTRO E FUORI	6a	16m	Abwechslungsreiche Kletterei an an guten Griffen
34 LA PRIMA VOLTA	5c	15m	Große Griffe, leicht und nett

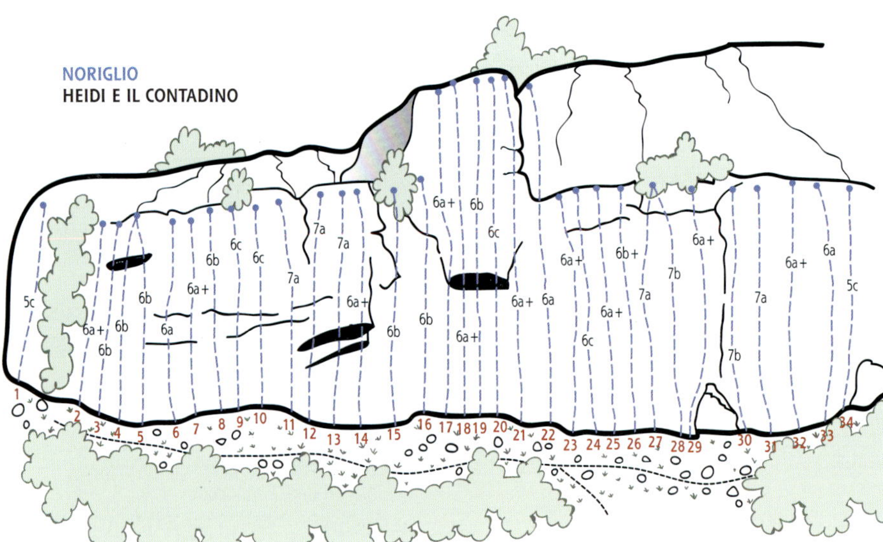

SEKTOR PILASTRO NASCOSTO

1 PROJECT	7b+	25m	Graue überhängende Wand mit zusätzlichen kleinen Überhängen
2 NORIGLIO FOREVER	7a+	25m	Etwas erzwungene Route, beginnt mit Überhang
3 MAGO MERLINO	7a	25m	Schöne Ausdauerroute mit schwierigem Zug in der Mitte
4 ALADINO	6c	25m	Einstieg mit Einzelstelle an Minigriffen, dann Ausdauer
5 OHNE NAMEN	?	24 m	Einstiegsverschneidung, dann schlechter Fels
6 OHNE NAMEN	?	24 m	Platte mit Bewegungstechnik, Ausstieg über Nr. 5
7 DISADATTATI	6b	24 m	Einstiegsüberhang fordert Bewegungstechnik, dann Ausdauer
8 BEFANA 99	6a+	24m	Ausdauer in gelber Wand, schön und abwechslungsreich
9 OHNE NAMEN	6b	20m	Ausdauer, gute Griffe, schön

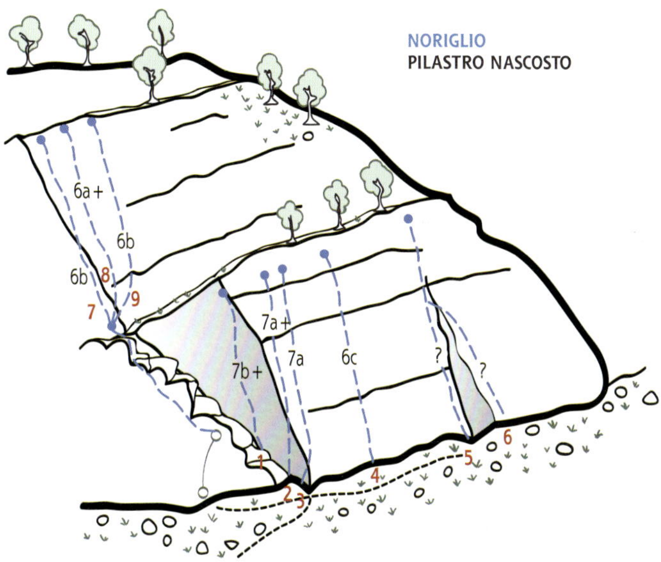

La Campana

Von der Straße aus ist die enge Schlucht, die zum Klettergarten führt, nicht zu sehen. Über fünfzig Routen, aufgeteilt in zwei Sektoren, warten dort auf uns Kletterer. Der Sektor B bietet vor allem schöne, überhängende Routen mit Sintern und fordert natürlich meistens Kraftausdauer. Im Sektor A mit seinen senkrechten Wänden und vielen Routen bis 7a werden sich die technisch versierten Kletterer wohl fühlen, die Linien sind eher schwer zu lesen. Einige der Einstiege hier verlaufen in nicht gerade gutem Gestein, gebt also etwas Acht! Wenn man vom Parkplatz ein paar Minuten auf der Straße weiter geht, erreicht man die Gedenkstätte mit der Campana dei Caduti ("Glocke der Gefallenen").

Erschließer: C. Dalbosco, B. Mandelli, P. Masera, Mauro, G. Scrinzi u. a.

Anfahrt/Zustieg

Von Rovereto ca. 8,4 km, dann 8 Minuten Zustieg auf einem Wanderweg.

Von der Autobahnausfahrt Rovereto Sud in Richtung Rovereto, am Einkaufszentrum 'Millenium Center' vorbei und weiter in Richtung Trento/S.S.12. Am 5. Kreisverkehr (ca. 4,8 km von der Autobahnausfahrt) rechts ab in Richtung Vicenza/Trambileno (S.S.46), am folgenden Kreisverkehr (Kirche auf der rechten Seite) geradeaus weiter. Nach 100 m dann rechts ab in Richtung Porte di Trambileno und auf dieser Straße immer bergauf (S.P. 89)weiter. Nach dem Weiler Porte folgt eine lange gerade Strecke, in einer Kehre zweigt die 'Via Miravalle' rechts ab (Wegweiser ‚Campana dei Caduti'). Dieser Straße folgt man etwa 200 m und parkt dann auf einem Platz auf der rechten Seite. Der markierte und schöne Wanderweg zur Schlucht bzw. dem Klettergarten beginnt gegenüber, etwa 10 m vor dem einzelstehenden Haus.

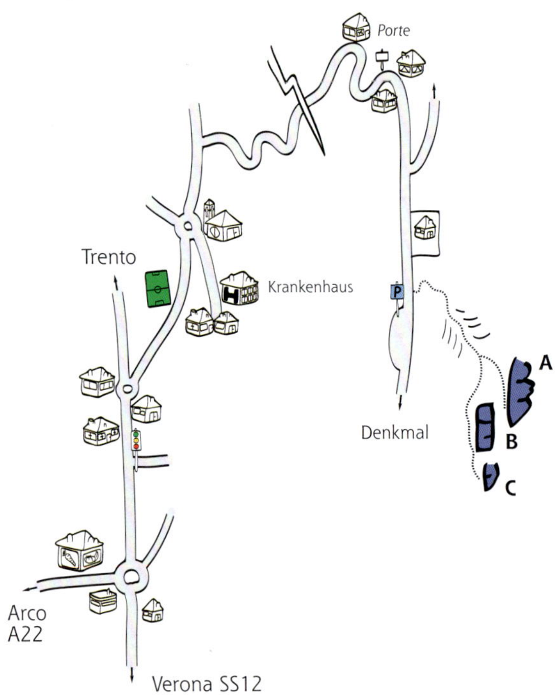

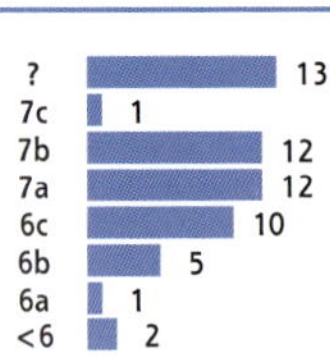

56

SEKTOR A

1	TASI E TIRA	7b?	14m	Schöner Sinter, Längenzug in Platte
2	NEW DIMENSION	6c	15m	Einzelzüge, gute Ruhestellen
3	MACCHU PICCHU	6c+	15m	Einzelzüge, gute Ruhestellen
4	El GRINGO CHE TIENES ?	7a+	15m	Schwieriger Zug über das kleine Dach
5	DECODER	7b	25m	Einzelstelle am Einstieg, dann kleines Dach und Verschneidung
6	BIM BUM BAM	?	25m	Projekt
7	TORO LOCO	7b	28m	Am Einstieg sehr brüchig, dann schön
8	CHARAS	7b	28m	Harter Überhang mit unsicherem Gestein
9	EUROLANDIA	7b	28m	Kleingriffe Sequenz, dann leichter
10	INTERNET	7a+	20m	Schwieriger Einstiegsboulder, heikel kurz vor dem Umlenker
11	30 E LODE	7a	19m	Einstiegsboulder, dann leichter
12	VIAGRA	7a+/b	18m	Dach und Platte, mit heiklen Längenzügen
13	TRAUMA CRANICO	6c	15m	Platte mit Leisten und Zangengriffen
14	IL PROPRIETARIO	6b+	22m	Ausdauer
15	L'ARTE DI ARRANGIARSI	7a+	20m	Boulder am Überhang, dann Fußtechnik
16	TRAPPOLO	6c+	20m	Bis zum 4. Haken nicht leicht
17	RED HAT	6c	19m	Harte Einzelstellen im ersten Teil
18	KEIN PROBLEM	5c	16m	Risskletterei
19	NOSFERATU	7a	20m	Schöne Linie, schwierige Platte im Mittelteil
20	TELETROMBO	6b+	20m	Ausdauer in der Platte
21	RISCHIATUTTO	7a+	15m	Harte Stelle mit kleinen Löchern
22	GRATTA E VINCI	6c+	17m	Ausdauer
23	OHNE NAMEN	6c	17m	Schwieriger Ausstieg aus dem kleinen Dach
24	OHNE NAMEN	6a+	17m	Leisten und Aufleger, nicht einfache geneigte Platte
25	2 SETT. 2000	5b	17m	Kante, Ausstieg gemeinsam mit Nr. 24
26	LA VENDEMMIA	6b	10m	Ausdauer
27	L'ULTIMA	7a	10m	Schwieriger Boulder im Mittelteil

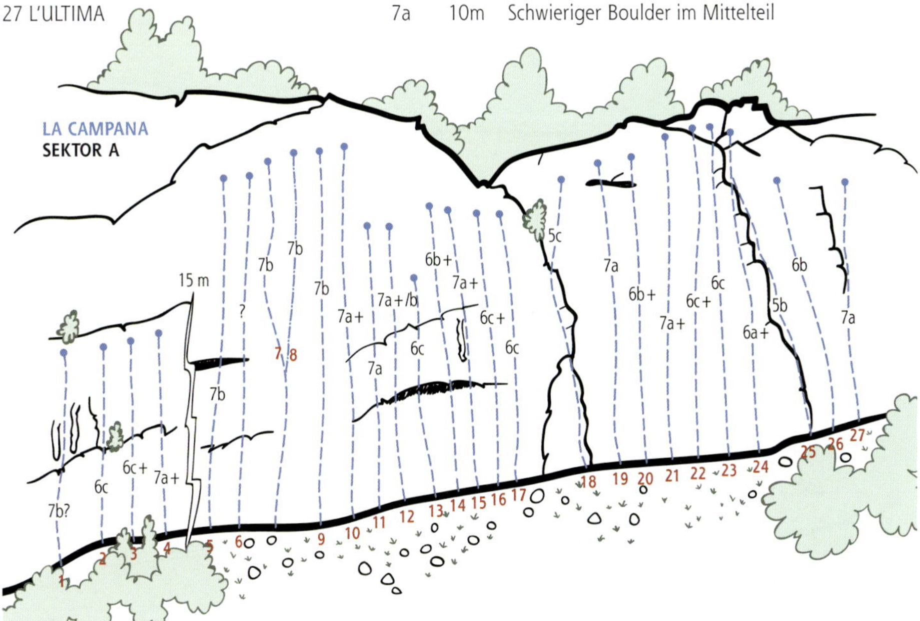

SEKTOR B

1 OHNE NAMEN	?	30m	Projekt. Keine Haken
2 DUE PAGINE	7b	30m	Ausdauer, harter Ausstieg aus dem Dach
3 NUVOLE A VINCA	7a	10m	Längenzüge
4 CHI VUOL ESSERE LIETO SIA	7a + ?	20m	Sinter und Leisten, Längenzug in der Mitte
5 THE CROW	7b	20m	Kleingriffig und schwierig am Einstieg, dann kleine Sinter
6 GLI ANTENATI	7b + ?	20m	Harte Einzelstelle und Längenzug im Ausstieg
7 IL CASTIGO	7b +	20m	Am Einstieg schwierig, dann leichter
8 ZERO POSITIVO	7b	22m	Harter Einstieg
9 MAL DI GOLA	7c	22m	Schön, Boulderstellen
10 LO SCHIACCIANOCI	?	22m	Projekt
11 N.N.	7a +	22m	Projekt. Ausdauer an Sintern und Untergriffen
12 NOVELLO 2007	7b	22m	Kleingriffiger Einstieg. Ausstieg über N.N.
13 OHNE NAMEN	6c +	18m	Ausdauer und Längenzüge im Ausstieg
14 OHNE NAMEN	7b/c	20m	Ausstiegsboulder
15 CANE RANDAGIO	?	18m	
16 DO' DEI DE' NEF	?	16m	
17 BELSAI	?	16m	
18 OHNE NAMEN	?	16m	
19 LA GIRL HOTEL	?	16m	
20 C 700	?	16m	
21 701 DUE SEGNI BLU	?	14m	
22 NORBY	?	14m	
23 OHNE NAMEN	?	14m	
24 DILAN DOG	7a + /b	22m	Der Eindruck täuscht: der obere Teil ist schön (nicht im Topo)

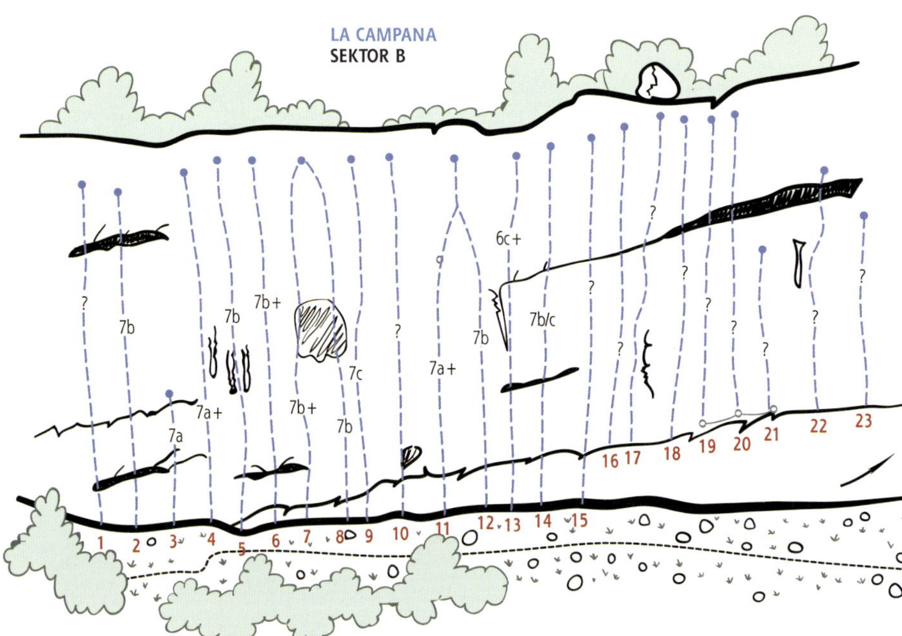

SEKTOR C

1 ULTIMA CANNA	6b+	10m	Sinterkletterei
2 AL BUCO AL BUCO	6b+	10m	Schwierig an Sintern
3 PICCOLO ANDREA	6c	10m	Sinterkletterei
4 TENTACOLI	6c	10m	Einzelstelle nach den ersten Sintern
5 SUL CONFINE	?	10m	

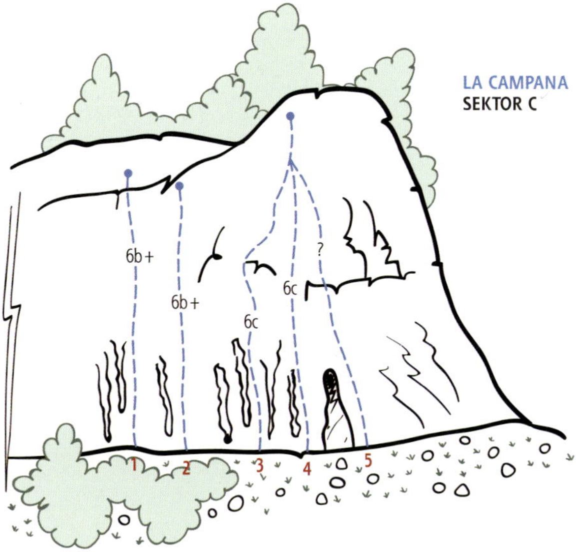

Rovereto

Eremo S. Colombano

101

Die ersten Routen in diesen unglaublichen Überhängen wurden schon 1984 von R. Vettori eingebohrt, in den Jahren danach wurde Stefano Ghidini sozusagen zum "Hausherrn" dieses Klettergartens. Die schönen Linien sind meist schwerer als 7a und man kann hier fast das ganze Jahr über klettern, nur an wenigen Tagen im Winter ist manchmal doch zu kalt.
Viele der Routen fordern ein gehöriges Maß an Ausdauer und/oder Kraft und auch etwas Technik.
Der oberhalb der Straße liegende Sektor A (vor dem Fluss) ist schon von weitem gut zu sehen und immer zugänglich. Die anderen, östlich ausgerichteten Sektoren liegen links und rechts davon. Beim Abseilen von den Umlenkern im Sektor Acqua bitte darauf achten, die Exen einzuhängen: Das Seil landet ansonsten beim Abziehen im Wasser.
Zeigt Respekt gegenüber dieser religiösen Stätte und lasst bitte auch keine Abfälle zurück.

ACHTUNG: Die Sektoren Aria, Terra, Fuoco und Aqcua sind nur zu bestimmten (Uhr-) Zeiten (Sonn- und Feiertage im Sommer) zugänglich. Bitte vorher informieren.

Erschließer: F Agosti, M. Bort, S. Ghidini, G. Scrinzi, R. Vettori u.a.

Anfahrt/Zustieg
Von der Autobahnausfahrt Rovereto ca. 9 km, dann 3-10 Min. Zustieg auf Wanderweg.

Von der Autobahnausfahrt in Richtung Rovereto, am Einkaufszentrum 'Millenium Center' vorbei und weiter Richtung Trento/S.S.12. Nach 4,8 km (beim 5. Kreisverkehr) rechts abbiegen in Richtung Vicenza (S.S.46)/Trambileno.
Jetzt geradeaus und durch einen Teil der Altstadt (Via Santa Maria), kurz nach der Brücke über den Fluss Leno (Stoppschild) rechts abbiegen in Richtung Vicenza (S.S. 46). Nach 1,9 km (nach der Brücke) rechts abzweigen (Schild ‚Eremo

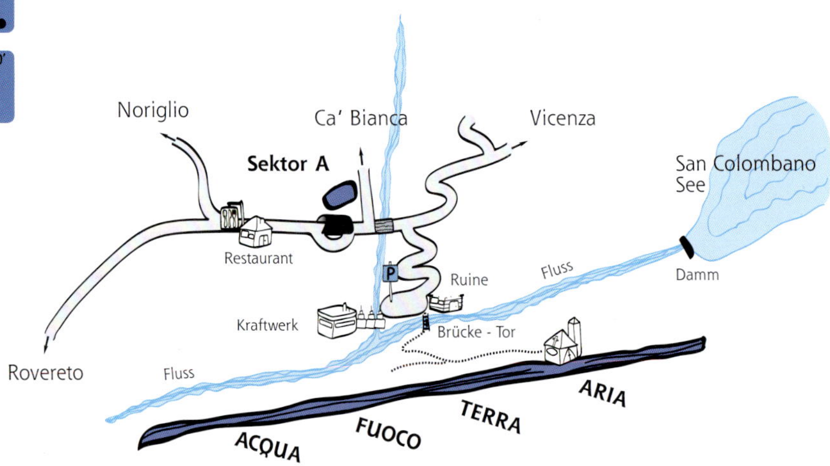

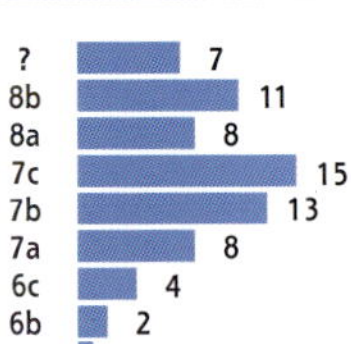

69

San Colombano', Einsiedelei und Felswand sind schon sichtbar) und weiter bis zum Parkplatz. Zu Fuß durch das Tor und über eine kleine Brücke bis zum äußerst rechten Teil des Sektors Terra bzw. dem linken Bereich des Sektors Fuoco. Auf ausgesetzten Felsbändern erreicht man die Sektoren Aria und Acqua.

Zum Sektor A: Man parkt gleich nach der Brücke, am Straßenrand (S.S.46). Zu Fuß nun ein Stück zurück, an der Straße nach Ca' Bianca vorbei und an der Mauer entlang. Bei einem Einschnitt dann über die Mauer und auf einer Pfadspur bis zur Wand (vom Parkplatz aus sichtbar, 8-10 Min.)

SEKTOR A

1 LA GOLIA DEL DAVIDE	7c+	18m	Anfangs leicht geneigt, dann Boulder im Überhang
2 OHNE NAMEN	?	22m	Projekt
3 NEVROTICA	8a	22m	Überhängender, athletischer Teil, mit harten Zügen an Sintern
4 SCOOTER BOY	?	22m	Direktvariante von Al Chiaro di luna
5 AL CHIARO DI LUNA	8b	24m	Super Linie, kleingriffig, wunderschön, Einstieg gemeinsam mit Nevrotica
6 VOYAGER	7c+	20m	Schöne Route, Ausdauer im Überhang
7 DIABOLIK	7a+	20m	Einstieg über ER Pirata, dann links. In der Mitte Boulder an Sintern
8 EL PIRATA	6c	12m	Schöne Aufwärmroute
9 OHNE NAMEN	6b	12m	Aufwärmroute, wenig interessant
10 OHNE NAMEN	6a	10m	Aufwärmroute, wenig interessant

EREMO DI SAN COLOMBANO
SEKTOR A

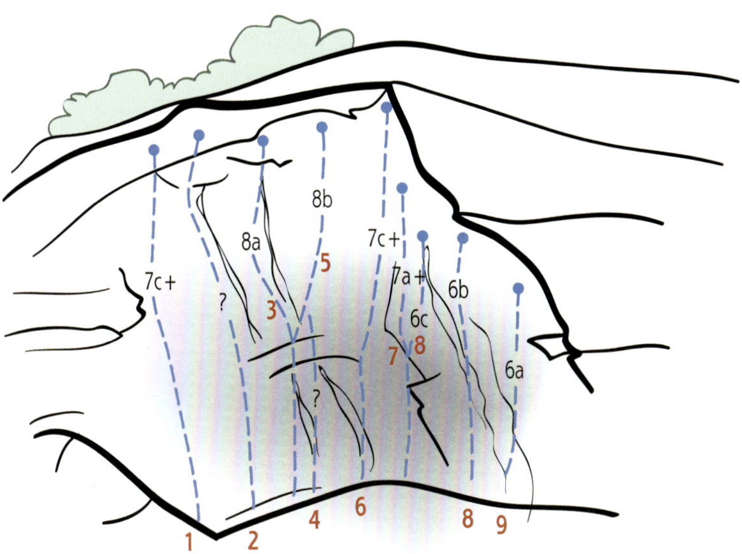

SEKTOR ARIA

1 OHNE NAMEN	7c	20m	Herrliche Linie über schwarzgrauen Bauch
2 LA MESSA È FINITA	7b/c	20m	Am Einstieg geschlagene Griffe, dann Boulder an Untergriffen, sehr schön
3 OHNE NAMEN	9a?	28m	Projekt (Fixseil)

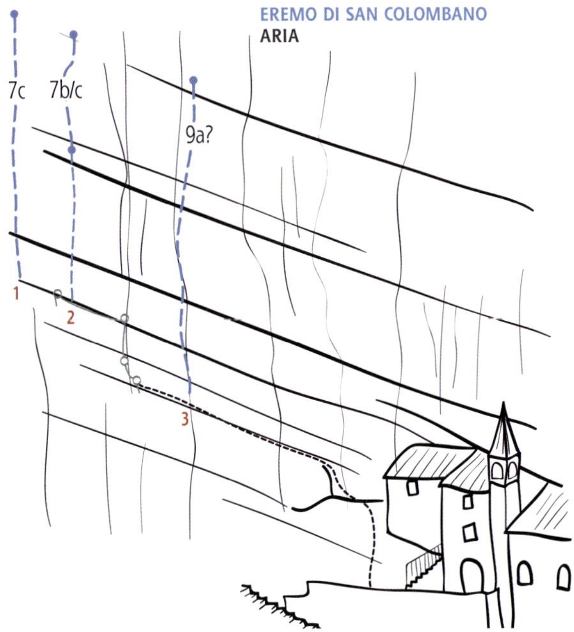

SEKTOR TERRA

Route	SL	Grad	Länge	Beschreibung
1 OHNE NAMEN	SL1	6a+	18m	Sinterkletterei
	SL2	7a+/b	18m	Sehr schöne Kletterei an Sintern, kleingriffiger Ausstieg
2 DONT STOP		7c	30m	Wenig interessant, viele geklebte Griffe
3 BY SELF		6c	25m	Muss noch verbessert werden, gefährlicher Runout
4 KAIANISCATZU		7b+	18m	Sehr schön, kleingriffige Boulderstellen in Platte
5 WAKE UP	SL1	7a	18m	Kleingriffig
	SL2	7a+	18m	Technisch schwierige Platte
6 QUARANTATRE		6b	18m	Gute Griffe in kleinen Überhängen
7 LIFT BOY		8a	18m	Harte Boulderzüge im Überhang
8 TODO MODO		7b	18m	Technisch schwierige Stelle
9 L'OTTO VOLANTE		7c	18m	Harter Fingerboulder, gemeinsamer Umlenker mit Todo modo
10 ROXY BAR	SL1	6c+	18m	Gute Griffe, aber sehr technisch. Stand links.
	SL2	7b+	35m	Herrliche Linie, schwierige Passage am Beginn (SL1+SL2)
11 PRIMA O POI	SL1	8a	18m	Boulderzüge und Ausdauer mit Fingerkraft, kleine Leisten und Löcher
	SL2	8b	25m	Superharte Einzelstelle, Fingerkraft (SL1+SL2)
12 HOTEL SAVOY		7b+	18m	Schwieriger Ausstieg
13 WALL STREET		7c	20m	Schwieriger Ausstieg, viel Armreichweite nötig
14 FICHI A MEZDÍ		7a+/b	20m	Weite Hakenabstände
15 OHNE NAMEN		7b+?	15m	
16 OHNE NAMEN	SL1	7b+?	15m	
	SL2	8b?		Projekt, äußers viel Fingerkraft
17 PRIMI PASSI	SL1	6b	18m	Alte Haken, Stürzen verboten!
	SL2	7a+	30m	Schönes Dach (SL1+SL2)

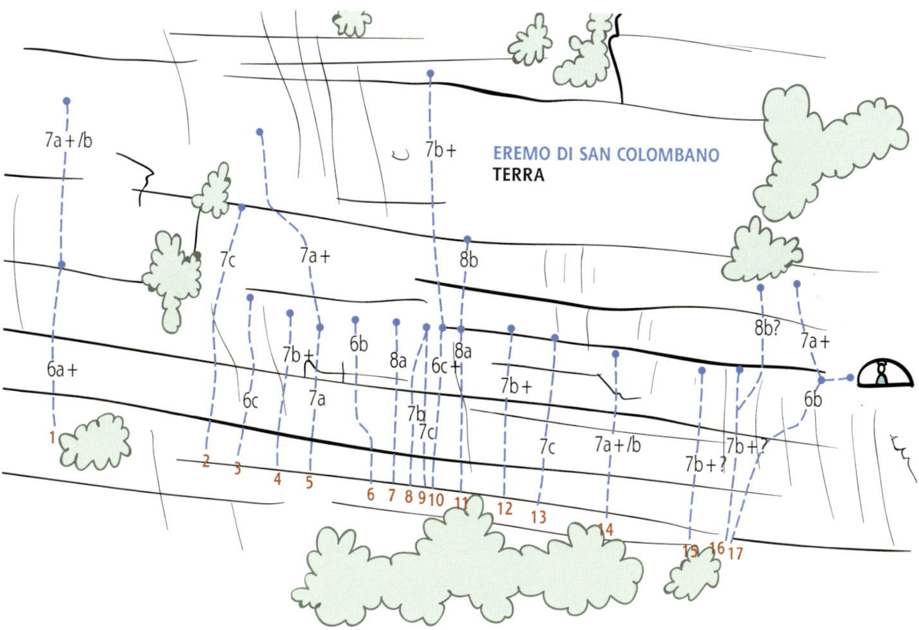

SEKTOR FUOCO

1 PLASTIC ROCK	7c+	20m	Gemeinsamer Einstieg mit Super Plastic Rock, dann Fingerboulder
2 SUPER PLASTIC ROCK	8a	20m	Gemeinsamer Einstieg mit Super Plastic Rock, dann gerade. Geht voll auf die Finger...
3 L'OMBRA DEL DUBBIO	7b	20m	Gutgriffig, Boulderzug in der Mitte
4 IL DUBBIO È NELL'OMBRA	7b	20m	Gutgriffig, Boulderzüge in der Mitte
5 CASINÒ ROYALE	7c	20m	Einzelstelle am Dach, dann Ausdauer
6 CONTO IN ROSSO	7c+	20m	Einstieg wie Casinò Royale, dann Ausdauer, Ausstieg an Auflegern
7 JENA	8b	24m	Herrliche Überhanglinie, kleingriffig, dann schwieriger plattiger Ausstieg
8 CAMPESINOS	8b	24m	Sehr schöne Überhangroute
9 CERVEZA	8a	22m	Überhängend, kleingriffig, extrem schwieriger, plattiger Ausstieg
10 TESTER PLUS	8b	18m	Harte Linie
11 LILLO	8b	18m	Ultra kleingriffig
12 FORME	7c+	15m	Dynamo in der Mitte
13 FINO ALL'ULTIMO OUT	?	15m	Projekt
14 THE PLAYER	8a+	18m	Stark boulderlastig, nicht schön
15 FANTASIA	7b	18m	Schwieriges Einhängen der Exen, schöne Sinterroute
16 SUBITO FIGHI	7c	18m	Längenzüge an Sintern, heikler Ausstieg
17 L'IMPLACABILE	7c	20m	Sinter, zwei harte Stellen
18 DETERMINATOR	7b	20m	Sinter, harte Plattenstelle
19 CHI PROVA CADE	7b+	20m	Sinter, nach ¾ der Route dann weiter über Determinator
20 ALTO DI FORZI	7b	20m	Sinterkletterei
21 IO SONO DOLORE	7c	22m	Fantastische Sinterkletterei. Schmerzhaftes Gestein
22 ANIMAL HOUSE	8a	22m	Boulderzug am Bauch
23 DI BIANCO VESTITA	?	22m	Ausdauer, dann Boulderstellen

EREMO DI SAN COLOMBANO
FUOCO

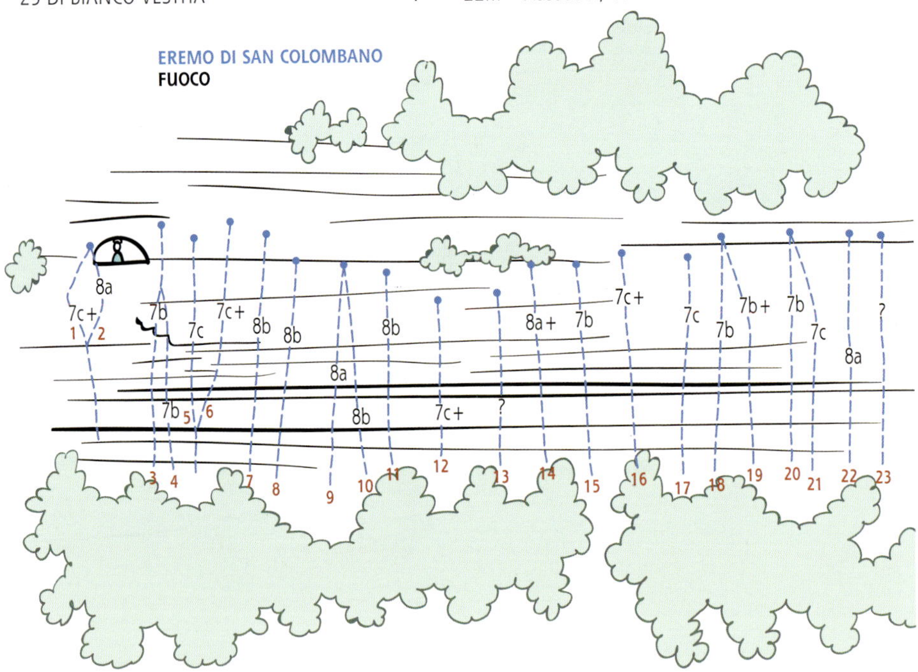

SEKTOR ACQUA

1 OHNE NAMEN		?	?	Linie noch nicht ganz fertig. Projekt
2 FIGLI DELLA PLASTICA	SL1	7a+	12m	Fingerige Platte und Überhang
	SL2	7c	25m	Wenig interessant, geschlagene und geklebte Griffe (SL1+SL2)
3 OHNE NAMEN		?	30m	Projekt
4 OHNE NAMEN	SL1	7a?	15m	Sehr schwierige, geneigte Plattenroute
	SL2	?	30m	Projekt. Superhart, viel Ausdauer an "nichts" (SL1+SL2)
5 FISCHIO CHE RISCHIO	SL1	7c	20m	Harte Einzelstelle in der Platte, dann Sinter
	SL2	8b	30m	Wunderschöne Ausdauerroute (SL1+SL2)
6 GHEISCIA		8a+/b	20m	Schwierige Sinterstelle
7 TROPPO BUONI CON LE DONNE		8b	35m	Einstieg im Überhang, lange Rechtsquerung an Slopern. Ausstieg an Leisten. Wunderschön und echt hart.

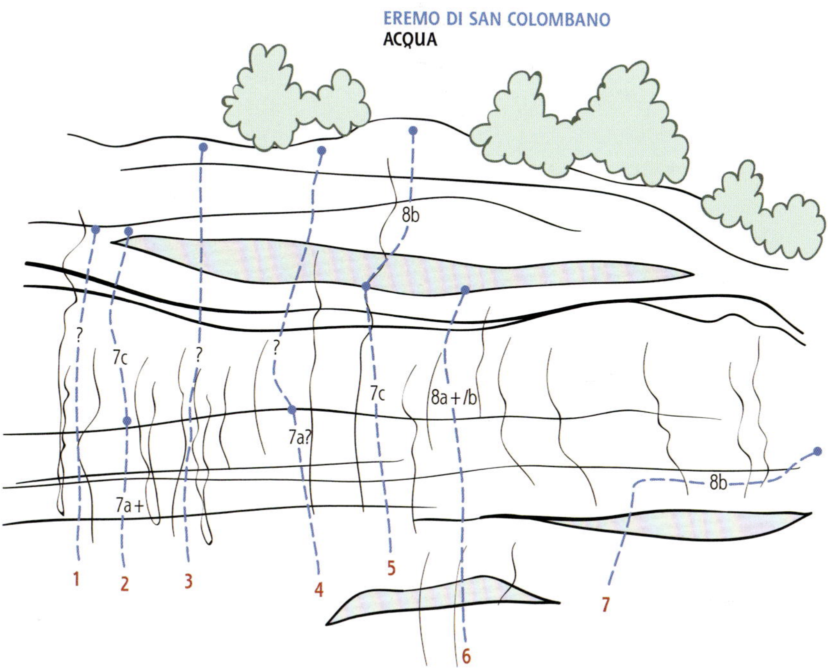

Geboren in Rovereto am 28. Juni 1997
Lebt in Terragnolo (Provinz Trient)
Sternzeichen: Krebs
Begann im Alter von 13 Jahren mit dem Klettern. Mit 17 zählt er zu den vielversprechendsten italienischen Felskletterern.
Sponsoren:
Montura, Sportiva

STEFANO FOLGARAIT

Jugend auf Erfolgskurs

Mit 13 begann er zu klettern. Schon jetzt, mit 17, ist er einer der vielversprechendsten jungen Kletterer Italiens. Wir sprechen mit Stefano Folgarait, der viele Projekte hat, aber mit beiden Beinen auf dem Boden steht.

Stefano mag den Kletterstil. Und den Menschen als solchen. Er hat ihn auch schon in Siurana getroffen. *Seid ihr je zusammen geklettert?* Er lacht, schüttelt den Kopf, schaut auf seine Hände und meint: "Nein!" Wir sprechen von Adam Ondra, der bei Stefano ganz oben auf der Liste steht. Zusammen mit Chris Sharma und Manolo. Kletterer, die man bewundern, studieren kann, die als Vorbild dienen.

Mit 17 Jahren findet der junge Stefano seine Herausforderungen in der Eleganz der Kletterlinien. Und gehört seither zu den besten jungen italienischen Kletterern. "Ich bin jetzt auch im Team von Arco Climbing und damit dem Kader, dem auch Sara Morandi angehört. Die Leute dort haben mir zugesagt, es sind auch Freundschaften entstanden. Die Welt der Kletterwettkämpfe ist neu für mich. Ich möchte mich auch dort beweisen, obwohl mir das Klettern in der Natur nach wie vor noch mehr liegt." Stefano Morandi spricht mit ausgewählten Worten. Antworten gibt er kaum, nicht, weil er nicht antworten will, sondern weil er im Augenblick keine hat. Vielleicht auch, weil er bisher noch nicht genügend Erfahrungen gesammelt hat, um Antworten zu geben. Die Routen sprechen zu ihm, ziehen ihn an und bringen ihn zum Wandfuß. "Bislang habe ich mir für das Klettern noch keinen richtigen Trainingsplan gemacht. Es ist eher so, dass mir etwas weitergegeben wird. Ich höre auf die, die besser klettern als ich. Nach dem Motto: probier' das doch mal, das lohnt sich wirklich! Und deshalb gehe ich einfach in einen Klettergarten, studiere die Linie und wenn sie mich anmacht, dann fange ich an. Ich projektiere sie solange, bis ich sie geklettert habe."

Stefano lebt in einem kleinen Ort im Valle di Terragnolo, das bei Rovereto zwischen dem Monte Maggio, dem Bergrücken Serrada, dem Monte Finonchio und dem Col Santo liegt. Durch sein Heimattal fließt der Leno, der weiter unten in die Etsch mündet. Stefano geht oft ins Etschtal und weiter ins Sarcatal, um dort zu klettern. Es war Giampaolo Calzà, der ihn im Alter von 13 Jahren unter seine Fittiche nahm und ihn auf seinem ersten Weg als Kletterer begleitete. Sein Vater, Daniele, und seine Mutter, Lia, erzählen, dass er zuerst in einer Halle in Rovereto zum Bouldern ging. Dann traf er Paolo, der feststellte, dass Stefano begabt ist, dass er auch eine 6c oder 7a klettern könnte: "Das war der zündende Funke, damit startete alles."

Und Stefano fügt hinzu: "Paolo hat mich motiviert, verschaffte mir die Basis. Er nahm mich mit zum Klettern. *Los, komm mit, auf geht's!* Das war wie ein Blitzeinschlag." Auf Calzàs Spuren und später denjenigen von Paolo Benvenuti und Geremia Vergoni lernte Stefano seine Kräfte kennen und wie er sie einteilen muss, damit er etwas wagen und seinen eigenen Stil finden kann. Und wie er sich in den hohen Graden bewegen musste.

"Ich war am Anfang viel in Platten unterwegs, doch dann gefielen mir die überhängenden Routen mehr. Eigentlich mag ich beides, doch das Wichtige ist, dass mich die Linie motiviert. Ich schau mir die Route immer von unten an, wenn ich sehe, dass sie geschlagene Griffe hat, steige ich gar nicht ein." Ihm liegen eher die ruhigen, einsamen Orte.

"Terlago ist eine der Wände, die ich immer wieder gerne besuche, sagt Stefano "Da war er sofort richtig erfolgreich!", ergänzt sein Vater. "Sofort, na ja, übertreib mal nicht!", greift Stefano ein. Seine Mutter Lia schaut ihn an und lächelt: "Er ist halt so, er macht kein Tamtam, möchte kein Aufsehen erregen und ist immer ehrlich."

Tatsache ist, dass Stefano mit beiden Beinen auf der Erde steht. Er weiß genau, was er gerade kann. Kein Prahlen, keine Angeberei. "Im Augenblick kann ich 8b durchklettern, bei 8c's muss ich noch eine Pause einlegen", präzisiert er. Auf sei-

ner Liste stehen einige Routen, die er um ein Haar durchgestiegen hätte. "Weißt du, bei einer hatte ich fast schon den Umlenker erreicht. Das war vielleicht eine 6c-Passage, aber mir rutschte der Fuß weg und das war's. Also zählt es nicht und ich muss nochmal hin." Er spricht über die Route En *Horabuena* in Padaro, eine 8b+, die von Paolo Benvenuti eröffnet wurde. Auch *Thin Ice* in Terlago klappt fast: "Ich brauche noch einen guten Ruhepunkt, sie ist nämlich sehr ausdauernd. Ein wahnsinnig schöne Linie, einfach sensationell!"
Oft muss ihm sein Vater, der ihn sichert, zurufen "Mach mal! Es wird bald Nacht!" Seine Mutter bestätigt dies: "Er klettert stundenlang, bis Sonnenuntergang. Aber es ist besser, wenn ich ihn nicht sichere, denn ich bewege mich zu viel." Meistens begleiten ihn seine Eltern zum Klettern. "Wir bleiben aber unten. Ab und zu bitten wir ihn, uns eine 6b einzuhängen. Aber da ist nichts zu machen. Er ist zu sehr auf seine schwierigen Routen fixiert" scherzt Daniele und gibt seinem Sohn einen liebevollen Klaps auf den Rücken.
Die Klettergebiete Calvario, Massone, Terra Promessa, Piccola Dallas, Nago, Terlago, Bassilandia, Narango oder Padaro sind die Spots, für die es Stefano ins Sarcatal zieht. Aber auch zum Eremo di San Colombano bei Rovereto geht er gern und natürlich zu den Geheimspots hier und da, die die Jungs und Mädels aber gern für sich behalten. "Im Augenblick ist mein einziges Ziel, besser zu werden. Ich muss gut in Form sein, wenn ich die nächste Kletterreise antrete", meint Stefano. Ligurien, Valtellina, Friaul, Spanien, Schweiz, Slowenien... er hat noch viele weitere Ziele. Das ist normal bei einem Jungen, der Klettern zu seinem Lebensinhalt gemacht hat. "Aber ich weiß, dass das keine Lösung für meine Zukunft ist. Ich kann halt nicht ohne Klettern leben."
An was er denkt, wenn er klettert? "An nichts, ich versuche nur, auf meinen Körper zu hören. Das musst du tun, wenn du in höchsten Graden klettern willst. Aber das gelingt mir natürlich nicht immer!" Zwischen Ende 2012 und Ende 2013 gelingen ihm diverse schwierige Routen von eher lokaler Bedeutung, zum Beispiel die 8a+-Linien *Futura*, *Thin Life*, *L'essenziale*, *Randa*, *Bauern plus*, *L'inquilino*. Oder die 8a/b *Fuego* und die 8b *Like a ghost* und *Jena*. Und 2014? In diesem Jahr gelangen ihm einige Wiederholungen von 8a+/b-Routen in den Gebieten Erta, Piccola Dallas, Narango und Lavarone. In seinem Hausgebiet Cogola delle Ponte, kletterte er Giuda 8b. "Alles natürliche Routen, keine geschlagenen Griffe. Momentan ist alles noch in der Entwicklung."
Und welche Art von Linien klettert Stefano im Augenblick am liebsten? "Routen, die eher Ausdauer fordern und nicht so sehr Bewegungstechnik erfordern. Bei den Onsight-Routen liegen mir am meisten die mit viel Kraftausdauer. Boulderlastige Linien sind mir momentan zu schwierig." Am Herzen liegt ihm die Linie *Super maratona*. "Ich habe schon die einzelnen Züge ausgecheckt und habe sie zweimal probiert, um die Bewegungen einzustudieren. Nach dem Ruhepunkt bin ich aber abgefallen, alle sagen, dass das Schwierigste erst dann kommt! Ich würde die Linie schon gern klettern. Sie ist wirklich schön."
So, wie sein Vater ihn aufmerksam sichert, lässt auch seine Mutter beim Essen nichts anbrennen: "Am Anfang wollte er kein Gramm zu viel auf den Rippen haben!" sagt sie. "Jetzt versucht er zum Glück, wenigstens nicht abzunehmen." "Aber ich würde lieber ein bisschen zunehmen", wirft Stefano ein. "Ich schaue immer auf die Waage, ernähre mich halt sehr gesund." Also keinen richtigen Kaffee, nur Malzkaffee. Und Wasser..., viel und natürliches. Genauso, wie er ist.

Stefano Folgarait, *Futura*, La Gola di Toblino *(ph. Giampaolo Calzà)* ▶

Rovereto

Acheni

102

Die kleine Felswand eignet sich wegen ihrer Exposition auch für die Wintermonate, wird aber insgesamt wenig besucht. Die Routen sind wirklich schön und verschiedene, bemerkenswerte Projekte sind für alle frei zugänglich.

Erschließer: S. Ghidini u.a.

Anfahrt/Zustieg
Von der Autobahnausfahrt Rovereto Sud 15 km, Zustieg 2 Min.

Von der Autobahnausfahrt der A22 weiter in Richtung Rovereto, am Einkaufszentrum 'Millenium Center' vorbei und immer auf der Hauptstraße weiter Richtung Trento/S.S.12. Nach 4,8 km (beim 5. Kreisverkehr) rechts in Richtung Vicenza (S.S.46)/Trambileno.
Jetzt geradeaus, durch einen Teil der Altstadt (Via Santa Maria) und kurz nach der Brücke über den Fluss Leno (Stoppschild) rechts abbiegen in Richtung Vicenza. Nach weiteren 7 km, kurz nach der Abzweigung nach Pozzachio, fährt man an einer großen Felswand mit Steinschlagnetzen vorbei. Wo die Netze enden, gibt es einige kleine Parkbuchten. Direkt oberhalb liegt der Klettergarten, der in kürzester Zeit erreichbar ist (Entfernung von der Stadtmitte Rovereto ca. 8 km).

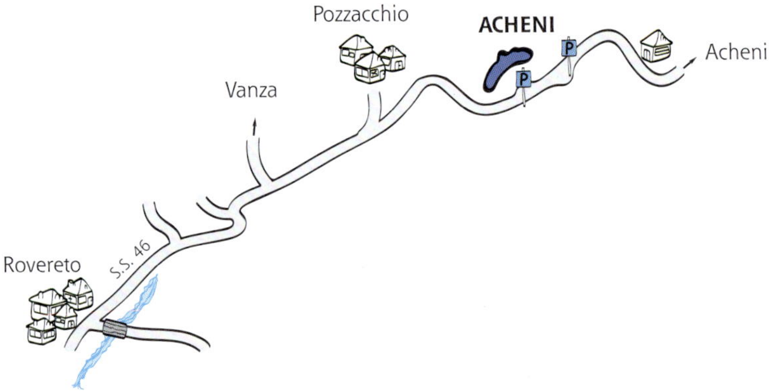

?	3
8a	1
7c	1
7b	4
7a	1
6c	2

12

1 OHNE NAMEN	6c+	15m	Schwierige Bewegungen
2 OHNE NAMEN	?	22m	
3 OHNE NAMEN	7b	28m	Ausdauer, Ausstieg heikel
4 CASCA A FAGIOLO	7b	26m	Ausdauer, sehr schön
5 SONIA	6c+	17m	Athletischer Überhang
6 OHNE NAMEN	7b	32m	Harte Passage im oberen Teil, wenig interessant
7 PUÒ ESSERE	7a+	17m	Athletischer Überhang
8 IO E TE	7c	32m	Zuerst leicht, dann herrliche Platte
9 SARA	7b+	30m	Ausdauer und Technik, zwischendrin kurz athletisch, sehr schön
10 COLORI D'AUTUNNO	8a	28m	Ausdauer und Technik, zwischendrin kurz athletisch, sehr schön
11 LA ROCHE DE RAME	?	28m	Projekt, Ausdauer, bauchiger Überhang
12 WATER LIST	?	28m	Projekt, Ausdauer, bauchiger Überhang
13 IL TRIDENTE	?	28m	Projekt, Ausdauer, bauchiger Überhang
14 PATTADA	?	25m	Projekt, Ausdauer, bauchiger Überhang

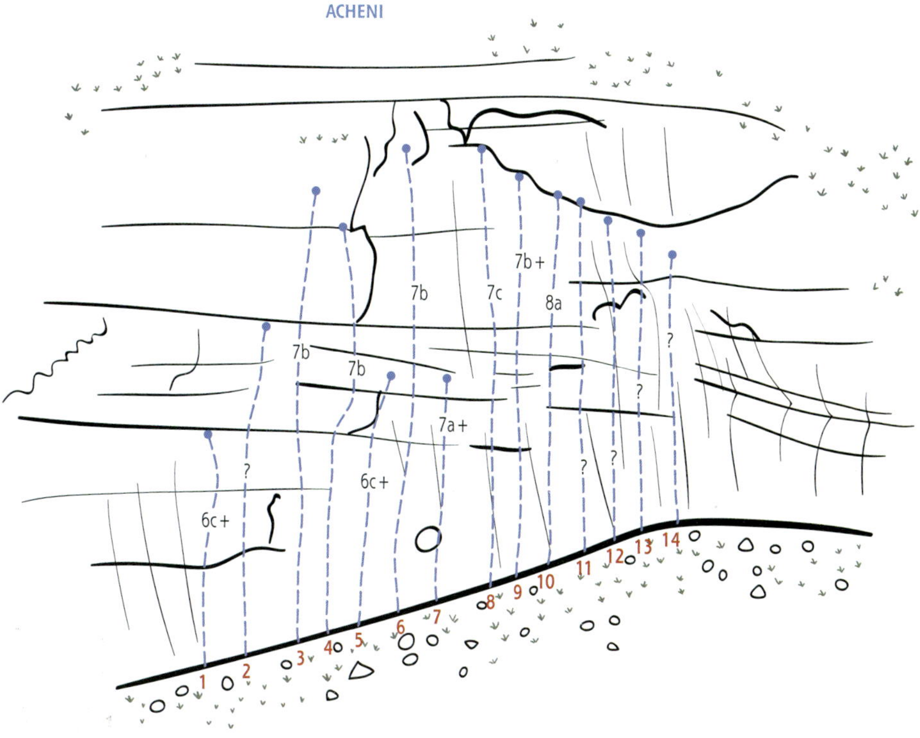

Rovereto

Piste dei Dinosauri

103

Ein gutes Bewegungsgefühl sowie eine gute Fußtechnik sind die Voraussetzungen, um in einer der über fünfzig Routen in diesem Gebiet Erfolg zu haben. Seine Exposition ermöglicht auch ein Klettern an Winternachmittagen, am besten kommt man jedoch im Frühjahr und Herbst hierher.

Wer die 25 Minuten Zustieg auf einem bequemen Weg auf sich nimmt, wird mit einem ruhig gelegenen Klettergarten und schönen Routen belohnt. Alle Projekte sind freigegeben. Man sollte es sich nicht entgehen lassen, das "Orme dei dinosauri" zu besichtigen, zu dem ein bezeichneter Weg führt. In einer versteinerten Rinne blieben die Fußspuren von Dinosauriern erhalten. Es ist das größte Vorkommen, das bislang in Italien entdeckt wurde.

Erschließer: F. Agosti, A. Sartori u. a.

Anfahrt/Zustieg

Von Rovereto 9,2 km, dann 25 Min. Zustieg auf Schotterstraße und Wanderweg.

Von der Autobahnausfahrt Rovereto Sud in Richtung Rovereto, am Einkaufszentrum 'Millenium Center' vorbei und weiter in Richtung Trento/S.S.12. Kurz nach einem Supermarkt (Lidl) dann am Kreisverkehr rechts in Richtung Verona und nach 200 m links ab (Wegweiser "Piste dei Dinosauri"). Auf der Straße etwa 1 km bergauf, dann rechts auf eine flache Straße (auch hier Wegweiser "Piste dei Dinosauri"). Diese Straße heißt ‚Strada degli Artiglieri' und führt zu einem Parkplatz, etwa 200 m vor der Baita ‚Damiano Chiesa', einem

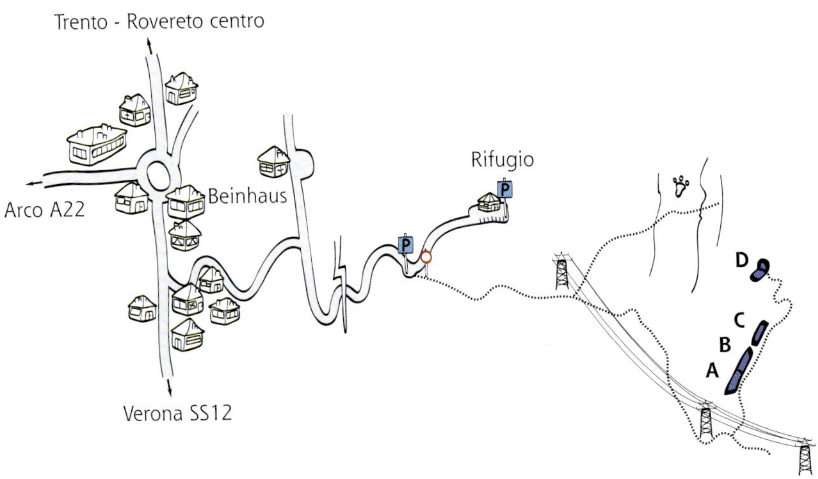

?		19
8c		1
7c		2
7b		4
7a		5
6c		2
6b		5
6a		11
5c		4
5b		1
<5		1

55

Haus der italienischen Alpini. Auf dem mit einer gelbgrünen Schranke versperrten Schotterweg jetzt etwa 10 Min. weiter. Kurz nach einem Hochspannungsmasten führt ein Weg rechts abwärts (Wegweiser "Orme dei Dinosauri" n° 4) und ziemlich genau entlang der Hochspannungsleitung. Man geht bergab und direkt an einem weiteren Masten vorbei. Kurz darauf zweigt links (Steinmännchen) ein markierter Pfad ab und führt direkt zum Klettergarten.

Lasst keine Wertsachen im Auto zurück: Immer wieder werden Autos aufgebrochen.

SEKTOR A

1 OHNE NAMEN	?	14m	Projekt.
2 OHNE NAMEN	?	14m	Projekt.
3 OHNE NAMEN	?	14m	Projekt.
4 OHNE NAMEN	?	14m	Projekt.
5 SASSO PIATTO	?	14m	Projekt.
6 BIONDI E MONELLI	7b+	14m	Technische Platte, Bewegung und Fingerkraft, Rechtsvariante
7 OHNE NAMEN	?	14m	Projekt. Senkrecht mit seichten Löchern, athletische Passagen
8 "LA MATUZZINA"	?	14m	Projekt. Senkrecht mit seichten Löchern, athletische Passagen
9 MACRAMÉ	6a/+	20m	Geneigte Verschneidung, kurz vor dem Umlenker etwas heikel
10 ASTERIX	6b	16m	Graue, schön strukturierte Platte
11 PRIGIONIERI DELLE PASSIONI	6b	20m	Graue, schön strukturierte Platte
12 PINTER PUB	6b	20m	Graue, schön strukturierte Platte
13 ADESSO	6a	16m	Riss
14 ANNA	5b	14m	Risskamin mit guten Griffen
15 LA CLESSIDRA	5c/6a	18m	Platte, Riss, kurze Boulderstelle
16 POLAC	5c/6a	14m	Schöner Diagonalriss, Einzelstelle vor dem Umlenker

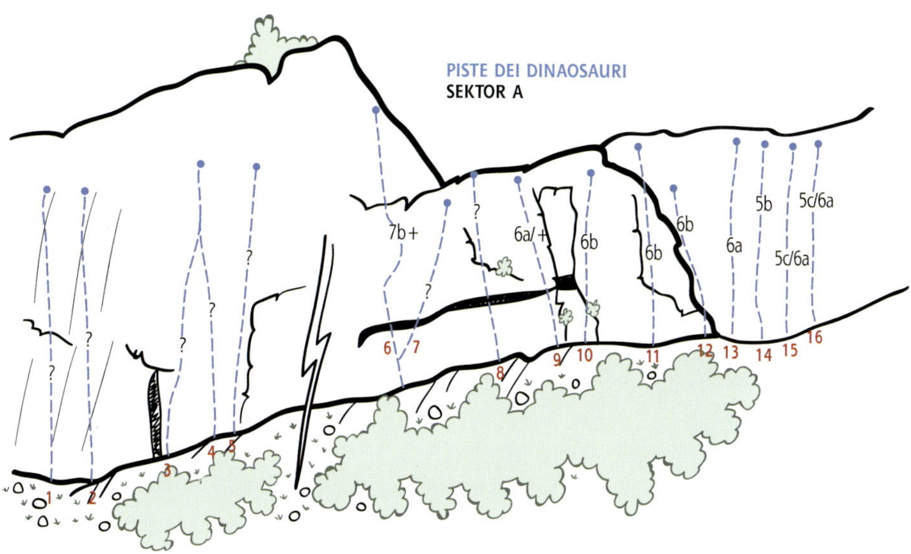

SEKTOR B

17 STAR TREK	6c	20m	Senkrechte Wand, technisch schwierig
18 BROCCOLETTI	6b+	18m	Sehr schöne Linie an kleinen Konkrezionen, Ausstiegsboulder
19 LO SCULTORE	7a+/7b	20m	Schöne Route, Einzelzüge am Überhang, Ausstiegsplatte schwierig
20 AL SETTIMO CIELO	6a	14m	Sehr schöne, geneigte Plattenroute
21 RAGGI DI SOLE	6a	14m	Sehr schöne, geneigte Plattenroute
22 L'ORA DEL GARDA	6a	14m	Sehr schöne, geneigte Plattenroute
23 CROCUS	6a	14m	Sehr schöne, geneigte Plattenroute
24 CUORE DI MESTRUO	8c	20m	Schwieriger Überhang
25 DRAKAR	?	20m	Projekt. Geneigte Platte mit kleinen Leisten, dann Überhang
26 IL VENTO DI TRAMONTANA	8b?	20m	Projekt. Technisch schwierige, leicht überhängende Wand
27 LA PRIMA DI TUTTE	6a+	14m	Leicht überhängende Verschneidung
28 BONSAI	6c	18m	Senkrechte Kante, im Mittelteil schwierig
29 PICCOLO DIAVOLO	7a+	20m	Athletische Längenzüge, Ausstieg fordert gute Psyche
30 MOSCOLIN	7b+	32m	Schöne Linie, kleingriffig im Überhang, dann Ausdauer
31 GATTO SILVESTRO	7a	16m	Athletischer Sinter, heikler Aufrichter
32 IRIS	7b	32m	Senkrechte, technische Wandkletterei. Kleingriffiges Dach. Ausstieg über 33
33 OHNE NAMEN	7b	28m	Anfangs diagonaler Riss, dann über 32
34 LA VIA DEL BEPI	?	30m	Projekt. Zuerst leicht geneigte, dann senkrechte und schwierige Wandkletterei
35 IL DILEMMA	?	30m	Projekt. Zuerst senkrecht mit Boulderpassage, dann Ausdauer an guten Griffen

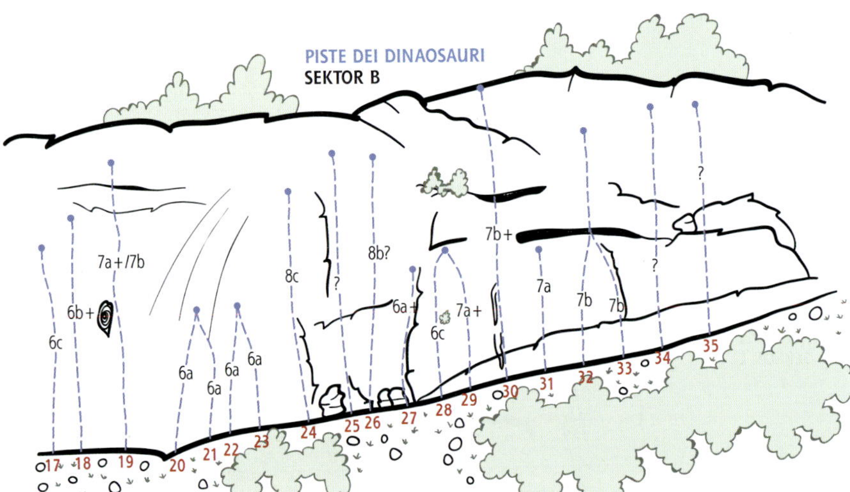

SEKTOR C

36 FACILE PER PIERA	6a+	16m	Kleines Dach und kompakte Platte
37 CRIC	6a+	16m	Boulderzug am Einstieg
38 CROC	5c	16m	Leicht geneigte Platte
39 LA POIANA	4c	16m	Geneigte Verschneidung

40 IL GHIRO	?	18m	Projekt. Senkrechte, kleingriffige Wand
41 AMICI MIEI	7c	18m	Senkrechte, kleingriffige Wand
42 FIOR DI ZUCCA	7a+/b	18m	Senkrechte, kleingriffige Wand
43 IL VOLO DI ALBA	6b+/c	20m	Heikle Bewegungen, unklare Linie
44 NONNA IDA	6a+	20m	Heikle Bewegungen, unklare Linie
45 VECIO BECO	6a	18m	Heikle Bewegungen, unklare Linie
46 BAYBLADE	5c/6a	18m	Heikle Bewegungen, unklare Linie

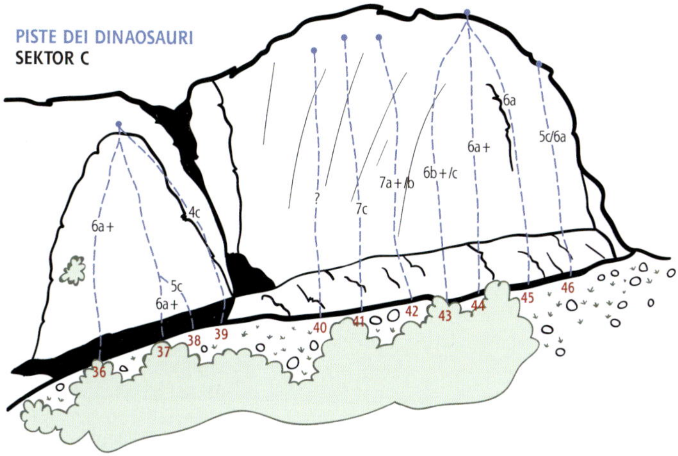

SEKTOR D

1 OHNE NAMEN	7a	12m	Senkrecht, technisch schwierig, Gleichgewicht
2 OHNE NAMEN	?	12m	Projekt. Senkrecht, technisch schwierig, Gleichgewicht
3 OHNE NAMEN	?	12m	Projekt. Senkrecht, technisch schwierig, Gleichgewicht
4 OHNE NAMEN	?	12m	Projekt. Senkrecht, technisch schwierig, Gleichgewicht
5 OHNE NAMEN	?	12m	Projekt. Senkrecht, technisch schwierig, Gleichgewicht
6 OHNE NAMEN	?	12m	Projekt. Senkrecht, technisch schwierig, Gleichgewicht
7 OHNE NAMEN	?	12m	Projekt. Senkrecht, technisch schwierig, Gleichgewicht
8 OHNE NAMEN	?	12m	Projekt
9 OHNE NAMEN	?	12m	Projekt

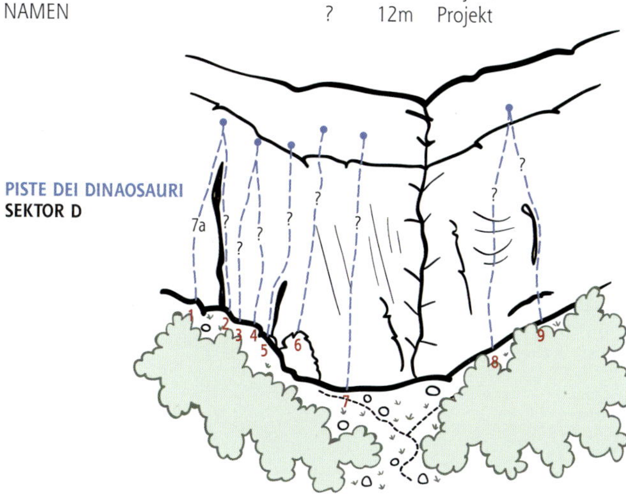

Rovereto

Pian del Levro

104

Wer der Sommerhitze im Tal entkommen möchte, findet hier ein ideales Klettergebiet. Die Erschließer gaben sich viel Mühe und dachten vor allem an die Einsteiger. Die Routen bis zum Grad 6a sind deshalb bestens abgesichert und erschlossen. Vorsicht ist dennoch angebracht, denn trotz der geringen Hakenabstände können Kinder und/oder im Vorstieg unerfahrene Kletterer beim Clippen einen Sturz von mehreren Metern hinlegen. In einigen Routen wird ein 70m-Seil benötigt. Wer mal Abwechslung zum Klettern sucht, der fährt auf der S.S.50 weiter bis zum Beginn des schönen und leichten Wanderwegs zum Rifugio Vincenzo Lancia am Pasubio (1825 m).

Erschließer: Bergführer Giorgio Nicolodi u. a.

Anfahrt/Zustieg

Von der Autobahnausfahrt Rovereto Sud 15 km, dann 5 Minuten Zustieg auf einem Wanderweg.

Von der Autobahnausfahrt der A22 weiter in Richtung Rovereto, am Einkaufszentrum 'Millenium Center' vorbei und immer auf der Hauptstraße weiter Richtung Trento/S.S.12. Nach 4,8 km (beim 5. Kreisverkehr) dann rechts abbiegen in Richtung Vicenza (S.S.46)/ Trambileno.

Immer geradeaus, durch einen Teil der Altstadt (Via Santa Maria) und kurz nach der Brücke über den Fluss Leno (Stoppschild) rechts abbiegen in Richtung Trambileno (8,8 km von der Autobahnausfahrt). Man fährt an der Einsiedelei (Eremo) San Colombano vorbei und durch die Orte Toldo, Moscheri, Clocci und Boccaldo. Danach zweigt man dann links ab in Richtung Pian del Levro. Nach der 1. Kehre dann rechts (Wegweiser aus Holz ‚Pian del Levro') und auf der kleinen Straße weiter durch den Wald. Nach etwa 200 m parkt man dann kurz vor der Brücke. Von hier ist die Felswand schon gut sichtbar. Auf dem Wanderweg Nr. 122 (Cheserle) in den Wald und in wenigen Minuten zum Klettergarten.

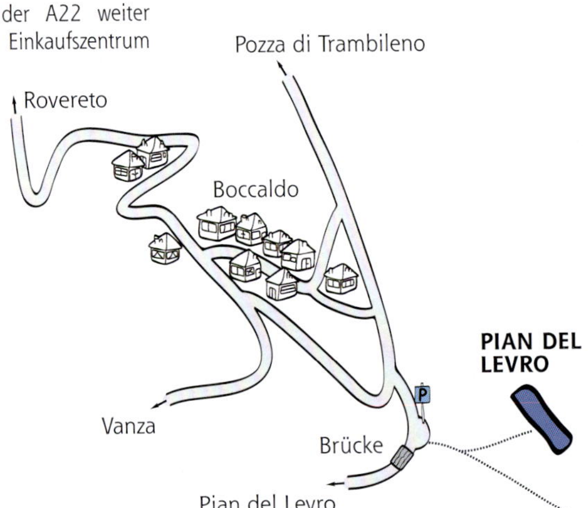

7c	2
7b	3
7a	3
6c	6
6b	3
6a	7
5c	2
5b	2
<5	3

31

1 TRILLI		6a+	10m	Einstiegsüberhang, dann Platte
2 SUPER CUCCIOLO		3b	15m	Leichte Platte, geneigt, großgriffig
3 CUCCIOLO		3a	15m	Leichte Platte, geneigt, großgriffig
4 DOTTO		5b	28m	Leichte Platte, dann schöne Verschneidung
5 SCRAC	SL1	3a	14m	Leicht, geneigte Wand
	SL2	6a+	14m	Senkrecht mit guten Griffen
6 CRICHETTO		5c	20m	Leichter Einstieg, Ausstieg auf der Platte heikel
7 PISOLO		5b	28m	Platte, Ausdauer
8 BRONTOLO		5c	20m	Senkrechte Platte, dann kurze Verschneidung
9 EOLO		6a+	20m	Überhängender Ausstiegsboulder
10 SID		6a	20m	Leichte Platte, kraftraubender Überhang
11 MAMMOLO		6a	24m	Schöne Ausdauerroute
12 GONGOLO		6a+	24m	Einstieg in der Verschneidung, dann Platte
13 BIANCANEVE		6b	24m	Bewegungstechnik im mittleren Teil
14 CIUCHINO		6c	30m	Folge von Einzelzügen an kleinen Leisten
15 PIT STOP		6a+	28m	Platte, Verschneidung, Riss
16 ULK		6c	27m	Sehr schöne Platte
17 SAETTA		7a	27m	Heikle Bewegungen und viel Fingerkraft
18 CABANA		7c	27m	Ausdauer, harter Ausstieg im Überhang
19 TIN TIN		7b	27m	Ausdauer und Bewegungstechnik
20 HERBIE		7b+	26m	Schwieriger, überhängender Mittelteil
21 POPEYE		7b+/c	26m	Kraftraubender Überhang mit kleinen Löchern
22 ALADINO		6c+	26m	Gelbe Wand mit kleinem Dach, dann Ausdauer
23 WILLY		7a	26m	Nicht ganz festes Gestein, dann Ausdauer
24 BUGS BUNNY		7c/+	26m	Überhang, dann Ausdauer an kleinen Leisten, danach Platte
25 ASTRID		6b	35m	Wand, Überhang, Platte, Ausdauer
26 SIR BISS		7a	35m	Senkrechte Platte mit Fingerboulder
27 DICXI		6c	26m	Ausstiegsriss
28 42		6c	26m	Platte, rechts am Dach vorbei, dann Leisten
29 SHREK		6c+	26m	Senkrechte Platte mit Leisten
30 PICXI		6b	26m	Klassische Risskletterei

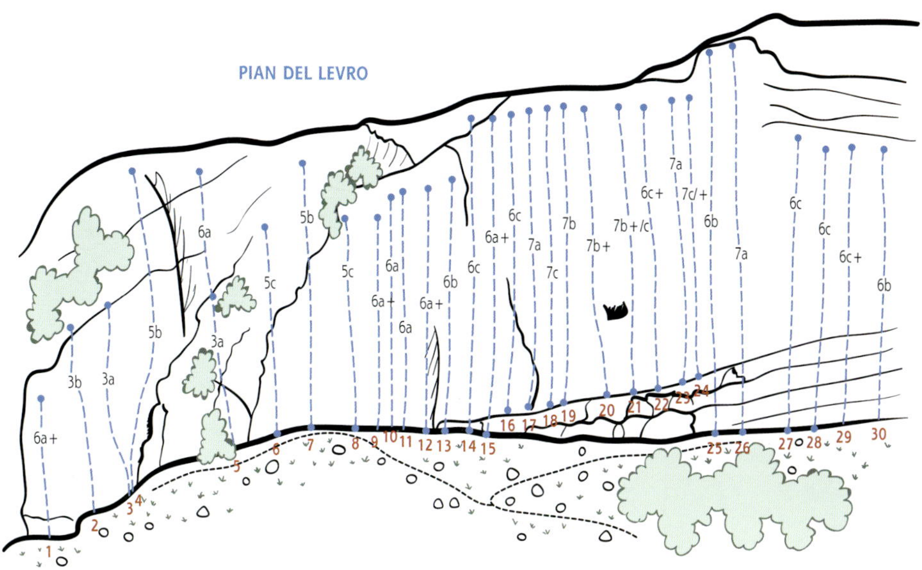

Rovereto

Crosano

105

Die Routen in diesen grauen, kompakten Kalkwänden weisen meist gemäßigte Schwierigkeiten auf, vor allem bei den leichteren Routen ist der Fels sehr strukturiert. Der Klettergarten liegt in einem ruhigen Geiet und ist einfach zu erreichen, vor allem Familien freuen sich auch über die schönen Wiesen in der Nähe. Leider sind durch die vielen Begehungen einige Routen mittlerweile stark abgespeckt und deswegen recht schwer, auch das sehr vernachlässigte Gebiet unterhalb des Klettergartens trägt nicht gerade zum Ruhm bei.

Erschließer: D. Depretto, G. Dorigatti, E. Dossi, D. Mabboni, M. Mabboni, L. Manzana, D. Tonelli u.a.

Anfahrt/Zustieg
Von Arco 23,5 km, dann 5 Min. Zustieg auf Wanderweg.

Von der Sarcabrücke in Arco (auf der S.S.240) in Richtung Rovereto, etwa 2 km nach Loppio biegt man dann links ab in Richtung Mori - Altopiano Brentonico. Auf dieser Straße weiter zu einer markanten Kreuzung, hier rechts in Richtung Brentonico – Monte Baldo (SP3). Weiter bergauf und kurz vor dem Hotel Miramonti (rosa Gebäude) nach rechts abbiegen in Richtung Crosano. Nach ca. 700 m, in der Nähe der Kirche (Wegweiser ‚Falesia'), links bergab und noch 1,7 km weiterfahren. In Höhe einer kleinen weißen Kirche (links) rechts auf dem großen Parkplatz parken. An der Kirche rechts vorbei und auf einem Schotterweg zu den ersten Sektoren (5 Min.). Zum Sektor D folgt man einem Wanderweg, der kurz vor einem kleinen Häuschen beginnt.

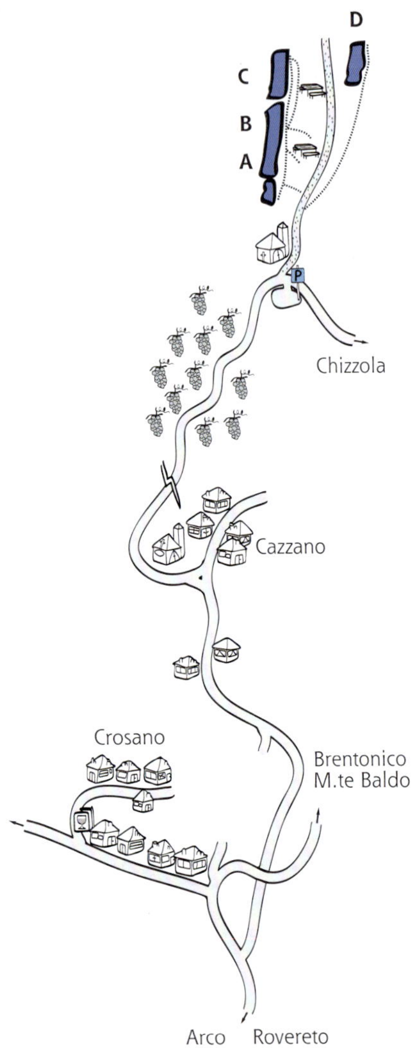

?	2
7c	4
7b	7
7a	5
6c	10
6b	16
6a	8
5c	8
5b	5
<5	5

70

SEKTOR A

1 MERCANTE ODAGLIA	5c	8m	Gutgriffige Platte
2 IL BAGNINO	5c	12m	Graue Platte, Einstieg mit Riss, dann gute Leisten
3 VALSALVA	6a	13m	Einzelstelle an Leisten
4 OCTOPUS	5c	10m	Ausdauer an guten Griffen
5 BICIA	5a	10m	Rechts der Bohrhaken an großen senkrechten Schuppen
6 CHE CI FACCIO QUI	4c	8m	Anstrengender Einstieg
7 SQONK	4b	10m	Einfach an Henkeln
8 CAB	5b	10m	Platte mit großen Griffen und Einzelstelle im Ausstieg
9 LULÙ	4b	12m	Gutgriffige Platte mit Henkeln
10 MAURETTO IL CAPETTO	6a	12m	Längenzüge mit Reibungstritten
11 SALAMANDRA	4c	12m	Schöne gutgriffige Platte mit Henkeln und Seitengriffen
12 GAV	5b	10m	Blockierer im Ausstieg mit Reibungstritten
13 JENNY	5c	10m	Strukturierte Platte, dann anstrengender stumpfer Riss

CROSANO
SEKTOR A

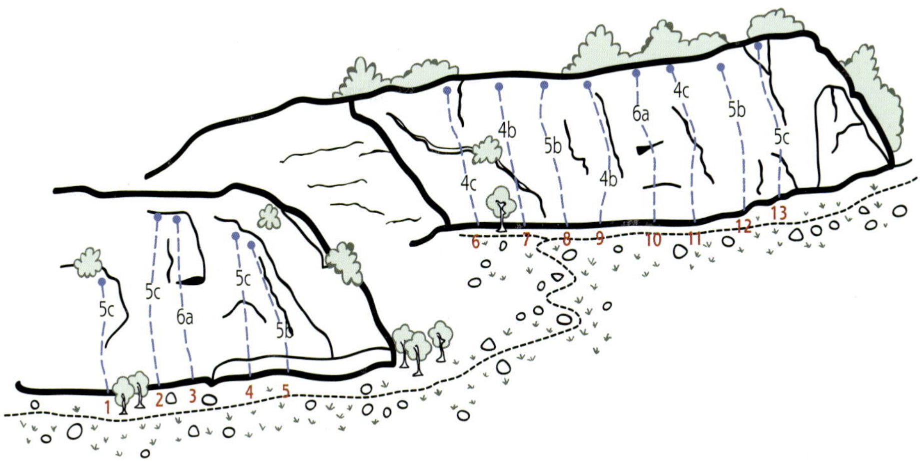

SEKTOR B

1 TEOFILO	6c	13m	Schöne graue Platte mit schwierigem Einstiegsboulder
2 ERNIA AL DISCO	7b	14m	Technische Platte mit Seitgriffen und scharfen Kanten. Ausdauer
3 SPITTAME MUCHO	6c+	14m	Schöne technische graue Wand
4 IL SIGNORE DEGLI APPOGGI	7c+	14m	Präzises Klettern in grauer kompakter Wand und Züge an kleinsten Griffen
5 LABIRINT	6b	14m	Wand mit Leisten
6 GRISÙ	7a	14m	Boulder in der Mitte an runden Leisten
7 PENSIERO POSITIVO	7a	10m	Boulder an Auflegern
8 ERROR	7a+	12m	Vom Band weg an runden Löchern, hart
9 GAZEBO	6c	12m	Schwieriges Mittelstück mit Mantle
10 RUST NEVER SLEEPS	6b+	14m	Schwieriger technischer Einstieg
11 PILASTRINO	6c+	14m	Schöne senkrechte Wand
12 LA VACCA VOLANTE	6c+	14m	Einstiegsboulder an Auflegern und Leisten in der Mitte
13 PETTO IL GALLETTO	5c	14m	Lange Hakenabstände. Aufrichter an kleinen Bändern
14 OHNE NAMEN	7b	12m	Technische Wand, leicht überhängend
15 IL BOMBO	7b	12m	Harter Einstieg mit Längenzug und technische Platte
16 IL GAUCIO	6b	18m	Seichte Verschneidung, dann Platte mit Fußtechnik
17 BLOB	6b+	16m	Heikle Einzelstelle und Längenzug am vierten Bolt
18 BALLA-BALLA	6c	18m	Abwechslungsreiche Ausdauerroute. Boulderstelle in der Mitte. Schön
19 ULTIMO TANGO	7b	18m	Senkrechte Wand mit Ausdauer und Längenzügen an Leisten
20 STASERA MI BUTTO	7c	16m	Sehr technische Wand mit schwierigen Zügen zum Schluss
21 JOE FALCHETTO	6c	18m	Knackiger Einstieg
22 VOGLIA DI TENEREZZA	6c	18m	Passage mit Fußtechnik, kleiner Überhang
23 IL POETA E IL CONTADINO	6b	20m	Aufleger und harter Längenzug
24 SCARSOMAN	6b+	12m	Fingerkraft am Einstieg, dann technische Platte
25 MID KILLER	7c+/8a	12m	Glatte senkrechte Wand, schwierig im oberen Teil
26 FLASCH	6a	12m	Schmierige, kleine technische Risse
27 TORCICOLLO	5c	16m	Gutgriffige Platte mit technischem Ausstieg
28 MI MANDA PICCONE	5c	16m	Gutgriffige Platte mit technischem Ausstieg
29 MASTRO ZAPPETTA	5b	12m	Platte mit guten Griffen
30 RISO E ZUCCHETTI	5b	12m	Längenzug am Einstieg
31 BIM BOM BAM	5c	12m	Kurze Einstiegsplatte und kleines Dach
32 LA STANGATA	4c	10m	Gute Griffe

CROSANO
SEKTOR B

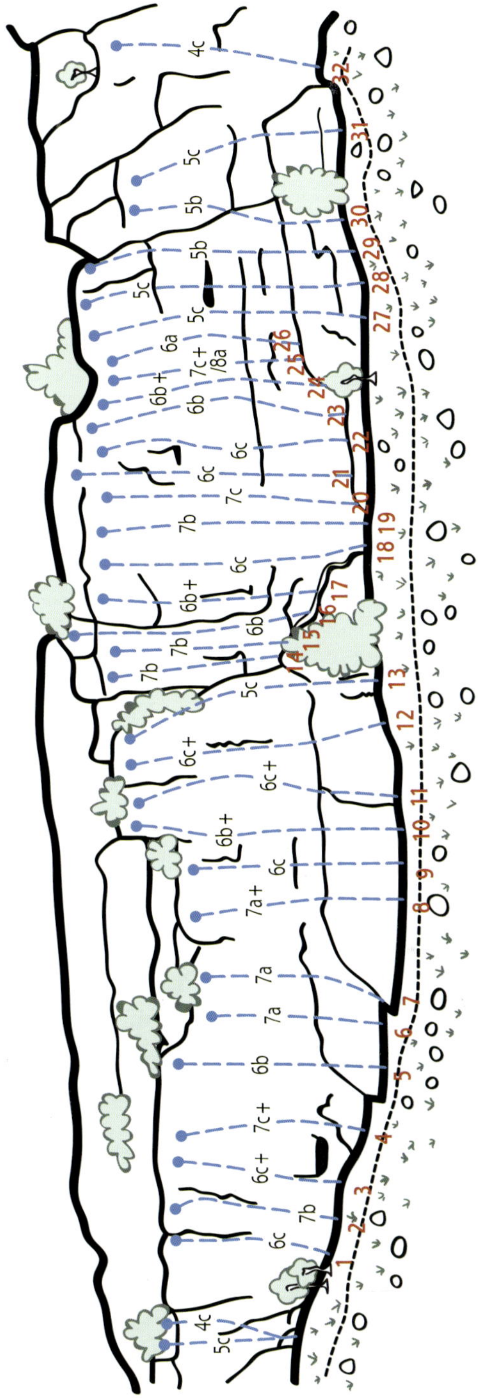

SEKTOR C

1 CULOTTE	6a	14m	Riss
2 KLAXON	6b+	10m	Schwieriger Einstieg an Leisten
3 FOUS D'AMOUR	6a+	16m	Technische Wand
4 COME UN CAMMELLO	6b+	10m	Verschneidung in schönem Fels, maximalkräftig
5 POMPA DUR	7b	18m	Knackiger Fingerboulder zwischen 3. und 4. Haken
6 SUPER TEO	6b	18m	Schwer lesbarer Überhang
7 TELEGRAPH ROAD	6b+	18m	Boulder, dann Platte
8 GORBY WAY	6b+	18m	Einstiegsüberhang, dann Wand mit Tropflöchern und kleinen Schuppen
9 STEPHY FOR EVER	6b	16m	Platte mit Fußtechnik
10 NIENTE PANICO GNAPPETTA	6a+	18m	Interessante Verschneidung
11 MEGLIO COSÌ	6b+	16m	Onsight schwierige Ausstiegspassage
12 SENZA UNA DONNA	6a+	16m	Fingerkraftausdauer

CROSANO
SEKTOR C

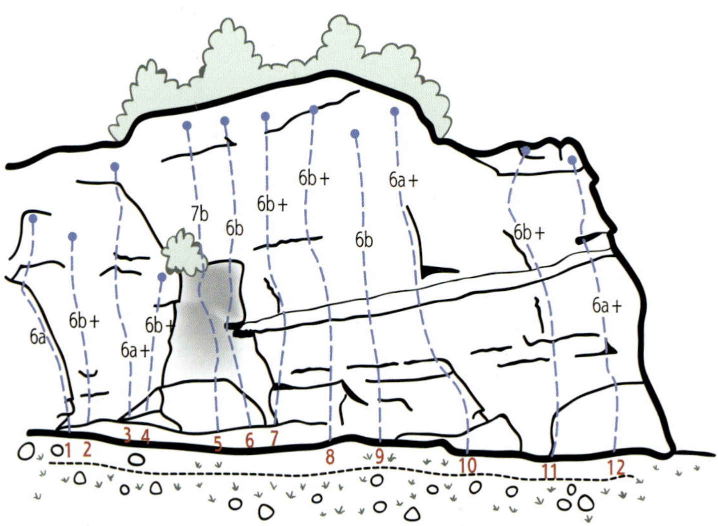

SEKTOR D

1 COCCO BELLO	7a+	10m	Heikle Stellen mit Seitgriffen
2 PICCOLI GIGANTI	6a+	10m	Einstiegsboulder
3 BABY SPECK	?	10m	Kleine Löcher in leichtem Überhang
4 OPERA BUFFA	6b	10m	Kurzer Einstiegsquergang
5 TERREMOTO KID	6c	11m	Ausdauer bis zum vierten Bohrhaken
6 BIACH CICH	6b	11m	Achtung, erster Haken sehr hoch
7 L'ASCENSORE	6b	11m	Einstiegsboulder, dann einfacher
8 ABETE MALEDETTO	7a+	12m	Überhang
9 MARTA	7b	12m	Dächer mit kleinen Leisten
10 OHNE NAMEN	?	14m	Platte und kleines Dach
11 DEDICATO A	6c+	16m	Überhang mit schwierigem Aufrichter
12 FINO ALLA FINE DEL MONDO	7b+	16m	Serie von Dächern
13 VIENIMI DENTRO	7c	20m	Überhängende Route mit horizontalem Dach

CROSANO
SEKTOR D

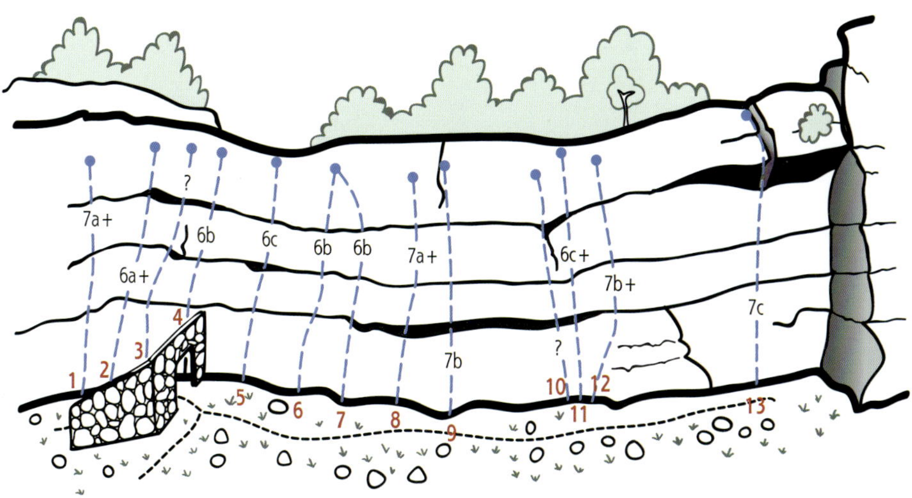

Besagno

106

Interessante Wand mit einigen schönen und langen Routen. Der Klettergarten wurde schon vor vielen Jahren eingebohrt und wird trotz des bequemen Zustiegs wenig besucht. Ein Grund hierfür sind vermutlich die zu leichten Bewertungen. Auf der rechten Seite der Wand steht ein einzelner Felsturm mit vier leichteren, aber sanierungsbedürftigen Linien.

Erschließer: S. Boschetti, L. Manzana, D. Marchiori, A.Marchiori u.a.

Anfahrt/Zustieg
Von Arco 18,5 km, dann 1 Min. Fußweg.

Von Arco zunächst auf der S.S.240 in Richtung Rovereto und in Mori rechts ab Richtung Brentonico-Monte Baldo (S.P.3). Nach dem Ort Besagno und kurz nach einer scharfen Kurve geht rechts die Straße nach Castione ab. Man parkt entweder gleich nach dieser Abzweigung rechts an der Straße oder wenige hundert Meter weiter auf der linken Seite. Bitte nicht direkt gegenüber der Abzweigung parken: Für Linienbusse ist sonst nicht genügend Platz. Der Klettergarten ist von der Straße aus gut zu sehen, in wenigen Minuten ist man am Fels.
Von der Autobahnausfahrt Rovereto Süd ca. 7 km.

Von der Ausfahrt der A22 in Richtung Mori/ Altopiano Brentonico, nach 1,5 km dann bei Mori-Centro abfahren und geradeaus Richtung Ortsmitte. An der Ampel (nach 2,7 km) dann links (S.S. 240), nach 3,1 km am Wegweiser ‚Brentonico' wieder links (S.P.3) und weiter wie oben beschrieben.

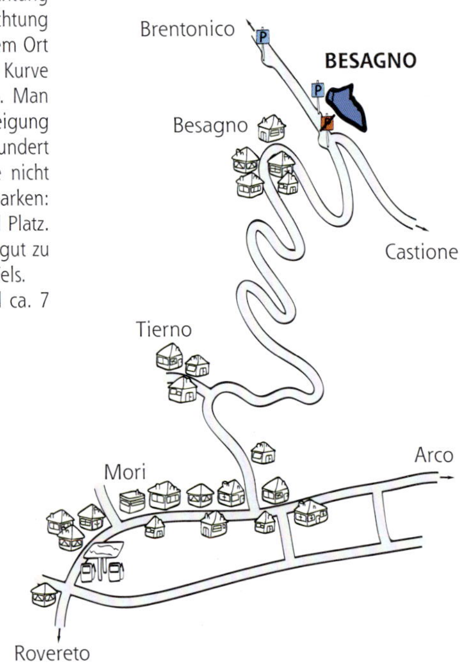

?	2
7b	1
7a	6
6c	3
6b	10
6a	6
5c	1
5b	1
<5	1

31

1 I PAESANI	6a	12m	Einstiegspassage etwas schwieriger, dann leicht
2 I FRICHETTONI	6a+	12m	Graue, kurze Ausdauerwand
3 GHOST	7a+	12m	Schwierige Züge in kompaktem Fels
4 ENGI	7a+	14m	Schwierige Züge an Leisten in kompaktem, gelbem Fels
5 LUIGIA	6b+	16m	Rissverschneidung im oberen Teil
6 OHNE NAMEN	6c+	16m	Start in der Mitte des Stollens, dann gerade und leicht überhängend hoch
7 FRANCESCA	6b	18m	Einstieg auf der rechten Seite des Stollens
8 OHNE NAMEN	6b	22m	Verschneidungskletterei, Stand gemeinsam mit Carlo non farlo
9 CARLO NON FARLO	7a/+	22m	Schöner, kleiner Pfeiler mit harten Einzelzügen
10 EROICA	6b+	22m	Riss
11 LA SUOCERA	7a+	30m	Einstieg über Eroica
12 PHILIP LORIS	7b+	30m	Boulderzüge, gute Ruhepunkte
13 SARÀ QUEL CHE	6b+	30m	Ausdauer
14 URLA INFINITE	6c?	20m	
15 GABRY'S CAFFE	7a+?	28m	Einstieg über Urla infinite
16 OHNE NAMEN	?	30m	Einige Laschen fehlen
17 OHNE NAMEN	?	30m	Alle Laschen fehlen
18 SPATACASH	6c+	10m	Einstieg am Stollen, dann gemeinsam mit Tango. Der 1. Haken ist weit oben.
19 TANGO E CASH	6a	26m	Zuerst dem Riss folgen, dann weiter über Spatacash
20 LASCIAMI VOLARE	6a+	26m	Dreckig, kaum wiederholt
21 IL DISGUIDO	7a	24m	In der Mitte schwieriger, kurzer Überhang
22 MANASLU	6b	24m	Dreckig, kaum wiederholt
23 OHNE NAMEN	6a/+	14m	Einstieg links des Einschnitts
24 LA RAGNATELA	6b	10m	Harter Einstieg
25 OHNE NAMEN	6a	10m	
26 TOPO	5b	8m	Schwieriger Einstieg, dann plattig
27 GIGIO	4c	6m	Schöne graue Platte, Fußtechnik

Ohne Topo:

28 TEMI LONTANI	6b	15m	
29 DIRETTA ALL'INFINITO	6b+?	13m	Einstieg über Cerro Pipel
30 CERRO PIPEL	5c	30m	Schöne Platte in grauem Fels
31 SENZA SUGO	6b	10m	Schöne, technische Plattenkletterei

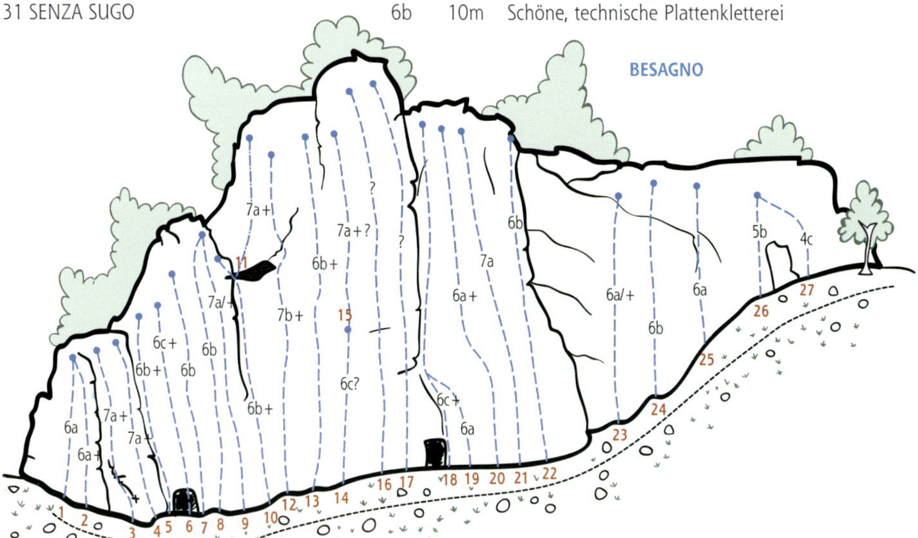

Rovereto

Nomesino

107

720 m

Das Felsmassiv von Nomesino gehört vermutlich zu den schönsten und meist besuchten Klettergebieten der Umgebung. Wer hier Erfolg haben will, sollte viel Kraftausdauer mitbringen.
Die Entdecker Ermanno Dossi und Giuliano Dorigatti weihten das Gebiet im Jahre 1987 mit der Route *Popeye* ein. Ihnen schlossen sich dann Domenico Tonelli, Diego Mabboni (Le prestige, Becherovka) und Mauro Trainotti (Bucomagia) an. *Come sei cambiata*, *Ugo* war eine der ersten schwierigen Seillängen, die Giorgio Manica einbohrte. 1988 eröffnete Rolando Larcher sehr viele, schöne und schwere Routen an diesem Fels. In den darauf folgenden Jahren wurden weitere Routen von anderen Kletterern erschlossen und erstbegangen. Im Jahr 1998 wurde das Gebiet komplett von R. Larcher saniert.
In Nomesino kann man eigentlich das ganze Jahr über klettern, selbst dann, wenn es regnet. Nur die Ausstiege werden nach einiger Zeit nass, aber auch diese trocknen schnell ab. Aufgrund der Attraktivität der Wand und der hohen Besucherzahl sind mittlerweile einige der Routen zwar etwas abgespeckt, es sind aber nach wie vor schöne Linien.

BITTE BEACHTET, DASS DIES PRIVATGELÄNDE IST! SEID RÜCKSICHTSVOLL UND NEHMT EURE ABFÄLLE WIEDER MIT.

10-30'

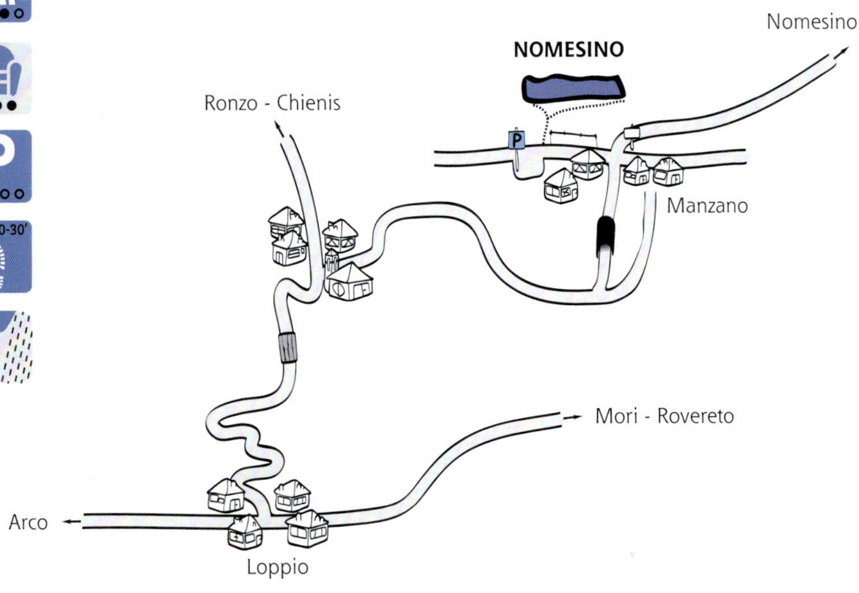

?	1
8b	2
8a	7
7c	4
7b	7
7a	5
6c	2
6b	1
6a	3

32

Nomesino, David Bozal, *Super Tatanka* 8a *(ph. Davide Negretti)* ▶

Erschließer: O. Celva, E. Dalmut, E. Dossi, G. Dorigatti, S. Fürst, R. Larcher, D. Mabboni, G. Manica, L. Manzana, D. Tonelli, M. Trainotti.

Anfahrt/Zustieg
Von Arco 17,5 km.

Von Arco zunächst auf der S.S.240 in Richtung Rovereto, dann durch Nago, über den Passo S.Giovanni und weiter bis nach Loppio. Nach der Ortschaft an der großen Kreuzung dann links in Richtung Val di Gresta/ Ronzo Chienis (S.P.88). Gleich nach dem Schild 'Valle San Felice' rechts abbiegen (rechts steht eine Kirche) und immer in Richtung Nomesino/Manzano. Durch einen Tunnel und nach einigen hundert Metern, beim Ortsschild Manzano, scharf links auf einen Feldweg, der (anfangs noch asphaltiert) zum Parkplatz (200 m) führt. Das Felsmassiv liegt genau gegenüber.

1 GOTAM CITY	?	20m	Überhängende Einstiegswand, dann technische Platte. Noch nicht frei geklettert.
2 PLACCA FLEX	7b	20m	Technische Platte,
3 ECHEOES	6c	16m	Einstiegsriss, dann Platte
4 FINO ALLA NOTTE	6a/b	15m	Ausdauer an runden Löchern
5 AUSCHWITZ	6a+	18m	Graue Wand mit guten Löchern
6 SPERIAMO CHE	6b	18m	Gelb-graue Wand mit guten Löchern
7 DON CHISCIOTTE	7a	28m	Ausdauerplatte mit Löchern und Leisten
8 SEYELA	7a+	20m	Platte mit Boulderstelle im Überhang
9 EX REGNO	6c	20m	Einstiegsboulder, dann Verschneidung
10 SANCIO PANZA	7a+	20m	Einstieg nicht einfach, dann athletischer Überhang an runden Löchern
11 POPEYE	7b	20m	Einstieg nicht einfach, dann athletischer Überhang an runden Löchern
12 BEKEROVKA	7b+	20m	Athletischer Überhang
13 INTERCEPTOR	7b+	20m	Gelbe Wand mit Leisten
14 IL BALLO DEL MATTONE	7a+	20m	Die Schwierigkeiten konzentrieren sich auf den ersten Teil
15 INCOERENTE SUM	7c/8a	30m	Ausdauer in nicht gerade bestem Fels
16 TAZ	7c/8a	30m	Einstiegsboulder, dann Ausdauer an Leisten
17 LA GARA DI BABY FACE	8a	35m	Ausdauer mit Runout im Mittelteil und Abschlussboulder
18 32 METRI DI DELUSIONE	8a	32m	Schwierige Einstiegspassage, dann sehr schöne Ausdauerroute
19 SUPER TATANKA	8a	35m	Künstlicher Einstieg, etwas erzwungene Linie
20 BUCOMAGIA	7a	25m	Klassische Aufwärmroute mit großen Löchern, sehr schön
21 LES PRESTIGE	7b+	25m	Bis zum 4. Haken athletische Züge an kleinen Leisten, dann ausdauernd an großen Griffen
22 COME SEI CAMBIATA UGO	7c+	25m	Einstieg mit Einzelstelle an Einfingerloch, sehr ausdauernd im oberen Teil
23 STRUDEL BOY	8b	25m	Sehr schwieriger Einstieg, Minigriffe und Längenzüge
24 SOUL MAN	8b	25m	Sehr schwieriger Einstieg, Minigriffe
25 IL VOLTO E L'ANIMA	8a+	25m	Bis zum 4. Haken an kleinsten Schuppen, Löchern und Leisten sehr schwierig, dann Ausdauerkletterei
26 ENERGIA = MC2	8a+/b	25m	Schwieriger Einstieg, Sinter, Leisten und Löcher, Längenzug
27 ZEIT MASCHINE	8a+	25m	Schmerzhafte Zweifingerlöcher, Ausstieg über 28
28 EX EXPRESS	8a	25m	Ausdauerroute, gute Rastposition im Mittelteil
29 ZENITH	8a+	25m	Einstieg wie Ex express. Von Rastposition Dynamopassage nach rechts
30 OUT	6a	18m	Verschneidung mit großen Griffen
31 KNOCK+OUT	7b+	30m	Überhangpassage mit Einfingerloch
32 JUST MARRIED	7b	28m	Gelbe Platte, mittelmäßiger Fels

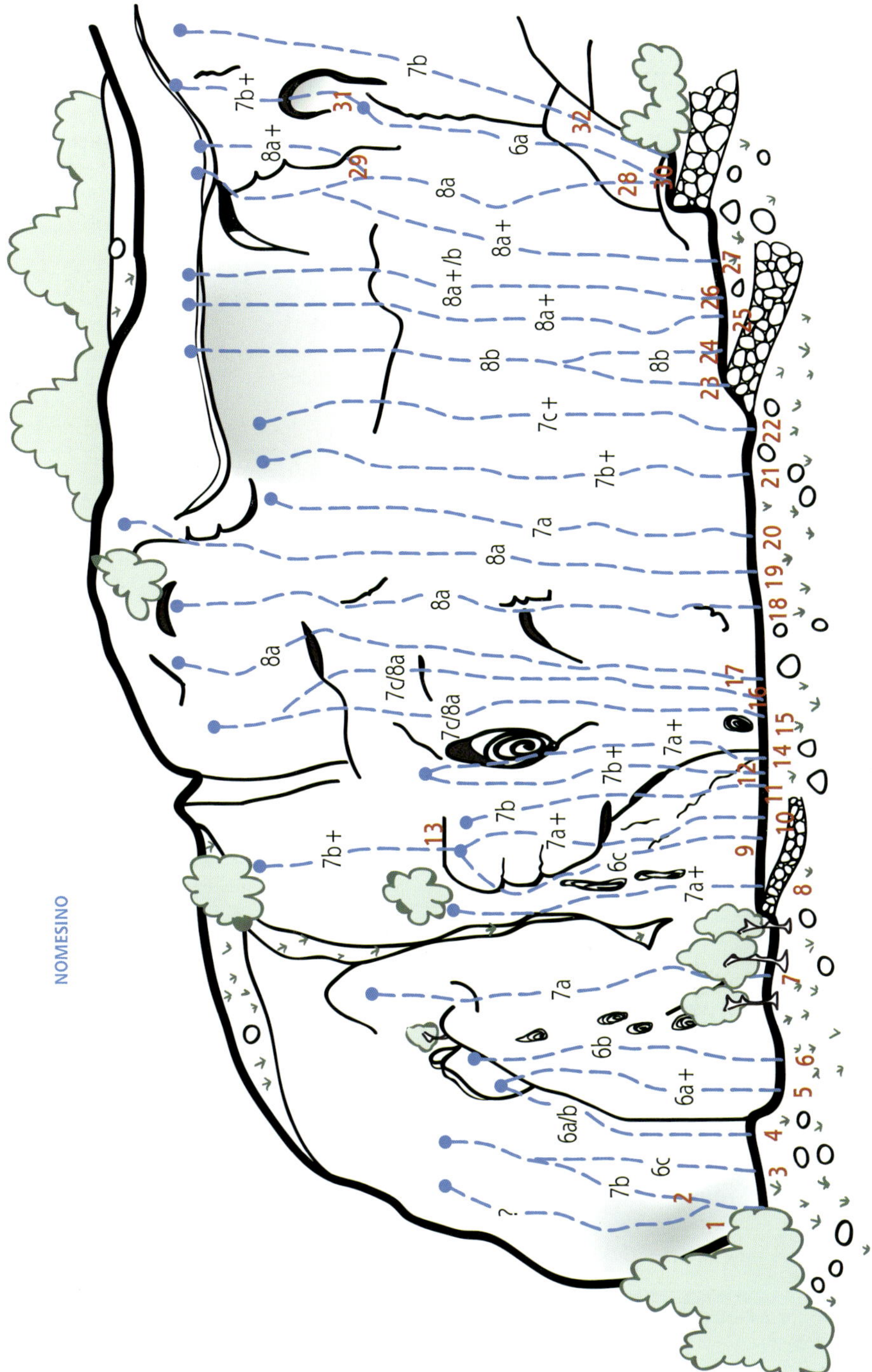
1
2
3
4
5
6
7
8
9
10
11
12
13
14
15
16
17
18
19
20
21
22
23
24
25
26
27
28
29
30
31
32
?
7b
6c
6a/b
6a+
6b
7a
7a+
6c
7a+
7b+
7b
7b+
7a+
7c/8a
7c/8a
8a
8a
8a
7a
7b+
7c+
8b
8b
8a+
8a+/b
8a+
8a
8a+
6a
7b+
7b

Trient

La Vela

108

Dieses recht große und mittlerweile gut besuchte Gebiet war schon in den 1940er- und 50er-Jahren bei den heimischen Trientiner Alpinisten bekannt. In den 80er-Jahren wurde es wieder entdeckt und ausgebaut. Der Klettergarten ist in drei Sektoren aufgeteilt, in allen zählen Ausdauerkraft an kleinen Leisten und Löchern. Momentan existieren beinahe einhundert Routen, die meisten davon liegen im Bereich zwischen 6a und 7a. Die schwierigste Linie ist *Via del Mele* (8a, 45 m), sie wurde von L. Celva befreit. Fast alle Routen werden in gewissen Abständen kontrolliert und eventuell saniert. Der äußerst rechte Sektor (C) wurde 2013 geputzt und eingebohrt. Die ersten Routen im Sektor A erreicht man mit Hilfe eines kurzen Fixseils.
Achtung: Parken auf den Plätzen am Damm ist verboten. Respektiert, dass ihr Privatgelände überquert. Im Sektor A ist ein Helm empfehlenswert.

Erschließer: F. Bertoni, C. Casagranda, L. Celva, A. Gessini, N. Dalla Torre, A. Zanetti u.v.a.

Anfahrt/Zustieg
Von Trento 2,5 km, dann 5 Min. Zustieg auf Straße.

Von der Autobahnausfahrt Trento-Centro beim großen Kreisverkehr in Richtung Vela. Unter einer großen Brücke hindurch und nach Vela. Am Ortsausgang wird die Straße in Höhe der Felder von einigen Zementblöcken versperrt. Von hier ist es dann noch ein kurzer Fußweg bis zum Sektor A. Eine etwas sicherere Alternative (Autoaufbrüche!) bietet die Weiterfahrt am Fluss Adige entlang in Richtung Norden bzw. zur Mülldeponie. Hier kann man dann auf der linken Seite bequem parken. Für den Sektor A parkt man am ersten Platz, der Weg zu diesem Sektor führt am großen, weißen Gebäude vorbei. Zum Sektor B fährt man weiter zum dritten Platz und geht dann auf dem kleinen Sträßchen durch die Felder bis zur Wand. Der Zustieg führt über Privateigentum, nehmt bitte darauf Rücksicht.

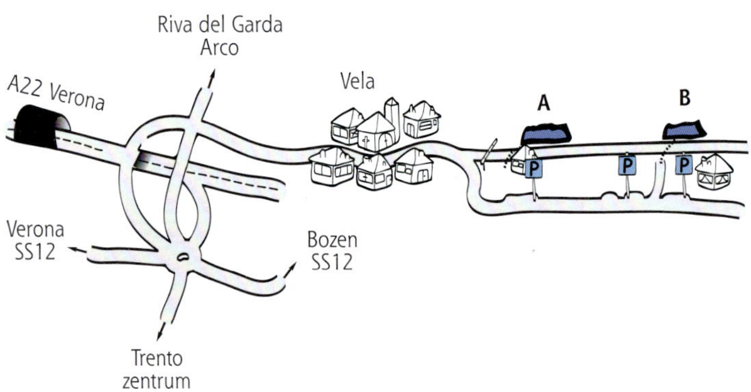

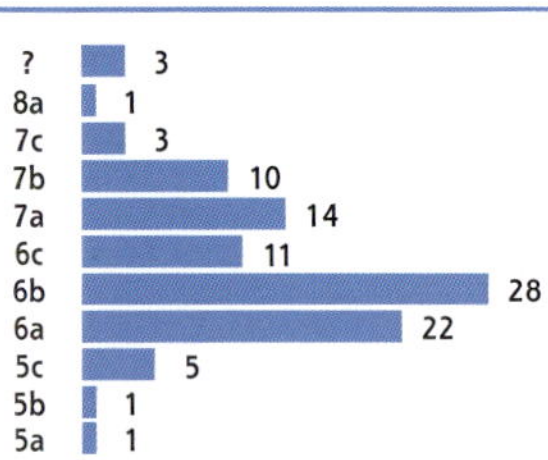

97

A B

LA VELA
SEKTOR A

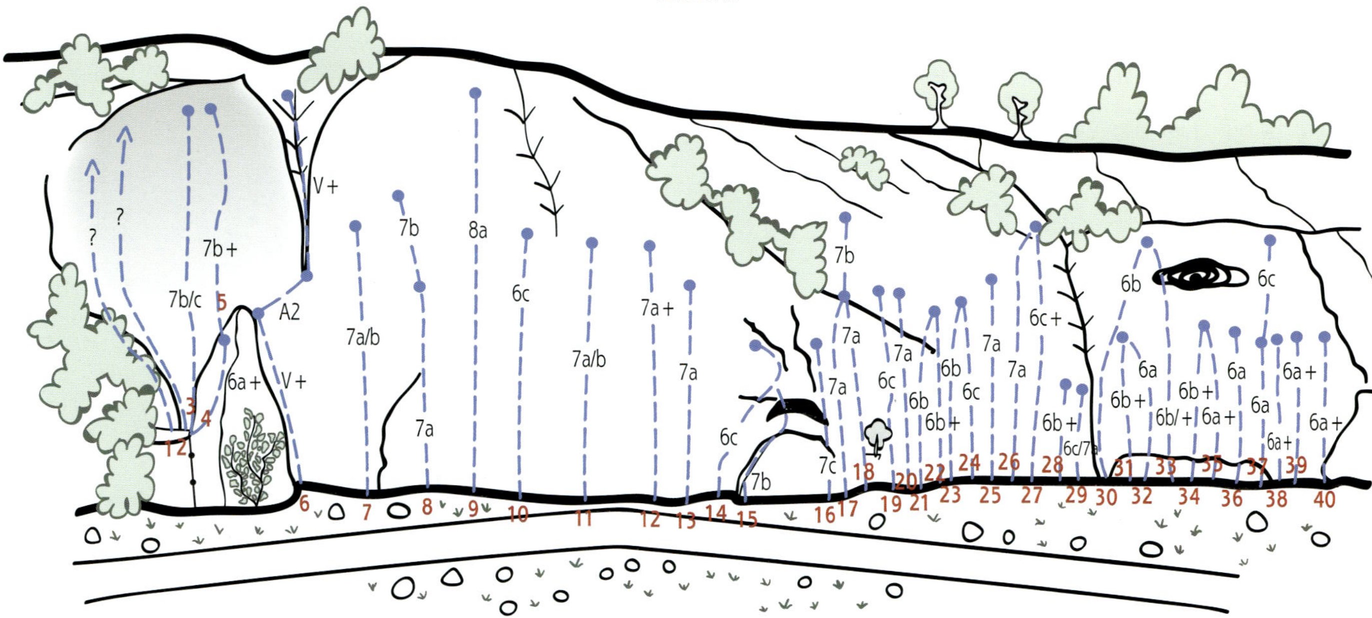

SEKTOR A

1 OHNE NAMEN	?	20m	Projekt. Senkrechte überhängende Wand
2 OHNE NAMEN	?	20m	Projekt. Senkrechte überhängende Wand
3 OHNE NAMEN	7b/c	20m	Senkrechte überhängende Wand
4 GENDARME	6a+	12m	Geneigte Platte
5 OHNE NAMEN	7b+	12m	Ausdauer an leicht überhängender Wand, oft feucht
6 DIEDRO NERO	V+/A2	40m	Klassische Route von Bruno Detassis mit alten Haken. SL1 V+, SL2 A2, SL3 V+
7 SU IN ALTO	7ab	20m	Senkrechte Wand mit Leisten und Löchern, Boulderpassage
8 ALPEN FLEX	7b	30m	Bis zur 1. Kette 7a, dann Boulder an Einfingerloch im Ausstieg
9 VIA DELLE MELE	8a	45m	Ausdauer und Kraft, 20 Expressen. Rotpunkt L. Celva. Abseilkette in der Mitte
10 ALPINISTI SI ALPINISTI NO	6c	28m	8mm-Bohrhaken mit weitem Abstand, Kraftausdauer
11 MEA CULPA	7a/b	28m	Technisch anspruchsvoll, leicht überhängend
12 LEVITTI	7a+	28m	Boulderpassage
13 BUDINO MOLLE	7a	20m	Anfangs leicht, Boulderpassage, dann Ausdauer an Löchern und Leisten
14 FESTIVAL	7a+	20m	Zuerst einfach, dann Boulderpassage
15 CATTIVIK	7b	20m	Einzelstelle am Überhang
16 LA BURBERA	7b+	20m	Knackige, schwierige Stelle am Beginn der Nische
17 6x3	7a	27m	Ausdauer
18 VERTIGINE LA VENDETTA	7b	35m	Bis zur 1. Kette Kraftausdauer, hier dann harte Passage, danach technisch anspruchsvoll
19 SERENO	6c	30m	Senkrechte Wand, ausdauernd
20 L.S.D.	7a	30m	Ausdauerhammer
21 MILOSEVIC O NATO	6b	25m	Etwas langer Hakenabstand
22 IL CERCHIO DI ARCOBALENO	6b+	25m	Einzelstelle beim Ausstieg aus der Nische
23 VOCI NEL SILENZIO	6b	18m	Einstieg in Platte mit Löchern, Linie verläuft schräg
24 NUVOLO	6c	18m	Harter Einstieg, dann Ausdauer
25 ONDA NUEVA	7a	25m	Bis zur 1. Kette 7a, dann 6b
26 PENTOTAL	7a	35m	Sehr schön, Ausdauer, 70m-Seil.
27 PEGASO	6c+	35m	Schöne Ausdauerroute. Stand gemeinsam mit Pentotal
28 SCARABEO	6b+	15m	Kleine Wand, Ausdauer
29 TI EN TAN TASI BEN BON BASTA	6c/7a	15m	Senkrechte Wand mit Löchern und Schlussüberhang
30 DIEDRO	6b	30m	Technische Verschneidung, heikler Wulst am Ausstieg
31 SUPERSONIC	6b+	15m	Leicht überhängende Wand, Ausdauer
32 PETER PAN	6a	15m	Einzelstelle am Einstieg, dann schöne Löcher
33 BERTON WALL	6b/+	30m	Senkrechte Wand mit Löchern, dann Ausdauer an kleinen Griffen, etwas brüchig im Ausstieg
34 SEBA 1	6b+	19m	Senkrechte Wand mit Löchern und Leisten
35 OHNE NAMEN	6a+	19m	Senkrechte Wand mit Löchern
36 SEBA 2	6a	19m	Senkrechte Wand mit Löchern
37 MANI PULITE	6c	37m	Lang und schön, zuerst 6a und technisch, dann 6c Kraftausdauer. Stand in Mitte.
38 Il VOLO DEL COCOTTERO	6a+	15m	Einzelstellen
39 VAI DEL BIANCOSPINO N°15	6a/b	20m	Schwarzer Fels, gut strukturiert
40 GLI SVARIONI	6a+	20m	Schwarzer Fels, ausdauernd

KLEINER EINZELNER SEKTOR (kein Topo)

1 NIGHT CLUB	6b+	6m	Kurz, technisch und athletisch
2 LA NOIA	6b+	8m	Kurz, technisch und athletisch

SEKTOR B

1 APPIGLIONI	7c+	18m	Querung an der Dachkante, technisch, ausdauernd
2 DARK PARTY	6c	18m	Einzelstelle am Dach
3 L'UOMO RAGNO	7b	18m	Alte Haken
4 L'ULTIMO BRIVIDO	7a+	18m	Kleine Wand und Dach mit schwierigen Einzelstellen
5 SEDANO	7b	18m	Mittelteil sehr technisch
6 BIKO	6b	20m	Ausdauer an Leisten
7 L'ETERNAUTA	6b	22m	Ausdauer an Leisten
8 OLIVER	7a	22m	Schwierige Einstiegspassage, technisch sehr anspruchsvoll
9 TETTO BASSI	6c	23m	Kräftezehrendes Einstiegsdach, dann technischer Wandteil
10 VARIANTE DEL MONSTER	7a	23m	Ausstiegsvariante von Tetto Bassi oder Cocis
11 COCIS	6b+	24m	Einstieg wie Monster, dann gerade hoch, technische Passagen
12 FENG SHUI	6a+	24m	Grauer brüchiger Fels, dann heikle Passage
13 KALFORT L'ANTI CALCARE	6a/b	18m	Ausdauer an Leisten
14 L'ABITUDINARIO	6c	18m	Die ersten zwei Haken sind alt, Ausdauer
15 ACID CLIMB	6a	18m	Ausdauer an Leisten
16 CONDOR	6b+	20m	Einstieg technisch und plattig, dann heikle kurze Verschneidung
17 AL PROF. MARCHESE V.	7c+	20m	Erzwungene Route mit harter Einzelstelle am Dach
18 COCCOLINO	7b+	20m	Sehr schöne Route, die in der Mitte über das Dach führt
19 EL PUMA	7a	20m	Ausdauer, heikle Züge
20 NOÉ	6a	22m	Ausdauer, Einzelstelle am letzten Viertel
21 FLUIDO	6a	22m	Kurze technische Ausdauerwand, Ausstieg gemeinsam mit Noé

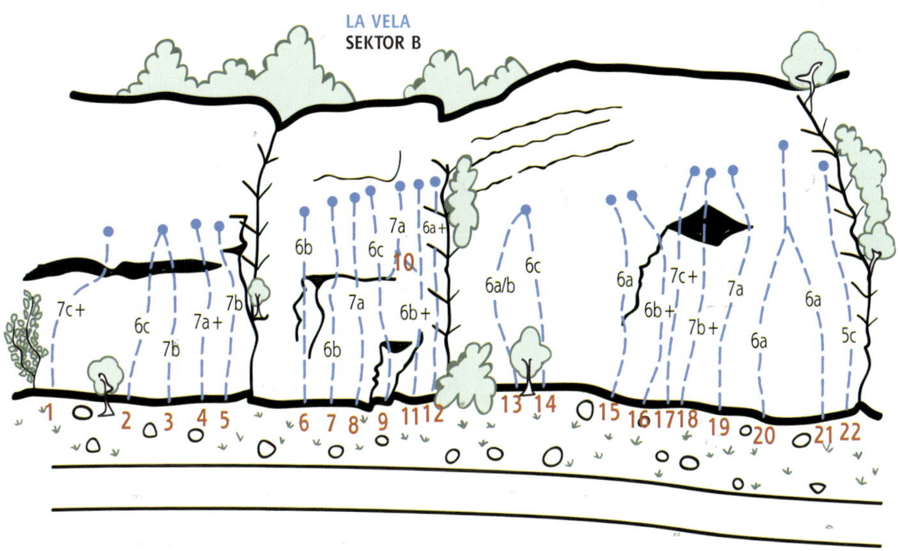

22 TEPPA	5c	20m	Leicht, brüchiger Fels
23 INNATURAL KILLER	5c	10m	Nette Verschneidung
24 NATURAL KILLER	6b	10m	Technische helle Wand
25 DAMMELA	6a	20m	Ausdauer an guten Griffen, schön
26 MARIANGELA	6b	20m	Ausdauer und Technik
27 ASTRO CORTEX	6b+	20m	Einstiegswändchen, Ausstiegsüberhang
28 SCUM	6b+	20m	Einzelstelle im letzten Viertel
29 BIRBA	6b	20m	Zum Schluss schwerer Zug
30 323 GIORNI ALL'ALBA	6b+	22m	Einige schwere Einzelstellen
311 MARTIN MISTER	6b	22m	Platte unter dem Dach, dann Ausdauer
32 SYLVER BLASE	6a	22m	Technischer Dachausstieg
33 STROH 80	6a	22m	Einzelzug am Schluss
34 IL PRINCIPIANTE	5c	18m	Technische Verschneidung
35 RAVE PARTY	5b	17m	Einfach über Verschneidungen und Stufen
36 LA PASSERA	6a	10m	Kurze Wand
37 FUFI	6a	10m	Kurze Wand
38 ARAMIS	5c	10m	Technische Kante
39 PORTOS	6b	10m	Ausdauerwändchen
40 ATOS	6a	10m	Kurze Wand
41 GIOCONDA	5c	10m	Kurze Wand

LA VELA
SEKTOR B

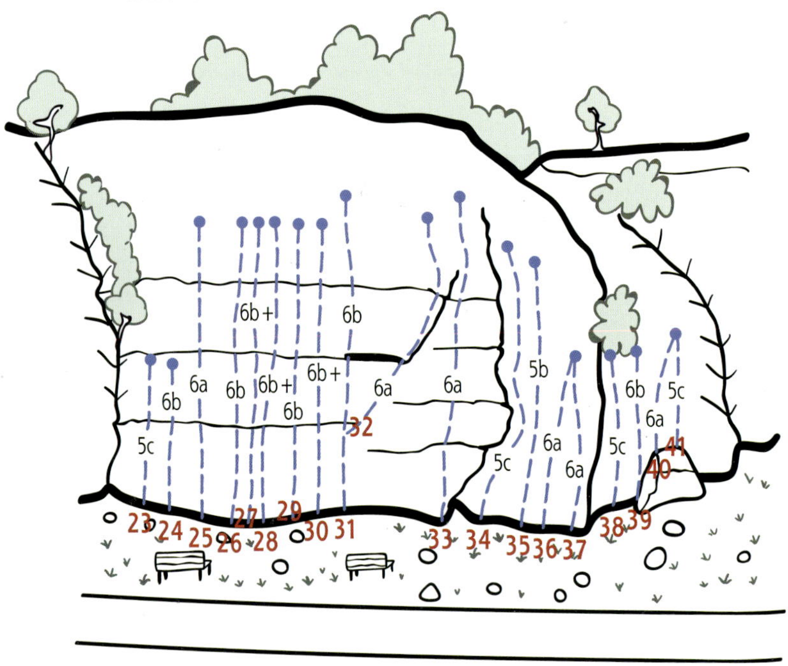

NEUER SEKTOR

1 BAGHERA	6b	20m	Heikler Ausstieg
2 MIRAGGIO	7b	20m	Schwierig über Wulst
3 DANILO FOREVER	6a+	22m	Kante
4 SCHIZZO	6b+	24m	Ausdauer in grauer Wand, heikle Einzelzüge
5 UVA E MENTA	6a+	27m	Ausdauer
6 APPIGLI INVISIBILI	6a+	27m	Heikle Moves an kleinen Griffen
7 GESS MAT	6b+	27m	Technisch anspruchsvolle Wand
8 VIVA I CICCIONI	6a	20m	
9 CHILI CON CARNE	6b	20m	Schwierige Passage in grauer Wand
10 LA VIA DEL MENESTRINA	7b	27m	Boulderpassage
11 WOLLY PROJECT	6c	27m	Ausdauer mit Einzelstelle
12 THE RING	6b	27m	Technik und Ausdauer
13 TEMPI PASSATI	6b	25m	
14 PALUDE	6c	25m	
15 OHNE NAMEN	?	25m	Projekt, nur zum Teil eingebohrt
16 SABBIE MOBILI	6b	25m	

LA VELA
NEUER SEKTOR

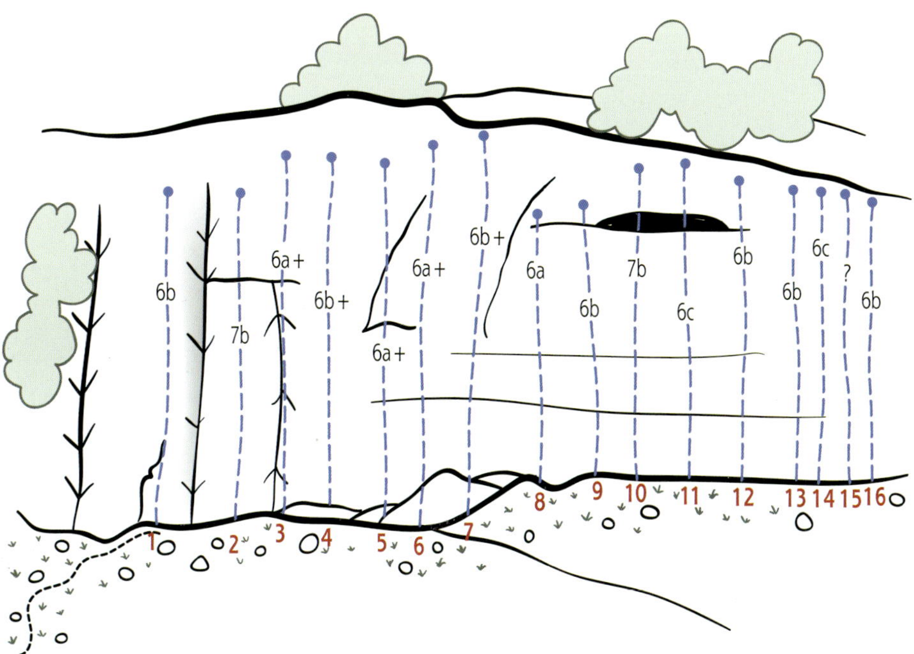

Trient

Vason

109

Schon in den 1940er-Jahren kamen Trientiner Alpinisten zu Übungszwecken hierher. Anfang der achtziger Jahre wurde die Wand im Sinne des Sportklettern erschlossen, die Bergführer Johnathan Hall, Fabrizio Conforto und Mauro Fronza bohrten hier die ersten Routen 'Little Turtle', 'El vecio', 'Anarchia' und 'Marta la matta' ein, weitere Linien entstanden in den darauffolgenden Jahren. An den Umlenkungen befindet sich jeweils ein Ring. Auf beide Felsen führt auch ein kurzer Klettersteig, der zu Ausbildungszwecken eingerichtet wurde. Dieses ideale Sommermassiv wird oft von Bergführern für Kletterkurse benutzt, zudem gibt es hier eine Seilbrücke und eine Seilrutsche (Tyrolienne). Das Klettergebiet wurde dem Andenken an Rita und Giorgio Graffer gewidmet.

Erschließer: R. Assi, F. Conforto, D. J. Hall, M. Fronza, C. Groaz, F. Stedile, A. Zanetti u. a.

Anfahrt/Zustieg

Von Arco 40 km, dann 5 Min. Fußweg.

Von der Sarcabrücke in Arco (auf der S.S. 45bis) in Richtung Trento-Madonna di Campiglio. Nach 5 km in Dro rechts nach Valle di Cavedine und 2 km nach Cavedine wieder rechts ab Richtung Monte Bondone (SP.85). Man fährt durch Lagolo und den Weiler Viote und erreicht Vason (21,5 km von der Kreuzung bei Dro). Nun 200 m abwärts, am Hotel Montana vorbei und sofort anschließend links auf den großen Parkplatz. Hier folgt man dem Hinweisschild 'Palestra di Roccia' (Klettergarten) und erreicht leicht abwärts gehend in Kürze die Felsen.

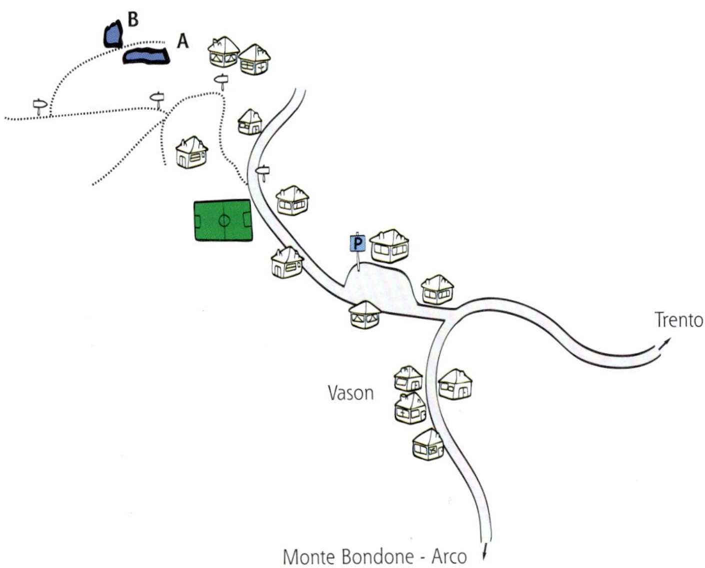

7a	1
6c	2
6b	2
6a	2
5c	1
5b	1
5a	2
<5	5

16

Von der Autobahnausfahrt Trento-Centro ca. 20 km, dann 5 Min Fußweg.

Von der Ausfahrt der A22 Trento-Centro in Richtung Madonna di Campiglio (S.S.45bis), durch den ersten Tunnel und bei der ersten Kreuzung nach links in Richtung Sardagna/Monte Bondone. Man fährt über die Orte Sardagna, Candrai, Vaneze und Norge bis nach Vason. Der große Parkplatz befindet sich ungefähr 50 m nach dem Ortsschild auf der rechten Seite. Vom Parkplatz dann weiter wie oben beschrieben.

SEKTOR A

1 NOSIOLA	4c	20m	Einstieg mit Längenzug
2 JOSÈ MARTÌ	5b	20m	Anstrengender Zug in Schlussverschneidung
3 SCHIAVA GENTILE	4a	25m	Linie im ersten Teil etwas unklar
4 LUCIA MIA FIGLIA SUA ZIA	5c	25m	Senkrechte Risse, brüchiger Fels
5 NANO BALCANO	6a	25m	Strukturiertes Wändchen, Platte
6 VINO SANTO	5a	25m	Leicht mit großen Stufen
7 VIA AGRA	6a+	25m	Kleiner Pfeiler, heikle Moves
8 MARTA LA MATTA	6b	28m	Parallele, oft feuchte Risse
9 DUE TETTI	6c	28m	Athletisch über zwei kleine Dächer
10 LITTLE TURTLE	6b	25m	Technische Wand mit kleinen Leisten und Slopern
11 EL VECIO	7a+	25m	Heikle Bewegungen, etwas gesuchte Linie
12 ANARCHIA	6c+	25m	Platte mit heiklen Zügen

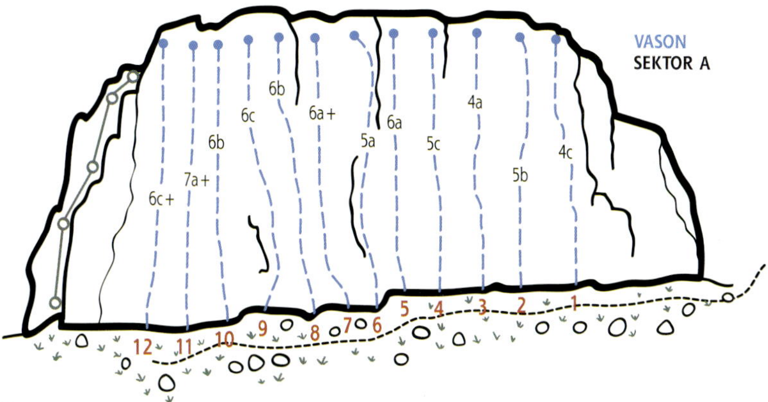

SEKTOR B

13 MERLOT	3a	10m	Für Anfänger
14 PINOT GRIGIO	4a	12m	Zuerst einfach, dann Stelle mit künstlichem Tritt
15 CABERNET	4c	18m	Anstrengender Zug im Mittelteil
16 TEROLDEGO	5a	18m	Ausdauer

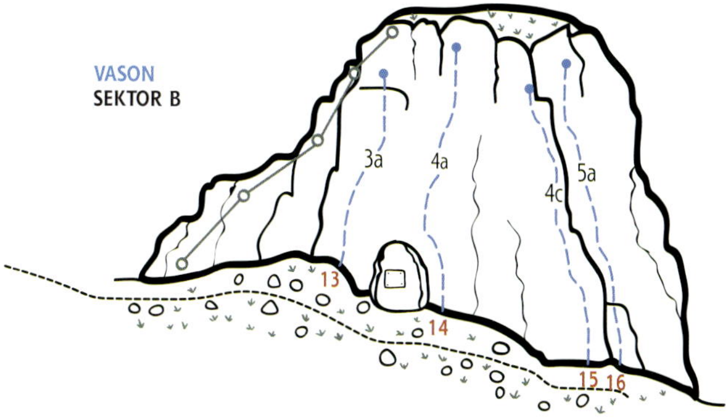

Trient

Calisio

110

Schon vor über 20 Jahren wurde die graue, kompakte Wand erschlossen. Sie besteht eigentlich aus zwei Sektoren, wobei wir hier den Sektor 'Drago Nascosto' wegen seiner mangelhaften Absicherung nicht näher beschreiben. Im Jahre 2008 wurde der Sektor 'Il Regno' vom Bergführer A. Zanetti saniert, das Material stellte Vertical Sport zur Verfügung. Die schöne gelbgraue Kalkwand mit einigen kurzen, wunderschönen Routen ist perfekt für kalte Wintertage geeignet. Mit viel Fingerkraft und Technik ist hier einiges zu holen. Und schließlich lockt auch noch der Panoramablick auf die Stadt Trento, den Monte Bondone und das ganze Etschtal.

Erschließer: M. Cestari, A. Stenico, saniert von A. Zanetti u.a. Material von Vertical Sport

Anfahrt/Zustieg
Von Trento 17,6 km, dann 5-10 Min. Zustieg auf Wanderweg.

Von der Autobahnausfahrt Trento-Centro fährt man auf der S.S.47 weiter in Richtung Padova, erreicht nach 4,5 km die Ausfahrt Trento Est/ Martignano und fährt hier ab. Dann weiter geradeaus und am Kreisverkehr (nach 7,2 km) links nach Cognola, dann weiter nach Martignano bzw. Montevaccini. In Montevaccini bleibt man auf der Hauptstraße, fährt durch das Ortszentrum und folgt dann rechts abzweigend den rot-weißen Hinweisschildern (Wanderweg 430 SAT) zum Monte Calisio. Jetzt immer geradeaus weiter, durch den Weiler Loch, dann auf eine Schotterstraße und bis zur nächsten Abzweigung. Hier rechts in Richtung ‚Quattro Strade-ex rifugio Calisio'. Auf dem kleinen Platz bei dem ehemaligen Rifugio Calisio parkt man dann und folgt der Schotterstraße nochmals ca. 100 m. Gegenüber einer Wasserleitung führt ein Pfad bergab, kurz darauf geht es bei einer Abzweigung links nochmals steil bergab (Fixseil) und bis zur Wand.

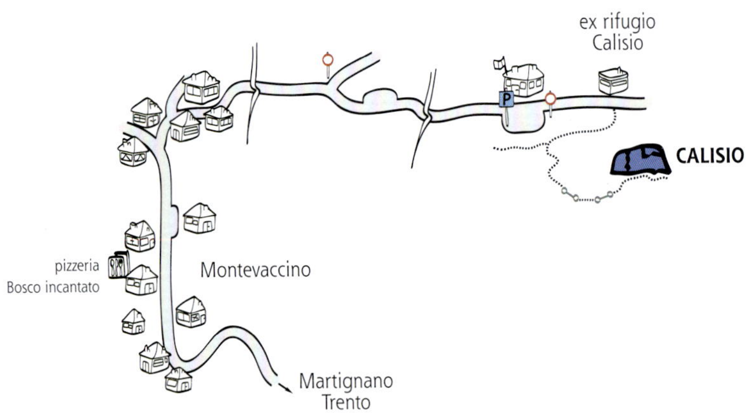

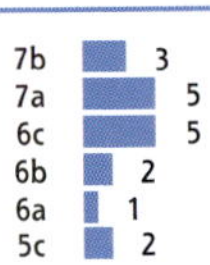

18

SEKTOR IL REGNO

1 OCIO AL BLOC'	6b	14m	Riss mit großem Klemmblock
2 AURORA	6c	16m	Schöne Route mit interessantem Ausstieg
3 IGUANA	6b+	18m	Schräger Riss, Ausstiegswand
4 LA MORTE FELICE	7a+	18m	Am Einstieg bzw. nach dem Ruhepunkt super hart. Sehr technisch
5 STRAPIOMBI E MAIALE	6a+	12m	Perfekte Einstiegs- bzw. Aufwärmroute
6 IL TANARDO	6c	12m	Mittelteil sehr technisch und komplex
7 PRESENZE KARMICHE	6c	16m	Bei den ersten Haken ziemlich schwierig mit Einfingerloch
8 LA PIENEZZA DEL NULLA	7b	20m	Technik und Ausdauer an Leisten, sehr schön
9 OBLIO DI DIO	7a+	20m	Ausdauer und Bewegungstechnik, sehr schön
10 PERCORSI ARROGANTI	6c	20m	Wunderschöne Route. Zuerst Fingerriss, dann Kraftausdauer
11 ATTENTI AL GORILLA	7a+	18m	Schöne Route, schwieriger Einstieg an Löchern, dann Kraftausdauer
12 UBU RE	6c+	12m	Fingerriss
13 ILLUSIONE D'AUTUNNO	7b	12m	Kurz, aber heftig. Schlüsselzug an senkrechter Leiste
14 EFFIMERE GEOMETRIE	7a+	12m	Die erste Route hier, sehr schön. Teils Riss - und teils Plattenkletterei
15 DA XIN	7a+	12m	Schwieriger Einstieg an Leisten
16 IL RICCIO	5c/6a	14m	Nicht zu unterschätzende Kraftausdauer
17 LUMPIDUS	5c/6a	10m	Nicht zu unterschätzende Kraftausdauer
18 CUN SHEN	7b+	10m	Schwieriger Boulder

CALISIO

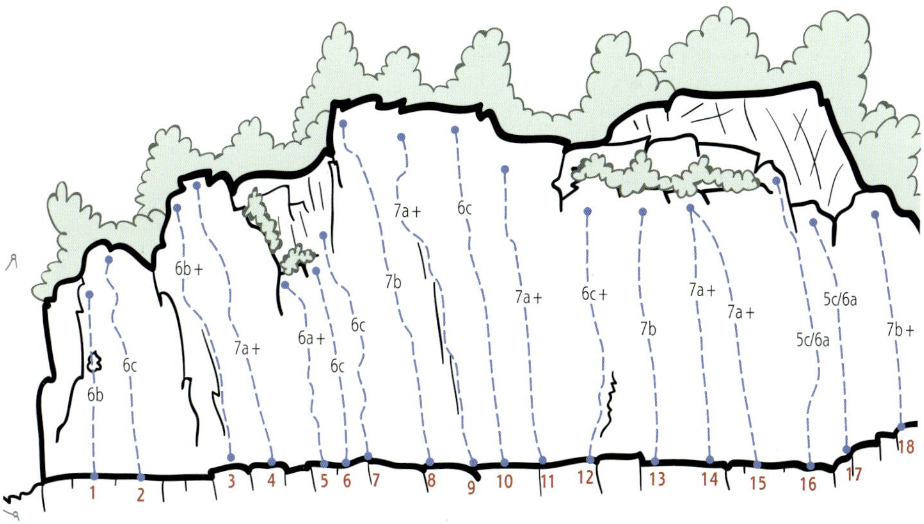

Trient

Muro dei 70 scalini

111

Inmitten dieser kleinen Felswand ist ein markanter, weißer Fleck zu sehen, er scheint fast so etwas wie ein Markenzeichen zu sein. Trotz der Nähe zur Stadt Trento finden nicht viele Kletterer hierher; wegen der Ausrichtung ist dieses Massiv eher für Frühjahr oder Herbst geeignet. Der Name des Klettergartens ('Wand der 70 Stufen') rührt von den vielen Steinstufen her, die früher Teil des Fußwegs zwischen den Orten Povo und Civezzano waren.

Erschließer: M. Faletti, A. Grisenti, M. Molinari u. a.

Anfahrt/Zustieg
Von Trento 10,3 km, dann 20-25 Min. Zustieg auf Wanderweg.

Von der Autobahnausfahrt Trento Centro auf der S.S.47 in Richtung Padova und nach 4,5 km bei Trento Est/Martignano von der Staatsstraße abfahren. Nach dem Tunnel dann am Kreisverkehr links in Richtung Povo (7,2 km von der AB-Ausfahrt). Auf der Hauptstraße etwa 600 m bergab, am Kreisverkehr dann über die Eisenbrücke und auf die bergauf führende Straße. Am nächsten Kreisverkehr (nach 1,7 km) dann weiter in Richtung Oltrecastello/Cimirlo. Die Straße führt weiter bergauf, man fährt an der Kirche (rechts) und der Bar ‚Oltre' (links) vorbei. Auf der rechten Straßenseite steht ein Brunnen, hier weiter in die 'Via della Selva'. Nun immer auf dieser Straße weiter (nicht links bergab), nach dem Haus Nr. 39 bzw. einer engen Kurve parkt man bei einer Sitzbank und Wegweisern. Links von der 'Via Celva' zweigt ein Schotterweg (Durchfahrt-Verboten-Schild) ab, diesem Weg folgt man bis zu einer Kurve mit einer Sitzbank (auf dem gesamten Zustiegsweg finden sich immer wieder rosafarbene Markierungen und Steinmännchen). Nach der Kurve linkshaltend weiter bis zu einem Platz mit den Resten von Schützengräben und einer kleinen Festung. Jetzt bergab in Richtung der Rinne. Nach einer Linkskurve führen ein Pfad bzw. Stufen dann zur schon gut sichtbaren Felswand.

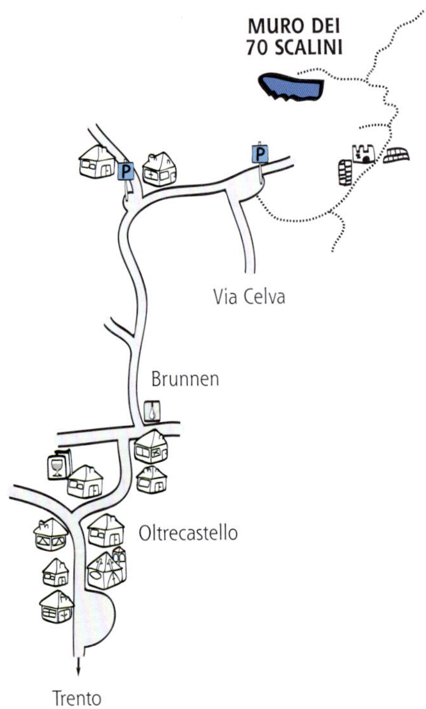

?	1
7c	1
7b	6
7a	2
6c	2
6b	2
6a	1

15

1	VOGLIO IL DIVORZIO	6c	14m	
2	SESSO E CARNAZZA	6b+/c	14m	
3	PACKOFGUIDE	6b+	14m	
4	SUVDOLO	6a	20m	
5	NO NAME	7a	20m	Leicht überhängender Einstieg, dann Ausdauer an Leisten
6	604	6c+/7a	22m	Einstieg in der kleinen Verschneidung, dann schräg rechts. Etwas locker abgesichert, Boulderstelle zwischen dem 4. und 5. Haken
7	DENTE DI MARMOTTA	7b	24m	Boulder am Dachausstieg, kleingriffig
8	S.A.T! I GIOVANI SONO IL TUO FUTURO	7b	24m	Boulder am Dachausstieg, weitere Boulderpassage in der Ausstiegsplatte
9	VIA LA BUROCRAZIA!	7b	25m	Ausdauer im Ausstieg, senkrechte Zangengriffe und Sloper
10	GHERRI	7b+	26m	Ausdauer an Leisten, harter Zug nach dem Überhang
11	EMA	7c	28m	Ausdauer an Leisten, Ausstieg in überhängender Platte
12	IN MONTAGNA NON SI VOLA, IN FALESIA NON VOLARE	7a+	26m	Run out im Ausstieg
13	ELISA: SE LA VEDI TI INNAMORI	7b	26m	Schlüsselzug im überhängenden Teil
14	CANYON DELLE MERAVIGLIE	7b	24m	Ausdauer an Leisten. Einzelstelle im Ausstieg des 1. Dachs
15	MAFIA E POLITICA	?	20m	Projekt

MURO DEI 70 SCALINI

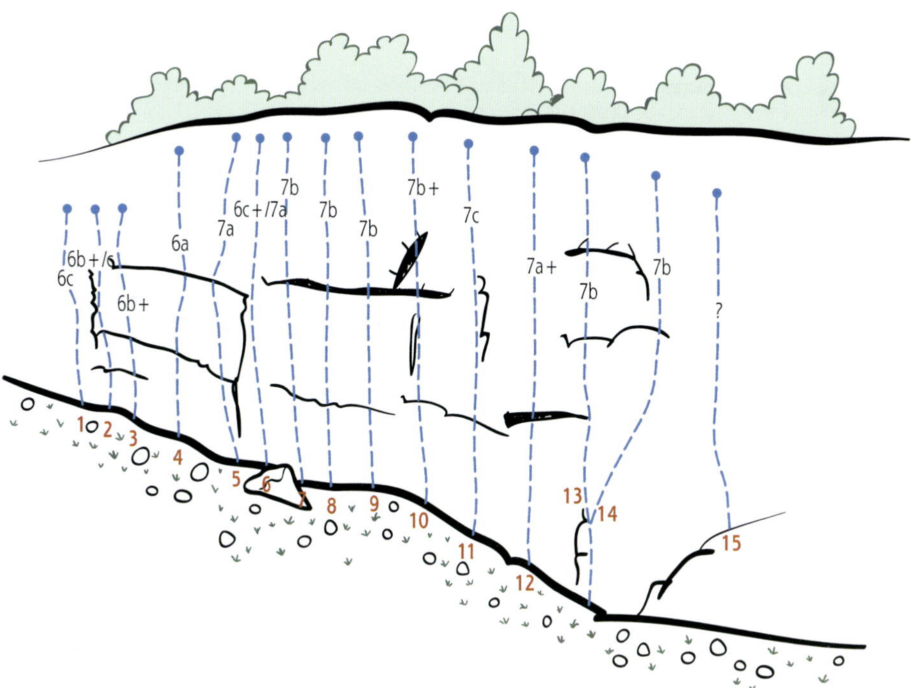

Forti di Civezzano

112

Ganz in der Nähe von Trento liegt ein Klettergarten mit über hundert Routen, der mit viel Aufwand und Leidenschaft vom Bergführer M. Faletti wiederentdeckt und weiter erschlossen wurde. Ihm zur Seite standen Marco Molinari und Armando Grisenti. Die breite Felswand bietet Linien unterschiedlichsten Charakters: Technisch schwierige, senkrechte Felskletterei, kraftraubende Überhänge oder Ausdauer fordernde lange Routen. Der erste der sechs Sektoren, den man auf dem Zustiegsweg erreicht, heißt Dos de la Gegia.

Wegen der südlichen Exposition eignet sich dieser Klettergarten perfekt für die Wintermonate. Einige der Routen sind im oberen Bereich manchmal noch etwas dreckig, weil nach Regenfällen noch etwas Erdreich hinein gewaschen wird.

Die momentan schwierigste und wunderschöne Route 'Aspettando l'Africa' 8a+/8b wurde Ende 2013 von L. Forti rotpunkt geklettert.

Erschließer: V. Ballarda, M. Faletti, L. Forti, A. Grisenti, M. Molinari u.a.

Anfahrt/Zustieg

Von Trento 11,4 km, dann 10 Min. Zustieg auf Wanderweg.

Von der Autobahnausfahrt Trento Centro auf der S.S.47 in Richtung Padova und nach 4,5 km bei Trento Est/Martignano von der Staatsstraße abfahren. Nach dem Tunnel dann am Kreisverkehr links in Richtung Cognola (7,2 km von der Autobahnausfahrt). Etwa 700 m bergauf, im Ort am Kreisverkehr dann geradeaus weiter nach Civezzano.

Nach weiteren 2,2 km dann in der ersten Kehre rechts ab auf eine flach verlaufende Straße (S.P.17, Wegweiser Civezzano/Pergine). Etwa 1,3 km später erreicht man bei einer engen Kurve ein Steingebäude (Cantina Maso Cantanghel) und parkt hier am Straßenrand. Jetzt geht man 200 m auf der Straße zurück (auf den Verkehr achten!), immer an der Steinmauer entlang. Wo diese unterbrochen ist (rechts ist ein Grenzstein), geht man dann rechtshaltend auf einem Pfad bergab und erreicht bald darauf den ersten Sektor (Dos de la Gegia).

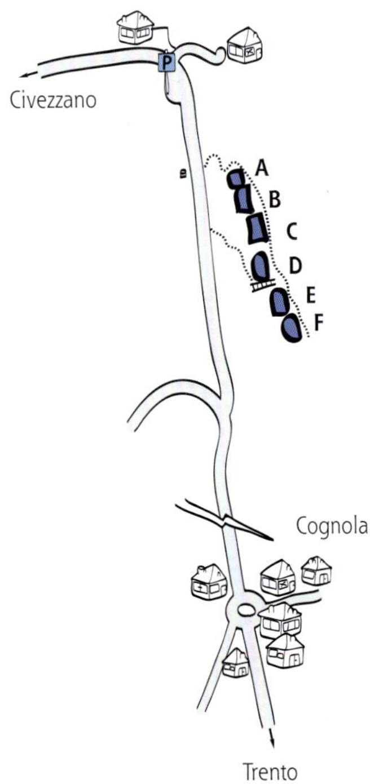

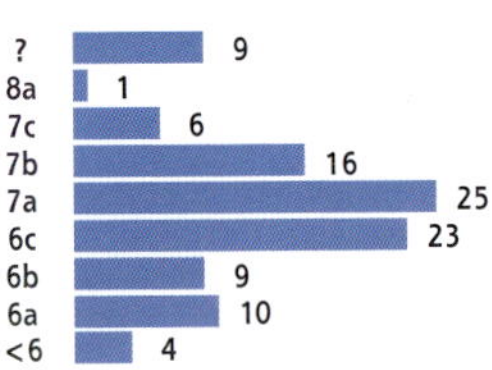

103

SEKTOR DOS DE LA GEGIA (A)

1 CAMMELLO	6b+	14m	Ausdauer mit Einzelstellen, weiter Hakenabstand
2 KATALI'	6b	14m	Ausdauer mit Einzelstellen, weiter Hakenabstand
3 CAMÌ	6c	14m	Ausdauer mit Einzelstellen, weiter Hakenabstand
4 EMI	6c	14m	Ausdauer mit Einzelstellen, weiter Hakenabstand
5 ZOLA	6c	16m	Schwieriger Ausstiegsboulder

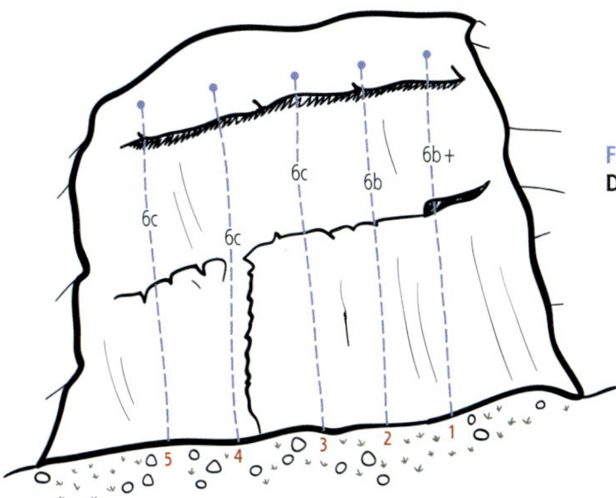

FORTI DI CIVEZZANO
DOS DE LA GEGIA

SEKTOR VIBRAZIONI (B)

1 FIGHT CLUB	7a+	24m	Onsight schwieriger, harter Zug nach dem Überhang
2 OHNE NAMEN	7b?	24m	An der Kante entlang, Ausstiegsboulder
3 HIGH VIBRATIONS	7c+	26m	Sehr schön, Ausstieg erfordert Intuition
4 LUOGO COMUNE	6c+	24m	Gelbe Wand rechts vom Kamin, heikler Ausstieg
5 IL SISTEMA CI SISTEMA	5b+	20m	Klassische Kaminkletterei, nicht zu unterschätzen
6 NO FAZIL	6b	22m	Einstieg über den Kamin, dann schöne Passagen an Slopern
7 SE MI RILASSO NON PASSO	6b/c	24m	Schwierige Stelle in der Mitte der Ausstiegsplatte
8 UNKNOWN PLEASURE	6b	24m	Technische Platte und Überhang. Geht links der Kante nach oben
9 EGOSISTEMA	6c+	24m	Sehr heikel und pumpig
10 PARASSITI SI NASCE	7b	18m	Schwierige Passage am Dach
11 3FOIS	7a	18m	Ausdauer, sehr schöne Ausstiegspassage
12 C'È CHI DICE NO	7a	18m	Reihe von Überhänge; noch etwas dreckig, aber schön
13 MAIEUTICA	7a	25m	Wunderschöne Linie, Einzelstelle im Ausstieg
14 TN=ROMA	7a	25m	Sehr schön, langer Hakenabstand
15 STUFLON	6c+/7a	25m	Sehr schön, heikler Plattenausstieg, langer Hakenabstand
16 OHNE NAMEN	6c	25m	Kurze Bouldersequenzen
17 LADRI DI SPIT BASTARDI	7a	25m	Kurze Bouldersequenzen
18 LA GUERRA DI PIERO	6c	25m	Am Bauch ist Ausdauer gefragt

SEKTOR COLOSSEUM (C)

1 JUMAR	6a	10m	Nette, kurze Wand
2 BE SOCIAL	5b	10m	Einstieg über "Jumar", dann Piazkletterei
3 FALETTI CRACK TRAD	4c	12m	Riss, muss selbst abgesichert werden
4 OCIO	6b+	12m	Einstiegsvariante von 3. Überhang muss selbst abgesichert werden
5 ZINNNA	6a/b	12m	Dynamo zum Umlenker

FORTI DI CIVEZZANO
VIBRAZIONI

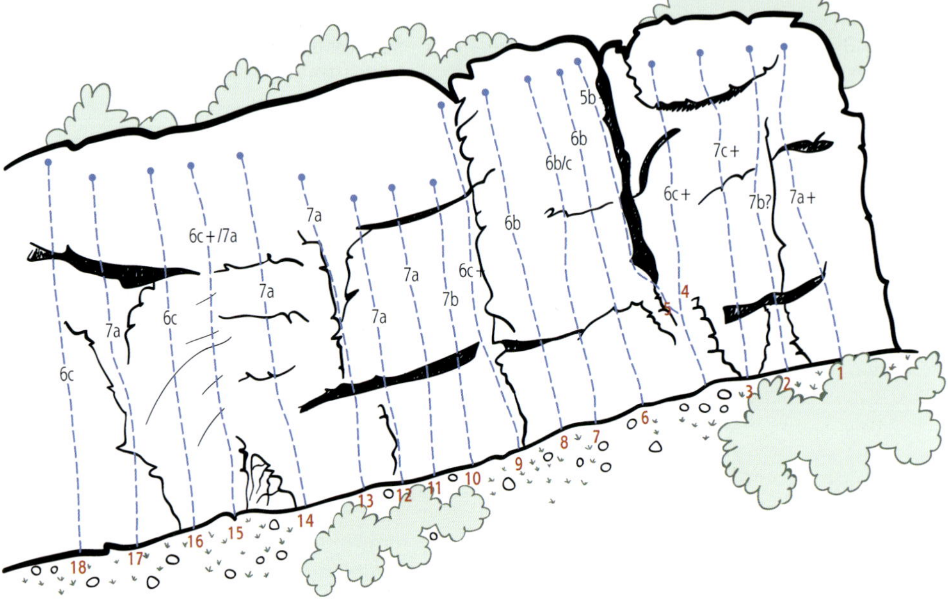

FORTI DI CIVEZZANO
COLOSSEUM

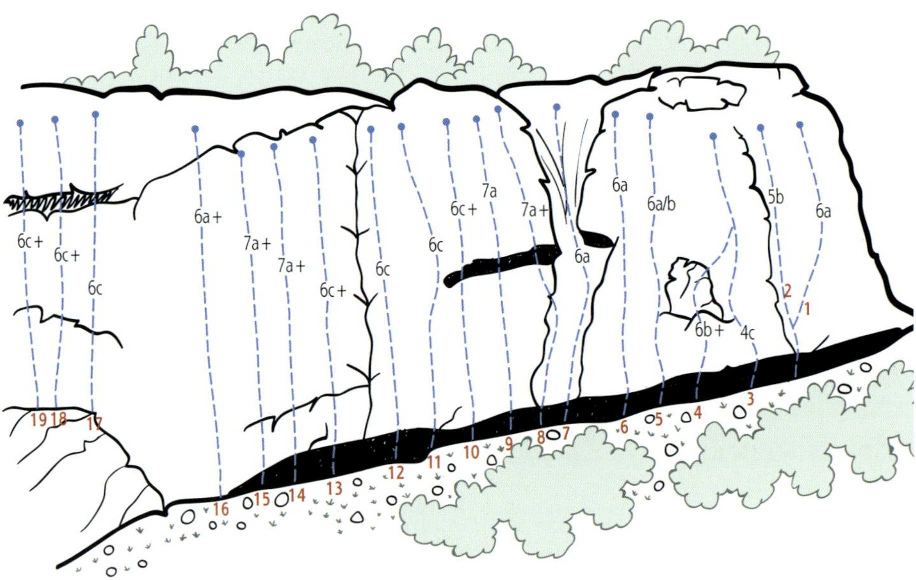

6 RICORDI SVARIOPINTI	6a	12m	Schöne, technisch schwierige Wand
7 BONOBO WAY	6a	14m	Nette Rissverschneidung
8 CAIO ARMA	7a+	14m	Schwieriger Dynamo und Ausdauer
9 ER BRU	7a	14m	Boulder am Dach, dann Ausdauer
10 CAIO DARIO	6c+	14m	Ausdauer und Einzelstelle am Dach. Vorsicht beim ersten Zug
11 ER FRA	6c	14m	Sehr schön, Ausdauer
12 DONNE ACIDE	6c	14m	Einstiegsboulder
13 PRENDI IL BASTONE	6c+	14m	Harte Züge zwischen 1. und 4. Haken
14 EDI	7a+	12m	Schwieriger Einstiegszug, dann Technik
15 ER GIÀ	7a+	12m	Schwieriger Einstiegszug, dann Technik
16 SCA	6a+	18m	Graue Wand mit Slopern
17 CRANIO	6c	14m	Graue Wand, Gute Technik und Fingerkraft
18 COSTOLA	6c+	14m	Graue Wand, Gute Technik und Fingerkraft
19 DINOCCIO	6c+	14m	Graue Wand, Gute Technik und Fingerkraft erforderlich

SEKTOR POGGIOLO INQUINATO (D)

1 FEEL	7b+	10m	Der Name sagt alles....
2 SVARIONI VARI	7b+	10m	Boulder nach dem 4. Haken, schwieriger Ausstieg
3 EQUILIBRIUM	7a+	10m	Technisch sehr schwierige Platte
4 DEAD MAN FALLING	6a+	10m	Sehr weiter Hakenabstand
5 KATRIN 5b 15m			
6 ITALIANI POPOLO INGOVERNABILE	6b	15m	
7 I SUONI DELLE SODOMITI	6b+/c	15m	
8 PER 400 LICENZIATI	7a	15m	
9 WHIRPOOL 30 MILIONI PER 400	6c/+	15m	
10 MUTATION FOR MONEY	6a	18m	Risskletterei

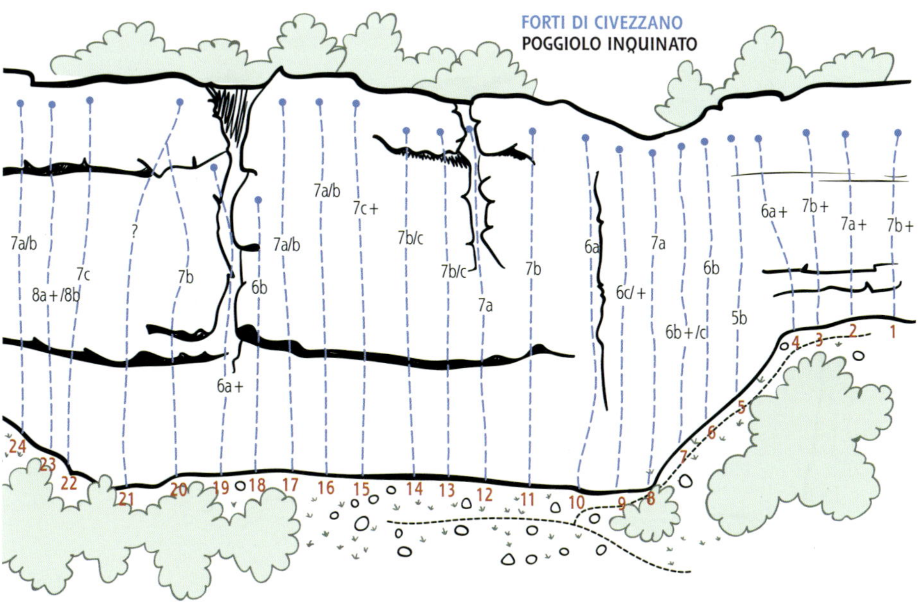

11 SOUL TRAIN		7b	18m	Technisch sehr schwierige, schöne Platte
12 LA SCALA DEL SESSO		7a	18m	Schwierige Kletterei in offener Verschneidung
13 ETERNIT		7b/c	18m	Technisch sehr schwierige Plattenkletterei
14 ROSA DEL DESERTO		7b/c	18m	Technisch sehr schwierige Plattenkletterei
15 ODISSEA CREATIVA		7c+	20m	Nach dem Dach harter Einzelzug
16 SQUILIBRIO		7a/b	20m	Schwierige Platte mit Längenzügen
17 TEMPO AL TEMPO		7a/b	20m	Schwierige Platte mit Längenzügen
18 OHNE NAMEN		6b	14m	Crux am Überhang
19 HAPPY DAYS		6a+	16m	Verschneidungskletterei
20 FOR FREE		7b	20m	Boulderstellen mit Slopern
21 OHNE NAMEN		?	20m	Projekt
22 FLY BROTHER FLY		7c	20m	Senkrecht, technisch sehr schwieriger Ausstieg
23 ASPETTANDO L'AFRICA		8a+/b	18m	Kraftraubende Leisten und Löcher, Ausstieg an Slopern. Sehr schön
24 VITTIME O CARNEFICI		7a/b	20m	

SEKTOR BUCONI (E)

1 DALAI LAMA DELLAI LIMA		7c	25m	Athletischer Überhang, plattiger Ausstieg
2 INTENSION CRIMINAL		?	25m	Projekt
3 LO STATO È STATO	SL1	7a+	20m	Schwieriger Ausstiegszug an Schuppe
	SL2	7b+	20m	Sehr schwierige Verschneidung, langer Hakenabstand
4 BLACK REVOLUTION		7a+	22m	Schwieriger Aufrichter am Überhang
5 EGO CENTRO	SL1	7a+	22m	Boulder am Dach
	SL2	?	?	Projekt
6 OHNE NAMEN		?	?	Direkte Einstiegsvariante von Nr. 4
7 OHNE NAMEN		?	30m	Projekt, Einstieg über Nr. 8
8 OHNE NAMEN		?	30m	Projekt
9 LA PURGA	SL1	7b	30m	Ausdauer in Platte, dann Überhang
	SL2	?	?	Projekt
10 MI SONO FATTO LA PLACCA ADDOSSO		7b	30m	Platte mit hartem Einstiegszug

FORTI DI CIVEZZANO
BUCONI

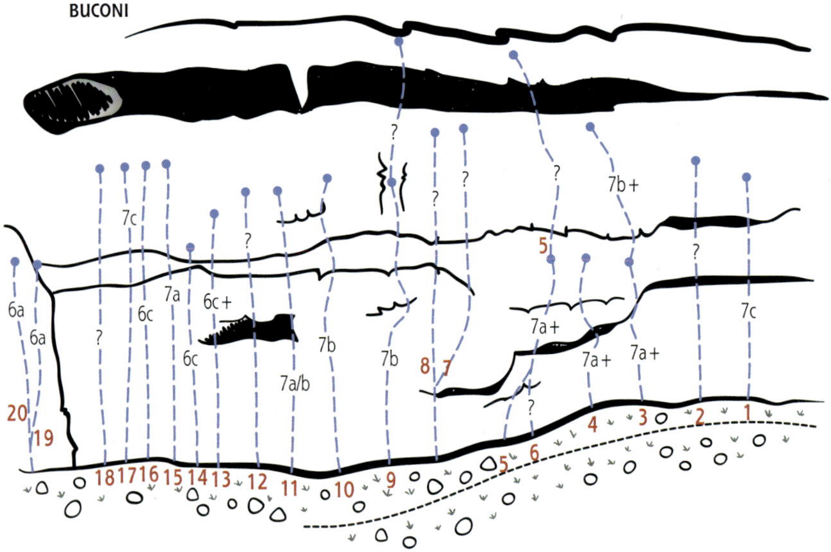

11 MORFOLOGIA INTRIGANTE	7a/b	30m	Größenabhängig und schwierig
12 MORFOLOGIA BASTARDA	?	25m	Größenabhängiger Boulderzug
13 OHNE NAMEN	6c+	20m	Einstiegsriss, Ausstiegsüberhang (größenabhängig)
14 OHNE NAMEN	6c	20m	Schöne Verschneidung, Bewegungstechnik
15 JENNY'S KEY	7a	30m	Schöne Platte mit Bewegungstechnik
16 FORT KNOX	6c	30m	Harte Einstiegspassage, dann leichte Verschneidung
17 HARD BALL	7c	30m	Sehr schöne, kleingriffige Platte
18 OHNE NAMEN	?	30m	Projekt, kleingriffige Platte
19 OHNE NAMEN	6a	18m	Aufwärmroute, brüchiger Fels, Einstieg über Nr.20
20 OHNE NAMEN	6a	18m	Aufwärmroute, brüchiger Fels,

SEKTOR PESCE (F)

1 LIBERO	6c	26m	Einstieg hart, dann Ausdauer
2 PRUA	7a/b	26m	Luftige Kletterei über den Bauch, schön
3 ACQUA	7b	26m	Technische Platte mit Einzelstelle im Ausstieg
4 LUCE	7a+	26m	Technische Platte mit Einzelstelle im Ausstieg
5 ARIA	7a+	26m	Technische Platte mit Minileisten
6 BONSAI	7b	28m	Sehr schwieriger Zug zum Loch
7 VARIANTE	7b	26m	Direktvariante von Nr. 6
8 PESCE	7c+	28m	Zwei schwierige Boulderzüge
9 OHNE NAMEN	7b	26m	Schwierige Plattenkletterei
10 MUTATION	7b	26m	Schwierige Plattenkletterei
11 OHNE NAMEN	7a/b	26m	Schwierige Plattenkletterei
12 OHNE NAMEN	6c+	26m	Schöne graue Wand
13 OHNE NAMEN	6c	26m	Schöne graue Wand
14 OHNE NAMEN	6c+	26m	Schöne graue Wand

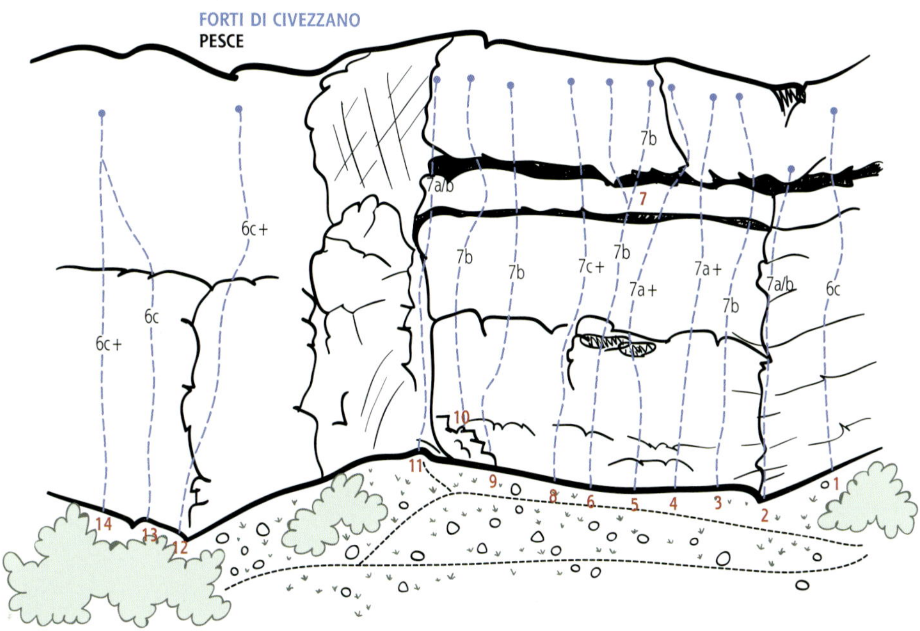

Trient

Cartoon Network

113

Dieser südlich ausgerichtete Klettergarten liegt auf etwa 850 Metern Meereshöhe und eignet sich besonders für einen Besuch an Wintertagen. Einsteiger werden sich hier wohl fühlen, denn die kompakte Wand ist nur 8 bis 15 Meter hoch und bietet schöne Routen im Bereich 4c bis 6a, die eher Bewegungstechnik als Kraft erfordern. Die Linien sind perfekt eingerichtet mit nahem Hakenabstand. Im Jahr 2012 wurde in kurzer Entfernung ein weiterer kleiner Sektor eingebohrt: Am Sasso dei Matti existieren momentan fünf Routen mit denselben Charakteristika. Auch die Umgebung lässt bei beiden Sektoren nichts zu wünschen übrig, denn sie liegen in einem schönen Waldgebiet und die Aussicht auf das Etschtal und die umliegenden Berge ist sehr schön. Gleich nach dem Parkplatz geht man über eine schöne Wiese, die als Picknickplatz ausgestattet ist (ideal für Kinder).

Erschließer: Drunken Climbers, A. Defrancesco, N. Dallatorre, G. Porrino, F. Borriello, G. Mongiovi, S. Sacco, A. Spadaro, M. Costi.

Anfahrt/Zustieg
Von Trento ca. 12,8 km, dann 15-20 Min. zu Fuß auf Wanderweg und Forststraße.

Von der Autobahnausfahrt Trento Centro auf die SS 47 in Richtung Padova und nach 4,5 km an der Ausfahrt Trento Est-Martignano abfahren. Nach der Galerie beim Kreisverkehr dann links in Richtung Cognola (7,2 km ab Ausfahrt A22 Trento Centro) und nach 700 m beim Kreisverkehr weiter nach Villamontagna. Dort am Kreisverkehr rechts auf die Via Campel und auf der steilen Straße bis zum Parkplatz beim Rifugio Campel (hier endet auch die Asphaltstraße).
Hier dann bei weißen Felsblöcken links in den Wald, weiter über die schöne Picknickwiese und danach rechts auf den Wanderweg bzw. die Forststraße mit der Bezeichnung 403A Monte Calisio. Nach leichtem, 15 minütigem Aufstieg erreicht man den Sektor Cartoon Network (Steinmänner und Stufen), zum Sektor Sasso dei Massi geht man noch ca. 130 m auf der Straße weiter.

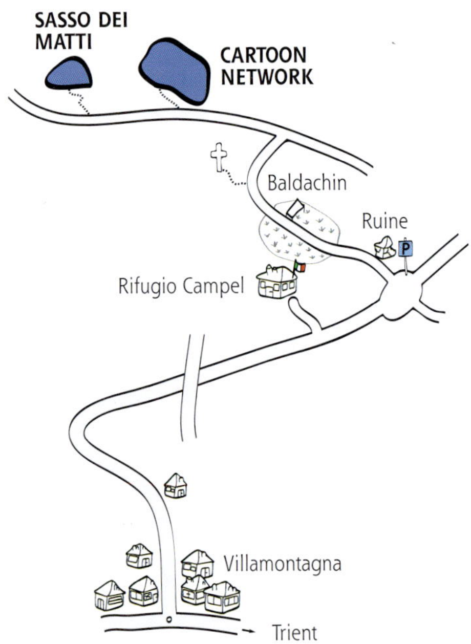

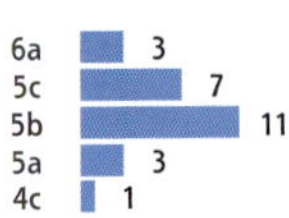

25

1 PIPPI CALZELUNGHE	5b	12m	Große Löcher und technische Passage.
2 GATTO SILVESTRO	5b	12m	Große Löcher und technische Stelle.
3 BALOO	5a	12m	Leicht mit guten Griffen, sehr kompakter Fels.
4 IL CANE PUFOENTE	5a	12m	Leicht mit guten Griffen, sehr kompakter Fels.
5 ALICE NEL PAESE DELLE MERAVIGLIE	5b	12m	Heikler Ausstieg in schöner, kompakter Wand.
6 BARNEY GAMBLE	4c	12m	Leicht und gute Griffe.
7 GOKU	5b	12m	Technisch schwieriger Ein- und Ausstieg.
8 GHOSTBUSTER	5b	12m	Ausdauer, gute Raststellen in der Wandmitte.
9 OHNE NAMEN	5c	12m	Schöne geneigte und technische Wand.
10 IL MANGIAFUOCO	6a	12m	Gute Fußtechnik bei Einzelstellen erforderlich.
11 MANGIAFUOCO EASY	5b	12m	Leichter Einstieg, dann immer schwieriger.
12 SAILOR MOON	5c	12m	Leichter Einstieg, danach technisch anspruchsvoller
13 BIKER MICE	5a	12m	Schöne Linie mit großen Griffen.
14 IL MISTERO DELLA PIETRA AZZURRA	5b	12m	Leichter Einstieg, dann schöne Bewegungen.
15 ALFRED	5c	12m	Heikle Passagen mit guter Fußtechnik.
16 YOSEMITE SAM	5c	12m	Ausdauerroute in sehr kompakter Wand.
17 ALVIN SUPERSTAR	6a	12m	Technisch anspruchsvolle Einzelstellen.
18 SCOOBY DOO	5b	14m	Graue Wand mit Ausdauer.
19 MINI4WD	5b	14m	Technischer Einstieg, dann leichter.
20 CATENA DI ANDROMEDA	5c/6a	14m	Heikle und technische Passagen

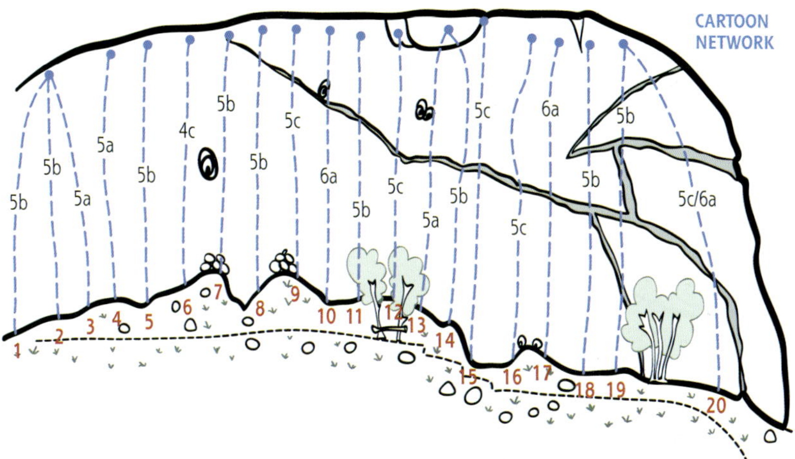

SASSO DEI MATTI

1 HAPPY HIPPY	5b	9m
2 BURZUM	6a	10m
3 COMANDANTE	5c+	10m
4 BAGASCIA FATISCENTE	5c	10m
5 TI VOGLIO BENE	5b	15m

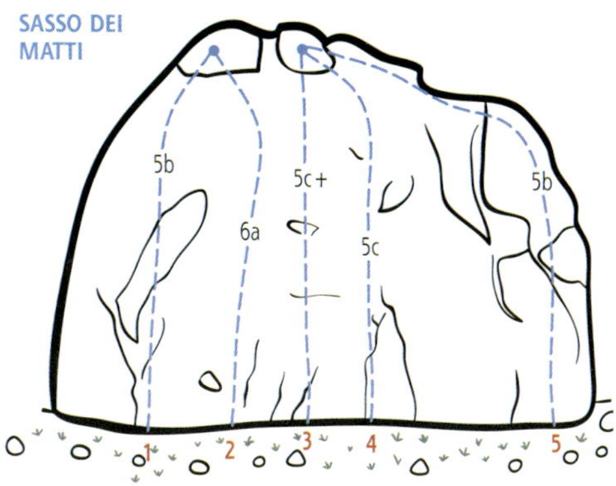

Schneide die Karte im Umschlag aus und lege sie den Kooperationspartnern bei deinem Besuch vor. Du erhältst damit Vergünstigungen oder ein kleines Geschenk und bist auf alle Fälle ganz besonders willkommen.

Mac House
B&B
Località Lago n.16
38074 Dro (TN) Italia
+39 333 452 8341
lauradelsole67@gmail.com
www.facebook.com/machouserooms

Pietra Rara.

ROOM & BREAKFAST & SAUNA
Via alla Busa 6 PIETRAMURATA di DRO TRENTINO
+39 366 6457187 www.pietrarara.it info@pietrarara.it

AGRITURISMO
WEINGUT
famiglia
BENUZZI / OBERHOFER
Loc. Oltra 3 - Dro (TN)
Tel. 0464 504218
Telefonare dalle 12,00 alle 13,00
dalle 19,00 alle 22,00
www.agritur-oltra.com

AGRITURISMO
WEINGUT

Loc. Oltra - Dro (TN)

CAMPEGGIO PARETE ZEBRATA
Pietramurata (SS45bis)
AGRICAMP
PAOLINO
www.campeggioparetezebrata.it
+ 39 349 289 4600

B&B Le Falesie
Piazza Parini, 5
38074 Ceniga di Drò (TN)
tel. +39 0464 504815
mob. +39 329 1815290
@ info@beblefalesie.it
W www.beblefalesie.it
/ B&B Le Falesie

GIARDINO
ALLA TORRE
Rooms & Breakfast
Apartment
Via Olivo 3a Dro (TN)
www.giardinoallatorre.it
info@giardinoallatorre.it
Chiara: + 39 3475513126
Michela: + 39 3333001686

www.arco-bike-and-climb.it
San Martino Apartments
BIKE & CLIMB

San Martino Bike & Climb Apartments
Appartamenti Vacanze - Ferienwohnungen - Holiday Flats
Via San Martino, 24 - 38062 Arco (TN) - Località San Martino
app.sanmartino@gmail.com www.arco-bike-and-climb.it

AGRITUR
Ai Masi
Agritur Ai Masi
via Gud 3/a
Pergolese di Lasino (Tn)
tel +39 0461 564938
mob +39 339 7210101
fax +39 0461 561627
www.aimasi.it - info@aimasi.it
agriturаimasi Agritur ai Masi